后浪出版公司

激荡太平洋

大国四百年争霸史

WALTER A. McDOUGALL

Let the Sea Make a Noise:

A History of the North Pacific from Magellan to MacArthur

（美）沃尔特·麦克杜格尔 著

李惠珍 赖慈芸 周文萍 连惠幸 译

北京联合出版公司
Beijing United Publishing Co.,Ltd.

目 录

引　子

第1章 召 唤

电脑软件：Word Perfect 5.0，文档“掠夺者”（Grabber）初稿：一如全球各地，日本佃农对领主或城主派员横征暴敛已经习以为常。不过九州岛的松仓（Matsukura）大人在横征暴敛之余，还喜欢加上强取豪夺和严刑拷打，而他的佃农多是基督徒这个事实，让他更是乐在其中。不过1637年秋天，由于收成欠佳，再加上内战后遭到遣散的武士涌入乡下，因此当税务官除了收缴稻米还附带征收民女的事传开时，农民便揭竿而起。

1638年年初，3.7万名武装起义者据守岛原（Shimabara）附近的一座城池，和10万大军相持不下。当起义军口中格格不入地呼喊着“耶稣”“玛利亚”和“圣迭戈”紧守城池的时候，近在咫尺、受欧洲影响最深的城市长崎就在一旁屏息静观。起义军击败了1.3万名进攻部队，杀了对方的将领，但却没能突破重围。松仓接着指派了另外一名与江户幕府关系密切的新指挥官，并向邻近的荷兰人求助。当地的东印度公司代表尼古拉斯·寇克贝克（Nicholases Koeckebacker）一时进退维谷：他或者冒着可能丧失所有日本通商权的危险，拒绝松仓的要求；或者将大炮对准岛原。不过，毕竟他要攻击的教徒是日本人而不是欧洲人，而且信的是天主教而不是新教。于是寇克贝克派出了船只，遭到炮轰又弹尽粮绝的起义军逐渐丧失了防卫力量。1638年4月，城池终于在一场决定性的猛烈进攻中被攻陷。起义军不分男女老幼，无一幸免。

自1587年以来，对教徒不利的法令在执行上总是时断时续。不过现在幕府将军已下定决心：所有外国人不得踏上日本国土，凡是有信教嫌疑的日本人，如果不按照规定践踏十字架，就必须面临被拷打、处死的命运。数千人因此被钉上十字架。1640年，幕府将最后几名葡萄牙特使斩首，并警告如果葡萄牙国王甚至他们的上帝胆敢接近日本海岸的话，一样难逃相同的待客之道。至于荷兰人，则因为采取低姿态得以逃过迫害。荷兰属于改革教派，没有教士，教堂也看不到十字架。然而幕府的反基督教委员会却注意到一座荷兰仓库上写着“西元1637年”，于是又颁布法令，规定所有以西元纪年的建筑物都必须拆除。荷兰人遵从了这项规定，因此得以留下，但是却被集中到一个叫“出岛”（Dejima）的人工岛上。此岛位于长崎港内，面积不到1.2公顷。幕府严禁白种蛮人穿过步行桥上岸，日本人也不准到海外旅行。这项为期200多年的锁国政策，是当时北太平洋地区最重要的地缘政治因素。因为对俄国、西班牙、英国和美国而言，这意味着日本这个潜在的强敌就像希腊神话中的阿喀琉斯一样窝在帐中不愿出战，这样四国便可以铆足全力、全心角逐这片仍旧无人主宰的海洋的霸权。

还不错。活力和戏剧效果都足以担当“掠夺者”的角色，文化和地缘政治上的冲突也足以点出本书的主题。当然，我必须回顾一下西班牙到达北太平洋的经过……并谈谈科技问题。毕竟幕府实行锁国政策的动机，其实主要是不想让国内争权的对手取得欧洲人的船只跟枪械。所以故事始于日本蓄意拒绝西方科技，结果今天却轮到西方国家来担忧日本的科技侵略。两边扯平了，教授。拜锁国之赐，北太平洋成为“白种人的内湖”。不过，日本重现江湖到现在才不过短短140年，太平洋的白人时代眼看就快成了明日黄花。

这种开场白会不会太悲观了？也许会让部分读者看不下去。而且书里缺少人物纠葛，只有一些无名的农夫和抽象的地缘政治。我必须一开始就把这一长篇史诗拟人化，突显其中的幽默和戏剧性。阿拉斯加，也许吧。“叟皮”和哈里曼的铁路梦想。好，就按F7离开文档。先存档，文档名就取作“长崎”……哇呜！是谁说手提电脑在飞机上用起来轻松愉快的？退出Word Perfect？不，打开新文档，然后再……

阿拉斯加“掠夺者”（Alaska“Grabber”）初稿：近年来，整个夏天都会看到豪华游轮在风景如画的阿拉斯加狭长地带港口徘徊——锡特卡（Sitka）、科奇坎（Ketchikan）、朱诺（Juneau）、兰格尔（Wrangell）和史凯威（Skagway）。当地原本稀少的人口似乎因此暴增了一倍，商店“稍后即回”的牌子不见了，数千台相机都争相拍下一模一样的景色：古色古香的木屋门面、图腾柱、旧矿区、峡湾，还有那些无所不在、连最大的广角镜头都捕捉不到的高耸山脉。然而回溯到1899年6月，当造型优雅的蒸汽船“乔治·埃尔德”号（*George W. Elder*）把浩浩荡荡的一大票人——包括船员、科学家、向导、游客等共126人——留在史凯威这个鸟不生蛋的鬼地方的时候，这里的风景虽然一样令人震撼，却多了几分陌生。这支庞大队伍的中心人物是爱德华·哈里曼（Edward H. Harriman）、他的太太、5个小孩、4名姻亲和3名家仆。表面上看起来，他们是来度假。但是记者却怀疑，如果这位铁路巨子只是想来一趟豪华哈德逊河之旅，那为何他的计划和行程都要保密？

倡导森林保育的加州艺术家约翰·缪尔（John Muir）在两年前就已经到过史凯威，他将这个熙攘热闹的地方比喻成一个被打翻了的蚂蚁窝。当时克朗代克（Klondike）淘金热正盛极一时，这里正是前往奇尔库特山口（Chilkoot Pass）和道森市（Dawson）的出发点。不过史凯威是个特别的“蚂蚁窝”，里面住的不是共生的“昆虫”，而是北美洲源源而来的各色人等，骗子、妓女、投机者和愤世的个人主义者都有。发号施令的是“叟皮”·史密斯（Soapy Smith）①，一个留着黑色大胡子、头戴宽边帽子的大地痞。他广派手下（远及西雅图）告诉淘金客到了史凯威该去找谁买金矿地图和补给。这些菜鸟一到史凯威，“可靠的叟皮打包公司”（Soapy Reliable Packing Company）的流氓们就会上前搭讪，表示只要花1美元就能得到指南手册、房间、地图或情报，只要1美元。然后外地人一拿出皮包，流氓便抢走他的创业老本。现在该谁来扮演这个无依无靠的傻瓜的恩人？不用说，叟皮听到他不幸的遭遇，就会给他回西雅图的旅费……或是送点东西给他家里的寡妇孤儿——如果这小子胆敢吵吵闹闹的话。叟皮说这样对大家都好，一个人要是连自己都照顾不好，就不要来趟育空河（Yukon）的浑水！

不过淘金客还可以走别的路线去克朗代克，而且史凯威的商人对该镇声名狼藉也颇感懊恼。后来有一名人缘很好的老兵钱包被抢，居民立刻召开镇民大会，选拔义务警员。叟皮当时显然是喝醉了，他拿着连发步枪，非常不讲理地到会议上去捣乱。当他用步枪对准一位守卫时，土地测量员弗兰克·里德（Frank H. Reid）也掏出他的左轮手枪。双方同时开火，叟皮应声倒地，里德也不幸死于枪伤。但想想看，要是叟皮再多耀武扬威一年，他会如何在史凯威的码头上迎接哈里曼呢？哈里曼先生，各种指南都有，只要1美元，1美元而已！

不过就像记者猜测的,哈里曼此行别有意图。他一直想建造一条环球铁路。有何不可？在白令海峡上搭桥或建海底隧道，难道会比建新的布鲁克林大桥或纽约地铁还要困难吗？史凯威已有的一条小铁路，证明即使是副极地地区也可以造铁路，而且俄国横越西伯利亚的铁路也几近完工。结合俄、美两国人民的才智，恢复远古连接亚、美两洲的陆桥——这个疯狂梦想真是棒透了！

于是哈里曼就乘着“乔治·埃尔德”号在浓雾中横渡海峡，来到西伯利

① 原名杰弗里·史密斯（Jeffery Smith），以卖肥皂（soap）为生，所以又被叫做“叟皮”·史密斯。——编者注

亚的这一边。二十几名蹒跚走来迎接他的爱斯基摩人看起来病恹恹的，暴露在外的哺乳动物和鱼的残骸臭得让白人受不了。甚至连狗也不像热衷拉雪橇、毛茸茸的爱斯基摩犬，看起来缺乏生气，一见到生人就赶紧跑掉。虽是仲夏，天气却冷得令人直打战，还刮着冷飕飕的大风。因此哈里曼在交换礼物、拍照留念后，便急忙回到船上，心中暗自发誓再也不去想这个鬼地方。无论如何，恃强凌弱的铁路时代眼看即将告终，石油和电力取代蒸汽成为主要能源，要实现俄美合作梦想的机会也微乎其微。俄国沙皇无意让美国的资本家经营西伯利亚，而美国也因俄国日益严重的反犹太主义风潮考虑全面断绝与俄通商。因此相邻的阿拉斯加和西伯利亚，一如往常依旧近在眼前却互不相通，只有海象和鲸鱼、楚科奇人（Chukchi）和爱斯基摩人随着季节来来往往。

这真是了不起，很有趣……草率……没什么大不了的。开场白必须悲壮感人，北太平洋是一个爆炸性的地区。种族冲突、战争、环境本身的爆炸性，让人颇有危险天堂之感。环太平洋居民的生活也是游走在生死边缘，随时要担心下一次台风、旱灾、火灾或火山爆发，还有……按F7跳出文档！存档，文档名就取作“阿拉斯加”。开新文档。开始！

东京帝国大学的大森（Omori）教授猜测，大洋彼岸正在发生非比寻常的事情。根据他精准的米尔恩（Milne）地震仪的侦测，圣安德烈亚斯断层（San Andreas Fault）沿线似乎有前震发生。但是他无法预知地震，遑论震中的可能位置。他只能希望在地震仪上的锯齿线突然剧烈摆动的那一刹那，圣弗朗西斯科的居民也能接收到某种警告讯息。

1906年4月18日的圣安德烈亚斯地震，以查尔斯·里克特（Charles F. Richter）在20世纪30年代发明的地震级别[①]来测量，强度约为8.25级。这场地震持续了45秒，初时毫无声响，后来震耳欲聋，并在地层上造成数道约6米宽的裂缝。从葡萄酒产区索诺马（Sonoma）经马林县（Marin County），直下半岛南部到斯坦福（Stanford）的范围内，建筑物和桥梁纷纷倒塌、火车翻出轨道，连装在容器里的水都溢出来。在斯坦福，墙壁碎裂、雕像倒塌。圣何塞（San Jose）、蒙特雷（Monterey）、圣克鲁斯（Santa Cruz）等地的海滩都下陷了约3米。最后到了圣胡安·包蒂斯塔（San Juan Bautista），这场“天灾”把西班牙人盖的旧传道区夷为平地。圣弗朗西斯科正好位于震中，当时加利福尼亚州有三分之一的人口居住在这里；在陡峭的山坡和让第一代美国人引以为傲的回填地基上，房屋盖得栉比鳞次。几乎所有的烟囱或高塔都倒塌了，

① 即里氏震级。——译者注

二楼、三楼压在一楼上面。宏伟的旅馆倾斜，廉价的旅社崩解。中国人、意大利人、爱尔兰人和盎格鲁人都尖叫着跑到街上。有人穿着睡衣，有人连睡衣也没穿。妇女紧抓着小孩和念珠不放，水手和恶棍嘶喊着几乎忘光的祈祷文，吓疯的老人更直指这就是世界末日。当场就有数十人重伤，丹尼斯·沙利文（Dennis Sulivan）就是其中之一——加州旅馆中看不中用的圆屋顶倒塌，压垮了布什街（Bush Street）消防队的屋顶，沙利文当场昏迷不醒，4天后伤重不治。他是消防队长。等到余震在清晨5点25分停止时，全城火势已经不可控制了。

这也许是圣弗朗西斯科自1848年以来的第418次地震，但却是该市采用煤气取暖和照明以来的第一次地震。破裂的煤气总管道、残余的火炉和煤气灯在市场街（Market Street）以南的连栋公寓和仓库区造成了数十起小火灾和十几起大火。不到几分钟，从市区或山坡上往南看，整片天空被染成一片明亮的橘红色，也引发了人类的本能反应——有人惊慌失措、有人趁火打劫、有人逃跑，剩下的人合力抢救伤患、撤离居民并与大火搏斗。只是无水可用——地震破坏了自来水总管，精心建造的圣弗朗西斯科和圣马特奥市（San Mateo）蓄水库完全无法使用。代理消防队长约翰·多尔蒂（John Dougherty）尽其所能，命令属下尽可能利用每一个水源，包括下水道。不过市场街南边注定在劫难逃，各处的火灾连成一片火海，热气冲天，导致北边的金融区和西边的教会区也难逃祝融侵袭。多尔蒂放弃灭火行动，改用围堵策略。这意味着他必须炸掉整片街区以形成防火带，而且需要先疏散大量的居民，更别说爆炸物了。但是电话线不通，街上又人满为患。

到了下午，火势已经南移并烧掉了南太平洋铁路的终点站，然后再向北穿过市场街进入市区。一栋栋建筑地标付之一炬：旧邮局、旧圣帕特里克教堂、旧歌剧院（地震发生前一晚歌王卡罗素还在此地献唱）、联合广场，甚至连具有防震和防火设计、外观宏伟的皇宫饭店（Palace Hotel）也没能幸免。弗雷德里克·方斯顿（Frederick Funston）准将——菲律宾之役的英雄，也是圣弗朗西斯科市的要塞司令——下令工兵炸毁蒙哥马利大道上的建筑物。但是防火带失效，干燥、空气不流通，加上反常的温暖天气（事后被称为“地震天气”），更是于事无补。烈焰没有带动风势，也不能阻止为数众多的居民从海湾对面赶来抢救他们的财产、寻找亲人，或只是瞠目结舌地呆呆看着火势。方斯顿下令关闭渡轮，没有军方或市长的书面许可，任何人都不得进入圣弗朗西斯科。

到了星期四早上，无家可归或离家的居民已达20万人；军方在金门公园（Golden Gate Park）搭了几座临时收容所，可是灾民的数量却是方斯顿最初估计要收容人数的10倍。而且火势还在持续蔓延，先向北沿着加利福尼亚街烧到圣弗朗西斯科市最高级的住宅区，然后是唐人街。贵族山（Nob Hill，因居民多是大富翁而得名）拥有价值500万美元的费尔蒙特酒店（Fairmont Hotel），以及斯坦福、亨廷顿（Huntington）、克罗克（Crocker）等名人的宅第，里面全是无价的艺术珍品。褐色砂石的豪宅足以防火几个小时，直到过热的墙壁让屋内的家具起火燃烧为止；唐人街则烧起来毫不费力。火灾还在第二天引发了另一场恐慌：随着火势蔓延，一波波巨鼠从地洞和地道里一涌而出，只有偶尔驻足啃食人尸时才会稍作停留。华人也同样逃往邻近地区，包括意大利人的北滩区。在这里，就在烈焰带来的恐慌和混乱中，一场种族冲突就此爆发。

没错，即使大难当头，圣弗朗西斯科的各个民族仍旧无法化敌为友。白人利用重建圣弗朗西斯科的时机隔离亚洲人、禁止新移民，造成1907年的首次日美开战恐慌。他们设法以立法保障白种人的优越感，是否他们当时就猜出到了20世纪，白人在北太平洋的控制权必然会拱手让人？荷马李（Homer Lea）这个怪异的预言家就曾如此预测。不过，如果你了解白人在这个区域经营的时间有多短暂、人口又有多稀少，就不会对这个预言大惊小怪了。加利福尼亚淘金热始于1849年，太平洋另一边的俄国人甚至要到1860年才发现了符拉迪沃斯托克（Vladivostok）。19世纪中叶就像是着了魔一样——我们的历史学家称之为一种机缘巧合——白人掌握了所有的技术，而中国人、日本人和墨西哥人却裹足不前：他们庞大的人口就是留在原地不动。北美海岸、阿拉斯加、夏威夷、西伯利亚都因此让白人有机可乘，最后也分别落入美国、英国和俄国手中。然而亚洲人和墨西哥人迟早会向其他地区扩散。白人迫使中国和日本对外开放，并引进亚洲和南美劳工的做法，甚至进一步加快了他们外流的脚步。居住在太平洋沿岸的白人向来生性多疑，仿佛知道是自己闯入了他人的领域，无法牢牢落实对这个区域的掌握。

如今日本人和中国人买下威基基海滩（Waikiki）、圆石滩（Pebble Beach）、好莱坞、西雅图水手队，以及美国和加拿大数千万公顷的农地。再过10—15年，移民将使白人成为加州的少数民族。圣弗朗西斯科的爱尔兰人和意大利人当然不愿见到邻居全变成黄面孔。然而，在日落大道区（Sunset District），我还不曾见过有人因为购买他们房屋的40万美元是来自香港而加以拒绝……我希望起码爱尔兰小酒馆能保留下来。

你认为伯克利（Berkeley）的那些家伙会对种族多元化大肆庆祝，而亚洲资本家并非他们眼中的“有色人种”？活该！“黄祸”变成庸人泛滥（Philistine Peril）。也许不到50年，加州白人的活动区域就局限于白人区，周围环绕着三五千万亚裔和拉丁美洲裔人口，这还是假设移民就此打住的情况。可怜的黑人呢？他们住得起的地方全被越南人或韩国人买下了。一旦奥克兰（Oakland）、沃茨（Watts）、萨克拉门托（Sacramento）的居民全变成亚裔或拉丁美洲裔，黑人是不是会放弃家园往东部迁徙？据说加拿大的温哥华目前已经有30万中国人。天哪！夏威夷的情形就更有趣了。在80年代，夏威夷人（其中甚至有日裔）通过了一项法案，禁止将土地卖给非美国籍的日本人。所以现在亚洲人、墨西哥人、黑人都以移民法和所有权法作为争夺太平洋的利器，而这招正是白人几十年前用来对付他们的老办法。

坐飞机真是无聊……我为什么会因为自己不懂得感恩，不懂得欣赏能以每小时约800公里的速度在太平洋上空飞驶，把喷射气流抛在背后，一路畅行无阻地前往种族汇集的瓦胡岛（Oahu）而感到罪恶？真是不应该。想想瓦胡岛在库克船长（Captain Cook）抵达之前是如此远在天边。现在，喷气式飞机，还有环绕地球的卫星，就在让维他斯·白令（Vitus Bering）和其他无数船长与水手丧命的天气、波浪上飕飕掠过。除非驾驶员误闯堪察加半岛[①]，否则坐在机舱内就像在房子里一样安全！可怜的俄国人，你可以想象他们坐在西伯利亚某个没有窗子的碉堡里，整夜盯着雷达屏幕，守卫着一个不存在的帝国，对付一个你希望能让你的国家脱离苦海的敌人，如此一来你们这些无以为继的军事据点才能继续获得补给。

有人会问你，为什么会对某些事情产生兴趣。我的情形是因为地图。我一向喜欢研究地图。北太平洋现在蔚为流行——环太平洋地区、太平洋世纪、即将来临的太平洋战争、新太平洋文化等等——这个区域仍旧令人兴奋不已。对我而言，太平洋象征干净、甜美、奇异，即使在加州看来也是如此——如果你走出洛杉矶和旧金山湾区的话。在夏天还有什么比黄金之州（Gold Country）更金黄灿烂呢！还有什么会比太平洋西北岸的森林和传说更令人毛骨悚然呢！不知道阿拉斯加锅柄区（Alaskan panhandle）[②]的乌鸦看到定期邮轮在内陆航道（Inland Passage）上南北航行时作何感想？呱呱！呱呱！呱呱！也许乌鸦认为划独木舟的特林吉特人（Tlingit）改变了白人的信仰，让他们膜拜乌鸦，因此现在我们才会络绎不绝地到阿拉斯加朝圣，以爆米花、三明治碎屑和鲑鱼残骸祭拜长着羽翼的阿拉斯加之王。

这真奇怪，不，我认为自己因为越战而首次来到这片海洋并不奇怪。我

① 指像1983年韩国客机一样，结果被苏联空军击落。——译者注

② 指阿拉斯加的狭长地带。——译者注

记不起从俄克拉何马州的西尔堡（Fort Sill）飞到奥克兰的过程，但是我对搭军方巴士到位于湾区的空军基地，接着被锁进一间仓库以防逃兵却印象深刻。外面有人示威，想要拯救我们于虎口。一年后他们仍旧在原地为我们示威，但我们却成了杀害婴儿的刽子手。军方用客机载运我们，机上从空乘人员到背景音乐广播播送的背景音乐一应俱全，多蠢的一件事！“我搭乘喷气式飞机离开，不知道何时会回来。”这首歌可真能提振士气。不过在菲律宾的克拉克空军基地（Clark Field）稍作停留才是重点所在。感觉到湿气、嗅到亚洲的气味、看到地平线上的丛林和飘在上空的星条旗。这似乎有点不搭调，原因与政治无关，就是……不搭调。

再来是罗斯堡（Fort Ross）。我在伯克利教了12年书，奇怪的是自己却从来没去看过罗斯堡。后来一位朋友建议我去参观这个旧俄国碉堡。我真的去了！想象俄美贸易公司的旗帜在加州海岸迎风飘扬、军械库里存放着19世纪初在圣彼得堡制造的火枪和大炮、饼干桶和煮俄国茶的铜壶，还有小教堂和冉冉上升的焚香残留在教堂葱形屋顶上的斑斑痕迹。在菲律宾看到美国国旗、在索诺马县看到俄国国旗……如今在珍珠港的公交车上看到日本国旗。北太平洋一而再，再而三地遭到分割。

还有4小时才到火奴鲁鲁（Honolulu，即檀香山）。当年在飞往越南的途中，飞机加油时，我们就是被反锁在这个地方。不知道当年他们送我们去为什么要选择向西飞——大老远地经过夏威夷、威克岛（Wake Island）、菲律宾——不过回来时走的是经过日本的大圆航线（Great Circle Route），我们原本应该经过安克雷奇（Anchorage），结果却没有。巨型喷射气流用处真大，我想。那时我还在那架“自由之鸟”号（*Freedom Bird*）上睡着了呢！要能再睡得那么沉，不知有多好！我刚才说到哪了？哦！为什么我决定写北太平洋。第三个插曲就发生在威基基海滩，当时我和我太太必须和一群日本观光客共搭一座电梯。我们被挤到角落，而另一个角落则站着另一对美国夫妇，他们和我们一样，鹤立在这群日本人中间。突然，仿佛心有灵犀，我们四人扬眉望着对方，眼神似乎在说：“我的美国同胞，感谢上帝，有你们在身旁。”那对夫妇是黑人。

现在谈日本“威胁”的书一定不下数十本，不过结论却莫衷一是。有人说日本之所以凌驾于美国之上，是因为他们的“发展型”经济着重于政府与企业之间的合作，而这要比自由企业或共产主义更适合如今的市场，因此我们最好也制定个什么企业政策。不对，另一位却说日本并没有凌驾于我们之上，你不能从目前的趋势推测。所谓“日本公司化”（Japan Incorporated）根本是一种迷思，日本正逐渐丧失上升的优势，人口老龄化、年轻人要求更多的休闲与消费。日本股市与不动产的泡沫经济已经破灭，储蓄率将会下降。另一派人士却说无论如何，日本的制度是根植于一种社区性的部落文化，即使我们想模仿，也效仿不来。谁说的，另一位又说，日本经济才不是以文化为根基，一党政治、官僚、商人和媒体只是让日本的种族同质性、优越感、工作伦理、阶级组织、舆论等等更为根深蒂固，如此方能继续控制工作过度的群众。因此不管美国人如何抱怨，日本都不可能改变。是这样吗？最大胆的作者又说了，在这种情形下，美国应该采取保护措施，让日本为自己的国防付钱，这样日本势必会重整装备进攻亚洲市场，美国人怕“共荣圈”死灰复燃，我们又得把1941年重新来过！

我把一切都存在电脑里。我的笔呢？在夹克里。夹克在哪里？在头顶的置物柜里。噢，我怎么老是没解开安全带就想站起来？……瞧那些快乐的日本人。对他们而言，一杯4美元的鸡尾酒一定也不算什么……好，我们现在就开始用传统的标准拍纸簿来写。一篇“三部式”（in tres partes divisa est）的北太平洋长篇史诗：“帆船时代”，不，“帆船与体力”；时代（eva）？称为“时期”（age）可能更好。“蒸汽与铁路时期”，接下来是什么时期，飞行时期？内燃机？只称“内燃”如何？除了地理、人口迁移和战争之外，我还用每个时期的科技极限来解释每个时期的政治和人口变化。但是一个国家要具备何种条件才能发展出新科技呢？这样解释如何：美国的市场经济、俄国的国家经济、日本的混合管理经济，由三者之间的优缺点组成的北太平洋帝国兴衰史？只是并非全然如此。美国的横贯大陆铁路（Transcotinental Railway）根本不是自由企业的产物，另一方面俄国在阿拉斯加的毛皮公司却是由企业家成立，政府并没有提供协助。总之，1950年后美国的势力式微并非全由经济因素导致，美国是为了冷战之类的政治因素才花钱扶植日本。所以最重要的竞技场，可能还是在于地缘政治。

卡尔·豪斯霍费尔（Karl Haushofer）如果知道学者至今还偶尔会向图书馆借阅他的《太平洋的地理政治学》（*Geopolitik des pazifischen Ozeans*），一定会很高兴，甚至沾沾自喜。令人费解的条顿语废话。我真不敢相信他写的东西会影响到纳粹，因为我确定没有纳粹分子看过这本书。但是豪斯霍费尔认为环太平洋列强都是受到一望无际的海洋的吸引，才会逾越各自约定的范围，而且这些国家都先后遭受折磨。豪斯霍费尔怎么说来着？“可以感觉到、看到的惩罚。”（fühlbare，sichtbare Strafe）所以西班牙、俄国、英国，以及在豪斯霍费尔之后的时代，日本、美国都在过度扩张领土后不得不被迫后退。不过这只是常识。有趣的是每个国家的“约定范围”界限是在何处？标准又是什么？

先来概述地缘政治。早期北太平洋被西班牙、俄国、英国，以及后来的美国视为人人皆可自由争取的区域，彼此争夺主权和商机。20世纪初期，西班牙退出、英国势力式微，明治时期的日本加入战局。结果演变成美、俄、日三国鼎立，为由太平洋东岸的加州到西岸的中国东北和中纬度的海域、岛屿组成的帝国而争斗。每次有两国相争，必是第三国获利。第一回合的输家又可重整旗鼓加入下一回合的竞争。大家以武力取胜。但历史不是只有战争和政治而已。军事力量对19世纪的俄国或20世纪的日本裨益不大。所以地缘政治必须考虑经济——感谢保罗·肯尼迪（Paul Kennedy）的提醒，还有技术和最重要的人口变化——移民潮的波峰和波谷。“白人进来，印第安人出去；亚洲人进来，白种人出去……”不知道阿拉斯加和西伯利亚是否安全。想想看，假如7000万韩国人万众一心，开始从他们拥挤的拇指状小岛蜂拥而出，那会是什么光景？到头来移民的力量要比枪杆子来得大。美国人以鼓励移民的方式拿下俄勒冈州。可是夏威夷呢？现在这里充满了日本人、琉球人、中国人、菲律宾人、葡萄牙人和墨西哥人、非洲裔美国人、波多黎各人，加上寥寥可属的几个多少算得上纯种的波利尼西亚人（Polynesians）。尽管如此，夏威夷还是像“海滩男孩”（The Beach Boys）[①]一样美国化。

如果告诉卡米哈米哈王（King Kamehameha），说他的领土后来住有各种族群，就是没有夏威夷人，不知道他会有何反应？卡米哈米哈大帝，太平洋的拿破仑。换句话说，虽然白人在夏威夷算是少数民族，但美国文化、宗教、政府等却在此地颇为主流。不管怎样，价值体系和体制必须考虑进去。白人退出北太平洋后也留下不少遗产，例如民主体制、个人主义、天启宗教、自由企业、私人财产、法律面前人人平等的观念，以及来得有点晚的种族平等。虽然美国对北太平洋的军事和经济影响力逐渐式微，但此地依旧是美国人文化区。还有，日本受美国的影响有多深？既然红日再度高升，我想答案终会揭晓。不知道麦克阿瑟将军（General MacArthur）、佩里司令（Commodore Perry）……或神武天皇（Emperor Jimmu）[②]是不是在天上看着。万岁（Banzai）！

还要三个半小时飞机才会抵达火奴鲁鲁……也许我该以一段夏威夷故事开场。不知为何，夏威夷的命运似乎成为了整个太平洋的象征。库克船长

① 美国摇滚乐团。——编者注

② 日本传说中的开国天皇。——译者注

之死堪称妇孺皆知，珍珠港也是一样。也许可以用创立夏威夷王朝的卡米哈米哈作为开场。还是以夏威夷皇后开场，她叫什么名字来着？或是用改信基督教并确立美国影响力的传教士开场？我可以搭配上日本拒绝基督教的故事……

也许我该好好睡上一觉。在飞机上打发时间的最佳方法就是不省人事。真希望能像当年从越南飞回来时那般熟睡。

“你好（aloha），外邦白人。我们有事召唤你。你能提供帮助（kokua）。”

第2章　第一次聚会

啊哈！这种熟悉的梦幻感，好像在看一部电影，不过自己同时也在电影中出现，而且显然是在外景现场。多壮观的地方，只是已经成了一片废墟。整个半岛满是类似神殿之类的建筑物。海洋发出青色的粼光。这一长排的火山岩很奇特，以前一定是墙壁或建筑物的地基，才会排列得如此整齐。古神殿（heiau），波利尼西亚人的圣地！错不了。只是后来经历战乱或火山爆发之类的事故，才会沦为废墟。白沙、棕榈树、双体船（catamaran）：夏威夷。和风徐徐，并不觉得湿气特别难受。

“外邦白人！我们召你前来。你将对我们讲话。”

他在跟我说话，不，好像是个她。可能吗？那种声音，不像是女性的声音。不过我无法……好像……我必须转过身……我的天啊，她的身高一定有1.95米，体重一定也有90公斤。打扮多么与众不同：方格花纹的印花袍子，特大号的袖子，折边滚了一道毛皮，还有用羽毛和花环装饰的大帽子。

“你好，夫人。”

我居然对着她的上身说话。如果她认为盯着她讲话太无礼怎么办？

“对不起，请问您是谁？”

“你知道我们是谁。应该是我问，你是谁？”

好，这个吓得我魂不附体的人表示她需要kokua，这应该是“帮忙”的意思，如果我没记错袖珍字典上的解释的话。这种字典还不错，上一次在夏威夷的希洛岛（Hilo）上就是靠这本字典才没被开罚单。不过她说她不知道我是谁，却宣称我认识她，这是什么意思呢？

“我只是个历史学家。”

她看着我，面无表情。

“历史学家就是教授我们祖先行为的老师。而我对这个地方，除了知道是位于夏威夷外，根本一无所知。”

“你受到了惊吓，别害怕。你在这里很安全，这里是霍那吾那吾（Pu’uhonua O Honaunau）——庇护之地……”

“庇护之地……那不就是大岛（Big Island）上靠近凯鲁亚柯娜（Kailua Kona）的地方吗。我到过那里，不，应该说是这里。”

“而且我们的要求一点也不费时间。”

为什么她要边说边笑呢？

“你是一位学问渊博的说书人。我们一直在找这样的人，他必须知道我们过世后在这片海洋所发生的一切。请告诉我，后来我丈夫的王国情况如何？外邦白人又做了哪些事？”

起初她用了皇族自称的“我们”，然后改用第一人称，说话的口气仿佛她已作古，可是我还没死，我是……

“我的确知道你是谁！皇后殿下，你提到你丈夫的王国，加上你穿着18世纪一二十年代的服装。莫非你是卡……很抱歉，你的名字我一向都念不来。”

“我是加休曼努（Kaahumanu），夏威夷群岛（Sandwich）的“库希纳·努伊”（kuhina nui，有共治者、监国大臣之意），同时也是卡米哈米哈大帝（Kamehameha the Great）最宠爱的妃子。欢迎光临天堂。”

她又笑了，不过这次笑得很美。算来她也是皇后，我是该下跪还是鞠躬？她似乎很开心，可以说笑得花枝乱颤。

“夫人，这真是美梦成真。不过我不是你要的……我想到的历史学家就有不少，应该说是有几位学识比我更丰富。你该不会是故意选上我吧！”

“我不懂你们学者论辈分的那一套，不帮忙就别编什么借口。”

“我不是不帮忙，夫人。不过你不是说你想知道整个海洋发生的一切吗？这片海洋可大得很……”

“我知道海洋很大，说书人，英国航海家温哥华（Vancouver）曾对我们祖先能以独木舟越洋赞叹不已。不错，我就是想知道住在海洋四周的所有民族……你为何拒不从命？”

“我只是觉得受宠若惊。我不知道自己是否……堪当大任。我自己都需要帮忙，我……请告诉我，皇后殿下，不知你可否像变出我一样变出其他人？也许我们可以请教美国或日本的伟大政治家、首领、酋长（alii）[①]，他们都充满塑造太平洋历史各国的‘马那’（mana，精神）。”

“这些酋长是谁？他们来过夏威夷吗？”

① 指夏威夷贵族酋长。——译者注

“这要看你召唤的是谁，或者应该说我召唤的是谁……或是谁回应了我们的召唤。”

可是我没听到任何的“召唤”。我根本不知道该如何召唤。

“他们之中有些人将来或许会来夏威夷。不过，伊丽莎白[①]，他们都拜访过你的海洋，或是像你一样，已经成为太平洋历史的一部分。”

糟了！说溜嘴了。她的脸现在就像夏威夷人说的，红得像煮熟的龙虾。

“哎呀，你确实认识加休曼努，不论是原来或后来的她。”

“没错，高贵的女士。我知道你嫁给了一位国王，也知道你在他的战争以及外邦白人进入夏威夷中所扮演的角色。你废除禁忌体制（kapu）、解放妇女、欢迎传教士，让夏威夷的文化从此改观。从某方面来说，你写下了你那个时代的历史。”

“我直到晚年才学会写字……”

“也许我们可以召唤像你一样的国家重臣。我一定会把我所知道的一切告诉你，肯定详细到让你觉得不耐烦。但是我需要你和其他人来更正我说错的地方。库希纳·努伊，如果可以的话，请召唤其他像你一样的人。”

“召唤其他的人？没问题。然后我们可以开个'aha iki（ah-ha-EE-kee），坐下来一起评断你说的内容。”

“Haha icky？那是……”

“说书人，是'aha iki。看来好像我才是老师。意思是指几位重要的人士、首领或者是祭司（kāhuna）聚会讨论重要事件。这是很秘密的会议，类似紧急军事会议。不过战后我们偶尔也会聚会来——”

“作一番检讨。对，我们必须举行聚会。”

“说做就做。和我一起许愿，盼望其他人出现。”

为什么我要紧闭双眼许愿，或者说祈祷呢？是圣奥古斯丁（St. Augustine）的感召呢？还是彼得·潘（Peter Pan）的影响？也许所有文化都有这种习俗。不过我不太敢睁开眼睛。如果她成功的话……对历史学家来说，这一定是天堂。不过法术没有起作用，什么都没……成功了！另一个人出现了。我看到一个身高约1.68米的人（在他的年代大概属于中等身材），一头橙灰色的乱发。啊！他的脖子上有被锋利的刮胡刀割破的伤痕，而他那既硬且高的衣领就在伤痕上来回摩擦，看起来就很疼。坚实的下巴、瘦削的长鼻、流露出智慧的蓝眼睛、刚毅的眉毛——正是一般人心目中理想的律师形象。穿着上等黑呢西装。

① 加休曼努教名。——编者注

我尽力想记下他的外表特征。只是出现的不只他一个！

“先生，容我自我介绍。纽约州长威廉·亨利·西华德（William Henry Seward），在我国内战期间担任国务卿。请问阁下有何吩咐。不过从你的穿着看来，我感觉你身处的年代在我之后。”

“阁下，非常荣幸见到你。我是斋藤博（Saito Hirosi），我看过很多有关你的报道。事实上我和另一位纽约州长富兰克林·罗斯福（Franklin Roosevelt）是朋友，他后来当上了美国总统。”

“这是真的吗？他绝对是个来自哈德逊河、生性狡猾的地主。至于我，则是被骗因而无法入主白宫，这是我的竞选总干事瑟洛·威德（Thurlow Weed）唯一让我失望的一次。想到我们败在林肯那个乡巴佬和那个狡猾的芝加哥人的手下……他叫戴维斯（Davis）。”

“不必悔恨，国务卿先生，一切都过去了。而且谁会想在1861年当个乱世总统？战争——”

“该死的！我原本可以阻止这场南北分裂的战争，只是林肯当选总统，战争就注定要发生。”

“也注定后人只记得你买下阿拉斯加这件事……”

“就只记得这个！而买下阿拉斯加还是我最微不足道的成就……抱歉，只顾着谈我自己，你是……”

“我是日本天皇派驻美国的大使。那是20世纪30年代的事。我的任务也是要阻止战争爆发，但是国内主政者背叛了我，不久我就翘辫子了。”

原来他就是斋藤博！那位能讲美国俚语、神采迷人的外交官。他的身高绝对不超过1.5米，体重大概只有45公斤。露齿而笑、戴着一副金框眼镜、大耳、头戴高帽、穿着晨礼服和外交使节团的条纹裤，很像战后讽刺漫画中的日本高官显要。西华德和斋藤能站在一起，这真是奇迹。只是他们和这个圣殿实在很不搭调。

“对不起，大使，你可知道我对于美日两国初期的关系也多有贡献？1868年，也就是我国务卿任期的最后一年，你们国内发生了由天皇带动的革命，稍后不久我访问了贵国。”

他谈的是明治维新，日本全盘现代化的滥觞。我忘了西华德曾经去过日本。

“是我促进了太平洋地区的美国文化，你们日本人也接受了我们的善意……不过你说后来两国之间发生了战争？你一定是夸大其词。事情不可能演变到这般地步——？”

“州长，你的国家背弃了我们。我国人民非常气愤。”

“真的吗，大使，你是说非常气愤？嗯，先生，尊姓大名？”

第三个人出现了！

“我是谢尔盖·尤利耶维奇·维特（Sergey Yulyevich Witte）伯爵，俄皇尼古拉二世陛下的首相，你刚提到因为比上级聪明而产生挫折感，这我能理解。不过我不会贬低林肯先生的智慧。”

“维特伯爵，原谅我的随便。总统还要我教他不可以称呼有头衔的外人为‘先生’。你说你担任过首相是吗？时代在我之后，是不是？”

除了加休曼努外，维特和我们其余的人比较，简直像个巨人。高挑、全身毛茸茸，他并不胖，但是看起来笨拙。我担心他会坐垮椅子。他的头也很大，前额更宽，这也许是为了容纳更多智慧。他的眼睛突出，眼距很宽，留着满幅的黑胡子。他声音很尖，显得焦躁不安、明显有点生气。

“1905年我们刚结束损失惨重的俄日战争，国内随即发生革命，我从革命后担任首相。不过我最大的影响力在此之前。国务卿先生，我的职责是让俄国现代化，将沙皇和俄国人民从枯萎的俄国民族性中拯救出来。各位，我建造了西伯利亚铁路。不过我的敌人，我在国内的敌人却醉心于军事扩张。他们发动对日战争，于是一切都变得徒劳无功。所以我想我也是一事无成。只是我还能怎样？”

“维特伯爵，你是否发现了我们之间的共同点？我试图阻止美国南北战争；维特伯爵要阻止日俄战争；你，大使先生，则是——我想是——阻止日美战争。我们都得应付‘疯狂’。不过这位矮小、有点像修道士的人是谁？”

“矮小的修道士？没错，身高和你们这些政治家比起来，更显矮了些，可是我却能看透世俗。我名叫胡尼贝洛·塞拉（Junípero Serra），属于圣方济各（St. Francis）教派。我曾在上加利福尼亚创立了几个传教区。这不算什么。”

塞拉神父，承蒙上帝恩宠！别让这一刻溜走。脑袋，别去想这是怎么一回事，也别想突袭破坏这一切。就这样沉睡下去吧！真希望自己是睡着了。塞拉神父比斋藤高，不过也没高多少。他戴着头巾、身穿长袍，很难看出身材，但他没有一般神父大腹便便的迹象。他有张圆脸，带点女性的柔弱，只见他玩弄粗短的手指，老是卷绕腰带，没有一刻静得下来。他的皮肤是橄榄色的，还有，他跛得很厉害。

“神父，还说你的传教区没什么，你简直可以说是印第安人之外的第一位加利福尼亚人。”

“没错，西华德先生，除了印第安人以外。我想我们在加利福尼亚算是失败了。在我死之前，英国人和俄国人几乎骑到了我们头上，新西班牙已病入膏肓。我猜我们西班牙人被逐出太平洋、印第安人被杀或被奴役，都是早晚的事。”

“神父，我对印第安人并不清楚，不过你们后来在美墨战争中被赶走了。这是一场愚蠢、根本不该发生的冲突，当然，我对这场冲突是持反对立场的。如果美利坚合众国成立时，你还在世的话，你一定早会猜到美洲大陆无法保持和平。”

“主张和平的调解人有福了，他们应被称为上帝之子。”

“我想你会错意了，神父。我主张扩张，但要是和平扩张。然而情形多半不是这样，对不对，维特伯爵？”

“我们可以这么说：‘调解人该死，他们看起来就是一副蠢模样。’”

“各位，调解人有时候的确愚蠢，这和他们的动机有很大的关系，也要看他们努力谋求的是什么样的和平。”

“神父，圣职人员也许会这么认为，不过政治是只论成效不看动机的。州长，你说是吧？”

“毋庸置疑。对了，各位，举行这场气氛融洽的核心会议，总不会师出无名吧！”

核心会议！我认为用来形容这场聚会很传神。

“我们四个都努力扩张各自国家的版图和文化，我们都进军太平洋，因为我们都相信国家的命运就系于这片海洋，我们都认为不该使用武力开创自己的命运。我们四国有这么多共同点。稍等，我们总共有几个人？”

“人类的共同点要比他们承认的多，不论男女。哎呀！举行聚会一向都是事出有因。我是加休曼努，夏威夷群岛的皇后，我需要有人指导我了解这片海洋的故事。这两位外邦白人酋长、这位天主教祭司、还有这位棕色皮肤的先生（他看起来有点像我们，不过他实在很矮），学者，他们能告诉我们哪些有关夏威夷的事呢？”

“我会解释的，皇后陛下，但是我想先知道维特伯爵和塞拉神父英文怎么会说得如此流利？”

维特干吗对着她眨眼睛？

“教授，他们说的话只有在你听来才像英语，我听起来却像俄语。这里似乎没有语言障碍，不过我们还是保留了各自的独特魅力。如果我们能遗忘过去的话，这种情况真是再好不过了。”

“怎么了，维特伯爵，我想你该不会是没尽到你的天职吧。”

“也许吧，小神父，不过这里又不是你的教堂。”

“够了，派系争吵对加休曼努来说是一大禁忌！”

她再度咆哮。我已经有点感受到她的权威了。

“我召唤你们到这里来是要你们帮这个人。他是一位……”

“历史学家。”

“他来自美国。你准备好了吗？”

“皇后陛下，我这辈子都在准备。”

天知道我还没准备好。我根本谈不上什么准备……

“缪斯，请你告诉我，是什么原故（O musa，mihi causas memora）！”

“古罗马诗人维吉尔（Vergil）的《埃涅阿斯纪》（*Aeneid*）！‘缪斯，请你告诉我，是什么原故。’所以你的时代学校还有教古典文学，很好！”

“西华德先生，我大概只记得这些，而且情形也不像你说的那样，美国学校已经完蛋了，或许这就是为什么威基基现在会归斋藤的同胞管辖。”

“该死的，你说什么？”

“是的，万岁！”

“夏威夷一度差点落入俄国手中，只是俄国注定要失败，而且败得凄惨，败得一塌糊涂，就是老是失败。”

“安静！我必须知道‘斋藤的同胞’指的是什么，他们怎么取得威基基。现在听这位历史学家怎么说，他要讲述北太平洋的故事。”

现在该你表现了！别激动得说不出话来。你不是一向都自夸即使闭着眼睛也能上历史课吗？就当作没有听众，只是这是一群多特别的听众啊！

学者：近代初期，北太平洋宛如另一个星球，面积占地球的六分之一，宽广无际，不易接近又神秘万分。海洋空无一人，却资源丰富，充满清新的自然美。从围绕着半圆形海岸线的下加利福尼亚延伸到朝鲜半岛和中国，这片陆地涵盖各种地形、气候，从海平面以下约61米深的盐洼地到极地约610米高的高峰、沙漠高原、肥沃的山谷、高贵的红杉林、冰河、峡湾、苔原、火山岛和雨林应有尽有。最后，我想也就是到了现在，许多美景依旧存在，只是北太平洋已人满为患、资源流失，整片海洋已成了一个以快速通信系统与古老的人类聚集中心连接的市集，种族也前所未有的多元化。至于海洋中间？是什么因素让这么多国家选择填补北太平洋的空白？这些国家如何靠着帆船、铁路、飞机开展太平洋事业？开拓先锋又是如何受制或受益于政府愚蠢、明智、无知、被动的政策？

这些都无关紧要，我最好赶紧切入正题。

自从世人比较了解这片海洋后，殖民与冲突也随之产生。没过多久，开拓先锋和他们的政府就对准北太平洋的六大重要地区：北美洲西岸，塞拉神父的上加利福尼亚北方，维特的同胞最先发现、后来被西华德代表美国买下的阿拉斯加，维特努力想建造铁路、大肆开发的西伯利亚东部，斋藤的国家两度不惜一切想要占领的中国东北地区，加休曼努欢迎白人进入、地理位置适中的夏威夷群岛，以及联系这六区的海路。这六处北太平洋精华区的命运向来息息相关，因为所有国家都觉得只占有一区没有安全感，因此都试图兼并其他一两处精华区。不久北太平洋的霸权之争演变成俄、美、日三雄鼎立。直至今日，这三国之间的不稳定关系仍然牵动北太平洋的地缘政治与文化。

欧洲人首次来到北太平洋时，这片地区是什么样的情形呢？1866年，也就是西班牙人巴尔沃亚（Balboa）探索太平洋的353年后，马克·吐温大放厥词，抨击他是“糊涂的笨老头”，说他“站在高岩上俯视有如森林中的湖那般平静、祥和的大海，然后就像其他西班牙佬一样——”

抱歉，塞拉神父。

“突然为了小事欣喜若狂，挥动着西班牙国旗，用西班牙语大吼大叫，把他伟大的新发现命名为‘太平’。”克莱门斯[①]先生的这趟旅行并非全是一帆风顺，他说“如果这个外国人把这片海洋命名为‘只太平四个月’会比较接近实际”。马克·吐温错怪了巴尔沃亚，巴尔沃亚首次从巴拿马高原俯瞰这片新发现的海洋时，是将它取名为“南海”（South Sea）的。“太平洋”是麦哲伦（Magellan）取的。但是马克·吐温对天气就说对了。太平洋的气候，特别是北半球部分，有时风狂雨暴，向来无法预测。

除非亲自去过一个地方，否则我们就习惯于按照地图来想象实际的地理位置。但是平面地图显而易见的会扭曲陆地与海洋的形状和面积，于是我们开始逐渐习惯用尺去衡量距离。地球仪可以克服前一个缺点，但却无法解决后一个缺点，因为海洋和空气之多变并不亚于大陆块，强劲的海流或是逆向盛行风和山脉一样，都足以构成前进的障碍，令人望而却步。老一辈美国人的俏皮话“你从这里到不了那里”（You can't get there from here）就是这个意思。这也是在谈及当人类只能靠帆船和体力向前推进的时期，我们必须先精确描绘出北太平洋地形的原因。

由于我们的地球是绕着地轴自转的，因此表面的运转速度不等——南北极几乎不动，到了赤道部分每小时则转动约1674公里。同时根据纬度、季节、

---

① 马克·吐温的本姓。——译者注

一天时间的不同，不同地区接受的阳光强度也不相等。自转和温度的差异导致地球上气体与液体旺盛地流动，这就是天气。如今的气象学家和海洋学家了解天气背后千变万化的因素，但在帆船时代，只有具备航海经验的船长与舵手才知道水与空气变化的模式。太平洋的水流在南北半球各形成一个大循环。赤道流从美洲往西流向亚洲，然后分成两股，各自向北或向南流经亚洲与大洋洲的海岸，再流回美洲。日本人将向北流经日本海岸的暖流称为“黑潮”（Black Current）。黑潮向北流，撞上阿留申群岛和阿拉斯加的崎岖海岸，形成岔流甚至逆流。主流转弯向南，即加利福尼亚洋流。如果你乘坐一艘救生艇驶离圣迭戈海岸，你大概只能经由日本飘回北边的洛杉矶。夏威夷历史曾记载遇难的日本渔船被冲到夏威夷岸上。但是一个随波逐流的夏威夷人，即使漂泊1000年，也不可能碰巧或经由蓄意安排而到达日本。

不过洋流（不像河流）不会受到地心引力的影响，而且每小时的流速顶多也不过几海里。对船员来说，风更重要。一般而言，太平洋贸易风（Pacific trade winds，即太平洋信风）会从南北纬30度左右的美洲海岸高压中心由东向西吹，这两个信风带之间是赤道无风带。在南北纬30度左右，贸易风会逐渐减弱，产生小型的无风带，称为马纬度（horse overboard，即副热带高压带），此名起源于船员因航程陷入停滞而不得不将马匹抛下海中，以节省用水。再向北（或南）即进入“狂风暴雨的40度”，太平洋的盛行风在此转弯向东。不过在这一纬度，向东的航行还是很轻松的，北纬40度附近的气候变化莫测，时有暴风雨。在美洲海岸，陆地的酷热和沿岸的寒流产生的温差形成一层朦胧的雾。亚洲这边则有季风，夏秋时节，从菲律宾到日本的海面都会受到台风侵袭。

到了16世纪，欧洲造船匠和水手的造船及航海技术已足以在太平洋上航行，但还无法驯服这个多变的大洋。他们装有船尾舵和直龙骨的多桅宽身武装帆船、多桅快速帆船和武装商船摆脱了地中海和波罗的海沿岸狂浪的冲击，而且船只的大小在设计上特别符合远渡重洋的需要。船员借由对帆和舵的巧妙运用，可以抵抗某种程度的逆风与逆流。但是16世纪帆船所装的帆数目还不够多、制造也还简陋；船身常会困在浅滩，因为船底长满藤壶而动弹不得。有时遇上天气恶劣，船只根本无法出港，只有生性勇敢或愚笨的船长才会向未知的风浪和潮流发起挑战。

经由以上的“地理实况”描述，我们可以了解：当时技术尚属启蒙阶段，北太平洋亚洲沿岸的开发差不多只到北纬30度，再往北是一片危险的未知地带；阿拉斯加和西伯利亚沿海水域难以捉摸、气候险恶；沿着美洲海岸向北航行是一大难题;而且上述因素也让夏威夷几乎与世隔绝。不过,如果就此论断,这些事实即足以解释为何第一个开发北太平洋的西班牙帝国会错过攫取太平洋地缘政治优势的机会,则未免过于轻描淡写。这些事实还不够,至少还不足以独自成立。

加休曼努: 谢谢你,学者。可是你怎么没提到——

学者: 我的故事还没开始呢!

加休曼努: 那就快开始吧,这样才能早早结束。

斋藤: 博士,我要是你,我会照她的旨意去做。

第一部

帆船与体力时期

第3章　东经159度，北纬32度，1565

在北太平洋地缘政治学上举足轻重的六大地区当中，第一个为入侵者所知的，是通往其他五处的公路——海上航道。1565年夏至的10天前（依儒略历计算，就是6月1日，而此历之后尚继续沿用了17年），弗雷·安德烈斯·德·乌尔达内塔（Fray Andres de Urdaneta）命令快速轻帆船“圣佩德罗”号（*San Pedro*）[①]自菲律宾群岛的圣米格尔（San Miguel）出发，目的地是向东约14,806公里外的阿卡普尔科（Acapulco）——它14个月前才从那里驶来。乌尔达内塔一驶离莱特湾（Leyte Gulf），立刻设定东北方向的向北航线，希望能够越过贸易风及马纬度无风带，迎上柔和的西风。麦哲伦首度乘着南方吹来的贸易风横渡太平洋西行，已经是45年前的事了。但从那时至今，除了绕行地球之外，尚无人能够找到返航的路。

经过一个月耐心的顶风调向航行之后，乌尔达内塔那些孤单的水手航行到北纬32度、东经159度的地方——虽然他们并没有测量的工具。这里便是“不归点”，22年前，另一名船长就在这里放弃了继续航行的念头。但乌尔达内塔却向船的守护神圣彼得祷告，希望在这个季节，吹到这么北方的自西向东的季风能够把他们带回美洲。这也是麦哲伦当年所面对的挑战，只是方向相反而已；而这次挑战性更大，因为乌尔达内塔很清楚这片海洋有多广阔又有多空旷。西风果然撑满了他的帆，于是乌尔达内塔下令“圣佩德罗”号驶进这片没有陆地可以提供饮水和食物的未知洋面。船只时快时慢地向东行进，直到终于遇上加利福尼亚洋流，顺势朝南航向墨西哥。历时130天，行驶约1.9万公里之后，乌尔达内塔终于在10月8日抵达阿卡普尔科。44名船员中死了16人，大多数死于坏血症。更糟的是，生还者发现有个对手已经抢先一步！“圣卢卡斯”号（*San Lucas*）的阿隆索·德·阿雷利亚诺（Alonso de Arellano）中途

---

① “圣彼得”的西班牙语称呼法。——译者注

放弃远航，绕过菲律宾群岛的海岸起航返乡。他曾远达北纬43度，声称见过“硕大如牛”的海豚，并于8月间在纳维达（Navidad）停泊。但是阿雷利亚诺的航海日志实在是匪夷所思而且含糊不清，没有一个舵手相信；而乌尔达内塔的内容就翔实且专业得多。因此，可以说真正开启北太平洋大门的，是修道士乌尔达内塔，而非海盗阿雷利亚诺。西班牙大帆船队在1571年建立马尼拉城后，就是沿着“乌尔达内塔航线”返航的。而他关于风与海流的记录也成为库克船长时代之前的航海圭臬。

在西班牙的经验中，“新世界”的发现与征服是连续而不中断的。1492年，斐迪南（Ferdinand）与伊莎贝拉（Isabella）的婚礼，将卡斯蒂利亚（Castille）与阿拉贡（Aragon）的领地结合为单一的西班牙王国。同样在1492年，卡斯蒂利亚军队攻陷摩尔人的格拉纳达（Granada），完成了在伊比利亚（Iberian）半岛的“收复失地运动”（Reconquista）。1492年，王室政府驱逐犹太人，命令穆斯林改变信仰。同样在1492年，宫廷资助了哥伦布的首次航行。因此，当他的后继者陆续出发到达美洲时，伴随他们的是十字军式的勇气、残暴和觊觎的眼光，以及对一个善妒君主及教会不情不愿的服从。“新西班牙”（New Spain）展现了极度的个人主义和积极进取，同时又带着极端的国家主义以及瘫痪停滞。我们可以说，西班牙帝国的产生，是因为前面那些“征服者”的特质；而它衰亡的原因，就在于后面那些官僚特质。但若没有国家和教会软硬兼施的手段，西班牙帝国的瓦解或许还要早上好几个世纪。我们的疑问是，能够到达美洲海岸的皇家或堂吉诃德式精神，为什么却无法继续将帝国扩展到更远处……直到北太平洋？

当西班牙探险家巴尔沃亚在1513年声称南海及其中所有陆地皆属卡斯蒂利亚国王所有时，葡萄牙已向东航行渡过印度洋，早一步抵达西班牙的目的地香料群岛（Spice Islands）了。因为这件事，西班牙于是在埃尔南·科尔特斯（Hernán Cortés）向西展开史上有名的墨西哥远征的同一年，资助麦哲伦绕过美洲大陆前往亚洲。科尔特斯迅速征服了墨西哥的阿兹特克（Aztec）帝国，使西班牙的控制力延伸至美洲西岸。到了1526年，科尔特斯已开始在太平洋岸造船并建造港口，其中最著名的就是阿卡普尔科港。加利福尼亚洋流阻碍了北上的探险，但科尔特斯依然派出数支远征队北行，其中之一还探索了加利福尼亚湾（科尔特斯海）。1540年，胡安·卡布里略（Juan Cabrillo）远行至如今的圣迭戈，发现了圣大巴巴拉群岛（Santa Barbara Islands），并在今天圣弗朗西斯科湾北方约48公里处登陆。但加利福尼亚——此名源于传说中一个靠近天堂，由一群黑皮肤女勇士看守的岛屿——却似乎不值一顾：印第安人四散居住，生活贫困；河谷稀少，又干枯贫瘠。传说在内地的西波拉七城（Seven Cities of Cíbola）藏有巨额的财富，但科罗纳多（Coronado）从1540年到1541年的寻宝计划却空忙一场、毫无所获，这足以使明理的人相信，墨西哥以北的土地只是一片荒芜。何况，人们才刚发现比墨西哥更大的财富不在北方，而在往南的秘鲁。

西班牙的殖民政府也未能成功鼓励民众进行北太平洋的探险，虽然就其严格的中央集权、官僚制度和统一行事方式而言，应该是做得到的。这是现代第一个跨洋帝国，由各有打算的精悍军人创立，居住其中的是各种各样的佣兵和玩命暴徒。在这种环境下，准许他们自治只会导致混乱、专制割据和内战，王室既得不到好处，也会使帝国面临欧洲敌国的掠夺。于是王室将美洲分成若干总督国及“高等法院”（audiencias，略等于省），由西班牙人以国王的名义治理。这些统治者偶尔可因不符合当地情况为由不遵守王室命令，不过一般而言，他们在美洲的施政都必须遵照大大小小的规定。这些规定是由国王的“印度等地事务院”（Council of Indies）拟定的，其中大部分成员从未跨进新世界一步。这样的遥控统治本来就一定会激怒各殖民地的领主，更何况王室还想制止他们虐待印第安劳工。教会受到多米尼加（Dominican）修士巴托洛梅·德·拉斯·卡萨斯（Bartolemé de las Cases，他本人就是一个悔过的殖民领主）的感动，主张印第安人也是上帝所爱，同样也是王室的百姓。但殖民者很容易规避那些本意要保护印第安人的法律，而且秘鲁总督本人征召数千印第安人到波托西（Potosi）去挖银矿的行为，更使王室的道德规范荡然无存。于是印第安人只得因欧洲传来的疾病、征服战争、奴役和消沉堕落而大量死亡。墨西哥的印第安人口从哥伦布之前的500万到1700万（这项数据尚有许多争议）降到1600年的区区100万人（外加10万西班牙人）；而安第斯山脉一带的印第安人口也从原有的500万左右减为150万（及7万名西班牙人）。这意味着，就算西班牙在垄断太平洋的时代就征服了加利福尼亚，也没有殖民地居民去填满这巨大的空间。

而西班牙王室亟欲通过“中央贸易局”（Casa de Contratación）来掌握殖民地经济的做法，也对探索太平洋的新行动造成了阻碍。这里的贸易局并非欧洲王国在1600年后成立的那种特许公司，而是一个政府机构，负责收取税赋、批准贸易及探险的旅程、掌管航路情报、执行所有商业法令、核发舵手许可，甚至运送邮件。理论上来说，没有贸易局的许可，任何西班牙人都不许出航到任何地方。当然，单靠位于西班牙本土塞维利亚（Sevilla）的一间办事处，是不可能约束散布在大半个世界外的万千牟利者的。于是腐败、走私、

NORTH PACIFIC
WINDS AND CURRENTS
Arctic
Circle
75°N.
45°N.
30°N.
15°N.
0°
winter
summer
MONSOON BELT
Anadyr Current
North Pacific Drift
Alaska Current
Kuroshio Current
NORTHERN WESTERLIES
The "Stormy Forties"
Horse Latitudes
(pray here for breeze)
California Current
TYPHOONS
(beware in summer and fall)
NORTHERN TRADE WINDS
North Equatorial Current
Equatorial Counter-Current
THE DOLDRUMS
(you are becalmed)
Equatorial Counter-Current
Peru Current
South Equatorial Current
SOUTHERN TRADE WINDS
120° E.
150° E.
180°
150° W.
120° W.
90° W.
北太平洋季风与洋流。

逃避税费便层出不穷。但要王室放手，并采取自由贸易政策，在那个重商主义的年代根本无法想象。如果开放美洲港口，对任何人都来者不拒，就表示王室的岁入会减少，而西班牙商人也将被无数更具活力的荷兰人、法国人和英国人所取代。由16世纪的眼光看来，国家垄断似乎是从殖民地赚钱的唯一合理办法。

类似“中央贸易局”那样的计划经济，倒也并非在各方面都窒碍难行。如果资金充足，一个开明、富有想象力的贸易局是可以从事新发现之旅，并且鼓励“新西班牙”发展次殖民事业的；有段时间它也的确做到了。但在国力充沛之时，西班牙却把力量都浪费在一连串昂贵的南太平洋远征上。唯一可观的太平洋殖民地是菲律宾群岛，但贸易局仍旧限制西班牙著名的大帆船队每年只能往返阿卡普尔科与马尼拉一次进行通商。到了17世纪末叶，贸易局更染上了官僚制度的血管硬化症，而国库空虚的结果，更使王室应得的那份美洲财富早在尚未送抵塞维利亚之前，就已签字转让给西班牙的债权人了。按照通常的说法，就是西班牙把美洲的财富浪费在了既频繁又徒劳无功的战争上。频繁是真的，无功倒未必。因为查理五世和菲利普二世都是虔诚而有责任心的统治者，他们不可能放弃地中海和中欧，将之交给气势正盛的奥斯曼土耳其帝国；或是将神圣罗马帝国丢给叛教的路德教派王侯；或是将他们在意大利及低地国家[①]的领地让给入侵的外邦人和国内的叛徒。的确，新世界的财富鼓励了西班牙去迎击这些威胁，但不论有没有运送财富的船只从美洲驶来，这些威胁本来就存在。不过，西班牙王室的慢性破产，加上美洲白银流入造成的欧洲通货膨胀，逐渐使得马德里和塞维利亚缺乏资金去扩展他们的太平洋霸权。

最后，挪凑来的资源也仅供自保而已了。1572年，英国船长弗朗西斯·德雷克（Francis Drake）开始劫掠南美洲北部沿岸。4年后，他的同胞约翰·奥克斯纳姆（John Oxenham）悄悄穿过加勒比海水域抵达巴拿马，再用马车将枪支与火药运过崎岖的地峡，在太平洋海岸建了一艘坚实耐用的舰载艇，进而在太平洋上掠夺了首批财富——一艘载有3.8万比索的近海商船。这时海上已在进行一次更为严肃的探险：德雷克于1577年驾驶“鹈鹕”号（*Pelican*，后改名为“金鹿”号［*Golden Hind*］），自英格兰的普利茅斯（Plymouth）出海，进行可能是历史上最伟大的一次航海之旅。在3年的环球航行中，德雷克劫掠了西属美洲太平洋沿岸的各个港口、探索了北美海岸、乘着北半球的贸易风

① 现在的荷兰、比利时、卢森堡三国。——译者注

横越太平洋，最后带着至少价值60万英镑的战利品回到普利茅斯。德雷克与他的效仿者卡文迪什（Cavendish）及霍金斯（Hawkins）等人，迫使西班牙将保卫现有财产视为首要任务，而无暇获取新土地了。

难道没有一个西班牙人怀疑过“乌尔达内塔航线”之外还有吸引人的新陆地吗？有的，有些人是怀疑过，并且认为有两个可能的目标。一是传说中的“金银之地”（Rica de Oro y de Plata），位于日本以东的海上，此说出自一名葡萄牙走私者。第二个就是加利福尼亚。第一个地名令人无法抗拒，叫法也同样吸引人，但是它当然并不存在；第二个地名虽然带有嘲讽意味，倒确实存在，并发出闪闪的金光。1587年，佩德罗·德·乌纳穆诺（Pedro de Unamuno）从马尼拉出发，打算偏离大帆船航线，寻找“金银之地”。他在西太平洋一无所获，但在美洲沿岸却探索到一座良港，靠近今天的圣路易斯－奥比斯波（San Luis Obispo）。这时墨西哥当局表示有兴趣。在坏血症预防法尚未出现的那个时代，按照“乌尔达内塔航线”航行的大船，鲜有船员不生病、不挨饿的，那么为何不在上加利福尼亚（Alta California）开一两个港，好让船只停靠休息，让船员恢复元气呢？于是总督获准命令一艘向东行驶的马尼拉船只，在塞巴斯蒂安·罗德里格斯·塞梅尼奥（Sebastian Rodriguez Cermeño）的指挥下出发寻找港口。但是船于1595年在门多西诺角（Cape Mendocino）附近失踪。继任总督蒙特雷伯爵（Count de Montery）决定就近从墨西哥派出一支远征队。他的船长人选是塞巴斯蒂安·比斯凯诺（Sebastian Vizcaíno），此人曾在被卡文迪什掳获的船上待过，深知西班牙的弱点。但他也是个无耻之徒，善于自我推销，汲汲于利，并将第一次探险机会浪费在采集下加利福尼亚（Baja California）水域的珍珠上。然而在1602年，比斯凯诺不仅发现了一个绝佳良港（为讨好总督，他将之命名为蒙特雷港），还带着对加利福尼亚的满腔热情回到阿卡普尔科。倒霉的是，蒙特雷偏在这时辞职了，继任者又没什么兴趣，比斯凯诺只得直接向王室请求授权。过了3年——这是马德里作出决定的正常时间——授权比斯凯诺殖民加利福尼亚的王令终于下达到墨西哥，这时他又才刚刚死了心，驶向日本去了。于是加利福尼亚计划便束之高阁，留待日后另一个寻找“黄金之地”的傻子出现。

撇开比斯凯诺的挫败不论，或许会有人问，西班牙人到底有没有打算在17世纪殖民加利福尼亚？如果不希望将来有外国人染指加利福尼亚，他们需要的就不只是供船只停靠的港口。更确切地说，一旦登上了陆地，西班牙人或许会体会到边陲省份的好处。但人力却不太可能从墨西哥供应，因为当地正值人口最低潮，劳力严重不足；也不太可能从西班牙来，因为该国仅有的

850万人口，也因战争和经济萧条而减少。也许，在缺乏人口推动力的情况下，再积极的政策恐怕也无力使帝国向外扩张。因此，西班牙的帆船队既没能发现阿拉斯加或夏威夷，也没有前往加利福尼亚殖民，而只能年复一年走过“乌尔达内塔航线”，官员们也忘了那些探索美洲海岸的壮举。直到西班牙有幸因为战败而卸下欧洲重任，而且有了一位进取的君主登基之后，墨西哥总督才重燃兴趣，重新准备了金钱和工具想到加利福尼亚再试身手。然而到那时候，这些都已经不够，时间也已太迟了。

第4章　长崎，1638

公元1600年，如果从外星球来了一位观察员，他大概会断言，此时的日本已熟悉文艺复兴时代的欧洲航海与军事技术，最后终将主宰这原本就是属于他们的海洋——北太平洋。西班牙人占领的美洲缺乏足够的人口、资源和意愿来开发北太平洋，而且西班牙人统治的菲律宾据点几乎毫无防御可言。北太平洋沿岸其他地区，从上加利福尼亚到阿拉斯加，再从西伯利亚海岸向南，居住其间的均是原住民，人数稀少。日本就不一样，它拥有超过2000万可动员为军事力量的同文同种的人口，而且又熟稔航海与通商。假如17世纪日本新掌权的幕府能勇于突破的话，日本无疑将成为北太平洋霸主。日本为什么不这么做呢？后来的欧洲学者——如伏尔泰、马克斯等人——都认为，日本与中国封闭、自给自足而又停滞不前的文化，让人民缺乏西方民族的好奇心与创造性，这可由佛教、东方的君主专制和相对于资本主义的"亚洲"生产方式看出。然而西方观察家却没有看出，他们自己在中国和日本（特别是日本）的自我孤立上扮演了重要的催化剂角色。

一如不列颠群岛，日本群岛也位于欧亚陆块外缘，国土包括北海道、本州岛、四国岛、九州岛四个大岛，以及向北方堪察加半岛延伸的千岛群岛[①]和向南方台湾岛延伸的琉球群岛。17世纪，寒冷的北海道和千岛群岛并不隶属于日本帝国，岛上只住着多毛的原始阿伊努人（Ainu），他们是被日本移民赶到这个边缘地带的。日本其他地区由于有温暖的黑潮经过，气候温和，雨量丰沛。不过可耕种的低地只占国土的20%，因此稠密的日本人口赖以维生的农业生产非常有限——难怪日本精英和城市居民都费尽心思要控制农夫。此外，日本地壳格外不稳定。整个一脉相连的群岛是由环绕太平洋的地壳大断层浮出海面形成的。岛上有记录可查的活火山共有60多座，地震活动早已成

① 现属俄罗斯萨哈林州管辖。——编者注

了司空见惯的日常灾害之一。日本同时也位于台风最频繁的地带，木制的传统纸门窗房屋又特别容易着火。由此不难了解周而复始的灾难，对这曾被形容为永远摇摆于歇斯底里边缘的民族所造成的影响。

每个民族多少都有其依托的神话。美国人的清教徒祖先相信美洲大陆是上帝特别划出的一块地。数百万的非清教徒美国人也都接受这个神话，让他们能名正言顺地排外、自我孤立。日本人则相信他们的国土是块圣地，是“日出之地”，太阳神从东方海面上升，然后才俯降照耀世界其他地方。日本天皇是太阳后裔，因此日本是神之国。事实上，日本人是在公元前200年左右，带着中国汉族文化来到九州岛的，此后也一直受到中国而非神的影响，特别是公元600年后的佛教。约在这个时期，以本州岛大和平原为根据地的大部族统一日本，这是日本史上首次的大一统局面。大和的领袖成为皇帝，定居京都；政府是阶级严明的官僚体系，管理由省、区、村所构成的复杂行政系统。皇朝的首要任务是维持统一与和平、提倡美德，并分配农田与米粮。这套体系在12世纪瓦解。地方诸侯与官员势力坐大，足以违抗中央，彼此也是兵戎相见。因此诸侯与皇朝之间的冲突便循环发生。不久日本再次恢复一统的局面，只是天皇丧失了实权，拥兵自重的征夷大将军挟天子以令诸侯。从1185年到1467年，日本由两朝世袭幕府将军统治。尔后天下又合久必分：地方诸侯势力日益强大，开始反抗幕府的领导，双方的冲突将日本带入了持续125年的战国时代。

在这段无政府时期，1543年有3名发生船难的葡萄牙船员飘流到九州岛外海的种子岛（Tanegashima）。他们带的3把简陋火枪很快在交战诸侯间传播开来，有“种子岛枪”之称（无独有偶，种子岛今天成了日本的太空发射中心）。欧洲人要想进入日本，此时正是上好时机：日本全国四分五裂、群龙无首，当然也无外交可言。“大名”（封建领主）各据一方，宛如一国之君，根本不会联合起来对付白皮肤的野蛮人。相反，这些领主竞相购买欧洲武器、建造欧式军备、与欧洲人通商赚钱。尔后短短几十年间，欧洲人的影响力就遍及日本社会各阶层。1549年西班牙传教士圣弗朗西斯·泽维尔（St. Francis Xavier）开始到日本传教，葡萄牙人的势力大到足以抵制不接受传教的大名。到了1571年，葡萄牙人每年定期从澳门发船到长崎，这就是有名的“黑船”（Black Ships），长崎也成为了拥有15万名教徒的天主教城市。欧洲人也不免牵扯进日本如火如荼的内战，而这正是他们败亡的祸因。

战国局面不会一直持续下去，迟早会出现一位得民心、有才能、能掌握天时打败群雄的诸侯，同时识时务的大名肯定能体会到，为了太平，俯首称臣绝对值得。首位称霸的诸侯是来自本州岛南部的织田信长（Oda Nobunaga），

幕府时代的日本。

他所继承的“部队”成员不过数百人。然而织田召集所有族人，占领了邻近一座城堡。1560年，织田军在一场天昏地暗的暴风雨中展开伏击，击溃了一支军力是其10倍的大名部队。织田军接着攻下了更多领地，失去主人的武士都转投其麾下。1568年，织田占领京都，此时日本他已经三分天下有其一。

织田信长是雄才大略的将领，但是他成功的关键，却在于运用西洋火炮和训练有素的火枪手。同时织田将对手的土地授予人数日益增加的部下，增强他们的向心力，并废除农夫持有武器的权利，不让大名有迅速成军的机会。另一方面他也全面禁止国人与外国人接触（除非得到他的首肯），以防有人取得西洋武器造反。不过后来织田还是遭到背叛。他在守备最森严的城堡里举行茶道仪式，结果却被几位亲信刺杀。

第二位统一日本的人是丰臣秀吉（Toyotomi Hideyoshi）。他出身农家，但是投效织田信长之下东征西讨，官阶一路蹿升。织田死后形势混乱，丰臣赶赴京都复仇，他恩威并施，被拥戴为织田家的摄政。丰臣也马不停蹄地发动讨伐战争，1585年平定四国、1587年平定九州岛、1590年平定本州岛北部。丰臣秀吉得以统一日本，靠的不只是武力，政治手腕也功不可没。他让地方诸侯仍旧享有权力，但维持中央政府的强势。丰臣让败在其手下的诸侯仍旧统领自己的土地、实行声名狼藉的"刀狩令"（Sword Hunt），彻底收缴农夫的武器以解除其武装，并固定阶级制度：农夫必须终生死守耕地，武士不可易主，也不可从商或务农。他还鼓励民众密告。通过这种方式，尽管忠心的诸侯可以享有防御和免税的权利，但却无法聚众造反。换言之，丰臣秀吉这些改革措施的目的，就是防止其他诸侯模仿他的夺权经历！

丰臣秀吉统一日本后，开始实施真正的外交政策。可以想见，他随即处死基督徒，遏制外国人的势力，并且开始向外发展。早在1586年，丰臣秀吉就图谋侵犯朝鲜，并要求耶稣会教士加斯帕尔·科埃略（Gaspar Coelho）给日本海军提供两艘葡萄牙制的武装商船。急于讨好这位摄政王的科埃略答应了，然而这却让丰臣秀吉了解到，原来这些外国人是这么危险。今年他们能给他提供战船，难保明年不会给其他大名提供，如此一来内战不免再起。翌年丰臣秀吉在征讨九州时，再度与科埃略会晤。起初两人为丰臣的胜利痛饮庆祝，然后各自回房睡觉。可是到了夜深人静，武士却把科埃略拖到丰臣面前。为何葡萄牙人强迫日本人信教？为何唆使信徒破坏佛寺？为何允许信徒违反日本的规定吃肉？葡萄牙人有什么权力把日本人作为奴隶送到印度？这位耶稣会教士被这些责问搞得一头雾水，极力否认，但是丰臣秀吉早已决心将耶稣会教士一律逐出日本。当耶稣会采取权宜措施、伪装身份，或企图说服信教的大名造反时，迫害运动随即展开。

耶稣会虽然是依照自己的宗教和当时的时代标准来评断日本人，但是这种评断一直影响至今。亚历山德罗·范礼安（Alessandro Valignano）描述日本人为"白人种族（亚洲人为黄种人的观念是后来才有的）、彬彬有礼、相当有文化素养，远非其他种族所能比拟"，又说"日本人天生聪颖，行为一丝不苟"。然而范礼安也观察到日本人是"世界上最好战、最尚武的民族"。芝麻小事也能导致父杀子、上杀下、兄弟相残；母亲踩死刚出生的婴儿，照旧心安理得。"同样的，有许多人用刀子切腹自杀。"日本人从不埋怨遭到背叛或时不我与，为了高官厚禄，随时都能易主或毁约。日本人根本就是"世界上最无义、最奸诈的民族"，他们从不当面说出心中真实的感受。不过耶稣会期望借由传教将日本改造成“东方最优秀的基督教民族，而且实际上日本已经办到了”。

然而日本人的折磨手段却让当时的欧洲人望尘莫及。在欧洲，受刑人被绑在木桩上，脚下堆柴，被活活烧死；日本人则把燃料放在圆圈内，慢慢烤死受刑人，不然就是把受刑人头下脚上反吊起来，下面再放一水桶，让他的鼻孔刚好浸于水中，好让旁人可以观赏这位殉难者蠕动挣扎、慢慢淹死。再不然就是用刀把教徒砍伤，再将伤口浸于硫黄水中，让伤者痛不欲生。也有将人头脚反吊浸于尿粪中。有数千名教徒被钉上十字架，其中大部分是日本人。有些耶稣会教士和方济各会修士也被钉死在木桩或十字架上。不过这些间断的迫害活动的主要目的不在彻底铲除耶稣会势力，而是杀鸡儆猴，警告其他斗胆涉足政治的佛教异议分子。

丰臣秀吉到了晚年，行径更加疯狂。他喜怒无常，随意处死他认为可能造反的对手，并终日制作、参与豪华宫廷剧的演出。丰臣恣意而为的奇想中，代价最大的要属1592年侵犯朝鲜。25万日本部队航行到釜山（Pusan），再向北行军到汉城。朝鲜水军节度使李舜臣（Yi Sun-sin）以“龟甲船”（外壳装有铁板和铁钉的帆船）击沉了所有日本船队。不过在陆地，日军却逐步逼近平壤，幸赖明朝援军突然越过鸭绿江，将日军逼退至釜山的防线边缘。接下来3年间，双方谈谈打打，僵持不下。直到丰臣秀吉过世，朝鲜在海上再次击败日军（李舜臣战死），日军弃战，于1597年班师回国。

日军回到日本后即因承继问题而发生激烈的争斗，不过为期不长。德川家康（Tokugawa Ieyasu）击败群雄，成为第三位统一日本的人物。1600年，德川家康与友军打败反对派的联合势力，一统日本。1603年有名无实的天皇颁下敕令，册封德川为将军，德川随即将丰臣秀吉兼容中央政府与地方大名的体制制度化。此举奠定了尔后250年德川幕府的繁荣盛世。德川幕府直接掌握四分之一的日本国土、管制所有的交易活动，并彻底实施人质制度，牵制大名使其不敢造反。这种“参勤交代”（sankin kotai）制度规定大名至少每隔一年必须亲赴京城江户，他们的妻儿则定居于此，由幕府派员保护。至此，只剩一项基业尚未完成——那就是铲除外国人的势力。

1600年，亦即德川获胜的这一年，荷兰船“利夫德”号（*Liefde*）在日本外海触礁。船上的荷兰船员和英籍舵手亚当斯（Adams）以卓越的航海技术穿过麦哲伦海峡，横越太平洋来到亚洲。耶稣会教士警告德川家康要小心这些陌生人，荷兰人也不甘示弱，抨击天主教的邪恶。起初德川家康对这些野蛮人不知如何是好。座船在江户外海失事的马尼拉总督罗德里格·德·比韦罗（Rodrigo de Vivero），甚至说服德川给他一艘日本船（船是亚当斯为德川建造的），运送日本商人到墨西哥。另外西班牙航海家比斯凯诺在加利福尼亚计划破灭之后也航行到日本，并于1613年带着150名日本商人与武士驶往墨西哥。假如这种货物和人的交流能够持续的话，太平洋历史必将大为改观。

不过此时的德川幕府对这些吵闹不休的外国人已渐感厌倦与怀疑。1614年幕府颁布一道更为严格的反基督教法令，接着又禁止外国船只进入平户和长崎，然后遭受拷问、惨遭处死的人也日益增加，包括1632年有50位基督徒被集体处以火刑，以纪念新任将军即位。1638年发生岛原之乱，数千名日本基督徒在九州岛的原城遭到杀戮，似乎更证明彻底排外为明智之举。

要如何解释日本为何会肃清所谓“切支丹时代”（基督教时代）的影响力呢？锁国政策绝对不是单纯因为排外。佛教当年传入日本受到日本人欢迎，基督教起初也曾获得日本人接纳。锁国政策实施前，日本与外界接触频繁，向外扩张并不认真，短期内也无遭受侵略的危险。因此1600年之前欧洲人在日本的进展与此后遭到的驱逐，都只能归因于日本的政治情势。内战为外国人开启大门，开始所谓的“切支丹时代”，然而后来出现的强势中央政府却让日本首次有能力关上这扇门。令人不解的是德川幕府为何作出这样的抉择，答案很可能是这位征夷大将军必须借由征服野蛮人才能树立正统地位。换句话说，无法或不愿使外国人归顺的政府，也无法让国人顺从。更重要的是，能对德川构成威胁的只有那些可能勾结外夷、图谋造反的大名。所以幕府唯有斩断外国人的势力，才能防止诸侯叛变。

在这危机四伏的变局背后，存在着一个显而易见的事实：日本政府的正统性来自虚位天皇的授予，而天皇是神。基督徒不承认天皇是神，坚称天皇同样臣属于上帝。眼看日本信徒相信这种说法（殉教事件证明信者不在少数），幕府将军如何能放过这些人？不管原因是什么，日本终究进入了锁国时代。这意味着北太平洋的控制权依旧呈现真空状态。在未来的250年间，日本这最有希望获胜的角逐者仍将闭关自守，高挂免战牌。

第5章　北京，1644

日本关闭门户6年后，中国却门户洞开。末代天子——中国汉族的最后一个皇帝——心中的沮丧不是西方人所能理解的。身为天子、身为各方理应臣服的天朝统治者、身为道德与正义的准绳、身为万民安居乐业的守护神、身为延续了276年的君权承继者，结果上天却认为他不适为人君而收回了一切的权力与威严，人之失势，莫此为甚。

这就是崇祯皇帝，明朝最后一位主掌紫禁城的帝王的心理负担。当时城市瘟疫蔓延，乡下则处处饥荒，人民死亡无数。地方上又有流寇和暴民流窜各省。北方的女真人也虎视眈眈，直逼京城。崇祯的军队不是心怀不轨，就是无力同时抵挡所有的敌人。朝廷官员贪污腐败，国库空空如也。占卜者由流星的出现、北方的奇光和深夜传出的战场哀吟声察觉出上天的怒愠。1644年4月，天文学家报告北极星从北方天空的宝座“陨落”，这一向是改朝换代的预兆。

崇祯也别无选择。流寇首领李自成已经越过黄河，直指北京西南。部分大臣力促召回镇守山海关的吴三桂将军逐退匪寇。然而如此一来就无人看守北方边境，恐予清兵可乘之机。另外一派建议崇祯御驾亲征，以天子之尊号召人民对抗李自成。不过崇祯不善军事，甚至不会骑马。还有一派则力劝他逃往仍然忠于朝廷的南方省份。但是崇祯选择留在北京，守着社稷坛。最后，李自成的叛军在4月的阴沉细雨中攻进北京城。是日傍晚，崇祯最后一次召集大臣。就在廷上一片哭声之际，他下令大臣退朝自尽（有13位大臣遵旨行事）。心中绝望至极，崇祯将太子和其他王子送出宫外藏匿，自己喝酒壮胆，然后举剑刺向妃子及两位公主。皇后在羞愧与惊吓之余随即自杀。午夜过后，崇祯脱下黄袍，穿上一袭蓝丝袍与红裤，由太监总管陪同，走到附近山坡上的凉亭，在他选定的地点旁写下“天子”两字，然后上吊自尽。

李自成占领紫禁城后，卑躬屈膝的明朝遗臣自愿指导他何谓皇帝的职责。

李自成并不反对创立新朝代，但是他轻视帝国官僚，认为官僚的贪婪堕落才是中国衰亡的主因。因此他处死了46位官吏，对其余人则征收惩罚性税收，也好支付军队的开销。李自成的军队毫无法纪可言，烧杀掳掠无所不为，最后众人皆知真命天子绝不可能是李自成。此时的关键人物是镇守山海关、阻挡清兵进犯的吴三桂。李自成送贿赂给吴三桂，提议双方联盟，经过一番思考，吴三桂决定接受。但就在他前往北京的途中，一名歇斯底里的难民——他父亲的一名侍妾——踉跄走入营中，告诉了他一个不幸的消息。她说李自成等得不耐烦，已经杀了吴三桂全家，并把吴三桂父亲的首级挂在城门上示众。

如今吴三桂一心只想报复，但是光凭他的军队尚不足以对付李自成。所以1644年5月，他"邀请"清兵入关，期望他们能够复明。不久李自成的叛军就知道他们在北京城的日子已经屈指可数了，他们变本加厉、更加残暴，进而放火烧城。北京城民也挺身而起，烧杀了2000名贼寇。职此之故，清兵后来在6月进入北京时，才会被城民视为奉天旨意复明的义军，而非令人心生恐惧的进犯敌军。身兼摄政王的清军统帅多尔衮下令军队不得违反纪律，并为过世的崇祯皇帝举行适当的葬礼，请明朝遗臣复职，并代表其皇侄按照传统的形式与习俗创建清朝。由于多尔衮的睿智，清朝政权得以延续至20世纪。

只是强权衰落得也快！因为如果日本凭借其地理位置、人口和民族精神，就能被视为北太平洋权力争霸战中的主角，那明朝就更不必说了！当时中国不只是全世界人口最多的国家（1500年时人口已达1亿），并且早已发明了火药，发展出了西方工业革命前举世无双的炼铁技术，同时在造船与航海技术上也领先其他民族。明朝郑和下西洋所率领的航海船队，船身比一个足球场还要长。这些船由印度洋向西远达非洲，如果顺势向南行，即可比后来的葡萄牙人早几十年绕行好望角。

我们可以猜测郑和的船队没有绕过好望角的几个原因。首先，此趟航海所费不赀，目的不为贸易，而是要求诸国输诚，收取的贡品也许还不敷成本。第二，此趟航行是皇帝一时兴起的念头，一艘船只要短时间弃置不用就可能从此报废。第三，中国不需要远航船队即可抵达邻近的香料群岛。第四，统率这次航行的太监郑和遭到儒家官僚嫉妒。第五，对外通商意味着腐化的外国重商势力会玷污阶级严明、以农立国、道德高尚的社会组织。到了1500年，中国皇帝禁止人民航海，违者处死。外国人只能在朝廷规定的港口活动。第六个原因，也许是最重要的原因，就是中国的外患几乎全是来自北方边境。

此外中国人的世界观也让西方人所谓的外交关系无法存在。中国北方与西方有沙漠，南有丛林与世界上最高耸的山脉，在这些天然屏障围绕的约770

万平方公里国土上，中国很早就达成了政治与文化的整合。由于从未遇到过文化更高、国力更强的民族，中国无法想象两个主权国家之间要如何签订条约。更确切地说，所有非华人都是野蛮人，都须向中国皇帝进贡、致敬，所谓的“外交”只是与藩属国的关系。无知、不和谐的野蛮人不懂道德，只需以奖惩方式使其就范，不值得加以理睬，除非他们臣服谄媚。可是假若野蛮人竟强过中国，会出现什么情形呢？这个问题在1279年蒙古征服中原时便浮上了台面。幸好中国人很快就“教化”了蒙古人，蒙古人接受了中国的正统思想，反而让中国的世界观更加根深蒂固。

犯境的外族一概来自北方，蒙古与西伯利亚低地大草原孕育了凶猛的马上民族。当游牧民族人数稀少或分裂时，中原王朝就能支配他们。但是当游牧民族人口达到饱和点时，便开始对中原蠢蠢欲动，此时不管在位的皇帝是谁，都必须集中全力对付这个威胁。不过慢着，也许有人要问，这些进犯的北方部族是如何越过万里长城的？答案是根本没什么万里长城，而且向来就不曾存在。传说统一中国的秦始皇于公元前200年前后建造了万里长城，但是并无史籍或考古证据证明当时或是后来的1600年间有万里长城的存在。不同朝代在不同地点筑有不同长度的设防前哨，但是在明朝之前，这类前哨站都是规模很小的土制建筑，早已灰飞烟灭。从16世纪开始，明朝投注了难以想象的人力，建造了我们所知的万里长城。这项工程不仅可以衡量明朝的财富与经济力量，更可看出他们在政策上已经走投无路。

番邦进犯时，中原王朝是如何维护北方边境的安宁的？几百年来出现了三种策略。第一种是以武力应对，使可憎的外族归顺为藩属。然而战争风险既大又劳民伤财。第二种方式是让蛮族互相牵制，不过这需要巧妙、持续的外交手腕。第三则是通过通商、行贿和赐婚，让这些蛮族与中原王朝产生利害关系，不过这种方式却有失颜面。1550年蒙古犯境，明朝大败，其他解决策略或是行不通、或是遭到拒绝，最后只得诉诸最缺乏想象力的解决方法——修建长城。1572年至1620年是修建长城的全盛期，明朝将数百座烽火台及天然据点以砖块连接成约4000公里长的要塞，花费了高达数百万盎司的银子。这些银子来自何处？其中一部分无疑是来自太平洋的彼岸，因为在17世纪的前30年间，秘鲁五分之一的银产量（180万盎司）都由大帆船运至马尼拉，以交换中国的丝绸与其他奢侈品。如果能探讨美洲产的贵金属如何调整万里长城的建造速度，一定会相当有趣！

但是城墙无法弥补内部的腐败。儒家官僚利用高官职权敛财、醉心于享乐和华服，并荒淫无度。长期冷湿的天气加上水灾导致农作物歉收，税收因此减少，贫苦的农民纷纷逃到省城。17世纪30年代，西班牙的菲利普四世下令限制墨西哥南部阿卡普尔科港的白银输出量；在马尼拉经商的华侨与统治菲律宾的西班牙政府发生争斗，华侨几乎无人幸免；另外澳门也因为荷兰人攻击葡萄牙人，而使当地贸易活动停摆。明朝覆亡前10年，国库已是债台高筑。

对于危机四伏的明朝更不利的是，北方各部族逐渐合而为一，变成一个实力更为强大的新民族。他们的故乡满洲地处长城之外，一直都是化外之地。满洲面积约等于法国，西以山脉与戈壁大沙漠分开，北以黑龙江与西伯利亚为界，中部平原土壤肥沃、水源充足，森林则林木茂密、满是毛皮动物，山丘盛产煤、铁、金等矿产。不过尽管如此，满洲仍是生活艰苦的边地，冬天长，夏天虫类肆虐，这个地方深具发展前景，不过开发起来会十分辛苦。14世纪末，女真族在满洲东南部定居，邻近的朝鲜族人教他们耕种，流放至此地的中国囚犯传授他们炼铁的技术。1583年，努尔哈赤统一各部，将战士、平民、奴隶编制成独立自足的旗兵。这些兵团作战时分属黄、白、红、蓝、镶黄、镶白、镶红、镶蓝八种旗色之下。1616年努尔哈赤在这些八旗军的敦促下正式称汗。他16个儿子中的第八子皇太极定都于沈阳，成立中国式的官僚体系，治民统兵，女真族的建国雏形至此形成。皇太极改称其人民为满族人，国号大清。满族人从此融合草原战士的骁勇善战与移植的中国文化。尔后清朝得以劝使明人合作，不仅由于明朝民心不满，也是因为皇太极实施欢迎明人投效的怀柔政策。皇太极于1643年逝世，翌年其弟多尔衮助其幼子登上了中国的金銮宝殿。

中国改朝换代跟北太平洋又有何关系呢？清朝并没有因此成为明初一度建立的海上强权。从满族人的崛起背景、建朝的独特方式，以及天性对陆地的偏好，可以确定清朝不会向太平洋发展。这其中的意义非比寻常。中国如同日本，于欧洲人如火如荼向外探险之际，均以能守住家园为满足。清朝建国后40年，心力全集中在平定南方的复明反抗势力。同时自称国姓爷的海盗王[①]也让清廷苦恼不已，他利用混乱的情势，占据东南沿海自立为王，一度甚至北围南京。最后郑军不敌八旗军，还师沿海，2.5万名部队退至台湾，并驱逐荷兰人，统治台湾。国姓爷郑成功殁于1662年。1683年，清廷以300艘帆船攻下台湾，并从此封锁台湾，禁止外国人进入，自绝于太平洋。

最后，清廷也开始烦恼北方边境，这终究是他们的发祥之地。就像丰臣秀吉和德川家康得势后打压其他日本军阀一样，清廷也采取政策以确保北方边境族群无法群起效尤，入主中国。清廷攻占内蒙古，将外蒙古降为藩属国，

① 指郑成功。——编者注

派军远征约4000公里外的新疆，招降各突厥部落。东北的满洲当然是由旗兵防守。清廷不开放移民至满洲，如果当时采取此项政策，将对东北亚的未来带来深远影响。1644年后，有些中国人迁徙至满洲南部开垦，但是历经明末战争、饥荒和瘟疫，清初中国关内的人口减少了20%。1668年清廷唯恐到满洲开垦的汉人喧宾夺主，下令封禁。结果造成广大的满洲始终人口不足，赐予外人可趁之机，同时在其后的数百年间也失去了与中国内地融合的机会。

当然清朝绝对没有想到230年后，帝国主义国家会像苍蝇围绕着蜂蜜般觊觎满洲。当时这并不重要。清朝与欧洲人互不相犯，日本则锁国政策当道，北方部族也在掌控之中……除了一个位于远方、奇异的新兴民族之外——他们自称为俄国人。

第6章　尼布楚，1689

在中原、满洲和蒙古之外，有另一块面积比月球表面还大的土地。这块地处亚洲东北角的长而宽的地带，西起乌拉尔山（Ural Mountains），东至白令海峡，绵延约7242公里，面积则广达1295万平方公里。在这片辽阔的土地上仅仅住着200万原始部落人，分属数十个民族。由于他们游牧的土地气候严寒，这些部落民族的人口都相当稀少，因此当俄国人来犯时，他们也无力抵抗。俄国人！仿佛是某位恶作剧神明赐予"恐怖伊凡"（Ivan the Terrible）一块与此称号相符的封地。"强大的俄国人，我给你带来了好消息：军队从帝国的门户到太平洋西岸一路旗开得胜，获得宝物无数！坏消息是所征服的是西伯利亚"。

英国的索尔兹伯里勋爵（Lord Salisbury）曾说："研究政治必须配合大地图。"西伯利亚的地图不只要大，而且必须用曲线状的极地投影方式描绘，如此才能涵盖120度经度或地表三分之一的范围。这样大范围的地图不只能显示西伯利亚与俄国的相关地理位置，同时西伯利亚与中亚商队的旅行路线，与中国、朝鲜、日本和太平洋的关系也能一目了然。西伯利亚虽然荒凉寒冷，却是中国与西方发生第一场战争、首次签订条约的地方，同时白人也是取道西伯利亚前往北太平洋建立殖民地。从地图可以看出，西伯利亚的地理特征是：几条由南流向北冰洋的大河，将此地的天然植物分为五带。最北是北冰洋地区的冻原地带，这里有爱斯基摩人、驯鹿和海象；往南是针叶林带，耐寒的落叶松、松树和雪松构成了一片树海，间有白鼬、狐狸、黑貂和海獭等动物；再往南是中部针叶林和落叶林的混合林带，这里住着猎人和木材集散工人；接着是南部草原带，此地的牧羊人每年都在等待雨季的来临；最后是沙漠地带。

1581年俄国人进入西伯利亚。俄国人原本就住在森林和草原，已经很习惯严寒了，他们的习性乏善可陈，也没什么道德观念，不过却是老练的河上水手。在这些方面，俄国人很像北美的高山民族和法国皮货商。由于俄国人擅长水陆联运（这也是横越西伯利亚的唯一方法），“俄罗斯”（Russia）一词即起源于此（另一种说法则说“俄罗斯”是来自芬兰语的ruotsi，意指划船的人）。定居在莫斯科西北方瓦尔代丘陵（Valdai Hills）林区的斯拉夫部落发现，那些地势适中的高地是伏尔加河（Volga）、第聂伯河（Dnieper）、西德维纳河（West Dvina）、涅瓦河（Lovat Neva）等四条大河的发源地。通过这四条河，俄国得以和白海、波罗的海、黑海、里海等四个缘海相通。俄国水手利用低缓分水岭上的短程水路所能横越的地方，要比欧洲其他地方加起来都大。根据传说，公元862年，留里克（Rurik）在基辅（Kiev）创建了第一个俄罗斯王朝；公元988年，基辅城的俄国人接受拜占庭帝国传教士的洗礼，改信基督教。不过俄国与欧洲的中心相隔甚远，再加上后来基督教分裂为天主教和东正教，使得俄国在欧洲中古文化繁荣兴盛时未能躬逢其盛。1238年蒙古的钦察汗国来犯，俄国从此身处鞑靼民族的控制之下，时间长达250年。1480年莫斯科的大公终于推翻了蒙古可汗，“恐怖伊凡”（伊凡四世，自称“沙皇”，为暴君之意）开始利用俄国的水路动脉。伊凡在位期间（1533—1584），俄国的领土扩张至里海和乌拉尔山脉，成为一个森林草原帝国，种族涵盖斯拉夫人和鞑靼人，两者混合之后又产生了哥萨克人（Cossacks），而征服西伯利亚的便是哥萨克人。

所谓哥萨克人（这个名称来自土耳其语kazak，意指行动自由之人或流浪汉）大部分属于鞑靼民族，一部分则是逃亡的俄国农奴、河盗、被俄国人俘虏的敌人随从，或是从土耳其逃出的奴隶。不论何种出身，哥萨克人一向贪婪成性，他们没有国家观念，专事抢劫。伊凡必须找些事给他们做，斯特罗加诺夫（Stroganov）兄弟也是尽量设法别让哥萨克人闲着。斯特罗加诺夫家族从商，从诺夫哥罗德（Novgorod）到乌拉尔山区，拥有无数的盐坊、矿区、粮仓和皮毛。斯特罗加诺夫一方面雇用猎人大肆在西部丘陵设陷阱捕捉毛皮动物，同时又要求沙皇准许他们向更远的地方探险，沙皇也首肯了这个要求。不过越过乌拉尔山必须面对与鞑靼人作战的风险，格里戈里·斯特罗加诺夫（Grigorii Stroganov）一度为此犹豫不前，后来遇到哥萨克人叶尔马克（Ermak）带领一批人在伏尔加河流域从事无本买卖。为了不让自己的土地继续遭殃，格里戈里赶紧分配300人给叶尔马克，并提供火枪与食物，于1581年打发他们去西伯利亚探险。

叶尔马克的部队带着大批装备，乘船向上游航行。他们越过乌拉尔山脉，一路上备尝艰辛。直到春天，一行人才划下乌拉尔山脉的东坡，秋明（Tiumen）城首先成为他们掠夺的对象。最后（时间记载不详），叶尔马克抵达被俄国人称为西伯利亚（Sibir）的可汗首都。在人数上，叶尔马克不敌对方，鞑靼人的兵力比他多上10倍到20倍。但是叶尔马克拥有火枪又骁勇善战，加上可汗的盟军并没有伸出援手，结果立见分晓。打败可汗后，俄国可说是秋风扫落叶、一路直达太平洋。在此之前伊凡四世曾经责难格里戈里，说他不该派哥萨克人探险，让他们有了叛变的机会。不过当叶尔马克的信使回到俄国报告胜利的消息，并上呈毛皮时，伊凡的态度却有了极大的转变。他兴奋异常，不但赦免了所有相关人士，并承诺派兵驻守西伯利亚，而且还加派一位总督将军管理此地。不过事情却发生了急遽的变化，伊凡突然于1584年过世，翌年叶尔马克也在敌人的突袭中离奇死亡。据说他是掉入水中，因为身穿沙皇所赠的厚重盔甲，才惨遭灭顶。辅佐伊凡不成材继承人的摄政大臣鲍里斯·戈杜诺夫（Boris Godunov）火速派遣300多名哥萨克人及沙皇的贴身卫队和两名将军在秋明建造要塞，接着又在鄂毕河（Ob River）畔的托博尔斯克（Tobolsk）也另建了一座。

所谓的要塞是一个围以木桩的正方形区域，四个角落筑有胸墙。俄国人通常将要塞建在河流的交汇点和水陆联运处，以容纳总督将军的住所、兵营、法庭、监狱、教堂、交易站、谷仓，以及最重要的关税局——负责收聚毛皮、估税和征税。早在1586年，仅西伯利亚即向沙皇上缴了20万只黑貂，据估计17世纪前半期，俄国国库收入的十分之一都是来自毛皮交易。总督将军除了向原住民强行征收毛皮之外，也向俄国人征收十分之一的毛皮收入，此外将军有权优先选购商人的上等毛皮，毛皮出口完全掌控在政府手中。因此，俄国王室虽然缺少海外贸易收入，却有貂皮这种“金羊毛”作为弥补。俄罗斯帝国就靠着对天然资源和原住民的巧取豪夺起家，这点与西班牙建立其广大殖民地的方式如出一辙。

事实上，沙俄持续东进的动机，就是疯狂猎捕野生动物。即使在饥荒、内战频仍的“空位时期”（Time of Troubles，1605—1613），东进的热潮依旧不减反增，农奴和哥萨克人都逃往边疆寻找新生，毛皮猎人也继续向东前进。1607年（这一年英国人在美洲建立了第一个殖民地詹姆斯敦），毛皮猎人到达叶尼塞河（Yenisey）；1632年抵达勒拿河（Lena），并在勒拿河畔建立雅库茨克城（Yakutsk）。接着是阿尔丹河（Aldan）畔的布塔斯克（Butalsk）。1639年，一名小吏伊凡·莫斯吉丁（Ivan Moskitin）就从布塔斯克前进到太平洋的缘海鄂霍次克海（Okhotsk）。鄂霍次克有成为太平洋西岸港口的潜力，不过天然条件实在欠佳——港口资源少、地势复杂，海水从10月到翌年4月都会冻结，夏天又多雾。尽管如此，勇猛的毛皮猎人仍然于1648年在此地建造要塞。这是欧洲人在墨西哥以北太平洋沿岸的第一个殖民地。

垦荒的俄国人必须跋涉约6437公里，穿越寒冷、缺粮的荒地，所需的毅力和本领自然不在话下。陆地探险的危险并不亚于麦哲伦的航海探险，不过俄国还是在60年内便将广大的西伯利亚纳为殖民地，这确为史上一大壮举。17世纪中叶，约有5万名俄国人迁至西伯利亚，公元1700年的人数更增加到10万人。然而人数渐增却带来了最切身的问题：粮食和其他生活所需从何而来？俄国开发亚太地区的成败就系于此。因为即使是西伯利亚最好的土地，气候仍旧太冷、太干，或是不够肥沃，只能种些最基本的粮食。俄国在"空位时期"就已不再东运谷粮，部分西伯利亚移民区已经濒临饥荒边缘，移民必须就地开发粮食来源，目标可想而知是指向中国。

俄国人早在17世纪20年代就听过有关黑龙江的传闻。就像所有未知的地方一样，黑龙江也是被形容为满地金银。1644年，也就是满族人入关这年，瓦西里·波瓦科夫（Vasilii Poiarkov）航向阿尔丹河上游，寻找黑龙江。他奉命征服当地居民，建立要塞，而且他所带的粮食只能维持单程航程。波瓦科夫的船队从极地越过分水岭，沿着结雅河（Zeya）驶入黑龙江。但是波瓦科夫并没有发现什么黄金，此时他粮食将尽，因此对当地的达斡尔族人（Daur）[①]强取所需，并引起了反抗。波瓦科夫动武的结果是130名士兵死了一半，之后又有40多人死于饥寒交迫，其余的则是靠吃人肉才存活下来。到了春天，这队残兵败将顺着黑龙江逃抵鄂霍次克海，然后折向北行，于1646年回到雅库茨克。这次探险虽然勇气可嘉，结果却惨不忍睹。虽然波瓦科夫可以向总督将军报告说黑龙江土壤肥沃、气候温和，他自己的残暴却表明将来俄国人必会以武力攻进黑龙江。

黑龙江的确称得上是粮仓。中国人因为这条河水流湍急，从山上挟带大量泥沙，所以称之为黑龙江。黑龙江流经高山谷地和平原，全长约4345公里。由于位置较南，黑龙江流域在夏季有来自海洋的温暖潮湿季风吹拂，河中渔产富饶。1649年，雅库茨克将军选派建立叶尼塞河第一个农垦区的叶罗费·哈巴罗夫（Erofei Khabarov）到黑龙江开垦。当哈巴罗夫知道达斡尔族人是清朝子民后，立即要求增派6000名士兵充任边防，同时命令部属就地屯田，并建造了两座名为阿巴钦（Albazin）和阿翰斯克（Achansk）的要塞。不过他并没有采取低姿态，反而开始出没边境、打家劫舍、抢夺女人和财物。此举不是受到毛皮猎人的劝说，就是受到他们的威逼。达斡尔族自然向清朝求助。

此时，清朝才刚入主中原7年，正忙着弭平汉人的反抗。然而清廷也不能

① 通古斯族的一支。——译者注

因此忽视这些北方新起的蛮族。不管是谁，不摆平就可能影响其他边境部族对清廷的忠诚。于是清廷派出了一支部队。不过清军并没有隔阵用大炮将俄国人的要塞轰碎，清军将领下令活捉蛮人。哥萨克人察觉敌军有所顾忌，便向前出击，大败清军。哈巴罗夫宣称歼灭了676名清军、拿下两座大炮，并取得大批粮食和800多匹战马。胜利的消息和黑龙江盆地的肥沃随即传遍了整个西伯利亚，有1000多名民众奔向黑龙江想要分一杯羹，其中有些纯粹是去淘金，有些则是逃犯。俄国人想要控制黑龙江盆地，当然必须先以武力占领这个地方。但结果却是一片混乱——西伯利亚已有的殖民区人口流失，以致沙皇下令在河边驻军，阻挡南向开垦的人潮。同时清廷也停止正面攻击，转而焚烧俄国人最珍惜的田地。

沙皇同意派遣的6000名士兵去哪里了呢？他们没有离开俄国本土，却被调遣到骚动不安的波兰边境。沙皇于是派遣费奥多尔·拜科夫（Fedor Baikov）这位大使只身前往中国。1656年拜科夫出现在北京城外，清廷根本无法将这位远方帝王派来的信使和骚扰黑龙江边境的蛮族联想在一起！当时清廷的儒家学者认为，蛮族的皮肤是白色，又以船为交通工具，所以肯定是来自大海的那一边。可是这位大使却走陆路，照理应是代表某位可汗而来。无论如何，沙皇命令拜科夫只能跟中国的皇帝直接谈判，不过清廷却要求他必须下跪磕头，暗示沙皇臣属于中国，才能面见圣上。拜科夫不愿照做，几个月后就被遣返归国。

当陌生的双方必须从头开始摸索彼此的利益、用意、能力、风俗习惯和思维模式时，所谓的政治智慧就只能暂且摆在一旁。收集了几年情报之后（出于罕有的高瞻远瞩），沙俄宫廷才了解他们有两项利益都与黑龙江有密切的关联：其一是让西伯利亚（沙俄的聚宝盆）获得固定的粮食来源；其二是与中国通商，取得更为可观的利益。中国方面也了解到，要让沙俄撤兵，让北方边境长保和平，就必须投这些蛮子所好。因此黑龙江的问题就是：莫斯科是要与中国打一场所费不赀的战争，以扩大西伯利亚版图呢？还是要放弃黑龙江，就此固定西伯利亚的疆界，以换取通商大发利市的机会？

倘若不是哥萨克人如此残暴不仁，让双方看清事情真相的转机也许会提早到来。事实是，往后10年间俄国人断断续续在黑龙江屠杀边境居民，中俄双方历经多次谈判都无结果。到了17世纪60年代末期，终于有40位由根忒木尔（Gautimur）率领的达斡尔族人至尼布楚要塞投诚，向沙皇纳贡，不久受洗为教徒。此事带给清廷极大的震撼，随即向西伯利亚总督将军表示严重的抗议。不过总督反而派遣一位信使到北京，要中国皇帝臣服于俄国沙皇。清朝这时

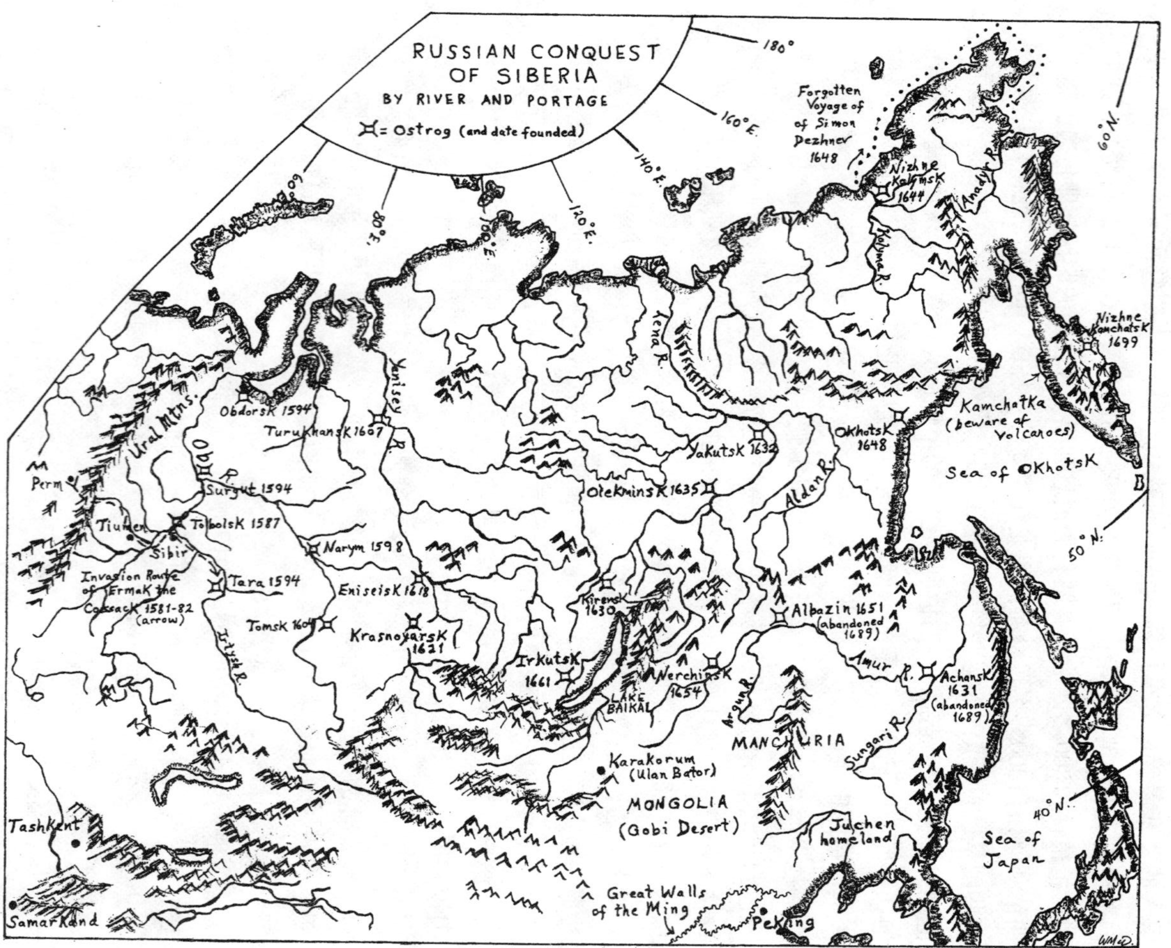
RUSSIAN CONQUEST
OF SIBERIA
BY RIVER AND PORTAGE
= Ostrog (and date founded)
60°
80°E.
100°E.
120°E.
140°E.
160°E.
180°
60°N.
50°N.
40°N.
Forgotten Voyage of Simon Dezhnev 1648
Nizhne Kolymsk 1644
Anadyr R.
Kolyma R.
Nizhne Kamchatsk 1699
Kamchatka (beware of Volcanoes)
Sea of Okhotsk
Okhotsk 1648
Lena R.
Yakutsk 1632
Aldan R.
Olekminsk 1635
Yenisey R.
Obdorsk 1594
Turukhansk 1607
Ural Mtns.
Ob R.
Perm
Surgut 1594
Tiumen
Tobolsk 1587
Sibir
Invasion Route of Ermak the Cossack 1581-82 (arrow)
Narym 1598
Tara 1594
Eniseisk 1618
Tomsk 1604
Krasnoyarsk 1631
Irtysh R.
Kirensk 1630
Irkutsk 1661
Lake Baikal
Nerchinsk 1654
Albazin 1651 (abandoned 1689)
Amur R.
Achansk 1631 (abandoned 1689)
Argun R.
Manchuria
Sungari R.
Karakorum (Ulan Bator)
Mongolia (Gobi Desert)
Juchen homeland
Sea of Japan
Tashkent
Samarkand
Great Walls of the Ming
Peking

俄国征服西伯利亚。

才醒悟，黑龙江畔的这支蛮族既不是海盗也非草原上的部落，而是跨洲而来的欧洲人！这表示莫斯科的沙皇必定是位英明的君王。这番体认促使清廷于1670年首次采取新的应对政策。北京的回应是赠送沙皇礼物、暗示许以通商权，并要求这位"伟大的君王"留意他的子民劫掠边境的恶习。沙皇也在深思应如何取舍。此时英国和荷兰之间的贸易战正打得火热，法国的路易十四（Louis XIV）开始向外侵略，欧亚航线因而受阻。受到德国莱布尼茨（Leibniz）影响的学者，纷纷敦促欧洲君王开辟到中国的陆路路线。沙皇反复思考这些事件与想法，最后决定派遣最博学的官员前往北京。

尼古拉·米列斯库（Nikolai Milescu）曾在奥斯曼土耳其帝国任职，因此以"官员"（Spathary，土耳其语的"官员"）之名为人所熟知。他来自摩尔达维亚（Moldavia），是著名的学者和人文主义者。然而他个性妄自尊大、桀骜不驯，不是那种会迎合清廷的人。上级仔细研拟的指示，是要他争取到最大的通商利益。沙皇同时还让米列斯库带了许多送给中国皇帝的礼物，还有大笔用以行贿的钱财。不过一路东来，米列斯库却开始研究起西伯利亚，而且越研究越感兴趣。他也收集所有关于中国的资料，结果让他认定满族人害怕哥萨克人，同时清廷此时也正忙着平息国内纷争，分身乏术。1676年，米列斯库到达北京，他决心无论在礼仪或实质利益上都不作任何让步。不过他谈判的对手马拉（Mala）也是半斤八两。马拉精通"蛮族事务"，认定米列斯库的行为举止就是野蛮人，并不具有代表基督教君王的学者应有的风范。让人想不透的是马拉不断抗议哥萨克人犯境和根忒木尔投诚俄国人这些小事和通商和约有何关联？更过分的是，米列斯库花了50天后才获准进入北京，接着又为沙皇托付的东西究竟是礼物还是贡品、米列斯库要不要下跪磕头等问题争吵不休。

清廷原就驻有耶稣会教士，这些教士不只负责翻译，同时身兼密探之职。南怀仁（Ferdinand Verbiest）说他是"为了基督教"才这么做，米列斯库则认为他此举只是出于对明朝的忠诚。总之，俄方对清廷的想法之所以能有一知半解，都是来自耶稣会教士所授。南怀仁偷偷告诉俄国人，清廷知道黑龙江的移民都是俄国人。哥萨克人的袭击行为威胁到北方部族对朝廷的向心力，清廷对此感到愤怒。因此如果俄国拒绝交出根忒木尔，中国必然会诉诸一战，而且清军非常强大。米列斯库对此建议不屑一顾，直接对清帝提出12项有关通商的要求。中国则回以三项要求：交出根忒木尔；维持黑龙江的和平；撤换米列斯库，另觅一位更"讲理"的大使。就这样过了7年，这段期间，俄国人误以为己方理直气壮，而满族人则埋头备战。最后在1685年，3000名清军干脆包围阿巴钦并放火烧城。俄国人低头求和，清军将领也遵照皇帝的指示答应谈和。但俄国人又食言而肥，重建阿巴钦，结果再度遭到攻击。

莫斯科接着指派费奥多尔·阿列克谢耶维奇·戈洛温（Fedor Alekseevich Golovin）与北京谈判。戈洛温时年35岁，才华洋溢，是托博尔斯克总督之子。起初他接受的指示是要求割让黑龙江和赔偿重建阿巴钦城的费用，如果遭到拒绝，俄国将以武力相向。不过当俄国知悉自己的军事实力比不上清廷时，马上传递了两封信件给正在前往北京途中的戈洛温，指示他可以作有限度的退让，但仍不准磕头，必须以平等的身份面对中国人。因此，尼布楚要塞这个粗陋的边境哨站，才会出现内有戈洛温、清朝官员和担任翻译的耶稣会教士，外边又有1万名清军就地扎营的景象。戈洛温明确表示，除了尼布楚一地外，俄国愿意放弃整个黑龙江盆地，当时尼布楚除了作为交易点之外已别无用途。现有的逃犯将可在原地居留，不过未来若有清人逃到俄境，则一律遣送回中国。如此处理事宜，双方都不失颜面。最后，所有取得通商许可的商人均可越境从事交易，这个让步让其他欧洲人好生羡慕。《尼布楚条约》和1727年的《布连斯奇条约》（*Treaty of Kiakhta*，俄方称《恰克图条约》）支配了之后150年的中俄关系。

从俄国最初征服西伯利亚，在黑龙江与中国发生冲突，到最后前后矛盾的结局。第一个抵达太平洋的白人国家非但不是最先进的，还是最落后的。他们也不是取道当时已经航行了100多年的海路，而是跋涉约6437公里、横越世界上最崎岖难行的地区。抵达太平洋沿岸之后，俄国了解到他们在东北亚的前途取决于移民和原住民的忠心——即“人民的力量”。尽管如此，哥萨克人与原住民的相处却并不和睦，而沙俄政府也曾一度阻止人民东迁。沙皇政权知道能否找到肥沃的谷仓与西伯利亚的发展有着密切的关系，故将仅有的土地割让给中国以换取通商权。假如沙俄东进只为进入中国，《尼布楚条约》的让步就说得通。然而事实并非如此。俄国人东进主要是针对皮货，其次是扩展疆土。俄国人追求这些欲望从无悔意。相反，他们更加向外扩张，寻找皮货和扩大版图，而无视当时俄国的经济体系并不足以支撑眼前的局势。如果你是俄国人，也会觉得很悲哀，因为他们之后所做的一切英勇付出，都早在1689年就被《尼布楚条约》抹杀殆尽。

第7章　彼得罗巴甫洛夫斯克，1741

整个全景看起来原本应该是如此壮丽，尤其是在这么晴朗的春日清晨。向远处眺望，堪察加半岛的火山脊向北延伸。山脚下阿瓦查湾（Avacha Bay）的深水闪闪发光，上面点缀着两艘轻快的双桅横帆船；帆已收起，就像自豪的儿子等待父亲差遣。附近海面这还是第一次有这种帆船出现。这座城镇完全以木材为建材，镇上只见稀疏的几座兵营、一座顶着玩具般小洋葱圆顶并发出焚香香味的教堂，以及一间简陋的“船长宿舍”。然而若从位置上来考虑，这幅景象正如前任沙皇在波罗的海建造的新都和海军一样，都代表着沙俄的荣耀。彼得大帝以他在欧陆开创新局的一贯毅力开发太平洋沿岸，他把船只和港口赐名为“彼得”（Peter）[①]和“保罗”（Paul）。若不是维他斯·白令如此筋疲力尽，此地前景原本大有可为。

这位已替沙俄效劳37年的老船长走下船头，步入他的小木屋。他召唤副船长阿列克谢·奇里科夫（Alexei Chirikov）、法国地理学家路易斯·德利勒（Louis Delisle）、德国自然学家格奥尔格·威廉·斯特勒（Georg Wilhelm Steller）及其他副官前来开会商议。再过不久他们就必须开船起航，但是圣彼得堡传来的却是一连串令人难以置信的指示：往东南方向寻找传说中的金银王国“甘玛兰”（Gamaland）、向南寻访日本、向北绘出西伯利亚海岸图、向东寻访美洲并占领西班牙统治外的所有土地！奇里科夫坚持要谨慎行事，他们应该先沿着他和白令13年前侦查出的航道往北航行到北纬65度，然后向东直转，那里应该是美洲海岸和西伯利亚相距的最近处，如果所谓的美洲海岸真的存在的话。德利勒希望先找到能让他们满载而归的“甘玛兰”，假如找不到“甘玛兰”，探险队仍旧可以在气候转坏前向北寻找美洲。白令自己也拿不定主意，或许他根本不再关心探险的事。8年来，他都在离俄国8000公里外的地方探险，

① 指彼得罗巴甫洛夫斯克（Petropavlovsk）。——译者注

既要与地形、气候斗争，也要应付动辄争吵的同事、粗野的哥萨克人和既愚蠢又腐败、经常喝得烂醉如泥的西伯利亚官员。每一片铁、每一块帆布都必须从家乡运来，更别提日常必需品了；运送过程动用了马车、船只和雪橇，结果物资要不是被偷、被抢，就是出了意外而消失得无影无踪。等到探险队到达雅库茨克，白令的体力已经比预期透支30倍。他们离开圣彼得堡4年才抵达鄂霍次克，开始砍树削木造船。接着两艘补给船又在堪察加半岛外海沉没。

白令选择阿瓦查湾作为基地港看似高明。这个港口不错，气候比大陆温和，又靠近海洋。另一方面，他却也发现移民在堪察加比在西伯利亚更难生存。哥萨克人曾经尝试在几处沿海土地上耕种，但是连最耐寒的谷类也没有多少收成。这意味着，彼得罗巴甫洛夫斯克的粮食必须从外地供应。但是通往堪察加只有两条路线，一是从雅库茨克横越4500公里的山区，其间还要对付不友善的楚科奇族；二是从环境恶劣的鄂霍次克搭船。换句话说，欧俄地区必须把多余的粮食运到西伯利亚中部，这样那里的俄国移民才能抽出一部分存粮供应鄂霍次克，鄂霍次克才能成为彼得罗巴甫洛夫斯克的补给站，而彼得罗巴甫洛夫斯克也才能成为开发太平洋帝国的据点。难怪白令对这次出海表现得漠不关心，他原本可能成为太平洋的哥伦布。但除非白令真能在茫茫大雾中找到传说中的黄金国，否则沙俄政府还能向他提供什么支援？就算白令真的找到黄金国，沙俄政府又怎么攻得下？

白令之所以会远赴堪察加半岛，必须追溯到他8岁的时候。那一年中俄签订《尼布楚条约》，俄国人的开发重心从黑龙江转向西伯利亚的东北角。彼得大帝也是在这年即位。一般认为这是俄国史上的分水岭，这位红发巨人执政后，落后的俄国开始走向西化。然而俄国的专制政权、农奴制度、由国家控制的东正教教会，以及由宫廷主导的经济体制也依旧维持不变。彼得的雄心并非想让沙俄成为西方国家，而是让俄国学习所需的科技和知识，以便跟欧洲强权一较高下。他的外交政策是以击败瑞典和土耳其，取得通往波罗的海和黑海的出口为目标。对于南方的土耳其，彼得一直未能如愿。不过在大北方战争（Great Northern War，1699—1721）中，他攻下芬兰湾的一处海岸，并在此建造新港和新都，以继续俄国的海上发展。为了达成这个目的，彼得聘请外籍船木工和水手、创立莫斯科航海学校（俄罗斯科学院的前身），并斥资购买了48艘主力舰。彼得招募了近千名外籍军官来统率这些船队，其中大多为荷兰人，也有一部分是丹麦人，白令即为后者之一。

白令最初是在荷属东印度公司（Dutch East India Company）当学徒，1704年成为俄国海军上尉，不久即晋升为二等海军上校。在与瑞典的战争结束、俄国海军展开裁员后，白令也失去他自认应得的军衔，并随即辞职返乡。和平来临后，沙皇将心思和资源投入一项酝酿已久的新计划。他的帝国幅员能有多广？在西伯利亚之外还有什么新的疆域？早在1697年造访阿姆斯特丹（Amsterdam）的时候，彼得大帝就考虑过尼古拉斯·威特森（Nicholas Witsen）的学说。威特森是地理学家，对鞑靼地方[①]的东北部（这是他对西伯利亚边域的称呼）特别感兴趣，他也相信“甘玛兰”，也就是荷兰人传说位于千岛群岛附近的黄金国确实存在。威特森敦促彼得大帝派遣探险队去调查亚洲和美洲是否相连，沙皇不消多劝便答应了。他知道俄国毛皮猎人（promyshlenniki）在黑龙江受挫后，正全力向东寻找貂和狐狸，于是当雅库茨克总督将军派遣哥萨克人弗拉基米尔·阿特拉索夫（Vladimir Atlasov）东征堪察加半岛之时，彼得并未表示反对。

1701年，彼得接见了阿特拉索夫，听取他惊人的报告。堪察加这块长约2414公里的神秘半岛，冬天气候比大陆温和。不过半岛上成串的火山夜晚红光耀眼，白天冒烟，地面也不断隆隆作响。至于堪察加的原住民，阿特拉索夫说他们长得矮小无须，身穿兽皮缝制的衣服，住的是盖在约6米高的桩柱上的茅草屋，靠捕鱼为生，特别是一种味美的粉红色鱼，这种鱼向上游游去后就不再回头（鲑鱼）。阿特拉索夫认为堪察加人是身上发臭的野蛮人——如果哥萨克人都这么认为的话，堪察加人肯定真的很臭。然而哥萨克人也说，这些石器时代的渔夫通过与南方一个“神奇民族”通商而获得漆器，而且他们还俘虏了一名该族的人民。此人显然是遭遇船难，他身材细长、皮肤黝黑，还蓄了一把小胡须。他名叫“丹比”（Dembei），自称来自“乌萨卡”（大阪）。丹比一看到俄国人就哭，期望他们能送他回国。不过他未能如愿，后来成了第一位造访欧洲的日本人，让彼得对东方更增想象。

如此说来，这个堪察加即是日本的后门，这个秘密让沙俄取得压倒其他海上强国的独家优势！1702年彼得下令平定堪察加并搜集有关日本的情报，这两项任务都不容易做到。阿特拉索夫只好回头做他的哥萨克无本生意——抢劫中国商队，并因此被捕入狱。后来总督将军释放了他，命其整肃堪察加的毛皮猎人，不过阿特拉索夫的部下叛变，趁他熟睡时杀了他。这群叛变者后来搭乘几艘小船，误打误撞地进入千岛群岛，也算是将功赎罪。他们没有找到毛皮货源，却从“多毛的阿伊努人”口中问出这些岛屿可以通往日本。因此彼得派遣地理学家到鄂霍次克，命令他们“查出……亚洲和美洲这两块

① 指由东欧到亚洲，中世纪时曾受蒙古人统治的地区。——译者注

大陆是否相连”——至少表面上的任务是这样。事实上，地理学家一行人是向南航行，而不是向北。1721年，他们到达位于千岛群岛中部的第六座岛屿。3年后，彼得倾注全力，资助后来所谓的“首次堪察加探险”，由白令全权负责，并赐予他最高的军衔和双倍的薪水。白令原本可以在故乡维堡（Vyborg）靠着为数不多的家产安度退休生涯，但是他选择探险，动身前往西伯利亚。

彼得指示白令船长在太平洋沿岸建造一两艘甲板船，然后向北航行以确定亚洲与美洲在何处相连（而非确定“是否”相连），接着向某个“欧洲殖民地”推进。这道命令是彼得一生功业的最后几项行动之一。剥去科学的外衣，彼得的用意显然是要在美洲建立根据地，并找出西班牙人的势力范围。1728年，也就是离开圣彼得堡3年后，白令领导的第一支探险队终于到达堪察加，并在当地建造了一艘长约18米的船只。1728年7月，白令任命奇里科夫和马丁·斯潘伯格（Martin Spanberg）为副手，横渡以北冰洋内的北纬67度为界，后来以“白令”命名的洋面和海峡。不过白令并未发现罩满浓雾的阿拉斯加海岸，只能带着楚科奇半岛海岸（杰日尼奥夫海角［East Cape］）的详细地图返航。他回到圣彼得堡后受到了冷淡的待遇。为了平息挞伐之声，白令提出第二次到堪察加探险的计划，这次不仅探测北太平洋，还要开发西伯利亚近岸。不久海军将领和朝廷官员就谈论起黄金国、加利福尼亚的沙俄帝国、吞并千岛群岛、将鄂霍次克建设成俄日交易中心等远景。当然这些讨论都没有对外公开。白令接到的正式命令是要满足“流名青史的彼得”、法国与俄国科学院心中的好奇。

赴日探险队是由斯潘伯格率领。经历千辛万苦越过西伯利亚后，他便开始监造船只，并于1738年起航前往千岛群岛，却因厚冰与浓雾（此时才7月）无功而返。来年，斯潘伯格南航至北纬40度，在日本本州岛东岸登陆，肥沃的农田和人口稠密的村庄让他叹为观止。另外一艘俄国船也望见了本州岛南端海岸。但是这两位船长都不敢提出面见领主的要求，自然也无从得知当时身处何地。此外他们竟然和北海道擦身而过而浑然不知，因此也不敢确定自己是否已到达日本。这些结果令人大感灰心，俄国人要直到18世纪90年代才会再度来敲日本的大门。

因此第二次堪察加探险计划的希望，就落在了白令疲倦的肩上。他的“圣彼得”号（*Sviatoi Petr*）和奇里科夫的“圣保罗”号（*Sviatoi Pavel*）是两艘长约24米、装有14门火炮的双桅帆船，船上各配有75名船员。这两艘船于1741年6月驶离彼得罗巴甫洛夫斯克，进入陌生的北太平洋水域；10天后仍不见“甘玛兰”踪迹，经过一番争论，两位船长决定改变航线向北行驶。6月19

日，这两艘船在一场暴风雨中失散；为了找寻对方，他们浪费了更多宝贵的时日，结果却徒劳无功。白令再度转向南方，为寻找“甘玛兰”作最后的努力。等到他转向东北，逆风已起，“圣彼得”号必须抢风调向。7月17日，他们看到陆地在望：一座超过1829米高、覆盖着白雪的巨大火山。这是大陆陆块的前哨，船员欢声雷动。白令看着船员兴奋之情，却只是耸耸肩膀而已。

自然学家斯特勒一心想上岸，船长最后同意在距离圣伊莱亚斯山（Mount St. Elias）约97公里的卡雅克岛（Kayak Island）登陆。经过10年的准备，白令最后只让斯特勒在美洲海岸待了10小时。白令对生物物种和测量工作并不感兴趣，他只想要取得淡水，快快回家。由于高纬度地区的冬季来得相当早，因此4天后探险队便起锚开航，找出彼得罗巴甫洛夫斯克的纬度，奋力西行以策安全。不过浓雾、强风和海流却让他们吃尽苦头。有三分之一的船员罹患了坏血症，饮用水也所剩不多，一连串的暴风雨吹散了船上的索具。到了11月5日，陆地（之后称为白令岛）若隐若现，两艘船只和船员都快撑不下去了。由于锚被大浪扯掉，探险队只好在岛上过冬。

幸存的船员捡拾浮木生火，以海豹、海牛和两条在海滩上发臭的死鲸为食。数百只野生蓝狐攻击他们临时搭建的避难处，将入土的死难船员挖出来吃，并袭击虚弱的幸存船员。白令罹患了严重的坏血症，他躺在单斜顶的小屋里，沙粒一天天掉下来，白令身子有一半已经埋在沙里。“别动这些沙，”他说，“这样暖和些。”12月8日，白令过世。来年春天，幸存的船员用“圣彼得”号的残骸拼凑成一艘船，船只在8月起航，船员发现只要再向西航行160公里就到了堪察加。他们的船长当初只要再航行一天，就不致命丧荒岛。

奇里科夫的运气和判断力都比白令好些。他的航线一样也是东北向，不过比白令早了一星期。1741年7月15日，奇里科夫也看到了阿拉斯加的锅柄状部分，即今日的阿丁顿角（Cape Addington）。他派遣一批人登上奇恰戈夫岛（Chichagof），结果却不见回音。他又派出第二艘小艇。这回出现的是印第安人的独木舟，于是奇里科夫认定他派出去的人大概凶多吉少。两艘小艇都一去不返，他已经没有船可以派去登陆，换句话说，也就没有淡水。奇里科夫只好心有不甘地返航，回程途中看到基奈（Kenai）半岛、科迪亚克岛（Kodiak）和阿留申群岛中的几座岛屿。此时船上开始有人死于坏血症，地理学家德利勒即是其中之一；不过，拜最后几周好天气之赐，奇里科夫终于在10月10日安全返回彼得罗巴甫洛夫斯克。

第二次堪察加探险不但显示俄国在北太平洋大有可为，同时也暴露了俄国无以为继的窘况。150多万卢布的成本所费不赀，连彼得大帝都可能望之却步，继位者当然更是意兴阑珊。彼得建立的海军由于不受重视和久不操练而日渐衰退；同时俄国也战事再起，直到1762年方告结束。最后，因为白令的探险活动让西伯利亚的资源大受损耗，西伯利亚的总督将军严词抗议再进行任何类似的探险活动。

不过对某些俄国人而言，这却是一次喜出望外的成功探险——他们就是毛皮猎人。“圣保罗”号的船员，甚至生还的“圣彼得”号船员，回港时虽然都是一副残兵败降之姿，但却带回1500张海獭皮。无论从触感或观感来看，这些海獭皮都是他们所见过的最软、最光润的制品，卖给中国商人的价码是西伯利亚貂皮的40倍。因此毛皮猎人纷纷向海域扩展，他们先到阿留申群岛，最后终于踏上阿留申人称为“阿拉斯卡”（Alakshak）的大陆。有西伯利亚商人提供装备，于是阿留申人乘着用刚砍下来的原木做成的、以皮带而非铁钉连接的胥替奇小船（shitiki）冒险出海。这种船顶多只能航行两次，不过西伯利亚商人只需要出几支毛瑟枪和船只，其余的工作就交给沦为奴隶的阿留申原住民处理。

从1743年艾莫连·巴索夫（Emelian Basov）的处女航行开始，毛皮猎人就一二十人搭一条船,航向阿留申群岛。一个俄国人就能慑服一个阿留申村庄。俄国人将妇女、小孩掳为人质，乘坐在阿留申独木舟上，俨然一副工头模样。他们逼迫熟练的印第安人刺捕海獭和海豹。阿留申人如果反抗便会遭到屠杀。此外就像在墨西哥一样，疾病也夺去了不少阿留申人的性命。两代之间，阿留申群岛的人口锐减了80%。当然海獭的数量也大幅减少，因为这种活泼的动物（斯特勒称为“最温和的海洋哺乳动物”）每年只会产下一只小海獭。然而毛皮猎人却不可能就此喊停，因为收获好的时候一船毛皮就可以赚进20万卢布，连普通水手支领的半薪都算得上是一笔财富了。到了1798年，出资赞助探险活动的公司已多达42家，在探险过程中也概略描绘出阿留申和阿拉斯加的海岸地形。就如英国学者威廉·考克斯（William Coxe）在1780年写道:“这些民间自行出资所获得的发现，要比王室所费不赀的努力所获得的成果更为重要。”

且慢！这批俄国移民难道没有碰上前人的粮食问题吗？没有，因为毛皮猎人在阿拉斯加只停留一个冬季，他们直到18世纪80年代年代才建立了永久的屯垦区，因此需求不像在西伯利亚设据点那样多。迟至1770年，鄂霍次克还只住有550名俄国人，整个堪察加半岛大概住有1500人，而在阿留申群岛，俄国人不是吃“地主”的饭，就是狼吞虎咽太平洋的海牛。斯特勒在白令岛上首次对这种动物有所描述。壮观的海牛可以长到约11米长，重约1300公斤。

据斯特勒观察，海牛的交配是在海中进行，它们会互相挑逗嬉戏，最后像人类一样面对面交配……不同的是，公海牛的阴茎有约1.8米长。海牛的肉看起来、吃起来都像牛肉，而且似乎永不腐坏。斯特勒所描述的海牛不到几十年便宣告绝种。

俄国人对阿留申人的蹂躏最后以厄马克事件落幕。毛皮猎人的踪迹随着河船和胥替奇小船无所不在，现在他们面临左右为难的困境：要么就洗手罢“猎”，不畏艰难在西伯利亚过活；要不然就要动手建造像样的船只，沿着美洲海岸南行。而俄国政府也面临两难的处境：是要放弃毛皮猎人、失去对北太平洋的主权，抑或认真在阿拉斯加建立一个殖民地，投入大量经费提供船只、食物和官员，并在当地建造要塞以兹保护——因为毛皮猎人的出现，已经惊醒了原本酣睡的西班牙人。

第8章　上加利福尼亚，1769

1731年，正当俄国海军部核准白令进行第二次探险时，一名住在西班牙马略卡岛（Majorca）的18岁青年也作出了一个对北太平洋同等重要的决定。米格尔·何塞·塞拉（Miguel Jose Serra）在众乡民面前跪倒在耶稣会修道院时，听到了这个问题："我的孩子，你们有什么祈愿？"他与其他新入会的僧侣同声回答："我愿信受奉行我们方济各圣父的教规……借由顺服、不蓄资产、过慈善的生活，以便为上帝做更好的工，并拯救自己的灵魂。"米格尔的誓愿获得认可与祝福之后，便穿上了未经染色的羊毛僧袍以及有帽兜的僧衣，系上白绳腰带。他还宣布希望从此以后被称为胡尼贝洛（Junípero）——此名来自生性喻悦并具常识判断力的朱尼珀（Junípero）修士，后者被称为"上帝的弄臣"（jester of the Lord），是圣方济各在世时的同伴。

马略卡是西班牙地中海沿岸巴利阿里群岛（Baleares Islands）中的一座小岛。18世纪初期，岛上只有14万名居民，却很荣幸地拥有317所教堂、500名教士和15座僧院。新教徒会说这里"受圣职者操控"，但托教堂的福，岛上的每个城镇都拥有收容病患老弱的场所。

年轻的塞拉是文盲佣工的儿子，不过，即使是像他这样的人仍能受惠于圣方济各教会的教育。在读书的余暇，他便站在高坛之下，参与教士们的祈祷礼拜，或在唱诗班里唱颂赞美诗。环绕在他身边、引发着他的奇思幻想的则是周围昏暗的礼拜堂，里面分别供奉着圣克拉拉、圣巴巴拉、圣罗莎、圣加百列、圣拉斐尔、阿卡拉的圣地牙哥（San diego de Alcala）、圣方济各，以及其他圣方济各会修士所尊崇的圣徒。

米格尔是一位颇具天赋的学生和歌者，也是一名矮子。他第一次申请圣职就被神父们婉拒，表示要等他长高一点再说。在他立下修道誓愿之后，却"猛然长高"到约157.5厘米，他视此为神迹。胡尼贝洛兄弟随后修完6年课程，包括语言、哲学及神学。1737年他被授任神职，并被留任为教授。他必然是位不凡的教师，他曾说哲学不仅是逻辑和虚灵思辨的巧妙操纵，而且是可用来诊断并治愈生病的心灵或灵魂的实用技巧。“正当地走在那光中吧！你才能成为上帝的子民。他就是光，没有任何黑暗。”他激励人们培养自律，因为没有拒绝诱惑的意志就没有自由。可是在考试的时候，塞拉却恶作剧地引用古罗马异教徒维吉尔的诗对学生表示同情：“朱庇特①将迅速将我们过去与现在的灾难转化为未来的幸福。”

总而言之，塞拉具有化繁为简、由简入深的才能。1743年，路利安大学（Lullian University）邀请他在基督圣体节，也就是以面包和酒纪念基督圣体的祭典上讲道，这对他是一大荣誉。这所大学还任命他为“圣神学”讲座。他本来有机会成为此大学的院长，甚至成为马略卡的主教。但在1748年，他却为了前往更小、更偏僻之处，而非如萨拉曼卡（Salamanca）或马德里等大城市，而放弃了这一切。他渴望“使我灵魂深处那强烈的憧憬复苏，那是自我身为见习修士，阅读圣者事迹时便有的渴望。由于专注于研读，这些渴望已经有点消亡”。因此，当一位墨西哥使者来招募传教士时，一个新的召唤深深烙印在塞拉的心中。几乎在瞬息之间，他便舍弃双亲、家园及事业，搭船前往美洲。

和圣保罗一样，他在海上也遭遇了三场攸关生死的劫难。在地中海上，一位“顽固的（英国）异教船长”坚持与他辩论神学，并对他大叫：“收回你的话，你这个卑微的撒旦魔僧！”塞拉差点被他勒死。横渡大西洋时海面完全无风，每天配给的水减少到8盎司。塞拉写道：“根据我的观察，减少唾液最好的办法，就是少吃少说。”而当他自圣胡安（San Juan）出发，在加勒比海上航行时，风暴折断了船的主桅，破坏了船身。传教士纷纷向圣巴巴拉祈祷，当时正当她的祭典期间，所以他们就认定是她解救了众人。不过胡尼贝洛最大的苦难却发生于他登陆之后。他在前往墨西哥城的路上被一种虫子螫到，他的随从弗朗西斯科·帕洛（Francisco Palóu）认为这是一种名为詹古多（zancudo）的可怕的墨西哥蚊虫（也可能是蝎子、沙蚤或褐皮花蛛）。伤口从脚部向上感染，使得塞拉从此走路都有点跛，而且病痛不断。他总是告诉那些大惊小怪的人说：“这不是什么大不了的事。”过了两天，他跛着脚走到圣费南多（San Fernado）学院，并立刻受邀出任教职。不过塞拉到此的目的，是要让印第安人改变信仰。1750年，他和帕洛动身前往遥远荒僻的马德雷山（Sierra Madre）。他原本计划在那里待上8年，以便进行传教及为人施洗，然后就要被改派到得克萨斯省一个更荒僻的地区。但在他抵达之前，阿帕奇

① 罗马异教神。——译者注

族（Apaches）印第安人便屠杀了西班牙的戍边卫队。因此塞拉又撤回墨西哥，并在那里继续传了9年的福音。他的宗教热诚令他声名大噪。值班的卫兵会问："这个人到底睡不睡觉？"他也吃得不多："除了一些玉米饼和野菜之外，我们还需要什么？"他通过诉诸官能知觉来打动印第安人的心：例如充满熏香、唱颂圣诗、钟铃之声的壮观礼拜仪式，以及瞻圣亭和自我鞭笞等等。讲到激动之处，他会用石头撞击自己的胸部，或以炭火烫灼自己，以具化地狱的景象。这些作为都出自这位颇具名望的大学教授，他正撑着一只长满脓疮的脚，穿越千万里荒漠野地。但上述的一切都未能使塞拉在世人眼中显得伟大，令他得享盛名的，是西班牙国王卡洛斯三世（Carlos Ⅲ）。

西班牙自16世纪以来逐渐衰退的黄金时代，在1700年有了转机。哈布斯堡王朝（Habsburg）血脉断绝，王位传给法国路易十四的孙子。刚到西班牙的前几任波旁王朝统治者发现，难怪欧洲人要对他们冷嘲热讽，情况的确糟得无以复加：政治混乱、经济陈腐僵化，还有一个空有天主教改革热诚虚浮外貌的文化。因此菲利普五世（Philips Ⅴ）、斐迪南六世（Fernando Ⅵ）和卡洛斯三世都试图以凡尔赛为典范，重造西班牙。骄傲的西班牙人对此深感怨怒。（卡洛斯说："他们就像不爱洗脸的小孩似的哭闹不休。"）然而波旁王朝诸王与行政首长还是开始进行挣脱教会与贵族钳制的工作。菲利普与罗马教廷决裂，他坚持王室有权决定神职人员的职位高低与收入多寡，并废除火刑以削弱宗教法庭的权势。斐迪南则将西班牙的省长转变成法国式的监督官，并使官僚制度与税收更有效率。其结果便是史家所称的"开明专制"（enlightened despotism）政权。

斐迪南六世的统治于1759年告终，他因为悲痛爱妻之死而罹患抽搐性痉挛症。他的继承人是同父异母的兄弟卡洛斯。据说有一位公主曾因为窥探到他的肖像而拒绝嫁给他，而他和他的王后则是"世界上最丑陋的一对夫妻"。即便如此，他们仍然生育了13名子女。在她死后，卡洛斯对她依旧忠贞不渝，他常常深夜光着脚在冰冷的石板上踱步，以扼杀自己对其他女人的欲望。他对国家也同样忠诚，除了外出狩猎或望弥撒之外，他的工作时间表30年如一日，每天都一成不变。卡洛斯指派的改革者着手进行市场与价格自由化，并废除贸易壁垒。这项措施刺激了经济增长，西班牙的人口在那个世纪内整整增加了一倍以上。而在卡洛斯遗留下来的政绩中，最光荣也是最受争议的，无疑便是加利福尼亚。

史家通常认为在哈布斯堡王朝统治的最后一个世纪，西班牙帝国和西班牙本土一样萧条。但数据显示这是错误的。美洲的矿业、农业及贸易都继续进行，甚至不断扩张。殖民地官员干脆趁着西班牙颓乏之际，争取到了更多的自主权。西班牙派任的总督为了要官员服从，也只好睁一只眼闭一只眼，国家的岁收因此开始减少。同时西班牙因丧失海军优势而无法厉行垄断政策，于是美洲贸易落入荷兰与英国无照商人手里。由于王室四分之一的收入来自殖民地的收益，于是卡洛斯在杜绝"印度地区"漏税问题的强烈动机驱使下，于1765年任命何塞·德·加尔韦斯（Jose de Galvez）为总巡察，派他前往墨西哥。

另一个动机则与战略有关。西属美洲向来海盗猖獗，英属美洲殖民地的拓展以及七年战争（1756—1763）的结果，更使得西属美洲岌岌可危。在那场战争中，英国将法国——西班牙波旁王朝的盟友——逐出加拿大和安的列斯群岛（Antilles），甚至还一度占领了西属佛罗里达。美洲原有的列强均势遭到破坏，积极侵略的英国新教徒占了上风。卡洛斯说这一切都使他心惊胆战。最后还有来自北方的威胁，这个消息也引起了他的重视。1757年，米格尔·贝内加斯（Miguel Venegas）在《加利福尼亚消息》（*Noticia de la California*）一书中提出警告，说美洲海岸出现了俄国人。两年之后，一本意大利书籍《加利福尼亚的莫斯科人》（*I Muscoviti nella California*）也这么说。驻圣彼得堡的西班牙大使证实了白令与奇里科夫的探险成果。这些皆足以说服马德里当局指示加尔韦斯，要确实探测并占领上加利福尼亚沿岸。

因此，加尔韦斯就肩负着艰巨任务抵达了墨西哥；他必须让墨西哥总督的安逸腐败生活画下句号，建立王室监督网络、加重税赋、加强王室对烟草的垄断、刺激当地的矿业与商业……同时还要开垦辽阔荒僻的加利福尼亚省，大举殖民。如此一来，加尔韦斯便激怒了教会之外的所有民众。到了1767年，他又奉命镇压耶稣会，因为波旁王室怀疑他们策动谋反，而且他们又是启蒙的主要魔障。加尔韦斯没收了他们在下加利福尼亚的传教区，转交给圣方济各教会，后者又将其转交给塞拉，并推选他为总主教（padre presidente）。

加尔韦斯视察过贫瘠的下加利福尼亚，并宣称当地景观凄凉，绝对无法成为上加利福尼亚的补给基地。不过他所选的替代地点——位置更南的圣布拉斯（San Blas）——也好不到哪里去，港湾危机四伏，气候恶劣到除了冬季之外货物一上了码头就腐烂了，而偏偏冬天又正是加利福尼亚沿岸风强浪高的季节，船只航行极为困难。长远看来，必须找到一条安全的陆路，将人及补给物资自墨西哥运至北方。只有这样再加上忠诚的移民，上加利福尼亚殖民计划才可能成功。但到哪里去找移民呢？加尔韦斯和总督布卡雷利伯爵（Antonio Maria Bucareli）只征募到少数的西班牙人与克里奥尔人（Creoles）[①]。

① 指出生于美洲而双亲是西班牙人的白种人。——译者注

因此，最可能的“移民”人选便是当地的印第安人。但是，除非印第安人无论在任何情况下都能保持服从，否则殖民地是不会安全的。加尔韦斯因此写了一封信给塞拉：“国王需要你。立即前来。我们即将建立新传教区。”如今已55岁，而有18年待在边区的胡尼贝洛在欣喜之余，特地举行了大弥撒来感谢上主的恩赐。

加尔韦斯和塞拉就已有的少许加利福尼亚地理知识详细考虑，想出一种“梯子”模式，每个“梯子”由12个或12个以上的传教区（等于梯子的横木）组成：沿着从圣迭戈到比斯凯诺命名的传奇港口蒙特雷之间的皇家大道（el camino real），每隔一日的行程设一传教区。1769年，五队人马自墨西哥出发，其中三队走海路，两队走陆路。其中一艘名为“圣安东尼奥”号（*San Antonio*）的船只安然抵达目的地；第二艘船则被吹到了遥远的外海，迟了两个月才出现，船员都患了严重的坏血症，连放下小艇的力气都没有；第三艘船则根本就没有出现。经由陆路，带有驮货驴子、家畜及25名军人卫队的那两队人马则毫发无损，顺利抵达当地。下加利福尼亚总督加斯帕尔·波托拉（Gaspar de Portola）骑乘在队伍之前引领，塞拉神父则因发高烧而宣称圣迭戈“很冷”。

在教士们着手以砖砌建小屋、照料船员，以及建立传教区之际，波托拉带领了63名壮汉——最后一批“征服者”——深入北方寻找蒙特雷。只要曾经开车经过一小段滨海公路，谁都会对那片贫瘠的海岬、沙地、灌木丛、迂回曲折的路径和两旁全然缺乏食物与饮水的景况永志难忘。两个半月之后，波托拉事实上已抵达蒙特雷，但却遍寻不着比斯凯诺所描述的、整整一个世纪以来被人们添油加醋重复传述的壮观港湾。他心想必然不是这个地方，于是便继续前进。终于，他们意外地走进一片宏伟的杉树林，便称此地为“帕罗奥图”（Palo Alto，意为“高树”）。接着，他们又有了更惊奇的发现：10月31日当天，他们爬上一座峭壁并“看到一个大海湾”，由于被雾气与汹涌的海浪所遮掩，始终不曾被水手们察觉的圣弗朗西斯科终于被来自陆地的探险队给发现了。

波托拉带领的这群饿汉于是循着来时的路回到圣迭戈，一路上只靠吞咽羸弱的驴子肉片维生。他们发现教士们过的日子也好不到哪里去，他们没有说服印第安人改变信仰、农作物没有收成，也没有收到任何补给。波托拉作出决定：除非“圣安东尼奥”号赶快出现，否则就必须放弃这个殖民地。于是塞拉领导着传教士们作了连续九天的循环祷告（novena）；最后一天，船只出现了。重新补给装备之后，波托拉和塞拉带领着西班牙与上帝的仆人，再次出发探寻蒙特雷。这一次他们找到了。再一次与船只会合之后，他们建立了第二个传教区。塞拉认为那是“一个令人喜悦的好地方”；波托拉则“着手兴建一个堡垒，以占领并防卫港口，抵御俄国人的暴力”。这个传教区后来又迁往卡梅尔（Carmel），一个塞拉说他愿意终老于斯的地方。

如今，这个新帝国就掌控在60几位西班牙人手里，而且与外界的联系又异常薄弱。大部分印第安人对新来者都相当容忍。不过，他们过的是赤身裸体的石器时代生活，靠吃乌鸦、松鼠、兔子、蛇、昆虫、蚯蚓，以及一种由捣碎了的栎子做成的食物维生。于是，圣方济各会的教士们就必须身兼传教士与老师、农艺学家与农夫、建筑师与木匠、泥水匠与织工、牧羊人与医师等工作。他们正面对着一种恶性循环：传教区里如果没有印第安劳工，便无法维持。但首先传教区却又必须景象兴隆——有充足的食物、毛毯、工具等等——才能吸引印第安人前来。而使传教区活跃起来的唯一办法，便是迁入更多的西班牙人，但非神职的移民越多，他们与印第安人发生暴力摩擦的可能性也就越大。

意志坚定的塞拉沿着海岸往来奔波建立传教区，并分别以圣加百列，圣布埃纳文图拉（San Buenaventura），圣路易斯-奥比斯波，以及圣安东尼奥·德·帕多瓦（San Antonio de Padua）命名。但是他的努力却被印第安人的冷漠、不稳定的物资补给，以及接替波托拉职位的佩德罗·法格斯（Pedro Fages）的掠夺与破坏所阻滞。法格斯是个虐待狂。结果，胡尼贝洛筋疲力尽地回到墨西哥——到达时已“濒临死亡”并接受了最后的仪式。他将情况呈报总督：首先，必须指派一名有人性的军官来替代法格斯；其次，加利福尼亚需要一条安全的补给路线以及男女都有的非神职移民。目前上加利福尼亚一个白种女人都没有，而他们必须让印第安人明白基督徒赞成婚姻；第三，王室应该给移民家庭提供补助金，尤其是以铁匠、硝皮匠和木匠为业的家庭；此外他们还需要一位医师。应当鼓励单身男子娶印第安女子为妻，但是印第安人自身仍应留在传教区内以免遭受虐待。繁殖家畜则是另一项迫切的需求。当布卡雷利认为圣布拉斯的垦殖终将失败并建议将其关闭时，塞拉强烈抗议，他说在陆路建立之前，一切都言之过早。而当时在整个加利福尼亚地区，还没有足够的骡子可取代两艘船的工作。

圣徒传记宣称是塞拉的陈情拯救了殖民地，但是地缘政治至少也具有相同的说服作用。自1772年开始，马德里便不断收到驻圣彼得堡新任大使康德·德·拉西（Condé de Lacy）送回的慌乱紧急的公文。沙皇发出一道敕令，下令准备在北太平洋开战！俄国将派出1.5万名士兵到堪察加半岛，并与任何可能出现的英国船舰合作（暗示将与英国联盟对抗西班牙）！俄国人计划以2

西班牙殖民地与上加利福尼亚。

万军力袭击中国的万里长城，并派出一支海军去打开日本门户！他说俄国正策划侵略北美洲当然是一派胡言，干练的印度大臣朱利安·阿里亚加（Julian de Arriaga）如此认为。但是当康德·德·拉西正确地报告出"'俄国'在美洲海岸的重要发现"时，阿里亚加便将此信转寄给布卡雷利，指示他要巩固西班牙在上加利福尼亚的防务。

布卡雷利对"拥有印第安人以外邻居的后果"感到战栗不安。因此他派出两支远征探险队经由海路前去侦察。第一队由胡安·佩雷斯（Juan Pérez）带领，于1774年出发。他们也是首艘驶入金门湾的船只，因为总督认为此地"不可或缺"。第二艘船则驶抵阿拉斯加的狭长地带，但却未曾遇见任何俄国人。解决补给问题之后，布卡雷利又授权派出一队野心勃勃的辎重马车，要他们循陆路从索诺拉（Sonora）前往蒙特雷，开出一条道路。这件工作落在一名熟知沙漠边境的老兵胡安·巴蒂斯塔·德·安萨（Juan Bautista de Anza）身上，他带着29名军人与他们的妻子、6名牧师、136名移民、695匹马和骡子，以及355头牛由墨西哥出发。德·安萨带领着他的子民横跨约2575公里的高山、高原沙漠和崎岖的海岸，从库利亚坎（Culiacan）到图巴克（Tubac，靠近现在的图森［Tucson］)，经过尤马（Yuma）和皇家谷（Imperial Valley）[①]前往圣加百列（中途还绕道去圣迭戈镇压印第安叛乱），最后抵达蒙特雷。整个移民过程只有1人死亡——一名妇女死于难产——但旅途中却有3名婴儿出生。完成任务之后，德·安萨继续探勘波托拉的海湾，并在一个名为德洛利斯（Dolores）的礁湖岸上选择了两个地点作为要塞与传教区。随队的传教士形容此地为"大自然的奇迹"与"港湾中的港湾"。一旦一切都安置好之后，"这世上再也没有比这里更美的地方了"。传教区于1776年6月28日举行奉献礼，圣弗朗西斯科就此诞生。

德·安萨远征的结果已是一大恩赐，但布卡雷利心里却还有更大的计划：在索诺拉和蒙特雷之间找出一条更直接的通路。再开几条路径把位于格兰德河（Rio Grande）[②]北部的圣菲（Santa Fe）和阿尔伯克基（Albuquerque）与加利福尼亚和索诺拉连接起来，形成一个三角形；沿路再以要塞、传教区和城镇作为支撑点，就可以把整个三角形地区整合成为一个"新西班牙"。为了达到这个目的，加尔韦斯于1776年将北方边境设为总督区，并将省长所在地由下加利福尼亚迁往蒙特雷——等于对加利福尼亚的未来投下了信任票。

① 现在的美国加州东南部及邻接墨西哥领土的农耕地带。——译者注

② 意为"大河"。——译者注

由于马德里的卡洛斯三世和阿里亚加、在墨西哥的加尔韦斯和布卡雷利，以及在加利福尼亚的波托拉、塞拉和德·安萨等人的领导有方，西班牙的最后一个殖民地得以就此存活。塞拉于1784年去世。去世的前几年，他又建立了圣胡安（San Juan）、卡皮斯特拉诺（Capistrano）、圣克拉拉（Santa Clara）和圣巴巴拉等传教区，离他完成以传教区形成"雅各的天梯"的梦想更进了一步。他的继承者拉索安教士（Fray Lasuen）又增建了九个传教区。军方还在圣迭戈、圣巴巴拉、蒙特雷和圣弗朗西斯科设置要塞。德·安萨的移民则在圣路易斯－奥比斯波、圣何塞（San Jose）和卡梅尔建立市镇，并于1781年在圣加百列西南方十里外的波廷古拉河（Río Portiúncula）河上，建立了"我们尊贵的天使之城"（Nuestra Señora la Reina de Los Angeles）。这整个开拓过程都是为了一个防御目的：要使加利福尼亚成为新西班牙和北边的俄国人或英国人之间的缓冲地带。然而，这对存心挑衅的人是否真能奏效呢？传教区最后引来了丘马什人（Chumash）、科斯塔诺（Costanoan）人及其他种族，在18世纪结束前共有5800人受洗。这些人学习农耕、手工艺和圈养家畜；兽皮与兽脂很快便成为加利福尼亚的主要输出品。传教区率先从事灌溉、辟种小型果园并引进酿酒用的葡萄。另一方面，源自欧洲的疾病阻止了他们的人口增长，而西班牙移民的数量也始终寥寥无几。直到1800年，上加利福尼亚的移民人数还未超过2000人，政府也只授出19笔土地。

最后还有一个问题，移民能否抵达加利福尼亚，取决于旧墨西哥是否有安全的陆上道路可以通到当地。唯一的可能路线是沿着吉拉河（Gila River），直下到它与科罗拉多河的汇流地尤马。建在这里的两个新传教区——普瑞希玛·康塞普西翁（Purisima Concepcion）与圣彼得和圣保罗（San Pedro y San Pablo），听起来与俄国的彼得罗巴甫洛夫斯克有一种令人毛骨悚然的谐音感——就成为了中途的休息站，旅客可以在此养精蓄锐，再继续干渴的海岸之旅。但是，科罗拉多河是不驯的尤马印第安人的家园。神职人员与军方为了如何防卫传教区和路径而争吵不已。法格斯之流的残暴军人是对付好战的阿帕奇人或卡曼奇人（Comanches）的唯一办法，但是他们的作为却只会伤害到一些友善或摇摆不定的中间派印第安人。这也就是为什么塞拉要布卡雷利以比较不好战的里韦拉（Rivera y Moncado）取代法格斯的原因。具有讽刺意味的是，里韦拉和主张和平的加西亚神父在1781年进驻尤马，却正好遭受到被屠杀的命运。印第安人焚毁了传教区，杀死了区内所有的男人，再掳走女人和小孩。法格斯再度被召回。他设法赎回俘虏，但传教区并未重建，德·安萨的道路亦从此封闭了。

将西班牙突破重围进入加利福尼亚与俄国突围进入阿拉斯加这两件事相提并论，可能会显得有些荒谬，因为两地的气候和地势，以及俄国毛皮猎人和西班牙随军教士的动机都正好相反。然而，他们的难题是一样的。阿拉斯加与加利福尼亚都是遥远的前哨基地，两者都依赖一些根本称不上是港口与基地的据点来运输人员与补给。堪察加与鄂霍次克，下加利福尼亚与圣布拉斯本身都人口稀少、物资匮乏，而且距离帝国的中心点都有数千公里之遥。远大的政治眼光，或是一往无前的勇气，都无法替代直通西伯利亚或索诺拉的补给线。这意味着，虽然有人提出这种想法，事实上俄国与西班牙彼此根本不会造成威胁，反而是一个即将来临的新族种会对他们带来致命的威胁。因为就在尤马的军队关闭德·安萨通路的同时，库克船长第三次探险的消息已传遍全世界……而乔治·华盛顿（George Washington）也正准备凯旋前进到约克敦（Yorktown）。新式的帝国即将在太平洋两岸兴起。

第9章 第二次聚会

加休曼努:学者,你说的这些,我听不懂。你的故事好似光打雷不下雨……连闪电都看不到。

斋藤:哈!只听得到雷声。

学者:你哪一部分不懂?

加休曼努:我全都不懂。你歌颂的英雄和国家跟我熟悉的海洋无关。我全都不懂!是有几个俄国人来过,但都被我的丈夫赶跑了。你为什么不谈谈英国人、美国人和法国人呢?

学者:少安毋躁,皇后殿下,后面还有很多故事。至于你说不懂,我们历史学家这一行常常爱东拉西扯。有时候连我们也搞不清楚自己说到哪里。

加休曼努:就像我听过的布道。

学者:没错。

加休曼努:只是一场好布道就像冲浪,不过用的是灵魂而非身体。我倒想听听塞拉修士以前在马略卡的讲道,关于崇拜和鞭打的部分,我全听不懂。

学者:也许塞拉待会会解释。不过先让我说明我一直要说的这一句……我说了20句是吗?我的重点是,从16世纪到18世纪末,北太平洋是离欧洲人口和势力中心最远的人类居处。感谢文艺复兴时期在航海技术等方面的突破,西班牙人才能横渡太平洋,并找到回国的航路。不过,在塞拉神父于加利福尼亚建立据点之前,西班牙在北太平洋沿岸却只有菲律宾一个殖民地。西班牙之所以延宕多时是有很多原因的,其中牵涉到人口衰减、欧洲爆发战争、官僚腐败,当然加利福尼亚海岸风浪汹涌也是原因之一。俄国人也有相同的难处。他们早就发现了一条可以通往太平洋的陆路,而且就像西班牙人掠夺加利福尼亚的金银一般大肆劫掠阿拉斯加的毛皮资源。但是俄国人也克服不了严酷的气候、物资供应短缺和路途遥远等问题。与此同时,日本和中国为了追求内部安定,都无意向太平洋发展。中国和日本兴趣缺缺,西班牙和俄国又遇困受阻，因此北太平洋依旧乏人问津。我想说明的是，在盎格鲁—撒克逊人到来之前，北太平洋为何会毫无动静。

塞拉：这我了解，教授，你说的是有道理的。我只是不懂你的目的。我们怎么能说："先将这片地域保留下来，静待后续发展。"北太平洋如此任人方便行事吗？或者你想告诉我们北太平洋的历史只是构成某个庞大故事的一个片段？若是这样，那又是什么故事？目的是什么？

学者：你误会了，神父，我不是……

塞拉：我只是想说，君主的荣耀是最虚浮不实的。哪个国家控制哪个地区，或是哪个国家船只最多、财富最盛、政策最有远见、士兵最英勇，这有何重要？你就是有这种世俗的想法，才无法洞悉历史。还是你相信历史就是争权夺利而已？

学者：我不太懂你的……当然历史并非仅是如此。但是权力关系却是极具关键性的一环。社会、智力、经济等其他层面，都是发生在由权力关系架构起来的竞技场上——

维特：教授，我想塞拉想的不是这些。

学者：抱歉，我有点搞不清楚……一个平凡的学者所能做的，不就是研究事物之间的关联、找出其中的模式吗？这是方法的问题。至于某种宇宙性的目的……我们只是一些研究人类的凡夫俗子。我们只是——

维特：受限于时空，教授。

西华德：这可不适用于我们，所以你的"方法"似乎无关宏旨。

维特：重点是什么？这才是塞拉神父要问的。我们这位教授回答得真差劲。

斋藤：历史全是一堆废话。亨利·福特就是这么说的！

学者：历史也许没有重点，不过历史学家还是需要一些标准，以选择要添加或省略哪些事实。

斋藤：我想你在"添加"方面出了问题。

学者：所以说到最后，不去谈历史本身，一部历史著作的意义就在于历史学家选择的功过。除此之外，还能从何处寻找意义？哦！我懂了。塞拉神父，我想你不会认同世俗学者采用的方法。你还曾是"墨西哥宗教法庭"（Mexican Inquisition）的一员呢！

塞拉：冷静，我的孩子。我也同意学术有其价值。但是知识应该为人而存在，而不是人为知识而活。说得确切些，即使是出于善意的虚伪，也还是一种邪恶。耶稣会就犯了这种罪过。但心术不正的实话或半真半假的话则更不可取。魔鬼以谎言杀人，却用半真半假的话毁掉灵魂。

学者：那么，请宽恕我。不过，既然你起了头，我不妨请教一下你们这些修士以前是用什么手段让印第安人皈依上帝，又是如何把他们留在传教区里的。这个话题近来很热门，因为——你应该知道我的意思——教会想册封你为圣徒，有些人对这件事大感愤怒。

塞拉：谁是圣徒？蒙神宠佑的圣方济各。不过，如果教会有意从我的美德中萃取精华（一如他们过去所做的），以树立一种可供崇敬的美德神话，那也无所谓。我的美德皆是来自上帝，是上帝在我心中的显现。因此教会崇拜圣徒，等于是荣耀归于上帝。

学者：听我说，塞拉神父，据说你门下的修士为了一点小错也要鞭打印第安人，你利诱他们进入传教区、压榨他们的劳力，而且对逃跑的人穷追不舍，抓到了就硬拖回来。根据你自己的记载，有数千名印第安人死于你的"照料"……

西华德：别胡说了，先生！我不是天主教徒，不过假如你是在暗示塞拉神父的传教区和南方叛军为我方战俘所设的安德森维尔（Andersonville）炼狱类似，那你就大错特错了。我认为塞拉解救了数千名印第安人，为他们治病、教导他们种植作物，并替他们抵挡军队的攻击。塞拉，别这么谦卑，告诉我们当时的情况是怎么回事。

塞拉：我无意诉说自己或别人的罪过。只有上帝能够分辨善恶智愚。

加休曼努：这么说来，学者说的是真的喽！那我就不懂了。我们驱逐了到瓦胡岛来的天主教徒，但我不记得他们鞭打过谁。

塞拉：虽然我是最不足取的传教士，但我实在不懂这些指控有何意义。如果你家的孩子调皮捣蛋，难道不会挨板子？有些新入教的受洗教徒竟然偷窃农具，把繁殖用的家畜宰来当大餐，或是跑去异教徒的村庄同他们跳舞，我们只处罚这种人。未受洗的印第安人，虽然他们也偷窃，有时候还伤害我们，但我们从不处罚他们。而且我们对新入教的信徒也没有比自己严厉，我们一视同仁。

维特：但是印第安人如果故态复萌或有叛变时，你们是会报复的，不是吗？

学者：而这些人要求的或许只是他们原有的自由？

塞拉：这不是我要求的。就像我在写给布卡雷利的信中所说的；"只要传教士活着一天，士兵就要像上帝眼睛的瞳孔似地保护、看守着他。一旦传教士遇害，再来采取军事行动又有何用？让我们帮助这名杀人犯进入永生，而非面对死亡。"

学者：就是这样，西班牙法律将未受洗的印第安人（也就是塞拉所称的异教徒）归入“不幸族群”（personas miserables），这类人涵盖了穷人、孤儿、盲人、瘸子和麻风病人。他们无法为自己的行为负责，因此交由教会，而非一般民法管束。

维特：我们的教士在西伯利亚和阿拉斯加也是如此。那些基督徒不是这么做?

学者：可是塞拉神父，问题是印第安人会变成传道区的长工，没有自由可言。你不觉得这违背基督教的自由精神吗?

塞拉：我是最不足取的传教士。但是我们必须把异教徒留在传教区附近。首先，除非我们以衣食来吸引印第安人，否则我们没办法让他们接受信仰。其次，即使他们接受我们的教导，一旦面临外在诱惑，他们便摒弃不了异教的生活方式。第三，印第安人只有住在传教区才能学会读写、种植、收割和纺纱织布等技能。

斋藤：而且永难逃脱。

塞拉：你会让你的儿女跑去妓院或女巫的聚会所吗？印第安人在他们的村子里供奉偶像，饱受饥饿、互相劫掠。妇女被视为财产，地位比动物还低。在传教区他们至少还有机会可以选择侍奉上帝，活得有尊严、死得体面。他们的工作量和我们一样。当然有些修士因为太过热心，反而对新入教的信徒犯了罪。但你怎能因此就说我们故意加害所收容的印第安人？我们在加利福尼亚的策略，完全要依赖他们而定。

西华德：我在书里把塞拉你写成圣人，你用那只瘸腿不知跋涉了几千公里的路！不过你们对加利福尼亚究竟用了什么鬼策略？你们该不会想为西班牙国王组织一支红蕃军，以对付俄国或是英国皇家海军吧?

塞拉：我们不教信徒打仗，同时我们也不让我们的士兵去打仗。我们占有这块土地，也从中获得一些权利。要是我们时间多些就好了。在墨西哥，原住民阿兹特克人和西班牙征服者的残酷造就了一支美丽的新民族，不过这花了200年的时间。在加利福尼亚，我们只有20年。也许你说得对，西华德先生。开发加利福尼亚或许只是堂吉诃德式的幻想。你听过我们西班牙的塞万提斯（Cervantes）吧?

西华德：没错，我们听过。

塞拉：不过精神上的战争永远不会是堂吉诃德式的幻想。对我们方济各会教士来说，国与国之间的竞争闹剧就如同来去不定的风暴。当风暴把你吹离目的地，你就抛下船锚。如果风暴朝着你的目的地吹，你就顺风扬帆。就是这股风暴把圣母教堂吹到加利福尼亚的，可惜它停得太快了。

西华德：神父，你大概没有听懂我的意思。我是说，不管西班牙政策对你的传教大业有多大帮助，传教团最终却证明对西班牙一无是处。甚至比一无是处还糟，因为——教会究竟控制了多少良田？

塞拉：你是指什么时候？我……

学者：这我知道。在1790年，有80%的良田——

西华德：是由誓守贞节的教士所垄断，而印第安人——

斋藤：像蝼蚁般成群死去。

西华德：教会不让他人迁入、从事农业或经商。在我的时代，我们认为墨西哥就是因为教会控制土地，当然还有人民的心灵，发展才会停滞不前。你们在加利福尼亚需要的是来一剂"自由企业"。而实行自由企业的先决条件是世俗化与政教分离。

学者：1830年墨西哥共和国成立，此后传教区便俗世化了。不过在鼓励开发方面，墨西哥却做得比西班牙还差。

塞拉：西华德先生说得没错，我们的立场是很奇怪：我们受命于国家教会，却要设法建立一个教会国家。但我不同意你的解决之道。就像当时我所说的："除非能够虔诚地教导我们天主教的教义和生活方式，否则我们的文化将只是建立于砂石上。"

西华德：但是它确实是建立在砂石上。这一点历史可以证明。

塞拉：若是如此，那我就是最不称职的传教士。我做得还不够。

斋藤：慢着，各位。你们这一套成功失败论，我不同意。照你们这么说，德川幕府时代的日本选择不向外建立帝国，是否就是"失败"？

学者：我不适合下价值判断。

斋藤：我不想争论政治力量是否可以衡量一国的国力。但是你们所谓的"闭关自守"说根本是在骗人。教授，难道你不知道锁国根本是个迷思？

学者：我不懂你的意思？

斋藤："锁国"一词直到1801年才在日本出现。

学者：你该不会是暗示，日本从未施行过锁国政策吧！驱逐外国人的法令、"出岛"、旅游和通商禁令……

斋藤：但日本与朝鲜、中国一直保持往来，更别提荷兰了。幕府甚至不反对与俄国全面接触。

学者：但你不能否认日本基本上抱着孤立主义。

斋藤：你们历史学家很会偷懒。给你们几项事实，就可以画出一幅图画，然后给这幅图命名，结果这个名称比事实更具真实感。

学者：我不懂你的意思，大使先生。

斋藤：你称德川幕府的政策为“锁国”，这给人日本是个封闭国家的印象。幕府并没有彻底消除外国影响的意图，只是想加以限制和控制。

学者：好，但是日本幕府也无意向外扩张势力，这就是我的重点。你想想看，如果日本不是等到19世纪末期，而在早在17世纪就学到西方的科技和雄心，事情又会如何地改观！

加休曼努：但是你说过他们为了维持国内团结，不能这么做。

斋藤：我们这位学者只会谈些子虚乌有的“想想看”、“假如”。假如那时我们有火腿，若再加些蛋，我们可能就有火腿煎蛋了！

维特：你们的对话到此为止，没必要再继续下去了。学者，我也不满意你对俄国的叙述。我很佩服你的博学。你勾起了许多我已经遗忘的事，但是你对俄国一无所知。

学者：多谢指正，维特伯爵。

维特：首先你对伊凡和彼得沙皇大加颂扬，然后将俄国无法确保利益归诸补给线等原因。你知不知道伊凡、彼得还有凯瑟琳女皇给俄国带来的不是进步，而是破坏？极权专制、农奴制度、腐败的官僚，这些才是俄国无法成为太平洋帝国的绊脚石。随着西伯利亚的开发，俄国农户开始被土地所束缚。就在英国、荷兰和法国大力提倡企业发展的时候，俄国的企业却受到彼得的压制。西伯利亚和阿拉斯加是毛皮猎人赢来的，历任沙皇总共只派遣了几百名士兵。彼得创建的一支海军20年后便告腐败。凯瑟琳吞并大半波兰，但除了麻烦之外，俄国可曾从波兰得到什么好处？而西伯利亚这世上最大的帝国却又落到愚蠢的官员手上。你知道被派去西伯利亚的官员是什么德行吗？他们只会喝酒和中饱私囊。

学者：这些我都说了！

维特：你颂扬斯特罗加诺夫兄弟和创业传统。这样的传统根本就不存在。是有犹太人和旧礼仪派教徒（Old Believers），不过他们都遭到了迫害。俄国因为愚蠢而浪费了两个世纪，然后要求我用20年的时间来做弥补。

塞拉：我们都有这种经历，伯爵。

维特：没错，我总认为俄国和西班牙有很多相似的地方：如此值得崇敬，又如此糟糕透顶！

学者：这不正是我说过的吗？当时我认为你同意……

西华德：这我可不同意，不管怎么说。你的意思是俄国由于16、17世纪的政治倒退，因此注定了落后的命运吗？难道俄国当时不能进行现代化改革吗？

学者：维特，你说呢？

维特：我一度这么想过。我认为一位像亚历山大三世（Alexander Ⅲ）这样的好沙皇，再加上像我这样的好顾问，应该能让俄国改观。一国之国力全凭政府是否能释放人民的能量、鼓励人民培养美德、勤奋工作，并保护人民的辛苦所得不受掠夺。政府因人民强盛而强盛。但俄国却总是相信，人民会因政府强盛而强盛。因此，俄国政府不鼓励工作，而且它本身就是最横行的海盗，专门掠夺人民。

西华德：有哪种人民才会有哪种政府。

维特：俄国人民当农奴并不是出于自愿！你不相信我说的俄国政府是俄国最大的敌人这个说法？学者，你会不会说到巴拉诺夫的故事？

学者：很快就会说了，各位，很快。

加休曼努：还有一件事我不明白。你们西班牙人为什么不用用脑子？他们的帝国幅员太辽阔了，保卫起来很费事。为什么西班牙人会认为，解决之道就是再扩大帝国的幅员呢？假如他们担心俄国和英国进犯，为何不与其中一国联盟以牵制另一国呢？假如开关一条通往加利福尼亚的陆上路线真那么重要，西班牙人何不派军队攻下尤马？

西华德：加休曼努，我很惊讶你说得出这番道理。

加休曼努：西华德先生，我对你很失望。难道你以为我作为卡米哈米哈大帝的妃子，只是整天在那里梳头、做做女红吗？

学者：我应该先提醒你，州长。她的先生是位伟大的军事首领，有人说她不只从战役中学习，而且亲身参与军事策划。

加休曼努：这么说吧，他需要我，也爱我，不过我不知道哪方面多些。当风和浪结合时，又如何分清是风助浪还或浪助风呢？我想知道西班牙人为何不设法重新攻下尤马！

塞拉：我敢说我们一定试过……

学者：神父，你过世后不久西班牙人的确试过。不过即使是法格斯也对付不了印第安人，1786年搜索行动取消，以静待阿帕奇威胁减退。总之，加尔韦斯返回西班牙，布卡雷利早已过世，新督统西奥多罗·德·克鲁瓦（Theodoro de Croix）只要能在索诺拉“看好店铺”，便已心满意足。

西华德：也许是无兵可派。

学者：这也是原因之一。一如往常，西班牙当时也有仗要打。1778年，西班牙与法国为了北美十三州的殖民地联手对付英国。西班牙之所以把加利福尼亚放在一旁，就是为了帮助另一个国家争取独立，而这个国家后来却抢走了加利福尼亚，这不是很讽刺吗？

西华德：判断错误，我只能这么说。不过想来当时也别无退路，眼前又有让大局重新洗牌的法国大革命蓄势待发……英国人和美国人即将到达太平洋。你是不是该告诉我们库克船长的故事了？

学者：的确。加休曼努，这就得谈到夏威夷了。

第10章　凯阿拉凯夸湾，1779

英国历史上的1776年，类似西班牙历史上的1492年。1776年，北美十三州殖民地宣告独立，亚当·斯密（Adam Smith）出版《国富论》（*The Wealth of Nations*），瓦特申请蒸汽机专利，而库克船长也三度进行他的发现之旅。这些政治、学术、技术和科学事件，都预告了重商主义时代的结束和另一个时代的开始。这个新时代的特点是民主制度、自由贸易、工业化，以及在北太平洋进行权力与财富的角逐。

在这新的一年里，英国内阁正为了如何应对美洲列克星敦（Lexington）及康科德（Concord）等地的战斗而陷于混乱。其中一位反对怀柔的内阁成员是海军大臣约翰·蒙塔古（John Montagu），桑威奇伯爵四世（fourth earl of Sandwich）。他相信单靠皇家海军，就足以让那些殖民地见识到伦敦所谓的常识是什么，并阻止法、西两国的干预。当然，这两个目标都没有达成，但在那年春天他的其他计划却成功了，那就是说服库克船长最后一次出海。

描写库克船长的文章有5000多篇，但略述这些并无意义，因为此人是个世俗英雄，正如方济各会教士塞拉是宗教英雄一样，故有关他的文章大部分是其生平资料。在我们看来，此人是责任心的典范，但对于政治、宗教或一切不具精确严谨性质的事物却毫无兴趣。传记作家詹姆斯·鲍斯威尔（James Boswell）以下面这个故事说明了这点。有个苏格兰贵族信奉一种主张低等动物可连贯进化到人类的理论，他提醒库克船长说他的南海航行日志里提到一种"像猴子一样的民族"。库克回答说："我没有说他们像猴子。我是说他们的脸孔使我想到猴子。"于是鲍斯威尔得出结论："这是一个实在且明理的人，对于'精确'格外在意……他似乎并不想引人侧目，而我想，由于他有一贯的道德原则，他并不愿就他所见提出一些理论来混淆善恶。"在一个急于相信太平洋岛屿展现了尘世乐园、高贵的野蛮人（noble savages），又恰可证明关于人与自然的"文明"理论的欧洲，库克船长却以一个真正的"理性时代"的人类屹立其中。

对太平洋的探索在17世纪因西荷两国船只前往西南太平洋而达到首次高峰，而后却沉寂了100年。西班牙与荷兰国势衰落，而在1763年“七年战争”结束前，新崛起的英法两国又把精力放在他处。大约在这时候，由于一些新科技出现，海风与海流、北太平洋的广阔与遥远，便再也不是多么可怕的障碍了。例如数目更多且设计更佳的船帆，便能帮助水手完全承接容易变向的风力。巴洛克式船只的高船楼和深龙骨已不再，取而代之的是平甲板、低舵楼，以及钉镶或铜覆的浅吃水量船身，这一切都可以降低拖力、排除附在船身上的介壳动物。水平舵柄将海水的力量全部传到甲板上，向来都需要数人以全力抵着才能操作。现在这种舵柄也终于被横舵柄的鼓轮系统（yoke-and-drum system）所取代，而此系统仅需一名舵手靠一个舵轮来掌舵。更不用说还有富兰克林在1752年发明的避雷针，几乎完全消除了在海上因暴风雨引起火灾的危险。

第二项进步是我们所谓的生命保障系统。如何保存淡水，自古以来就是一大考验。因为想登上某个不知名的海岸取水，就要冒撞上陆地、小船被浪打翻，或遇上不友善土著的危险；到了18世纪，船上开始尝试用蒸馏器除去海水中的盐分。不过，就生物学而言，太平洋海域最令人生畏的捍卫者却是坏血症。长期缺乏维生素C（有时甚至只要几个星期），人的皮肤就会溃疡且呈灰色、牙龈肿胀溃烂、牙齿脱落、早已愈合的伤口重新裂开、双腿肿胀、精力尽失，生存的意志早晚也会丧失。再加上肮脏、寒冷、潮湿、压力及疲倦，就更容易感染坏血症了，而这正是绕行合恩角或勇敢航行在北太平洋上的水手当时面临的情况。16世纪90年代，理查德·霍金斯（Richard Hawkins）曾向“某饱学之士”请教坏血症的解决之道，不过蔬菜水果的疗效却要等到1747年海军军医詹姆斯·林德（James Lind）的实验后，才经科学证明。他将12名罹病的船员隔离开来，但给予他们相同的饮食；在6种副食品中只有一种不同，有补充柳橙和柠檬的病患一周就康复了。到了库克船长的时代，船员已经都在食用水果、“坏血症草”、麦芽及酸泡菜了。库克船长甚至因为给船员服用太多这类食品，反而阻碍了寻找最佳预防食品的时机。到了1795年，英国海军部已明文规定船上要发放柠檬汁。

第三种有所帮助的发明则在导航方面。经过改良并校准后，以观测正午的太阳来计算纬度的四分仪的准确性可达一分弧；而观测月亮和星星的六分仪则可以精确到十秒弧范围内。海图、地图、历书及潮汐海流表也都改进了许多。然而这些还都只是附带性的进步而已，革命性的突破是约翰·哈里森（John Harrison）1759年发明的航海经线仪。其实只要你知道正确时间，计算经度就毫不费力。但是在哈里森设计出最合乎英国经度局标准的弹簧操作表之前，却没有人知道如何制造一种既能正确报时，又不受行船影响的时钟。

这些发明合起来，使环球航行在1763年之后的半世纪变成家常便饭。而且这些发明又刚好碰上法国被赶出北美洲与印度，企图寻找新的殖民地及商业竞技场，以期能避开英国或超越英国的时期。海权至上的英国也觉察到自己在太平洋的可能发展，打定主意不让这片占地表面积大半的海洋落入波旁王朝手里。当时一些纸上谈兵的地理学家想象在太平洋中有一大片“南方大陆”，在西伯利亚与加利福尼亚间有一条“西北航路”。1763年后的海上探险还带有科学动机，并由各国科学院参与策划。不过，举个例子来说，当桑威奇伯爵宣称库克的二度航行只是出于“好奇”时，法国大使就嗤之以鼻。太平洋的航行打着科学的旗帜，却要进行策略性的欺骗，并由国家出资，和日后的太空计划根本如出一辙。

第一位出航的是1764年的约翰·拜伦（John Byron）。他奉命前去造访“新阿尔比恩”（New Albion，这是英人对加利福尼亚的称呼，以借此保有其所有权）[①]。但拜伦判断他的船无法胜任，于是改走南太平洋。之后路易斯-安托万·德·布干维尔（Louis-Antoine de Bougainville，1766—1769）、塞缪尔·沃利斯（Samuel Wallis，1766—1768），以及历任海军上尉（1768—1771）、海军中校（1772—1775）期间的库克船长等人也都横渡了南太平洋。这些远洋航行——尤其是库克的二度航行——既否定了“南方大陆”的存在，界定了澳大利亚及可能存在的南极的界限，也让启蒙时代与浪漫时代的人们见识到“欧塔西提”（Otaheite，塔希提岛旧名）的存在。然而北太平洋却依然是个谜。俄国人在那里发现了什么？西班牙人为什么又要涌向加利福尼亚？“西北航路”只能从西边去寻找吗？桑威奇有理由这么想，因此他才在1776年1月下旬邀请库克、他的赞助人休·帕利泽爵士（Hugh Palliser）及一位海军官员共同进餐叙谈。

第一名为库克作传的传记作家显然是根据传闻来描述这顿聚餐的，因为我们找不到有关的资料。4位活泼健谈的才智之士在点着蜡烛的温暖房中进餐，既有美酒，又可高谈阔论，大肆批评法国，并各自提出大胆的臆测，一定大感快意。我们必须再次航向太平洋，桑威奇宣称。国会去年才宣布，海军人员也有权加入发现“西北航路”的两万镑奖金争夺战。当然，由于航行的特别需求，必须格外审慎挑选指挥官。库克可有任何建议？有，他起立表示自

① Albion为不列颠古名。——译者注

愿前往。桑威奇于是意气风发地回报国王，然后就回头去忙他对付美洲叛变的计划了。

库克之前已离家3年，回来也不过待了7个月。他有两个分别是11岁和12岁的儿子，而他的妻子也再度怀孕。海军部给他的闲差让他厌烦，但他享有丰厚的收入，又是皇家学会会员，还有人签约要他写回忆录，而且可出入各社交场合。他原本至少应该先休息一段时间才会再出海。对库克记载最为详尽的传记作家比格尔霍尔（Beaglehole），就对他在一顿饭中就突然决定出海的故事感到怀疑，因为库克一向不是冲动的人。不过他的行为或许显示他有病在身；他在第二次出航时肠道受到某种感染，破坏了身体代谢维生素B的能力。果真如此的话，他就会变得愈发冲动与暴躁。不过，也有可能是库克的自尊心胜过了他的判断力，他舍不得把这么重大的任务让给别人。总之，鲍斯威尔对这个消息的反应，一如我们在今天遇见一位航天员那样："看到库克这么一个正经而稳重的人，和他那有教养的丰满妻子，再想到他竟会随时准备航行全世界，真是很奇怪的事。"

桑威奇指示库克航行到北纬65度，寻找"西北航路"。在这数字背后，有着两张俄国地图的奇闻。第一份地图广为人知，是由格哈特·穆勒（Gerhardt Müller）在1754年绘制的。图上堪察加和西伯利亚的轮廓相当准确，而北美洲西北部大半地区留白的地方也颇真实。然而在1774年，俄罗斯科学院出版了第二份地图，由雅各布·冯·施特林（Jacob von Stählin）绘制。这份地图想必是根据新发现所绘，但它所描绘的"阿拉卡斯加"（Alaschka，阿拉斯加）却是一座岛，隔着一道位于北纬65度、西经140度的宽阔海峡与美洲相望。俄国人在地理上做手脚的经验向来相当老到，但他们又何必昭告天下说"西北航路"可能就位于他们的领域之内？此外，鉴于早先的理论曾认为在太平洋与哈德逊湾之间有某种海峡存在，此构想就有了几分真实性，而当时风行的"巴林顿—恩格尔理论"（Barrington-Engel theory）又主张盐水不会结冰，因此即使是北极的航路也可行船。这些想象全都包含在交给库克船长的密令之中。命令要他绕过好望角，到塔希提岛过冬，接着前往北纬45度的新阿尔比恩（而避开圣弗朗西斯科），然后沿海岸北驶到北纬65度，"格外仔细"地搜寻施特林提及的海峡。年已47岁，身体状况并不好的库克，便于7月12日出发了。

库克的旗舰"决心"号（*Resolution*）和由查尔斯·克拉克（Charles Clerke）负责的"发现"号（*Discovery*），除了在佛得角（Cape Verde）的暗礁附近险些出事之外，一路到塔希提岛都还风平浪静。他们在1777年8月抵达塔希提岛。当时那里的酋长之间正起战争，库克保持超然，但他见识了一场以活人献祭的仪式，也严厉处置了偷窃六分仪的事件，并劝说船员戒酒。船上干部注意到他显得苍白易怒，也无法进食。库克是有理由变得暴躁的：他正试图进行首次由南到北穿越太平洋的航行，沿途约8000公里都见不到任何陆地（就他所知），前半段航程经过无风带，后半段则是冬季阴冷的北半球海面。接着，陆地意外地出现了：1778年1月18日，出现了一座绿色的大岛，取名为“欧瓦胡”（Owahoo，即瓦胡岛），再往北是“考亥西”（Kowhyhee，即考爱岛［Kauai］）。他们在维美亚湾（Waimea Bay）登陆，成为第一批造访桑威奇群岛（Sandwich Islands，夏威夷群岛的旧称）的非波利尼西亚人（根据历史记载）。船员喜出望外地在这里狂欢了一个月。虽然船长坚持要他们不要把淋病和梅毒传到岛上，他们还是我行我素，库克因此对一名船员处以24下鞭刑。不过他们是满怀要重返此地的心意离开的。过冬的地方应该是这里才对，而不是堪察加。

远征船抵达今日的俄勒冈州（Oregon）海外、名称十分恰当的“恶劣天气角”（Cape Foulweather）时，已经出航两年。由于暴风雨和沿岸浓雾，库克错过了普吉特海湾（Puget Sound）入口的胡安·德富卡海峡（Juan de Fuca Strait），于是在今日温哥华岛上的努特卡（Nootka）停泊。4年前胡安·佩雷斯也曾来过此地。这是另一段平静的插曲，当地的莫阿查印第安人（Moachat Indians）不卑不亢地欢迎了这些欧洲人。他们的工艺仍处于石器时代，身上也带有死鱼、死海豹之类的气味。但努特卡当地的政治、商业传统、仪式及艺术都令人肃然起敬（虽然后来的航海家发现他们有食用人肉的习俗）。他们要的是船员带来的金属器物，而不是其他废物，并用海獭皮作为交换。库克笑着评论了一个精于讨价还价的土著：“这可真是个美洲人！”两个月后，库克的人留下友谊离去，双方没有任何伤亡。

“发现”号和“决心”号继续向北驶到北纬65度，不用说也知道，他们根本找不到施特林说的海峡。在前几次航行中，库克对戳穿那些“理论派地理学家”的主张十分起劲，但这次他却变得不耐烦。阿留申群岛中出现了一条水道，库克便沿着白令海峡向北航行到北纬70度之处，他在当地碰上了高达4米的冰墙——当时是8月。当时他们仍认为海水不会结冰，所以猜想是哪条大河把这么多冰堆积在这儿。转向南行后，他们在乌纳拉斯卡岛（Unalaska）停留，发现俄国人同样也对施特林的地图感到不解，于是库克终于认定此人是个骗子而放弃继续寻找。船只直驶南方的夏威夷群岛，并在夏威夷的大岛西南海岸的凯阿拉凯夸湾（Kealakekua）停泊。

库克抵达时，这里的八个主要岛屿上住了几十万波利尼西亚人。他们的祖先约在公元500年左右，驾着简陋的有舷外浮木的双船身小舟由南方渡海而来。他们对英国人的船只和铁器，与对他们的白面孔和武器一样感到讶异。“他们对我们挥舞战矛，翻动眼珠，粗野地比划手脚，但是我们才和他们交谈了几句话，就惊喜地发现，他们的语言和我们在南方群岛认识的人说的语言相同，只有稍微的变化。”那是一种流畅简洁的语言，只有八个子音，欧洲人念起来很困难，因为会把T听成K，B听成P，R听成L。所以在航海日志上他们提到“塔”米哈米哈王（Tamehameha）[①]，会以taboo取代kapu（禁忌）；以eree代替alii（酋长）。夏威夷人也像塔希提岛人一样，其文化不易明了却富有自信。除了人口过多的时候之外，他们生活过得倒不错，主食是芋头、番薯、香蕉和椰子。猪（供酋长食用）、海豚鱼、鲻鱼及其他鱼类则供应蛋白质。他们没有铁器，但在贝壳、骨、石、木及编篮和用树皮打制、并用植物染料染色的织布方面，却有精美的工艺。那里的女人裸身游泳，袒胸舞蹈，向神明或恋人唱着轻快的歌曲，并公开随意与人交合，看得水手们张口结舌。

但是如果你把他们的歌舞视为这种文化只重视对自然和生命之爱的证据那可就大错特错了。夏威夷人的社会是建立在无所不在、也摆脱不了的恐惧之中的。战争、奴役、杀婴、酷刑、活人献祭、行刑仪式等都极为寻常。每个人，尤其是女性，都生活在由禁忌筑成的精神牢笼之中。社会最上层是酋长，其权力来自灵魂中存有的“马那”。“马那”代表一种神性，近于神明，是一种魔力、一种勇气、一种权威。“马那”可以世袭也可以积聚，因而诱使贵族联姻，甚至乱伦。酋长的每样东西都带有他的“马那”，不论是妻子、独木舟，或是工具，甚至他所站过的地方。如果你的影子落到一个大酋长身上，或是你在不知不觉中走到他旁边，都可能犯下要命的重罪。诸如女人吃珍贵食物、男女一起进食等行为都是禁忌。

酋长之间存在复杂的等级，但他们对个人和百姓财产及奴隶都享有绝对的权威。酋长之上只有神明，这些神又有许多和自然现象（风、浪）及人类活动（捕鱼、舞蹈）有关。最主要的神有四个：生命、太阳及淡水之神坎恩（Kane），和平、丰饶及收获之神罗诺（Lono），战神库（Ku），以及下界之神卡那罗（Kanaloa）。祭司（Kahuna）在神殿敬奉神祇，并奉行每年一次的神明交接周期。例如在“玛卡希基节”（makahiki），和平之神罗诺在位，战争就成为禁忌。英国人停泊在凯阿拉凯夸湾时，就正逢这个季节。

① 应该是“卡”米哈米哈王。——译者注

“决心”号和“发现”号环绕夏威夷的时间和方向，正和祭司为罗诺神举行游行庆典一致。两艘船在1779年1月17日抵达之处，正是罗诺神庇护所所在。当时有数百艘独木舟欢迎他们，两名祭司护送库克抵达神殿，带领他祈祷，1000多名围观民众崇拜地喊着（英国人听起来是这样）：“欧若诺！欧若诺！”供200人吃的食物每天都会出现，库克船长似乎对他的神明头衔也感到心满意足，就这么快活地过了一个星期。接着气氛就不对了，酋长们开始变得不耐烦。库克并不知道“玛卡希基节”已近尾声，这些陌生人必须如期驶离才能皆大欢喜。库克却打算只要时间允许，他要尽量完成夏威夷群岛的海图，然后再向北航行。不料一阵狂猛的暴风吹裂了“决心”号的前桅，所以离开才一星期，他们又返回了夏威夷。

我们初遇陌生人，总会“脑中一片茫然”，但再次见面，就会相当熟悉。但对夏威夷人来说，却恰恰相反。头一次他们“知道”这个访客是罗诺；第二次他们就弄不清了，因为罗诺的季节已经过了，他的重返简直是不可能的。所以这次没有欢迎，没有食物，有的只是嘲弄和偷盗。库克大为光火，便带了一名副手和9名水手上岸，打算把卡拉尼欧普王（Kalaniopuu）抓来当人质。起先夏威夷人还相当温顺，但当卡拉尼欧普坐在地上不肯动时，他的战士就穿戴起了战服。库克退往水边。他有没有大声下令小艇过来开火或救援？负责的副手事后发誓说没有，况且他也无能为力。夏威夷人逼近，库克开了一枪，夏威夷人便朝他发起进攻，并攻击水手，水手们跌跌撞撞地冲进浪中逃走，库克船长却未能脱身。

船员宣称要报复，但本身正害着病的克拉克指挥官却不想战斗，他只想修好主桅。他交涉取回了库克的遗骸（血肉已被夏威夷人照习俗煮化）予以海葬后，便在2月22日离开了。令人不可思议的是，夏威夷人高高兴兴地欢送了他们。即使到了这种地步，克拉克依然坚持探测北极的职责。他在破旧的彼得罗巴甫洛夫斯克停泊，殷勤的贝姆总督（Major Behm）主动要替英国人把邮件——包括库克的死讯——经西伯利亚送到欧洲。于是这两艘船便驶过白令海峡，向前行驶到碰上结冰的海水迫使他们返航为止。抵达堪察加前两天，克拉克因肺病去世。船只在修复后，又绕过亚洲和非洲，于1780年10月返回英国，停靠泰晤士河岸。

这次地理探险前所未有，但库克身亡，“西北航路”难以探得，整个旅程显然是一大失败……除了两年前在努特卡随手得来的那些海獭皮之外，简直一无所获。回程中，船上干部在叛变的威胁下同意在澳门停泊，为数不多的毛皮为船员带来了2000英镑的收入。这个消息造成一股私人船只前往北太平洋的热潮，打破了俄国人对毛皮业的垄断，也让西班牙人大生疑虑。这些船只可以大举出航，是因为“库克的第三次航行”不但给他们指引了一条明路，也发现了夏威夷这个不论要前往阿拉斯加、努特卡或远东都最适于中途停驻的港口。于是北太平洋几乎立刻成为了强权政治的焦点。

第11章　努特卡湾，1790

约翰·莱迪亚德（John Ledyard）是第一个行驶在太平洋上的美国人，以他短暂的生命而言，他的一生算是多彩多姿。他于1751年出生在康涅狄格州的格罗顿（Groton），之后进入达特茅斯学院（Dartmouth College）成为传教士，向印第安人传教，但这不是他的使命。1773年，他自愿参加库克的第三次出海远航队，回来后相信可以靠努特卡的毛皮业大发其财。但当时美国正在进行独立战争，因此莱迪亚德先为了拒绝到皇家海军服役而在营房里被关了两年，然后变成逃兵躲藏了一年：他不愿和自己的新英格兰同胞作战。1783年，《巴黎和约》（*Peace of Paris*）确定了美国的独立地位，他终于有机会扩展毛皮业，但波士顿没有一个商人肯支持他，于是他前往巴黎。当时美国驻法特使托马斯·杰斐逊（Thomas Jefferson）鼓励他，要他不要经陆路横越西伯利亚，而改乘船只前往俄属美洲，再横越北美到大西洋！让人难以置信的是，莱迪亚德竟真的照做了，但他只走到伊尔库茨克（Irkutsk）就被沙皇当局以间谍名义驱逐出境。于是莱迪亚德匆匆前往非洲黑暗大陆，欲找出尼日尔河（Niger River）的源头，但在开罗罹病，因医师的"治疗"而亡故。

对摇摇欲坠的俄国与西班牙帝国而言，不幸的事是美国和英国在大西洋沿岸的港口，满是像莱迪亚德这样具有胆识及航海技巧的人。第一个胆敢起锚前往努特卡的是英国人詹姆斯·汉纳（James Hanna）。他于1785年从澳门出海，但他极不明智地引发了一场印第安人的攻击（他以"相当规模的屠杀"击败对方），原因是以暴力对付偷窃凿子的印第安人。然而他还是与努特卡的马奎纳酋长（Chief Makweena）握手言和，并带走了价值两万西币的毛皮。次年有10艘船停靠努特卡，由伦敦商人组成的一个财团创立了"乔治国王（努特卡）海湾公司"（King George's Nootka Sound Company），让–福尔·加洛·德·拉·彼鲁兹（Jean– François Galaup de la Pérouse）从白令海的圣伊莱亚斯山沿海岸一路航行到蒙特雷。拉·彼鲁兹的远征是在库克之后为挽回法国威望所作的一项伟大努力，但却在1788年因“星盘”号（*Astrolabe*）及“指南针”号（*Boussole*）在美拉尼西亚海域神秘失踪而告终。

在此同时，美国人发现独立竟代表他们就此与英属及西属加勒比海贸易绝缘，遂起而响应莱迪亚德的行动。纽约商人丹尼尔·帕克（Daniel Parker）与罗伯特·莫里斯（Robert Morris）把眼光放到远处。他们的“中国皇后”号（*Empress of China*）光船上的装备就花了12万美元，并备妥由美国“大陆国会”（Continental Congress）出具的各项文件，于1784年出航前往黄埔（Whampoa）和澳门进行贸易，并于1785年5月再度返回美国，停靠东河[①]。30%的利润并不惊人，但航行之轻而易举却鼓励了许多人效仿。美国人——或任何外国人——买了中国的瓷器和丝绸，要卖给中国人什么呢？“中国皇后”号装载了242箱中国人喜欢的保健食品——人参，以及价值两万元的银元。但前者得来不易，而商人又都不乐意放弃珍贵金属。明显的解决之道是先驶往西北海岸，装载海獭皮后，到夏威夷过冬，再前往广东把毛皮卖掉，然后满载中国货物返航。“哥伦比亚”号（*Columbia*）及“华盛顿夫人”号（*Lady Washington*）分别在约翰·肯德里克（John Kendrick）及罗伯特·格雷（Robert Gray）的指挥下，于1787—1788年展开绕航，完成了美国人首次的环球航行。随后有数十名美国人和英国人也起而效法，甚至西班牙人——准确地说，是方济各会修士——也从加利福尼亚出发，加入这一行列。早期的毛皮业在1792年达到巅峰，当时共有13艘英国船、8艘西班牙船和5艘美国船等32艘船只往返于西北海岸。

俄国人怎样了呢？他们也出现了，而且数目比以前都多，只是愈来愈抵不过那些积极冒险的英国人罢了。俄国人之所以尚可在阿拉斯加水域保有立足之地，要归功于格里戈里·舍利霍夫（Grigorii Shelikhov）。此人自俄国前往堪察加，在科曼多尔群岛（Komandorskie Islands）大有斩获，成为当地毛皮猎人的头头，终其一生为建立俄国的毛皮业体系而努力。他与伊凡·戈利科夫（Ivan Golikov）于1781年成立的公司，在其后16年里，占去太平洋海域所有毛皮产值的半数。一如少数前辈，舍利霍夫明白俄国需要在阿拉斯加拥有永久的殖民地、需要政府的支持和资金投入，要有法律、秩序和教士，也需要终止对阿留申人的奴役，要开发堪察加半岛，要取得在广州的贸易权，并且要对千岛群岛和加利福尼亚海岸进行探索。1784年，舍利霍夫率领3艘船和192名毛皮猎人前往科迪亚克岛，建立了俄国在新世界的第一个永久基地，但仍不见政府的支持，于是舍利霍夫和戈利科夫于1788年横越西伯利亚回到俄

---

① 纽约河名。——译者注

国，亲自向王室求助。

凯瑟琳女皇这个急切的领土扩张主义者原该会对他们表示同情。但政治、财政和开明思想却阻碍了她。首先，俄国与土耳其及瑞典再度濒临交战边缘，女皇不愿在远方引发新的冲突，招惹新的敌人；第二，国库吃紧一如往常，凯瑟琳因此拒绝了舍利霍夫20万卢布贷款的请求，也拒绝在堪察加成立国家银行分行的提议；第三，她满腔自由贸易的新精神，认为特许公司早已过时："商人应可任意通行，朕无意提供任何人员、船只或金钱"。不过，凯瑟琳确也取消了阿留申人的入贡和政府对所有毛皮商品抽取的什一税，另外她也派出一支小规模的海上探险队前往太平洋。不过这艘由库克的老干部约瑟夫·比林斯（Joseph Billings）指挥的"俄罗斯之光"号（*Slava Rossii*），仅在1790年到1791年间进行了一次有气无力的阿拉斯加海岸之旅（船员都罹患坏血症）。所以说，俄国人能对英美在海上的进军尚有些微反应，完全是舍利霍夫个人的功劳。

西班牙人的条件比俄国人还差，但动作却比他们积极。1774年，佩雷斯就发现了努特卡湾；次年，胡安·弗朗西斯科·德·博德加·伊·夸德拉（Juan Francisco de Bodega y Quadra）抵达阿拉斯加，并发现布卡雷利湾（Bucareli Bay）。1779年，博德加再度出海，且远达阿拉斯加的基奈半岛，后因坏血症被迫撤离。最后，在1788年，埃斯特班·何塞·马丁内兹（Esteban Jose Martinez）与贡萨洛·洛佩斯·德·哈罗（Gonzalo Lopez de Haro）登上了科迪亚克岛。在岛上，舍利霍夫的代理商伏特加酒一下肚，就大肆吹嘘一个子虚乌有的计划，说是要派两艘俄国快舰去占领努特卡！马丁内兹估计大约有500名俄国人住在北部海岸，于是回来后建议西班牙要立刻增强努特卡的防御。墨西哥总督同意了，马丁内兹在1789年奉命殖民努特卡湾而北上。他原以为会和俄国人起冲突，没想到却跟英国人发生了争执。

太平洋的毛皮商大体上都是些让人不敢恭维的家伙，约翰·密尔斯（John Meares）行事尤其莽撞。此人是名年轻的英国皇家海军中尉，他在1783年后前往印度，并被毛皮业的消息所吸引。他没有钱、没有判断力、没有航海技术，甚至连一张在东印度公司港埠进行贸易的许可证都没有，但他的快言快语倒也让他弄到了一笔资金并认识了一些同伴。他在1786年驶往美洲，打算建立一处基地。俄国人将他逐出库克海湾（Cook Inlet），因此他就继续前往尚无人迹的威廉王子湾（Prince William Sound），并愚蠢地决定要在该地过冬，因而把船停泊在必定会结冰数月之久的河口。1787年5月，另一名昔日库克的干部乔治·迪克森（George Dixon）船长偶尔进入了密尔斯的营地；密尔斯的33名人手当时只剩10人幸存。但密尔斯既不知懊悔也不懂感激，反而控告迪克森多收了救他命的补给品的钱。第二年，密尔斯带着假文件和两艘假冒的葡萄牙船只重返故地。他向努特卡当地那个亲切的马奎纳酋长买地，并命令手下的中国工人盖屋造船。而后他回到澳门，与一家商誉颇著的商行协商合并事宜，并出资让詹姆斯·科内特（James Colnett）船长进行另一次航行。科内特于1789年4月抵达努特卡。西班牙人已经早到了一步。

马丁内兹船长被人（英国人）形容为暴躁、骄傲，并且好战。但当他驾着战船抵达，发现停泊在努特卡湾的这艘可疑的“葡萄牙”船时，他反而展现了相当的自制力。由于缺少人手把船作为战利品驶回国，他任船和船长离开，对其后两艘密尔斯的船，他也作了同样处置。直到后来科内特出现，挥着伪造的文件不断威胁，又毫不隐瞒他对西班牙人的憎恶时，马丁内兹才展露了他的火爆脾气。两位船长争执不休，甚至要比起剑来，这时马丁内兹对士兵大声吆喝，要他们把这个海盗关进牢里，并派一组心腹船员把科内特的船驶到圣布拉斯，并没收了密尔斯在努特卡的房子。消息在1790年1月传到了马德里与伦敦。接着是一番可以想象的语气激烈的信函往来，西班牙外长普埃尔托·德·佛罗里达布兰卡（Puerto de Floridablanca）坚称西班牙有权占有美洲的太平洋海岸，而英国外交大臣利兹公爵（Duke of Leeds）则谴责西班牙“非法”逮捕英国人，并坚持英国在加利福尼亚以北贸易及殖民的权利。在这场冲突中，真正有关系的既非密尔斯的房子，也不是努特卡这整个地区，而是当时尚未确定边界的加利福尼亚与阿拉斯加之间那片广大地区的疆域权，以及整个西班牙帝国的领土完整。英国首相小威廉·皮特（William Pitt，the Younger）甚至认为可以利用此次危机打破波旁王朝的联盟，离间脆弱的海外西班牙帝国和欧洲本土反复无常的法国，以弥补英国在美洲作战的一些损失。皮特才打完如意算盘，密尔斯竟然就出现在伦敦，他那番关于西班牙暴行的言辞充满愤怒，全为自己打算，而且几乎通篇谎言，但却使国会群情激愤，立刻表决通过筹款备战。西班牙人大为惊骇，只得向法国、俄国和美国求援，以对付“背信弃义的英国”。

对于刚实施宪法的美国而言，处理努特卡是个棘手的问题。杰斐逊急着想帮助西班牙，以报答它最近对殖民地伸出援手，但是亚历山大·汉密尔顿（Alexander Hamilton）却警告说，美国真正的商业利益是和英国一致的，而华盛顿总统也害怕万一打起仗来，英国或许会要加拿大的军队越过美国境内，进入西属路易斯安那。华盛顿首次制定对欧洲争端保持中立的主张，就是由努特卡湾事件造成的。西班牙在别处运气也不好。奥匈帝国和俄国正忙着瓜分波兰，而法国——谁知道法国会怎么样？因为在科内特被捕的第二天，巴黎人民就攻陷了巴士底狱。革命派的国民会议在1790年就因为争辩宣战与媾和的权力该归国王或是国民会议而动弹不得，而且没有一个法国人愿意为了西班牙模糊的太平洋权力声明去和英国人打仗，革命党人当然也不觉得非要去维护波旁王朝的威势不可。

因此西班牙便陷入了孤立，而即使佛罗里达布兰卡备觉委屈，他也别无选择，只能听凭英国要求西班牙放弃对努特卡的所有权，并承认对英国人的逮捕是非法的。利兹同时立即要求（免得佛罗里达布兰卡“有时间喘气”）西班牙赔偿密尔斯的财产损失、放弃北纬31度以北的所有殖民区（包括加利福尼亚全境）、准许英国有在该线以北殖民及在西班牙帝国全境自由贸易的权利。颇有影响力的马德里议会主张以战争解决这种羞辱，但巴黎的情况再度成为决定性的因素。西班牙新王卡洛斯四世（Carlos Ⅳ）对法国大革命“至为惊骇并深恶痛绝”，他希望与英国组成反革命联盟，所以不愿让殖民地的小争端碍事。佛罗里达布兰卡成功地删除了那个惩罚性的边界条款，对于谁能在什么地方殖民的问题更是含糊带过，其余则不得不接受英国的条件。

“我们争的不是几公里的土地，而是整个大世界。”一名英国国会议员在对努特卡事件进行辩论时如此宣称。为了充分利用时机，皮特迅速提案，在下一次也是最后一次的大规模探险行程中列入美洲西北部。这一梯次的探险始于1764年，指挥官是33岁的乔治·温哥华（George Vancouver）。此人是库克第二次及第三次探险之旅的干部，同时也是仅次于他的导师库克的伟大探险者。温哥华的“发现”号（*Discovery*）于1791年4月启程，一年后抵达门多西诺（Mendocino）附近的加利福尼亚海岸。他向北探索，得知由一条大河（哥伦比亚河）——日后美国商人罗伯特·格雷将乘“哥伦比亚”号首度进入此河——可进入传说的胡安·德富卡海峡，并派遣彼得·普吉特（Peter Puget）中尉探索海湾内地。温哥华写道：“未来的某些颂词作者，将会乐于提笔赞颂此地的美景。平和的气候、数不尽的怡人景色，以及大自然独力造就的富饶繁盛，只需加上人类的勤勉……便可成就最最美好的大地……”西班牙总督波托拉的随军教士也说过同样的话。西雅图与圣弗朗西斯科的竞争就始于此，虽然这时两地都还看不到半栋房屋。

8月28日，“发现”号停靠努特卡，接着就是一顿最不可能出现在北太平洋的盛宴款待。因为欢迎英国人的正是博德加本人，他不单被任命为“疆界远征队”队长，也肩负着不要让英国人把西班牙人逐出努特卡的重大责任。至于温哥华则几乎未获任何外交上的指示。原本他只是去接收缴回的密尔斯财产，不必当场就北太平洋的未来进行协商。不过他面对的正是这些——外加热情的招待。博德加以13声礼炮迎接“发现”号，而且在这艘船停留的六周中，他也一再用这个仪式表示欢迎之意。当晚他邀请船上的官员宴饮，次日晚上、第三日晚上亦是如此。努特卡是个位于偏远角落的印第安村落，然而博德加那些成排的仆人却奉上“有五道菜的晚餐，有丰盛的佳肴美味……用餐方式极为优雅”。用餐之际，银盘更换了五次。这顿大餐有炖和煎的鲸肉、海豚肉、海豹肉，以及卤肉、新鲜蔬果、鲑鱼、橄榄和巧克力，更不用提还有酒了。英国船上每天都有热面包和牛奶送到，以及一大桶甜酒。可怜的温哥华（他的大副低声说他“变得挺胖的”）觉得尴尬：他的船长餐饮器皿也不过是白蜡和黄铜器，厨房堆着的是腌牛肉和猪肉、发霉的饼干和啤酒。船员对这位西班牙绅士真是感激不尽。所有的发现之旅都应该有这种惊喜才对。

博德加的动机当然是政治性的。总督给他的命令是将努特卡移交英国，希望英国承认西班牙对胡安·德富卡海峡以南具有领土权。但博德加的野心尚不止此。他告诉温哥华，交还努特卡只是暂时的，西班牙的统治权必须维持。如果他认为温哥华会因为饱啖佳肴就会被软化，或是伦敦会承认他所签的任何协定，那他未免天真得可悲。如果他的目的仅是在拖延时间，那么他倒是成功了，只可惜代价太高。因为他不只花完了全部5100比索的预算，还预支了自己一年的薪资；这些都用尽不说，他还为在荒野维持这种款待而债台高筑。回到墨西哥后，这位可怜人遭到批判，身染疾病，并在1794年贫困身亡。他从温哥华那里得到的只是一项善意的提议，就是将该地命名为夸德拉与温哥华岛（Quadra and Vancouver Island）——而且连这个也熬不过时间的考验。3年后，因法国大革命而并肩作战的英国与西班牙签订最后的“努特卡协约”，规定双方共同自该处撤出。1795年3月，约翰·皮尔斯中尉（Lt. John Pearce）陪同一位西班牙事务官前往努特卡，在密尔斯房屋上隆重地升起一面英国国旗，然后又把国旗降下，转送给马奎纳酋长。他说，只要有船驶进海湾，就把旗帜升起。然后大家各自返回了故乡。

从此西北海岸以及北太平洋的大部分地区又成为无主之物。不过西班牙在这里的大业却随努特卡湾事件而结束。西班牙船只退出了运往中国的毛皮贸易。1796年，西班牙被迫与法兰西共和国结盟，这代表西班牙必须与英国作战，最后连大西洋也落入了英国皇家海军之手。墨西哥与南美洲殖民地既已与母国隔绝，便开始有了反叛之意，待拿破仑于1808年占领西班牙，并赶走波旁国王后，这些想法就化为行动了。1815年，经过两个多世纪的定期往来，一艘正巧取名为“麦哲伦”号（*Magallanes*）的船只离开阿卡普尔科，驶往马尼拉。这就是最后一艘“西班牙大帆船”。

第12章　北海道，1792

四面环海的日本一直给人无边界的印象。但日本自古以来就有边界，它在以前被称为虾夷（Ezo）、现称为北海道的北方岛屿上。日本人不是没有越过津轻海峡（Tsugaru Strait）到北海道，他们去过。16世纪初期，日本人曾在北海道南岸占有领土，并引起毛发浓密的阿伊努人的激烈反抗。野心勃勃的北方大名柿崎（Kakizaki）为安抚这些边疆民族，承诺不深入北海道内部。1590年,丰臣秀吉将北海道的统治权赐予柿崎一族,册封他为松前（Matsumae）藩主。松前是柿崎家位于北海道南岸的城市，函馆（Hakodate）是其外港。

松前藩事实上等于中古时期的边疆省份，国王或皇帝将之赠予某位侯爵作为抵抗野蛮人的酬劳，并给予特权。因此松前无须上缴米粮，也可免去“参勤交代”（人质制）之务,参勤交代制度规定“大名”的家人必须定期住在京城，接受幕府将军的监视。松前安壤边境忠心尽责，他以类似“保留地”的名义将北海道大部分地区授予阿伊努人。此举意味着北海道以及更北方的千岛群岛将会如同中国东北的满洲一样，人口稀少而易受俄国人侵袭。然而，由于这些岛屿与两国的权力中心相隔都是如此遥远，以致在俄国人与日本人首次发生冲突时，双方并没有派出大批舰队或军队，只有几艘小船、几名小兵在住着一些奇怪、现已绝迹的神秘阿伊努人的崎岖群岛上搜寻对方的踪迹。阿伊努人属于原始高加索人而非蒙古人种，这一点与东亚各族都不相同。他们个子矮小,长着白皙的皮肤和圆形的眼睛,身上的体毛是世界各民族中最多的。俄国人称他们为多毛熊，碰巧阿伊努人还把熊视为最神圣的动物。阿伊努人身穿画有几何图样的兽皮或树皮布，依靠渔猎和设陷阱捕捉动物维生，他们个性强悍，但由于只有部落组织，缺乏向心力，无法抵抗外人的侵略。

现在让我们来回顾一下当时俄国在太平洋沿岸的发展有多不顺利。1785年毛皮猎人开始在阿拉斯加建立永久据点，俄国原本想沿着北美洲海岸向南发展，不过却受制于英裔美国商人和英国与西班牙之间的努特卡印第安人区争夺战而未能如愿。而俄国与清朝签订的《尼布楚条约》又将黑龙江划归中国。因此西伯利亚东部居民（在1790年约有10万人，大都集中在中部的雅库茨克和伊尔库茨克两地）的食物来源不稳定。积极的商人如舍利霍夫，以及贝姆等总督将军，都认为日本只要能敞开门户，将会成为他们的天然命脉。不过自斯潘伯格在1738—1739年间的探险一无所获后，俄国人就不曾再向外发展，顶多只会驾着海豹皮小艇（bidarki）悄悄登上千岛群岛，靠着枪杆子横征暴敛。阿伊努人偶尔也会报复，1771年在乌鲁普（Uruppu）就有一群俄国人在熟睡中被阿伊努人刺死。不过大部分的阿伊努人都选择向南逃跑。

第一位警告日本幕府俄国可能来犯的人是名波兰人：被流放到堪察加半岛的战俘拜纽夫斯基（Benyovsky）伯爵毛里求斯·奥古斯都（Mauritius Augustus）。他将囚犯与水手组织起来发动了叛变；他们杀了当地首长，将城里的储粮和毛皮洗劫一空后搭上政府的船出海。在他充满想象的日记中，拜纽夫斯基宣称自己历经了许多媲美尤利西斯的海上冒险。后来他企图在马达加斯加岛自立帝号，结果却一命呜呼。不过他在返回欧洲途中，确实曾在日本停留；他冒充荷兰人混入日本，不过离开时却留下一封信，声称自己其实是个俄国间谍，此行目的主要是搜集进攻日本所需的情报。拜纽夫斯基此举也许是为了报复遭俄国囚禁之仇。翻译此信的荷兰代理商直斥这全是一派胡言，然而这封信却在幕府内部引起了激烈争论。日本人称拜纽夫斯基这封信是日本的“第一份国防文件”。

没多久俄国人果真来了。贝姆总督争取当地商人出钱出力，主动与日本接触。雅库茨克的帕维尔－列别杰夫·拉斯托胥金（Pavel-Lebedev Lastoschkin）决定冒险一试。结果承载货品的船只在鄂霍次克海沉没，让拉斯托胥金血本无归。贝姆说服他再试一次，这次是和舍利霍夫合作，而且答应此次接触如果顺利，他们两人可以在千岛群岛享有一定时间的贸易独占权。他们打算招募一名领航员、一名担任翻译的日本人、一名随船医生、一名“头脑清楚”的军人、24名俄国船员和21名堪察加人，以此阵容航行到乌鲁普。这趟探险的目的是要建立据点，然后贿赂或诱使阿伊努人带领他们南下日本。如果真能进入日本，再设法让日本人相信他们的来意良善，既不卖酒也不卖枪，同时尽量打探日本的国防与贸易政策。

这一行人在1775年夏天到达乌鲁普，但船只却在暴风雨中失事。列别杰夫·拉斯托胥金不甘白白损失，又添加了两艘海豹皮小艇，伊尔库茨克总督也贡献了一艘纵横帆双桅船。1778年，探险队终于抵达北海道，他们先向松前官员馈赠礼物，接着毕恭毕敬地表达通商之意。官员带着歉意回答，他无权做主，希望对方明年再来。俄国人误以为“明年再来”是答应通商。来年俄国人和松前官员都如期回到北海道海岸找寻对方的踪影。双方直至9月才见面，但相遇之后日本人却退还礼物，并不准俄国人再来北海道。他建议俄国人，如果想要通商，最好先至长崎询问。俄国人闻言只好泄气地离开，退到乌鲁普过冬。1780年1月北海道发生大地震，岛上的阿伊努人和海狸都躲到他处避难，俄国人系在岸边的船只也被约13米高的海啸冲进内陆400多米。不过列别杰夫·拉斯托宵金此时对于打开日本门户已经死心。假如真有可为，就让俄国政府去打开吧！

随着这群西伯利亚官员和商人垂头丧气地空手而归，激起俄国政府兴趣的任务最后就落到一名温文儒雅的教授头上。芬兰人埃里克·拉克斯曼（Eric Laxman）是俄国科学院院士，1789年他在伊尔库茨克做研究时偶然遇见几位有趣的外国人——日本人。这些人是因为海难漂流到阿留申群岛，被俄国人发现的；他们虽然一心想回家，结果却像以前那位“丹比”一样被送上马车，穿过西伯利亚直抵圣彼得堡。拉克斯曼一路陪着他们，他想出一计，打算以遣返这批日本人为借口，再次敲击日本门户。凯瑟琳大帝（Catherine the Great）在1791年首肯了这项计划，并指派拉克斯曼教授的儿子，即亚当·拉克斯曼中尉（Lt. Adam Laxman）统率这次航行。一行人不到一年的时间就来到了太平洋海岸准备起航，这证明从白令来到太平洋探险以来，西伯利亚的交通已经改善了许多。1792年10月他们到达北海道。这一次日本人表现殷勤，既允许俄国人上岸过冬，又上呈他们的文件。不过拉克斯曼表面上是好意送人回家，却又提出一项冒失的要求：他坚持要亲自将遇难者送到江户（今日的东京），而且不论对方是否应允都要成行！幕府的震惊可想而知。

此时日本已经实行了150年的闭关自守政策。不过闭关自守并不代表停滞不前。在德川幕府时代，日本经济蓬勃、文教兴盛、政治安定。此番繁荣景象全仰仗农民。他们缴纳的“石”（米税）日益沉重，留供自己食用的米粮所剩无几，因此农夫经常宁愿弃田或死于饥荒也不愿耕作。这就是为什么日本人口始终停顿在2500万到3000万人之间的缘故。不过农夫的苦难让上层社会得以创造出更精致的文化，尔后日本虽遭受西方文化大举入侵，但这套文化体系却仍能屹立不倒。传统戏剧、复杂的茶道、精美的花道和园艺艺术无不臻于完美。仿自中国的版画以精细的笔触描绘日本山水，相当受欢迎。卓越的纺织和染色技术创造出世上最优美、色彩最缤纷的服装——和服。遵循传统的歌舞伎在京都、大阪、江户风靡，无数观众炎之倾倒；著名诗人井原西鹤（Ihara Saikaku）发奋起来，可以在一天内写出数千首诗作，俳句即脱胎于此。传统日本文人喜欢描述英勇或悲壮的故事，西鹤的“浮世草子”与此不同，他将世间男女描绘成“一堆有手有脚的欲望”。近松门左卫门（Chikamatsu Monzaemon）写了100多个剧本，主题全是“只要人类的道德没有败坏，责任既是光荣也是遗憾”。总之，德川时代是日本艺术的黄金时期。

这些文艺活动和手工艺品的观众和顾客包括大名、武士、幕府官员和日益增多的市井商人。17、18世纪时期，日本的市集和都市数量激增，几乎动摇了当时的封建阶级体系。藩侯的城堡变成都市，1700年江户人口已达百万，这意味着日渐富裕的社会和文化，正逐渐动摇广大的农村社会和儒家的伦理阶级主张。当农民弃田、拒缴税赋，或将田地抵押给债权人时，武士和其他依靠农夫维生的阶层也面临破产。18世纪的幕府先是设法压制逐渐抬头的资本主义，接着垄断经济，最后则对商人课以重税以维持政府本身的收入。1783年是德川幕府最头疼的一年。浅间火山（Mount Asama）爆发，灾情惨重。此后4年内所发生的饥荒饿死数万人，农夫暴动失去控制，江户也岌岌可危。在这多事之秋，将军的“老中”[①]更迭频繁也就不足为奇了。幕府经常处于群龙无首状态，有时候一年半载都无人掌控大局。这就是俄国人抵达时的日本政府，难怪他们会错估日本的形势。

此时在日本批评幕府是危险之举。不过数十年来，任谁都感觉得出有一股不满的暗流存在，特别是对锁国政策的不满。研究西学的兰学派主张吸收欧洲思想和技术的管道要更畅通，而非只靠“出岛”稀稀落落的引进。另一个由工藤平助（Kudo Seisuke）领导的学派，则主张打开日本门户与俄国通商，但前提是要先占领北海道并加以设防，以确保两国能和平通商。第三派，也就是林子平（Hayashi shihei）的学派坚持，要想持续锁国政策，日本就必须先有强大的国防，包括将北海道列为军事区以及加强沿海设防。另一位思想家本多利明（Honda Toshiaki）则批评日本想要在北海道、库页岛和千岛群岛殖民，却不见任何行动。“保卫函馆的人小心！”一位诗人这样写道，“现在这个时候，不是只有海浪才会被冲上岸！”面对此类新思潮的呼吁，幕府虽然冥顽如昔（林子平被捕入狱，著作遭禁），但还是必须采取某些手段来处理“来自北方的威胁”，特别是在拉克斯曼探险队一行人有意南下江户的消息传来之时。

此时幕府掌政的“老中”是松平定信（Matsudaira Sadanobu）。他是“革新派”，在农民暴动发生后立即发起改革计划，并命人研拟一项计划，在东京

① 高级顾问。——译者注

湾沿岸建立完整的防御体系。松平在计划付诸实施前地位已经岌岌可危，不过他还是派遣两名特使和500人前往松前藩的函馆，打算先制服这些“赤鬼”。特使传达了松平的命令——这些俄国人最远只能到达松前，而且只能走陆路，不能搭乘自己的船。拉克斯曼一行人感觉其中有诈，最后说服对方以船护送他们的船驶入函馆。1793年7月，他们下锚并在岸上扎营，双方加起来450人，准备浩浩荡荡前往松前居城。这群俄国人是第一批目睹北海道天然美景的西方人。1972年冬季奥运在札幌举行，通过电视转播，北海道之美始为世人所知。

一进入松前，拉克斯曼一行人即由60名武装卫士护送至客房，日本人尽力将客房布置成西洋式，为尊重隐私权，客房还围以蓝白色的布帘（日本人莫非知道沙皇旗帜是蓝白色？）。不过谈判时，日本人希望俄国人入乡随俗，脱掉皮靴，对幕府派遣的特使下跪磕头。拉克斯曼拒绝了这些要求，日本人也不勉强。拉克斯曼的父亲事后开心地说：“我儿子可不像荷兰人，他无须否认自己是基督徒，也无须对着十字架咒骂，更不用自我贬低扮演小丑。”特使随后赠送3把武士刀和100包米给拉克斯曼。对西伯利亚人而言，稻米比黄金还要珍贵。日本人接着解释他们无法更改法律，非武装船只或许还可以进入长崎，除此之外，无论何种船只、不论来自何国、去向何处、也不论有几艘（显然是故弄玄虚），一律要加以扣押。这次俄国人由于是护送发生海难的日本人回国，情有可原不予扣押，准许离开。拉克斯曼不平地表示，除非通商要求获得答复，否则不会交还他们救起的日本人。3天后，日本特使将盖有官印的文件撕成两份，一份交给拉克斯曼。内容译为：“特准一艘大俄帝国船只进入长崎；一如吾人先前说明，本国只开放长崎让外国船只进入，并在此重申日本不接纳基督教。”拉克斯曼回到鄂霍次克后，将这张“长崎许可证”交给总督。大家伸长脖子，一张纸翻过来又翻过去，不敢相信一心努力的目标就此达成。

然而俄国方面并无后续行动，也许是欧洲事务已经让凯瑟琳女皇忙得分身乏术，这是最有可能的解释。不然就是宫廷正在密谋通商利益应该归谁，以致耽搁了正式回应；再不然就是官僚体系未能及时回应。无论如何，到了1796年，即拉克斯曼返回俄国后的第3年，凯瑟琳女皇终于命令西伯利亚总督再次派遣代表赴日，不过她希望能由私人赞助此行所需费用。结果又花了不少时间寻找“财神爷”，但遍寻不着。舍利霍夫也爱莫能助——他刚过世。最后伊尔库茨克将事情进展上呈圣彼得堡裁示，此时拉克斯曼教授和凯瑟琳女皇均已辞世，俄国正遭受拿破仑入侵。

俄国是否错失比美国佩里司令早约55年打开日本门户的良机呢？究竟长崎通行证是搪塞之计还是邀请函，连日本历史学家也莫衷一是。就幕府当时混乱的情形看来，大概当时的日本人也不清楚这张通行证的含意。事实证明，俄国人是等得太久了，因为当他们1804年再次接触日本时，换来的却只有误解和暴力。

第13章　凯阿拉凯夸湾，1794

拉克斯曼在崎岖的北海道苦熬，希望把俄国的势力延伸到亚洲这边海上的同一年秋冬，温哥华正在巩固英国对美洲这边海洋的所有权。“发现”号于1792年10月离开努特卡，朝加利福尼亚南驶，途中把威廉·布劳顿（William R. Broughton）中尉放下，让他上溯哥伦比亚河探测达161公里之远，命名了一座胡德山（Mount Hood，以一位英国海军上将之名），还欣赏了日后俄勒冈州的枫树林和沃土。温哥华在圣弗朗西斯科湾接受了更多西班牙人的热诚款待，声称自己深深被传教士的牺牲奉献所感动。他也注意到圣克拉拉传教区拥有丰盈的谷类和牛肉，同时对西班牙牧童的牛仔绝技大为称奇。他认为传教区的印第安人懒惰、肮脏，无法以之为根据地，建立一处繁荣的殖民地。最有趣的是当地的要塞不过是个简陋的泥砖堡垒，围住了36名军人住的茅草房子和一门小炮。西班牙人也清楚自己在上加利福尼亚的防御是多么少得可怜，于是第二年就发布了严格的命令：除在军人监视下上岸获取淡水以外，外国人一概不准登陆。但当地的实情已传开了：加利福尼亚完全不设防。

1793年1月，温哥华驶往库克的夏威夷群岛。来时他在该处只停泊了两个星期，没有机会与卡米哈米哈会面。这次，这位未来的夏威夷君王亲自划船出海去迎接他。温哥华所见到的，是名年约40岁，但看起来似乎年轻10岁的男人，身高约1.98米，具有非凡的男子气概，在体能和精神上似乎都能控制他的人民，包括一大群凶猛、着有羽饰的战士；但是他嬉戏笑闹起来，却又如孩童般自然；狼吞虎咽时又像个老饕；而当他在既不吃东西也不玩闹时，他会用那双至为悲伤的眼睛望着你。库克船长来的时候他就在了，当时的金中尉曾如此形容他：“（卡）米哈米哈，他的头发用一种肮脏的棕色糊状物或粉编成辫子，使他的面容更添加了一种我从未见过的野蛮气息；但这绝对不能代表他的性情，他心地很好，也很幽默，不过他的态度多少有些专横。”有些水手说看到他也在杀害库克船长的一伙人中，也有传言说卡米哈米哈声称库克的头皮是他的，他想要接收他的“马那”。此人深谙策略，无论体型或速度都无人能比——能够接住、闪躲6名年轻武士掷出的矛，也可以使这些矛转向。若说他有什么弱点，那就是脾气暴烈、贪婪得幼稚，以及凡事都要求助于祭司和占卜师。不过后者会不会也是他刻意的策略，使他可以理直气壮地统治百姓、并使他们少接触西方思想？

酋长制度使战争在夏威夷人的社会中有如时疫般盛行。所有的百姓和土地不是属于这个酋长，就是属于那个酋长。而酋长的产生，或是根据各人那捉摸不定的“马那”，或是实际的作战运气，总之并无固定的阶层组织。一个酋长死后，他所有的财产、甚至包括臣属的财产都要重新分配。一名大酋长的死，会使一两座岛屿陷入争夺战。当年库克到达之际，考爱岛和北边的尼豪岛（Niihau）同属一国，瓦胡岛属另一国。但瓦胡岛的领主正和卡赫克里王（Kahekili）争夺摩洛凯（Molokai）的控制权，而卡赫克里同时也统治着拉奈岛（Lanai）、卡霍奥拉维岛（Kahoolawe），以及毛伊岛（Maui）的一半土地。毛伊岛的其余部分则属于夏威夷国王卡拉尼欧普（曾被库克欲捉去作人质）。卡拉尼欧普于1782年去世后，其子奇瓦劳（Kiwalao）和侄子卡米哈米哈争抢他遗留的好东西。各酋长为了自己的生存和利益盘算之际，结盟也就时时生变。在卡米哈米哈去求神谕的一次停战期间，他的主要盟友基奥莫库（Keeaumoku）和敌人奇瓦劳莽撞地冲突起来：四周矛箭棍棒乱飞，基奥莫库绊倒在地并被两名对手攻击，不过并没有致命，这时奇瓦劳却突然被弹弓射出的石头击倒。基奥莫库一边抵抗敌人一边还在淌血，他爬到这个躺在地上的国王之子身旁，抽出一把带有利齿的匕首，割断了奇瓦劳的喉咙。因此，在确立卡米哈米哈与王室派（现在的领导人是奇瓦劳的弟弟）获得同等势力的这场争战中，卡米哈米哈本人反倒并不在场。这时，中部岛屿的国王卡赫克里利用卡拉尼欧普死亡的机会，夺取了毛伊岛的其余部分，并侵略瓦胡岛。但他没有战船，也没有足够的人手，无法进犯主岛。到了1786年，此地态势已陷入僵局，要不是白人急着要介入，这种局面还会持续下去。

库克死后，有6年之久都没有一艘船来到夏威夷。但到了18世纪80年代后期，毛皮业者对到那里休息、补给、大肆淫乱一番却已成了习惯。船长都会在晨昏之际鸣炮，表明工作日的开始与结束，以免船员把自己的职责全然抛在一旁。岛民也对这些白人带来的新奇物品显露出极大兴趣，其中最珍贵的是铁、船只和枪。在获取武器这件事上，最积极也最幸运的是卡米哈米哈酋长。1788年，一位美国船长造访了他的海岸，卡米哈米哈说服他把一名木匠留下，建造一艘和他的船类似的船只。次年他又争取到一门轻型旋转炮，可以架在双船身的小舟上。接着，在1790年，由西蒙·梅特卡夫（Simon Metcalfe）指挥的美国商船“埃利诺拉”号（*Eleanora*）驶抵毛伊岛海岸外。梅特卡夫和我们那位英国朋友密尔斯很像，都是不像商人却似海盗；而夏威夷人也不被“私人财产”观念所阻碍，同样是宁偷毋交易。于是当梅特卡夫发现一名船员和一艘小船不见时，他就把枪指着一艘运气不佳的小舟，下令予以炮轰，接着放火烧毁村落和神殿。附近一位酋长说要交出小船和船员，想不到交出的竟是两根光秃秃的大腿骨和一块烧焦的部分船龙骨。因此梅特卡夫便展开了疯狂的报复。他先假作满意，再请那些进行交易的小舟驶近“埃利诺拉”号，然后以舷侧炮火做近距离扫射，打死和溺死在海里的毛伊岛民有100多人。

这还不是西蒙·梅特卡夫第一次大发脾气呢。他曾经鞭打过一名酋长，使得全村人誓言定要向下一次来到他们岸边的白人报仇。而这些下一次的白人便是“善良美国人”号（*Fair American*）的船员，此船船长正巧是西蒙之子托马斯·梅特卡夫(Thomas Metcalfe)。当地的酋长突袭了船员，掳获“善良美国人”号，并将船连同船上唯一的生还者艾萨克·戴维斯（Issac Davis）交给领主卡米哈米哈。当西蒙·梅特卡夫派水手长约翰·杨（John Young）上岸打听儿子下落时，卡米哈米哈连他也抓了起来，并把“埃利诺拉”号赶走了。

由于这些意外之财，卡米哈米哈可部署的不只是一支不小的夏威夷陆军、独木舟队，更有一个火枪排、一艘炮艇、一门大炮，以及两名善用武器的白人船员。于是当他的战神“竖起羽毛”时——这意味着吉兆——卡米哈米哈便开始进攻毛伊岛，将抵抗的军队逼到内陆的一条狭路上，然后满意地看着戴维斯与杨用从“善良美国人”号上拆下来的火炮消灭敌人。可想而知，卡米哈米哈在夏威夷的对手凯奥瓦（Keoua）就利用他不在的时候再次展开斗争，迫使卡米哈米哈从毛伊岛撤回，和凯奥瓦的军队展开作战，后者有三分之一丧生于火山爆发。卡米哈米哈终于弭平叛乱，他用的是简单的策略：邀请凯奥瓦谈判，再用长矛刺穿他的腹部。

卡米哈米哈既已成为夏威夷的领主，如今只待年老的卡赫克里一死，就可争取所有岛屿的主权了。因此在1793年温哥华抵达此地时，情势就是处于如此的胶着状态。卡米哈米哈虽然外形让人印象深刻，但访客也同样被他的妻子加休曼努所吸引。加休曼努是基奥莫库国王之女，卡米哈米哈在先前进攻她家乡毛伊岛时迷上了她。此时她年近二十，在温哥华眼中“体态丰满，笑口常开，活泼而善良”，而且是“我们在这些岛上见过最优雅的女性之一”。她必然是波利尼西亚式的爱神与竞技之神的混合体。她的人民说“卡米哈米哈有两大财产，就是他的妻子和他的王国，其中妻子要漂亮得多”。她擅长冲浪，不输任何男人，虽然比不上丈夫出色，但依然是个具有神秘的深度和精神的女性。当卡米哈米哈想要规定独木船是女人禁忌来限制她们的行动时，加休曼努却认为这对白人船只并不适用，而且大胆地乘船去拜访那些英国人。卡米哈米哈对她的独立、抗命和机智，时而疼爱时而斥责。她似乎是唯一有力量操纵他的人。

温哥华是个伟大的海员、测量员、船长，聪明且极具外交手腕——虽然他并非专职外交官。他在夏威夷的停留也显示出他是个精明且具有悲悯心的帝国主义者。如果这句话有矛盾，不妨想一想在酋长和禁忌制度下，夏威夷生活的悲苦一面。温哥华仍记得库克时代，村庄因战争饱受蹂躏、人口减少，这使他颇为苦恼。因此他毫不犹豫地介入夏威夷人的内政。他解救他们的方法是促成和约的签订，而如果可能的话，就让这些岛交由英国托管。卡米哈米哈也有理由与这位英国船长交好：他需要西方的武器，并且可能的话，他也要西方站在他这边，介入战争。因此卡米哈米哈下令以11艘大型独木舟排列成V字形出海欢迎，而他则羽饰绚丽地在最前方领队。登上“发现”号后，卡米哈米哈先念出一段辞藻华丽的开场白，继而以和温哥华互擦鼻子结束——擦鼻子是一种互相敬重的动作。温哥华则献上来自加利福尼亚的牛（卡米哈米哈称之为“大猪”），双方也都有余兴节目招待对方。卡米哈米哈有一次在“查塔姆”号（*Chatham*）上灌下一整瓶酒，然后要岸上送来“一点食物”，结果这点食物竟是一只烤好的狗、两条生鱼，以及一葫芦的芋头。“他吃的量给三个普通男人吃还绰绰有余，”托马斯·曼比（Thomas Manby）描述道，“他还特别询问乔治王的生活是否过得和他一样好。”

在重要事情上，卡米哈米哈机灵地闪避温哥华的政策，就像温哥华避开博德加一样。不，他不考虑和卡赫克里讨论和约之事，除非他能取得温哥华的保护和调停。他也不打算签约让夏威夷受英国保护，除非能有一艘英国船留下来保护他的疆界。至于温哥华，他不肯把武器交出来，他说那是“乔治王的禁忌”。但他倒提供了索具和船帆，把一艘大型独木舟改装为帆船，还升了一面英国国旗。卡米哈米哈高兴得不得了，这既满足了他心中孩子气的虚荣，为自己的船队增加了生力军，也象征英人对他的青睐其他酋长无人能比。温哥华也到毛伊岛待了一会，试探他的和平之意，但卡赫克里却对他所说的卡米哈米哈可以信任大加嘲笑。

而后，温哥华驶回美洲，对从阿拉斯加那片狭长地带（所谓的锅柄区）一直到“天使的家乡”间的海岸进行探索。船停靠在蒙特雷时，这些英国人

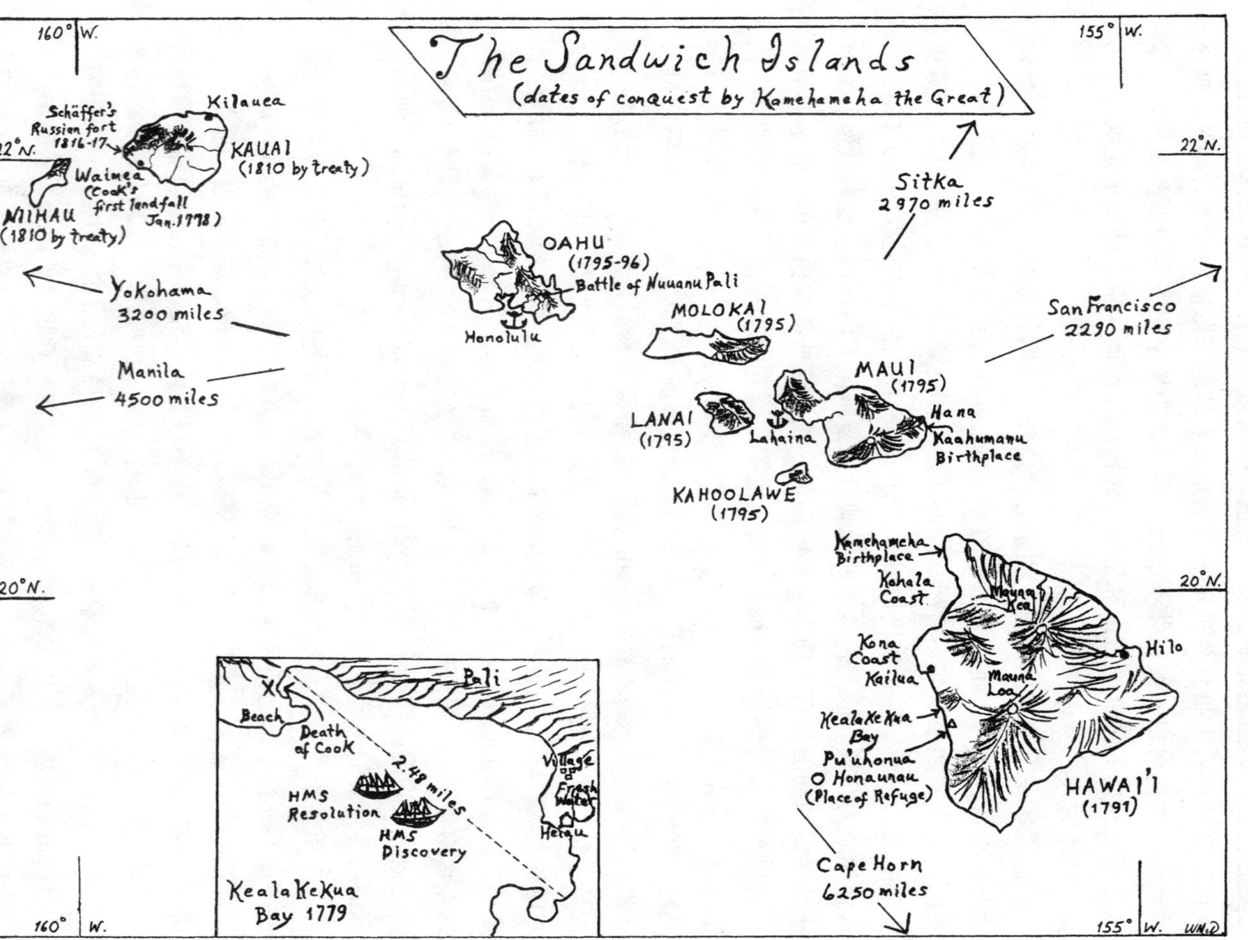

The Sandwich Islands
(dates of conquest by Kamehameha the Great)
160° W.
155° W.
22° N.
20° N.
Kilauea
Schäffer's Russian fort 1816-17
KAUAI
(1810 by treaty)
Waimea (Cook's first landfall Jan. 1778)
NIIHAU
(1810 by treaty)
Yokohama 3200 miles
Manila 4500 miles
OAHU
(1795-96)
Battle of Nuuanu Pali
Honolulu
MOLOKAI
(1795)
LANAI
(1795)
Lahaina
MAUI
(1795)
Hana
Kaahumanu Birthplace
KAHOOLAWE
(1795)
Sitka 2970 miles
San Francisco 2290 miles
Kamehameha Birthplace
Kohala Coast
Mauna Kea
Kona Coast
Kailua
Mauna Loa
Hilo
Kealakekua Bay
Pu'uhonua O Honaunau (Place of Refuge)
HAWAI'I
(1791)
Cape Horn 6250 miles
Pali
Beach
Death of Cook
2.48 miles
HMS Resolution
HMS Discovery
Village of Fresh Water
Heiau
Kealakekua Bay 1779

夏威夷群岛。

听说了在欧洲发生的骇人事件：法国与诸国联盟于1792年开战、法兰西共和于9月宣告成立、路易十六与玛丽·安托瓦内特（Marie Antoinette）皇后于1793年1月上了断头台。或许温哥华、普吉特等人会认为旧世界的崩塌，使他们更须努力开拓新的世界。

远征队最后一次拜访夏威夷，是在1794年1月。这次温哥华停在大岛东岸的希洛——卡米哈米哈向他推荐这个港口。卡米哈米哈国王也在那里，并陪同温哥华驶往凯阿拉凯夸湾。在这段短暂的航程中，温哥华得知了国王的家务纷争：国王认为他钟爱的加休曼努过度喜欢凯阿纳（Kaiana）酋长，就“抛弃她”了。这项指控看来颇为可信，因为凯阿纳长得英俊，比国王年轻许多，且因跟着白人去过中国和努特卡而更带有神秘的气息。凯阿纳和加休曼努都很喜欢裸身冲浪，这是夏威夷人一向的习惯。显然卡米哈米哈的自尊心大受打击，他想念加休曼努，同时又不能忽略凯阿纳在政治上会背叛他的可能性。于是温哥华就当起了婚姻顾问，为这对王室夫妻安排了一次船上“巧遇”，巧遇在笑声中开始，以拥抱和泪水结束。即使如此，加休曼努还是要温哥华答应陪他们夫妇回家，以确定国王不会打她。而即使夫妻已和好如初，国王仍然又娶了他的弟媳，也就是加休曼努的妹妹，并想要她生个继承人，因为加休曼努这位皇后不能生育。

温哥华也是动物的媒人，除了前些年带来的动物以外，这回又带来一头公牛、两头母牛和两对羊。他劝卡米哈米哈在10年间都不要碰这些动物，于是在不到两代的时间里，夏威夷群岛果真成为了上好的牧场。那么，夏威夷的人口呢？能不能不再杀人呢？问得好，但这个问题太无知了。卡米哈米哈知道停止战争的唯一方法就是一方获得胜利，虽然他必须给这个宣扬和平的英国人一点口惠，其实他真正的目标是要获得能消灭敌人的枪支。这或许正是他终于接纳温哥华的建议，将“家乡”岛（Owhyhee）[①]慎重地割让给他的大英陛下的原因吧！

1794年2月25日，卡米哈米哈召集岛上所有酋长登上“发现”号，并宣布英国的保护将有很大的好处，因为英人一向对他们有好感，而且英国人可以抵挡其他民族的侵略。基奥莫库说得更明白：只要英国军队一到，毛伊岛就能攻下。为了还这个人情，温哥华也保证英国不会干涉夏威夷的宗教、政府和经济。当然，没有一支英国军队到来，但温哥华也真的把火箭炮和枪榴弹

① 即夏威夷岛，后美国改称的Hawaii为Owhyhee之转讹。——编者注

移交给了约翰·杨，“以保护塔玛玛（Tamaahmaah）[①]”，并留下可建一艘约11米长帆船的骨架、龙骨、金属器物及船帆。卡米哈米哈将此船命名为“不列颠”号（*Britannia*）。

对美洲海岸做过最后一季的测量后，温哥华终于驶向合恩角，准备返家。他于1795年10月抵家。他此次远航，离开欧洲有5年之久，航程约12万公里之远——有史以来最长的距离——而且在地理与政治角力场上的表现几乎毫无缺失。但温哥华却因惩戒一名与首相和外交部长有关系的船员而受尽嘲弄与伤害。这个“卡姆尔福德事件”（Camelford Affair）终止了他的事业，也对他的健康造成了伤害。他在默默无闻中去世，享年只有41岁。

更甚的是，他和卡米哈米哈签订的重大条约也遭到了同样的待遇。但在批评英国的夏威夷政策（或是他们根本没有所谓夏威夷政策）之前，我们必须问一下，温哥华和卡米哈米哈在1794年彼此向对方誓言之时，心中究竟是如何盘算的。第一，卡米哈米哈“割让”的只是大岛而已，他当时尚未成为整个夏威夷群岛的统治者。第二，温哥华本人的记载很清楚地表示，这位酋长期待以船只和枪炮换取“条约”——既然这些并未送去，他自然也可以视此割让无效。第三，夏威夷历史学家主张，卡米哈米哈根本不打算转移主权，会这么做，不是想获得英方协助，就是对西方法律无知得天真。就温哥华来说，他或许也不认为英国会真的占有这些岛。他想和夏威夷领主签约的理由，据他写道，是根据他在努特卡的经验。以前，文明国家是根据发现权声明占有该地，“（但是）在努特卡的例子当中，却发生了实际上的改变，非常强调据称马奎纳（努特卡酋长）曾把村庄和小海湾割让给马丁内兹这件事”。换句话说，如果在西班牙人及其他人的眼中，与当地统治者的协议书是声明拥有该地主权的必要条件，那么温哥华便是以和卡米哈米哈签下一纸协约来支持英国的声明——也可先发制人，让别人断念。

不论这些原则的本意是什么，伦敦仍然看不出有什么兴趣。因为太平洋——包括加利福尼亚及夏威夷——当时没什么战略价值。英国商业的大宗是经好望角和印度洋流向印度与中国；而夏威夷可享地利之便的努特卡毛皮业，利润却又并非高到足以支付帝国的开销。何况，毛皮业者（如密尔斯之流）实际上也侵犯了东印度公司和哈得逊湾公司的专卖市场。还有最后一点，如果热切地坚持所谓温哥华促成的托管一事，无疑表示要被扯进混乱的夏威夷内战之中，而那些战争的动机是连温哥华都无从了解的。

---

① 意指卡米哈米哈。——译者注

但也有可能是皮特内阁根本未曾考虑过温哥华的条约。而就算皮特内阁有考虑过，上述的任何一项顾虑也都足以证明必须审慎为要。英国当然不愿意见到夏威夷被某个其他强权独吞，也愿意日后以行动去防止类似情况发生。但是只要他们的船只能和别的船一样自由出入夏威夷进行贸易，英国就可不费分毫力气，坐收夏威夷的地理利益。英国的真正私利之所以建立在一个联合而独立、友善的夏威夷之上，原因即在于此。而英国也果真求仁得仁。

温哥华最后一次离去后不久，卡赫克里也去世了。其子与其异母兄弟为了瓦胡岛的控制权争夺不休，使得卡米哈米哈有机会侵占毛伊岛与摩洛凯，并计划进攻瓦胡岛。他本预计能再次击溃敌人，但当他的船队划向海岸时，他却惊讶地看到大批船只竟然转向而去！凯阿纳终究还是背叛了他！战斗在瓦胡岛的努阿努山谷（Nuuanu Valley）达到最高潮，卡米哈米哈训练精良的战士和西方的枪炮将瓦胡岛人和凯阿纳的部属逼上山坡。他们退到约305米高的悬崖边，后方已无退路。凯阿纳战死，其余人等则坠崖而亡。大多数人——包括卡赫克里之子——逃到山里，最后也被赶尽杀绝。

卡米哈米哈打胜了。只剩北边的考爱岛因他在1796年进攻时船队被海水淹没而没有落入他的统治。在其他方面，卡米哈米哈和他的王后们则统治了一个联合王国，以强者之势与白人相处，享受太平盛世。卡米哈米哈为各岛任命首长，设立了一个欧洲式的宫廷，并把所有酋长哄骗到宫廷来服侍他，更不用说还有那些最好的工匠、顾问、舞者、祭司和白人侍从。总的来说，他创立了一个真正的国家，一个连外国都不得不尊敬的夏威夷岛王国。

这个故事在许多方面都类似日本的三名统一者，他们利用西方武器获得胜利，然后严格限制西方人出入。温哥华本人就曾劝告卡米哈米哈要注意白人获准定居夏威夷的数目和他们的身份。但是他心中所想的是流浪者和奸商，而卡米哈米哈无疑怕的是不怀好意的海军和陆战队。他和温哥华都想不到，最强大的外国人并非带着枪炮而来，而是一些手执圣经的人。

第14章　锡特卡，1799

大部分的时间都在下雨。有时候也下雪，大地被浓雾或薄雾笼罩。不过大部分的时间还是在下雨。科迪亚克岛的冬天至少比堪察加温和些，当然也比西伯利亚好。但是不见天日、只有中午几小时是白昼的月份，一样令人觉得沉闷。难怪阿留申群岛的居民和俄国人对春神降临，让他们无须再躲避大自然，总是怀着感激之心。亚历山大·安德烈耶维奇·巴拉诺夫（Alexander Andreevich Baranov）对1799年的春天尤其铭记于心，因为他一直希望将俄国的主要根据地移离科迪亚克岛，而此时正是最佳时机。并非科迪亚克岛毫无可取之处。该岛有林木、有鱼、有白雪覆盖的壮观山峰景色、崎岖的湾港，并与蔚蓝的太平洋相临。不过岛上几乎无法种植农作物，只能种植一些马铃薯、萝卜和蔓越橘（毛皮猎人还拿蔓越橘蒸馏出一种含有酒精的果汁），而且海獭和其他猎物已所剩无几。因此巴拉诺夫考虑南移，在锡特卡建立一个南方首府，作为前进努特卡和加利福尼亚的跳板。

巴拉诺夫在舍利霍夫的毛皮公司担任了8年的经理，各公司间的敌对竞争，人手、船只和补给的不足，以及顽固的故步自封令他深感失望。科迪亚克岛上的4000多名阿留申人不是问题——他们个性温驯、对俄国人友好，这也许是因为巴拉诺夫懂他们的语言，付给他们公平的报酬（当补给存货充裕的时候），而且还保护他们不受毛皮猎人的压榨。当时在科迪亚克岛的俄国人几乎都娶阿留申女子为妻，不然就像巴拉诺夫一样找个当地情妇，而且在合约期间对情妇多少还算忠实。温哥华甚至说，俄国人和阿留申人的服装、饮食和房屋是如此相似，几乎无法区分。巴拉诺夫的问题不是别的，正是来自舍利霍夫派给他的助手。教士只会抱怨，农奴和罪犯疾病缠身又目无法纪，船长们则自认无须听命于一名商人。就拿纵帆船“老鹰”号（*Eagle*）的加夫里尔·塔林（Gavriil Talin）船长来说吧，他不但当年就读海军军校时差点被退学，而且与其他人一样是个酒鬼。他干脆拒绝服从巴拉诺夫的命令，自己溜出港口，临阵脱逃。

谢天谢地，终于走了，这位刚强的经理这样想。他还有一艘船舱既大又结实、名为“叶卡捷琳娜”号（*Ekaterina*）的船，以及一艘他的手下在科迪亚克岛拼凑出来的“奥尔加”号（*Olga*）单桅帆船，另外目前停靠在鄂霍次克的双桅横帆船“凤凰”号（*Phoenix*）也预计会在春天返航。他还征召了550多艘耐用的海豹皮艇来载运阿留申人——一艘可以载3人。补给早在前一年即已运到，巴拉诺夫的粮秣小组小心翼翼地施行配给，因此面粉、茶、糖和烟草都还有存货。100名俄国人和900名阿留申人似乎没有理由不去进行这项迄今最为伟大的北太平洋殖民计划。

然后大海说话了。正当船队企图驶离汹涌的威廉王子海湾时，突然来了一场暴风雨。30艘小艇沉没，其他船只则在滩头搁浅。每个人都全身湿透，天气又冷，于是赶紧就地搭起营帐。接着特林基特族（Kolosh）也突然发难。深夜时分，一支由特林基特人（Tlingit）[①]中最凶猛的一族所组成的突击队突然出现，光是他们发出的作战呐喊声就足以让阿留申人吓得抱头鼠窜，更何况特林基特人还带有用毛皮和与英国人及美国人交换来的火枪。俄国人（他们的阿留申妻子都吓得抱住丈夫双腿）站稳脚步予以反击，后来突击队终于退去。这次突袭造成86人丧生，巴拉诺夫的探险队只得狼狈出海，最后安全抵达俄国屯垦区的极东站——亚库塔特堡垒（Yakutat Redoubt）。他们原本期望能在这里休息、补充体力，结果却发现这里曾坏血症肆虐，幸存者委靡不振，害怕特林基特族的攻击而不敢向外冒险。巴拉诺夫一行人还是继续前进，7月中旬终于看到了艾基康山（Mount Edgecumbe），于是命令船队上岸。

巴拉诺夫观察该岛的形势，选择一处石岩打算建造要塞。不过特林基特人也知道这个地点的优势。俄国人才刚拿出斧头和扁斧，20名留着黑发黑须、身上披着毛毯、头上插根羽毛的战士就盯住了他们。翻译员对酋长斯卡奥雷特（Ska-out-lelt）郑重表示，巴拉诺夫是俄国的“人中之熊”，他的到来早在前一年已有预兆。这一带所有地域全属他的主人沙皇所有，不过巴拉诺夫本人只希望盖个村落，也愿意付钱。斯卡奥雷特最后答应了条件，交易就这样敲定，提心吊胆的俄国人便回去继续砍树。大雨一直下个不停，整个秋天和冬天都是如此。不过到了1800年的复活节，圣迈克尔堡垒（St. Michael Redoubt）终于完工，厨房、仓库、兵营一应俱全。这是俄美公司建得最好的据点。

在庆祝会上，正当巴拉诺夫带领大家一起祷告，齐声高祝沙皇身体康泰

---

① 北美阿拉斯加南部印第安人。——译者注

的时候，却获悉他的翻译人员遭人绑架。他想不出这是为什么：如果特林基特人心怀敌意，就不会让俄国人完成要塞。但是巴拉诺夫不敢示弱，他带着手下直驱特林基特人营地。双方对阵，现场一片寂静。对方摆出的战士阵容是他的20倍，后面还有一排排的图腾柱。巴拉诺夫下令："我的手一放下，你们就向空中鸣枪，然后赶紧抓住站在酋长门前守卫的那两名印第安人。"开枪后，大家都吓得缩成一团，俄国人以迅雷不及掩耳的速度挟持了两名人质。接着斯卡奥雷特出现，他似乎也对俄国人的勇气感到钦佩，命人奉上食物，并就交换俘虏一事进行谈判。锡特卡获得了些许和平。巴拉诺夫留下副手管理营区，交代他一切小心为上，然后自己乘船离开，到处去视察俄美公司的其他据点。

亚历山大·巴拉诺夫于1747年在俄国与芬兰交界的一个小镇出生，这里的纬度和科迪亚克不相上下。巴拉诺夫的父亲是名小商人，就和这座小镇一样不起眼。但是他的长子竟凭着一股好奇心与雄心，在15岁就离家前往莫斯科。巴拉诺夫对数字相当在行，不过读写却全靠自修得来，他个子矮小，有着一张圆脸和一头淡黄色的头发，并对店务管理极感兴趣。他先在一家德国公司当学徒，学成后返回故省从事进口西伯利亚货物的生意。33岁那年，巴拉诺夫再次离家，以寄生活费的方式供养留在家乡的妻女。他先在伊尔库茨克开设了西伯利亚第一家玻璃工厂，经营得有声有色。8年后他又搬到雅库茨克，在未开化的楚科奇族人之间寻找发迹的机会。就在这个地方，巴拉诺夫遇见了舍利霍夫。1788年，舍利霍夫劝他乘船到美洲管理科迪亚克的毛皮贸易。巴拉诺夫婉拒了这项建议。两年后，一些专事劫掠的楚科奇人以毛皮和他交换火枪，等他行至荒野再用火枪行抢。遭此变故，巴拉诺夫于是改变心意。到头来他还是去了阿拉斯加。

年届43岁、童山濯濯的巴拉诺夫登上了一艘漏水的单桅货船，冒险航向大海。由于水桶老旧，船上的淡水漏个精光。船又碰上逆风，停滞不前；接着又有坏血症肆虐。巴拉诺夫不习惯航海，饱受晕船之苦。到了10月，严冬逐渐逼近，船只在阿留申的乌纳拉斯卡岛靠岸。暴风雨来临时，大家也只能眼睁睁望着船被风浪抛掷到岩石上。白令遭受过的磨难在这一行人身上重演：他们不得不在岛上过冬，再搭乘三艘临时做出来的海豹皮艇继续上路。

正因为如此，这位俄美公司的经理在1791年7月历尽千辛万苦，抵达科迪亚克岛时，才会觉得这个地方简直是绿草如茵。美中不足的是动植物极为稀少。舍利霍夫带来的牛羊不是无法繁殖，就是成为此地野熊的大餐。要不是靠着阿留申人，俄国人根本不可能存活。这位老垂着一对大眼睛的矮小商人对计划一再有始无终深感厌倦。他在写给舍利霍夫的信中说道："我在这个地区的起步非常不顺，但是我决心要扭转乾坤，否则就只有束手待毙。”1792年，一场地震和海啸将三圣村（Three Saints Village）破坏殆尽，巴拉诺夫下令重建殖民区，而且这次要选更好的位置，他开心地说。接着因为与特林基特人发生冲突，狩猎行动因故中断。因此在阿拉斯加的前两年，巴拉诺夫只交出2000张毛皮的成绩。后来英国船“凤凰”号来到科迪亚克，让他领悟到必须建造自己的船只，不能再依靠运气和西伯利亚不足的补给供应。于是他下令收集所有能找到的铁，到处寻找柏油、沥青和帆布的替代品，并调用了大批人力。1794年9月，一艘约24米长的三桅双层帆船轻快地驶进海湾，这艘船也命名为“凤凰”号。船帆才刚迎风展开便啪啦一声裂开，然后在风中飘动了几下，就整个塌落在索具上。当初天真地以为可以用补丁布来做船帆，导致最后“凤凰”号只得靠单帆的动力蹒跚驶入科迪亚克。巴拉诺夫到头来还是必须受制于俄国本土的补给供应。

那年秋天，一艘名为“三圣”号（*Three Saints*）的俄国船出现，阴霾暂露一线曙光。然而这艘船非但没有为巴拉诺夫补充食物，还带来更多张要吃饭的嘴。这些人是修道院长伊萨夫（Archimandrate Iosaph）、9名俄国东正教教士和70名流放犯。不久“叶卡捷琳娜”号又载来30名农奴和家眷。清单上列的伏特加、白兰地、烟草和茶等补给品全被这帮人在途中吃光了。舍利霍夫在信上说，这些人是被派来帮助巴拉诺夫兴建一个真正的殖民地首府的，要“具有城市，而非村落的特性”，而且要命名为“思拉佛洛夏”（Slavorossiya，意为“俄国的荣耀”）。然而，这年冬天却是巴拉诺夫最难熬的一个冬天，他为屯垦区暴涨的300多人的食宿问题伤透脑筋。营房挤进这么多人，显得拥挤不堪。为了防寒，窗户都被钉死，营内臭气冲天。晚上当俄国人跟他们的阿留申女人同眠之际，几米之外的教士正愤怒地唱着赞美诗。教士习惯修院的遁世生活，不愿工作，他们要求巴拉诺夫修建教堂，并跟印第安人说俄国人每天犯了哪些罪行，让印第安人惊恐不安。伊萨夫神父写给舍利霍夫的信中这么说道：“我从巴拉诺夫的行政体系中实在找不出任何可取之处。”

巴拉诺夫自己也是一心想请求离职，反正5年的合约已经期满。不过舍利霍夫却没有回应。“三圣”号遇上船难，“凤凰”号被派回鄂霍次克后就没再回来。这块殖民地是否被人遗忘了呢？甚至阿留申情妇产下一子也让巴拉诺夫感到烦恼。他已经抛弃了一家子，难道还要旧戏重演吗？1797年7月，他终于盼到了一艘船，带来的消息却是舍利霍夫已死，他的事业陷入一团混乱。此外凯瑟琳女皇也已过世，但俄国仍旧继续在与法国交战。10月，“凤凰”号返航，带来一封巴拉诺夫兄弟的信，内容为家里经济拮据、舍利霍夫产业引起了诉讼、巴拉诺夫的妻子患病等消息。“是我该离开这里的时候了，”这位一直受苦的经理这么写道，“不过我当然不能说走就走，公司的利益和国事息息相关……这地方让我苍老许多。”巴拉诺夫的抑郁消沉终于烟消云散，因为“凤凰”号载来食物补给，并带来一封召伊萨夫回伊尔库茨克担任主教的信，舍利霍夫的遗孀也答应“联合美洲公司”（United American Company）的合并事宜。她在信中写道：“我们唯一的条件是希望你能继续担任总经理。说得确切些，我们恳求你留任。”这项请求还附带送上了几箱伏特加酒。

事实上，伊尔库茨克和圣彼得堡的商人、官员和皇族一直在注意俄美公司的动向，但是他们醉心于帝国梦想、争斗和投机，对阿拉斯加的真实情况却一无所知。而舍利霍夫却对阿拉斯加了若指掌。他知道从捕捉海獭到如何在恰克图（Kiakhta）出售毛皮成品的每一个生意环节；他知道变化无常的中国人也许会像18世纪90年代初期那样中止对俄贸易；他知道无营业执照的美国猎商通过西北海岸的管道增加毛皮输出，造成毛皮在中国价格下跌；同时舍利霍夫也知道收入的一半，有时甚至全部收入都会花在探险装备、食物和猎人的薪资上面。更糟的是，像列别杰夫·拉斯托胥金公司等本国竞争对手为争取最好的猎场、阿留申人的忠心和中国买主，往往无所不用其极。舍利霍夫为此前往圣彼得堡，请求成立一家政府特许的毛皮公司。不过凯瑟琳女皇只送给他一把佩剑和金质勋章，并承诺派遣教士和农奴前往美洲。

不过这趟圣彼得堡之行却也种下一段因缘。凯瑟琳挑选来带领教士和农奴去美洲的人选是尼古拉·列扎诺夫（Nikolai Rezanov）。身为著名律师兼政府官员之子，列扎诺夫担任过5年的警卫官。他冲劲十足、行事公正。率队横越西伯利亚途中，他遇见舍利霍夫的女儿，两人结为夫妇。女方的嫁妆即是舍利霍夫公司的股份。婚后列扎诺夫把新娘从边城带到圣彼得堡的舞会上。6个月后舍利霍夫过世，伊尔库茨克的对手控告他的遗孀，于是女婿列扎诺夫赶来相救。他建议岳母清理岳父的资产、投资在伊尔库茨克合并的毛皮公司（只有列别杰夫·拉斯托胥金不愿加入），1797年舍利霍夫的遗孀听从了这项建议。这样的合并计划需要政府同意，列扎诺夫知道宫中门路。

凯瑟琳大帝过世后，继位的沙皇认定中产阶级商人提倡自由经济与自由政治（通常确是如此），故对商人怀有敌意。列扎诺夫必须以子之矛攻子之盾，他说俄国在美洲的殖民地上住有许多野蛮人，俄国必须让这些人熟悉东正教和专制政体等“俄国人的生活方式”，否则“贸易国”（对英、法、美三国的委婉称呼）将会占领此地并向当地土著灌输共和思想。于是沙皇保罗批准了“联合美洲公司”的提议，不过条件是该公司除了从事贸易与殖民，还必须“配合国家、社会和公司的利益，秉持荣誉、真理、博爱、道德的精神”传播福音。

要将如此虔诚的理想付诸实行显然相当不易，特别是当主事者还包括一群生性妒忌的西伯利亚商人时，更是困难重重。列扎诺夫忙了一年，劝说参议院和沙皇同意另一项更大胆的计划：筹组一个完全自主的政府特许公司，该公司可拥有自己的武力，和外国势力可以平等往来，并负责监管阿留申人的待遇和海豹、海獭的保育工作。这个构想无疑是以英国的东印度公司和哈德逊湾公司为蓝本的。这两家公司以极低的社会成本为大英帝国带来了丰厚的报酬。

不知是否因为害怕英、美两国的船长可能会将阿留申人改造成激进分子，或着眼于特许公司这个不错的构想，1799年7月，沙皇保罗签署了俄美公司特许状，而锡特卡也刚好就在这个时节成立。俄国终于在北美大陆建立了真正的殖民区，宫中也兴致勃勃地梦想俄国将把殖民范围扩大到加利福尼亚、梦想在夏威夷群岛建立据点，甚至进攻黑龙江谷地或打开日本门户！麻烦的是这份特许状竟规定整个企业的管理要在离阿拉斯加约1.9万公里外进行，即公司总部要移至圣彼得堡。只有出席会议的股东才准投票，要拥有投票权则至少要持有公司的十股股份。这项规定意在防止公司受到伊尔库茨克商人内部争斗的影响，但却导致公司的运作遭到宫廷政治控制，导致董事会成员与公司的实际营运情形脱节。这项规定也首次让股票承购人（其中有几位是皇室成员）得以做假账虚报盈余，再以账面价格的3倍出售股票。

与此同时，巴拉诺夫则试图展开公司的实际业务，但开垦锡特卡的喜悦并不长久。一次回航时，他的阿留申部下在岸上发现一堆贻贝，就大快朵颐起来。结果200人胃痛如绞，最后死于食物中毒。不久巴拉诺夫在康斯坦丁堡垒（Constantine Redoubt）得知“老鹰”号沉没，船上8名船员和价值2.2万卢布的毛皮全部沉入大海。屋漏偏逢连夜雨，后来又有几箱茶叶和教堂蜡烛被冲上岸，经证实是巴拉诺夫最钟爱的“凤凰”号在从鄂霍次克回航时沉没于太平洋。船上除了这一年的食物补给之外，还载了伊萨夫主教。最后巴拉诺夫在11月回到科迪亚克岛，得知他的阿留申情妇不堪教士折磨，差点杀了自己的孩子。于是他命人将这些教士软禁，封闭了教堂。

1802年巴拉诺夫差点再次面临绝境。4年来没有俄国船只的踪影，殖民区的食物全靠“企业”号（*Enterprise*）船长约瑟夫·欧凯因（Joseph O’Cain）这位友善的美国人接济。1802年5月，俄国家乡终于传来一丝音讯，一艘独木舟驶入圣保罗港（St. Paul harbor），载来一名在俄国军中服役的丹麦人伊凡·班纳（Ivan Banner）。他谈及俄美公司已经成立，巴拉诺夫拥有不少股份，

RUSSIAN AMERICA
120° E.
150° E.
180°
150° W.
120° W.
60° N.
45° N.
30° N.
67° 18' N.
Yakutsk
OKHOTSK
PETROPAVLOVSK
HAKODATE
NAGASAKI
EDO
Bering and Chirikov 1728
Bering Island
Attu
Kiska
Adak
Dobrogo Soglasie
c.1775
Novo-
Alexandrovskii
1819
Mikhailovskii
1833
Konstantin
1793
Mt. St. Elias
Three Saints
1784
Paul's
Harbor
1792
Yakutat
1796
Dionisevskii
1834
Sitka
(Novo-
Archangel'sk)
1799, 1804
Nootka
Sound
Astoria
1811
Fort Ross
1812
Monterey
Chirikov 1741
Bering 1741
GAMALAND
"Rich with Silver and Gold"
(does not exist)
Rezanov 1804-5
Sitka to Petropavlovsk
3,300 miles
Sitka to Honolulu
2,970 miles
Sitka to Fort Ross
1,300 miles
Ports
Russian settlements

俄属美洲。

沙皇保罗在一次宫廷叛变中遭到刺杀，继任的沙皇向巴拉诺夫颁发了“圣弗拉基米尔十字勋章”（Cross of St. Vladimir），以表扬他“不畏艰难，尽忠职守”。听到这里，巴拉诺夫10年来强忍的辛酸委屈尽化为热泪。他表示，这份恩典他无以为报，只能许诺捐出1000卢布给父亲为俄国人的孤儿和阿留申小孩，并设宴庆祝。他们甚至宰了一头羊。

两个月后，当巴拉诺夫巡视哨站时，亨利·巴伯（Henry Barber）指挥的英国船只“独角兽”号（*Unicorn*）在科迪亚克停泊。他说他们刚从锡特卡来，并说当地的俄国要塞已被摧毁。巴伯宣称他自己曾冒着极大的危险上岸，发现了一处焦黑的废墟，周围的木桩上全都钉着毛皮猎人的人头。巴伯秉持着“基督教的仁爱精神”救了3名俄国人和20名阿留申人，此行即是来转交这些人，不过要先付5万卢布的酬金。我们可以想见巴拉诺夫听到这消息气急败坏的神情，并立即赶回科迪亚克岛去打发这个无耻的英国船长——他的同伙早先曾以火枪交换特林基特人的毛皮，也许唆使印第安人发动攻击的根本就是巴伯本人，现在他又来索取不义之财。巴拉诺夫以价值1万卢布左右的毛皮赎回了他的下属，听他们述说整个不幸事件的来龙去脉。

事发当天是6月20日，锡特卡殖民地的居民辛勤工作了整个春天后，派出90艘海豹皮小艇猎捕海獭，只有26名俄国人和约40名阿留申男女留守，期待能在星期日饱餐一顿。不久听到有人大叫：“特林基特人来了！”人手不足的要塞在数支特林基特人合力围攻下寡不敌众。俄国人全力抵抗，最后印第安人放火烧了要塞，将俄国人逼出再逐一杀掉。出外猎捕海獭的阿留申人回到锡特卡后，也在毫无防备的情况下遭到屠杀，事实上无人幸免。

若说巴拉诺夫想过辞职，就是在这个时刻。但是在强烈报复心的驱使下，他发誓要夺回锡特卡。他利用仅剩的人力建造了两艘小型单桅帆船，并在心中祈祷能早日获得武器和弹药。1803年欧凯因驾着自己的船，满载货物来到科迪亚克。惨了！俄国人毛皮存货全已清出，没有付款工具。不过美国人答应通融，他提出了变通的方法：把你的阿留申人借我，我载他们到加利福尼亚外海去捕捉未被猎捕过的水獭群。西班牙人对这种盗猎行动尚无解决之道，欧凯因因此收获丰硕。他自己满载而归，俄国公司也得到600张水獭皮。

1804年9月，巴拉诺夫准备展开反击。当零零落落的船队沿着海岸向锡特卡前进时，大家心中不免盘算着此役的胜算。接近港口，一幕壮丽无比的景象逐渐成形：一艘重370吨、拥有14门火炮的俄国军舰。

列扎诺夫也没闲着。在圣彼得堡似乎只有他知道俄美公司的营运和立足阿拉斯加与交通运输息息相关。有了船，殖民地居民可在任何地方买到食物和日常必需品，他们也可以输出毛皮、运送相关人员和物资、自卫、甚至向外扩张。没有船，他们就只得任凭英美两个帝国主义对手宰割。列扎诺夫马不停蹄地鼓吹由欧洲派遣最好的船只前来。他争取到商业部长鲁缅采夫伯爵（Count N. P. Rumiantsev）的支持，两人不只说服沙皇同意了此项提议，还说服他让俄国国家银行提供资金。俄国向伦敦购买了“利安德”号（*Leander*）和“泰晤士”号（*Thames*）两艘船，将船名更改为“娜杰日达”号（*Nadezhda*，意为希望）和“涅瓦”号（*Neva*）。1803年7月，这两艘船在两位俄国最杰出的船长，伊万·费奥多罗维奇·克鲁森施滕（I. F. Kruzenstern）和尤里·利相斯基（Iu. F. Lisianskii）的指挥下起航。两艘船在夏威夷群岛稍作停留，代表沙皇向卡米哈米哈国王致意，此后便分道扬镳。列扎诺夫乘坐的“娜杰日达”号驶向日本，再次尝试打开其门户。“涅瓦”号则直接前往阿拉斯加。

这是巴拉诺夫13年来第一次享有优势。他要求特林基特人自动退出要塞遭拒后，便在腋下夹着火枪亲自领导了进攻行动。经过一番缠斗，特林基特人依旧不愿撤退。于是巴拉诺夫便把战事交给利相斯基，他以大炮炮轰要塞，最后特林基特人终于逃离。在“涅瓦”号的保护下，俄国人开始进行重建工作，一年后一座更大的新要塞“新雅克恩斯基”（Novo Arkhangel'sk，意为新天使长）便准备展开运作。

锡特卡现在安全了。俄美公司开始派遣主力舰到太平洋。事实上，美国商人基于自身需求，也乐于提供殖民地所需。由此看来，俄国在美洲的殖民事业似乎是蒸蒸日上，大有向南跃进加利福尼亚之势。但巴拉诺夫不知道，就在1805年秋天的此时此刻，有位美国人也一边俯瞰太平洋，一边在哥伦比亚河上游的一棵黄松树上刻下了他的名字。他的名字是威廉·克拉克（William Clark），他的伙伴是梅里韦瑟·刘易斯（Meriwether Lewis）。当天正下着雨。

第15章　巴黎，1803

就在美国独立战争据悉将以和平谈判落幕之际，伦敦的《晨邮报》（*Morning Post*）却发出警告：偏居在大西洋西岸北美十三州的人们绝不会以独立为满足。相反，“帝国的骄傲即将醒来，其征服亦将遍及邻近各邦。佛罗里达及西班牙在密西西比河沿岸的所有属地势必将闻风归附；随着他们[①]力量的增长，他们的势力将直抵南（太平）洋，夺走欧洲人在美洲大陆上的每一个据点”。法国外交人士也深有同感。取得密西西比河以东所有土地之后，蛮横的美国人“正为他们后世子孙插足太平洋作准备”。而其中又以西班牙最受威胁。巴黎和会结束不到一年，路易斯安那总督就对马德里当局提出警告，指出这个“活力充沛的新民族”所怀抱的“过度野心”，对由密西西比河到墨西哥再到太平洋东岸的所有西班牙属地都是一大威胁。

美、俄两国的太平洋前进路径在地缘上如此相似，确实令人震惊。两者都是具有开拓精神的民族，都熟谙木材工艺；他们都由一个稳定的政治、经济基地放眼出发，向外眺望一片只零星居住着百万左右原住民的空旷大地。不论美国还是俄国，最初的诱因都在于毛皮工业。两者也都具有以简便的短程水陆路运输连通，横越整个大陆的大型河川水系。同时，在这两个后到者的南方，也各自有一个蛰伏已久，但却无力阻止前者前进的古老帝国（一为中国，一为西班牙帝国）。就某方面而言，美国人要比高加索人幸运。美国西部虽然一片荒凉，却比西伯利亚舒适，此外美国人也不必因为沙皇政府的不合理行为或帝国主义的其他旁骛而横遭干扰。然而，从另一方面来看，美国人的任务却更为艰巨。因为西伯利亚实际上处于政治真空地带，而北美大陆却早被欧洲列强瓜分殆尽——至少在地图上是如此。西班牙据有佛罗里达、得克萨斯、新墨西哥与加利福尼亚，同时自称拥有北至加拿大的所有土地。法国仍难割

---

① 北美十三州。——译者注

舍重回路易斯安那的梦想；这一州奠基于法王路易十四治下，由新奥尔良沿着密西西比河，向西直达“大石山区”（Stony Mountains，落基山脉）。英国除了拥有魁北克与安大略之外，还声称对西北沿岸地区拥有优先权；同时哈德逊湾（Hudson's Bay）与西北地区的毛皮公司又占据了边界未定、面积广大的加拿大西部和落基山脉。最后一点，俄国当时还据有阿拉斯加，并且意图向南发展。因此美国的西向开发与俄国东进完全不同，整个过程都是在全球政治的纠葛之下，通过政治手腕与战争才得以完成。倘若欧洲列强齐心协力，对美国实施“围堵”政策，美国人的西部拓荒之旅或许就会关门大吉。然而，在19世纪初，欧洲各国都为了显然更为重要的赌注而相持不下，国力较为微弱的美国因此有机可乘，得以利用他们互相牵制。这就是美国的扩张（以及其他历史事件）之所以被视为欧洲外交副产品的原因所在。

令人讶异的是，虽然科罗纳多（Coronado）与迪索托（De Soto）早在1541年就由南方首度横贯路易斯安那地区，拉扎勒（La Salle）、马凯特（Marquette）与乔利埃特（Joliet）也曾在17世纪70年代由北方进入，同时法国也在1718年开始据有新奥尔良；但直到18世纪后期，世人对路易斯安那地区却仍所知不多。据悉密西西比河谷之肥沃丰美，远出欧洲人想象之外，密苏里是一条流穿巨大山脊的宏伟大河；夹在两地之间的荒野大地却不是后来描述中的“美国大荒漠”，而是一片如假包换的“花园”。除此之外就是一片空白，以及有像一座绵延约290公里的巨型盐山，或是一整片烈焰滔天的火山之类的神话传说。当时有关美国西部的所有资料，最后都到了一位名叫杰斐逊，生性好奇的弗吉尼亚人手里。他的藏书在1769年毁于大火；不过，不到4年，他在取名为蒙蒂塞洛（Monticello）的新宅中就又收集到1000多册书籍，包括了当时与开发北美洲有关的所有著作。不过，在美国独立之前，杰斐逊一直没有那个时间、也不能全心放在这项兴趣上。在一封于1783年写给友人乔治·罗杰斯·克拉克（George Rogers Clark）的书信中，杰斐逊指出英国的四家毛皮公司似乎在开发密西西比河与加利福尼亚之间的土地上投下巨资：“他们装得好像只是为了传播知识。我们有些人一直在空谈要如何对那个地区进行探索，不过我却怀疑我们是否有那种精神去筹措这笔资金。”

对于美国本身，杰斐逊抱持着南方以农业作为出发点的共和派观点（相对于北方的商业性联邦主义观点）。商业与制造业是自由的大敌，因为它们迫使人们为他人工作，成为利益与党派的产物，奋力争夺优势与特权，最后终将使这个国家沉溺于追逐金钱的游戏之中。反过来看自给自足的农民，他们懂得如何改良自己的田地；他们手足胼胝地努力耕种，从中取得自由与美德。

在这场为美国灵魂而战的抗争中，杰斐逊的对手是来自新英格兰、纽约与费城的都市生意人，以及那些靠他们的生意维生的一般大众。对他们的领导者，如亚历山大·汉密尔顿而言，除非拥有一个强有力，而且有意愿和能力去推动金融业和商业、对外国商品课以关税，并且具备海陆军力的中央政府，否则美国根本不能在充满强权政治与经济竞争的世界中存活。他们也能预见美国的逐渐成长，不过想的是贸易，而非疆域上的扩张。

超越上述两者之间的抗争的，则是美国自以为是的排他主义。不论源自视美国为“山丘之都”（City on a Hill）的新英格兰新教教义，或是共和派的俗世道德观念，所有美国人都有一种倾向，他们都认为自己的国家在道德上要比充斥着暴政、迫害、帝国主义与战争的旧世界来得清高。要想维持这种与生俱来的自由权益，美国除了置身欧洲争端之外别无他途。因此，排他主义就意味着孤立主义。不过，当那些美国商贾对与邪恶的欧洲人之间的贸易依赖日深、杰斐逊主义下的农民人数年年激增，结果却发现自己被欧洲帝国主义阻隔在处女地之外时，孤立主义又该当如何？唯一的解决之道，就是将所有帝国都逐出美洲大陆，并且让美国及其道德向外扩张到两大洋沿岸。欧洲观察家或许未能察觉美国扩张主义的文化与社会根源所在，不过他们却可以从本身的地缘政治成果略窥一二；就他们涉及的层面看来，美国只不过是另一个竞争对手，不过它位于北美的地理位置却让它更具威胁性。

法国大革命带来的战争由1792年一直拖到1802年，一举摧毁了民穷财尽的西班牙帝国。1799年，拿破仑身居法国第一执政，成为事实上的军事独裁者。两年后，欧洲局势已在掌握之中，拿破仑转而突发奇想，意图由西班牙手中夺回路易斯安那，在美洲建立起第二个帝国。

路易斯安那对西班牙又有何意义？既然西班牙人无法在加利福尼亚站稳脚跟，他们怎么能期望自己保卫整个大平原？他们力有未逮。西班牙首相曼纽尔·德·戈多伊（Manuel de Godoy）很快就对路易斯安那感到食之无味。维护此地的费用是其关税和贸易收入的整整8倍之多，因此，倘若法国要求归还——当然是视为战争赔偿——戈多伊已准备依令行事。然而，路易斯安那还有另一项功能。它是西班牙在美洲的真正财源——墨西哥矿藏——与向外扩张的美国佬之间的缓冲地带。因此，为了自身的利益，西班牙只有在拿破仑保证不将此地让给第三者的情况下，才肯交出路易斯安那。而所谓的第三者，当然是指美国。当路易斯安那即将物归原主的流言传入美国，舆论霎时为之沸腾。一如杰斐逊远在巴黎所作的局势分析：“我国的联邦制度应被视为美洲的窝巢所在，不论北美或南美，各地的人民都由此处而来。我们也应小心行事，不要认为提早对西班牙人施加压力会符合这个大陆的利益。再也没有其他政权更适于管理那些国家。”换言之，不论是否诉诸武力，日渐增加的美国人口早晚都会吞没西班牙的属地；然而，倘若密西西比河对岸的邻居换成了拿破仑，局势必然全部改观。任何一位美国政治家，不论是联邦主义者或共和主义者，都不会允许路易斯安那归还法国。控有新奥尔良的拿破仑政权将足以扼杀美国在密西西比河沿岸的商业交易，阻碍美国向外扩展，甚至还可能对印第安人和难以驾驭的边境居民提供武器及援助，阴谋迫使美国疆界“倒退”到密西西比河以东。开战之声一时席卷整个美国东岸，美国人公开表示要与英国结盟，对法宣战。

拿破仑不为所动。1800年，他命令塔列朗（Talleyrand）——法国的“万年”外交部长——与马德里当局展开谈判。塔列朗甚至利用英美结盟的危险去说服西班牙人，让他们了解局势已毫无希望，与其被英美两国以武力夺取，还不如现在就把路易斯安那卖给法国。塔列朗在（第二次）《圣伊尔德丰索条约》（*Treaty of San Ildefonso*）中获得胜利：西班牙将整个路易斯安那归还法国，条件是拿破仑必须由他所征服的意大利国土中划出某个王国，以供某位西班牙王室成员登基称王。之后拿破仑又主动对英求和，让欧洲在1802年暂获和平，于是美国的处境更趋恶化。那年10月，西班牙王卡洛斯四世下诏殖民地官员，命令他们将新奥尔良移交给法国。

面对这项危机的美国总统正好就是杰斐逊本人。他曾对法国大革命早期赞扬有加，也曾一度采取反英态度。不过法国大革命后来沦为恐怖、甚至独裁统治，再加上法国当时对美国的态度，都令他的想法为之改变。美国必须设法抗拒，不过对拿破仑宣战却绝非上策。他必须谨慎行事，必须让软硬兼施的紧急外交政策保持平衡，以寻求万全之计。他在公众面前以“粉饰太平”（powder puff）的引喻来形容这次危机，这种行为大大激怒了联邦主义人士和西部好战分子；然而，在台面下，国务卿詹姆斯·麦迪逊（James Madison）却以展开归还程序就等于公开决裂来恐吓法国大使。和战之外，还有第三种可能。1801年10月，杰斐逊与纽约爱国人士罗伯特·利文斯顿（Robert Livingston）挥手道别；后者奉派出使巴黎以便侦查拿破仑的意图所在，此外，倘若归还程序已告完成，他也受命出价购买新奥尔良及名为佛罗里达的墨西哥湾沿岸地区。“可能性真是微乎其微，”杰斐逊写道，“所有者是我们的天生宿敌。地点是新奥尔良，我国境内有八分之三的产品都必须经由这里进入市场。”然而利文斯顿却传回了令人沮丧的消息：最终归还协定、英法休战，以及法军正整装待发，打算远征西印度群岛。“再也找不到比这个政府更难协商的对象了，”

他哀叹说，“这里无所谓人民、立法、议员；只有一人独尊……虽然他身边每位深思熟虑的人士都反对这项异想天开的冒险之旅，但却没有人胆敢对他进言。”甚至连杰斐逊派出的私人使节，具有美法两国血统的友人皮埃尔·塞缪尔·杜邦·德·内穆尔（Pierre Samuel DuPont de Nemours）也无法对拿破仑政府腐败的权力圈子产生任何影响。另外，来自新奥尔良的消息也好不到哪里去：当地西班牙监督胡安·凡图拉·莫拉莱斯（Juan Ventura Morales）在移交前采取了数项措施，其中之一就是暂停美国公民的“存放权”（货物与资金皆然），美国公民因而无法营业。主战派再度叫嚣不已，他们坚持要杰斐逊在法国有机会增兵之前入侵路易斯安那。

建国不久的美利坚合众国这时面临了各种危机的挑战。愤愤不平的西部民众有可能与联邦主义人士组成联合阵线以迫使杰斐逊下台，或者以一己之力挑起战端，甚至也可能脱离合众国，与拿破仑另外达成协议。除此之外，法国人也可能派遣军队，煽动印第安人，好将美国赶离密西西比河东岸。英国人也可能带来另一种威胁。就在1802年，好学不倦的杰斐逊又找到另一本书，书名是《由蒙特利尔启程……北美大陆至北冰洋与太平洋之旅》（*Voyages from Montreal…through the Continent of North America, to the Frozen and Pacific Oceans*），作者亚历山大·麦肯齐（Alexander Mackenzie）曾经沿着后来以他的名字命名的河流抵达北极极区，并发现了直通太平洋的陆路通道，他在1793年到达温哥华岛附近。

这项伟大冒险之旅的地理学成就令杰斐逊赞叹不已。不过麦肯齐认为英国应该对美洲西部展开殖民、独占毛皮工业，并在哥伦比亚河沿岸定期通商的呼吁更让他忧心不已。就在下个月，也就是1802年12月——路易斯安那问题还要过几个月才会有所进展——杰斐逊要求国会拨款资助一项探险行动，以调查从密苏里河出发，是否能只经过一次陆路转运就进入哥伦比亚河水域。“一位脑筋清楚的官员，加上一二十位精挑细选的部属，就足以进行这项行动……他们应该能查遍整条路线，甚至直达西方海洋……”1803年2月，这项提案获得通过，杰斐逊心中也想好了领队人选：他自己的秘书，现年29岁的陆军上尉兼前任边境老兵梅里韦瑟·刘易斯。杰斐逊先请教过西班牙驻华盛顿公使，问他贵国政府是否介意别人对西部进行一次纯科学探险，真的，绝对只是“纯学术探讨”！卡洛斯·德·卡萨·伊鲁霍（Carlos de Casa Irujo）含糊其辞，企图打消杰斐逊的这个念头。显然西班牙极度介意。

与此同时，杰斐逊也在尝试解决“路易斯安那问题”。他又派了另一位特使，他的弗吉尼亚州好友詹姆斯·门罗（James Monroe）前往巴黎。同时他还说服占国会多数的共和党议员不要通过授权总统动用国民兵、以武力夺取新奥尔良的议案，而改通过一项200万美元的拨款议案，以防万一拿破仑愿意出售新奥尔良。事实上，杰斐逊总统已密令授权门罗和利文斯顿将价码提高到900万美元上限，并由他们自行决定购得疆域的大小。门罗于1803年3月带着“全国希望所托”（如杰斐逊所说）出航；因为杰斐逊内阁已在4月下定决心，一旦这次任务失败，美国除了开战之外将别无选择。

接着美国开始时来运转。拿破仑是有派遣一支舰队前往加勒比海，不过在占领新奥尔良之前，它还有一项优先任务：镇压推翻法国统治的海地奴隶叛变。结果法军在图桑（Toussaint l'Ouverture）领导的黑人反抗军和黄热病大流行夹击之下损失惨重。不仅如此，欧洲和平破裂，英法两国眼看就要重返战场，美国突然立于不败之地！要么就是拿破仑放弃路易斯安那以换取美国保持中立，要么就是美国与英国结盟，然后大摇大摆地长驱直入新奥尔良。这点拿破仑也明白，他的美国梦已胎死腹中；1803年3月下旬，他决定忍痛割爱。4月11日当天，门罗还在勒阿弗尔（Le Havre）[①]前往巴黎的马车上，塔列朗找来利文斯顿，问他是否想要整个路易斯安那。我国只要新奥尔良和佛罗里达，利文斯顿回答。然而塔列朗表示，失去新奥尔良，路易斯安那剩余的部分对法国已无用处。美国人愿意为整个区域付出多大代价？2000万法郎，利文斯顿回答。这还不够，塔列朗说。这时门罗到了，这两位美国人决定他们必须趁热打铁，他们把出价提高到4000万法郎、5000万法郎，然后是6000万法郎，外加同意一并承担美国公民对法国战时干扰大西洋航运时提出的赔偿要求——整个价码加起来高达1500万美元。然后利文斯顿问起路易斯安那的确实大小，塔列朗一笑置之：“你们做了一笔大好交易，我认为你们会充分利用它的。”在这种情况下，1803年5月签订的条约的结果就是将密西西比河到落基山脉之间的所有土地全部转让给美国，美国面积增加了整整一倍，而且算起来每公顷只花了不到8美分。由于这次土地并购，原有的十三州后来几乎都又重划疆界。现在美国离太平洋只剩三分之一的距离了。

这个消息在7月5日传抵华盛顿，当地的《国民通讯员报》（*National Intelligencer*）自豪地说：“我们以和平手段保住了本国权益，真理和理性要比刀剑来得有力。”然而，即使如此，联邦主义者依旧郁郁不乐。他们原本只想要新奥尔良，结果却是以昂贵的代价（那年的联邦总预算加起来都还不到1500万美元）买来一大片必然遍地都是边境共和主义者的西部土地。特拉华

① 法国地名。——译者注

州参议员塞缪尔·怀特（Samuel White）认为路易斯安那是“我们眼前面临的最严重诅咒”。马萨诸塞州的费舍尔·埃姆斯（Fisher Ames）则警告说：“我们就像冲向无垠太空的流星。”此外，宪法对取得外国领土也没有明文规定，杰斐逊以联邦法规治理路易斯安那也有违代议政府的原则。不过国会掌握在共和党人手中，他们在短短的两天内就通过了这个条约。

历史学家亨利·亚当斯（Henry Adams）——亚当斯总统的后裔——认为就对美国演变的重要性而言，路易斯安那并购案的地位只低于《独立宣言》和美国宪法。它不但使美国步上扩张之路，同时对如何通过和平渗透与巧妙的外交手腕来达成目的具有示范作用。当然，他的“自由帝国”得以实体化令杰斐逊兴奋。这段期间，他刚好在重读托马斯·马尔萨斯（Thomas Malthus）的人口理论，书中预言，随着人口的增加，饥荒将无法避免。路易斯安那让杰斐逊相信马尔萨斯错了：“以后我们的粮食将与劳工数量呈正比增加；我们的新生人口，不论增加得多迅速，都将成为有用的动力。”

输家当然是西班牙人。他们是在拿破仑保证不会转卖给贪婪的美国人的前提下，才将路易斯安那归还法国。眼看蜂拥而来的美国人就要越过密西西比河，天知道他们什么时候又会打起得克萨斯、新墨西哥和落基山脉的主意。当杰斐逊派出两位探险家横越大陆，而且还命令他们必须事无巨细、翔实回报的时候，墨西哥总督心里想的就是这个问题。这两位探险家将测量每一个河流交汇口或其他重要地点的经纬度、详细记录当地的风土人情、记录所有动植物种类（包括可能已灭绝的物种遗骸）、测量各地气温并记录当地气候，还要研究当地的印第安部族。最重要的是，刘易斯和克拉克还打算溯河而上，沿着密苏里河越过山脉，直到太平洋沿岸，沿途记下所有毛皮动物和将生皮运往文明世界的最佳捷径；毕竟杰斐逊之所以会筹划这趟探险，还是为了要对麦肯齐还以颜色。

1804年5月，刘易斯和克拉克“在和风中向密苏里河上游前进”，他们还不知道美国陆军最高统帅早就把他们的任务透露给了西班牙当局。一如本尼迪克特·阿诺德（Benedict Arnold）和阿龙·伯尔（Aaron Burr），詹姆斯·威尔金森准将（James Wilkinson）是位才气纵横、胆大包天而又全然自私自利的人物。他曾经阴谋迫使乔治·华盛顿辞去独立军指挥官一职，对伯尔的分裂计划也颇感兴趣，而且还长期收受新奥尔良市长的贿赂。他把刘易斯与克拉克任务的真相、时间和目的都泄露给西班牙人，同时还建议圣菲和奇瓦瓦（Chihuahua）两地的市长派出骑兵分遣队拦截这两位好管闲事的美国佬，将他们逮捕归案。威尔金森收下1.2万美元的情报费，等了一年半，然后再“爱国不落人后”地通报国防部，说西班牙人恐怕要逮捕刘易斯和克拉克。

事实不假。1804年到1806年间，新西班牙的要塞总司令曾经四度派出巡逻队搜寻“梅里上尉”，甚至还企图征召科曼奇（Comanche）和波尼（Pawnee）印第安人加入猎捕行动。前三次行动都是由一位名叫佩德罗·维亚尔（Pedro Vial）的商人负责指挥，他勘查过阿肯色河（Arkansas River）与红河（Red River），同时还是圣菲铁路的主要鼓吹者之一。不过第一次猎捕行动展开时，刘易斯与克拉克已经远在密苏里河上游，第二次行动又因印第安人来袭而作罢，第三次则在新墨西哥民兵和印第安向导纷纷开小差的情况下不了了之。不过，第四次行动——一支超过600人组成的纵队，指挥官是精明能干的法昆多·梅尔佳赫中尉（Lt. Facundo Melgares）——在1806年6月由圣菲开拔，却向北跋涉到内布拉斯加的里帕布利克河（Republican River）；他们在9月11日停止行军，当时他们的位置离这两位美国英雄只有不到几天的路程。后者当时正沿着密苏里河顺流而下，准备打道回府。

刘易斯与克拉克归来的消息一传到东部，杰斐逊便大肆庆祝，西班牙公使则勃然大怒。他报告说，短期看来，刘易斯与克拉克带给美国的只是荣耀而已，但就长远来看，这“可能会对这个国家的个人行动带来鼓舞，而这些人的事业精神与生意头脑早就远近驰名”，这会鼓励他们出发去寻求毛皮与土地。他力促西班牙移民哥伦比亚河口，禁止所有外国人由海上或路上进入。不过西班牙对第二个努特卡已经没有兴趣了，而且拿破仑的入侵又迫在眉睫。另外美国人也等不及“长期”，就开始追随刘易斯与克拉克的脚步前进。1806年夏天，泽布伦·派克（Zebulon Pike）已经启程前往科罗拉多，到了那里他又掉头向南，冒险穿过西班牙辖区抵达奇瓦瓦，然后再穿过杳无人烟的得克萨斯归来。密苏里河上游的探险活动更是接二连三地展开。有“生意头脑”的美国人也没错过新的贸易机会，其中最重要的就是第一位梦想建立太平洋帝国的美国人，约翰·雅各布·阿斯特（John Jacob Astor）。

有杰斐逊作为后盾，联邦政府为美国毛皮猎人、商人和农民开创了争霸北太平洋的有利局势。至于这个政府是否有能力、有意愿帮助自己的人民击败由国家在背后支持的英俄对手，则仍有待观察。

第16章　库页岛，1806

美国探险家刘易斯和克拉克到达太平洋沿岸的这一年，巴拉诺夫正在重建锡特卡，并梦想着温暖的加利福尼亚。就在这一年，俄国人也再度尝试打开日本门户。此时距拉克斯曼带回所谓的“长崎许可证”已隔9年，沙皇亚历山大一世（Alexander Ⅰ）终于下令将这纸文件呈进圣彼得堡，决定好好加以利用。他挑选的信使不是别人,正是列扎诺夫。后者原本不想接下这项任务，当时他因爱妻（舍利霍夫的女儿安娜）过世而意志消沉，想一个人“不问世事”。但是沙皇以航海正好可治疗创伤说服了他，并授予他统率整个探险活动之权。亚历山大一世颇识时务（俄国在日本边境徘徊已久，对日本也略知一二），他明智地告诫列扎诺夫，对于日本人提出的问题，即使对方一再重复或明知故问，列扎诺夫都要简单扼要、不卑不亢地回答。不过列扎诺夫必须要强调俄国是强盛的帝国，沙皇是至尊无上的专制君主，让日本人对俄国肃然起敬。他的另一项任务是争取通商并侦察千岛群岛和库页岛，以便未来能将两地收入版图。

然而船一出海，俄国人一如往常又开始为各自的职衔而争吵。船长克鲁森施滕不承认沙皇特别任命列扎诺夫为统帅的合法性，把他赶到自己的船舱，拘禁了两个月，列扎诺夫受不了密闭空间而生病。这两艘英制船只于是在夏威夷分道扬镳，“涅瓦”号开往阿拉斯加的锡特卡，“娜杰日达”号则前往堪察加半岛的彼得罗巴甫洛夫斯克。到达目的地后，克鲁森施滕被迫承认君主的旨意，他向列扎诺夫道歉后，探险队重新出航，并于1804年10月抵达神秘的日本海岸。登陆行动一开始因为浓雾而延迟，接着又有暴风雨来临。这场北太平洋的暴风雨威力之大，可谓“天摇地动”。最后“娜杰日达”号驶进长崎港，由两位彬彬有礼的日本官员接待。俄国人拿出“长崎许可证”。“怎么这么久才拿来用？”日本官员问道。

列扎诺夫将亚历山大沙皇措辞亲切的信函和礼物交给幕府将军，期望能尽快完成任务。不过事与愿违，双方在船上展开冗长、漫无边际的谈判。俄国人谨慎小心，不敢显露基督徒的身份，对所有的询问也都据实回答。最令日本人印象深刻的是，俄国人在“美洲”拥有殖民地！两个月后，列扎诺夫获准上岸，但却被隔离在一座木屋内。木屋位于一座50步长的小半岛上，四周还围有栅栏。列扎诺夫一行人就在这里等候了四个半月，幕府才派遣信使来见他们。信使也先询问为何俄国人到现在才使用这张许可证，接着朗读了幕府将军的回复：

> 许久以来吾国和远方国家已无往来。由于国情民俗之差异，吾国与外国既无邻谊，亦寡情分。这项法令行之有年，目的在捍卫吾国边疆……就贸易而言，经过仔细评估，吾国深感卖出之货品实用有益，买进之外货却一无是处。经过全盘考虑，贸易对吾国整体而言实为弊多于利……职是之故，吾国政府无意开放此地。请勿图谋再来，届时将徒劳无功。盼速起航回程。

回顾在圣彼得堡的丧妻之痛、在船上的拘禁之苦，以及到这“俄国出岛”的耐心等待，换来的竟只是日方的逐客令，列扎诺夫不禁勃然大怒。他大骂日本官员，扬言沙皇将会报复，并宣称北海道以北的岛屿全属俄国。列扎诺夫拒绝进食，直到有人告知他的举动会让蒙羞的地方首长切腹自杀，他才带着破灭的希望登上“娜杰日达”号离开日本。不久他又病了，这次罹患了风湿病和胸痛，北太平洋的湿气让病情更加严重。不过抵达彼得罗巴甫洛夫斯克后才一个月，列扎诺夫又登上俄美公司船只，前往阿拉斯加。航行中他与两位年轻军官尼古拉·赫沃斯托夫（Nikolai Khvostov）和加夫里尔·达维多夫（Gavriil Davydov）会谈了好几小时，密谋报复日本。停留于科迪亚克岛期间，列扎诺夫写信给沙皇，坚决认为虽然日本政府拒绝通商，但这并非日本人民的意愿。他要求沙皇准许他以武力打开日本门户。显而易见，列扎诺夫已非行事节制的政治家，他变得没有理智、冷酷无情、缺乏耐性、暴躁，并为无法完成任务而大感羞愧。

列扎诺夫航行到锡特卡与巴拉诺夫会面并视察新雅克恩斯基（“新天使长”），此地听起来宛如人间仙境，然而实际的简陋景象却让列扎诺夫深感惊讶，甚至想当场将巴拉诺夫革职。不过在听过巴拉诺夫委婉叙述在阿拉斯加的艰苦开垦历程后，列扎诺夫反而写了一封信给俄美公司，称赞巴拉诺夫“人格杰出，是最罕见的特异之士”。1805年年底到1806年年初这个冬天，情势再次转劣：补给短缺，又有另一艘船沉没，刚巧又有一艘美国人的“朱诺”号（*Juno*）出现，殖民地才得以解危。列扎诺夫恳求巴拉诺夫不要辞职，并承诺将尽力解决当地俄国人的粮食问题。他立刻买下“朱诺”号，在春天驶向圣弗朗西斯科。

加利福尼亚的天气使列扎诺夫的健康状况有所改善，他觉得自己又是往日那位生龙活虎的42岁鳏夫了。他在6周之内就赢得了阿圭略司令官（Commandant Arguello）女儿康塞普西翁（Concepcion，她当时还不到20岁）的芳心，并许诺两年后回来结婚。这场恋爱无疑带来了许多好处，阿圭略非但没有驱逐俄国人，还向列扎诺夫提供补给，听从他的建议让俄国与西班牙的美洲殖民地通商，同时还准许他自由视察加利福尼亚。试想假如俄国与西班牙的殖民地能联合起来，北太平洋的历史发展也许会因此改变。不过有迹象显示列扎诺夫对此并不认真（更别提马德里或圣彼得堡）。他在密报中写着期望有一天“这个国家[1]将全属俄罗斯帝国所有”。并敦促巴拉诺夫尽快南进。

接着列扎诺夫便将心思转移到报复日本上面。离开阿拉斯加的这段日子，列扎诺夫命人建造第二艘船，并取了一个很特别的船名——“或许”号（*Avos*）。1806年8月，他重新联络上赫沃斯托夫和达维多夫。由于沙皇一直未曾回信，列扎诺夫决定立刻返回俄国。他含糊其辞地大胆指示其他共谋者前进至日本海域，自己见机行事！这是极端不智之举。此时列扎诺夫的健康又受到北太平洋湿气的影响而转坏。他在严冬中出发横越西伯利亚，1807年3月在克拉斯诺雅茨克（Krasnoyarsk）过世。一位事业一开始成就如此非凡的人，身后留下的却是师出无名的战端、功败垂成的密谋和一颗破碎的心。康塞普西翁每天苦苦等待，无法相信未婚夫已死的事实。悲痛之余，她决定献身宗教，成为加利福尼亚沿岸的第一位修女。

列扎诺夫让赫沃斯托夫和达维多夫自由行动，于是两人出航对日本人展开攻击。达维多夫遇上恶劣的天气只得折回，不过赫沃斯托夫却于1806年10月在刚被日本人占领的库页岛登陆。他的属下俘虏了4名日本人当作人质，然后劫掠谷仓，烧掉举目所见的一切建筑，并偷走了日本寺庙里的圣物。俄国人只留下了一份声明，谴责日本拒绝与俄国通商，并威胁将把北日本夷为平地。翌年春天，赫沃斯托夫和达维多夫一起回到原地，想要“解放”多毛的阿伊努人并占领千岛群岛。他们率领的30名俄国水手在择捉岛（Etorofu Island）抢劫了一座村庄，并放火烧村，接着向岛上的小型要塞发起进攻。要塞内有

① 西班牙所属美洲。——译者注

300名武士和临时征召来的士兵准备应战，但是司令官恰巧不在，负责的军官首先设法跟犯境的俄国人谈判。俄国人先是回以火枪射击，接着利用天黑发动突袭。日本人惊慌失措，纷纷乘船逃往北海道。另一方面俄国人则兴高采烈，大肆庆祝，大家喝得酩酊大醉后将村落夷为平地。

赫沃斯托夫和达维多夫离开择捉岛后，给松前藩主留下另一份声明。上面写着，假如当年沙皇的信使在长崎要求通商能获准的话，就不会发生这样的事。由于日本人把他们赶走了，于是沙皇“下令让你们领教他的威力……假如你们应允我们的要求，我们将永远是好朋友。若是再不答应，我们将派遣更多的船只，进行相同的攻击……”。即使有部分幕府官员当初同意与俄国人通商，1806年年底到1807年年初的这些暴行，也会削弱他们的声势，证明“国防”主张正确无误。松前藩保卫北方国土的责任也被幕府收回；幕府增强军备，等待时机一雪“赤鬼”加诸的耻辱。1811年机会终于来临，沙皇和“俄美公司”命令海军少校瓦西里·戈洛夫宁（Lt. Comdr. Vasilii Golovnin）探测千岛群岛，并将岛屿地势绘成图表。戈洛夫宁驾着主力舰“黛安娜”号（*Diana*）进入日本海域。戈洛夫宁将北海道海岸突出的部分误认为千岛群岛的一座岛屿，就在6月上岸察看，引起了当地日本人的警觉。随后船只继续航行描绘地形图，一个月后他们发现粮桶里有老鼠，水也不够喝，于是再度上岸。这次是在国后岛（Kunashiri，俄称库纳施尔岛，现今为日俄争议岛屿）上——后来被称为“欺骗湾”（Bay of Deceit）——的地点登陆，该岛为千岛群岛第12个、同时也是最南端的岛屿。

国后岛上的日本人与俄国人保持了距离，他们在开枪警告后向俄国人致歉，似乎是对来客表示欢迎。日本人带来水桶和食物摆在岸上，最后他们挥动白扇，恳请俄国人上岸谈判。5位武士走上前来，他们留着辫子、头上绑着布条、双手叉腰，腰带各佩两把剑，走路双脚又张得好像要过壕沟。俄国人看到这副情景笑了出来，并弯腰鞠躬作为回礼。点心端上来后，俄国人了解必须到城堡去讨论此地司令官提供补给的付费事宜。7月23日戈洛夫宁、两名军官、4名船员和一名阿伊努人进入一座要塞，里面有400名日本士兵严阵以待。他们一入座，日本司令官就滔滔不绝地严斥先前俄国人的暴行。戈洛夫宁的部下直冲大门，最后一行8人有四个被抓，其余4人逃到岸边却发现船因退潮而无法起航。日本人追了上来，用绳子套住这四个人，把他们捆得动弹不得、几乎窒息。日本人就这样架着他们在岛上游街六个小时。这些俄国人向上帝祷告只求一死，这天晚上他们被赶到船舱，日本人将他们送到北海道，让他们再一次尝到痛苦难当的游街滋味，他们就这样一路走到函馆。到达函馆后，这些俄国俘虏被塞进小竹篓里，关了26个月，其间只有几次放出来接受审问。他们一度企图逃脱，但并未成功。

“黛安娜”号上的船员惊恐万分，但也无可奈何。由于水浅，他们无法靠近到可以炮轰要塞的距离，而且发动攻击也可能对被俘同伴不利。高级军官彼得·里科尔德（Pyotr Rikord）无计可施，只得返回鄂霍次克，准备向圣彼得堡报告事情始末。船到伊尔库茨克，里科尔德得知已经有人向沙皇要求派兵救援，于是并未继续前进。但这年是1812年，拿破仑在6月挥军攻打俄国，当然不可能有援兵可拨给里科尔德。他在9月回到鄂霍次克，乘着“黛安娜”号再度前往“欺骗湾”，并抓到几名日本人质。里科尔德运气不错，人质之一是名叫高田屋嘉兵卫（Takadaya Kahei）的知名商贾，他反对幕府的锁国政策。两人花了几个月才赢得彼此的信任，高田屋最后答应担任调停人。

于是“黛安娜”号在1813年6月三度造访“欺骗湾”。高田屋表示日本方面要求一份书面保证，内容大意是俄国政府并没有允许赫沃斯托夫和达维多夫的侵略行为，并会归还日本人被劫掠的物品。高田屋带着一名被释放的俄国船员去见里科尔德，戈洛夫宁交给这名船员一封密函。即使被拘禁了两年，这位高贵的船长信中仍毫无怨恨之意。相反，他以谨慎的语调解释日本人对这些事件的看法，建议如何与日人谈判，并提醒里科尔德他的行动：

> 不只影响到我们能否恢复自由，同时也攸关祖国的利益。希望我们遭遇的不幸能挽回俄国失去的优势，而这都是由列扎诺夫一人的暴怒与鲁莽而引起……吾命不足惜……对你多方奔走营救所付出的心力，我深表感激。再会，吾友……再会，众多好友！也许这是我最后一封信。祝你们健康、平安、快乐。瓦西里·戈洛夫宁敬上

里科尔德告诉日本人他会在冬天前回来。10月的海上波涛汹涌，但他仍排除万难回到日本，并带来俄国政府否认1806年年底到1807年年初侵略行为的书面保证。日本在两周内释放了戈洛夫宁，松前藩主设宴款待，然后放他回国。戈洛夫宁被俘期间记下了他对日本人的观察心得。他发现日本人并没有俄国人想象中那么奸诈、野蛮。相反，日本人彬彬有礼、品行高洁，他们极爱干净，也喜爱艺术，并生性敏感，远比所有欧洲民族都有教养。就像英国人一样，日本人也是一个“店小二民族”（a nation of shopkeepers），对各种度量衡和价格一丝不苟。日本人自认为神的后代，因此热爱自己的国家和民族。另一方面，日本人又过分沉溺酒色，目前日本政府禁止人民学习西方科学和

武器。但是,“若说要统治这个人口众多、聪颖机敏、喜爱模仿,却又坚忍勤奋、无所不能的民族，如有像彼得大帝这样伟大的君主，再配合日本拥有的资源和宝藏，不用多久日本肯定就能君临整个太平洋”。

或许吧，不过松前藩送行时再度提醒俄国人，日本不允许对外通商。俄国人不可再派遣任何船只前来，万万不可。

第17章　第三次聚会

斋藤：时间到！

学者：还没，我还需要……

斋藤：左撇子投手，你不能投球，我已经离开击球位置了。

学者：可是我故事还没讲完。

斋藤：抱歉。我确信你总会有话要说。不过当你自问自答时，很容易沦为编造历史。回答我的问题如何？

维特：我也想休息一下。时空虽然不存在，人还是会感到无聊。

学者：你们真是一流的听众。

斋藤：是你召唤的我们，不是我们召唤你。说说你为什么要如此详述日本与俄国早期的冲突。

学者：你是指俄国与日本的接触吗？因为这些冲突罕为人知，而且它们也足以显示，俄国人如何迫切想从太平洋取得食物供给。此外这些冲突也成为尔后争执的模式，尤其是在争夺千岛群岛的控制权方面；这场争夺战至今仍在上演。这些冲突同时也突显了一个问题：假如俄国比美国早50年打开日本门户，历史会有何改变？

斋藤：会有非常剧烈的改变。俄国如果真的“打开”日本门户将会如何？你认为日本是否有剩余的农产品可供出口？

学者：问得好……但是到太平洋开发的俄国人并不多。

斋藤：抱歉，不过事实上我们谈的却是大量人口的问题。因为你认为俄国是因为移民不够，所以在北太平洋的开垦事业才会无法维持，因此获取日本米粮的重要性就在其能供养“大批俄国人口”。好，就算日本愿意输出米粮，俄国拿什么来交易？

学者：毛皮，我想，就像俄国人输出毛皮到中国一样。

斋藤：当时的日本人会想要水獭皮或海豹皮吗？

学者：我不知道。这我们一向都不清楚，不是吗？

斋藤：没错。但是让我们假设日本愿意进口毛皮。你想俄国人的价钱会比美国人或英国人的价格便宜吗？

学者：我想不会。我认为俄国对日本的攻势很难如其所愿，除非能像荷兰人一样获取专卖权，或攻下北海道让俄国农奴开垦。不管是哪一种情况，俄国都必须使用武力，而这只会加深日本的反抗。斋藤，你是律师出身的不是吗？

斋藤：对，东京大学政治学，1911年毕业。我必须指明一点，外国人永远不可能"打开"日本门户。只有日本人自己才能打开日本的门户。希望你讲述佩里司令的部分时，这点能说对……还是你该让日本人写自己的历史？

学者：我并无冒犯之意，大使先生，不过日本人写的历史不能全信。他们时常省略不愉快的部分。

斋藤：难道美国人就不会歌功颂德？

学者：我们以前会……现在我们强调引以为耻之事，省去光荣的部分。

维特：宽容点，两位先生。让我们以谦卑之心来反省历史，不要互相指责。不过我们学者所讲的故事，有一点我也觉得怪怪的——太紧凑刺激了。

学者：我还以为你们会觉得无聊呢！

维特：我的意思是，你从一段故事跳到另一段，省去了其中的时间。例如西伯利亚或阿拉斯加无尽的寒冬，甚至夏威夷一定也偶尔会令人生厌。

西华德：啊哈！你是不是要说说那位卡米……陛下的故事，伯爵大人？

维特：我只是说，并不是每星期都会有个温哥华或列扎诺夫驶进港口。此时欧洲的情势如何？在上位的人一定有数年都不曾想到北太平洋。

学者：确实如此，当然——这是一种职业危险。历史学家很自然地只会注意到转折点和关键时刻。不过所谓的"淡季"，我称之为"迟钝时期"，在解释哪个国家赢、哪个国家输的问题上也同样重要。这全看时间对谁有利！不过，你们要如何记录停滞时期？

塞拉："停滞"？你又想到西班牙了，对不对？

学者：这只是概略性的说法——谁能说"你"停滞不前！

塞拉：博士，我只是开玩笑。我对你说的刘易斯和克拉克的故事并不清楚。你的意思是，如果这两个人当时被捕，历史可能就要改写了吗？难道你不认为，西班牙可能因为抓到这两位优秀的探险家而引起盎格鲁人的愤怒并引发一场西班牙必输无疑的战争，因而失去更多的土地？说不定英国会借机取得优势，当然这还要看欧洲的情势而定。

维特：小神父，你的口气开始像个战略家了！

塞拉：维特伯爵，刚刚我也很惊讶你开始像个传教士。

学者：塞拉或许说得没错。挑起战争也许正是威尔金森将军的目的。确切地说，或许他不是个叛国贼。他也许只是要诱使西班牙发怒，以便作为交战借口。杰斐逊并不愿见到这种情形发生，但好战的鹰派却渴望一战。

西华德：刺激敌人主动攻击最能营造同仇敌忾之心。至于威尔金森，我们一向认为他是遏阻阿龙·伯尔野心的英雄。

学者：或许这就是他的历史定位——美国第一位双面间谍。

塞拉：博士，告诉我你们历史学家如何解释“新西班牙”的没落？我是说，西班牙为何终究保不住在美国西部的殖民地。我很想听听你们的说法。

学者：我以为这点我已经提过了。的确，波旁王朝下的西班牙是有复兴的气象，但是就人口、财富和科技而言，西班牙仍远落在英法等国之后。建造或重建足以巡逻大西洋和太平洋的海军，需要有庞大的财力，而这远非西班牙能力所及。即使在开发加利福尼亚方面，西班牙也严守守势。从可怜的博德加被派去开垦努特卡就可看出西班牙资源之稀少。你能想象西班牙对英国海军和蜂拥而至的商人虚与委蛇，甚至盛宴款待，以便让他们转移目标吗！同时要记住的一点是，1808 年拿破仑侵略西班牙，西班牙人忙着保家卫国之余，根本无暇顾及海外殖民地。

斋藤：殖民地难道有二心吗？

学者：也不能这么说。事实上，南美殖民地人民的反叛和后来1808年到1820年之间的墨西哥叛变，都是由加尔韦斯改革导致。他强化西班牙的统治、增税，与英国1763年后对北美十三州殖民地的做法如出一辙，结果也一样招来民怨。机会一来，拉丁美洲的人民也选择了同样的解决之道——宣布独立。

西华德：不管有没有叛变，西班牙都无法阻挡美国人的前进。对于我们的西进扩张政策，无论就何种意义来说，杰斐逊都说得没错。

斋藤：“没错”是因为美国人比其他民族优秀、得到上帝的垂青吗？因此美国要扩张领土就没问题，换成其他国家扩张领土就被说成邪恶。你们的理想主义听起来比较像是沙文主义。

西华德：阁下，是爱国主义，而非沙文主义。

学者：或者该说是民族主义。这三种完全不同。不妨这么说吧，美国人就像大革命后的法国人一样，以尊崇国家取代尊崇君主。美国人对国家的忠诚度如果不比对英国或各州殖民地高的话，美国就不可能存在。

斋藤：美国是存在了，不过这是因为他们有沙文主义的思想。革命后的美国想要征服整个北美，这和革命后的法国妄想征服全欧洲又有何不同？

西华德：阁下，我们并没有征服路易斯安那。

斋藤：你们不用征服，要是有人挡到你们，你们就诉诸特殊手段，让他尝尝“硬球”（hardball，有强硬手段之意）的厉害。

学者：那么我想日本人没有沙文作风——

西华德：等一下！他从哪儿学来“硬球”、“掷曲线球”这些俚语？大使，你让我笑得快撑不住了。

学者：没错，西华德先生，你的时代还没有“曲线球”这个词。不过你该听过棒球吧？

西华德：棒球。对了，反英时期有士兵玩过，当时相当流行。后来演变成职业运动，是不是？

学者：两位，耐心点，这点斋藤博会充分说明。斋藤，你是洋基队的忠心球迷，是吧？

斋藤：卢·格里克（Lou Gehrig）！他是我最喜欢的球员。

塞拉：你们几位先生又只谈力量了。不过力量并非只来自枪支和船舰。何不说你们的北太平洋历史是理念冲突的故事？

学者：你是指杰斐逊民主主义和自由企业，对抗沙皇的专制和日本的什么——社团主义吗？而最善于动员人民进行领土扩张的制度即是赢家。这种想法我也有过。

维特：这种想法太过简单。你自己也在争论特许公司的价值：不算自由企业，但也不全然受到管制。

斋藤：自由企业和重商主义，马克斯·韦伯（Max Weber）称之为“理想类型”。这些不如说是你们历史学家创造的标签。就拿英国的东印度公司为例，英国照理应是最“自由化”的国家，但是英国的特许垄断却也最彻底。

学者：这和我想的不谋而合。当然在任何国家、任何时代，现实都是民间主动和政府控制之间的融合。自由与秩序、个人与社会、经济力量与政治力量、正义与安定——从来不会是非此即彼，而是看你如何在两者中取得平衡。

斋藤：贸易无法独立于政治之外。我无法让你们美国人信服这一点。不过特许公司的事——这很有趣。

学者：非常有趣。不过你也知道，这也可能成为领土扩张的绊脚石。例如俄美公司的股东对短期利润的兴趣，就要比对殖民地的实质发展来得浓厚。由于哈德逊湾公司（Hudson's Bay Company）非常嫉妒俄美公司的独占权，英国子民开垦西北海岸反而因此受到阻碍……我认为有一种力量比资本或政府都来得大，那就是大量迁移的人口。你可以说这是我的“主题”之一。

西华德：夫人，你真是静得出奇。我想皇后是在嘟嘴不高兴了！当然这是淑女的特权。

加休曼努：阁下，淑女的特权是嘟嘴不说话。男人闹起别扭来却会喋喋不休。

学者：大祭司，在为什么事烦恼吗？

加休曼努：我正在回想事情。

学者：在回想……

加休曼努：我在想自己听过的有关库克船长的一切。白人第一次来到夏威夷时，我还只是个小孩子，住在毛伊岛上的哈那（Hana）地区。学者，我认为你对事情的来龙去脉和库克为何被杀并不是很了解。

学者：外人是无法确知夏威夷人当时是怎么想的。不过的确有所谓的罗诺循环（cycle of Lono）[1]，他们也的确奉库克为神，并在库克回来时才醒悟……

加休曼努：为什么你说“夏威夷人当时在想什么”？难道你认为我们的想法必须一致吗？

斋藤：听听这个，教授！殿下，看来贵国领袖也不知道该拿库克怎么办？这听来颇合情理。

加休曼努：后来我从多名目击者身上，其中当然包括卡米哈米哈王和我的女酋长们，听到许多故事。但是这些故事都必须经过筛检，因为眼睛有时候只看到想看的事物，记忆也只会保留心中想保留的事物。服侍罗诺的祭司自然愿意相信库克是他们的神。但是服侍其他神的祭司也很自然地不愿相信。身为酋长们也不愿意见到神的来访，唯恐祭司会让他们的权力黯然失色。其他酋长，像卡米哈米哈，我相信他们怀疑库克根本不是神，只是一位来自遥远岛屿的伟大酋长。每位酋长都希望能同库克结盟、通商，借以加强自己的权力和声望，以便压倒其他对手。

学者：但你们在神殿为库克举行仪式，这和宗教有关吗？

加休曼努：有些是，不过有些只是为迎接具有伟大“马那”（精神）的来客所举行的例行仪式，是为进行战争或通商谈判作准备。大家对库克拥有伟大的“马那”都深信不疑。

学者：这么说来，“库克即罗诺”的理论——

加休曼努：只是一场大混乱的一部分。但是我想故事的结局就简单些了。库克船长乘着一艘破船回来，相信他是罗诺神的人就此梦醒。而库克咄咄逼

---

① 罗诺是掌管和平的夏威夷神明，夏威夷人亦称库克为罗诺。——译者注

人的举止，特别是对卡拉尼欧普王的不敬，激怒了那些视他为伟大酋长、想与他结盟的人。他表现得就像野心勃勃的征服者，先来侦察我们，再来就要进行掠夺。有人说卡拉尼欧普王的战士计划在沙滩上谋杀库克，但我相信他们是出于一时愤怒。

斋藤：也是出于自卫。

加休曼努：是的。不过即使出于自卫，这种"自卫"也很愚蠢。我的同胞很幸运，那位英国船长，你们说他名叫克拉克是吗？他并没有为库克船长复仇，否则我们就不可能和外邦白人和平相处，果真如此……学者！卡米哈米哈的故事，你为何只说到一半？

学者：我也想继续说下去，是斋藤打岔。我原本想继续说完1815年的拿破仑战争。在那里结束比较好。

加休曼努：卡米哈米哈死于1819年。

学者：我知道。但你必须了解夏威夷是北太平洋的一部分，而非北太平洋是夏威夷的一部分。

加休曼努：那告诉我另一件事。为什么你说卡米哈米哈打胜仗是依赖西方武力，并非靠他自己的实力？

学者：我不是说卡米哈米哈的胜利全靠西方武器。他必定是史上最伟大的军阀（warlords）之一——纯就人物特性而言。

斋藤："军阀"，又是一个只用在非白人身上的名词。为什么你不称他将军，就像你称呼惠灵顿（Wellington）或格兰特（Grant）一样？

学者：好，他是一位伟大的——不，他不是！我才不要向日本帝国的忠仆学习如何说理。卡米哈米哈并非西方军队中的"将军"。按照夏威夷文化，他是武士，也是酋长。现在，让我回答刚才的问题：他看出即使是极少数的西方武器也拥有决定性的潜力，并知道如何加以利用；从这点就可以衡量出他的天赋。同时他虽然运用西方武器和西方顾问，另一方面却又遵循夏威夷传统信仰，和外邦白人保持距离。称他为"伟大的统治者"，如何？

加休曼努：你接着也会谈到卡米哈米哈维持和平的技巧吗？

学者：对，虽然这个故事也有两种评价。仔细一想，或许1810年是一个分水岭。首先是西班牙退出北太平洋的竞争。其次是俄国对日本的压力——不管是否有其意义——到了佩里时代即告结束。第三，真正的殖民时代——即英、美、俄三国鼎立——即将展开。我们可以说，在1810年前后，北太平洋就要由"白人侦察世纪"（Age of White Reconnaissance）进入"白人占领世纪"（Age of White Occupation）了。此外，富尔顿（Fulton）发明的蒸汽船就是在

1810年首次下水。

斋藤：白人侦察、白人占领。听起来像跳针的破唱片。教授，恕我扫你的兴，不过这些都发生在你们白人占上风的短短一两个世纪中。你的白人世纪有一天会走到尽头，到时你也许就能了解时间轮回的意义。

学者：大使，你会这样说真是有趣。有时候我会想，白人世纪也许早就结束了——

斋藤：啊哈，既然这样，博士，我们就来谈这个主题吧。打起精神来！

第18章　阿斯托里亚，1811

“H. B. C. ——耶稣纪元前蛮荒时期（Here Before Christ）”——这是不列颠哥伦比亚移民对到处可见的哈德逊湾公司名称缩写所开的玩笑。在1670年创立后的100年间，这家公司所属的经纪人、职员、代理商、独木舟船夫和捕兽人由哈德逊湾向外扩展，构成一张由驿站与要塞织成的网络；他们经由河流、湖泊、水陆转运来来去去，和印第安人交朋友、雇用他们打猎，费心躲避严酷气候的侵袭，为了海狸、水獭、臭鼬、貂和狐狸毛皮大动干戈。英国投资人远在千里之外运筹帷幄，实际的行动基地则在蒙特利尔，至于这些边城浪子则以苏格兰高地人和法裔魁北克人占压倒性的大多数，两者都是18世纪英国势力推进下的受害者。

不过，到了美国独立战争时期，H. B. C.已经不再是加拿大拓荒运动的推动主力。为了寻找公司独占范围以外的新海狸猎场，所谓的“自由商人”或“过冬者”（winterers）一再深入荒野。1785年，几家带头的由自由贸易商公司——如由伊尔库茨克地区贸易商合并组成，未经登记但实力雄厚的西北公司（Northwest Company）——便可与H. B. C.分庭抗礼了。第一个进入阿萨巴斯卡（Athabasca）地区，也就是现在加拿大萨斯喀彻温省（Saskatchewan）与艾伯塔省（Alberta）的拓荒者，是一位名叫彼得·庞德（Peter Pond）的西北地区人士。另外像赞助麦肯齐横越美洲北部内陆的也是西北人士。两位西北向导，邓肯·麦吉利夫雷（Duncan McGillivray）与大卫·汤普森（David Thompson）最先勘查了位于现在蒙大拿州与怀俄明州的落基山脉。不过，H. B. C.的势力是如此强大，以致谁都无法为麦肯齐口中的“大哥伦比亚冒险计划”找到资金或政府援助。最后，所谓的“过冬者伙伴”齐集在苏必利尔湖（Lake Superior）畔的威廉堡（Fort William）共商大计，决定自己独立行动。他们火速下令给汤普森，当时他正心不甘情不愿地向东而去。他们要他掉头再次西行，不惜一切代价越过落基山脉，沿着哥伦比亚河顺流而下，直达海滨；然后，假如美国人已经抢先一步到了那里，就向他们买下计划的三分之一股份。虽然面临黑脚族印第安人（Blackfoot Indians）、冬季攀越山区、遭受同伴遗弃及严峻地形等等威胁，汤普森终于克服万难，在1811年7月到达斯内克河（Snake River）与哥伦比亚河的汇流口。他挑了一棵目标明显的大树，钉上一张告示，声称“周围土地”已属大不列颠与西北人士所有。接着，他、他的翻译，以及8名忠心耿耿的易洛魁人（Iroquois）分乘数艘独木舟，直下水流湍急的哥伦比亚河。就在离入海口只有几公里远的地方，汤普森心情骤然一沉：就在那里，就在河的南岸，耸立着四栋简陋的小屋。负责管理的白人名叫邓肯·麦克杜格尔（Duncan McDougall），他说他是为约翰·雅各布·阿斯托工作的。

1763年生于德国海德堡附近的阿斯托，一度在叔父的乐器工厂中工作。20岁那年，他远渡重洋前往纽约，身上除了一箱笛子之外什么都没带。在横越大西洋的旅途上，他结识了一位毛皮商；等笛子一卖完，他就全心投入一项新行业：将五大湖区的毛皮猎人组织起来。随着财富逐渐累积，阿斯托也晋身纽约商业精英之列；他对第一批前往太平洋东岸的商人所带回来的故事极感兴趣，并且开始想象如何在刘易斯与克拉克越过的土地上建立起梦中王国。1807年，他将一举夺下整个北美毛皮贸易市场的计划告诉了德威特·克林顿（DeWitt Clinton）——当时的纽约市长。由于阿斯特拥有庞德、麦肯齐及其他人都没有的资金，所以当这些人必须与委员会跟合伙人战斗之时，他却可以为所欲为，他还能获得政府的支持，拜H. B. C.之赐，后者完全无法取得政府的合作。

唯一的问题出在杰斐逊总统身上。一位反商的农夫和哲学家是否真有可能发给一家公司特许状，而且还对它提供武装保护？阿斯托写给杰斐逊的第一封信因此也相当谨慎，他要的只是“美国主政者的赞同与祝福”。这点他得到了，杰斐逊事实上正巴望“有企业冒险精神的美国人能前往哥伦比亚河与太平洋附近，在当地进行殖民”。不过杰斐逊也怀疑“由美国政府来尝试这类计划是否有失谨慎”。他只能向阿斯特保证，“一切合理的赞助与便利”将会源源不断而来。为了让总统履行承诺，阿斯特特地在1808年搭乘马车前往华盛顿，亲自对总统与内阁解释，外国势力在他们政府的资助下，必然会把这项美国民间冒险打得一败涂地。之后他宣称，杰斐逊已经口头承诺要提供保护。

“如果有必要的话。”那些苏格兰人都这么说。不过阿斯特反应很快，他考虑到了英国的敌对态度。当时英国皇家海军正忙着对拿破仑称霸的欧洲大陆进行海上封锁，他们不顾美国人的中立权，强迫水手加入皇家海军服役。由1806年开始，杰斐逊和继任者麦迪逊总统就通过一系列的禁运和停止通商法案，企图迫使英国停止这种行为；开战甚至也不无可能。因此，倘若美国政府不愿或不能支持他，阿斯特觉得自己就有十足的理由可以转向外国人士、英国在北太平洋的竞争对手，甚至向俄国求援！

一如我们所知，当时的俄美公司和入侵“它的”水域的波士顿商人之间的关系，已经到了爱恨交加的地步。来意不善、作风蛮横的奸商会绕过俄国屯垦区，以枪支、火药和弹药向特林基特印第安人换购毛皮。另一方面，像欧凯因之流的友善商人对阿拉斯加来说，却是宝贵的粮食与供给品来源。因此，到了1806年，当首位美国领事派抵圣彼得堡，沙皇座前的外交大臣就立即提出一项贸易协定。俄国愿意授予美国专卖权，让它独家供应俄国殖民地所需的一切补给，条件是美国人必须停止向印第安人提供武器，同时还要负责将俄国毛皮运送到广东。美国领事认为这都不难安排，于是满怀希望的俄国人就派了一位代理公使——安德烈·达什科夫（Andrei Dashkov）——前往费城。

当然，达什科夫不仅代表俄美公司，同时也代表他的国家政府；不论俄国殖民地如何山穷水尽，他都不打算让外界知道。不只如此，他的草约第一条还附有一项但书[①]，要求任何一方都不得向与另一方交战的第三国提供武器。草约看来颇为友善，除了一项事实：俄国人打算对特林基特印第安人“宣战”，而美国人将被禁止向他们提供武器。这个小插曲最令人讶异之处，在于俄国人对美国政府如何运作完全一无所知。与沙皇俄国的贵族政治不同的是，美国行政部门不但无意监督远在太平洋海岸的本国公民，而且也不具备这项行为所需的海上武力。风声大概有点走漏。因为没过几个月，达什科夫就放弃了这项协定，转向“自由贸易”体系求助。他跟阿斯特见了面，阿斯特显然乐于谈谈交易。他同意签下一纸使他成为俄国美洲领地唯一供应商的3年合约，俄美公司将租用他的船只运送毛皮前往广东，同时阿斯特未来的竞争对手——不论英美——都不得取道西北海岸。当然，这项合约仍有待圣彼得堡方面同意，不过在这期间阿斯特却已为处女航作好准备。在约翰·艾贝特船长（Capt. John Ebbets）指挥之下，他的“企业”号于1809年11月驶过纽约港，起航前往锡特卡。

就在这项私人外交展开之时，阿斯特同时也在哥伦比亚河两岸建立起自己的殖民地。至于横越大洋的探险之旅则是在1810年9月由造型优雅、船舱宽广的“东奎”号（*Tonquin*）展开，船长是乔纳森·索恩（Jonathon Thorn）。不过这并不是一趟愉快之旅：暴风雨、无风带、缺水接踵而来，索恩专横不

① 法律条文中“但”或“但是”以下的部分，指出本条文的例外或限制。——编者注

讲理的命令更让乘客心情大感恶劣。船长大人似乎事事都看不顺眼，连阿斯特雇用的苏格兰人和法裔加拿大毛皮匠唱的歌和他们使用的方言他都要管。1810年12月，船在马尔维纳斯群岛靠岸，船员为了能上岸补给用水和打猎纷纷感恩不已。然而，上岸的船员迟迟不见归来，索恩船长终于大发雷霆，他断然起锚出航。被困在岛上的阿斯特人员急忙跳上小船拼命追赶，索恩却不肯掉头——要不是其中一位船员的侄子拔枪指着船长的头，他根本不愿去接他们回来。

事件过后，船上人员就分成了两派，而且双方都火气十足。不过这艘船还是平安越过合恩角，干净利落地疾驶到夏威夷。凯阿拉凯夸湾风光依旧宜人，不过大岛的总督不是别人，正是那位被俘之后就投入卡米哈米哈王麾下的美国人约翰·杨。他建议他们前往瓦胡岛补给物资。当时夏威夷王已宣布一切外国贸易都归他本人专利，更要命的是，他完全不以物易物，甚至连枪支都不收，只收现金，墨西哥银币尤佳。而且"东奎"号开赴美国时，船员和乘客还是必须与上百只哼声不绝的猪、到处乱啄的鸡、臭气熏天的山羊和十几位跟公司签下合同的夏威夷人共享一个甲板。

船一进入北方海域，船上的情绪立刻跌回抵达夏威夷前的最低状态。暴风雨不但把船上水手淋得全身湿透，也卷走了好几头牲口。接着哥伦比亚河口出没不定的沙洲又毁了一艘小艇，差点连"东奎"号也宣告搁浅；8名船员丧生，包括一位夏威夷人。然而阿斯特的人还是抢先一步，在1811年4月抵达当地。因此等到由西北人士雇用的汤普森出现时，他们已经着手在搭建一栋仓库、几间小屋和一座小栅栏了，阿斯托的手下也已经开始收集毛皮——两年内总共收集了将近1.8万张海狸生皮。

阿斯特的陆路探险队——由威尔逊·普莱斯·亨特（Wilson Price Hunt）率领的一支16人小队——则在1810年7月离开蒙特利尔。他们先乘坐一艘约11米长的独木舟绕道五大湖区，抵达麦基诺岛（Mackinac），在那里与著名的费城植物学家托马斯·纳托尔（Thomas Nuttall）会合，然后沿着狐河（Fox）、威斯康星河与密西西比河直下圣路易斯。由于同行相忌的密苏里毛皮公司掮客对他们的出现大起疑心，因此当他们在1811年再度向西前进之时，阿斯特探险队就选择了一条新的南方道路，希望能就此躲过密苏里探子的追踪；后者原本打算煽动印第安人来对付这批新来者。不过随着这条经由怀俄明州的温德河（Wind River），然后穿过提顿族人（Tetons）的新山路而来的，却是崎岖的隘口、急流上的意外、饥渴，以及和苏族（Sioux）、阿里卡拉族（Arikara）和提顿族酋长的一连串棘手谈判。等这队第二批美国探险队终于横越大陆，在1812年2月抵达阿斯特里亚时，所有成员都已筋疲力尽，只剩下半条命了。想要让阿斯特里亚繁荣起来，就必须有海上补给和防卫。而海洋却在英国掌握之中。

阿斯特将他的冒险行动视为一种事业投资，而非爱国行动或地理实验。但事实上它却涵盖了这一切；在亨特于四个月后抵达哥伦比亚、英美正式开战之后，这一点就变得更显而易见了。1812年战争的直接原因是因为英国皇家海军继续干扰美国航运，不过许多英美人士都怀疑真正的争端在于北美霸权。就美国国会投票的情形看来，来自东北各州的议员以33：11的比数反对战争；换言之，虽然英国造成了他们贸易上的损失，但美国北部的商人却反对战争，而南部与西部的共和党人虽然较少插足大西洋海运，却以68：16的比数赞成开战。由当时报刊与言论看来，他们预期美国将会一举征服加拿大，将英国永远赶出美洲大陆。

这些鹰派人士自不量力的行为所换来的，却是一场以美洲大陆为战场的昂贵胶着的战争。美国入侵加拿大完全失败，虽然当时英国人正与拿破仑打得如火如荼，他们匆匆找来的船舰与军队却足以对美国海岸造成威胁。阿斯特知道皇家海军大驾光临阿斯特里亚只是早晚的问题；更要命的是，阿斯特里亚根本毫无防御可言。阿斯特旗下有一艘船当时正由太平洋驶向广东，船长在知道战争的消息后就原地按兵不动了。另一艘船——“东奎”号——则早已不复存在。1811年7月，索恩开着这艘时运不济的船只前往温哥华岛进行掠夺买卖，不出所料，他又对开价强硬的努特卡印第安人大发雷霆。后者于是假装和解，以便进入“东奎”号（这和西蒙·梅特卡夫对毛伊岛所施的诡计恰巧相反），然后他们就由生皮革底下抽出刀斧，将船员全数砍杀殆尽。其中只有一位得以幸存，不过他也只撑到第二天将弹药库引燃为止——爆炸时有200多位印第安人正挤在船上抢夺战利品。“东奎”号和船上的一切自然都炸得粉碎。

阿斯特到处寻找愿意冲破英军封锁的船长人选，结果都徒劳无功。于是他就在1813年返回华盛顿，费尽唇舌想诱使海军采取行动。他说美国在太平洋沿岸的一切前途就在此一举，他说许多匿名股东必然会血本无归，他说杰斐逊曾保证要提供军事支持。然而，海军部长能做的也只是为阿斯特的每一艘船安排一艘武装私掠船用以护航，而且连这点他后来都无法履行。阿斯特最后只好铤而走险，他将旗下的“企业”号改挂俄国国旗，希望达什科夫能要点计谋，骗过执行封锁的英军将它放行。“对不起，”负责的英国军官回答，“任何船只皆不得驶离纽约。”

在大陆的另一端，阿斯特的属下对救援不抱任何期望。开战的消息在

1813年1月传到当地，麦克杜格尔就准备要放弃营地。整个夏天亨特和他的手下都对这项决定大表不平，认为决策过于仓促，而且太过失败主义。不过到了10月，当一队西北人士在约翰·麦克塔维什（John McTavish）的带领下，由加拿大顺着河道抵达时，这项决策之明智却获得证实。皇家海军就在路上，他们警告说，最好趁现在把阿斯特里亚卖个好价钱。于是这两位苏格兰人就坐了下来,为补给、生皮和建筑物该值多少钱进行了一番讨价还价。10月22日，麦克杜格尔降下星条旗，把他的钥匙移交给麦克塔维什。

皇家海军确实在12月到来，来者是威廉·布莱克（William Black）船长和他的“浣熊”号（*Racoon*)。这位船长为自己无端损失一场战绩大发脾气，不过他还是按照仪式升起了米字旗，然后在旗杆上敲破一瓶波特酒，重新将阿斯特里亚命名为“乔治堡”（Fort George)。他对这项举动的重要性毫不怀疑。然而，一年后战争结束，签署的《根特条约》(*Treaty of Ghent*）第一条，却规定双方都必须归还在战争中掳获的所有领土。当然阿斯特里亚是在“被俘”之前就已脱手，不过阿斯特还不肯放弃最后一线希望，他极力争辩这项条约也适用于布莱克带来的威胁。英美双方的谈判人员整整花了4年时间争论，究竟谁对被称为阿斯特里亚、新阿尔比恩[①]或俄勒冈州的地区拥有哪些权利。不过，在1818年的和会上，阿尔伯特·加勒廷（Albert Gallatin）和理查德·拉什（Richard Rush）终于成功地将“落基山脉以东”的美加边界定于北纬49度，而将落基山脉以西的“俄勒冈地区”留给英美两国同时再“自由、公开”地垦殖至少10年。

阿斯特虽然辩护成功，但对帝国大业却从此失去兴趣。“假如我还年轻……”他如此写道。不过美国还有许多年轻男子——以及妇女——而且他们的数目还在不断上升。英国外交大臣卡斯尔雷勋爵（Lord Castlereagh）就是深深了解他们潜力的人之一，在对1818年和会的影响所及一再深思之后，他曾预言:“你们‘美国人’不需为俄勒冈烦恼，你们在卧室就能征服俄勒冈。”

---

① 意为新不列颠。——译者注

第19章　加利福尼亚与考爱岛，1815

阿斯特并未因梦想破灭而痛苦，他活到84岁才过世，并且给他的儿子威廉——众所周知的纽约大地主——留下了3000万美元的财富。不过，阿斯特的俄国“盟友”却仍苦恼不已。巴拉诺夫在1809年8月听到一些谣言，大意是说有20位他手下的毛皮猎人正打算阴谋叛变。或许他们是受到革命精神的蛊惑，一名来自被侵害的波兰的下士把这种精神带到了这个遥远的狭谷；也可能是他们听到了“邦蒂”号（*Bounty*）的叛变事迹，而对南太平洋产生了向往。不论如何，由他们组成的所谓叶尔马克派正策划暗杀经理、掠夺仓库、绑架女人并夺取一艘船只，而后驶往复活节岛（Easter Island），去过幸福快乐的生活。但他们当中有一人因胆怯而向上密告。半信半疑的巴拉诺夫突击了他们的屋舍，心中或许仍期望这不会是真的，结果他却在猎人们焚毁所有秘密文件之前将阴谋者一网打尽。

巴拉诺夫生涯的最后一个阶段就此展开。因为对自己的人员有所怀疑，他很快打发自己的阿留申土著家人整理行装，举家迁往阿拉斯加的科迪亚克岛；他生活在警卫的保护之下，酒量增加了整整一倍，他似乎对自己的健康漠不关心。当阿斯特的船长艾贝特于1810年找到他的时候，他便处于这种状况。此外，与阿斯特交易的消息也令巴拉诺夫感到烦恼。他怀疑这无法阻止美国人偷卖军火给特林基特人，反而会迫使他停止和一些美国船长朋友进行货物交易。巴拉诺夫再度递交辞呈，而上级也答应在那年秋季派伊凡·科赫（Ivan Koch）接替他的职务。可是公司的帆船却带来科赫已在堪察加病逝的消息。另一名人选博尔诺沃洛科夫（T. S. Bornovolokov）将搭乘“涅瓦”号于1812年抵达。然而到了1813年1月，一艘破破烂烂的小蒸汽船却取而代之地出现了，一位全身结满盐霜、冻坏了的上尉结结巴巴地说出：“涅瓦”号遭遇风暴，失事撞毁在埃奇克姆山（Edgecumbe）山下的岩石上，博尔诺沃洛科夫也遇难了。

任何一个正常人到了这步田地，都会开始诅咒自己的运气、咒骂命运，或因上帝的残忍不公而怨天尤人。但是巴拉诺夫却在强有力的信仰支撑下，坚持屹立不摇。这里早先曾经有不少教士来过。如今，他请求再派一位新的教士过来，他还自掏腰包建了一所教堂。锡特卡的生活也不尽然是阴郁的；就北太平洋的标准而言，巴拉诺夫已在当地建立了一座天堂乐园。俄国人拥有夏威夷以北唯一的船只整修设备，当时有四五艘双桅帆船和纵帆帆船正打算过来停靠。美国和英国的船长都高兴地期待着巴拉诺夫"城堡"里的酒宴，川流不息的甜烈酒与潘趣酒（punch）[①]、轻松的闲聊与音乐使得宴会更加欢愉。小提琴和长笛已传入阿拉斯加，当地的夜晚总是在《俄国猎人精神》这首歌曲刺耳或伤感的演奏中结束。这首歌曲是巴拉诺夫经理的杰作，美国船长皆称之为"巴拉诺夫之歌"。

然而，殖民地仍旧嗷嗷待哺。200多名俄国人加上家眷、克里奥尔人和阿留申群岛的原住民，新雅克恩斯基人口已将近700人。另有250名俄国人居住在阿拉斯加的其他交易驻所，并各自拥有由阿留申侍从组成的附属团队。殖民地每年需要至少6000蒲式耳[②]的谷物，巴拉诺夫以兽皮和阿留申人的劳役向美国人换取这些谷物。然而，就连这么实际的一项安排，也让身在圣彼得堡的俄美公司官员大感痛心，即便俄国无法定期派船前往，他们还是会定期下令，要巴拉诺夫中止与外国人贸易。圣彼得堡为何不努力养育其美洲殖民地呢？拿破仑战争固然是原因之一，公司本身也难辞其咎。从1797年到1821年，俄属美洲总共运出价值1640万卢布的生皮。俄国政府征走了200万卢布的税，有360万卢布拿去向美国商人换取补给物资，420万卢布用来派发红利，另外330万卢布则作为公司增资所需。只有380万卢布（23%）花在船只、补给和薪水上面。即便如此，主管阶级还是宁可举债（这就是为何债务会超过100%的原因），也不愿缩减他们自己的红利。事实上，花在圣彼得堡总公司的钱，正好是整个俄属美洲花费的两倍。因此，一切总是要倚赖巴拉诺夫在荒野之地将就度日；到了晚年，他着手进行了两项前所未有的新航程，其中任何一项说不定都可以让他遗赠给后继者一个安全的食物来源。他想的是进入加利福尼亚或夏威夷。

巴拉诺夫很快便开始重启列扎诺夫的构想，即侵入西班牙占领区。他的想法是循序渐进，先在哥伦比亚河建立一个据点。但是在尼古拉·布雷金（Nikolai Bulygin）的船于1808年在海边失事遇难时，这个计划便告失败。布

---

① 一种由柠檬汁、砂糖和葡萄酒混合而成的饮料。——译者注

② 一蒲式耳约等于36.4公升。——译者注

雷金的妻子——第一位抵达今日华盛顿州的白种女性——被玛卡族印第安人（Makah）掳为人质。她与土著共同生活了一段时间，最后自杀身亡。布雷金本人则在有船前来营救之前死于一场高烧。倘若他的任务能够成功，俄国就能抢先其他国家，最早抵达哥伦比亚河流域。就在这个时候，尼古拉·库斯科夫（Nikolai Kuskov）——巴拉诺夫最优秀的干部之一——侦察了圣弗朗西斯科湾以北的海岸，并在那里埋设了刻有“俄国领土”字样的纪念铜标。1809年，沙皇批准了俄美公司在加利福尼亚建立殖民地的计划，两年后，库斯科夫在博德加湾（Bodega Bay）北边约29公里处（即圣弗朗西斯科以北约97公里处）登陆上岸。附近的圣塞巴斯蒂安河（Rio San Sebastian）就此改称俄罗斯河（Russian River）。当地一名酋长售给他约405公顷的土地，作为受赠小装饰品及勋章的回报。库斯科夫随后回报锡特卡，然后在春季带着25名俄国人和100名阿留申人返回该地。他们在这个位于锡特卡以南约2092公里处的地区，奋力建造了一座罗斯堡。这座最后的俄国要塞结构坚固，红杉木防御栅栏上还钉有倒立的长铁钉。俄国人为要塞架上了10尊大炮，然后严肃地向俄美公司的旗帜敬礼致意。

没有人知道库斯科夫为何选择这个地点，而不是比它优越太多的博德加湾。有人说那是因为他想离西班牙人远一点，可是差几公里又有什么差别？比较可能的猜测是：他故意挑上“库斯科夫湾”这个差劲的停泊地，是想借其汹涌的海流与崎岖的岩石来挫败英国或美国的海上攻击。不幸的是，俄国的滩头堡对俄美公司的船只同样是一大障碍，而长满森林、多沙的断崖高地又极端不适合农耕。库斯科夫种植了马铃薯，但是产量仅能供养他自己的人员。俄国人也吃海豹肉和海鸟；1817年后，他们从圣拉斐尔传道区的教士那里获取牛、马和鸡。但是海岸多雾潮湿的空气并不利于耕种，而毛皮猎人对可能要弃猎从耕的前景也甚觉反感。罗斯堡的最高年收获量（1829）都少于700蒲式耳。如果俄国人想要有余粮可送往锡特卡，他们就必须与当时现有的牧场交易，或者将其承购或占领。

当有关俄国人的谣言首度传到圣弗朗西斯科时，有关当局大感困惑与惊疑。首批来自卫戍要塞的巡逻队问道：俄国人为何而来？库斯科夫天真地提及食物的问题，而后话锋一转，开始谈起俄西两国的贸易。艾瑞拉加总督（Arillaga）并不反对，但他很快就过世了，继任者却带着逮捕所有俄国人的命令到来。俄舰“伊尔曼”号（*Ilmen*）试图封锁圣路易斯-奥比斯波，结果船员却被逮捕并监禁在蒙特雷，只有少数几名逃回罗斯堡，且一路上有4天都没吃没喝，而且（据库斯科夫说）有一名可怜的阿留申人被圣方济各教士严刑拷打致死。这些教士视他为邪魔，因为他坚持循反方向画十字（那是俄国东正教画十字的方式）。假如此事并非反西班牙宣传，而是事实的话，那么北加利福尼亚的首位基督教殉教者，就是被传教士他们自己所杀害的。

巴拉诺夫的反击便是于1816年派遣了一艘公司船只前往蒙特雷。在枪炮的胁迫下，西班牙总督同意释放俘虏，并容许俄国人从事贸易。最后，俄国外长内斯尔罗德伯爵（Count Nesselrode）在圣彼得堡当着西班牙大使的面，为本国的权力辩护，事情终于在1817年解决。此后，罗斯堡的俄国人每年除了盐、肉和葡萄酒之外，可以取得1000—5000蒲式耳的粮食运往北方。然而贸易活动一旦形成，罗斯堡便成为多余。没有来自俄国的人员、船只及枪炮，巴拉诺夫几乎不可能达成建立加利福尼亚帝国的理想。因此他将俄国的最后一支漫无目的的游移之箭掷向了另一个方向，希望还能征服一些地区。

美国船长们曾经告诉巴拉诺夫关于夏威夷的美景与富饶，甚至还告诉他卡米哈米哈王对巴拉诺夫本人仰慕已久。这位好奇的国王对发生在北方的事情一清二楚，他也知道俄国人备尝试炼的情形。对他而言，巴拉诺夫同他一样是一位太平洋上的君主；他甚至曾经有意派遣战士去帮助俄国人夺回锡特卡。而巴拉诺夫亦不可免俗地渴望打开直接通商之门，想以热带物资填充阿拉斯加的胃纳，以利润填满公司的财库。但是一位虚张声势的海军上尉却使整个事件变得困难重重。哈格迈斯特（Leontii Hagemeister）是1806年“涅瓦”号第二度太平洋之旅的副船长，他对尝试和“托美欧美欧”（Tomeomeo）[①]国王进行贸易失去了耐性。这位国王垄断商业；他宁可让他的芋头、水果和糖腐烂都不愿接受合理的市场价格。因此，哈格迈斯特就当着一名英国军官的面（很可能已喝得酩酊大醉）发誓说，他将带一支舰队重返卡米哈米哈的王国，以武力加以吞并。不用说，这个英国人立刻向国王提出警告。

于是巴拉诺夫只好另寻一位具有智慧和判断力，能够赢回卡米哈米哈信任的人。艾略特（Don Juan Eliot y Castro）是最可能的人选，他是一位巴西裔的医学博士，是最早移民定居火奴鲁鲁的白人之一，也是卡米哈米哈的私人医师。不过艾略特人刚好也在“伊尔曼”号上,并和船员一起被西班牙人掳去。巴拉诺夫只好找上美国人詹姆斯·贝内特（James Bennett）。但是一场暴风雨又使贝内特的“白令”号（*Bering*）搁浅在考爱岛,并误触当地土著国王的禁忌。结果船只虽然获释，船上的货物却被一概扣留。第三个可能人选是一名擅离职守的海军军医，他原本是“苏沃洛夫”号（*Suvorov*）上的船医，后来径直

① 对卡米哈米哈的误称。——译者注

进入巴拉诺夫的要塞。这位乔治·安东·沙费尔医师（Georg Anton Schäffer）是受俄国雇用的德国人，他受够了“苏沃洛夫”号上那位暴乱不驯的拉扎列夫副舰长（M. P. Lazarev）。由于巴拉诺夫也和拉扎列夫交恶，他和沙费尔便成为了朋友，他也立刻想到这位就是前往夏威夷的最佳人选：卡米哈米哈一定会感激他派去一名新医师。沙费尔于1815年起航，他奉命要迎合国王，为取回“白令”号货物进行磋商，如果可能的话最好能签订条约。巴拉诺夫答应给他支持的船只以及一张公司的空白支票，金额由他随意填写。

夏威夷群岛上在这20年间已经完全改头换面。外邦白人的船只经常停泊在凯阿拉凯夸湾或火奴鲁鲁附近的海面上，码头和酒店到处兴起，夏威夷已成为太平洋白人社会的神经中枢，他们可以在那里议定交易事项、交流新闻和无聊话题；有人重温旧时情谊，有人修理船只，也有人取得自己身体所需。这一切都被卡米哈米哈那慈爱却贪婪的双眼看在眼里。他建造了一座西式洋房，自己和妻妾均穿着欧式服装，另外他还扩增了他的西式海军和炮兵，而围绕在他身边的则是一群被昵称为杰斐逊或波拿巴（Bonaparte）[①]的白人密友或夏威夷人，像首相卡拉尼莫古（Kalanimoku）便被称为威廉·皮特[②]。在路过的船员眼中，夏威夷等于是一场疯狂的嘉年华。

另一方面，夏威夷有很多地方却仍停滞不前。国王的旨意依然是一切，也是最后的决定。夏威夷的禁制体制仍旧适用。私有财产依旧只是无法实现的虚构幻想。而一般民众虽然不再受到战争的摧残，但他们的命运在某些方面却更加恶劣。每当外国人对某一商品感兴趣的时候，卡米哈米哈便将这项商品全部强行垄断，归为己有，并役使他的人民尽力去生产。1811年后，外国商人尤其想要檀香。中国人虽然似乎一度对这种香味浓郁的太平洋木材加以贬损，但现在对它的需求却始终无法满足。因此，卡米哈米哈便强征劳工，要他们去砍伐檀香木；而英国和美国的商人则彼此竞争，希望能够控制夏威夷的出口贸易。

在外交政策方面，卡米哈米哈有三项长远目标。首先，为了防止白人在岛上殖民，必要时他会求助于他的“英国保护国”。其次，他希望确保白人访客不会与较小的酋长密谋而威胁到他的权力。由王室垄断的贸易除了使他富足之外，也是让他达成这一目标的好办法。最后，他想要征服考爱岛。诚如我们所知，海峡的风浪破坏了他的第一次入侵。1804年的第二次尝试（不顾

---

① 指拿破仑。——译者注
② 英国首相。——译者注

祭司的神谕，并花费庞大代价）却因为斑疹伤寒症的流行而功败垂成。卡米哈米哈而后便改用外交手段，他邀请考爱岛的年轻国王考姆里（Kaumualii）前往瓦胡岛谈判。由于脑海里还记得卡米哈米哈利用停战在大岛谋杀了敌对者的往事，考姆里王拒绝了5年之久，最后才在美国商人奈森·温希普（Nathan Winship）答应给予保护，并在考爱岛留下一名人质的情况下来到瓦胡岛。1810年，会议在谋杀阴谋谣言的层层包裹下展开，但是考姆里王仅仅承认卡米哈米哈为最高君主，然后便迅速折返家园。

这便是沙费尔1815年11月登陆夏威夷时的背景。卡米哈米哈态度和善，急欲知道有关巴拉诺夫的消息，并愿意帮助他强迫考爱岛民补偿“白令”号的损失。居住当地的美国人（包括去过阿斯特里亚探险的亨特在内）私下纷纷传出反对这名“巴伐利亚科学家”的言论。然而当国王和王后加休曼努生病时，沙费尔的医疗显然奏效了（至少国王伉俪是痊愈了）。卡米哈米哈将瓦胡岛的广大土地送给他作为奖赏，并且命令手下建造一座神殿供奉被称为“医师”的西方“祭司”。但是蜜月期并没有持续多久。当巴拉诺夫所应允的两艘船——“奥特凯提”号（*Otkrytie*）及“卡迪亚克”号（*Kadiak*）——和刚被西班牙人释放的“伊尔曼”号于1814年在火奴鲁鲁会合时，卡米哈米哈变得焦虑不安。沙费尔感受到国王情绪的改变，为谨慎起见便决定撤退，启程航向考爱岛。

接下来，既然考爱岛的国王曾经没收过俄国船货，我们不免预期沙费尔会举枪而入。正好相反，他和考姆里王立刻明白他们的利害一致：考姆里王想保持自治，和卡米哈米哈分庭抗礼；沙费尔则希望在岛上拥有一个安全基地。巴拉诺夫的指示是，一方面向这位仁兄榨取补偿，另一方面则和卡米哈米哈交涉，签订条约。然而沙费尔却无法抗拒这个难得的机会。数日内，考姆里王便在文件上印上了他的“X”记号，让考爱岛成为俄国的保护国，他授予俄美公司商业垄断权，并同意让俄国人在岛上兴建要塞。炫耀着一身俄国海军军官制服的国王，则要求拥有一艘属于自己的船舰，并开始梦想要征服卡米哈米哈所属的瓦胡岛和毛伊岛。他甚至应允将瓦胡岛割让一半给俄国，并禁止与美国进行任何贸易。

沙费尔冲昏了头，他一相情愿相信所有的夏威夷人都会热切把握这个推翻卡米哈米哈统治的机会：“人民是如此的贫弱，如此地被当前的岛屿统治者所威吓，以致无法想象建立一个新的国家；他们只能期盼某个欧洲势力给予他们比较和善的保护。”他和考姆里王联盟的消息一传开，卡米哈米哈的手下马上烧毁了他在瓦胡岛的营区。紧接着，“奥特凯提”号又被一场暴风雨折断樯桅，沙费尔只好被迫动用巴拉诺夫给他的“空白签名支票”，购买了两艘美国船只。他同时也在维美亚湾（库克首度登陆之处）用熔岩石建造了一座要塞，将其命名为沙费尔堡（Schafferthal），打算像巴拉诺夫统治锡特卡一样君临该地：“夏威夷群岛必须成为俄国的西印度，同时也是俄国的直布罗陀。俄国必须不惜任何代价据有这些岛屿！”

当沙皇亚历山大大帝派遣的一流双桅帆船“留里克”号（*Rurik*）出现时，沙费尔所有的宏伟计划似乎已经万无一失。因此，当奥托·冯·科策比船长（Otto von Kotzebue）向卡米哈米哈致敬，并于1817年1月否认沙费尔的所作所为时，我们不难想象沙费尔是何等震惊！一名美国商人带来巴拉诺夫的一封信，信中也表明了相同的态度，他命令沙费尔立即回锡特卡去解释他所有的行为及花费。这位医生始终置之不理。到了3月，他从可爱的哈纳莱伊（Hanalei）回到他的要塞，发现俄国国旗被扯掉，仓库也遭到洗劫。一群愤怒的考爱岛人强迫沙费尔登上“卡迪亚克”号，将他驱离海岸。事情的经过是这样的：科策比一否认沙费尔的作为，他的美国对手便到处散播俄国与美国即将开战的谣言，并警告说有一艘美国船舰已启程前来，将杀害支持敌人的每一个夏威夷人。沙费尔就此完蛋，但是“卡迪亚克”号既漏水又缺粮。因此，他和船上的俄国人与阿留申人没有选择的余地，只好蹒跚开进火奴鲁鲁恳求援助。一位以赛亚·刘易斯船长（Isaiah Lewis）对他伸出援手。这位船长是美国人，这名好心的德国医生以前治愈过他的疾病。

刘易斯将沙费尔带到澳门后，便由当地启程返回欧洲。沙费尔一开始还有勇气与俄美公司的董事会对抗，要他们赔偿他的损失。而后他便急忙溜往巴西，自称法兰肯塔尔伯爵（Count von Frankenthal），在1836年去世之前都过着逍遥的日子，他的冒险花费了俄美公司23万卢布，也毁掉了公司在夏威夷群岛达成商业突破的大好机会。而这一切也使巴拉诺夫信誉扫地。

或许这一切都是命中注定。这次探险打从一开始便构想拙劣，这也意味着巴拉诺夫终于逐渐丧失了判断力，至少圣彼得堡方面是这么认为的。当科策比否认俄国对考爱岛的保护时，他是尽心地在为沙皇服务。即便沙皇愿意冒着与各方关系交恶的危险，这个违逆卡米哈米哈及其英美保护者意志的前哨基地也绝对无法维持下去。沙费尔不但未能消弭哈格迈斯特先前造成的伤害，反而将这个伤害扩大了10倍。不过，我们不难了解这些人为什么会怀有这些梦想。试着想想看：一个位于考爱岛这个翠绿优美的花园岛屿上的俄国殖民地，可以变成一个大规模农园，从鄂霍次克到新雅克恩斯基的所有俄国基地都可以饱食无忧，而且可以垄断所有檀香贸易（沙费尔判断其价值超过所有美洲毛皮）。

1817年11月，哈格迈斯特带着俄美公司坚决的最后通牒回到锡特卡：巴拉诺夫必须革职。哈格迈斯特还不肯就此罢手，他私下对殖民地民众展开侦讯，希望挖出一些丑闻。他的副手却爱上了巴拉诺夫带有阿留申血统的女儿，把事情搞得更加复杂。哈格迈斯特只好按兵不动。不过，一等到巴拉诺夫让他们举行完婚礼，哈格迈斯特就痛下杀手：仓库中的毛皮都必须搬到他的船上，3天内他就要起航！巴拉诺夫质问他为何自己没有收到通知，哈格迈斯特回答：因为他已经不再是俄美公司的经理，而且他必须在12小时内交出所有账册！

巴拉诺夫含泪退居自己的住所，就此卧病在床。而他的女婿却故技重施，到处挖掘贪渎的罪证。巴拉诺夫的账面不但毫无短少，而且还证实了他把自己的大部分收入和股份都给了家人、朋友，或是拿来救济他人。然而，哈格迈斯特还是在12月启程，将巴拉诺夫带回俄国，而且还不许他半途前往夏威夷一睹当地风貌。巴拉诺夫最后连俄国景致也不曾重睹，1819年4月，他在爪哇岛去世，享年71岁。

“我无法不对此人怀抱敬意，”达维多夫中尉在1802年如此写道：

> 他倾其一生，致力改善贸易环境……永远身处险境，与当地俄国人的不道德对抗。他的工作无休无止，必须面对饥饿在内的所有基本需求……他似乎向来孤立无援，必须以一己之力，求得本身和美洲属地的生存。这些重责大任、障碍、痛楚、需求与挫败，虽然让他的雄心受挫，却不足以软化这位伟人的意志……他不易与人深交，但却愿为朋友竭尽心力。他喜欢款待外国人，与人分享一切，而且总是乐于济贫……连远方的民众也为了专程见他一面而不惜长途跋涉，他们都不禁惊叹，这等伟大功业，竟是出自如此矮小的男子之手。

而达维多夫所知的，还仅是他的一半事迹而已。

第20章　华盛顿特区，1819

1810年，某个典型的波罗的海湿润的一天，约翰·昆西·亚当斯（John Quincy Adams）在涅瓦河的码头上觐见俄国沙皇。“朕听说贵国最近取得一些土地，”亚历山大一世说道。“我想您指的是佛罗里达，”美国公使如此回答，他指的是现在路易斯安那州的墨西哥湾沿岸地带。“朕正是此意，不过那里似乎有过一阵自发性的民众运动，他们亟欲加入美利坚合众国。”

“就我所见的报道看来似乎如此，”言语谨慎的亚当斯如此答复，“不过这方面我尚未与敝国政府取得联系……当地的民众处于被西班牙抛弃的状态，必然会渴望与美国合并。”面对这位戴着眼镜的共和主义代理人，沙皇轻快地点头为礼，然后端出一丝笑脸与他告别:“在这个世上，人人都不断向外扩张。”

沙皇无疑是将美国视为同类，他认识到彼此都是会逐渐扩张成长，不到各自“抵达”太平洋上的某地不会停止的帝国之一。不过1810年的美国，事实上是集俄国与大不列颠的优点于一身的。一如前者，它是一个拥有广大开放性边境的大陆政体——却不像俄国一样拥有危险的邻国。一如后者，它也是诞生在大西洋西岸摇篮中的贸易大国——却没有英国的欧陆问题和岛国狭隘心理。更重要的是，美国人免于邻近威胁的相对自由让他们只需拥有一小支陆军和海军、一个小型的中央政府和较轻的税赋负担。当然先天的优势仍须加上后天的人为努力，不过即使是在这方面，美国也具有强大潜力。它拥有爆发力强、忠诚而又自动自发的人民。由1700年到1750年间，美国人口就增加了一倍；1750年到1800年之间增加了两倍；1800年到1850年之间又增加了三倍，总数达到2400万人。1810年的人口数——约在720万左右——就已经超过了墨西哥，也令加拿大的80万人相形见绌。大多数美国人都居住在国内而且可以随意迁徙，政治局势又是由乡村人口的选票所支配，如此一来，他们的政府也别无选择，只有向外扩张一途。

现在我们会将“天定命运”（Manifest Destiny）视为19世纪30年代和40

年代特有的疯狂念头，确实它也是在当时达到巅峰。不过事实上杰斐逊早在18世纪90年代就提出了整个构想，他的新一代支持者则包括许多在其他方面毫无交集的人士，如边境恶棍安德鲁·杰克逊（Andrew Jackson）和出身哈佛的清教徒约翰·昆西·亚当斯。就是亚当斯在1812年写下："一个延伸至整个北美大陆的国家，奉上帝与自然之名将成为有史以来借由单一社会契约所组成的人口最多、最有力量的民族。"杰斐逊一度害怕西部人会在密西西比河两岸另组共和国，不过，正如结果显示，只要联邦政府在扩张、国防、迁徙印第安人，以及挖筑运河、道路和河堤等内政上能满足人民的需求，就无需过分疑虑他们的忠诚。甚至连路易斯安那的法国人和西班牙人，也找得到再三肯定这项新公民权的动机。"我已经在另一个政府底下受够了个人和财物损失，"圣路易斯毛皮商人曼纽尔·利沙（Manuel Lisa）写道，"我懂得该如何珍惜现在这个政府。"一如日渐增多的人口，人民对美国法令的忠诚心也是一项强大的国家资产。

1815年，在拿破仑彻底败亡之后，新的西进运动前景大为看好。波旁王室重掌西班牙政权，但拉丁美洲却动乱不安，忠于马德里的舰队和士兵都无暇他顾。这不但让佛罗里达和得克萨斯变得形同弃儿，在划分路易斯安那并购疆界时，西班牙的影响力也为之大减。接下来负责在华盛顿保卫波旁王室权益这项无望任务的人是路易斯·德·奥尼斯·伊·冈萨雷斯（Luis de Onis y Gonzales）。在美国人看来，他似乎是西班牙贵族的缩影——骄傲、固执、阴险、狡诈，而且是个彻头彻尾的保皇派。不过奥尼斯的高傲态度却是精心设计的成果。他了解美国人梦想要将南方国界推进到格兰德河，然后再向西直到太平洋，将西班牙的得克萨斯、新墨西哥和加利福尼亚据为己有："任何有理智的人都会认为这是个疯狂计划，然而它确实存在。"而他唯一的武器就只有宣传和拖延战术，然后一边期望西班牙能找到愿意加入围堵美国佬阵营的盟友。

其中又以佛罗里达问题最迫在眉睫，因为印第安人、逃脱的奴隶和对美国屯垦区及航运大肆劫掠的海盗都是以当地为根据地的。美国人宣称，倘若西班牙无力维持佛罗里达治安，就该将它转让给美国。这点马德里当局相当了解，事实上，它曾在1817年对奥尼斯下了一道指示，表示如果美国肯以密西西比河为界，也就是将整个路易斯安那归还给西班牙，马德里方面就愿意割舍佛罗里达！这项但书虽然讲得光明正大，但奥尼斯显然是想连哄带骗，诱使美国乡下佬跟他们达成一项跟实力不怎么成正比的协议。

再者，美国人喜欢幻想自己的外交政策不论在目的或手腕上，都要比口是心非的旧世界君主国来得崇高。欧洲人也同样礼尚往来；他们不是低估了美国政客，就是对他们的自以为是大表轻蔑。事实是（由事后之明看来），负责规划并执行美国外交政策的官员虽然深信自己目的纯正，但在手段上的机敏却不亚于塔列朗或梅特涅（Metternich）。富兰克林、杰斐逊、杰伊（Jay）、利文斯顿和约翰·昆西·亚当斯对国家的贡献都称得上是绝无仅有。身为第二任美国总统之子，亚当斯受的是政治及公共事务教育（这在某方面似乎违背了他的志愿）。他以上帝为首要效忠目标——他的每一个早晨都是以阅读四或五章圣经开始——其次是他的家庭。而上述两者又反过来支撑了他的第三个献身目标——政治手腕。等到门罗在1816年当选总统时，亚当斯已历遍荷兰、普鲁士、俄国及英国首都的职务，并代表参加了根特和平会议。虽然他是新英格兰人，但来自弗吉尼亚州的门罗总统却认为他是国务卿的不二人选。于是他由英格兰搭船返国，决心在维持和平的同时也要坚持美国的权益。西部扩张主义人士对他尤其虎视眈眈，随时想抓住这位最后的伟大联邦主义者的任何软弱迹象。

放弃路易斯安那并购地？亚当斯甚至未曾费心去确认奥尼斯这项建议。至于奥尼斯希望美国不要承认拉丁美洲诸共和国这项要求，亚当斯也不与置评。作出这项决策并不容易。美国舆论对拉丁美洲的革命家喝彩，民众认为他们是效法1776年的美国革命。不过，如果立即承认他们的独立，却可能促使复辟不久的西、法波旁王室点燃战火。然而，如果延迟承认，又可能迫使南美各国转向英国寻求政治及经济支持。至于边界问题方面，亚当斯提议由西班牙手中取得佛罗里达，并接受以得克萨斯境内的科罗拉多河向北，沿着密苏里河源、再直到太平洋沿线为美、墨边界。奥尼斯抗议这样一来，西班牙对西北海岸的领土主张将完全遭受剥夺！确实如此，亚当斯回答说，不过英俄两国对当地的领土主张也和西班牙一样强烈，而且美国也是如此。于是奥尼斯中止了协商，秘密催促他的政府派遣海军前往哥伦比亚河。自以为稳操胜券的马德里政府于是下令给墨西哥总督，不过后者却当作若无其事。他的太平洋“海军”麾下只有一艘残破不堪的双桅帆船。奥尼斯也苦苦央求政府向英国求助，以阻挠美国向外扩张。

在一连串的佛罗里达丑闻曝光之后，英国的立场就成了关键所在。1812年战争的英雄安德鲁·杰克逊受命镇压反抗的红杖族（Red Stick）印第安人，结果他却逾越上级指示，于1818年将印第安人驱赶到佛罗里达境内。其间他还俘虏了驻防圣马克斯（St. Marks）及彭萨科拉（Pensacola）的两支小型西班牙驻军，并且将两位涉嫌武装印第安人的英国属民在审判后处以绞刑。门罗总统暴跳如雷，不过，由于杰克逊极孚人望，国会不得不在旁听民众的叫嚷声中，四度将谴责他的提案予以否决。总统将前述两座要塞物归原主，剩余争端就留给亚当斯处理。后者在一封致西班牙政府的冗长文件中（事后他故意泄漏给媒体）施展了巧妙的外交手腕；亚当斯并未试图为杰克逊辩解，相反，他却对西班牙的统治提出指控，描述美国男女、儿童如何遭受藏匿在佛罗里达的印第安人残害，最后要求西班牙要不就在当地设置司法单位，要不就忍痛割让这个省份。奥尼斯曾化名维洛斯（Verus，意为说真话的人），写了一系列小册子来反驳亚当斯，但都无济于事。之后英国国会在调查中又发现，那两位英国属民十有八九确实曾向塞米诺尔人（Seminoles）提供武器，于是证明了亚当斯的立论有其道理。这项结果，再加上支持拉丁美洲独立运动符合英国经济利益的事实，终于胜过了英国对美国向外扩张的疑虑。

西班牙人接着转向法国求助。不过法国首相海德·纳维尔（Hyde Neuville）虽然谴责杰克逊是北美边境的拿破仑，却不愿意为保护他人权益而冒开启战端的危险。等到奥尼斯在1818年7月再度回到谈判桌上时，亚当斯的要求又增加了。俯靠在约翰·梅利什（John Melish）制作的最新（但称不上正确）北美地图上，美国人和西班牙人为了河流和纬度讨价还价；而为了换取大片西北领土，亚当斯在得克萨斯一再退让，最后他终于失去耐性，提出最后条件：美国可以到色宾河（Sabine River）止步，将整个得克萨斯都留给西班牙，但坚持以北纬41度到太平洋为界。西班牙若不愿接受，那么干脆就完全不要划界！奥尼斯这下进退两难。由密苏里河到太平洋沿岸未定国界，意味着他们将无法隔绝山区住民、毛皮公司、沿岸贸易商，甚至拓荒者的侵扰。同时美国国会也蠢蠢欲动，急着想趁西班牙不肯让步的机会下令攻占佛罗里达。因此马德里只好命令可怜的奥尼斯尽人事，听天命。结果决定以北纬42度为界。“当时已将近凌晨一时，”亚当斯在1819年2月22日写道，“我在热切感激造物主的赞颂声中结束了这一天。这或许是我这一生最重要的一日……与南方海洋划下明确界线将成为我国历史上的一大纪元。”

约翰·昆西·亚当斯据说是一位冷若冰霜、一丝不苟、不屈不挠的大律师，而《亚当斯—奥尼斯条约》也向来被称为美国最伟大的外交成就。事实上这两种说法都不完全正确。亚当斯的冷静自持只是故意设计的公共形象；他虽然态度严谨，却也不免犯下两项过失——错列一道河流，标错西班牙土地放领的有效期限。说到不屈不挠，事实上他虽引以为耻，却直到最后仍一再退让（应门罗总统之请）。最后，就西班牙衰弱不堪的境况而言，这个条约虽然是一大胜利，但成就却未超过预期。不，亚当斯的伟大和个人贡献，在于他目标的崇高——不诉诸战争就能将美国的法律与自由扩及四方——和手段的卑鄙，他在宣传上大做人身攻击，对杰克逊的无法无天却毫不表示歉意。我们不妨这么说，对政治家来说，相信自己是“天意”产物这种心理习性确实值得费心培养。

1819年《横贯大陆条约》（*Transcontinental Treaty*）规定，西班牙放弃佛罗里达，美国则放弃500万美元赔偿要求及对得克萨斯的所有权。最重要的是，这项条约在新西班牙与美国之间划出一条起于墨西哥湾，北到色宾河，东到红河，再向西、北两方曲折延伸到今天的怀俄明州，然后向西沿着北纬42度直抵太平洋的国界。这道亚当斯—奥尼斯国界日后成为未来路易斯安那州、得克萨斯州、俄克拉何马州、犹他州、内华达州、爱达荷州、加州及俄勒冈州州界的一部分。参议院欣喜之余在48小时内无异议地通过了这项条约。唯一的异议来自令人敬畏的亨利·克莱（Henry Clay），他质疑亚当斯为何没有连得克萨斯也一并取得。

虽然西班牙国王费迪南德七世（Ferdinand Ⅶ）因为预计拉丁美洲会掀起一场终结性的激烈反革命运动而迟迟不肯批准这项条约，但西班牙远征军1820年的一场内部叛变和其后西班牙本土发生的革命，却终于为始于哥伦布的历史故事划下了句点。除了古巴、波多黎各和少数几座小岛之外，西班牙的美洲帝国已不复存在。得克萨斯和加利福尼亚也因此沦为“孤儿”。它们当然是属于新兴墨西哥共和国的一部分，而墨西哥也立即要求美国承诺尊重亚当斯—奥尼斯国界。不过萧条贫瘠的得克萨斯几乎空无一物，于是西班牙总督的最后一项愚行，就是邀请一位名叫摩西·奥斯丁（Moses Austin）的康涅狄格州流浪汉带领拓荒者前来，条件是他们必须皈依罗马天主教并对西班牙国王宣誓效忠。墨西哥政府的第一项愚行则是承认这项安排，并将放领的土地转移给摩西的儿子斯蒂芬（Stephen）。他们的想法是，反正求土若渴的美国人早晚都会偷偷渡过色宾河，这样至少能让他们变成墨西哥公民。不过想法只是想法而已。

加利福尼亚是另一个“孤儿”，这不仅是因为它地处偏远、人口稀少，而且也因为加利福尼亚人对独立绝无好感。毕竟这个“最后一幕”的政治文化是由教士、贵族总督、军人，以及受到宠信的大农场主所构成，而这些人又鄙视南方的反贵族、反教士革命。于是一支渴望革命的部队就在蒙特雷降下了西班牙旗帜，改升墨西哥的红白绿三色鹰蛇旗；其后数年，加利福尼亚人总是让墨西哥城无法得到确实控制，他们采用的是一个简单的权宜之计：每次新总督一开始变得讨人嫌，他们就发起暴动，将他逐出省界。加利福尼亚成了《亚当斯—奥尼斯条约》这个脆弱玻璃瓶中的真空地带。

最后剩下俄勒冈。美国在1819年条约中并未取得西北海岸。条约只是同意西班牙对至北纬42度土地的权利主张。不过这些主张却强化了美国立场，消除了英西合作的威胁；至于英俄则毫无合作可能，因为两国的帝国主义政策在其他地区处于敌对状态。像亚当斯一样，沙皇亚历山大也了解美国人的影响力已日渐增强，他决定要先下手为强。

第21章　圣彼得堡，1821

朕诏令曰……美洲西北海岸全境，白令海峡至北纬51度、阿留申群岛至西伯利亚东岸，及千岛群岛沿岸……只赐予俄国国民……职此，外籍船只不得于上述俄国辖下之海岸及岛屿登陆，亦不准接近，须保持100意大利里之距（约等于148公里）。逾越船只将连同货物一并没收。

（签名）亚历山大一世

1821年9月颁布的这道特别敕令，反映出俄国首次警觉到美国快速崛起所带来的威胁，同时也显示不管其他地方有多少事要操心，亚历山大已了解北太平洋对俄国的利害关系。亚历山大即位时正值拿破仑战争时期，1812年拿破仑入侵俄国，他带领俄国人民击败拿破仑，在维也纳会议（Congress of Vienna）上让欧洲重返君主专政，并倡议神圣同盟（Holy Alliance），镇压各地的革命运动。亚历山大因此无暇顾及太平洋或海外势力，俄国海军再度陷入衰退。海军上将戈洛夫宁的结论是："倘若海军可以由装备奇差无比的烂船，年老体衰、一窍不通的海军上将，经验不足的军官和农夫乔装的船员组成，那我们就有一支海军。"不过平心而论这也不能全怪沙皇，俄国各项资源都是优先分配给陆军，俄国又缺乏跟上海军技术所需的专门知识。此外俄国是农业国家，缺少贸易人才、商业海运和培养干练船员的渔业，还有最后一点，俄国事实上是个内陆国家。

上述不利因素意味着，即便沙皇派遣的主力舰再多、往返的速度再快，俄美公司想要独占阿拉斯加，总是有那么点儿画虎不成反类犬的味道。1815年后外国人又开始偷猎毛皮和贩卖枪支给特林基特人。戈洛夫宁甚至警告，不用多久时间，美国船长即会不满俄国控制，干脆取而代之，替美国拿下阿拉斯加。因此他建议采取大胆的行动以确保俄国权益，这点俄美公司也表示赞同。结果沙皇就颁布了前面这道敕令，宣称从千岛群岛直到温哥华岛北方的整个北太平洋海岸为“领海”（mare clausum）。6周后，亚历山大再和俄美公司签下20年租约，确认其独占地位，同时命令锡特卡的新负责人禁止所有外国船只进出，并承诺另派3艘战舰助阵。

一天早晨有人看见年老的海神在岩石上，
泪如雨下、撕扯头发；
他哭诉着，当天有名陆地笨汉偷走，
我四千英里的海洋；
这笨汉吞下大地（他激动地大叫），
然后口渴想喝水，海水就这样猛然消失；
朱庇特兄弟得小心他的天空，我跟你说，
否则俄国人也会拿来果腹。

俄国人真如这首美国打油诗暗指的那样，还是只是虚张声势恫吓人？或者他们真打算将出现在领海内的美国船只一概视为海盗，强占北纬51度以北的海岸？此时一批主张扩张领土的美国人正对国会进行游说，希望能吞并整个太平洋岸，门罗政府因此不敢对沙皇的声明坐视不管。于是密苏里州参议员托马斯·哈特·本顿（Thomas Hart Benton，多亏毛皮业商人阿斯特的竞选献金才能当选），以及弗吉尼亚州众议员约翰·弗洛伊德（John Floyd，他和威廉·克拉克颇有交情）联合提出一项法案，授权抢在英俄两国之前先占领哥伦比亚河：“这两国的要塞、火药库、城镇和贸易如雨后春笋般地增加……快得像变魔术似的。”领土扩张运动进行得如火如荼，连俄国公使皮埃尔·德·波勒迪卡（Pierre de Poletica）也表示，美国反应之强烈让他感到震惊。

这种强烈感受部分起因于1819年的经济危机，美国商人手头的现金因此减少；如果想和中国继续通商，他们就更须依赖西北海岸的皮货。弗洛伊德大声疾呼西北海岸的发展潜力甚至超乎“贪婪本身的期望”，他指责国务卿约翰·昆西·亚当斯懦弱无能，要求运送大炮到哥伦比亚河。波士顿商人威廉·斯特吉斯（William Sturgis）则呼吁美国要争取北纬60度以南的海岸线（包含锡特卡），并在胡安·德富卡海峡建造一座要塞。斯特吉斯认为沙皇的敕令“跟宣战相去不远”。

典型的战略三角就此形成。俄、英、美三国的领土主张有重叠之处，其中一方采取侵略行动便会促使其余两国联合反对。针对美国要在英国也宣称拥有主权的地方建造要塞、放置大炮的声浪，英国驻华盛顿公使斯特拉福德·坎宁（Straford Canning，英国首相乔治·坎宁［George Canning］初出茅庐、个性急躁的表弟）随即提出抗议，不喜欢管教“淘气的美国佬”，觉得这对自己是大材小用。他毫不客气地质问亚当斯，美国是否也打算连加拿大一起吞并。“看好你自己的领土，”亚当斯冷冷地回答他，“把美洲其余地方留给我们。”

我们知道，亚当斯想拿下太平洋海岸的决心并不亚于国会议员。他对所谓的贸易限制非常不以为然，深信各民族之间的自由贸易更能促进“彼此的安乐与利益”。不过亚当斯觉得没有必要冒险，经验告诉他，俄国沙皇的敕令所展示的并非俄国的强势，而是衰弱。在给波勒迪卡的外交备忘录中，亚当斯断然否认俄国的声明并奉劝沙皇收回成命，以免美国人在“进行合法贸易时受到掣肘”。美国驻俄国公使亨利·米德尔顿（Henry Middleton）态度更强硬，他怒气冲冲地表示，除非俄国收回敕令，否则双方交战将难以避免。

至此俄国的外强中干终于被揭穿了，沙皇派遣的3艘单桅小船除了引起事端，根本派不上用场。俄国外交部长内斯尔罗德根本不想在远在半个地球外的地区作战，财政部长古利夫（Guriev）心里也很清楚，沙皇的敕令真要付诸实行，只会增加俄国的财政负担，并危及俄国在美洲殖民地的贸易。1822年7月，古利夫说服沙皇暂时不要封锁美国船只，静候新任大使昂德里克·德·徐尔伯爵（Hendrik de Tuyll）交涉的结果。1823年4月徐尔抵达美国，然而亚当斯拒绝与他谈判，反倒是向坎宁提议英美两国合作。不行，英国已经同意与俄国就阿拉斯加与加拿大的边界在圣彼得堡进行谈判。因此亚当斯也授权米德尔顿举行谈判，以免英俄双方合约损及美国权益。但是米德尔顿该争取些什么呢？门罗卓越的内阁经过一番争论，决定要米德尔顿争取俄国开放全部的“俄属”海岸，以供通商或开垦一段期间，否则就要求俄国将美洲殖民地的南界改定为北纬55度。米德尔顿绝对不许以沙皇的敕令为谈判基础。

亚当斯私下采取了更进一步的行动。他花了数天时间翻阅有关库克船长的著作、俄国人的探险事迹，以及麦肯齐、刘易斯与克拉克的故事。他斩钉截铁地回答质询的参议员：“我认为100意大利里领海不会成为谈判的障碍。不过俄国有何权利在北美大陆设立殖民据点？我国是否有必要承认其权利？现在难道不是美洲诸国应该告知欧洲各君主国，说美洲不再愿意成为欧洲新殖民区的时候？”这是美国官方首次表明立场，这些原则尔后则因“门罗宣言”而广为人知。

这项宣言之傲慢并不亚于俄国沙皇颁布的敕令！从西班牙辖下骚动不安的南美洲殖民地到遥远的阿拉斯加南岸，美国这个脆弱的年轻国家如何能守卫这整个西半球？它又如何能抵抗在美洲拥有利益的欧洲列强？答案摆明了就是“没辙”（nohow）。亚当斯在日志上这么写道：“我有充足的证据来反驳俄国的论调，但我如何回应俄国的大炮呢？”当时全球只有一支武力能够实行亚当斯的非殖民宣言，即英国的皇家海军。诚然，美国大可争取英国协助围堵俄国，而且封锁沙皇势力也对英国有利。只是英国也可能在西北海岸，或类似古巴和波多黎各等防卫薄弱的西班牙属岛上建立殖民势力，对此美国又要如何防范？当年亚当斯就在其位于马萨诸塞州昆西镇的避暑别墅沉思这个问题。此时从伦敦传来大好消息，英国首相乔治·坎宁主动向美国大使理查德·拉什（Richard Rush）低头求助，请求美国协助在欧洲新殖民主义尚未成型前加以制止！坎宁随即提出一项计划，由英美两国共同警告西班牙切莫妄想再攻下旧有的拉丁美洲帝国，同时两国都放弃取得西班牙的任何属地。目瞪口呆的拉什表示自己无权做主，必须请示上级。门罗总统便征求杰斐逊和麦迪逊这两位颇孚众望的前任总统的意见，两人都力主门罗接受这项提议。于是门罗召开了内阁会议。

问题就在于解说之后的经过。和蔼可亲但易受他人影响的门罗总想要回避任何错误，以免自己声誉受损；他倾向于接受这项提议，但又怀疑坎宁提议放弃染指西班牙属地，其中是否有诈。美国说不定有一天会想兼并得克萨斯或古巴。卡尔霍恩（Calhoun），这位来自南卡罗来纳州的扩张主义者竟赞成这项联合宣言，无视这可能意味着必须放弃将来的兼并计划。另一方面，一向被视为亲英派的亚当斯却警告美国必须谨慎从事，不要“（变成）跟在英国这艘军舰后的小船”。他怀疑坎宁的示好只是英国围堵美国在美洲新大陆的发展，而非围堵西班牙及其神圣同盟伙伴的一步棋。在另一方面，亚当斯也推论非殖民宣言也可由美国单方面达成，只是美国要围堵的不是西班牙国王在拉丁美洲的势力，而是英国和俄国在美洲西北岸的发展！

换言之，这项我们与门罗视为一体、逐渐浮现的宣言，对太平洋事务的重要性并不亚于大西洋，而且对原提案国——英国——也渐趋不利。此外这项宣言并非全然着眼于外交考虑，门罗内阁这些原本可能毫不起眼的意见至少有一部分是针对1824年的总统大选而来。这次大选共有5人角逐总统宝座，分别是北部的亚当斯、南部的卡尔霍恩、继承弗吉尼亚王朝的克劳福德（Crawford）、西部的克莱和杰克逊（Jackson）。由于这五人都不可能在选举团中取得多数，因此除非他们能调整地域和理念的界限，争取到对手的支持者，否则就不可能获胜。因此也就不难理解卡尔霍恩改变鹰派形象与英国谋和的政治动机了，而出身新英格兰的亚当斯也基于相同理由而采取了强硬姿态。

正当门罗内阁争辩美国该如何回应之际，坎宁却瞒着美国悄悄与法国大使达成协定，不支持西班牙恢复美洲新大陆殖民帝国的意图，此即10月9日签订的“波利纳备忘录”（Polignac memorandum）。拉什直至11月24日才获知此事，因此美国政府直到12月中旬才知悉无须担心欧洲皇权会侵略拉丁美洲。不过当时门罗也已智穷。“他要过几天才能恢复，”亚当斯如此写道，而事实也是如此。门罗接着发表了总统文告，内容由亚当斯起草，主要是综合他写给俄国大使徐尔的备忘录、给美国驻俄大使米德尔顿的指示、给拉什如何回应坎宁提议的指示，以及原本要致法国的警告所写成——这些都是“整体政策的一部分，而且彼此之间都经过协调”。

这场演说即是30年后大家所熟知的“门罗宣言”，演说中声明欧洲人不得在美洲大陆开拓新殖民地，美国无意干涉欧洲的君主政治，也希望欧洲国家不要想把本身的政体推广到美洲。任何国家如果企图压迫美洲的独立国家，都会被美国视为不友善的举动。同时美国也反对现有美洲殖民地的宗主国私相授受。门罗如愿成为历史人物，后人记得他多是因为这场演说。亚当斯也遂其心愿，这场演说安抚了主张扩张领土的派系，并且证明他有成为总统的实力。不过欧洲人则把门罗的演说当成一只斗鸡在叫，他们认为美国想把美洲新大陆据为己有，但却缺乏最基本的权利或实力作后盾。

坎宁不知道美国单方面的声明究竟是在葫芦里卖什么药，于是他命令驻俄大使终止与美国的合作关系，单独跟俄国谈判美洲西北海岸的疆界问题。亚当斯不以为忤，反正他本来就不想跟英国妥协。至于俄国方面，锡特卡的俄美公司经理深深了解，他有多需要美国船只运送物资和皮货。他甚至写信给圣彼得堡，扬言如果不撤销敕令，他也不会予以理会。最后沙皇非但没有下令逮捕进入阿拉斯加海域的美国船只，还跟米德尔顿谈妥条件，双方于1824年4月签订条约，写明10年内美国船只可以在俄国属地沿海航行并自由通商，并明确规定以北纬54度40分为俄国美洲属地的南界。不过，美国虽然承诺不再向印第安人提供烈酒、武器和火药，条约却禁止俄国人扣押有违反禁令嫌疑的船只！换句话说，如同在俄勒冈一样，美国在阿拉斯加也争取到了时间，可以慢慢增加通商的机会，并且比对手抢先在海岸建立殖民地。如果不以战争而以通商和殖民来论成败，亚当斯认为美国绝不会输。

1824年的俄美条约和门罗宣言并无因果关系，但却采用了由亚当斯提出的、由门罗公告的太平洋海岸原则。俄国无法扩张势力范围，也不得将现有的属地转移给第三者，例如英国的哈德逊湾公司。大家也许想问，俄国为什么答应这些条件？原因之一是为了换取美国承认北纬54度40分以北的地方属于俄国、不容争辩。此外俄美公司在敕令实行期间必须暂停分发红利，因此他们也很高兴业务能回归正常。最后是俄国内部出现了情况，政府忙着搜捕贵族中的自由主义派人士、揭发共济会阴谋。事实上，在1825年亚历山大过世时，俄国已小尝政变滋味。不过，不论此时与美国和解对俄国有多有利，1824年的条约却等于宣告俄国在北美洲的开垦事业寿终正寝。就像先前被排除于黑龙江、日本和夏威夷之外，这次俄国也永远无法进入俄勒冈和加利福尼亚。俄国人想南下到温暖地带开垦的努力功亏一篑。圣彼得堡尚未准备承认俄国的美洲属地已成为地缘政治上的孤儿。但这不要紧。美国人有的是耐心。

于是西班牙和俄国两国就此出局，只剩一国可以进占从加利福尼亚向北延伸到锡特卡的俄勒冈海岸。问题是这个角逐者究竟是英国还是美国，仍尚未见分晓。因为尽管美国的人口和经济急速增长，英国人却拥有强大的海军和广大的殖民地。1821年，西北皮货公司（Northwest Fur Company）和哈德逊湾公司合并，成为一个美洲大陆集团，打算广设据点，直达哥伦比亚河。这个集团的目的与沙皇的敕令相同：他们都想趁美国人实力还未壮大前，将他们赶走。

顺便一提，1824年美国总统选举最后由众议院投票决定，公民投票中居次的亚当斯获选为美国第六任总统，击败了暴跳如雷的安德鲁·杰克逊……

第22章　火奴鲁鲁，1825

1818年，一位夏威夷青年死于康涅狄格州的康沃尔（Cornwall），临终时还不忘祈祷基督福音能早日传抵故土；在马萨诸塞州的安多弗（Andover），两位即将毕业的神学院学生迫不及待地回应了他的呼吁。同时在波士顿，美国海外传教士委员会（Ameriean Board of Commissioners for Foreign Missions）却正为将已经不足的人力资源分派至夏威夷群岛是否真正符合上帝的旨意而激辩不已。受到法国大革命的无神论，以及哈佛大学指派一位唯一神教派信徒（Unitarian）出掌神学部门的震撼，当时新英格兰地区的信仰复苏运动正如火如荼地展开。不过这回的宗教狂热却是以海外传道的形式出现，库克船长和温哥华为神职人员带回一个严肃的景象：成千上万的异教徒正在黑暗中等待救赎。设立于1795年的伦敦传道会（London Missionary Society）曾资助一项远赴塔希提岛的传道活动，但对夏威夷群岛计划却不表赞同；现在回想起来，假如当初重塑夏威夷灵魂的是英国国教派或卫理公会信徒，那夏威夷的政治史现在又会是哪种景象？这我们只能自行揣测。

相反，这项重责大任结果却落入美国加尔文教派手中。事情起于1809年，一位名叫欧普卡赫雅（Opukahaia）的考拿海岸[①]少年搭乘美国货船逃往海外。他的父母不该反抗夏威夷王卡米哈米哈，以致落得长矛穿胸、惨死儿子眼前的命运。困居纽黑文（New Haven）的欧普卡赫雅随后流浪到耶鲁校区，并请求校方让他就学。一位当地的德怀特牧师（Rev. E. W. Dwight）将他带回家中，供他吃住起居所需，并教导他学习英文。之后塞缪尔·米尔斯牧师（Rev. Samuel J. Mills）又安排欧普卡赫雅进入刚设立的康沃尔校区就读。姑且不论这算是洗脑或慈善义行，总之欧普卡赫雅不久就皈依天主；他祈祷传教，翻译圣经的创世纪部分，当他罹患斑疹伤寒病倒之时还正着手编写一本夏威夷版

① 夏威夷地名。——译者注

的小祈祷书。“我可怜的同胞们，”他写道，“他们还活在死亡的阴影下，未能获知真神的存在……愿主耶稣常驻我心，让我为前往当地与他们共度余生作好准备。不过不要照我的心愿，主啊，愿您的旨意得行。”

当时美国海外福音委员会（American Board of Foreign Missions）已经注意到夏威夷，欧普卡赫雅的死得其时更迫使他们采取行动。1819年夏天，委员会拨下经费，租好一艘船，并开始寻找其他夏威夷籍信徒。结果总共找到四个人，而且其中一人不是别人，正是夏威夷考爱岛考姆里王之子“乔治·三文治”（George Sandwich）。委员会接着又在安多弗招募了一对有五个子女的农民夫妇、一位印刷工人、两位教师、一位医师和两位圣职叙任候选人——阿萨·瑟斯顿（Asa Thurston）和海勒姆·宾汉姆（Hiram Bingham）。当然，这支神圣的队伍不敢单身深入诱人的异教徒群中（其中只有农夫已婚），于是委员会就硬性规定他们必须在两个月内觅得佳偶，否则就得乖乖留在国内。于是一段段新情旧爱在慌乱中展开，洞悉追求者意图的女方父母也造成了不少紧张场面；不过最后还是人人得偿所愿，“拖儿带女”，大队人马总数达到23人。另外，由于让白人妇女在茅屋过活想来有失体统，一家波士顿工厂还捐赠了盖一栋新英格兰小木屋所需的全部建材。然而，每找到一位对传教士深表敬佩的赞助人士，就会有10个人对他们冷嘲热讽，认为他们“要不是愚蠢就是过度狂热”。多悲哀的人们，宾汉姆心里想，对他而言，世人的侮辱反而印证了他本身的正当性。

委员会的种种提议显露出了“文明”对19世纪初的新教徒的意义。传教士是派去传教的，何必还要带着印刷工人、农夫、医师和妻小一起上路？因为农耕会带来丰足并能教导人独立自主；因为医药会带来健康并教导众人对邻人慈善；因为阅读能让人接触圣经和社会进步所需的所有其他工具；因为家庭会为生活带来健康与德行，并教导爱与节制。虽然后世评论家指控传教士以宣扬罪恶和地狱之火来恐吓夏威夷人，弄得他们身心俱疲、悲惨不已，但这并非他们的本意。对他们而言，上帝的律法是以爱的形式呈现，是要使人们快乐；假如他们快乐不起来，那是他们自作自受。

就这样，传教士以福音为媒，开始掀起一场社会、经济及政治的大革命。虽然他们奉命不应涉足政治，不过要想改变民众生活的其他重要层面怎么可能完全不玩弄政治手段？没有些许的政治自由，这些蛮族的酋长可能就不会允许民众去学习宗教；没有私人财产，他们就不可能领会慈善的意义；没有教育，就连基督教义也会成为一种迷信。因此传教士得到的忠告是：

> 要以让这些岛屿布满富饶的田园和舒适的居所、学校与教堂为目标，要将所有人民提升到基督文明的高度……让他们认识字母，赠予圣经，教导他们如何阅读；改变他们的野蛮风俗及习惯；并引入文明与社会的种种技艺和组织，让他们认识其作用。

然而，传教士的主要威胁并非来自夏威夷的异教思想，而是其他白种人，而且其中大多是美籍商人和水手。对他们而言，地球之所以要有夏威夷人存在，就是要为来自新英格兰海岸的子弟提供劳工来源或性欲的发泄对象。

不容否认的是，这些传教士本身都是年轻识浅、自以为是的公理教会信徒，他们习于将眼前所见都解释成撒旦的杰作。他们视自己为战士，坚信“基督的甲胄”将保护他们免受敌人侵害。如果他们是战士，那宾汉姆就是他们所选的队长；这位31岁的米德尔伯里学院（Middlebury College）毕业生无论投入哪一行都会出人头地，他不但相貌俊秀、嗓音锐利，同时还具有咄咄逼人的个性，他的双眼和又浓又黑的眉毛都散发着强烈的意志力。虽然同僚对他不无怨言，但在1819年10月，船只驶离波士顿不久，宾汉姆就已成为“撒迪厄斯”号（*Thaddeus*）的领导者。这些传教士当时并未意识到，他们大胆想象的革命早已正式展开。

卡米哈米哈大帝直到最后都谨守旧制，他还坚持所有臣民至少也都要做做样子。然而，当时距离第一批白人的到来已有43年之久，禁忌制度虽然仍是君主体制的稳定支柱，但作为一种宗教体系，它面临的压力却与日俱增。外邦白人的力量、财富与知识，都足以暗示夏威夷的旧有体制最多只具有地区性的意义；此外，数以千计的白人不断肆意打破禁忌，受到他们影响的夏威夷人也如法炮制，脑袋比较不灵光或运气较差的人不幸被逮住，不是遭到绞杀就是被乱棍打死，不过执法的是祭司而非沉默的众神。导致夏威夷宗教解体的最强大力量，或许是来自妇女的勇往直前。为了某种明显的原因，这些妇女不但欢迎往来的西方船只，对西方商品更是爱不释手。有越来越多的妇女大胆与男人同席饮食，品尝以往不得食用的珍馐美食；而且带头的不是别人，正是国王心爱的妻子加休曼努。

加休曼努几乎是全族中唯一不怕卡米哈米哈的人，她爱他，她害怕他的脾气，但却拒绝对他唯命是从。加休曼努动辄离家数星期，她到处去寻找胆敢触犯禁忌的情人，并在西方船只上大吃大喝、纵情酒色。在这期间，她那双又大又圆的眼睛和性喜嘲弄的心灵也没有闲着，不论是外邦白人的风俗器物或卡米哈米哈王国中的政治暗潮都逃不过她的法眼——他有一天终将死去，至于到时事态会如何发展，就只有她和少数几位身居要津、有志一同的酋长知情了。

年近70的卡米哈米哈当时已病入膏肓，正卧病于故居附近的凯鲁亚科纳（Kailua-Kona）家中，在族里的祭司试遍所有疗法仍未见效的情况下，甚至要求举行活人祭祀（结果遭到国王禁止）。他们火速由火奴鲁鲁请来一位医师，然而这回所有医疗都无济于事，这位称霸太平洋的拿破仑终在1819年5月8日与世长辞。夏威夷是否能在他死后维持统一，敌对的酋长是否将再度掀起内战？如果真的发生内战，外国势力是否会趁机以此为借口，将夏威夷据为殖民地？天生精明又熟谙计谋的卡米哈米哈并未为自己的死亡作好准备，他从未留下明确的遗嘱，其中仅有的只言片语却反而为夏威夷带来了威胁，差点迫使这座群岛重蹈1782年卡拉尼欧普死后的混乱局面：他将他的王国遗赠给年方22岁，为人优柔寡断的利霍利霍（Liholiho），却将自己的战神留给另一个人——野心勃勃的战士库廓卡拉尼（Kukuaokalani）。

加休曼努或许已看出危机将至，不过当卡米哈米哈一命呜呼而身边除了她没有别人陪侍在侧时，她必然飞快作了某些思量。她钻出王家帐篷，以母仪天下之势居高临下俯瞰眼前的利霍利霍，然后传达了她所宣称的国王遗命："各位酋长在此，祖先的族人在此，你的双手在此。我们两人将携手共同治理这片土地！"于是利霍利霍登基为王，事实上他就是世人所称的卡米哈米哈二世，不过加休曼努本人却以大祭司（kuhinan nui）的名义成为他的共同统治者。祭司随即将先王的遗体煮化并将遗骸秘密掩埋，以免他们的"马那"落入敌人之手，他们同时还将利霍利霍诱离，以免他被死亡之地污染。接下来就只剩加休曼努独掌大权。至于她如何能说服大家？这可能是因为其他酋长都知道共同统治确是卡米哈米哈的遗愿，也可能是他们早已被加休曼努预先收买了（新政权的新措施之一，就是借当地酋长之名废除了王室的檀香木独占权）。不论真相如何，加休曼努的三头政治包括了她本人、支持利霍利霍的王太后和首相卡拉尼莫古，以及大获全胜的祭司群。至于继承"战神"的库廓卡拉尼则心怀怨怼地居住在岛的另一端。

加休曼努立即展开了她的第二阶段夺权计划。接下来几个月，她一再派遣特使催促利霍利霍回凯鲁亚，会合诸位酋长以宣告解除禁食令（ai noa）。这等于是彻底废除整个禁忌体制，夏威夷宗教也将随之大受损伤。不过当时的政治气候仍未明朗，废除禁忌虽可能大受欢迎，但如果一般民众仍偏好保守观点，这项做法反而可能授人以柄，给予库廓卡拉尼对抗年轻国王的大好机会。在禁忌与卡米哈米哈皆不存在的情况下，只凭王权的威势是否足以支撑大局尚不能肯定，难怪利霍利霍在他自己的祭司公然宣布放弃信仰之前，会接连数月都毫无行动（而且喝得烂醉如泥）。祭司最后对他提出建议：就让古老的众神逝去吧！

于是1819年11月，利霍利霍登船前往凯鲁亚，依加休曼努所愿举办了一场盛宴。宴会一开始还是依照旧习男女分席而坐，没过多久国王就站起身来，面带焦虑地绕着桌旁来回走动，然后突然在妇女群中坐下，开始引人侧目地狼吞虎咽、大吃大喝。一时与会众人都呆坐当场，然后又全体鼓掌叫好："Ai noa（解除禁食令）！禁忌打破了！"加休曼努必须迅速行动，就如《旧约》中肃清巴尔（Baal）地区祭司的以利亚先知一般，她昭示各个岛屿：石雕木塑的偶像和神殿必须全数拆除。虽然之后人们对祭祀仪式仍不敢轻视，尤其对火山女神培蕾（Pele）的崇拜更是数十年如一日，但大体而言，夏威夷民众对这项解放都大表庆贺。不管出于宗教或纯粹的政治动机，库廓卡拉尼随即纠集了一支武装并对利霍利霍大加抨击。这年12月，库廓卡拉尼和他的妻子在激烈的昆莫（Kuamoo）战役中同时被杀，卡米哈米哈王朝得以存续，利霍利霍与加休曼努携手治理天下，而夏威夷群岛则不再具有任何官方宗教。

1820年3月30日晚上，"撒迪厄斯"号上的夏威夷裔传教士率先看到他们的圣山——就像一座庞大的灯罩般浮现在西方水平线上；接着，在昏黄晨曦中，船上的白人男女也纷纷醒来分享"巨大金字塔似的莫纳克亚山（Mauna Kea）影像，这座山方圆约48公里左右，高度将近4828米。相连的各个顶峰由远处观看几乎近得难以分辨。这些山峰坐落在广大的太平洋地表之上，山峰脚下环绕的冰层和山顶覆盖的积雪——虽然地处热带——愈发突显其海拔之高耸入云，整个画面也更显得宏伟壮阔"。宾汉姆和同船的新英格兰同伴由"撒迪厄斯"号的桅栏上远眺这片"翠绿的山峦和深峻的山谷、岛民的住屋、冉冉升起的炊烟，溪流、瀑布、树木和火山作用留下的遗迹。接着，沿着海岸前进，借着望远镜的帮助，我们的视野伸展到可以仔细观察我们最担心的景物——以鲜血换得的神明偶像，以及到处可见的迷信建筑物。受到这些不断变换的新奇景象刺激，我们亟欲跃上岸去与民众握手言欢，以告知他们耶稣基督的伟大救赎作为我们工作的开始"。

传教士在大岛的科哈拉（Kohala）地区登陆，他们在此获悉了卡米哈米哈逝世和废除禁忌制度的惊人消息。"毫无疑问，"宾汉姆写道，"是创造光明，并将光的特性与眼睛组织作完美搭配的造物主，使得夏威夷和美国这两片分隔遥远的土地上的种种发展配合得恰到好处。"在热切的感恩颂词之后，传教团上岸进行了一次概观之旅。就清教徒的眼光看来，一切并不怎么令人满意：

“喋喋不休、几乎全裸的野蛮人所呈现出来的贫乏、堕落和粗鲁极度令人震惊……我们的某些成员不禁眼含热泪，不忍目睹地转过头去……这种人类能接受教化吗？他们能成为基督徒吗？”可以，宾汉姆意气风发地说，以赛亚不是曾预言“他不灰心，也不丧胆，直到他在地上设立公理；海岛都等待他的训诲”吗？

依宾汉姆估计，在西方传入的疾病、卡米哈米哈战役和常见的杀婴恶习摧残之下，夏威夷人口当时约有13万人左右。不过夏威夷人尚未面临移民或帝国主义势力的挑战，而且这些传教士是以“上帝使节”，而非美国人的身份到来的。最先接见他们的两个人是加休曼努的一位兄弟和派驻本岛的总督约翰·杨，后者并未以“How do you do”迎接同属高加索族的来客，而是说了一声“阿罗哈”（Aloha）。他提醒说利霍利霍、加休曼努和其他酋长大概要花半年时间考虑是否允许他们定居。白人对瓦胡岛的情有独钟尤其让国王大感烦恼，他害怕美国人有意夺取整个岛屿。不过由于宾汉姆送出的大批礼物并保证绝无政治企图，他们只等了12天就获得了暂时居住的许可；当宾汉姆推进到火奴鲁鲁和考爱岛去建立第二、第三个传教区时（乔治·三文治也与他的父亲考姆里王团聚），瑟斯顿就留在凯鲁亚负责经营第一个传教区；看来上帝似乎让他们事事称心。

其实不然，异教的残迹总是让他们寸步难行。禁忌制度或许早已寿终正寝，但草裙舞（hula）、一夫多妻（或一妻多夫）、奸淫、私通、卖淫、乱伦和酗酒等“淫行”却持续不断。一个这么沉迷肉欲的民族怎么可能被凡事都以“汝不可”开头的宗教所感化？传教士是不是该对受压迫者传播福音，鼓励他们反抗自己的异教统治者？还是他们应该设法让酋长改信基督教，然后期待剩下的人会上行下效？在利霍利霍和加休曼努将王廷迁往火奴鲁鲁之后，第二个策略显然令人难以抗拒。

卡米哈米哈过世两年之后，利霍利霍和加休曼努的共同统治虽然保持不变，关系却变得相当紧张。国王不但是个饭桶，而且难改他四处漫游的旧习，每到一处都待不上几个星期。加休曼努依旧到处作乐，不过由于上了年纪又有责任在身，已经略微收敛。受限于跟她或王朝本身的血缘关系，几位大酋长的忠诚依旧不变，唯一的例外大概只有伯奇（Boki）这个顽固的瓦胡岛总督，以及考爱岛的考姆里王。事实上他的儿子回国还不到几个月，考姆里王（他身穿奢华的天鹅绒背心，配上硕大的黄金表链）就允许传教士在当地设立了一所学校，他本人也进步神速，不久就给宾汉姆写了“几行短信以感谢你让我的儿子带来那本好书。我认为这是一本好书，是上帝赐予我们阅读的书”。

两位统治者害怕考爱岛会再与外国人牵扯不清，于是将考姆里王召唤到火奴鲁鲁施以软禁，之后加休曼努同时与他和他的一个儿子成婚（后者算是顺便附带），以便将考爱岛王室与卡米哈米哈王室合而为一。

传教团在大岛也遭遇了其他的挫折：团里的医师夫妇搭乘第一艘船打道回府，一位夏威夷裔传教士沦为酒鬼，当地抗拒基督教教义的势力又迫使瑟斯顿牧师将传教区关闭了两年之久。然而宾汉姆本人还在瓦胡岛上不懈努力，他主持安息日仪式，并在1821年夏天建好了第一座教堂（一座长约17米的茅屋）。他还建立了几所英文学校，其他传教士则从事翻译夏威夷语及开始翻译小祈祷书和宗教小册子的工作。宾汉姆认为夏威夷诗歌很适合短篇的"赞美和崇拜颂词"。话虽如此，他的礼拜还是只能引来少数几个登徒子，他们对白人妇女与众不同的肤色、衣着和举止的兴趣要远高于传教士的教义。有些酋长对"马拉马拉"（malamala，意为写字）颇感兴趣，不过利霍利霍和加休曼努却不在内，宾汉姆如此写道：

> 她年近五十，身材高大肥胖……黑发、皮肤黝黑，有一对颇具威严的黑色眼睛，说话不慌不忙，举止高贵沉稳，气势凌人并带有一股异教女王特有的蛮横态度。不过，有些全身画像却将这位陛下画成平躺在地板上，身边还有一只优游自在的黑色大型宠物猪为伴，这只猪会在室内或走或卧，时而咕嘟作声，成为其他同宿者的干扰或乐趣来源。她以打上几小时牌、剥金黄色的核果串成难看的项链或简陋的小冠、听听俚俗小曲和愚蠢的故事自娱，偶尔也会提出一些有趣的问题。

加休曼努玩牌下棋都是个中好手，不过书她却一眼也不肯看；另外她还屈尊降贵，让传教士吻"她的小指"代替握手。宾汉姆猜测她可能是自尊心作祟，不愿承认她做不到的事会有什么重要性。他的妻子西比尔（Sybil）虽然必须容忍这位女王对她的明显污辱，却还是为她裁制了一件又一件新装，以讨她的欢心。不过宾汉姆同时也观察到她是如何走遍全岛去摧毁偶像，他亟欲取得她的支持。1821年12月，加休曼努生了一场几乎让她"一脚踏进坟墓"的重病，是西比尔照料她、为她祈祷；然而，康复之后，她却又是一副毫不在意的神气："他们怎么可能相信基督的谦卑教训？祂自己身上就一再堆满种种荣耀。"

宾汉姆夫妇继续耐心等待。他们会去拜访加休曼努，而且有时要等上好几个小时女王才会从她的娱乐中抬起头来。最后，就在1822年8月的某日，加休曼努终于肯屈尊降贵，收下一套他们致赠的字母卡片。她花了10分钟翻阅卡片，重复念着“a，e，i，o，u；a，e，i，o，u”——宾汉姆夫妇的心脏也随着狂跳不已。然后她说道：“Ua loaa iau！”（我懂了！）并朝着身边的侍女咧嘴一笑，她收下了宾汉姆夫妇送的书，答应要开始学习“马拉马拉”（写字），并同意出席第二天的礼拜仪式。突然间，宾汉姆夫妇需要有一间全新的教堂来举行从天而降的弥撒。当由纽黑文出发的后援在次年春天抵达之时，夏威夷传教团已万事俱备，蓄势待发。

加休曼努和她的扈从这时都还未成为基督徒，他们才刚开始学习如何阅读，这是传教士所定的先决条件之一，即使圣职申请者也不例外。唯一一位有早期信教迹象的大人物是王太后凯欧普拉妮（Keopuolani），她在1823年临终前劝告儿子要“听从上帝的话，这样你才能昌盛强大，才能在天堂与我重逢”。但是利霍利霍宁可与水手或海滨流浪汉为伴，民众常常发现他在威基基海滩的喧闹声中沉沉睡去，身旁躺着他的宠物猪和一两位替他扇凉的裸体妻子……这种情况一直持续到1823年，到他决定出发前往伦敦为止。“王者的思绪难以捉摸，”宾汉姆写道，“这次航行的主要目的难以确定。”或许他是觉得厌烦，或许他是以为英王乔治四世会派舰队来将扫兴的美国人驱逐出境，因为宾汉姆敦促他将波士顿列入行程以便观察美式道德究竟如何运作，利霍利霍却拒绝了。这支皇家队伍在1823年11月搭乘英国捕鲸船“埃格勒号”（*L'Aigle*①）扬帆出发，船上还有一位说动国王让他同船的不速之客——某位名叫让·里夫斯（Jean Rives）的仁兄，他也不喜欢这些传教士，他希望这些群岛能归法国所有。

利霍利霍的出游意味着加休曼努以及躲在她幕后的宾汉姆拥有全面的控制权。不到几个月，要求夏威夷人遵守安息日，弃绝赌博、谋杀、偷窃、杀婴与堕胎等习性的命令就源源而来。加休曼努的研读已进步到足以跟其他成人和儿童一起参加学校考试的地步，她特别喜爱背诵圣经——就夏威夷的口语传统看来这一点都不奇怪——但却不了解宾汉姆为何拒绝让她受洗。事实上传教士直到目前都没有为任何人施洗，除了乔治·三文治之外，而他在父亲被迁往瓦胡岛之后却落得与海边的流浪汉为伍，这项事实无疑更增强了宾汉姆暂时不在夏威夷施洗的决心——除非当地人能证明自己有能力了解这个仪式的相关意义。

考姆里王在1824年过世。他是如此厌恶自己那个不成材的儿子：剥夺了

① 鹰。——译者注

他的继承权，将自己的土地都留给利霍利霍，事实上等于永远放弃了让考爱岛维持自治的长久斗争。在乔治和他的白人密友的怂恿下，考爱岛上的酋长随之发动了一场叛变；接下来就是一幕幕由传教士主导的《旧约》场景：保皇派酋长在作战前先祈祷上帝赐福，加休曼努宣告斋戒，然后，在赢得胜利之后，慈悲为怀的夏威夷战士宽恕了战败的叛军。现在加休曼努开始以传教为己任，并且还修建了数间学校；但是宾汉姆依旧拒绝为她施洗，直到加休曼努终于让他相信她已彻底洗心革面为止。她在1825年3月终于如愿以偿，当时她刚获悉利霍利霍王也为他的罪恶付出了死亡的代价。

利霍利霍的圣詹姆斯宫之旅对不列颠是一大震惊，同时也是一场闹剧。乔治四世不愿参与这场被他称为“一对该死的食人族”的接待仪式，不过老天爷也免了他这份苦差事：这些毫无抵抗力的夏威夷人抵达后不久就被麻疹病魔击倒，两个月不到，国王与他的妻子就双双去世。面对这场从天而降的混乱局面，英国外长坎宁认为最明智的反应就是筹组一支海上远征军，由乔治·拜伦爵士（Lord George Byron）率队将他们的遗体风风光光地送回故土，另外再指派一位名叫理查德·查尔顿（Richard Charlton）的商人出任当地领事，以确保英国与夏威夷关系常保友好。于是皇家“布隆德”号（*Blonde*）启程前往夏威夷，并于1825年将这对同命鸳鸯以基督教仪式风光下葬；离开夏威夷之前，拜伦爵士除了重申英国的善意之外，还在凯阿拉凯夸湾为库克船长立了一座纪念碑，查尔顿领事接着则在火奴鲁鲁开了一间店，他的结论是夏威夷是个贸易被美国人垄断的“封建独裁政体”，很快他就会找到更糟的说辞。

下一个星期日，加休曼努、卡拉尼莫古首相和100位夏威夷显要都到传教士的教堂去表白他们对基督教上帝的信仰，同时要求受洗。身为新入教者，他们必须再等6个月才得以受洗（加休曼努还必须放弃她与考爱岛王子既一妻多夫又乱伦的婚姻关系）；最后，这伟大的一天终于在12月降临，岛上各大酋长宣誓受洗，对宾汉姆的圣职人员低头致敬。加休曼努的教名是伊丽莎白（Elisabeta），与那位老年生下施洗者约翰的不孕妇人同名。

夏威夷就此归宾汉姆所有，或者——按他本人的想法——归上帝所有。利霍利霍的死亡促使他年方10岁的弟弟登上王位，这就是世称卡米哈米哈三世的考伊克奥乌利（Kauikeaouli），加休曼努也就此成为唯一的摄政王。由于她自愿走遍各地去鼓励夏威夷儿童就学，很快每一个主要社区就都有了自己的学校。根据一位英籍访客的观察，印刷工人也必须努力工作到“让每一座农夫小屋”都看得到“课本和宗教读物”才得以休息。除了玩弄政治的罪名之外，宾汉姆当然又立刻招来将这座群岛变成神权王国的指责；说句公道话，我们不得不说夏威夷人本身对政教分离，或是宗教道德与民法根本毫无概念。加休曼努之所以废除禁忌并不是因为她不再相信道德律，而是因为她不再相信这些古老的法律合乎道德。一旦确信上帝的圣经真实不虚，相信遵守或玩弄祂的律法会带来利害，她自然会尽可能以她的权威去实现这些律法的精神。另外，她的旨令也非全以个人道德为目标。1826年，加休曼努下令所有砍伐檀香木的工人都可以保留一部分木材作为薪资，而之前这些人的地位与奴隶没什么两样。这是夏威夷庶民有史以来第一次能以他们的劳动换得酬劳，他们也开始了解财产、金钱与市场的意义。

也就是说，夏威夷王室所有的规劝力量都突然投入在反对裸体、饮酒、侵犯他人的身体与财物，以及任何违背十诫的行为上（卡拉尼莫古很快就发现，如果民众能信守不贪这第十条戒律，其他九条就全不成问题）。加休曼努对通奸问题特别严格，她用心强化饬令对酋长的约束力，甚至连对伯奇也不例外；她对犯法的男人（而非女人）施以重罚，因为她认为他们才是诱惑他人的罪魁祸首。不用说，白人住民和过路水手都对新法律恨之入骨，他们在海上工作了好几个月，一回来却发现女人和美酒都成了禁忌。当第一艘停靠夏威夷的美国军舰“海豚号”号（*Dolphin*）在火奴鲁鲁外海下锚停泊时，绰号“疯杰克”的珀西瓦尔船长（Capt. “Mad Jack” Percival）发现自己身陷困境：他夹在船员的欲望和传教士的虔诚之间左右为难。僵持两个月后，水手砸烂教堂的玻璃窗，把正在做礼拜的宾汉姆拖出教堂，逼着他要女人。“如果想跟我谈，就先放下棍子，”宾厄姆这样告诉他们。水手动摇了，这时一位女酋长趁机把棍子挡开，于是夏威夷会众合力将水手赶走。不过在这次摊牌事件之后，伯奇总督却重操旧业，做起女人买卖。他在火奴鲁鲁开了一家酒吧买卖烈酒，还兼营草裙舞表演和替水手拉皮条的生意。此后，路过的船员都懂得要在何时何地才找得到他们想要的东西，他们尤其偏好在传教士学校上课的女孩——因为她们会说一点英语，而且这也为他们提供了一项淫乱的报复工具。春秋两季是生意最旺的季节，200多艘往来白令海的捕鲸船都会在此停靠。

到了1827年，另一种抗拒形式又来到夏威夷。神秘兮兮的里夫斯先生终于设法让法国政府相信夏威夷有其价值；在亚丽克西斯·巴舍洛（Alexis Bachelot）的率领下，一队天主教传教士也投入了这场岛屿争夺战。宾汉姆的属下警告会众要当心天主教徒的“偶像崇拜”、葡萄酒和白兰地。在伯奇的帮助下，这些法国神父并未遭到驱离的命运，不过他们与清教徒的霸权之争并无多大进展。这段时期，伯奇对加休曼努的愤恨却越来越深，他会找些美国船长、法国天主教徒或英国的查尔斯顿领事来一起痛饮，顺便对他们吐吐苦水。到了1829年，他甚至策划了一场政变，不过却让宾汉姆三言两语就打消了；可怜的伯奇似乎既无法接受新的事实，又无力发动真正的挑战。虽然他的收入相当可观，但还是向他的外邦白人朋友借了一大笔钱，然后又忙着到处找钱还债。1829年，他率领一支私人武装前往某个南海小岛准备占地为王，据说那座岛上长满了檀香木；之后其中一艘船在1830年蹒跚驶回夏威夷港口，船上成员已因霍乱死亡殆尽，另一艘（伯奇所有）则在新赫布里底群岛（New Hebrides）触礁遇难。岛上的传教士立即就将伯奇的死亡解释为一种天罚，瓦胡岛上的居民为此哀伤了好几个星期。

伯奇之死除去了加休曼努计划的最终障碍，在宾汉姆的敦促之下，她再度确立道德律的重要性，并在1831年将法国传教士尽数驱逐出境。不过现在她已年过六十，早已放弃肉体的享乐和锦衣华服，连她的石屋也换成了简朴的茅屋。她习惯到处去探视年老体弱的平民百姓，而早20年这些人却可能因为践踏她的影子而遭绞刑。她的体力日渐衰弱，庆祝完第五批传教士的到来和全本夏威夷文《新约》翻译完成后不久，她就退居宁静的马诺阿（Manoa）山谷，从此缠绵病榻，再也无力下床。

"伊丽莎白，今天或许就是和你永别之日，"宾汉姆说道，"我们希望你能留在我们身边，这是我们的一大喜悦，然而，我们认为主很快就会将你带离我们身旁。"1832年6月5日半夜，加休曼努最后一次睁开双眼，她用一度充满权威、现在却几乎低不可闻的声音念道："Eia no au，e Iesu，E，E nana oluolu mai。"（我在此，啊，基督，请赐给我你的优美笑容。）金黄色的太阳随后由遥远东方的海洋摇篮中冉冉升起，就如12年前的某个清晨，勇往直前的宾汉姆等人首度望见这座群岛的情景一般。

大祭司已然逝去，考伊克奥乌利王——这时年已十八——却方长成。在伯奇监护之下，他早在青春期就学会吃喝嫖赌，据信他曾和自己的姊妹同床数年之久。现在轮到考伊克奥乌利和年少轻狂的子民以身作则，告诉民众基督教禁忌已经被打破。草裙舞再度出现，酒类和卖淫合法化（后者由国家专营），烂醉的酒鬼冲入学校强迫学生私通。许多夏威夷人（可能是绝大多数）也有样学样。基督教义等于只是传统习俗表面的一层铜绿，传教士企图除去的衣饰、舞蹈、运动和娱乐，数百年来却是夏威夷人快乐、骄傲和健康的象征。最后，还有夏威夷人趁着不受禁忌拘束的季节，哀悼死去诸王的传统。或许饱受压抑的夏威夷人已准备好，要暂时摆脱加尔文教派的无聊管束。不过，这位年轻的国王与其说是一位文化英雄，还不如说是个放荡的暴君。

考伊克奥乌利很快就集所有异教夏威夷国王的特权于一身。私人财产再度被废除，卡米哈米哈过去拥有的东西现在都归他所有。酋长们逐渐恢复理智，只要国王不在场，大家就遵照道德律法行事，一边伺机待发，准备制止国王的行为。最后，到了1834年6月，一名信差冲入火奴鲁鲁一位医师家中——国王企图自杀，因为他的姊妹拒绝跟他上床！等到国王伤势好转，信奉基督教的众酋长已经结成反抗同盟。考伊克奥乌利只好放弃，改以运动和其他无聊消遣自娱，把政事留给新任大祭司，也就是他信奉基督教的异母姊妹奇娜欧（Kinau）掌理。

考伊克奥乌利终究无法摧毁宾汉姆和加休曼努的成就。他的异教／王室政变非但未能恢复王权至上体制，反而促使传教士开始教导夏威夷人去认识权力受限的宪政原则。传教士的胜利还不仅于此：不论美国人的动机有多崇高，在英国和法国人看来，“宾汉姆政权”基本上等于让美国接管了夏威夷群岛，而这些岛屿——如查尔斯顿形容——正是整个太平洋的关键所在。异教的夏威夷有能力抗拒外来统治，信奉基督教的夏威夷是否也做得到？

第23章　第四次聚会

斋藤: 加休曼努，你为何改信基督教？政治上的考虑，对吧？

西华德: 斋藤，你不觉得这个问题牵涉个人隐私吗？

斋藤: 王室的事没有隐私可言，这点我打赌加休曼努一定同意。

加休曼努: 斋藤先生，王后也有自主的灵魂。我皈依上帝是因为我信。

斋藤: 好。可是你为什么信？

学者: 因为宾汉姆夫人的祈祷似乎救了她一命，而伯奇和利霍利霍那批“罪人”都被打倒了。在你当时的情况下，这十分合理。总之，你没有必要解释——

斋藤: ——不必对我这个异教徒解释？显然并不是所有宾汉姆夫人为其祈祷的病人都痊愈了！我敢打包票大祭司本人也有些足以自傲的神奇偏方。不，一定是为了政治因素。

塞拉: 为什么不让她自己说呢？

加休曼努: Mahalo（谢谢你）！我是为了性而皈依。

西华德: 这听起来像是真的！你因你的罪行而被定罪。

加休曼努: 性没有罪，它是上帝的恩赐。有罪的是造成性泛滥的情境——我们为满足自己的欲望及滥用他人欲望的所作所为。当我在布道中听到异教徒的所作所为，有些以色列人甚至膜拜木石制的偶像，把膜拜仪式当作纵饮、裸舞、滥交的借口，这听起来好……好熟悉。当传教士说所有的男人与女人都吃了上帝的“马那”，我明白那是真的，一定是真的。

塞拉: 学者兄弟，我还以为你说过她这个人很骄傲。

加休曼努: 我过去非常骄傲，我甚至以自己的骄傲为傲。西比尔·宾汉姆说领导者的骄傲往往是改变信仰的障碍，她错了。我认为说服强者其行为是邪恶的，比说服弱者其思想是邪恶的要容易。或许忌妒与憎恶是比骄傲更大的阻碍。

学者: 可是你是废止禁忌制度的人。你为何会在5年后改变心意，重新实施某些被历史学者称为“更具心理破坏力的新禁令”呢？

加休曼努：对你们外邦白人而言，夏威夷难道不是天堂就得是地狱吗？难道你们不明白裸体、火把和羽毛并不表示我们耽于性欲，而是我们偶尔用来撩拨欲望的极端方式而已。白种女人端庄的服饰反而更有神秘感，我发现，我们族里的男人对穿着衣服的女人的欲望，比不穿的强烈得多了。你想为什么我在传教士来之前，就偏爱西方服饰？

斋藤：“昔时窥袜便心惊——今日，唯苍天知：什么都可能！”

西华德：他又来了。

斋藤：那是个耽于感官声色的国度，仅是瞥见脚踝便会招来一场战事！你们维多利亚时代的人跟日本人一样，能明白这层道理。

学者：可是问题是在禁忌制度下，严格遵循加尔文教派的每一项禁忌，你们的人，尤其是女人，是要受折磨的。

加休曼努：我设立学校，给我的人民前所未有的机会。

学者：可是你让你的文化败亡！

加休曼努：是库克的到来毁了我的文化。我们的人喜欢外邦白人带来的东西，而且还渴求更多。不幸的是，白人贬低了我们的回报。比如草裙舞，对外邦白人而言便不是艺术。

学者：而只是种脱衣舞。飨宴、冲浪、树皮布、大祭司也都落得同样的下场。所以你的意思是——

加休曼努：我是指我的敌人绝不是我自己的族人，而是腐化他们、利用他们、使他们染上疾病的外来人。宾汉姆夫妇又另当别论。他们让我们知道有一个爱夏威夷人，爱外邦白人，爱所有人类的上帝。

斋藤：哦，得了吧！说得好像你的族人成为基督徒就能幸存似的！

塞拉：斋藤先生，以前欧洲也没有基督教文化，而且那种情形也可能再度发生。可是我必须告诉加休曼努的是，虽然我祝福你的信仰，我却无法赞颂宾汉姆先生和他的律法。他确实就像旧日的酋长一样奴役你的族人。

西华德：神父，你这是什么意思？别告诉我说天主教徒比较随和，新教徒就像法利赛人一样墨守陈规！

学者：老实说，我向来认为天主教徒因为一套双重标准而受苦。修女跟神父责怪人们避孕或没有望弥撒，然后天主教徒被斥为墨守陈规。可是通奸者或盗贼对告解箱内的神父呢喃一段后就能获得赦免，此时天主教徒又会被斥为规律过于松散。

塞拉：孩子，向来如此，因为犯罪的人厌恶上帝的宽恕，就如他厌恶上帝的律法。对世人而言，二者似乎都不公平。至于夏威夷，新教徒确实毁灭了他们发现的当地文化，他们的职责应该不是毁灭，而是改变人们的信仰。他们可以把神殿变为教堂，节令庆典变为圣徒纪念日，衣饰与饮食也一并改变。新教徒借宗教之名将自身的行为合理化——这也许无可厚非——可是他们似乎对信仰本身缺乏信心。那些未曾受洗的灵魂……很可惜那些法国神父都被驱逐出境。

加休曼努：他们教我们偶像崇拜，一直让我们陷于无知。而且他们也酗酒，就像那些到海滩嬉戏的白人，连宗教的名义都省了。

西华德：好在圣经完全没提到要全面禁酒。感谢上帝。

加休曼努：我认为你们才囿于律法。我所学到是一种爱的信仰。我懂得爱。听听我写的诗。

学者：加休曼努，你不必证明什么。

加休曼努：你们一定要听听我的诗！这是我为我父亲的去世所写的：

吾父与酋长，
挚爱的伴侣，
我亲爱的人。
为你哀伤，几近忘了呼吸，
我为我浑身冰冷的伴侣哀泣，
我凄风冷雨中的伴侣。
厉寒包住我，
冰冷围住我，
冷酷惨紫，
只有两处可寻得温暖！
家中的共枕人，
还有树皮布盖被，
在伴侣的胸膛可寻获。
就在那里。就在那里。就在那里。

还有一首：

献吾爱给我去世的母亲，
留下我独自在山边徘徊。

你是被风损耗，
被贸易风损耗，
充满，充满，充满爱的女人。

西华德： 塞拉神父，你怎么哭了？

塞拉： 我想到故乡马略卡岛，想到父母……

加休曼努： 我也替丈夫和情人写歌。他们都死了。有些是被卡米哈米哈王所杀，有些死于战场，最后一个我又必须抛弃，你们都知道的。在传教士到来之前，我已熟知情爱，可是我的爱带给我痛苦，而且永远无法满足。打破禁忌使我从男女旧有的规范中解放，可是直到我听闻万爱源泉的上帝时，我才找到真正的方向。为了祂，我可以放弃男欢女爱的调情挑逗。

学者： 那时候你也55岁了。

斋藤： 胡说八道！如果基督徒的上帝是这么博爱，那么基督徒本身的残忍，以及让一些无辜者受难的残酷事情又该怎么解释？哈！你们的保险公司把地震称为“上帝的旨意”——可是你们的神学家可不是这样！你们把功劳与荣耀都归诸上帝，却不责怪祂一丝一毫！

塞拉： 我想一般来说情况刚好恰恰相反。

加休曼努： 但是上帝是公正的——

西华德： ——理论上是的。公理便是上帝，上帝的便是公正的。可是让我们就事论事。塞拉，我敢说你的反宗教改革大旗又要亮出来了。如果新教徒在行为方面恪守戒律的话——用我们那个时代的话来说，就是有点像浸信会徒——那只是对腐化的天主教会的一种反动。天主教会简直是纽约州政府以外最大的掠夺体制。传教士没有让数千人在邻近的溪流里集体受洗，根本不是因为缺乏博爱之心。因为如果没有坚定的信仰，受洗也是枉然。也许北美的清教徒是想对尚无定论的问题保留弹性，我们不可以因为鄙视他们而排斥他们这种态度。

塞拉： 主让人成为神父来喂养祂的羔羊。祂没有要求所有的人都要成为牧羊人——

维特： 感谢上帝让俄国逃过宗教改革一劫！为什么不干脆承认人类所制定的宗教戒律根本就不算戒律。宾汉姆错在把他自己树立为王位后遥控的力量。

加休曼努： 你说得很对。有时候从别的岛来的人，可以看到我们看不见的问题。可是学者说得也对，我并没有排斥所有的禁忌，只是排斥其中陈旧不良的部分。人都需要禁忌，以免像愚蠢的孩子一样在岩石中游泳……虚度在这神奇世界的一生。

学者：加休曼努，这让我想起来你没有小孩。是不是因为这样，你才会年纪老大不小又嫁给考爱岛酋长，而且后来又取了伊丽莎白这个名字？

加休曼努：我一直想要个小孩，无论是为了个人或政治上的考虑。不过“不怀孕、不生养的，你要欢乐；未曾经过难产的，你要高声欢呼；因为没有丈夫的，比有丈夫的儿女更多。”

塞拉：《新约·加拉太书》。

加休曼努：我的人民便是我的孩子。

斋藤：宾汉姆是个很会说话的人，对吧？

学者：没错！斋藤，这次我懂你的意思了。告诉我，加休曼努是朵……畏缩的紫罗兰（shrinking violet）[①]吗？

斋藤：畏缩的紫罗兰——形容得好，博士！不，她当然不是。

学者：加休曼努不是唯一可与卡米哈米哈王抗衡的人吗？还有那个精明勇猛，控制整个王国，然后彻底改变整个宗教信仰的革命分子？

斋藤：好吧，我听得出你话中有话。

学者：你真的认为她会落入一个她只能勉强沟通、没有军队、指出她过往所为都是邪恶的外邦白人的“魔力”控制之下吗？

斋藤：说得好。我认为这不重要。如果酋长、祭司与广大的群众对他们自身的文化十分不满，那么就没有必要去保存。反过来说，日本——

西华德：“燕麦和大麦如何长大，你不知我不知——”

维特：我求你们换个话题。

斋藤：从另一方面来说，日本文化——

学者：等等。西华德先生，你刚刚在哼唱什么？

西华德：一首儿歌。我小时候学的，多年后又在苏格兰听到。“燕麦和大麦如何长大，你不知我不知没人知，燕麦和大麦如何长大。”

维特：我可以换话题吗？我想要学者告诉我们，既然美国赢得了占领俄勒冈的权利，阿斯特的失败又有什么影响？这又是一个十分有趣，但无关紧要的故事吗？

西华德：我认为若不是阿斯特，昆西·亚当斯在英国法庭前的辩护状便会短多了。美国对西北海岸的土地主张，和库克、温哥华与麦肯齐建立的范围根本不符合。别忘了还有努特卡。

---

① 意指羞怯的人。——译者注

维特：别忘了我们的教授引用过卡斯尔雷的话，美国人躺在新英格兰的卧室就可以赢得俄勒冈了。

西华德：可是一开始是因为阿斯特行事大胆，亚当斯又长袖善舞，俄勒冈才会开放给新英格兰人垦殖。如果是哈德逊湾公司先到了那里，美国就会如他所言，被"封住"了。

维特：可是如果打起仗来，美国人在自己的大陆上一定会获胜吗？

西华德：这就无从得知了。1812年，我们尝到了失败的滋味。无论如何，亚当斯这批新英格兰人不想打仗。你知不知道1814—1815年的哈特福特会议（Hartford Convention）甚至还考虑过宁可退让，也不愿和英国作战？1812年是拿破仑救了我们——英国人只用他们的小指头跟我们打。我相信亚当斯的天分在于他能看出，在一个自由贸易与移民的时代，美国是不会输的。在商业垄断与军队垦荒的时代，美国就不可能赢——要不就再也不能成为一个自由的国家。

学者：所以亚当斯借着与英国和俄国谈判，建立自由贸易与移民的制度，制定了有利和平扩张的规则，而这是美国人所擅长的。以扑克牌的术语来说，他"赌下一张"。

维特：而且俄国人只能用垄断虚张声势，以武力来威胁，因为他们在自由贸易与移民方面无法与美国竞争。

西华德：那就是，船和人。

学者：那就是，帆和肌肉。

维特：所以俄国沙皇颁布了雷声大雨点小的敕令。俄国做事向来都要惊天动地。可是沙皇与外长内斯尔罗德都忽略了阿拉斯加能从另一个支援地、另一个农业基地获得补给，而且它一直都是无主之地。

学者：你是指——

维特：黑龙江盆地。你讲到这点时，我一定会洗耳恭听。可是关于俄国在北太平洋的"失败"，我还想说的是，我们是第一个开发这个地区、第一个为残酷对待原住民而忏悔、第一个建立法律与秩序，以及第一个察觉有保育海豹之必要的国家。

学者：我相信生态学家一定会把舍利霍夫和列扎诺夫当偶像来膜拜。

维特：博士，我是认真的。

学者：我也是。

塞拉：在俄美条约签订后，罗斯堡命运如何？

学者：维特，你知道罗斯堡后来的命运吗？

维特：被遗弃了，卖给一个美国人，对吧？

学者：没错，可是在那之前，库斯科夫的手下已经令加利福尼亚北部大为改观。他们人数很少——也许只有20几个俄国人加上上百个阿留申人——他们在农耕上下的工夫还不够深，不过已足以在这块土地上留下一些残存至今的名字：库斯科夫湾、俄罗斯河、塞巴斯托波镇（Sebastopol），罗斯堡再过去的三座内陆俄式牧场，以及纳帕谷（Napa Valley）内的最高峰——圣赫勒拿火山（St. Helena）。你或许会预期，一旦在加利福尼亚设立了新据点，所有阿拉斯加境内的俄国人便会争相前往，可是俄美公司却只派出足够去法拉隆群岛（Farallon Islands）猎海豹，以及维持要塞勤务的人数。一位到此巡视，名叫札瓦拉辛（Zavalashin）的官员希望跟当地的西班牙人合作，密谋宣布加利福尼亚脱离墨西哥独立，与俄国结盟。他在1826年上书沙皇，谈到把加利福尼亚变为俄国殖民地，“可让我国在当地驻派一支观察舰队，如此一来，俄国便可掌控太平洋以及中国的贸易，也可以巩固我国在其他殖民地的地位，牵制美国与英国的影响力”。1834年，俄属美洲总督费迪南德·兰格尔（Ferdinand Wrangell）男爵再度上书，敦请让罗斯堡向东扩张，买下圣拉斐尔与索诺马传教区。可是墨西哥要求俄国以承认他们的革命政权作为回报，这点俄国沙皇尼古拉根本不予考虑。未能将俄国殖民地往较肥沃的谷地扩张，意味着罗斯堡终要功亏一篑。每年平均的开销约要4.5万卢布，而收入却不到1.3万卢布。若考虑俄美公司领导人的心态，对他们申请许可变卖这个殖民地一事，也就不会感到讶异。于是土地、要塞、牲畜和日用品，都在1839年送上拍卖场。第一个可能的买主是老加利福尼亚最大的牧场主人，索诺马的巴列霍将军（General Vallejo），可是他不肯接受俄国人的条件。所以俄国人最后以3万美元卖给了一个名叫约翰·萨特（John Sutter, 1803—1880）[①]的瑞士裔美国人，然后在1842年1月1日出海，航向新雅克恩斯基，再也没有回来。

斋藤：那时候加利福尼亚就有美国人了？

学者：对。墨西哥人挡不住他们。

斋藤：可是你说《亚当斯—奥尼斯条约》的重点——就西班牙观点来说——是设限不让美国人进入墨西哥土地。

学者：我是这样说过。可是国界是政府定的，可说是一种互惠的“放弃权”。这些界线只有在政府执行时，才对人有影响。可是墨西哥是个软脚虾，墨西

① 开拓加利福尼亚的先驱，因在土地上发现黄金而掀起淘金热，其土地与财产因遭到淘金客践踏与破坏而终至破产。——译者注

哥政府根本是个笑话，阻止不了非法入境的美国人。想想实在很讽刺。

维特：怎么说？

学者：因为现在风水轮流转，情况倒过来了。

维特：我懂。这又是美国与俄国的另一个共同点：广阔无垠的大陆就像海洋，民众就像浪潮。你无法切割或瓜分海洋。

第24章　布拉索斯河上的华盛顿，1836

对漫不经心的欧洲史学生来说，1815年到1848年这段期间是他们得以喘息的阶段，因为这是一段稳定但却压抑的年代，政治上由神圣同盟主宰，以相对和平与势力均衡为特色。而对漫不经心的美国史学生来说，1836年到1860年也同样是可以松一口气的时期。从杰克逊时代开始，迄于南北战争，其特色是由一群毫无特色的总统主政。可是如果我们以全球观点来看，我们会发现由1836年到1846年这10年间，却是北太平洋的关键时期，在得克萨斯、加利福尼亚、俄勒冈、夏威夷与中国各地，占领土地、建立帝国的初期战争正达到最高潮。得克萨斯跟太平洋有何关联？得克萨斯是通往加利福尼亚之钥。两地皆为西班牙省份，海岸线长、内陆辽阔、潜力无穷。二者都是被老朽的墨西哥所遗忘的孤立省份，二者在加入美利坚合众国之前也都曾是独立的共和国。打从一开始，两地便像是孪生姊妹。

当然，墨西哥的革命志士不会认为他们的国家老朽。是的，在独立战争中，墨西哥的确遭受了很大的磨难。可是它现在似乎没有理由不能像它北方的邻居美国一样，步向成功的道路。可是与盎格鲁—撒克逊人的殖民地享有以政府职权有限的英式原则为基础的基本共识不同的是，墨西哥必须在两种相互抵触的传统中挣扎：一是王权、教会与殖民管理的传统，仍获得地主、商人与神职人员的支持；一是受到法国与西班牙革命，以及几乎每一位知识分子都信奉不渝的共济会制度所启发的共和反教权主义（即反僧侣干预世俗），以及中央集权的主张。介于二者之间，还有中间派的“自由论者”——主张民主联邦制度，宣扬多元化思想与地方自治，信奉宪法与法治。不幸的是，每一派都必须依靠军队来抑制对方，因而诱使那些好摆架势的将军纷纷起而效尤，向拿破仑看齐。奥古斯丁（Augustin de Iturbide）——一名自封为帝的军阀——便是这一类人的鼻祖。他把墨西哥弄得民穷财尽，最后一群自由派将军将他推翻，拟定了1824年版宪法。这就是斯蒂芬·奥斯丁（Stephen F. Austin，他也是共济会员，这个身份对他的革命事业裨益良多）愿意取得墨西哥公民权，以换取300个家庭有权前往得克萨斯垦殖的原因所在。

而这300个家庭还只是美国移民潮的开端而已。在1819年经济危机之后，美国人纷纷背井离乡另谋发展，得克萨斯每40公亩只卖12分钱的土地让他们趋之若鹜。这些所谓的G. T. T.（Gone to Texas［去得克萨斯］）很快就成为拓荒流氓，身怀16寸长的单刃猎刀（俗称“阿肯色牙签”）的恶名不胫而走。但是大多数移民只是种种棉花，从事农牧事业，得克萨斯随之日渐富饶。不用说，没有多少人把改信天主教、对墨西哥效忠，或是禁用奴隶的规定当一回事。到了1827年，麻烦来了，所谓的“弗瑞多利安叛变”（Fredonian Revolt）导致墨西哥国会禁止美国移民、禁止蓄奴，并对美英进口商品征收高额关税。不过美英移民仍旧络绎不绝。

同时，1829年杰克逊继亚当斯之后成为美国总统，墨西哥认定“老山胡桃”（Old Hickory）①企图并吞得克萨斯。杰克逊两度想以500万美元的价钱买下得克萨斯，都遭到墨西哥拒绝。然而同时墨西哥也因为财政破产、两大共济会分会产生争执、各省与中央政府的龃龉，以及敌对军阀的野心勃勃而再度陷入一片混乱。到了1833年，安东尼奥·圣塔安纳（Antonio Lopez de Santa Anna）成为弱小人民的领袖，击败敌人，成为独裁者。1834年，一位忧心忡忡的墨西哥地方行政长官向他报告说，得克萨斯有2.47万名住民，其中4000人是墨西哥人，1000人是奴隶，其他都是信奉新教、前来开疆拓土的美国人。他们奉行自治与奴隶制度，依赖与外界贸易生存。当圣塔安纳将1824年的宪法弃置一旁，决定以法令来统治时，得克萨斯人便向他的军队开战了（呼应列克星敦与康科德），驱逐他的海关官员（呼应波士顿茶叶党），召开咨询大会（General Consultation，呼应大陆会议）。最后，得克萨斯人在1836年1月宣布独立（呼应费城独立运动）。

独立过程发生在一个名为“布拉索斯河上的华盛顿”（Washington-on-the-Brazos）的小镇上，该镇位于“树林之间，只有十几间破旧的小屋……没有一间像样的房子，只有一条位于林间的空地上，称得上是条街的道路。树木砍伐后的残株还在。在这样的地方开全国大会实在相当罕见”。就在这草莽丛中，得克萨斯的开国元老起草了一份宪法，任命山姆·休斯敦（Sam

① 原指詹姆斯·巴特勒·希科克（James Butler Hickok，1837—1876）的绰号，希科克为美国当时边疆拓荒的指挥官，因常与不法之徒枪战而成为神射手。后遭谋杀，成为边疆传奇人物。这里借以形容杰克逊。——译者注

Houston）担任总司令，授权使节向外寻求资金，并通过一项土地自由法以吸引更多美国人前来，结果有数千人自愿响应，其中大多来自田纳西。而就在宣告独立4天后，也就是3月6日，戴维·克罗克特（Davy Crockett）、威廉·特拉维斯（William Travis）、吉姆·鲍伊（Jim Bowie）以及200名士兵，便在阿拉莫（Alamo）一役中丧生。3月19日，圣塔安纳将另一支得克斯萨部队围困在戈利亚德（Goliad），并援用他的新“掠夺”法来惩治那些入侵墨西哥国土的“外国人”——他下令处死300名战俘。盎格鲁人撤退，希望能与杰克逊派遣来保卫色宾河的美军会合。

然后圣塔安纳铸下大错。他原本可以让他疲倦但占有优势的军队继续向前推进，歼灭战场上唯一残存的得克萨斯军队，或者他也可以整编军队，采取守势，略事休息。然而他却停顿不前，并将部队打散，让山姆·休斯敦的强悍民兵有机会重整阵容，并趁着疲倦的墨西哥士兵午睡之际发动奇袭。4月21日的圣哈辛托（San Jacinto）之役，得克萨斯损失了8个人，墨西哥军队则有630人被杀，730人被俘——包括圣塔安纳本人在内。每个得克萨斯人都想对他处以私刑，不过大卫·比尔内（David G. Burnet）总统明白“圣塔安纳死，跟别的阿猫阿狗死没什么差别，可是他活的话，却对得克萨斯大有用处”。于是得克萨斯人强迫他签订停战协议，撤出格兰德河以北的得克萨斯地区，并答应承认得克萨斯独立。当然，圣塔安纳安全返家之后立刻反悔了，可是没有关系，得克萨斯人有信心他们很快就会并入美国。

事情并没有那么简单。北方主张废除奴隶制度的人士很快就组织起来，反对得克萨斯并入美国，因为它必然会扩大奴隶帝国，而且无疑会在美墨之间挑起战事。约翰·亚当斯——此时已成为美国史上最具声望的议员——极力鼓吹和平。甚至连杰克逊也犹豫了，他唯恐美国看起来太急于“壮大”，所以直到任内最后一天才承认了得克萨斯共和国。参议院接着搁置了得克萨斯并入的决议案；到了1838年，亚当斯又让另一个类似的提案胎死腹中。

因此得克萨斯在墨西哥眼中是个叛变的省份，在美国人眼中是一个独立的国家，而在欧洲人眼中则成了无主之地。得克萨斯国务卿平克尼·亨德森（Pinckney Henderson）远赴欧洲寻求各国承认这个被伦敦和巴黎贬为“鹿皮人共和国”（buckskin republic）①的国家，同时开拓商机，找寻投资人。英国外交部长帕默斯顿（Lord Palmerston）②——一个好战的自由派帝国主义者兼地

① 因为当时边疆士兵多着鹿皮制的军装。——译者注

② 1830年到1841年担任英国外交部长，1855年到1865年担任英国首相。——译者注

缘政治主义者——则希望墨西哥进行改革，扮演保卫者的角色，抵抗来自北方的美国扩张主义者。所以他敦促墨西哥人要么夺回得克萨斯，不然则退而求其次，承认其独立，以免美国干预。不过帕默斯顿也不敢触怒美国。因为1837年加拿大也曾发生大规模叛变，心怀不满的魁北克人与安大略人与同情他们的美国人携手，不断进犯美加边境（叛军领袖威廉·麦肯齐把水牛城的老鹰酒吧当作总部）。范布伦(Van Buren)总统与纽约州的年轻州长威廉·亨利·西华德协商合作设法将动乱减至最小，可是战事的威胁却直到19世纪40年代初期才告歇止。

亨德森在巴黎运气较佳，法国正忙着与墨西哥交涉墨西哥内战对法国所造成的财产损失。法国首相基佐（Guizot）①派到加尔维斯顿（Galveston）的代表向他建议，说虽然得克萨斯简直像个地狱，人民粗野无比，可是法国承认其独立还是会有好处的。结果两国就在1839年9月签订友谊与通商条约。法国的承认尤其让得克萨斯的第二任总统，诗人兼冒险家米拉波·波拿巴·拉马尔（Mirabeau Bonaparte Lamar）感到欣喜。拉马尔在首都奥斯汀（Austin）就职后，便计划得克萨斯要入侵并征服新墨西哥，甚至在科尔特斯海（Sea of Cortes）取得通往太平洋的出口！不幸的是，他为数270人的入侵武力（乔装为商队）却误判了距离，最后出现在圣菲沙漠时已濒临饿死边缘，立刻向墨西哥总督投降。不过墨西哥1842年入侵得克萨斯的行动,结果也好不到哪里去,战事最后陷入僵局。就在此时,得克萨斯的第二位特使詹姆斯·汉密尔顿(James Hamilton）将军则在1840年起航前往伦敦。

他必须空等一年，可是到了那时候加拿大的事情已经解决，英国也接获报告说得克萨斯可能是种植棉花的理想地区。汉密尔顿在1841年9月的备忘录上增添了10条英国应该承认得克萨斯的动人理由,其中包括“在加拿大方面,得克萨斯可以扮演牵制美国行动的力量”。这点相当高明，因为汉密尔顿所说的是如果北方各州接管了加拿大，坚持奴隶制度的各州也会坚持得克萨斯并入案，以取得均衡。可是他知道帕默斯顿会反过来读；如果南方各州成功让得克萨斯并入美国，那么北方便会觊觎加拿大！所以英国人啊，如果你想要保住加拿大，更别说遏制美国扩张，你最好就承认得克萨斯，并协助保卫它！

帕默斯顿与汉密尔顿进而起草条约，并于1842年正式签订，承认得克萨斯独立、通商与废止奴隶交易（虽然不禁止蓄奴）。帕默斯顿的继位者亚伯丁（Aberdeen）训令英国大使理查德·帕克南（Richard Pakenham）说服墨西哥

① 弗朗索瓦·基佐于1847—1848年任法国首相，此处应为作者笔误。——编者注

政府结束与得克萨斯之间的愚蠢战争，并协助英国将得克萨斯转变为缓冲区，阻挡墨西哥其他地区受到美国人的入侵。这里的其他地方，指的就是加利福尼亚。

自从墨西哥独立之后，美国的探险家、毛皮猎人和移民便试图进入加利福尼亚，虽然人数与得克萨斯相比还相当少。这3000名白人自行分为两组，一组以圣弗朗西斯科湾与蒙特雷为中心，另一群则向南以洛杉矶为基地。牧场与传道区在皮革（别名“加州银行本票”）、兽脂、捕鲸船的补给品方面的生意十分兴盛。墨西哥明白加强巩固加利福尼亚的重要性，于是没收传教区土地，转给印第安人和移民。可是墨西哥的混乱政局、加利福尼亚人驱赶省长的习性，以及牧场业主的贪婪，都使传教区世俗化的企图功败垂成。最后牧场方面取得土地，而大多数的印第安人则沦为饱受欺凌的散工——正如士气低落的传教士预言。

于是这个偏僻、人烟稀少的省份，便沦为政治闹剧与土霸王各据山头的舞台，著名的剑侠佐罗（Zorro）传说也随之诞生。不过，人民真正的保护者却是一名北加利福尼亚人，而非来自南方；他是个官员而非盗贼，而且结果功败垂成。胡安·包蒂斯塔·阿尔瓦拉多（Juan Bautista Alvarado）在1836年领导革命反抗了圣塔安纳的中央集权（更别提他将省府迁往可恶的洛杉矶了）。他的行动还另有同志——田纳西州威士忌酒商埃萨克·格拉哈姆（Issac Graham）与他手下的30名射手。他们占领了蒙特雷，并宣布加利福尼亚为自由与自治的土地。墨西哥政府于是任命阿尔瓦拉多为省长以平息乱局，后者随后花了5年的时间进行社会改革，与牧场业者进行抗争。

同时，美国通过北方水手与猎人所编的故事，开始察觉到这片海岸地带的存在。1826年，不沾烟酒、敬奉上帝的加尔文教徒杰迪戴亚·史密斯（Jedediah Smith）率领17人从大盐湖（Great Salt Lake）乡间沿科罗拉多河顺流而下，横越莫哈韦沙漠（Mojave Desert），抵达圣加百列传教区。到了圣迭戈，墨西哥省长认为他是奸细，勒令将他驱逐出境。史密斯于是向北转到圣华金河谷（San Joaquin Valley），并第一次横越内华达山（Sierra Nevada）与大盆地（Great Basin），回到犹他州。第二次再走这条路线时，他探索了加利福尼亚海岸，北至俄勒冈。另一名大胆的猎人詹姆斯·俄亥俄·帕蒂（James Ohio Pattie）则沿着德·安萨的旧路线，从圣菲进入加利福尼亚，结果也被视为非法侵入者而遭判刑入狱，最后在圣迭戈去世。

但是墨西哥驱赶美国人的行动依然徒劳无功，而取得墨西哥籍的美国移民则于法有据。其中一位来自马萨诸塞州的托马斯·拉尔金（Thomas Larkin）

在航向太平洋途中邂逅了一位滞留在夏威夷的寡妇并与她结婚，并于1832年定居蒙特雷。拉尔金夫人——蕾切尔·霍布森·霍姆斯（Rachel Hobson Holmes）——于是成为第一位定居加利福尼亚的美国妇女。后来一位自称医生的约翰·马什（John Marsh）则于1836年利用他的医药费收入——每次出诊索价50头牛——在萨克拉门托河以南的魔鬼山谷地（Diablo Valley）辟建了第一座内陆大牧场。然后到了1839年，约翰·奥古斯特·萨特（Johann August Sutter）到达此地。他原是个一事无成的瑞士人，抛妻弃子独自航行到美洲，先后到过圣路易斯、圣菲、火奴鲁鲁、锡特卡与蒙特雷等地碰运气，后来与省长阿尔瓦拉多结交，在萨克拉门托河与美国河一带取得大片土地。萨特船长运用借来的钱、强押而来的印第安劳工以及购买罗斯堡所获得的俄国加农炮，建立了一处可以让数十辆美国篷车在攀爬过内华达山脉（High Sierra）后获得休息的著名要塞，1841年的比德韦尔—巴特松（Bidwell–Bartleson）车队就是其中的先锋。也就是这个时候，阿尔瓦拉多省长开始怀疑他收留格拉哈姆等田纳西人又让美国人定居下来，是否是个错误。他听说其中一些人已经暗地在说要采取"得克萨斯解决方案"。

阿尔瓦拉多深感挫折与恐惧，而且也受够了牧场业主与美国佬，于是决定辞职。继任的曼纽尔·麦可托里诺（Manuel Michaeltoreno）将军带着300名化身为士兵的恶棍抵达洛杉矶，这些人就是让加利福尼亚继续留在墨西哥治下的唯一力量。1842年9月，美国海军新任太平洋军团司令官接到一封来自秘鲁卡亚俄（Callao）令他无法忽视的警讯：美国驻马萨特兰（Mazatlán）的领事送给托马斯·凯茨比·琼斯司令（Thomas ap Catesby Jones）两份剪报。一份是三个月前的消息，宣称美国已经与墨西哥开战；另一则消息则是六个月前的，宣称英国已经秘密向墨西哥买下加利福尼亚。而就在前一天，琼斯才刚十分震惊地获知英国太平洋舰队已经接获密令，驶离智利与秘鲁海岸。除了赶在前头抵达加利福尼亚之外，他难道别无他策吗？当然有，因为英国舰队的目的地根本不是那里。琼斯在10月18日极力眺望蒙特雷时，他所侦测到的只不过是几个士兵与一座根本不值得守卫的要塞。然而他仍旧在要塞上升起了星条棋，不过两天后便自动降下，并在向住民道歉后向南航行到洛杉矶去向麦可托里诺解释他的错误。

然而，虎已出柙。美国移民已经推翻了得克萨斯的统治，而且看来这场戏也将在加利福尼亚重演。杰克逊曾经试图买下得克萨斯，现在他同样向圣塔安纳出价500万美元，要购买圣弗朗西斯科湾。美国"义兵"曾与圣塔安纳作战，现在美国海军又出现在蒙特雷。如果琼斯事件显示夺取加利福尼亚犹如探囊取物，那么查尔斯·威克斯（Charles Wikes）上尉的归来——同样在1842年——则显示出了其成果有多丰硕。他在海上的3年，负责指挥美国海军第一支太平洋探险队。这是一次成功的科学投资，在南太平洋与南冰洋都有重大发现。不过威克斯同时也宣称圣弗朗西斯科是“世界最好的港口”之一，而加利福尼亚“假以时日，将会成为控制太平洋命运的一州”。

这些墨西哥人和孤立无援的英国探员都明白。1840年，帕克南甚至在墨西哥城提出一份正式议案，建议英国政府在加利福尼亚建立殖民地，不容任何其他势力侵入。起初伦敦方面断然拒绝了他的建议，亚伯丁一定很讶异他的大使居然会建议瓜分一个他被派去协助巩固的国家！可是帕克南了解墨西哥永远无法改革，至少在这个关键时刻是如此。亚伯丁派遣一位副领事——詹姆斯·福布斯（James Forbes）——前往蒙特雷，后者立即回报美国势力接管的危险：“我觉得我有责任倾尽全力，阻止这片美好的土地落入英国之外的任何国家势力手中。我再重复一次，墨西哥保有加利福尼亚的日子不多了。”

亚伯丁最后终于了解了帕默斯顿一直都明白的事实，并于1844年6月通过各方面的努力，希望能遏制美国人的扩张。首先，他命令英国驻加尔维斯顿领事馆鼓励得克萨斯保持独立。其次，他指示他在墨西哥城的新大使（帕克南已经升迁调任至华盛顿）说服圣塔安纳承认得克萨斯。第三，他命令他在巴黎的大使,敦促法国政府共同保卫墨西哥领土。基佐是个可以商量的对象，他同意英国的看法。可是得克萨斯人依然不愿表态，而墨西哥人固执依旧并且冥顽不灵。英国大使告诉圣塔安纳：你必须与得克萨斯讲和，唯有如此英法两国才会协助你获得有利条件，以阻挡美国势力的入侵。圣塔安纳说不，他绝不与得克萨斯人和谈。他鄙视休斯敦与其他曾羞辱他的人，而反美国人的情绪正是他大受欢迎的原因之一。

由于墨西哥拒绝协助，亚伯丁的策略遂告失败。墨西哥早晚会惹来美国入侵；而一旦介入，美国将不会以吞并得克萨斯为满足。更要命的是，英国无法以武力威胁美国，因为开战的结果可能会让英国失去加拿大。而最令人沮丧的，则是他们连抗议都做不到。因为就如帕克南于1844年6月在美国参议院否决并入得克萨斯的条约后所作的解说：

> 在条约否决后，我们根本不必说就明白得克萨斯的问题并未就此解决。相反，我们必须了解此时此刻这个问题正是美国人民关注的焦点，而在美国总统选举接近之际，这将成为振奋人心的主要议题……目前我相信上述条款遭到否决的原因是在英国与法国方面缺乏全面性——至少

是公开的干预。上述两国政府若显现任何反对声浪，我想将会有相反的效果，很可能会促成条约通过，而非否决。

帕克南对他的地主国了若指掌。如果不去管它，美国人可能会困在奴隶问题之中，而无暇顾及得克萨斯。即将来临的选举将是个重要的标志。然而只要一旦有迹象显示，英国这只猛狮即将威胁到他们，北方人与南方人将会同心协力，同时拿下得克萨斯与加利福尼亚。亚伯丁看出了帕克南忠告的高明之处，遂取消了外交攻势。此时他能做的就是重新提出他对墨西哥的建议，希望墨西哥人能有点“常识”……并焦心等待美国1844年总统大选的结果。

第25章　广州，1839

从冬天的雨季到盛夏季风吹送之间数个炎热的月份里，放眼望去，恒河流域尽是一片艳红。英国东印度公司雇用的数百名工人一心盼望罂粟花瓣飘然落地，因为那就表示罂粟籽荚已经成熟，到可以收割的时候了。他们用特制的弯刀切开籽荚，挤出奶状汁液。切好的籽荚先置于桶内，再放入托盘等待干燥，待压成球状后，用树叶包好，打包即可准备运送。这其中人力耗费之巨令人咋舌：要装满重约73公斤的一箱，必须收割约3公顷的罂粟花田，籽荚总数更高达14.4万个。尽管如此，秋天时火车还是每个星期周而复始地在产地与港口间穿梭不息。而这一切辛劳都有其代价，因为那一颗颗褐色小球都是100%的纯鸦片。

东印度公司行事谨慎，载运和走私鸦片的事完全交给与英国无关的船只和商贾经手。东印度公司的船只从加尔各答驶出，直达广东后，就停泊在珠江口，等待中国批发商来与他们接洽。这些批发商都乘着装甲快艇前来，英国人称这种船为走私船；中国人则称之为“快蟹”（fast crabs）或是“战龙船”（scrambling dragons）。双方迅速交换文件以证明中国人在广州已先付款给东印度公司，一箱箱的鸦片便从东印度公司的船只搬至走私船上，孔武有力的船夫再将这些货物运送到大陆各分销点。这些鸦片送抵城里的鸦片馆后，会再经过一道脱水手续：置于铜锅内煮沸搅拌。经过二度脱水的鸦片会成膏状般滑顺，通常就让它放着过夜，使水分慢慢渗出。随后经过再次过滤、煮沸、搅拌之后，鸦片膏成了粥状——烟馆卖的就是这玩意。烟馆昏暗的小房间里烟雾缭绕，上了瘾的鸦片鬼就倚在里面的卧床上，用根铁丝挑起一点点珍贵无比的鸦片，置于灯上加热。然后把热好的鸦片放在烟管里，一股脑地将烟气全吸进肺里。“抽鸦片的过程与抽香烟截然不同，它是一套将吗啡引入体内的绝佳方式”。

事实上，不仅是引入体内，它更深深侵入了整个社会。到了1838年，每年约有4万箱鸦片走私进入中国。而这些鸦片不仅日渐削弱工人与知识分子的精神气力，连官员也为之腐化，助长了道德沦丧与犯罪风气，全国经济元气大伤，而清朝皇族更就此化为一群颓废不振的蛮夷。道光皇帝察觉其中有所不当，也警醒到其潜藏的危机。儒家社会所提倡的长幼尊卑与责任感，可说历经千锤百炼也未见动摇。但是一旦个人丧失羞耻心，上述儒家社会的基石也就为之倾颓。诚如一位皇室史官所悲叹："父亲无能训诫妻子，主子无能管束仆婢，师长无能教育门生……此谓人命丧之，国魂毁矣。"

其他清朝官吏则采取务实的应对之道。要彻底禁绝鸦片，政府势必得大刀阔斧从严查处；那还不如将鸦片合法化。这样中国可以自行栽种鸦片，白银不致外流，国库更可借征收鸦片税而愈加丰实。可是卫道人士反驳道，将鸦片合法化无异于对外投降，并且是纵容甚至鼓励人们吸食鸦片。对他们而言，鸦片是流毒，其导致的花费无度尚为小恶，毁损人心志气方为大祸。卫道人士力主对贩售、吸食鸦片者应施以严刑峻罚，并积极缉私。这两派主张各有道理，道光皇帝因此大伤脑筋，拿不定主意该听哪一派，一直到第三个问题有了解决方法后方见分晓。第三个问题是该如何治疗那些已经上瘾的鸦片鬼呢？一方面要够人道，但另一方面又不得流于软弱无效。主张鸦片合法化者提不出一套办法，倒是一位卫道人士提出了对策。他就是林则徐，53岁的省府提督。他是个知识分子，也是个诗人，素以聪颖廉正著称，因此赢得了"林青天"的美名。他在1838年提出了一个全面扫毒的计划：收缴并销毁所有吸毒工具；国内毒贩一经逮捕立刻正法；查缉到外国走私分子，则以禁止其合法贸易活动来恫吓；并建立勒戒所协助上隐者戒毒。如果一年后仍无法戒毒，这些上瘾者将同样被处以极刑。

道光皇帝召见林则徐，参详数日之后，便命他为钦差大臣，并指示他"斩草除根"。他一方面要避免引起与海外蛮夷之帮的战事，一方面又要将鸦片自供需两面彻底禁绝。林则徐雄心勃勃，冀望这场道德圣战能让他未来官运亨通。他在1839年启程前往广州，带着满怀的道德正气与对权力的憧憬。

中国有句格言说道："风水每30年轮转一次，社会必逢变动；每100年的一次轮转，则必带来社会之动荡不安。"新朝代的建立，往往为古老的社会注入新血，赋予儒家文化新的风貌。但是时日一久，官僚与军队体系便渐失生气，日益颓废，再也无心迎接挑战或为民服务了。到了18世纪末，清朝官吏正是这种情况：过度膨胀而且腐败，农民则必须承受繁重的赋税。国库由于浪费与腐败而日渐空虚，即使是大清最引以为傲的八旗军，对军事力量的钻研也被追逐金钱与勒索所取代。但有识之士仍然得以脱颖而出，而像林则徐这样的知识分子所主导的运动，也赋予了儒家思想新的意义，使其成为改革的动力，而非一套保守的道德规范。但是对当局提出抗议却是很危险的，因为满族人须臾不曾忘记，他们是以外来民族的身份，统治着人口相当于他们数倍的中原人。

清朝的自然衰颓本来不致立即覆亡，但下列两件事却大幅缩短了清朝的寿命：过度快速的人口增长，以及与新兴工业化的大英帝国间的冲突。讽刺的是，人口之所以呈现快速增长，正是清朝在17世纪末执掌中国之后，一连串成功的政策所导致的结果。引水灌溉、开垦新地，除了稻米之外，甘薯、玉米与花生的栽种益广，由于西方对茶叶、丝绸及瓷器的需求而致富的城市不断增加；所有这些因素都促成了人民生育率的大幅提高。在18世纪，中国的人口整整增长了一倍，达到3亿余人。到了1850年，更增加到4.3亿人，结果造成人口过度拥挤，生活水准下滑，下自农民、讼棍，上至士人大官，人人自危。

那么19世纪的中国人又是如何抒发他们的忧思与危机感呢？秘密结社是一个方法，另一个办法就是吸鸦片。在南方，人口过剩的现象最严重，对清朝的厌恶不满也最为强烈，所谓的三合会（Triads）便因此兴起，这些秘密社团包括三和会（Three Harmonies Society）、洪门会、天地会等。他们散布各地的堂口，往往聚集劳工与末官之流从事抢劫与贩烟。这些秘密结社绝大部分的时间都忙于处理地方恩怨与营利赚钱，但同时也打着“反清复明”的政治口号。像白莲教在1805年被清朝歼灭之前，就曾经发动10万大军进行叛变。因此道光皇帝决定禁烟乃基于下列三个因素的考虑：道德、经济、政治。

对外展开贸易为清朝的统治注入了新的活力。但是康熙皇帝在1722年驾崩，却使得情势突然逆转：商业活动受到严格管制，中国人也不准向外移民。朝廷不再眷顾传教士并停止学习外国事务。到了1760年，朝廷下令关闭所有对欧贸易商港，仅保留广州一地。跟日本在长崎的做法一样，清朝在广州极力限制人民与“红番”之间的接触。欧洲人凭借中国人比不上的船坚炮利，在中国来去自如，当然是件让清朝大失颜面的事。但是既然这些夷人对中国文明产品的需求如此殷切，清廷遂认定以停止贸易来作威胁，必可掌控这些蛮夷番邦。此外，欧洲人拒绝行跪拜之礼与进贡朝拜，更使双方绝无可能维持政府与政府之间的官方关系，因此利用民间商贾买卖关系来维持彼此的交往，就成为当时的权宜之计。于是，在广州便发展出两套独占专利制：中国方面设立了十三行,外夷则在广州码头上建立十三间仓库。皇帝敕令禁止欧洲人擅离“夷馆”，或携带军火或番妇来广州，外夷不得学习中文，交易对象只能限于十三行。

另外同样让外商感到相当困扰的是十三行的做事规矩。外商必须接受一位海关督导的管辖，这位督导的上司则是省府总督。总督大人很自然地总是怀疑这些行商与外夷会勾结共谋。于是这些来自欧洲的贸易商必须面对层层官吏的管制，每个都操着中国海岸的洋泾浜英语向他们要求关税、小费或红包。于是，北京在达成首要的目的——将所有外夷严加监管——的同时，还自广州的贸易中纳入不少关税收入。

至于英国人的主要目的，则是要满足他们对茶叶上瘾的喜好。印度和爪哇当时尚未栽种茶叶，所以中国成为英国唯一的茶叶供应者。到了1830年，英国每年自中国进口约1360万公斤茶叶，两国之间的贸易赤字达到每年70万英镑，而英国必须用白银来支付。贸易失衡的原因在于中国人对欧洲的产品一点兴趣也没有。就像一个英国人所说的，中国人自己早有了全世界顶尖的美食（米饭）与华服（丝绸）。为了找出一样中国人愿意买的物品，英国人与美国人不惜冒险到阿拉斯加的海豹与水獭保育区进行盗猎，并在夏威夷砍伐檀香木。可是这几样商品到了1830年的时候也悉数用尽，再也没有货源了。要平衡双方的贸易，西方国家势必得找到一种昂贵的新产品——那就是鸦片。鸦片不但是东印度公司的一线生机，更是该公司在印度每年赚入400万英镑的主要功臣。此外，由于鸦片的缘故，往返中国与印度海域之间的“地下贸易”也大幅增长。这些贸易活动主要由苏格兰人掌控，有时犹太人亦参与其中。渐渐地，这种地下贸易的总额甚至高达东印度公司合法贸易的3倍。最后鸦片的销售终于超过了进口茶叶的成本，中国的白银反而不断外流，进入了英格兰银行。

当时靠鸦片赚大钱的其实不只是英国人，其他国家的商人——尤其是美国人——往往光是经手散货，就足以大发利市。尤其是费城人对中国贸易格外积极，彼时在美国，喝茶已经成为一股时髦风潮，但是进口茶叶的关税非常高。这虽然给予美国商船海运业者相当的诱因，但是他们仍然必须找出能在广州贩卖的赚钱商品。由于当时美俄之间以及夏威夷地区的贸易活动都由波士顿与塞伦（Salem）等公司掌控，费城人便把脑筋动到鸦片上，他们在土耳其找到了货源，于是用鸦片来抵付每年输入逾约907万公斤的茶叶。这些美国人对于和英国人在中国海岸上合作一事，其实是再乐意不过了。就像约翰·拉蒂默（John Latimer）所说：“我们绝不会阻拦你们。你们尽量放手去做。我们绝对跟进，共享利益。”

所谓“放手去做”，是表示让中国开放更多通商地点，而非仅限于广州。1793年，马嘎尔尼（Macartney）带着3000名随员与90辆马车的礼物来到北京觐见皇帝。他此行的主要目的分别是向中国推销英国的工业产品、在北京设立大使馆，以及要求中国加开通商口岸。可是中国方面却很客气地拒绝了他的请求:“我们物产丰隆,一应俱全。新奇巧妙的事物对我而言也没什么。所以我用不着贵国的产品。”1816年,英方再度尝试与中国交涉,结果阿默斯特(Amherst)竟惹恼了大清皇帝,无功而返。此时,在英方阵营内发生了一个重要的改变:东印度公司在中国的通商专利被取消了。曼彻斯特派的自由贸易学说谴责专利垄断的做法,而其他印度地下贸易商与新兴英国工业家则大声疾呼要求开放中国市场。于是英国国会在1834年宣布,所有英国人民皆可在好望角与麦哲伦海峡之间公平从事自由贸易。这表示自此之后,十三行面对交涉的不再是民间私人企业,而是一位代表英国女皇子民的领事。这样一位代理人无疑会要求中国给予外交上的平等待遇。

首位贸易监督是威廉·内皮尔(William Napier)爵士,他奉令采取安抚怀柔的姿态。但是广州总督却将其斥退,因为中国皇帝不可能平等对待外夷。心高气傲的内皮尔非但不肯就此离去,反而突发奇想,分发广告传单给广州的办事员和苦力,将他们视为伦敦东区的劳工一般看待。于是广州总督在珠江口以68艘平底战船围堵他,当时已感染疟疾的内皮尔才终于撤手。这么一来,反为中英双方埋下了日后战争的种子。因为中国这方认定英国人是软脚虾,而且他们渴求贸易机会,实有求于中国;英国方面则决定,下次再派代表前去,必定准备以武力为后盾。更甚者,在北京关于如何打击鸦片的争议正方兴未艾,广州总督则准确地臆测到了皇上的心意。1838年,他派出平底战船摧毁了一整支“快蟹”舰队,并将烟贩与上瘾者当日斩首示众。英国商人坐在一箱箱价值连城的鸦片上,既然无法卸货,只有焦心等待,希望皇上选择支持弛禁。但事与愿违,1839年3月10日,“林青天”来到了广州。

林则徐第一步是通过美国医疗传教士彼得·帕克(Peter Paker)的翻译,写了两封信给英国维多利亚女王,并发给港口每艘船由其寄送。信中大意说明来华外夷者众,难免良莠不齐,于是有走私鸦片来华诱使中国人吸食,乃至鸦片流毒各省的情事,试问其良知安在,并恳请英女王能在准许其子民来华之前,先予筛检。在第二封信中,林则徐直言其满腔怒火,并提醒女王只谋图利一己,枉顾对他人危害之人,不仅天理难容,且将遭全人类唾弃。英女王并未回复,而帕默斯顿则不理会一个中国人的训示。

于是林则徐在1839年3月下令所有外商不得离开十三行,除非交出手上的鸦片,并具结[①]不再贩售鸦片,违反者愿受死刑。英国新任总督查尔斯·埃

① 具结悔过是刑法中的非刑罚处理方法之一,即责令免于刑事处罚的犯罪分子用书面方式保证悔改。——编者注

利奥特(Charles Elliot)当时正在广州。他不愿手下的英商在处死的要挟下具结，但是六个星期之后，他劝他们将手中的鸦片交出。他说女皇会赔偿他们的损失。一举成功的林则徐将两万多箱鸦片烟沉入港中，英商则退至当时仍为不毛之地的香港。

帕默斯顿听到埃利奥特竟保证皇室会偿付价值400万美元的充公鸦片，大为震怒。但埃利奥特此举使禁烟一事成为中英两国政府之间的问题。换言之，现在是英国政府，而非一般民众，在控告中国政府任意毁损其财物，因此英国政府自然有理由出兵中国了。帕默斯顿眼见这正是改变中英关系至平等基础的最佳时机，于是派出一支舰队抵达广州。保皇党并不赞成此举，力图说服内阁勿铸下大错。威廉·尤尔特·格莱斯顿（William Ewart Gladstone）就称这次出兵师出无名，势必造成英国永远蒙羞。但是帕默斯顿辩称这次冲突是因自由贸易而起，所争无关鸦片，于是他的提案在内阁中以5票之差通过。

就在这个时候，合法商人开始清点存货。何必只因鸦片走私者的缘故，就殃及中西之间的贸易活动一并暂停？有些英籍商人与大部分的美国商人都已准备签下林则徐的具结书，在1839年12月内就有两位船长完成具结。但是当他们驶进广州，希望重新展开贸易时，英国的“沃利吉”号（*Volage*）船长却大为不满，并向另外一艘商船的商人开火射击。中国的平底战船立即英勇相救，“沃利吉”号于是转而攻击中国水师。中英尽管尚未正式宣战，但两国之间的鸦片战争实已开打。

帕默斯顿的舰队由查尔斯·埃利奥特的堂弟乔治·埃利奥特（George Elliot）准将率领，于1840年6月抵达广州。他的策略是故意漠视广州的严阵以待，反而向中国北方突袭。英国人不费吹灰之力，就将中国的水师打得落花流水，结果可想而知，整件事的代罪羔羊自然是钦差大臣林则徐。他原先去广州的目的是想根绝鸦片走私，结果却引发了一场损失惨重的战争。皇帝在给林则徐的书信中不仅直陈愤怒之情，更要其给予合理解释。林则徐的解释是，当时“外夷慑于我皇朝天威”，遂甘于缴交其鸦片。现在由于其他中国官吏未展现足够之魄力与决心，而政府又未能采纳林则徐的军事防御之道，以致外夷如今气焰又涨，如此一来，“外夷如饿犬般之贪欲更加炽旺，所欲所求亦较过往有过之而无不及”。受挫的皇帝评其论理为“一派胡言”。于是林则徐被贬至新疆——中国的西伯利亚。他的继任者是琦善，琦善转而采取安抚政策，与英国人就毁弃的鸦片达成了协议。但埃利奥特要求的不止于此，他要求平等的邦交关系；完全开放广州，不再设限；割让香港。琦善拒绝了。于是埃利奥特炮轰广州要塞。琦善最后只能屈服。

但是这些条件对帕默斯顿而言尚显不足，于道光皇帝则是无理之至。前者痛斥埃利奥特竟接受了如此便宜中国的条件；后者则因琦善提议割让中国领土，将其囚禁遣返北京。于是合谈破裂，战争继续进行；大清以为本朝胜券在握。因为第一，他们以为八旗军是所向无敌的；第二，中国人不知自何处得来的奇想，以为欧洲人一旦少了茶喝，马上视力尽失，而且必须服用中国的大黄才能通便。可是即使这些迷思是真的，中国也绝无胜算。

1841年年初，埃利奥特的舰队摧毁了中国珠江口多处炮台，并将一支中国军队围困在广州城内。这次战役中最出风头的就是英国的“复仇女神”号（*Nemesis*）——太平洋上第一艘铁制船身的轮船。一般公认这艘船的制造属于试验性质，但是所配备的120马力引擎，使其能够拖着约56米长的船体灵巧前进，越过三大洋，驶往中国。更惊人的是，一向被视为船只禁地的沙洲与海口，“复仇女神”号凭其扁平的船底也可以顺利通过，而且其铁制舱壁与防水隔间更可协助承受船身上的任何破损。在广州，“复仇女神”号潜入不知名的水道运送海军部队，并以绳索拖着多艘小船。这艘船的枪炮击毁了坐落于山坡上的要塞，且以中国人在600年前发明的武器——火药——击沉了11艘中国平底船。经验老到的水手对这样一艘巨大且冒浓烟的明轮船可说是嗤之以鼻。但是在随后的数十年当中，这种吃水浅的炮舰却逆流而上，深入内陆约1600公里，不但威慑了亚洲与非洲人民，更成为欧洲帝国主义的敲门砖。

第二波行动发生在上海南方约160公里处。休·高夫（Hugh Gough）爵士率领的一支长征军攻克长江口，并举兵上岸。皇帝认为这是双方在陆上兵戎相见的大好机会，立刻派出一支人数较高夫的士兵多出4余倍的军队，但其中大部分是由毫无经验的民兵组成。不过即使是八旗军，凭着老旧的火绳枪和死板的战略，面对英军的炮火与左右开弓，也是毫无胜算可言。中国人依占卜来决定进攻的时间，结果竟让部队经过一夜的跋涉之后，冒着风雨冲上战场。英军的正规军不但军纪良好，开火时也有充分的掩护，相较之下，上千名中国人则丧生于敌人的子弹之下。中国军队的另一次出击之所以失败，则是因为将领本人不但没有身先士卒，反倒躺着抽鸦片烟抽得迷迷糊糊。于是高夫占领了上海，并包围了巩固长江与大运河交叉口的要塞。守军奋勇迎战，但眼见势必落败，上百名守军便将妻小勒死或割喉，自己则引火自焚。未经工业化的部队无论阵容如何庞大，终究无法抵挡西方国家的劲旅——不论陆军或海军。依仗帆船与强劲肌肉的时代已经走到了尽头。

清帝在1842年8月求和，随后签订的《南京条约》完全遵循帕默斯顿的严苛指示。中国支付赔偿费2100万美元，废止行商的贸易独占权，开放五口通商（广州之外，另外加开福州、厦门、宁波与上海），把香港割让给英国，并对进口商品征收低关税。这场鸦片战争加速了英国人对中国人的了解。有些人谴责贩烟英国人对中国的欺压（约翰·昆西·亚当斯却不这么想，事实上他赞成强迫中国人参与现代世界的做法），但绝大多数的美国人则希望能分一杯羹。劳伦斯·卡尼（Lawrence Kearny）中尉在1842年率领第一支美国海军分遣队来到中国海域。在中国对英国实施禁运的期间，美国商人在中国沿海一带却大发利市。中英谈和之后，加勒·库辛（Caleb Cushing）在1844年7月签署了第一个中美条约。这份《望厦条约》中言明中国将给予美国最惠国待遇，以及英国所享有的一切权利。

就这样，中国开放了。这对北太平洋的影响犹如一波狂潮，冲击到日本、夏威夷与加州海岸，其他濒临大西洋的海权国家的港口亦受波及。当时仍坚守锁国政策的日本，眼见远较他们强大的亚洲大国横遭羞辱与威胁，不禁开始思考如何预防同样的厄运降临到自己身上。自西伯利亚向南方虎视眈眈的俄国，也发现长久以来阻挡他们南下的因素——物资充裕且骁勇善战的满族人——已然消失。英国找到一棵和印度同样富饶，而且面对皇家海军毫无招架之力的摇钱树。美国人的看法则是，不论中国代表的是一个市场、庞大的劳动力，还是传教区，总之它的潜力绝对是世界第一的。在这场开放中国的竞赛中，英国拔得了头筹。但是美国呢？一旦美国并吞夏威夷和加利福尼亚，一跃成为太平洋的强权时，又会是什么景况？答案是：一切都将随之改观。而情势究竟如何，则要看1844年的选举结果而定。

第26章　火奴鲁鲁，1843

罗伯特·比尤斯（Robert Bews）船长自他英籍捕鲸船的甲板上跳进一艘大艇中，用力划向火奴鲁鲁的码头。过去他总是在毛伊岛的拉海纳（Lahaina）停留，因为那是捕鲸船停泊的港口。但在1833年秋天，他却拎着行李住进一家火奴鲁鲁旅馆。在柜台签名登记之后，他立刻到酒吧畅饮。开怀不过个把钟头，马上有两个人冲进酒吧，痛斥比尤斯胆敢到瓦胡岛撒野。第一个人一副恶霸模样，手里还握着一根棍子。第二个则是大不列颠派驻夏威夷群岛与社会群岛（Society Islands）的领事理查德·查尔顿（Richard Charlton）。比尤斯提醒查尔顿其职责应该是捍卫英国人的权利。但是面色绯红、青筋暴起的查尔顿却将他推倒在地，并威胁他若不马上滚开，便扭断他的骨头。比尤斯最终屈服了，但嘴里还是不住咒骂。他一返回英国，立刻上书帕默斯顿首相，说查尔顿乃"英国之耻"，"毫无道德，应立刻撤职"。

自从利霍利霍死于麻疹之后，英国外交部对查尔顿领事的一切便睁一只眼闭一只眼。而查尔顿的一生多姿多彩，简直可以拍成电影。在他中风病倒之后的20年间，英国在夏威夷的势力便持续衰退。结果短短几年不到，夏威夷便几乎成为法英美三雄鼎立的局面。不过这也不能全怪到查尔顿头上，有时候美国人的傲慢无理，夏威夷人的轻信易哄，还有他伦敦上司的消极被动，的确都令人火冒三丈。毕竟他亲身驻在夏威夷，目睹了美国势力渐长的危险。他深知这些群岛的战略与商业价值，也一再向上呈报，可是他的祖国却袖手旁观。这是"查尔顿之歌"反复呈现的悲吟部分。

但就另一方面而言，这首歌的其他部分则很有喜剧味道。查尔顿最初是和老婆、小姨子泰勒太太，以及她的逃犯老公泰勒先生同行，一起搭船到夏威夷的。结果中途船只漏水，只好返回朴茨茅斯。泰勒先生遭到逮捕，被遣送至澳大利亚。于是查尔顿和女眷搭上了比尤斯船长的船再次出发。在驶向南美洲南端的海角途中，比尤斯常常到女士的船舱里和她们玩牌，成为了她们相当亲密的朋友。有一天晚上，船航行在南大西洋上，风向突然转变。比尤斯听到船索声声作响，便穿着长衬裤，披件外套，就来到了甲板上。他发现女士的睡舱里有根蜡烛是点着的。为了避免引起火灾，他悄悄潜入，吹熄蜡烛，但在黑暗之中竟不小心碰到了查尔顿太太，她当场尖叫。翌日她原本希望息事宁人，但是她妹妹却坚持要比尤斯签悔过书，否则她要提出控告。泰勒太太称这份悔过书正是比尤斯心存不轨的证据。

至于查尔顿，自然是摆出一副被戴绿帽的气愤状，警告比尤斯别再出现在他面前。这就是瓦胡岛事件的前因后果。为了应付帕默斯顿那一关，查尔顿苦心编出一套自己的解释，指责比尤斯乃是一派胡言。首先，当初那趟航行是途经伦敦，而泰勒太太是他的妹妹，而非小姨子。此外，有百叶窗挡着，比尤斯根本不可能看到蜡烛，所以也没有必要进入帘幕低垂的船舱吹熄腊烛，或是离开船长室。“我相信您也看不起任何忍得下这种屈辱的男人。”至于指控他本人毫无道德一事，查尔顿也不明白比尤斯所指为何，除了他曾经因领事职务所需，参加塔希提岛与夏威夷举行的土著舞蹈。但反过来看，比尤斯的老婆未婚生子可是人人皆知。事情的真相又有谁知道呢？是不是那位因为丈夫坐牢而孤寡度日的泰勒太太在海上漫长的航行中与船长调情取乐，但在他大意出了差错之后，立即翻脸诬陷，以掩饰他们之间的奸情？帕默斯顿并未深究此事，但却表明由于查尔顿先生“性情粗暴”，对他的信任大打折扣。

查尔顿最初的职责是打击除了英国之外任何企图掌控夏威夷的势力。他初抵达时，宾汉姆正在感化当地的酋长，而上百艘美籍捕鲸船更是齐聚夏威夷，这也就难怪查尔顿会将美国人视为一大威胁了。而英国人唯一能与之抗衡的，只有已经驾崩的国王答应温哥华，让夏威夷作为英国“保护国”的暧昧口惠而已，甚至连“保护国”一词到了1826年也等于作废：琼斯司令麾下的美国军舰“孔雀”号（*Peacock*）胁迫夏威夷人在枪口下签约，逼他们尊重美国人私有财产与合约的观念。

查尔顿大概以为凭其英国领事的身份，他该是夏威夷最有权势的人。但事实上，他和老婆与小姨子在这座乐园内进退维谷，完全被排除在权力结构之外。真正掌权的是加休曼努和她的传教士朋友。根据查尔顿的说法，英国人不论遭受多大的欺侮，法庭都不会为他们出头。至于夏威夷人则是完全听令于美国人。举例而言，查尔顿的牛在践踏邻居作物时遭到射杀，他虽然要求赔偿，却得不到任何回音。但是换成他的狗咬了外国女人，面对5美元的罚款却让他觉得简直欺人太甚。他极力反对禁止饮酒、通奸、赌博的法律，可是结果徒劳无功。当他代替法国教士说项时，加休曼努亲自回函：“你安静一点，这是我和国王之间的事。”向夏威夷当局抗议也没有用，因为他们所有的书信通信全部是由传教士翻译撰写。

查尔顿敦促英国政府鼓励英商来夏威夷投资，并派遣海军舰队来保护英国人的权益。事实上，90%的捕鲸者与商贾都是美国人，而且他们也毫不隐藏自己对那一小撮英国人的敌意。另外，人口统计的趋势更令查尔顿忧心忡忡。他在1836年写道：“土著人口正在快速减少。原因除了酋长们的压迫之外，就是令人厌恶（但却甚为普遍）的堕胎风气。这种人口锐减的情形，在土著与外国人接触甚少、甚至全无的地区最为严重。”

这波人口锐减是夏威夷史上最具情感冲击的议题之一。有些历史学家谴责这是外邦族群——尤其是传教士——所造成的结果；因为他们腐化人民的道德，让他们日渐衰颓。当代人则倾向指出，基督教族群是唯一持续繁衍的团体，这是因为他们的行为方式将感染性病、堕胎与杀婴的机率都降到了最低。不过尽管如此，造成当时夏威夷人口减少的主要因素毫无疑问都和西方有关——如离婚，还有上千名夏威夷壮丁与白人签约上船工作，因而远离家园。所以问题是谁会来取代他们？查尔顿写道，答案正是美国人。如果英国人想在夏威夷享有平等权利，至少一定要抵抗人口上的这股消长风潮。可是结果等到各方强权终于摊牌，争取控制夏威夷的主权时，英国却连牌桌都没沾上。

这一切都始于1836年，天主教徒再度回到夏威夷之时。法国人跟美国人不一样，他们认为传教事业可以作为扩张政治势力的媒介，而且7月才刚登基的法王路易·菲利普（Louis Philippe）对征服殖民地事务特别野心勃勃。1833年，宗座代牧区为太平洋地区任命了一位代表教宗的名誉主教；圣心会（Order of the Sacred Hearts）也再次尝试打破加尔文教派在当地的势力。6年前被加休曼努驱逐的亚丽克西斯·巴舍洛与帕特里克·肖特（Patrick Short）两位神父，在1837年4月重返夏威夷。“维纳斯”号（*La Venus*）驱逐舰舰长亚伯·杜珀蒂-图阿尔（Abel du Petit-Thouars）强迫夏威夷王考伊克奥乌利（卡米哈米哈三世）签约，允许法国人以最惠国人士身份“自由进出”夏威夷。不过杜珀蒂-图阿尔舰长随即远航返国。该年秋天有另外两名神父前来，考伊克奥乌利立即再次禁止他们“崇拜偶像”的宗教，连葡萄酒和烈酒一并禁止输入，同时开始迫害夏威夷的天主教徒。

由此看来，美国传教士的影响力似乎是如以往般根深蒂固。不过这股影响力的本质已逐渐改变。首先，宾汉姆已不再掌控一切，不论是美籍俗人或神职人员均对他频频攻讦，不过他传道的成就仍旧让他在美国海外传教士委员会中的声誉维持不坠。等到考伊克奥乌利开始复兴异教思想，宾汉姆只好坦承，基督教在当地的势力并不像他所报告的一样已完全扎根。委员会一方面慨叹宾汉姆不愿为人施洗的做法，一方面要求他面对传教士日益增多、权威逐渐分散的新局势应该降低标准。

其次，夏威夷人在一群宾汉姆毫无所知的年轻传教士领导下，于1837年再度改宗。泰特斯·科恩（Titus Coan）牧师在希洛——位于大岛面风的海岸边——已进行了两年传教工作。科恩追随一位新英格兰信仰复兴运动大师——查尔斯·芬尼（Charles G. Finney），因此他传道的重点在于圣灵，而非宾汉姆繁琐的教义问答。芬尼祈祷上帝“以严酷的方式”向这些“死人”显现神迹，并且宣称“如世界末日之悲号般强劲的海啸”席卷船只、房舍与人民，并在退潮时将他们吸回海浪之中，这正代表了上帝的旨意。突然间，科恩先生的上帝好像不只存在，而且具备了愤怒与慈悲的特质（因为只有13人丧生）。这是伟大信仰复兴之始，上千名夏威夷人因而重返教堂。于是在短短五个月内，科恩共为3200人施洗，并荣任全世界规模最大的新教教区牧师。夏威夷籍的神职人员因此大幅增长，使得夏威夷逐渐发展出风格独特的本土基督教。宾汉姆于1840年返乡，据他自己的说法是因为妻子的健康状况。总之，他的辉煌时期就此结束。

第三项变化则是新一代的传教士开始协助完成当地的政治社会革命；同样的，首先掌握这股革命风潮的仍是美国海外传教士委员会。基本上这也是1837年年底，法国人强迫夏威夷签约所导致的直接后果。我们都知道夏威夷国王对治理国事一窍不通，于是他和麾下的酋长便联合请求威廉·理查兹（William Richards）为他们延请一位“政治经济学”导师。美国海外传教士委员会不为所动，倒是理查兹在1838年受其感动，竟决定放弃传教士的身份，亲自指导国王与酋长。这位教学认真，但实在称不上是位专家的年轻传道者，每日面对夏威夷贵族讲授法律、政府与经济学，想来场面一定相当有趣——他每次都是赶在这些对他崇拜有加的学生之前预习下一课。1839年，一位自理查兹传道学校毕业的高材生——波阿斯·马洪（Boaz Mahune）——起草了一份夏威夷人权法案，序文是这么写的：

> 上帝以相同血脉创造各国人民，让他们幸福祥和地共居于地表之上。上帝同时也赋予所有人类、酋长和各方人民相同的若干权利。祂赐予每个人、每位酋长的权利包括：生命、手足、自由、以手劳动，以及用心创造。

可想而知，查尔顿为何会形容夏威夷国王完全被“英国的头号大敌威廉·理查兹牧师玩弄于股掌之间”。

法国人也不把这套人权法案放在心上。法国派遣西里尔·拉普拉斯(Cyrille Laplace）舰长的“亚提米斯”号（*L'Artemise*）驱逐舰前往夏威夷，就神父以及白兰地的问题再度施压。“亚提米斯”号在1839年7月下锚，拉普拉斯随即发出最后通牒：立刻废止对天主教与酒类的禁令，否则法军将连续炮击火奴鲁鲁。吓得发抖的商人赶紧捐钱凑了两万美元的保证金，希望拉普拉斯暂时休兵，直到考伊克奥乌利抵达为止。可是夏威夷一方面承平已久，加上受到传教士的影响，岛上既无要塞又缺乏现代武器，战士也早已忘却该如何打仗歼敌。于是法国又以武力强订了一份商业与友好条约，为天主教徒和法国人建立起平等的地位。

如果每一艘下锚的外国船舰都可以强迫夏威夷修改法令，王国的独立自主权要如何维持？第一种办法是制定一条所有外国势力一律遵守的法律。因此国王和酋长们便发布了1840年宪法，以选举方式建立了一个立法机构。其次则是争取外国政府正式承认夏威夷独立。于是考伊克奥乌利分别发函给美国总统约翰·泰勒（John Tyler）、法国国王路易·菲利普，以及英国维多利亚女王，要求他们保证支持夏威夷独立，并以和平方式解决未来任何争端。随后他还指派了一支挂满勋章绶带的代表团，成员包括理查兹、休斯敦海湾公司的乔治·辛普森（George Simpson）爵士，以及一名有头脑的年轻酋长提摩西·哈利欧（Timothy Haalilio），于1842年7月起航前往欧洲与美洲访问。

不过当他们正在海上航行时，查尔顿却终于崩溃了。一如以往，他夸大地宣称自己的郁闷完全是由于英国在夏威夷群岛的地位每况愈下。当然除此之外，他跟过去一样总有一些个人的困扰。查尔顿自称拥有某块滨海土地299年的租赁权，是他和伯奇在1826年所签订的。至于查尔顿为什么一直等到1840年才要求履行这项租约，则是个无人能解的谜。因为过去14年中，许多夏威夷人（包括国王本人）都曾在那块土地上建屋居住甚久。国王的顾问群疑心这是一桩伪造文书的案件，决定声明该租赁权无效，因为签约当时加休曼努已经摄政，而伯奇的行为显然逾越了权限。

查尔顿发出豪语说他将召集英军前来。1842年9月，他寄了一份出言不逊的简函给国王，大意是国王“有义务立即前往英国，在女王陛下面前提出声明——尽管稍嫌延迟，公理终将降临在你身上，届时遭受惩罚的将是你本人，而非你的顾问群”。然后，他从他屈指可数的几位朋友中，挑出亚历山大·辛普森（Alexander Simpson）担任他的代理领事，他自己则订了船票返回英国。辛普森和查尔顿一样行事轻率，竟四处夸耀他们要破坏考伊克奥乌利的外交策略，并引领英军吞并夏威夷。结果可想而知，夏威夷国王拒绝接受辛普森的到任国书，并控告查尔顿，扣留其财物。辛普森只好向英国驻圣布拉斯的太平洋舰队指挥官求救，司令官理查德·托马斯爵士（Sir Richard Thomas）于是下令乔治·保利特（George Paulet）指挥的“凯利堡”号（*Carysfort*）驶往火奴鲁鲁。保利特在1843年2月10日抵达夏威夷，摆好枪炮，胁迫夏威夷国王即刻设法解决英国人所提的抱怨事项，否则他将立即采取强硬措施。考伊克奥乌利原本决定屈服，后来却发现保利特和辛普森要的不是让步，而是整个夏威夷群岛。震惊之余，国王开始考虑是否将其政权转移至美法两国的联合保护之下。不过最后到了1843年2月25日，卡米哈米哈三世还是心不甘情不愿地屈服了，将“岛上生灵”交给英国治理。于是保利特便有模有样地担任起管理者的角色，甚至还招募了一支英国女王的夏威夷军团。查尔顿的梦想至此终告成真。

这时远在半个地球外的英国首相亚伯丁终于听到了查尔顿的哀告，并于1842年10月公布了一项新政策。从此以后，英国军舰停驻夏威夷的次数将比以往更为频繁，以便与其他势力抗衡。不过他也一再强调，各舰舰长应给予所有太平洋岛国的统治者足够的自治权，加强他们的权威，并应避免时时干涉外侨的抱怨或纠纷事件。两个月后，也就是1842年12月，夏威夷使节团终于抵达华盛顿。最初他们无法会晤国务卿丹尼尔·韦伯斯特（Daniel Webster），直到后来理查兹牧师暗示，如果美国不加理会的话，他就决定签字把夏威夷群岛送给英国，情势才有了转变。韦伯斯特说服泰勒总统，在总统演说中首次提及夏威夷群岛。泰勒说美国比任何势力都更关心这些群岛的命运；这些岛国的政府应该受到尊重，没有任何势力可以为了征服或建立殖民地而占据它们，或企图对其政府施加不当控制。总之，泰勒为夏威夷披上了门罗主义的斗篷，国会拨款在当地派驻使节。

因此到了1843年年初，情况是一名英国海军上将接收了夏威夷，而美英两国政府也分别肯定了夏威夷的独立自主权，更重要的是它们对彼此的行动一无所知。这种情况到查尔顿抵达伦敦，满心希望被视为爱国志士接待时，问题就浮现了。他寄给外交部的首封短笺中，列出了夏威夷人和美国人对英国人所做的种种“专横不义”之举，而且在夏威夷“美国人的意志就是法律”。结果亚伯丁置之不理。查尔顿的第二封信则采取平整冗长的报告形式，除了描述群岛上的情形之外，还提出了有力论证，说明只要美国人仍在暗中操控王室，即使美国政府承认夏威夷王国，其实也不具任何意义。亚伯丁仍不予理会。查尔顿之后的第三封与第四封信则尽是牢骚、怨言与自我辩护。这次亚伯丁整整一个月都不理会他。最后亚伯丁终于毫不留情地对查尔顿施以惩戒，原因如下：一是他写给夏威夷国王一封判断错误且至为不当的信函，极可能导致危机；二是他未经准许擅离职守；三是在未确定其指定代理人能否获得认可的情况下，竟先行离开。随后他就被亚伯丁撤职了。查尔顿的最后一封信则是一封极其谦卑的陈情函，希望亚伯丁念在他所作所为皆出于爱国情深，而非个人企图的份上，宽恕他的行为。

当保利特占领夏威夷的消息传回伦敦时，亚伯丁同样嗤之以鼻，他继续与法国签署共同宣言，承认夏威夷群岛独立。托马斯司令则亲自前往火奴鲁鲁痛斥保利特，并在夏威夷王国国庆日当天担任主席一职。1843年7月31日，夏威夷国旗取代了英国国旗，而考伊克奥乌利则撷取《圣经·诗篇》中的一句诗句作为王国的座右铭："土地的生命长存于正义之中。"另一方面，查尔顿被迫退休，遗缺由一名"经验丰富且立场超然的人士"接替。查尔顿在1844年重返夏威夷，发现自己竟因为辱骂一名敌手是鸡奸者而遭到法院传讯。后来陪审团判他有罪，查尔顿转而指控他们全都是鸡奸者，并离开夏威夷，从此再也不曾回去。他于1852年在英国去世。

在经历了这一连串危机之后，夏威夷进入了崭新的改革时代。首届议会在1845年召开，并通过建立王室内阁与土地重新分配的法律，自1846年开始施行。同年捕鲸业达到最高峰，考爱岛则开始尝试栽培甘蔗。要是查尔顿留下来的话，他一定会注意到这个当地人引以为傲的"夏威夷"内阁名单，其中竟赫然包括教育部长理查兹牧师、法务部长杰瑞特·贾德（Gerritt Judd）、检察总长约翰·利克德（John Ricord）、审判长威廉·李（William Lee）、外交部长罗伯特·怀利（Robert Wyllie）等人。至于土地改革中自贵族手中释出的土地，则绝大部分都落入美国人的掌握，他们现在完全垄断了夏威夷的政治与经济生活，就像之前他们独占夏威夷的宗教生活一般。

早有先见之明的美国人这会乐不可支。加勒·库辛认为控制俄勒冈、开放中国，以及夏威夷的命运等三件事前后连贯。代理国务卿休·勒加雷（Hugh S. Legaré）则认为夏威夷极其重要："除了取得加利福尼亚（如果可能的话）之外……即使顺利占领俄勒冈，只怕都无法弥补我们万一失去这些港口带来的损失。"不过，或许美国人根本不用作鱼与熊掌的选择。说不定他们可以两者兼得。而这就要看1844年的选举结果而定了。

第27章　俄勒冈，1844

拜1812年战争之赐，“俄勒冈之父”的头衔并未落到麦克杜格尔——阿斯特的属下——头上，而是归于哈德逊湾公司的约翰·麦克洛克林（John McLoughlin）……虽然有些人怀疑他是否真的是人类——他的身躯和白胡茸茸的脸都酷似北极熊，而且从他统治俄勒冈这块约129万平方公里的地区长达20年的记录看来，他的脾气也像极了北极熊。麦克洛克林于1784年生于里维耶尔（Riviere-du-Loup），曾在一名外科医师那儿当过学徒，20岁取得了边疆医师的执照。在1821年西北皮货公司并入哈德逊湾公司之前，麦克洛克林已经成为跨落基山脉地区毛皮贸易的头号角色之一；他以用鞭子教训——或只是抽打几下——不听话的员工、印第安人或是干扰他公司独占事业的竞争者出名。因此，当该公司需要有人从北方佬手中将俄勒冈这块未曾开发的王国的控制权夺过来时，总督乔治·辛普森爵士就挑中了麦克洛克林：“他是那种我在月黑风高的夜晚不会想碰上的人。”

辛普森自己也不只是个管管账的简单角色。他不仅知道公司在哈德逊湾总部附近每一条河流、每一座森林的名字，还会骑马或划着独木舟，亲自巡视整个西加拿大地区。1824年，辛普森首次巡视哥伦比亚河（Columbia River），并拟订出英国必须同时与美俄两国抗衡，争取一席之地的策略。俄勒冈包括北纬42度（美国亚当斯总统与奥尼斯划定的加利福尼亚北界）到54度40分之间（1824—1825年条约所划定的美俄南界），太平洋到落基山的广大地区。因为这块土地甚为辽阔，可容纳各方势力，所以最合理的解决方式显然是瓜分势力范围。那么，为什么不将北纬49度的边界（该区到落基山已经划分好的美加边界）一路延伸到太平洋海岸呢？事实上，阿尔伯特·加勒廷在1824年就曾提议采取这种划分方式，可是英国只愿意让出哥伦比亚河以南的土地。所以这场争论的焦点在于哥伦比亚河与北纬49度间的土地，也就是今日的华盛顿州。可是因为英国要保留通往哥伦比亚河（也就是他们所谓的“西方的圣劳伦斯”）的通路，美国人则觊觎普吉特海湾，因而无法达成任何协议。1827年，沿用了10年的“共同占领”协定即将到期，对立的几国政府毫不考虑就决定无限期延长这项协定。美国人忖度着：迟早我方的移民会占领更多土地，扩张美国的势力。英国人也算计着：迟早我方的哈德逊湾公司会控制此地的商业，扩张英国的势力。这就是辛普森的策略为何极为重要的原因所在。

阿斯托里亚的时代过去了，但却换成美国北方佬船长来骚扰加拿大毛皮商。哈德逊湾公司如果想生存下去，首先必须与俄国人和印第安人合作，以破坏美国人的沿海贸易，然后让俄国人与印第安人对它的依赖度增加到无法自拔的地步。美国人的弱点是他们都是个人企业，他们可以和沿海的印第安人与俄国人做毛皮生意，获取高额的利润。不过他们的资本有限，许多人甚至只要一班船货出了问题便会垮掉。所以辛普森建议他的公司在哥伦比亚河到阿拉斯加狭长地带之间，沿途设立交易市场，并放手让麦克洛克林去负责。不到10年，从哥伦比亚河沿岸的温哥华堡（Fort Vancouver）与瓦拉瓦拉堡（Fort Walla Walla），到弗雷泽河（Fraser River）沿岸的尼斯夸尼堡（Fort Nisqually，位于今日的塔科马［Tacoma］附近）与蓝利堡（Fort Langley），一直到俄属美洲边界上的辛普森堡（Fort Simpson），便建立起一张细密的交易网络。哈德逊湾公司的商务代表可以在这些商品的重要集散地收集所有印第安人提供的毛皮，只是他们与印第安人的交易方式并非完全一致。在来自海洋的美国人无法到达的内陆交易点，该公司的商务代表要印第安人交出5张生皮，才能换到该公司的注册商标：一条红蓝相间的毛毯。在美国人的船可能到达的沿岸交易地点，或是普吉特湾的码头，该公司便给印第安人较好的条件，比方说，3张生皮换一条毛毯。而在有美国人公然抢生意的地方，甚至只要一张生皮就可换一条毯子！当然内陆的印第安部落，像是内兹佩尔塞人（Nez Percé），知道他们这一招之后便大感不平。美国北方佬商人根本无法与哈德逊湾这样的大公司打价格战，他们突然发现，沿海的印第安人没有人要跟他们交易了。到了1830年，这些新英格兰人被击垮了，他们的船只就此销声匿迹。一名生意失败的船长威廉·麦克尼尔（William H. McNeill）甚至在1832年把他的船卖给麦克洛克林，然后转去投靠加拿大人。

麦克洛克林接着转而对付俄国人。还记得美俄战事结果以让美国人在阿拉斯加享有10年完全贸易权的条约落幕，俄国沙皇敕令化为泡影所带来的混乱吗？条约即将到期时，俄属美洲总督费迪南德·兰格尔唯恐美国人的势力入侵阿拉斯加，急着要找出替代方案。于是麦克洛克林软硬兼施。他先摆出威吓的姿态越过俄属美洲边界，然后再自愿提供锡特卡所需的制造原料与食物。

俄国人不怕威吓，“芝加哥夫”号（*Chichagoff*）将一艘哈德逊湾公司船只逐出斯蒂金河（Stikine River），造成了一场小小事件。不过面对诱惑，俄国人却上钩了：哈德逊湾公司不仅提议供应俄属美洲居民必需品，还以极好的价钱卖给他们上好的水獭皮。于是圣彼得堡方面在1839年签下一纸协定。此时美国商人已经完全被阻绝在太平洋沿岸之外，幸运之神似乎眷顾着英国人。

只是英国的命运并非由伦敦或是哈德逊湾公司的主管所控制，而是掌控在哈德逊湾公司美洲大陆西部常任总监——声名狼藉的麦克洛克林手中。他的老板乔治·辛普森，只能在麦克洛克林大刀阔斧辟建要塞、消灭竞争对手，并于1839年设立子公司——普吉特湾农产公司（Puget's Sound Agricultural Company，用以降低母公司成本并负责提供俄国人必需品）时，在一旁鼓掌呐喊而已。然而另一方面，关于麦克洛克林火暴脾气的抱怨也与日俱增。当温哥华堡那个皮笑肉不笑、个性傲慢的英国国教派牧师抱怨没有地毯，或读经班没有适当的场所，或是他找不到厨师把鲑鱼煮得让他挑剔的老婆满意的时候，麦克洛克林只是把他臭骂一顿。可是当比弗牧师（Rev. Beaver）居然写信给哈德逊湾公司，谴责毛皮商人跟印第安人通婚，并骂麦克洛克林的老婆是个麻子时，绰号“白鹰”的麦克洛克林就把他打了个皮开肉绽。更让辛普森担心的是，这个大个子老是把他觉得有问题的公司政策抛诸脑后：辛普森命令他关闭哈德逊湾公司的圣弗朗西斯科分处，麦克洛克林却还是让它继续营业。辛普森把西北海岸第一艘蒸汽船“海獭”号（*Beaver*）交给他，他把引擎拆下来给锯木厂用。更重要的是，辛普森命令他阻止美国移民迁入哥伦比亚河盆地，麦克洛克林却反而大肆鼓励移民。

为什么麦克洛克林要这么做？为什么他要忍受这种有朝一日可能会影响英国在西北海岸势力的因素存在？一种说法是麦克洛克林也有感性的一面；另一说法是他私底下是个共和主义者，在1837年英国军队镇压加拿大革命之后便开始暗中反抗英国统治。事实摆在眼前，1832年第一批移民——10名由波士顿的纳撒尼尔·怀尔斯（Nathaniel Wyeth，他希望在该处设立一座熏鲑鱼工厂）领导的可怜家伙——抵达该地时，麦克洛克林不仅提供食物，还款待了他们好几个月。最后其中两人决定留下，并获准在富饶的威拉梅特河谷（Willamette Valley）定居。怀尔斯在1834年再次到来，并带来另一群人，包括两名卫理公会的传教士。麦克洛克林再度向他们提供帮助，彼得·帕克牧师后来回到东部大肆宣传俄勒冈的土壤有多肥沃、麦克洛克林医师有多仁慈等等。辛普森也听到风声，就把麦克洛克林叫来讨论此事。

辛普森不是个怕事的怯弱家伙，如果他怀疑属下不忠，必然会断然把他开除。可是无论麦克洛克林对哥伦比亚河南岸的美国北方佬移民显得多掉以轻心，他依然是英国毛皮独占事业的捍卫战士。毕竟哈德逊湾公司是个营利组织，讲利润而不谈政治，只要那些移民不干扰毛皮业务，就没有必要造成流血的国际事件。事实上，大费周章把所有外来者赶出俄勒冈，把那个地方弄得神秘兮兮的，只会让美国人更加确信俄勒冈确实值得放手一搏。所以麦克洛克林带着辛普森的指示——不要鼓励北方佬移民，随时维护毛皮独占事业——回到太平洋岸，在哥伦比亚河北岸给英国移民准备一块地方。不幸的是，当时英国移民的速度正值缓慢期（直到爱尔兰马铃薯歉收后才加快），想移民国外的又往往被新西兰协会（New Zealand Association）的宣传所吸引。所以普吉特湾农产公司的业务停滞，而威拉梅特的移民区则越来越繁荣。

1841年有大约500名美国公民在哥伦比亚河以南的地区定居或活动，也有大约同样数目的英国子民住在北岸。但在1842年，在以利亚·怀特（Elijah White）医师受到俄勒冈相关报道影响，带领一支100名移民组成的有史以来第一批篷车队，一步一步踏出俄勒冈小径（Oregon Trail）后，情况便大为改观。辛普森抱持他一贯轻视美国人的态度，认为他们是一些一无是处、无法无天的家伙。可是那些叫着“哇！去啊！我们正赶上俄勒冈热”的人，多半是受到1837年经济危机牵连的中西部农夫。谷物、猪与棉花价格跌落谷底，负债累累或只拥有不毛之地的农民纷纷破产。所以虽然没有必要把俄勒冈小径的拓荒先驱想得太过浪漫（他们随手乱丢垃圾，后来的人只要跟着垃圾走便不会迷路），但也没有理由指责那些一心向往俄勒冈的人为帝国主义者。任何人只要曾在没有适当工具的情况下，试过整理出一块处女地（即使是一小块）或是树根盘根错节、岩石杂草密布的林地，就能了解那些因为太晚抵达密苏里州或伊利诺伊州，无法敲木桩占地的不幸人们的惨痛心情。对他们来说，俄勒冈是他们让妻儿过好日子的第二次机会。当然，其中总会掺杂一些无赖或恶棍在内。

麦克洛克林不仅对他们来者不拒，还赊给他们更多工具和种子。然后，一切便就此失控。1843年5月，这些美国北方佬按照他们的惯例，聚在一起为一项政治盟约——尚波伊盟约（Champoeg Compact）——宣示，选举地方首长，根据爱荷华州律法制定法律，并请求国会追认这些条款。到了1843年秋天，又有一些人赶上俄勒冈热前来此地，回到东部的记者纷纷要求美国政府将延伸到阿拉斯加的整个太平洋岸都划归美国所有。当泰勒总统重提以哥伦比亚河北岸的土地来交换时，由大西洋岸到中西部各地纷纷召开“俄勒冈会议”，抗议割让任何西北领土。在1843年7月举行的辛辛那提会议上，120

名代表聆听托马斯·本顿（Thomas Benton）参议员宣布：“让移民继续前进，带着他们的来复枪……俄勒冈有3000支来复枪便可架空哈德逊湾公司，把他们赶出我们的土地。”

所以美国的“具体移民”策略在停顿15年后，又再度开始与英国的“商业垄断”策略相互抗衡。这场争斗的代罪羔羊便是麦克洛克林。他不仅没有阻止美国移民，也未能扩张英国领地，反而忙着在公司各地的要塞中大肆搜捕在斯蒂金河岸喝酒闹事，枪杀他（为非作歹的）儿子的人。辛普森的耐心到此为止。1844年年初，他将麦克洛克林停职一年，取消他为数可观的总督红利，并把他的职权分给三个人管理。“白鹰”斥责这是背叛行为，他再也没有回来复职。

几年后，麦克洛克林公开驳斥英国的统治并取得美国公民权，他大肆夸张自己对美利坚的热爱。此举更让那些毁谤他的人相信他是个叛国者。他满脸横生的白胡子与神色疯狂的双眼，像极了约翰·布朗（John Brown，1800—1859）[①]。这足以证实辛普森对他的评语：“他在任何国家、任何政府、任何情况下，都可以成为极端主义者。”这一切，或许只是因为他无法容忍自己以外的任何权威。他后来的亲美态度也不是出于真心。那时他正忙着打官司，保卫他在威拉米特大瀑布价值不菲的产业所有权，而该地正是美国法院极力想连根铲除哈德逊湾公司势力的重点所在。麦克洛克林会一反常态臣服在星条旗下（“一面尊崇正义原则的……旗帜”），并提醒俄勒冈居民他所作的一切贡献，也是可以预料的。事实上，麦克洛克林所有的政治行为，均可用经济利益来解释，无论是毛皮贸易或是移民……当然，前提是这个人必须还有一点理智。

到了1844年，俄勒冈热将西北领土的争议提升到足以与得克萨斯相提并论的程度，[②]而这两件事也让国土扩张成为美国政治最迫切的议题。不过这并不是说以前的扩张议题就不受重视。一如我们所知，从杰斐逊、亚当斯、门罗的时代开始，便已假定美国各民族将不断茁壮，向西扩展，直抵太平洋沿岸。19世纪20年代与30年代领土扩张之所以稍稍停顿，是因为美国忙于实施杰克逊改革计划、迁移密西西比河以东的印第安人、将东北各城市工业化，并在中西部发展农业与在南方发展棉花业。然而扩张国土的趋势只会与日俱增。到了1840年，美国人口超过1700万，肥沃的土地上几乎人满为患。不难想象，铁路、汽船与电报对扩张工作的进行也必然大有帮助。

① 极端主张解放黑奴，以武力血腥手段对付蓄奴者著称。——译者注
② 指在得州还是墨西哥领土时，美国移民寻求独立，最后爆发墨西哥战争一事。——译者注

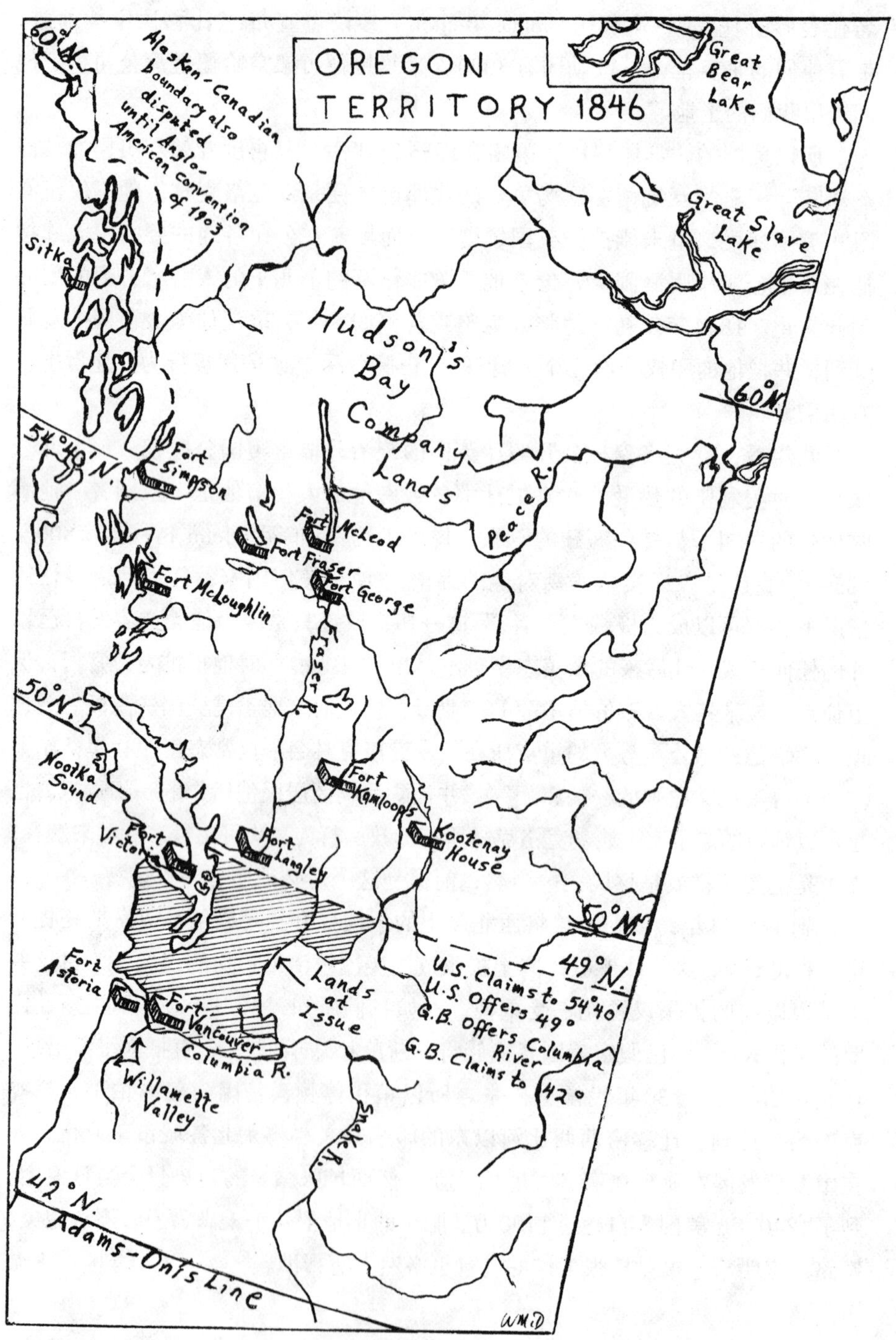

1846年的俄勒冈地区。

麻烦的是有好几种互相矛盾的扩张政策让人民与当政者伤透脑筋。举例来说，《民主评论》（*Democratic Review*）与《纽约晨报》（*New York Morning News*）的编辑约翰·欧苏利文（John O'Sullivan）便是个理想主义者。在他的心目中，民主联邦制度是各民族——蛮荒西部的北方佬、加拿大人，甚至印第安人、墨西哥人——有朝一日皆会共同服膺的信仰，而美国便是这些改宗者有朝一日即将进入的民主殿堂。可是这个过程必须是和平渐进的。伊利诺伊州众议员约翰·温特沃斯（John Wentworth）也同样“不相信上帝在赐给美国胜利宝冠的同时，会指定原来的美国是地球上的唯一自由居所。相反，祂只是让美国成为文明、宗教与自由的中心，应该不断发散光芒，直到整个大陆都沐浴在美国的祝福里为止”。

另外一种扩张理论是根据生物原则。如同某个印第安纳州的国会议员所说：“往西部去，去找一个年轻人和他18岁的伴侣；30年后再去看他，你看到的不是两个，而是22个人。这就是我所谓的美国乘法表。”所以，美国除了尽力而为、等待成果之外，什么也不必做。卡尔霍恩参议员认为要取得俄勒冈：“只有一个办法，可是好在那正是最有力的办法——时间。时间对我们有利；如果我们有智慧，愿意相信它，它便会以无法阻挡的力量伸张保护我们的权利，不花一文钱，不流一滴血……我们的人民怀着比我们所知的还要强大的驱动力，不断涌向太平洋岸。”

所以这些理想与生物扩张主义者不仅认为武力多余，违反了美国的立国精神，而且认为道德才是兼并他人土地的准则。举例来说，英国占有北美许多土地，可是他们不是很被动怠惰（像在加利福尼亚），便是独霸商业（例如在俄勒冈）。相反，美国人是孜孜不倦的牧场主人、农夫、矿工、猎人、投资者、公司创业人，他们按照上帝的旨意使用这个美好的地球。不过像这种普遍存在于东北部民主党人心中的空想，却模糊了要兼并的地点、时间、理由、方法等实质问题。另一种在中西部美国人之间很流行的扩张主义特色却恰恰相反：他们是不耐烦与无耻的现实主义者。这些自我标榜的嗜战者，要求取得北到北纬54度40分的所有俄勒冈土地，如有必要，他们随时准备与英国开战。

最后，美国北方与南方的扩张主义者也有所不同。前者渴望取得俄勒冈，但是对蓄奴的得克萨斯没什么好感。而南方的扩张主义者则渴望取得得克萨斯，可是对于为了俄勒冈与英国——他们最好的棉花客户——作战却没什么兴趣。这些不同点多少可以解释为何俄勒冈的问题会拖了这么久，以及为何得克萨斯会被隔绝在美国自由宫殿外的阶梯上长达9年之久。

若非政治风水突然转向，让民主党人落于守势，这些互相矛盾的扩张主义原本可能对美国的政策造成妨碍。改变开始于安德鲁·杰克逊（Andrew Jackson）[①]长达8年（1829—1837）的任期内。他的南方农民支持者与保农政策让东北部商人退避三舍，而他争取南部选票支持的做法，也激怒了解放奴隶的支持者。这种反对“安德鲁一世”的想法，使得一群相似点甚少的人联合起来，组成辉格党（Whigs，美国共和党的前身）。他们有个党纲，赞成高关税，支持道路与运河等国内建设，并限制蓄奴风气的扩张。1840年，他们好不容易选出威廉·亨利·哈里森（Willam Henry Harrison）当总统，他却在几个星期后去世，继任者泰勒很快赢得了所有人的好感。4年后，辉格党成员又一致推出肯塔基州伟大的国会议员亨利·克莱参选，而民主党对于要提名谁或提出哪些议题却没什么概念。此外，民主党的党员大会采用三分之二胜制，投了8次票还是没有人沾到胜利的边。最后，包括哈佛历史学家乔治·班克罗夫特（George Bancroft）在内的三位党务人员，主导提名了詹姆斯·诺克斯·波尔克（James Knox Polk）。波尔克是杰克逊的忠诚信徒，被民主党奉为“年轻的胡桃木”。虽然他曾经当过众议院议长及田纳西州州长，辉格党成员还是反讥说：“詹姆斯·波尔克是谁啊？”至于竞选政见（在那个只有少数选民看过或听过候选人的时代，其重要性远大于今日），民主党人则从外交政策上着手，企图过关。因为克莱反对得克萨斯成为美国的一州，民主党人便呼吁要“再度兼并得克萨斯”（以取悦蓄奴各州）与“再度占领俄勒冈”（以取悦中西部拓荒者）。所有人都知道这个“再度”二字是指美国本来已赢得这两块土地，是亚当斯总统与亲英国的辉格党人弄丢它们的。所以民主党与詹姆斯·波尔克便把希望赌在这点上，以拉拢所有支持扩张主义的选民，把美国人的爱国热情从内部的竞争对手转移到外来的敌人身上——包括英国与墨西哥。因为无论地区、宗教、党派或对蓄奴的态度为何，许多美国人都确实了解，美国此时拥有大好机会，但这机会稍纵即逝。得克萨斯在召唤着他们，加利福尼亚与俄勒冈亦然。中国的门户已经开启，夏威夷的开放也指日可待。英国与法国或态度被动，或无暇他顾；墨西哥则根本不是美国的对手。而美国却是个统一团结的国家，虽然这个情形可能无法维持多久。这正是美国的大好时机，波尔克便成为这种萌芽情绪的代言人，1844年选举过后，欧苏利文又替这种情绪找到了“天定命运”[②]这个名字。

① 美国第七任总统。——译者注

② 指19世纪认为美国有统治整个西半球命运的主张。——译者注

第28章　索诺马，1846

如果美国决定对墨西哥采取行动，那么世界上只有英国能够作出比抗议更进一步的行动。可是英国人这时却正遭遇有史以来国会最混乱的时期。工人民权运动、加拿大叛乱、爱尔兰问题，还有预算纠纷，在1841年让英国辉格党的墨尔本（Melbourne）[①]与帕默斯顿内阁先后倒台。此时入主唐宁街10号首相官邸的是罗伯特·皮尔（Robert Peel），主掌外交的是行事消极的亚伯丁。一连串的收成不佳与初次马铃薯歉收，使得保守党不得不废止《谷物法》（*Corn Laws*）[②]，可是此举却让保守党内部产生分歧。所以在国会分裂、帕默斯顿又不在位当权的情况下，英国自顾不暇，无力插手去管美洲后裔的事务。

然而到了1844年夏天，亚伯丁忽然觉醒，察觉美国可能有吞并得克萨斯的危险。可是他派驻华盛顿的帕克南大使却劝他，不要采取任何可能惹毛那些敏感易怒的美国人的行动，这使得波尔克赢得总统大选的可能性更加提高。帕克南的劝告也有道理，因为美国民主党员深信邪恶的英国图谋不轨（不论到底有没有这样的图谋存在），并认为亨利·克莱是个呆瓜。克莱也不懂得要对得克萨斯的问题含糊其辞，才会对自己较为有利，而他反对蓄奴风气扩张的立场对他也没什么帮助，因为反对蓄奴的自由党已经吸走了许多选票，帮助民主党赢得纽约与总统大选。垂头丧气的帕克南以其惯有的低调手法向伦敦报告："我恐怕波尔克先生当选美国总统，会让女王陛下多少有些失望。"

果然。亚伯丁愤而说道："我们已经小心避免任何可以点燃那种疯狂危险氛围的行为，可是在美国方面，却有许多煽动者或为了国家利益、或为政党利益，而一直在煽风点火。"然而英国绝不可能"仅仅为了墨西哥，就甘冒发生冲突的危险"。我们可以理解亚伯丁的谨慎有其道理，可是明确表示英国不

---

① 1834年及1835—1841年的英国首相。——译者注

② 限制进出口谷物的法律，始于1361年，1846年废止。——译者注

愿挑起战端，却等于是在决定北美洲霸权的危机才一开始，便放弃了皇家海军影响力这项重要筹码！帕默斯顿坐在反对党的席位上，气得吹胡子瞪眼。

1844年的大选事实上算是平手——200万张选票，结果只差4万票——可是即将卸任的泰勒总统却宣布波尔克胜利——意味着民意偏向让得克萨斯加入美国——并敦请国会以联合决议的方式（只要过半数）行使同意权，而不采用审核条约（需要三分之二以上同意）的方式。这项决议的立宪过程值得怀疑，而且连带产生的问题也十分严重：在美国人的眼中，得克萨斯是一个有自己的法律，负债累累的独立国家；在墨西哥眼里，它是一个反叛的省份，而且省界划分一直存有争议。可是美国国会还是通过了这项决议，泰勒在1845年3月1日，也就是他执政的最后一天，签署了这项决议。这项行动证明，扣除选举政治与奴隶问题不论，有过半数的人都倾向让得克萨斯加入美国。1844年11月的大选解决了前一个问题，罗伯特·沃克（Robert J. Walker）大量散发的选举小册子则解决了后者。沃克是在北方长大的蓄奴者，他主张如果目前的棉花田不堪使用则可转移到得克萨斯。有朝一日该地的田地也枯竭了，奴隶可跨越格兰德河（美国与墨西哥的界河），在墨西哥开始新生活。可是如果得克萨斯禁止蓄奴并维持独立地位，那么早晚失业的黑人便会涌入北方，或在南方引起种族战争。

亚伯丁祭出最后法宝——英国向得克萨斯提供防止墨西哥入侵的保证、贷款、自由屯垦等利益，条件是要它拒绝加入美国。可是美国特使安德鲁·多纳尔森（Andrew J. Donelson）不仅全数模仿，还提供其他更为优渥的条件。1845年6月18日，得克萨斯国会拒绝墨西哥那项迟来数年的和平协议，投票一致通过让“孤星”（Lone Star）[①]成为星条旗星群中闪耀的一颗。那时候，扩张的情绪在美国转为沸腾。约翰·欧苏利文高喊：“是的，还有更多更多，（直到）整个无垠的美洲大陆都变成我们的为止。”《伦敦时报》（*London Times*）评论道，俄勒冈与加利福尼亚便是美国的下一个目标，除非“有什么”能介入阻止。

而就在伦敦陷入沉睡的帕默斯顿精神，这时却在美国波尔克总统的身上活跃起来。波尔克是那种可能因为缺乏自信而老是受到低估，但却不断因而从中受益的政治家。虽然他从小就是虔诚的长老教会信徒，却由于父亲与牧师发生激烈争吵而未能受洗，因此他对自己与上帝的关系也一直无法确定。他幼时体质孱弱，后来却成为工作狂，他能安然度过人生的起起落落，部分要归功于他能干的妻子萨拉·奇尔德雷斯（Sarah Childress）。他很惊讶自己

① 得克萨斯当时的国旗，后来的州旗。——译者注

能够获得提名并赢得大选，而其他人则很惊讶他能够信守扩张国土的竞选诺言。他支持得克萨斯人将领土扩张到格兰德河岸，俄勒冈则向北扩张至北纬54度40分。他的海军部长乔治·班克罗夫特、战争部长威廉·马西（William Marcy）、财政部长约翰·沃克都是积极的扩张主义者，而一心想成为下任总统的国务卿詹姆斯·布坎南（James Buchanan）则很容易被人牵着走。波尔克也曾当过国会议员，知道立法与行政部门争夺外交控制权的危险。可是他这只“红狐狸”[①]却使出大胆的伎俩：他运用他的行政力量，造成国会必须接受，否则便显得不爱国的既成事实。波尔克也深受安德鲁·杰克逊的先例影响——要达成目的最好的方法是先虚张声势，然后再与对方协谈。至于积弱又自顾不暇的英国与一片混乱的墨西哥，则不会造成大碍。

可是该用哪种虚张声势的方法？又要如何收尾呢？“天定命运”这个预言认为扩张领土不该引起冲突，应该像得克萨斯的例子一样来得自然。尚波伊盟约意味着和平移民很快也会让俄勒冈——也许还有加利福尼亚——成为美国的一部分。可是西部的好战分子对模糊的“命运”之说毫不接受。他们要征服加拿大、解决所有边界问题。扩张主义的第三项法宝是filibuster，这个词现在虽然是指阻挠议事的行动，但原来的意思却意味着一种政变——派人入侵他国、主导“人民”反抗政府，再要求与美国合并。这种非法侵略的方法曾于1810年在巴吞鲁日（Baton Rouge）[②]奏效，似乎也是征服空旷的加利福尼亚的最佳法宝。第四种方法，也是波尔克最偏爱的方式，便是依循杰斐逊、门罗、亚当斯等历届总统的精神，采取外交途径。可是波尔克还要注意，不要让对英国与墨西哥的危机同时面临决战时刻，如果真要打，也是要和较弱的敌人交手。

俄勒冈问题率先爆发。1843年，亚伯丁重新展开谈判，提出他知道不可能被接受的条件：英国要保留哥伦比亚河以北的所有土地，但会在普吉特湾建立让美国船只停泊的“自由港”。波尔克也重提美国以北纬49度作为边界的条件，只是不给英国哥伦比亚河的航运权。帕克南深知这项条件令人难以接受，甚至没有通知外交部便予以拒绝。波尔克在年度国情咨文中，斥责此举为傲慢的侮辱，重申美国对西北海岸的主权，并敦请国会暂时中止以前的“共同占领”协定。波尔克说道：“对付约翰牛（John Bull）[③]的唯一方法，便是直视他的双眼，毫不畏惧。”

---

① 波尔克的绰号。——译者注

② 路易斯安那州首府。——译者注

③ 指英国人。——译者注

在此同时，美国与墨西哥的外交关系却几乎停滞。得克萨斯并入美国之后，墨西哥召回驻华盛顿大使，并驱逐美国使馆人员，让波尔克没有谈判协商的对象。于是在10月，刚好也是俄勒冈谈判破裂时，波尔克也给了墨西哥一个羞辱美国的机会。他无视美墨外交关系已经断绝，任命约翰·斯莱德尔（John Slidell，一名会说西班牙语、老练的路易斯安那扩张主义者）为全权大使前往墨西哥城，强索格兰德河与购买加利福尼亚等事宜。如果墨西哥把斯莱德尔赶走，波尔克便可借此寻求国会与民意的支持。

1844年，扩张主义者很少提及加利福尼亚，可是在得克萨斯并入美国之后，该地却变成美国与英国关心的重点。1845年，数百名美国移民抵达加利福尼亚，有些取道俄勒冈，有些走内华达山脉新开发的小径。那一年，海洋探险家威尔克斯（Wilkes）也出书描写了加利福尼亚令人叹为观止的宏伟美景与战略地位，未来将煽动人民叛乱的兰斯福德·黑斯廷斯（Lansford W. Hastings）也出版了《俄勒冈与加利福尼亚移民指南》（*Emigrant's Guide to Oregon and California*，运气不佳的唐纳车队就是被黑斯廷斯的书误导，结果造成40人死于内华达山脉，其他人则靠吃人肉才存活下来）。这些新到的移民主要居住在萨克拉门托谷地（Sacramento Valley），不过蒙特雷与耶尔巴布埃纳（Yerba Buena）也可看到他们的踪迹。有个受不了的英国人问道："这里除了北方佬什么都没有吗？"负责管束美国人行为的是驻蒙特雷公使托马斯·拉金（Thomas O. Larkin）。驻在该地13年，他渐渐爱上了这块土地与这里的人们，他希望不论独立或并入美国都要得到加利福尼亚人本身的同意——服膺"天定命运"的理想论者。

可是他的美国同胞对英国、法国，甚至普鲁士可能要购买或夺取加利福尼亚的谣言却越来越不耐烦。《伦敦时报》坚称："英国必须考虑自身利益，保住弗朗西斯科湾（Bay of Francisco）与蒙特雷。"外相亚伯丁也警告说："如果加利福尼亚落入敌人手中，墨西哥此后便无法获得和平与安全。"就是这种假定英国会断然出手牵制美国扩张行动的想法，使得波尔克下令进行一连串的秘密任务，好让加州这颗鲜美的梅子留在树上，等到美国来摘。首先，1845年2月，战争部命令约翰·查尔斯·弗里蒙特上尉（John Charles Fremont）进入美国与新墨西哥的边界地带。弗里蒙特曾经长途跋涉到加利福尼亚与俄勒冈，他描述详尽的游记，使他成为拓荒者的最爱与扩张主义者的向导。他也是一个追寻自我的冒险家，即使他走过的路径山地人们已经知之甚久，他还是赢得了"探路者"的美名。这位勇敢的军官是个私生子，他的独特才华与自我推销的巧妙手法，在他向军事委员会主席与参议院扩张主义者领袖托马斯·哈特·班森（Thomas Hart Benson）16岁的女儿洁西·班森（Jessie Benson）求婚成功上，展现得最为淋漓尽致。弗里蒙特奉命再次向西进行了一次“地形学探险”。他无视命令，从部队中收编60名武装男子，签下基特·卡尔森（Kit Carson）作为斥候，直奔加利福尼亚，刚好赶在下雪前越过内华达山脉。

第二项秘密任务是由斯蒂芬·卡尼中校（Stephen W. Kearny）在战争部长授命下，率领五班一流的骑兵，侦察与新墨西哥交界地带，并与印第安部落建立友好关系。第三项任务则是在1845年10月，由国务卿布坎南发出密令到蒙特雷，将拉金擢升为“秘密负责人”，并命令他鼓动加利福尼亚人反抗外来势力，让他们倾向“美洲大陆人天生对自由与独立的热爱”。第四项任务是该年12月，海军部长班克罗夫特暗中命令太平洋舰队司令官约翰·史罗特准将（John D. Sloat）派舰巡逻加利福尼亚与俄勒冈海岸，监视英国舰队，并偷偷向住在威拉梅特谷地的美国人散发波尔克的国会咨文（重申门罗主义），以及“船舰上多余的来复枪或其他小型武器”。

除了可以增强美国实力并削弱英国与墨西哥的影响力之外，波尔克并不知道准备这些秘密行动会有什么效果。英国的皮尔内阁已经摇摇欲坠，决定将未来赌在废除《谷物法》上，结果却引起国会保守党地主议员反弹。如果辉格党能够筹组一个像样的内阁，皮尔可能早就下台了。结果他和亚伯丁却保证辉格党将支持俄勒冈的和平决议，而得以继续掌权。因此即使皇家海军有3艘军舰驻守在俄勒冈外海（旗舰是一艘配有80门舰炮，由亚伯丁的弟弟担任司令官、皮尔的儿子当副手的巡洋舰），帕克南也坦承伦敦“不计代价要摆脱俄勒冈问题”。亚伯丁最后命令帕克南让出北纬49度以南的所有事物，即使今日的华盛顿州当时只有十几个美国人居住。

波尔克早在1846年年初便获悉了英国的内阁危机，这使他得以加强对墨西哥施压。一如预料，墨西哥总统赫雷拉（Herrera）视斯莱德尔的请求为一大侮辱，而且他知道自己如果与这些掠夺成性的北方佬妥协，就会被赶下台。不过他最后还是被推翻了。波尔克说他试着与墨西哥谈判，可是墨西哥没有政府可以管事。1846年1月13日，波尔克命令扎卡里·泰勒（Zachary Taylor）将军从纽埃西斯河（Nueces River）前进，并在格兰德河建立防御工事，与墨西哥的马塔莫罗斯城(Matamoros)遥遥相望。波尔克称此举为“捍卫美国国土”，墨西哥则称之为侵略。

即使如此，这也不是第一次。因为在通信不可抵达的远方，弗里蒙特上尉的小型部队已经在加利福尼亚自由驰骋了。约瑟·卡斯特罗（Jose Castro）中校终于派出了200名墨西哥士兵，要求弗里蒙特离开。可是他“慢慢地、不满地”向北方——而非向东——移动，然后就等在那里。1846年4月中旬，海军陆战队中尉阿奇博尔德·吉莱斯皮（Archibald Gillespie）由海路抵达蒙特雷，假装是一名生病的贸易商人，要到加利福尼亚来调养身体。他的任务是传送布坎南的指示，要抢在其他外国阴谋之前，鼓动亲美情绪。吉莱斯皮还在俄勒冈的克拉马斯湖（Klamath Lake）找到了弗里蒙特，将他妻子洁西与班森参议员的信件交给弗里蒙特，并告诉他布坎南的指示。弗里蒙特得出结论，认为波尔克想要煽起叛乱，在拨出时间屠杀某个印第安村落以报复他们袭击他的营地之后，他便兼程赶路回到萨克拉门托谷地，当时（他并不知情）美国与墨西哥已然开战。

丹尼尔·韦伯斯特曾经抱怨：“墨西哥是差劲的敌人。他们既不打仗，也不交涉。”波尔克命令泰勒将军进军格兰德河，希望强迫墨西哥作出回应。波尔克想打仗吗？他当然十分乐意相信每一位美国使节传回的电报，说墨西哥人除非被痛击一顿，否则决不会停止咒骂美国。但同时波尔克也很难相信“墨西哥会疯狂到主动宣战的地步”。然而墨西哥总统帕雷德斯（Paredes）却跟波尔克同样耍起虚张声势的手段，显然是希望英国与美国因为俄勒冈问题发生冲突。1846年4月11日，墨西哥的佩德罗·安普迪亚（Pedro Ampudia）将军另率3000名士兵进入马塔莫罗斯城，要求泰勒撤退。英国驻墨西哥大使查尔斯·班克黑德（Charles Bankhead）察觉这场悲剧即将演出最后一幕：墨西哥人缺乏才智统治这块“换个人统治可能会成为世界最富庶国家之一”的土地，眼看就要让美国人占了便宜。他说得对。4月23日，墨西哥总统帕雷德斯宣布开始进行“保卫战”，隔天墨西哥军队便对美国巡逻队发动了突袭。

就在波尔克与内阁成员正在辩论是否应该要求国会对墨西哥宣战之际，开战的消息已经传到半路。海军部长班克罗夫特与国务卿布坎南当时主张稍做等待，希望墨西哥会开出第一枪。5月9日，他们获知对方的确宣战了。隔天，波尔克违反安息日戒律，起草了一份战争咨文。鉴于墨西哥人的巨额负债、对得克萨斯的深恶痛绝、拒绝进行边界谈判、公开诽谤美国、遣回美国派遣去消弭敌意的外交官种种恶迹，波尔克宣称“他已……忍无可忍”。问题不在开启战争，因为“战争已然存在”，而且墨西哥人正在波尔克宣称属于美国的土地上，让美国人流血。辉格党人对总统的报告相当怀疑，想要有更多时间详读文件。可是占多数的民主党议员中止了辩论，辉格党陷于两难之中。他们记起主张联邦主义的先辈投票反对1812年战争，后来便从政坛上消失的往事。于是众议院以174票对14票，参议院以40票对2票，同意对墨西哥宣战。5月30日，波尔克宣布他的战争目标：格兰德河、新墨西哥、加利福尼亚。

1846年，英国外长亚伯丁一整个春天都在努力让民众接受他针对俄勒冈所提出的新和谈条件。详细内容在6月3日送至白宫：英国接受以北纬49度为界，只要求给哈德逊湾公司开放哥伦比亚河的航运权。波尔克很满意美国可以获得哥伦比亚河两岸的土地以及普吉特湾。问题是要如何说服他那些高喊“（北纬）54（度）、40（分），不然就开战！”的选民。于是波尔克再一次设计国会，这次他在签订条约之前将英国的条件先送到参议院，如此一来，便是立法机构，而不是总统，要背上“背弃”美国大多数人立场的罪名。速度再次成为关键所在，因为英国首相皮尔已经让国会通过废除《谷物法》，并迅速失去权位，在野的帕默斯顿很可能很快就会再度执政。帕克南在6月6日呈递条件，到了18日条约已经草拟完毕，并签署通过。30年来美国与英国为俄勒冈争吵不休，最后竟然在短短12天内就把事情一了百了地解决了。

这让波尔克得以追求另一个更大的太平洋滩头堡。该年6月3日，战争部长马西命令卡尼将军占领新墨西哥，并继续向加利福尼亚迈进。他未动一兵一卒便取得圣菲，然后在9月带领300名骑兵和一群摩门教勇兵，沿着旧有的德·安萨小径向南移动。到了墨西哥，他遇到了基特·卡尔森，获知了大好消息：加利福尼亚已落入美国手中！似乎弗里蒙特已经早在6月初便回到他在萨克拉门托河的屯驻地。当时天气炎热，但微风习习，加利福尼亚山上的草已经变黄，整个地区一触即燃。有多少人阴谋要点燃这场大火？有布坎南诱使加利福尼亚人宣布独立计划、黑斯廷斯非法入侵计划、弗里蒙特与吉莱斯皮相信布坎南要他们进行政变，以及波尔克与马西要以战争取胜的计划，等等。不过一群由伊奇基尔·梅利特（Ezekiel Merritt）领导的亡命之徒却抢在他们之前，拦下一群要送给卡斯特罗部队的马匹，并在6月14日围攻马里亚诺·瓜达卢佩·巴列霍（Mariano Guadalupe Vallejo）总督位于索诺马的产酒区，一个建筑简单但不失气派的牧场。巴列霍要求他们静下心来，并慷慨地用白兰地款待他们。他的好客耗掉了大半天时间，最后是向来节制饮食的威廉·艾德（William B. Ide）冲进屋里将他逮捕并解往萨特堡（Sutter's Fort）。

艾德随即宣布加利福尼亚共和国成立：“它将确保我们的‘民权’与宗教自由，鼓励美德与文学，让‘农工商’无限发展。”（圣方济各会的修士必可从艾德那些加与不加引号的字中看出端倪！）艾德还为加利福尼亚的灰色熊旗添上了绿白红三色，这场叛乱遂有了个名字：熊旗叛变。卡斯特罗率领国民兵攻击索诺马，保住名誉，但却在圣拉斐尔附近遭遇埋伏，造成80人阵亡，卡斯特罗便撤退了。这场战争给了弗里蒙特建功的机会。他任命自己为共和国司令，着手建立加利福尼亚部队。他也替马林岬（Marin Headlands）

MANIFEST DESTINY
or
UNITED STATES EXPANSION TO THE PACIFIC OCEAN
A. O. Line = the Adams-Onís boundary from Transcontinental Treaty of 1819
BRITISH NORTH AMERICA
HUDSON'S BAY COMPANY LANDS
BRITISH COLUMBIA 1867
Vancouver Island
Fort Victoria
San Juan Islands boundary settlement 1872
Astoria
Columbia R.
Willamette R.
OREGON by treaty 1846
Snake R.
Klamath Lake
Saskatchewan R.
To Britain
To U.S.A. by treaty 1818
Lewis and Clark 1804
Yellowstone R.
Missouri R.
LOUISIANA PURCHASE 1803
Platte R.
Oregon Trail
California Trail
Great Salt Lake
Mormon Settlement 1847
Fort Bridger
Fort Laramie
A.-O. Line
Sutter's Fort
San Joaquin R.
Monterey
MEXICAN CESSION by conquest 1848
Old Spanish Trail
Colorado R.
Los Angeles
Bent's Fort
Sante Fe Trail
Sante Fe
St. Joseph
Fort Leavenworth
St. Louis
Mississippi R.
Arkansas R.
Red R.
Gila R.
GADSDEN PURCHASE 1853
Pecos R.
El Paso del Norte
Rio Grande
REPUBLIC OF TEXAS 1836-45
Colorado R.
Brazos R.
San Antonio
Nueces R.
Battle of San Jacinto
Sabine R.
Galveston
New Orleans
Matamoros
"West Florida" by filibuster 1810, 1813
FLORIDA by treaty 1819
UNITED STATES OF AMERICA by treaty 1783
Québec
MEXICO independent 1821
120° W.
105° W.
90° W.
75° W.
40° N.
30° N.
W.M.D.

“天定命运”。

与圣弗朗西斯科之间的海峡命名，他想到土耳其君士坦丁堡的金角湾（Golden Horn），便将这里叫做金门海峡（Golden Gate）。

美国官方负责人史罗特准将随即抵达，并于7月7日在蒙特雷升起星条旗。弗里蒙特为了不被比下去，也舍弃熊旗保护者的角色，在耶尔巴布埃纳、索诺马与萨特堡升起美国国旗。7月底，史罗特因为健康不佳，把指挥权交给斯托克顿（Stockton）准将，后者便开始与弗里蒙特和吉莱斯皮（后者在8月取得洛杉矶）争夺起加利福尼亚的总督职位。不过加利福尼亚人十分厌恶吉莱斯皮的戒严法，约瑟·马利亚·弗洛里斯（Jose Maria Flores）因此发动叛变，并逮捕了吉莱斯皮，把他送到圣佩德罗，幸好途中碰到一些美国陆战队士兵，吉莱斯皮才获得释放。弗洛里斯骁勇善战的部队凭借一门由洛杉矶广场上找来的礼炮，又支撑了三个月。这时卡尼的百人队伍经过约3200公里的长途跋涉，也出现在圣迭戈东方的险恶熔岩山头。不过安德烈斯·比科（Andres Pico）的加利福尼亚军（卡尼说是他们是“世上最好的骑兵”）引诱美国士兵追击他们，然后回头反击，造成美军22人死亡、16人受伤（包括卡尼本人）。然而这些英勇的加利福尼亚人仍然无法阻止美国军队占领印第安部落与港口，在洛杉矶于1847年1月有条件投降之后，比科出面投降，反抗行动也就此停止。

美国在加利福尼亚的武力不过是几百名煽动叛乱者、弗里蒙特的60名“地形学家”、卡尼的残余部队、两艘巡洋舰、4艘多桅帆船，以及250名陆战队员。可是那也就够了，因为英国并没有介入。英国太平洋舰队的司令官西摩（Seymour）上将曾经针对加利福尼亚革命或战事请求指示，可是却没有结果。他最后自行航行到蒙特雷，该地的加利福尼亚人向他求助。这位受过严格训练的上将不敢妄自挑起英美之间的战争。所以皇家海军继续袖手旁观，等到帕默斯顿重新执政，一切已经太迟了。美国已经赢得战利品——加利福尼亚。

墨西哥在一年后才承认失败，波尔克的特使尼古拉斯·特里斯特（Nicholas Trist）终于找到有人可以作主进行谈判。特里斯特历经与温菲尔德·斯科特（Winfield Scott）将军决斗、被圣塔安纳出卖，甚至一度被波尔克召回均安然无事，最后终于带回1848年2月2日签订的《瓜达卢佩—伊达尔戈条约》（*Treaty of Guadalupe Hidalgo*）。墨西哥割让得克萨斯、新墨西哥、加利福尼亚（几乎占了其国土总面积的二分之一）给美国，美国则向墨西哥支付1500万美元，并减免325万美元债款。令人惊讶的是，几乎没有人觉得满意。辉格党、主张解放黑奴者，以及反战人士都谴责这项条约掠夺了他国土地，极端扩张主义者——“墨西哥运动”的支持者——则认为条件太松。可是当时美国人已经厌倦打仗，对正义之师之名也不太确定，而英国终于也开始对美国施加压力。

所以波尔克把这个条约提交参议院，参议院于3月以38票对14票通过了这项条约。

之后美国人对他们有史以来最成功的战争便不再多做回顾。辉格党人会投票赞成是怕显得不爱国，亚当斯与林肯便是其中之二。但是他们贬斥那是“吉姆·波尔克的战争”，他们怀疑整个事件都是个阴谋，只是为了增加蓄奴州数，并认为波尔克总统的报告根本都是谎言。新英格兰解放黑奴运动人士与宾州的基督教教友派信徒，也都指摘这场战争是基于犯罪意图。话虽如此，倒也没什么人说要把西南部的土地还给墨西哥。

弗里蒙特接受军法审判，本来还可能被枪毙，但是班森参议员替他说情，结果只是削去了他的军阶，波尔克甚至再替他减轻刑罚。于是这位小径发现家依然是公众的模范，并得到他野心勃勃的妻子洁西的支持，成为辉格党第一位总统候选人。在他去世之后，洁西继续以“美艳亮丽”的洛杉矶贵妇身份，独领风骚到1902年。而在墨西哥城的成就远胜过之前那一大堆外交官的特里斯特，则因为责备波尔克与辉格党而被逐出宗门。22年后，美国政府才拨款给他，并聘请他担任弗吉尼亚州亚历山大市（Alexandria）的邮政局长。至于为美国赢得总国土三分之一以上土地的波尔克，在任期结束时提出退休要求，他的党员也没多说什么。离职后不到几个月，他在从南方旅游回家之后急遽胃痛。他把牧师请来，接受他迟了很久的受洗仪式，然后在1849年6月15日与世长辞。

由于《瓜达卢佩—伊达尔戈条约》，美国人现在统有从塞拉神父的圣迭戈，直到温哥华的普吉特湾的大片土地。新世界的权力平衡已然消逝，其安魂曲则是在1846年帕克南向伦敦报告，说美国人极度满意俄勒冈条约时便已谱成。态度冷冰冰的帕默斯顿在报告旁边潦草写道：“如果美国人对这项让他们获得想要的每一样东西的条约还不满意的话，那可就奇怪了。”

在这些话的下方，一位职员写道：“无待办事宜。”

第29章　巴拿马与合恩角，1849

魔鬼山（Mount Diablo）海拔约1173米，耸立在圣弗朗西斯科湾对岸，离伯克利与奥克兰群山只有一峦之隔。在特别凛冽的冬夜里，魔鬼山山顶是最可能笼上白霜的地方，而在特别晴朗的日子里——以前司空见惯，现在则少之又少——由魔鬼山山顶便可清楚俯瞰整个中央山谷（Central Valley）及远至内华达山脉的风景。关于这座山名的来源有好几种传说，应该属实的那个说法，则经由布莱特·哈特（Bret Harte）[①]的生花妙笔而广为人知。故事似乎是这样的：1770年，一位和善的耶稣会教士约瑟·安东尼奥·哈罗（Jose Antonio Haro）攀登这座山，在山顶上看到魔鬼撒旦（el Diablo）。撒旦说："往西看。"然后指给他看西班牙天主教的光荣景象：快乐的传教区沿着加利福尼亚的海岸分布。接着撒旦说："往东看。"那里的谷地挤满了科内斯托加式宽轮大篷马车（Conestoga wagon）与贪婪的盎格鲁人，尘土漫天飞扬。哈罗问道："这些妄自尊大的流浪汉是谁？"撒旦让他看闪耀着黄金光芒的洞穴与河流。如果哈罗神父肯带着他的十字架与铃铛回西班牙，把加利福尼亚留给魔鬼，这一切都不会发生。这位好心的神父发起狂来，他的十字架掉在地上，他与撒旦在山顶搏斗。隔天他心思单纯的赶骡仆人发现神父昏倒在地，把他用担架抬下山。他说他有看到攻击他主人的东西。哈罗神父叫道："你是什么意思，伊格纳修？""熊啊，神父……你在山顶冥想的时候，就是它攻击你的。"

无论事实为何，神父所预见的景象在1849年成为事实。就在《瓜达卢佩—伊达尔戈条约》签订前一个星期，约翰·萨特的锯木厂发现黄金。导致的结果便是北太平洋沿岸第一个颇具规模的白人聚居地，该区是除了锁国的日本之外的第一个大都会，同时也是除了火奴鲁鲁之外北太平洋沿岸第一个单一种族社会，以及太平洋帆船与体力时代的最后产物。

---

① 美国作家，擅长描写西部风光。——译者注

如果黄金早个一二十年被发现，加利福尼亚会变成什么样子？该地的移民（大部分是美国人）仍然会成千上万涌来，可是他们到达的就不会是美国的领土。墨西哥那些嗜金的西班牙后裔将军，可能会认为保卫金矿比内斗来得有趣。英国的坎宁或帕默斯顿首相可能会保护该地区以及该地英国人的权益。或者加利福尼亚可能会像夏威夷一样，在外来势力均衡的情况下，维持独立共和国的地位。可是如果让历史学家的想象力漫天驰骋，那就危险了——他们可能会像哈罗神父一样，做出逾越自己本分的事。

谈到受害者，想想这位瑞士籍的牛肉王国创建者约翰·萨特，他想出成为加利福尼亚牛肉大王这个绝佳主意，可惜时机早了20年。他结交西班牙贵族，取得萨克拉门托河沿岸最肥沃的约2万公顷土地的开垦权；他向俄国人买下罗斯堡，让萨特堡成为难以攻陷的要塞，并在中央山谷从事农业、栽培葡萄、饲养牲口。可是他有三个致命的弱点：堆积如山的债务、错误的（或运气不佳的）政治感，以及对他庞大家产问题重重的拥有权。第一个弱点表示他需要现金周转，新来的移民多少可以解决这个问题，这是他张开双臂，欢迎北方佬车队的原因之一。可是新来者造成的不安，以及他们对土地的渴求，让第二、第三个弱点愈发严重。1845年，他试着让自己成为敌对的加利福尼亚人之间，以及墨西哥人与“外地人”之间的沟通桥梁，结果却导致所有的人都不相信他。当熊旗飞扬时，他与弗里蒙特失和（虽然大部分是因为后者的坏脾气）；当美国势力进入时，萨特却必须面对美国法律，捍卫他的土地。

即使如此，直到1847年来自新泽西州兰伯特维尔（Lambertville）的木匠詹姆斯·马歇尔（James W. Marshall）建议他兴建锯木厂之前，萨特还是很乐观的。马歇尔苦于谷地缺乏树木，所以萨特就让他在美国河南方叉口、山麓下林木密布的丘陵处，一个名为科洛马（Coloma）的地方兴建锯木厂。1848年1月24日，马歇尔在监督放水路（以免木材卡在河里）的挖浚工作时，瞥见一块闪闪发光的东西。这个东西是黄色的，上面凹凸不平，看起来十分像黄金。萨特颇有同感，并试着封锁消息。他没有理由会知道这预示着矿藏十分丰富，同时又害怕他的土地会被无法无天的投机者所践踏蹂躏。然而由于某两个人的有心倡导，结果还是引发了一场淘金热，引来数千名采矿人与数千笔产权声明书，足以淹没萨特的所有土地。当债主上门逼债时，萨特把他仅有的一切赌在一个叫做萨特维尔（Sutterville）的发展计划上，将该地设计为这个黄金国度的首府与河港。可是采矿工人与供应商都聚集到约6.4公里以外的竞争地——萨克拉门托。萨特晚年退休回到宾州的荷兰区，并于1880年死于华盛顿，死时仍然在打官司，请求法院判决或以退休金表扬他让加利

加休曼努（1768—1832），在丈夫卡米哈米哈大帝去世之后，她成为共同摄政王，引导夏威夷群岛的政治与文化产生了革命性的变化，本幅作品是1822年由路易斯·科利斯（Louis Choris）所画。
（Courtesy，The State Archives of Hawaii.）

斋藤博（1886—1939）必须使出浑身解数来转移美国对日本20世纪30年代对中国的帝国主义侵略所产生的怒气。
（Drawing by Covarrubias；©1938，1966. The New Yorker Magazine，Inc.）

威廉·亨利·西华德（1801—1872）相信美国只要在国内奉行自由理想，在太平洋便注定大有可为。西华德和女儿芬妮僵硬的姿势是因为早期摄影需要长时间曝光。
（Courtesy，Seward House，Auvurn. N.Y.）

谢尔盖·尤利耶维奇·维特（1849—1915），俄皇亚历山大三世与尼古拉二世的财政大臣，设计了西伯利亚铁路，但却无法说服沙皇与日本保持和平关系。

胡尼贝洛·塞拉（1713—1784），他的圣方济各会传教区是欧洲人在加利福尼亚最早的聚落。
（Courtesy，The Serra Cause.）

荷马李（1876—1912）穿着中国皇家新军制服的雄赳赳模样。他密谋推翻清政府并遏制外来的帝国主义，解放中国。他的极端种族主义思想与黩武理论在当时看来，并不像如今这么不可思议。
（Courtesy，The Joshua B. Powers Collection，Hoover Institution Archives，Stanford University.）

西班牙大型帆船：这些盛行于17世纪的船只，每年从阿卡普尔科航行到马尼拉，再沿着“乌尔达内塔航线”回到墨西哥。文艺复兴时代航海技术的限制，让西班牙人无法更进一步称霸北太平洋。
(Original in the Biblioteca Nacional, Madrid.)

德川家康（1543—1616），日本三名统一者中的最后一位，建立幕府，导致日本与外界的接触中断200多年。

一名日本改宗者遭到公开处刑。德川幕府与几个大名唯恐外国势力介入日本内战，企图铲除由耶稣会教士创立，集中在长崎的教会势力。

西伯利亚要塞。俄国的哥萨克人、毛皮猎人与沙皇的官员在乌拉尔山与太平洋之间建立了类似这样的广大要塞网络。通过设陷阱狩猎为公司带来大量的财富，尤其是皇室的一大财源。

（Woodcut from Robert J. Kerner，The Urge to the Sea. New York：Russell and Russell，1942.）

俄国旅行商队行近中国万里长城。这支1693年的使节团，说明了俄国如何通过《尼布楚条约》获得与清朝进行陆上贸易的特权。但这个条约也阻挡了俄国人进入肥沃的黑龙江谷地，注定西伯利亚人的生活要陷于朝不保夕。

（From E. Ysbrants Ides. Three Years Travels from Moscow Overland to China. London：1706.）

圣卡洛斯传教区（San Carlos Mission）的建立。停泊不动的坚固船只正试着要给西班牙的上加利福尼亚新殖民地提供物资，这突显了西班牙人的心腹之痛。在这幅1876年由特罗伊瑟特（Troisset）所画的气氛悲凉的油画中，塞拉就站在橡树下的祭坛边上。

（Courtesy，The Serra Cause.）

1809年，俄国人与“多毛的阿伊努人”的小型冲突。赫沃斯托夫与达维多夫中尉和库页岛原住民发生冲突。列扎诺夫在“开启”日本未果之后，派他们前往报复。50年后美国海军准将佩里敲开了日本大门。
（From S. I. Novakovskii，Iaponiia I Rossiia，Tokyo：1918.）

《天堂景象》。这幅文身的夏威夷卡欧妮王后（Queen Kaonee）少女时代画像，正是18世纪末启蒙时代哲学家（或者好色的水手）想象中的天堂之子模样——天真、健康、信赖他人，而且“合乎自然”。
（Courtesy，The State Archives of Hawaii.）

这幅1826年凯鲁瓦/科纳岛上的传教景象，正是新英格兰传教圈想象中的模样。用椰子叶搭建的整齐房舍，传教士身旁围着一群专心认真、渴望听到有用知识的土著人。
（Rev. William Ellis Bishop Museum.）

约翰·昆西·亚当斯（1767—1848）先后曾任美国大使、国务卿、总统，最后以众议员终老，倡导美国将领土扩张到远东太平洋地区。
（Brady Collection. National Archives.）

尼古拉·列扎诺夫（1746—1807），容貌英俊的悲剧性梦想家，他说服沙皇保罗发特许状给俄美公司（Russian-American Company），也是最早倡导保护海豹与海獭的人士之一。
（Alaska State Library.）

亚历山大·巴拉诺夫（1747—1819）原本是个从未出过海的胆小商人，但却建立起“新天使长”（锡特卡）这个港市，并几乎凭一己之力让俄国美洲殖民地在最初20年中屹立不倒。
（Alaska State Library.）

巴拉诺夫的城堡。这是美国北方船长熟悉的一个景象，这栋位于“新天使长”、以木桩围住的总督寓所对敌对的特林吉特人来说是个警告，对访客来说则是一大喜兆，因为巴拉诺夫是很好客的。

卡米哈米哈一世（1779—1819，即卡米哈米哈大帝）

利霍利霍（1819—1824，卡米哈米哈二世）

考伊克奥乌利（1824—1854，卡米哈米哈三世）

亚历山大·利霍利霍（Alexander Liholiho，1854—1863，卡米哈米哈四世）

洛特·卡米哈米哈（Lot Kamehameha，1863—1872，卡米哈米哈五世）

威廉·路纳利罗（William Lunalilo，1873—1874，即"威士忌比尔"）

大卫·卡拉卡瓦（David Kalakaua，1874—1891）

利留卡拉尼女王（Queen Liliuokalani，1891—1894，1893年被废）

夏威夷群岛的君王，以统治年代顺序排列。

(Courtesy,The State Archives of Hawaii.)

萨特堡。约翰·奥古斯特·萨特位于萨克拉门托河的贸易站。对那些在淘金热前，不远千里跋涉来到加利福尼亚的美洲人来说，这幕景象表示“到了”！

(Courtesy，The Bancroft Library.)

在合恩角外海浮冰中的“红夹克”号(*Red Jacket*)。类似这艘由塞缪尔·哈特·普克(Samuel H. Pook)设计的快速帆船几乎使航行到北太平洋的时间减半，为帆船与体力的时代写下光荣的最后一章。

(From Carl C. Cutler. *Greyhounds of the Sea*，Annapolis：Naval Institute Press，1984；original from the Seaman's Bank of New York.)

1856年的圣弗朗西斯科。这张油画(画家不明)描绘了北太平洋第一个白人大都会。这座木造的“速成城市”在淘金热的前10年中曾数度发生火灾。

(Reproduced by permission of The Huntington Library，San Marino，Calif.)

福尼亚“美国化”的功劳。

点燃淘金热的两个人之一是名叫塞缪尔·布兰农（Samuel Brannon）的可疑投机者，他带着200名摩门教徒来到合恩角附近，并拿信徒的什一税投资私人企业，惹来教主杨百瀚（Brigham Young）亲自斥责他，要他归还“天主的钱”。布兰农说他很高兴遵命，但要在他收到上帝签名的收据之后。他听到科洛马有金矿的谣言后便买齐采矿所需装备，然后在1848年5月赶到圣弗朗西斯科，高喊着：“黄金！美国河里的黄金！”用驻守要塞那位愤怒中校的话来说：“每个行业的工人都离开了他们的工作台，商人抛下店面，水手一上岸便弃船不顾，几条出海的船几乎都找不到足够的人手张帆……矿坑的工人一天赚的钱，是士兵一个月薪饷和津贴的两倍多。”城镇里的人跑了大半，然后6000名从夏威夷与南美洲来的“四八人”（fortyeighters）[①]再度让城镇爆满，让加利福尼亚的非印第安人增加了40%。到了年关时，5000名墨西哥淘金客中的第一批从索诺拉经陆路抵达——这条移民路线正是90年前加尔韦斯与德·安萨苦口婆心鼓吹的那条道路。

第二个引发淘金热的人是即将卸任的总统詹姆斯·波尔克。他在给国会的最后一篇咨文中忍不住心满意足地笑说：“如果不是已经通过官方正式报告确认，在那里蕴藏有丰富金矿的报告实在令人难以置信。”他说加利福尼亚的黄金足以支付墨西哥战争军费的100倍有余。波尔克是希望在他卸任之前，推动国会通过将加利福尼亚改制为州的提案。可是这项提案却因为蓄奴问题而拖延到1850年才获得通过，那时候非印第安人口已经暴增了六倍，在1852年总数高达26万人。

> 我即将抵达圣弗朗西斯科，然后我四下环顾
> 当我看到金块，我捡起来……
> 喔！加利福尼亚，那里是我的归处，
> 我要带着我的脸盆到萨克拉门托。

这些赶赴1849年淘金热的人循着三条路线抵达他们心中的黄金城——一条陆路，两条海路，其中又以陆路的加利福尼亚小径对中西部的人来说最为快捷。金矿丰富的消息传到圣路易斯之前，就已经有数百名先锋出发。试想他们清理完内华达的垃圾从南通道（South Pass）下来，却一脚踏入极端的混

① 指赶1848年淘金热的人。——译者注

乱状态，该是何等惊讶。不过，比起从1844年到1848年之间，总共只有2700名男女从陆路抵达加利福尼亚，光是1849年一年，就有3万人到来。大部分都是单身男子、中产阶级（因为添购采矿的装备也需要一笔钱）、毫无经验的新手。他们之中有些人明白这一点，而这正是许多企业家鼓吹其他较为安全、快速、可预知方法的着眼点所在。其中最有意思的是《科学美国人》(*Scientific American*）杂志的创办人鲁弗斯·波特（Rufus Porter）想出来的点子。早在下一个世纪齐柏林飞艇发明之前，他便设计出一种有螺旋桨和舵的热气球，乘客只要花50美元就能舒适地飞翔到加利福尼亚，不过在处女航之前，他便明智地放弃了这项计划，献身基督复临（Second Coming）运动。

更可行的方法是尝试用“客运车队”来达到量多价廉的目的，运货的马车、驴子、日用品、实际知识都由运输公司提供，移民唯一要做的就是买票。第一辆定期陆路运输车队是在1849年5月由密苏里州的独立市(Independence)出发，由161人、300头驴子组成的先锋号车队（Pioneer Line），票价200美元。两位来自圣路易斯的推销员保证在两个月内，将乘客安全送到萨克拉门托。这趟旅程是场噩梦，每个人都拼命往运货马车上塞东西，包括公司本身也这么做，好多驮一些货来增加收益，这样一来便把拉车的驴子给累死了。雨水、雨雪、冰雹也对这群人发动了无情攻击。公司的人则为了路线而产生意见分歧，纪律荡然无存，坏血症又蔓延开来，到达加利福尼亚的幸存者关节都是又紧又硬的，没有人站得直身子。而由一群受骗的新移民组成，取道南方路线的走沙路公司（Sand Walking Company）则不肯相信他们自己雇用的斥候，坚持要走一条捷径，结果在地图上留下另一个名字：死亡谷（Death Valley）。所以先锋号车队与后来仿效的人都被讥讽为“痴人说梦”，淘金热一过，移民就又回归较为轻松、特别设计的“家庭式”运货篷车。“驿马快信”（Pony Express）的短暂历史（1858—1861）也说明了同样的道理。定期、可预测而又平价的太平洋运输终将出现，可是却是通过铁路或电报，而不是靠肌肉的力量。

> 成堆成山的黄金，人家跟我这么说。起锚！圣帝雅罗！
> 成堆成山的黄金，人家跟我这么说，就在加利福尼亚！
> 起锚吧，我们出发！起锚！圣帝雅罗！
> 起锚吧，我们出发！前往加利福尼亚！

如果说陆路是最直接又最艰辛的路线，那传统北方商人绕过合恩角的路线就是最不直接，但却最安全的路线了。不幸的是，这也是淘金客最费时的路线，因为他必须从波士顿（约北纬42度）出发，航行到南纬58度，最后再到达北纬37度的圣弗朗西斯科。此外，地图或地球仪会告诉你，因为南美几乎位于北美洲以东，所以船必须向东走个3200公里才会开始向西前进。就像海军中尉马修·莫里（Mattew F. Maury）所警告的："去往加利福尼亚的路线是商业航行中最长、最无聊的，一路上只有大海无常的变化。"

那么为什么光是1849年就有那么多人前赴后继，选择这条大约长达2.6万公里（根据圣弗朗西斯科海关的估计）到6.4万公里（可能较接近事实）的路线呢？主要理由是发现丰富金矿的消息是在12月传到东部的，当时陆路正是冰天雪地，可是南半球却正值盛夏。所以东部人没有搭火车或客运车到密苏里州等待春天来临，反而奔向波士顿、塞伦（Salem）、纽约、费城或巴尔的摩等港口，买票登上待发的船只——管他船是不是粗制滥造。令人惊讶的是这些淘金客坐的500艘破船，竟然都没有沉没。

无论如何，这是一趟悲惨之旅。最初几个星期，大家精神还相当高昂，甚至晕船也成为笑话的题材；越过赤道值得大声玩闹庆祝，即使按例停在里约热内卢也是一大乐事。可是萧瑟荒凉的巴塔哥尼亚海（Patagonian seas）却引发了潜藏的怒气和对绕过合恩角的恐惧，众人开始怀疑该不该走这一趟。少有船长敢走麦哲伦海峡：一条宽约3.2公里，两边多峭壁的通道，有可怕的海潮、吓人的火山，以及传说中的食人族。可是如果走宽阔的德雷克航道（Drake's Passage），盛行的西南方向的西风带又会让船在进入太平洋之前有整整一个多月动弹不得。难怪水手把合恩角叫做"不动角"，许多不习惯航海的人想到他们就要被困在南极的门槛前便会惊慌失措。到了南太平洋，士气再度上升，到了瓦尔帕莱索（Valparaiso，智利中部的港市），几十艘船排队等着补充清水与水果，智利人很讶异这些北方佬无论摊贩开什么价钱，都绝不讨价还价。可是旅途第二危险、无聊的部分即将来临，因为在起风把船推向危险重重的金门之前，无风带与洋流有时会迫使船只漂流到远至西经140度的位置。

尽管困难重重，但经合恩角的路线还是十分盛行，船主运货的费率每公吨要价60美元，载客船票也要150—200美元。这表示一趟航行便可赚进7万多美元，相当于东部造船厂新造一条快船的成本。获利以及对速度的要求，让19世纪50年代初期成为美国造船业的巅峰期，也是帆船设计最后、最伟大的阶段。

无论是不是陈词滥调，打从富兰克林誓言提供两天内送达的邮递速度，

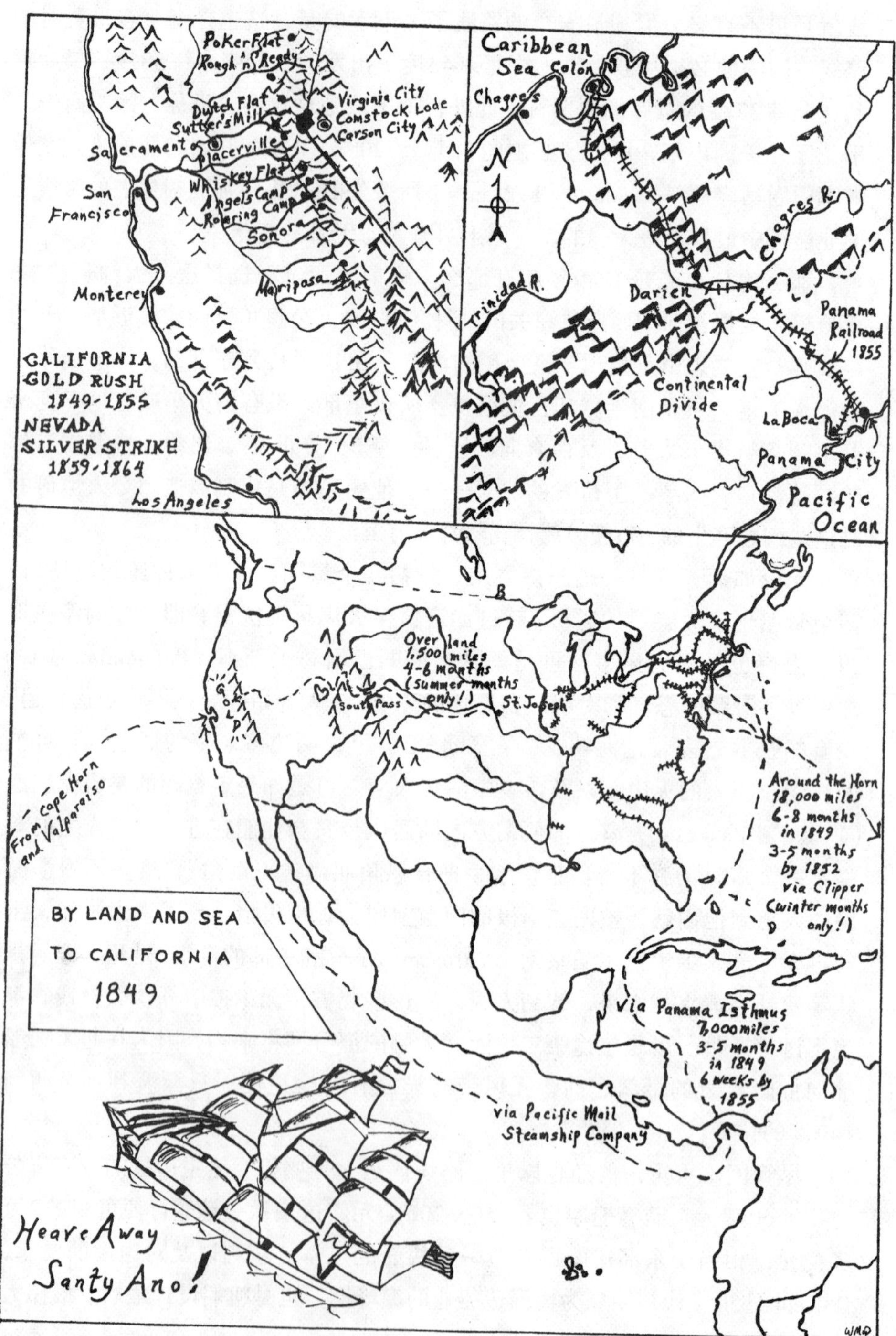

1849年通往加利福尼亚的陆路与海路。

以及1812年战争中水手把“老铁甲”（Old Ironsides）[①]逃过5艘英国船只追击，和它打败“古里埃尔”号（*Guerriere*）等量齐观、同样热烈庆祝以来，美国人就爱上了高速快感。19世纪30年代的中国贸易热对一心追求速度的造船师也是个强烈刺激，其中赫赫有名的设计师包括塞缪尔·哈特·普克（成名于南北战争期间）与威廉·韦伯（William H. Webb），以及大师级的造船工唐纳德·麦凯（Donald McKay）。不过后来我们所谓的邮船、巴尔的摩快速帆船，以及最后的超快速帆船却都是造船业的整体发明，而非个人的作品。在淘金热时代，快速帆船的造型很利落，船上架有许多圆柱，船身内凹，有尖尖的船头——各方面都与太平洋航线刚开始十分普遍的粗短大帆船相反。快速帆船的船首与船身设计将阻力减到最低，使其能够破浪前进，而为数不少的圆柱则让船长最多可以张12张帆：两张在前，一张在船尾，3支桅杆上再各张3张。当然，内凹的船身便可大幅减轻船体本身的重量，而中国的货物——像茶叶、丝绸之类，以及加利福尼亚的货物、人和贵重物品等等，都是体积小、价值高的商品。淘金客要求速度，船运商人亦然，他们想尽办法排进最多的航次，而造船厂则在人力与资金许可的范围内，尽快制造快速帆船。

可是建造快速帆船不光是设计而已，还需要整合科学、技术、经济、人力等多项因素，因为即使是速度最快的帆船，如果没有愿意迎风张开每一张帆、鞭策激励船员度过恶劣天气的“驾驶”，也谈不上快速。约西亚·克雷西（Josiah P. Cressy）船长的航海日记便谈到尝试驾驭（而非坐视）暴风雨的代价：

> 狂风，收起来的中桅帆，于下午一点撕裂前支索帆与主中桅支索帆。主桅杆顶弯曲……将最上桅杆与上桅杆的帆桁与帆杆从下桅帆与中桅帆的帆桁上取下，海面波涛汹涌。船在浪中挣扎摇摆，大量海水越过下风处的栏杆打上船来……强风与更强的阵风。无法观察。

不过即使是再厉害的船长，若没有美国海军编制的图表与指南以供参考，也无法完成任务。紧接在快速帆船时代之后，便是海军部长阿贝尔·厄普舒尔（Abel P. Upshur）与海军中尉莫里于1841年所进行的一连串改革。莫里在一次驿马车意外事故结束航海生涯之后，被任命为海军观测站站长。不论在担任公职或从商期间，他都积极提倡美国的太平洋扩张事业，也一直是科学的忠实信徒。因为他，其他快速帆船的船长才得以取得太平洋航线上的风向、

---

① 指1812年美英战争中建立奇功的美国“宪法”号军舰。——编者注

洋流与潮汐的详细研究资料。

到了1851年，由于最新型的蒸汽快速帆船造价太贵、速度又太慢，无法与原来的快速帆船竞争，各造船厂又回头建造更多纯靠风力航行的帆船，同时快速帆船的速度也一再刷新纪录：纽约到圣弗朗西斯科的航程，从平均六个多月缩减为大约120天。回程则因为合恩角的西风会变成助力而更为加快。1853年,弗里曼·哈奇（Freeman Hatch）船长开着他的“北极光”号（*Northern Light*），从圣弗朗西斯科疾驶到波士顿只花了76天。但是那一年正值高潮，有145艘快速帆船往返东部与加利福尼亚。这时船只已经过剩，淘金热也结束了，运费一路滑落到每吨7.5美元。帆船一路飞快到了太平洋，结果却要停泊空等好几个星期。1855年，巴拿马铁路与沿海的蒸汽船夺走了剩余的加利福尼亚生意。南北战争是最后一击，从此太平洋成为铁与蒸汽角逐竞猎的场所。

现在是离开的时候了，丢下工作与苦差事
不用问，每个人都想变得跟犹太人一样有钱。
加利福尼亚宝贵的泥土让整个新世界疯狂：
卖了你的马车，搭船横渡汹涌的太平洋……
愚蠢的北方佬，继续吧！

到加利福尼亚的第三条路线是赌徒的选择，不过既然淘金客本身都是投机冒险者，这条路线在1849年还是吸引了6489人，整个19世纪50年代平均每年有2万人。这条路就是取道巴拿马地峡。走这条路的人可以搭船——帆船或汽船都可以——在8—12天内从美国东岸抵达位于地峡的查格雷斯（Chagres）。然后麻烦来了。查格雷斯有一个住着印第安人、非洲人与来自新格拉纳达（或哥伦比亚）官员的茅屋小村（巴拿马当时是新格拉纳达的一省）。几家破旧的“旅馆”接连开张，以敲诈这些一定“会生病的淘金客。来到查格雷斯的人大部分都会在几星期内就变得放肆浪荡起来，在狂醉、追女人或赌博之间流连忘返，耗尽所有精力”。

一旦生病，他们的身体就没什么元气可以复原了。如果复原了，那是他们运气好，因为有好几千名白人在那里罹患热带疾病死掉。可是要出来也不是件容易的事，虽然你在美国买的十几本指南里可以看到种种建议：要到太平洋的那一端，首先必须租一艘独木舟，雇一名原住民船夫，收费不难预料又高涨到每趟50美元。这趟约63公里的旅程（在6月到12月几乎不间断地下着倾盆大雨）只会到达南北美大陆的交界处，从那里开始旅客必须带着他们所有的行李（如果到现在还没有卖掉或丢掉的话），步行或骑出租的驴子，下行约42公里到太平洋沿岸。一名勇敢刚强的美国妇女说这趟旅程是“骑在一头由野蛮、不道德、放肆的热带儿女牵着的野蛮、不负责任的驴子上，走过一片野蛮、杳无人烟的偏僻乡间”。巴拿马港口比查格雷斯要好多了，可是大多数人也会逐渐厌恶这个地方。因为淘金客往往为了等往加利福尼亚的船位，在那里等来等去就耗掉了一个月。太平洋沿海主要以蒸汽船为主，因为它可以不受风向与洋流的影响，三个星期左右就能抵达加利福尼亚海岸。如果你想到“整个加利福尼亚在你到达之前，可能已经都被瓜分完了便觉得受不了的话”，那你可以从纽约经巴拿马前往，可能只要花六七个星期的时间，不过要付出昂贵的健康与财富代价。

以下两种方法便可完全省下那些代价。第一是建造一条穿越巴拿马热带丛林山区的铁路——一条“横跨大陆”、约77公里长的铁路。纽约投资客威廉·阿斯平沃尔（William H. Aspinwall）在1855年完成了这项工作，此后人与货物就可以完全靠蒸汽的力量，在两个月内由大西洋岸抵达加利福尼亚。第二个“驯服”巴拿马的方法是开凿运河，此时波尔克政府又靠外交建立了一大功勋——从新格拉纳达购买到了特别通行权，可是正当美国人开始将注意力转移到巴拿马，北边一点的地方又有了新的威胁。墨西哥尤卡坦省（Yucatan）各地的居民考虑要从动乱不安、战败的墨西哥中分裂出来，将他们的半岛归给英国保护！波尔克在1848年4月断然制止了这项举动。根据门罗主义，“波尔克之推断”（Polk's Corollary）是即使该地人民同意，任何欧洲势力还是不得侵入新世界。不用说，帕默斯顿气急败坏，建议加强英国对伯利兹（Belize）与尼加拉瓜蚊子海岸（Mosquito Coast）等保护地的庇护。最后美国总统泰勒与国务卿约翰·克莱顿（John M. Clayton）商议后决定退让；1850年4月签订的《克莱顿—布尔沃条约》（*Clayton–Bulwer Treaty*）载明，美国与英国约定没有对方的同意不得兴建运河或改建已经存在的运河、或在中美洲任何地方殖民或统治。在当时两国海军实力相当的情况下，这倒是一项公平的协定。可是民主党人仍称这是在出卖美国，并挖苦国务卿，提名他角逐英国爵士头衔。

加利福尼亚的淘金热象征着北太平洋只可倚靠风向、洋流、船帆、河流、小艇与肌肉的时代的结束。这场淘金热也给太平洋沿岸引发了新的冲突：敌意不仅存在于欧洲人与当地人之间，也存在于迁入的不同民族之间。如果说赶赴这场淘金热的人有70%是英裔美国人，那便有30%不是，他们包括了爱尔兰人、法国人、德国天主教徒、德国与波兰犹太人、夏威夷人、墨西哥人、南美洲人与中国人。所有人种都可以大声宣称他们是加利福尼亚人或是美国人。可是什么叫做美国人？只要看看以下的例子，就知道回答这个问题有多困难了。蒸汽船“加利福尼亚”号（*California*）在1849年1月从太平洋岸驶入巴拿马时，船长看到有700个要去淘金的美国人呼喊着要上船。他的船只能容纳250人，而且其中69个位子已经被在卡亚俄上船的秘鲁人占了。于是这些愤怒的北方佬就强迫前往指挥加利福尼亚守备军的波西佛·史密斯将军（Gen. Persifor S. Smith）命令船长把秘鲁人赶下船。将军引用了一条美国法律（他临时编出来的），说外国人不准在美国领土上挖金矿。最后，秘鲁人还是留在了船上。不过可以确定的是，在一两年内，数千名印第安人、拉丁美洲后裔和中国人等等，都会发现他们被推向矿坑，或是替那些拥有开采权的人挖矿。美国白人建立了太平洋帝国并不是要把这个国家和黄金白白分给红色、棕色或是黄色人种，所以他们提出了许多令人不怎么舒服的问题，其中一个自此一直困扰着加利福尼亚的问题就是：到底谁是美国人啊？

第30章 第五次聚会

斋藤：所以你们的吉米·波尔克一定是最受怀念的总统之一了。不过我可不记得听人提起过他。

学者：我一点也不惊讶。波尔克不是被人遗忘，就是被臭骂一顿。

加休曼努：可是你说他是美国最伟大的征服者——

维特：仅次于华盛顿。即使是民主国家，也会对最杰出的领导者横加羞辱。他们为了成就功业所做的一切，却为自己的人民所不齿。不过西华德，你一定会为波尔克的征服行为喝彩吧？

西华德：后来我很高兴他这么做，然而我鄙视他所用的手段。

维特：为达目的，可不择手段。

西华德：还有其他方法可用。

学者：我很怀疑。时机胜于一切。

西华德：我向来不赞同为扩张而扩张。波尔克先生的战争是个“祸胎”——就像我们在奥尔巴尼（Albany）[①]的报纸上所说的，将引导我们走向南北战争。爱默生说墨西哥战争是一剂砒霜。

学者：你是说文学家拉夫尔·瓦尔多·爱默生（Ralph Waldo Emerson）？

斋藤：容我打个岔。波尔克是如何促成南北战争的？

西华德：大使先生，因为他——或他的政党（后者在得克萨斯决议后方真正崛起）——首次建立了将奴隶制度扩张到新领土的可能性。只要奴隶制度局限在南部联邦各州，即使是南方人也相信它有朝一日将会终止。可是建立新奴隶州的希望，让该制度得以苟延残喘，鼓励我们的南方同胞利用每块新取得的领土或新设的州引发争端，迫使我们通过一连串更痛苦的妥协方案，直到南北双方都以继续粉饰太平为耻为止。注意，我并不认为我们对不起墨

① 美国纽约州首府。——译者注

西哥——至少不会比墨西哥人欠我们更多。可是我们对不起自由，所以才会招致南北战争。

斋藤：所以这便是因果循环。

西华德：是的，这就是……你说什么？

斋藤：因果循环。某人的行为所驱动的力量，会决定他的灵魂下辈子的命运。你们让国家分裂、种族对立，注定要将国家变成炼狱。

西华德：林肯也没办法说得这么好。不过，事实上他办到了："一个自我分裂的房子无法耸立。"

塞拉：如果林肯真的这么说，他也只不过是引用了天主的话。

维特：如果你是说一个国家对其他国家的不义之举，最后会回过头来降临在它自己身上的话，那么我也相信。这便是俄国的诅咒。

学者：真让人不敢相信！我还期望你们这些政治家会帮我将历史合理化，结果你们却变成了一群神秘主义者！

斋藤：博士，你难道不知道，我们甚至对自己的生命也所知不多吗？那我们又怎能以解释国家的生命自许？我们的计划总是失败，如果成功呢，又会发现结果与我们的想象大有出入。我们杞人忧天，为一些从未发生的危险作准备，结果攻击却从他方乘虚而入。历史要不是随机的，就是受制于不可及的外在逻辑——因果循环。

维特：命运。

西华德：神意。

学者：所以你的意思是说，墨西哥战争导致奴隶制度蔓延，诅咒陷美国于4年的骨肉相残，即使历史学家找不到证据显示奴隶制度扩张是挑起战争的因素——？

西华德：我相信这就是动机所在。

学者：——而1846年之后发生的一切，都无力阻止南北战争发生？

斋藤：博士，你误解了我的意思。我不知道你们的南北战争是否可以避免，我也不想对奴隶制度作任何评判，除了它是伪善的实证之外。我的意思是，你们错在当初不该建立一个多种族的国家。日本从未犯下这种错误。

学者：你让我无言以对。

维特：别这样，教授。我们无意看轻你的研究。你刚刚正要谈你对波尔克的看法。

学者：是的，那值得一提。我要告诉西华德的是，奴隶制度与南方政治影响力是活生生的事实。俄勒冈与加利福尼亚两个自由州的并入，至少可以让波尔克用来和兼并得州的功过相抵。面对国家整体利益，民主党人克服了内部分歧——这点辉格党人从未能做到。

西华德：不要叫他们民主党人——赞成蓄奴的政党当不起这个名称。辉格党人即使积弱不振，也是肇因于他们的不智，而非原则！如果我们让时间决定一切，并整治我们的家，得克萨斯、加利福尼亚、俄勒冈或者加拿大都可能恳求我们让他们加入美国，而且是在通过自由意志、未经暴力的情况下。然而，如果波尔克不那么做，他就不能赢得一切……这一切根本毫无意义。

塞拉：恰恰相反，西华德先生，请继续。

西华德：好吧，你知道1844年的选举差距有多小，尤其是在纽约州。在州长竞选中，瑟洛·威德（Thurlow Weed）与我说服米勒德·菲尔莫尔（Millard Fillmore）参选——他本来是克莱的副总统人选，被我们劝退之后十分恼怒。我们认为他有助于赢得选票，可是坦白讲他是个不中用的东西。克莱本人也无视我要他对得克萨斯与奴隶制度扩张问题采取强硬立场的劝告。他出尔反尔，结果让许多人改投自由党——

塞拉：你难道不能力挽狂澜？

西华德：我为克莱竞选，可是……

塞拉：继续说啊，西华德先生。

西华德：我自己没有参选。我曾当过两任州长。我觉得累了，只想当律师，我认为如果第三度出来竞选，会显得过于高傲……

塞拉：还有呢？

西华德：而且我认为我会输，该死的！无论如何，我太太要我多花点时间在家。哎，我承认我对克莱与菲尔莫尔的落败，其实心中窃喜，这点我以前都不承认。你看，教授说得对，打败我们的不是民主党，而是自由党——就是那些黑奴解放者本身。因为我们辉格党人丧失了原则，向现实低头，他们才会帮助蓄奴人士赢得选战！

学者：我了解。不过你忘了纽约州并不能代表整个国家，而且并非每个辉格党人的观感都跟你一样。你的政党基本上是各种利益团体的混合体。你打着反共济会的旗帜展开政治生涯，反对激进主义者敌视爱尔兰人和犹太人。此外，西部和南部各州的辉格党人——甚至许多纽约州的辉格党人也一样——对到处充斥自由黑人或是爱尔兰天主教徒的前景也十分忧心。无论如何，克莱虽然不可能在一夜之间废除奴隶制度，但他却可能让美国失去得克萨斯与俄勒冈。

维特：怎么说呢，教授？

学者：我的意思只是说克莱政府可能会一再犹豫不前，直到英国对北美采取强硬立场为止。至少波尔克抓住了时机。西华德似乎暗指美国只能向自由的土地扩张。这样做很可能会全面遏止领土扩张，或者让南方早15年宣告独立。波尔克并没有打着奴隶主算盘行事，历史学家证明了这一点。他研究国际局势，看准时机出击。如果南北战争在西部并入前开打，那就只有上帝才帮得了美国了。

加休曼努：那么煽动美国内战的便应该是英国的政策了。俗话说分化敌人比任何武器都要有效。

学者：厄里斯——混乱女神——比战神马尔斯更有力量。不过答案是否定的，即使是帕默斯顿也不能那么肆无忌惮。帕默斯顿曾经警告说，如果英国企图分化美国，美国人就会团结起来。他说得对。仔细想想，甚至得克萨斯的奴隶制度就短期而言也对美国有利，因为这让亚伯丁不敢放胆拥抱得克萨斯。

维特：你似乎把亚伯丁说成是个懦夫。

学者：与帕默斯顿相比，他是个懦夫，但也是个有原则的人。他真诚希望得克萨斯能唾弃奴隶制度以回报英国的支持，也希望废奴主张能接着传入美国南部。

维特：这样就可以把得克萨斯变成美国扩张的障碍，同时达到废除奴隶制度的目的。可是亚伯丁两样都落了空。

学者：他的确两头落空。不过英国是被残忍好杀的墨西哥人所害，他们既不肯对得克萨斯放手，也无法夺回，只会射杀战俘、加重恐吓，迫使得克萨斯不得不另寻保护者。英国不成，那便只有美国了。

西华德：这并不是说得克萨斯人是笨蛋，尤其是汉密尔顿将军。他们把泰勒总统和英国人耍得团团转。

维特：所以解决之道就是要说服墨西哥自我改革，就像土耳其一样。

学者：正是。既然你提了，我就接下去说。英国对墨西哥与奥斯曼帝国（土耳其前身）都采取相同的策略。两者都是庞大衰落的帝国，为英国的对手所觊觎。所以英国一方面自命为弱者的战士，一方面敦促墨西哥人与土耳其人进行改革与现代化。当然，这招行不通。可是至少帕默斯顿能证明他愿意为保卫土耳其而战——你们知道的，克里米亚战争①。亚伯丁却未曾为墨西哥做过任何事。

加休曼努：也许英国正因为鸦片战争而觉得羞愧……

---

① 英国、法国、土耳其与俄国间的战争。——译者注

维特：而且内阁危机也一触即发。可是我常常在想，你们盎格鲁—撒克逊人会因失败而羞愧，也会以胜利为耻。世上还有哪些国家会因自我的罪恶感而将利剑入鞘？

西华德：其他国家在自我评断上可能各有其标准。可是在1846年，美国人并没有收剑。在这方面我或多或少责怪自己。

学者：别这样，州长，你已经尽力了。我们要小心不要因为过度反省而心生傲慢。

塞拉：说得好，教授。你什么时候懂得这种道理？

学者：我猜是在我发现自己有多以自责为乐的时候……所以维特认为我们美国人是对自己的力量感到羞耻？

西华德：我认为是感到恐惧。我们的政府是建立在人性皆贪的假设上，所以才会有牵制与制衡的制度出现。可是牵制与制衡在外交政策上便无从发挥，否则我们便会使不上力。这可以解释为何我们一直在好战与羞愧中摇摆。这也就是为什么内部改革总是伴随着海外扬威到来。

学者：不过西华德你别忘了，“牵制与制衡”正是奴隶制度得以持续那么久的原因。南方控制国会、白宫或法院数十年，你真的认为奴隶制度会“自然衰败”吗？

加休曼努：在夏威夷确实如此。

维特：教授，你对墨西哥与土耳其的类比让我十分感兴趣。你知道英国最后瓜分了奥斯曼帝国。如果英国在19世纪40年代对墨西哥改革放弃希望，他们也可能强行瓜分墨西哥。譬如，让美国取得得克萨斯、新墨西哥与俄勒冈，英国则取得尤卡坦省、上加利福尼亚与下加利福尼亚。或者是把加利福尼亚平分——

学者：你忘记门罗主义了！而且英国对自由贸易的热衷也让他们避免取得新殖民地。有些人把自由党的政策称之为“非正式帝国”或是“自由贸易帝国主义”，可是事实上英国——尤其是亚伯丁——在西半球仍是十分有分寸的。美国真是走运，因为它开始扩张的时期，正好是它最主要的对手暂时唾弃帝国主义的时候。还是这也算是因果循环？

西华德：先生，你偏袒英国！

学者：我只是站在弱者这边。

西华德：可是与英国相比，我们才是居于劣势的一方。

斋藤：我觉得你的话中似乎有点悔恨的味道。你希望帕默斯顿当时仍然在位，可以阻止美国兼并得克萨斯与俄勒冈！

学者：或许吧。或者，我希望和英国打仗，好让美国也将加拿大纳入版图。

西华德：我可无法为英国或是墨西哥哀泣。

塞拉：我同情墨西哥人，但不同情墨西哥。

加休曼努：你知道我同情谁吗？中国人，还有林则徐。

学者：喔，是的，那位伟大的林则徐，清朝的“鸦片沙皇”。

维特：哈！你们美国也有沙皇吗？

学者：好多好多，维特伯爵。

斋藤：如果林则徐是挫败的“鸦片沙皇”，那么东印度公司便是世界上最大的“贩毒集团”，而你伟大的帕默斯顿就是“毒贩头子”？

学者：这点我无异议，不过对曼彻斯特学派的经济学家而言，自由贸易是一种世界性原则，在这项原则下，所有的国家都可能获得最大的繁荣。

斋藤：中国怎么可能靠进口鸦片来达到最大的繁荣？

学者：当然没有办法。可是英国并不能为中国人滥用自由的后果负责。显然商人是躲在这项原则之后的，然而相反的原则——政府全权控制私人行为，手操生杀大权——却远远更令英国人憎恶。

斋藤：啊，不过既然英国政府率先废除买卖奴隶，为什么不连鸦片贸易一起铲除？

学者：类推错误。没有人生来享有夺走他人自由的自由。

维特：难道运用自己的自由，将自由强加在他人身上——例如英国在中国的所作所为——就能获得容许吗？

斋藤：而且难道吸食鸦片上瘾不会夺走自由，使人变成鸦片的奴隶吗？

学者：就某种意义上来说，确实如此。不过瘾君子仍旧可以自行选择是否要去吸食。

斋藤：有多少人自甘受奴役，又有多少人是因为唯利是图者的引诱而身陷其中，不可自拔？

学者：注意，我只是在试着解释英国捍卫自由贸易的行为，不是替鸦片自圆其说。我跟加休曼努一样都很同情林则徐。

斋藤：所以你也认为，应该保护人们免于自我毁灭的行为？

学者：我的想法与此无关。如果你读过帕默斯顿的讲稿——

斋藤：那些英国的王公贵族该下地狱！难道鸦片烟瘾是一种理性的选择？

学者：我想不是。

斋藤：那么臣服于鸦片的人都是无理性的，所以社会削减他们的自由是师出有名。

学者：你要如何区分？美国南方的棉花种植者说奴隶制度是出于慈爱，因为奴隶无法照顾自己。你会让州政府定义什么是非理性的，然后立法禁止吗？你不会认同这种做法，对不对，西华德先生？

西华德：当然不会。可是重点不在上瘾的人，而是在于鸦片商。

斋藤：林则徐可没这么说！他认为双方都有责任。你的“自由贸易”不过是可怜人与鸦片供应商同流合污罢了。如果中国人知耻的话，他们的人民会在羞辱自己、家人与皇帝之前就自杀了事。而你的人民也不会因为从他人的耻辱中获利而蒙羞！

维特：各位，我们可以回到重点吗？重点是中国的开放。

学者：谢谢你，维特伯爵。积弱不振、四分五裂、遭人轻视的巨大中国——

加休曼努：说书人！

学者：什么事，伊丽莎白。我可以那样叫你吗？

加休曼努：在你有关淘金热的讲道中，你大大——

维特：呵呵！你指责我们是神秘主义者，而她却认为你是个传道的！

加休曼努：我不是故意要闹笑话，可是这实在是个好笑话。我想要说的是在你淘金热故事结束时，谈到一个蒸汽与铁轨的新时代。不过你没有解释。

学者：我想要解释，如果我们的朋友肯闭嘴不谈因果循环与鸦片的话。

维特：同意。

斋藤：替你自己发言吧，伯爵！日本同意。

西华德：说吧！麦克达夫。

学者：好。我的时期划分法非常简单。我的意思只是说，19世纪50年代标志着一个新时代的开始：工业力量决定各国在北太平洋的相对势力。美国相当幸运，它所具有的企业心、拓荒精神、人口增长和航海人力，又能自外于旧世界的权力恩怨，这些条件足以让美国在进入工业时代之前，就能建立起北太平洋帝国，而且又不受任何中央计划的帝国策略掣肘——

斋藤：请暂停一下。

学者：不谈因果循环。

斋藤：不谈，可是你怎么可以说波尔克没有帝国策略？

学者：我的意思是说美国没有长期、一致的策略。

西华德：我恐怕必须附议这位日本同行的说法。如果你的意思是说我们没有征服他人的计划或英国式的大型帝国策略，那么我同意；不过可以确定的是，扩张过程中的每一步，都有政府在后面煽风点火。我们驻巴黎的外交人员坚持要密西西比河以东的所有土地，国会同意新州加入，杰斐逊派遣刘易斯与克拉克去探险，并促成“路易斯安那购买案”。约翰·昆西·亚当斯从杰斐逊手中接过火把，鼓吹我们的太平洋命运说，然后把火把转交给我。门罗警告欧洲人不要插手美洲大陆。扩张主义是不分党派的，或者说在不同时期都有不同党派表示支持。帕克、弗里蒙特、卡尼——这些美国陆军军官——加上威尔克斯，一名海军军官。你还提过鼓吹政府支持科学的厄普舒尔与莫里中尉。我可以咒骂波尔克（原因你们都知道），不过政府支持国家扩张的历史却相当长远，而且值得赞誉。

学者：难道重大的结果必然是由某项策略促成的吗？西华德先生，在此我必须提出几个拓荒先锋，虽然政府担心他们可能会跟印第安人惹上麻烦，但他们还是向西挺进，越过阿巴拉契亚山脉。拓荒者分头向路易斯安那推进，进入得克萨斯。第一批到达太平洋沿岸的美国人是没有任何政府保护的民间商人，甚至阿斯托最后也没有获得任何政府协助。山地居民与屯垦民众自己冒险横越大陆。至于夏威夷，政府机构没有派传教士到那里去，也没有派捕鲸船到白令海，或是派快速帆船到中国。美国并没有取得北太平洋，但美国人做到了。

西华德：我们可以说联邦政府虽然没有扮演规范性、强迫性的角色，却有支持与促进的功能。

斋藤：墨西哥战争？

西华德：那是我规则中唯一的例外。美国政府的特质不在自由贸易主义空论或是中央极权统治，而是在谨慎推动能释放人民能量的政策。

斋藤：为善或为恶？

西华德：也许既为善也为恶。可是我认为美国的政府机制优于日本幕府或俄国沙皇，也优于墨西哥的圣塔安纳！

学者：那我不得不感到奇怪，我们是在何时丧失那种特质的。因为目前——

加休曼努：学者！蒸汽与铁轨！

学者：对，抱歉，加休曼努。我们就来谈谈蒸汽与铁轨。

第二部

蒸汽与铁轨时期

第31章　第六次聚会

学者：听听这个："没有先例可援，这不仅是美国发展上的奇景，也是整个文明的奇迹……即使是像阿姆斯特丹或利物浦那样的商业重镇，或拥有贪婪，或拥有韧性，却无法两者兼有。而就在现在，以铁腕攫取北太平洋辽阔的肥沃海岸，芝加哥的前程是何等璀璨！"

斋藤：芝加哥？在北太平洋？

学者：攫取北太平洋，凭着"铁腕"。

西华德：听起来真的很耳熟……是我写的！教授，你念的是我的《游记》（*Travels*）。

学者：没错。你的文章道出了我对蒸汽与铁轨之冲击的看法。还记得我要你们想象，有风向有洋流的"真正的海洋地图"吗？蒸汽动力运用于运输，改变了太平洋的"真正地图"，让它变成了你和维特觉得最顺眼的模样。对20世纪30年代的斋藤来说，这是有一点过时。对塞拉神父与加休曼努来说，恐怕又是太遥远以后的事。在蒸汽引擎时代，也就是1850年到1905年间，西方人突破风向与洋流的限制，得以在海洋上自由航行。蒸汽动力航行克服了夏威夷地处边陲、加利福尼亚反向洋流，以及亚洲季风等等问题，更别提太平洋如此骇人的辽阔面积。蒸汽动力打开了北太平洋少数几条大河——例如萨克拉门托河与黑龙江——的门户，让海船得以长驱直入。蒸汽疏浚征服了哥伦比亚河口的沙洲与瓦胡岛的珍珠港。蒸汽结束了货物空间与速度不能两全的问题，并让好几万人得以到达甚至横越太平洋。

斋藤：例如加利福尼亚的中国人与日本人。

学者：正是。在蒸汽时代，白人挟科技的优势，强迫东亚国家开放港口，并将该国的人民运送到新大陆，数目之多，到头来连白人都开始担心起自身的未来。同样，铁路也给北太平洋带来了革命性的变化。突然间大量的人力与货物得以在短时间内，以低成本横越各个大陆。然而蒸汽船与帆船不同的是，前者需要有燃料补给站以及备有零件与修理人员的停泊站。所以蒸汽动力造成了一种新的依赖。海军与商人船队在位于航线上的海岸与岛屿上都需要设有补煤站，这点多少促成了太平洋新式的帝国主义。横越大陆的铁路横过数千公里的荒野，也需要加水与加煤的补给点、车站和调车场。这点让美国与加拿大西部，以及西伯利亚发生了重大的变化。最后一点，铁路带来巨大的电报电缆，让太平洋两岸的联络从几个月变成几小时的事，太平洋因此更容易受到中央极权帝国主义的控制。整个大环境在1850年之后有了上述的变化，快速采用工业化运输的国家因此获得了许多好处。

维特：那些落后的国家则饱受惩罚。所以俄国又输了。

学者：维特伯爵，你应该最明白俄国在这段期间虽然战争失利，但还是得以发展壮大。所以让我们暂且忘却故事的结局，来复习一下蒸汽与铁轨时代初期北太平洋的权力争夺。短期之内，美国占尽优势。美国拥有西海岸、一心向太平洋发展的商人、银行家、企业家，以及自由且不断增长的人口。所以美国很快就吸收了英国率先发展的工业，并开始表现出自己的创造力。此外，美国的企业界在大小（促进资金流通所必需）与竞争（改革创新所必需）之间取得了很好的平衡。可是大多数美国人仍然住得离太平洋很远，他们的精力必定会用于发展自己的大陆，同时他们还面临奴隶问题带来的分裂危机。

从1900年向前回顾，可能有人会下结论说太平洋注定会变成“美国内湖”——又一个“天定命运”。可是从1850年展望未来，有人可能也会质疑美国的领土是否太大、太分散而无法统合。内战会让这个国家分裂吗？如果答案是肯定的，加利福尼亚与俄勒冈是否会各自独立？外国势力会不会趁火打劫，再度觊觎北美洲，进而染指北太平洋？即使美国仍然能保有西岸，美国人有办法解决开放公民权与民主和被亚洲移民吞没的恐惧之间的矛盾吗？

现在再想想俄国。1850年，阿拉斯加仍归它所有，虽然当地的500名居民谋生糊口仍然要依赖其他势力，像是哈德逊湾公司。当然，与美国相较之下，俄国较为落后，而且皇室一直困于欧洲、中东与中亚的利益问题而无暇他顾。此外，沙皇政府对改变的调适能力最差。但从另一方面来说，俄国对东西伯利亚的控制力则无人能比，而且50年来乌拉尔山以东的人口已经从100万跃升为250万。如果沙皇政府建筑一条通往太平洋的铁路，并让境内数千个拥挤村庄的年轻人自由迁徙至西伯利亚，那情况又将如何？既然清朝显然积弱不振，俄国是否会重新争夺黑龙江，最终为其北太平洋帝国夺得一处谷仓？倘若如此，难道它不会运用新的蒸汽运输科技，维持与阿拉斯加之间的定期通信与补给吗？俄国或许永远无法保卫北太平洋航道，可是也许沙皇可以在英国与美国之间周旋，争取时间在太平洋沿岸建立防卫。对像维特这样的政治家，或是陀思妥耶夫斯基（Dostoevsky）这样的知识分子来说，俄国真正的使命是将文明带到西伯利亚，进而横渡北太平洋，扩张到另一个积极开疆辟土的国家——美国。

舞台上第三个潜在势力则面临比俄国更迫切的困局。日本没有管道接触现代科技，其社会与政治制度似乎都是设计用来保持现状的。虽然日本是个岛国，但却没有海军，对来自海上的入侵势力也就毫无招架之力。即使幕府真的开放门户（只是时间早晚的问题），结果可能只会引起内部混乱，而这正是日本当初走向封闭的原因。1850年，在让“日本开放”的三个可能性中——内战、白人给予中国式的污辱，或是让日本快速工业化并成为北太平洋帝国的内部革命——第三种方式似乎最不可能。然而如果奇迹能够发生，日本拥有俄国与美国都欠缺的两大优势：地理位置近，而且无其他国内外的野心来让它分心。对当时的日本来说，对外政策便是北太平洋政策，国内发展则与北太平洋发展画上等号。

当然，日本在现代化的过程中采取扩张主义是会面临严重的危险。日本要如何从西方获得与西方竞争的科技，但又不会引起西方的敌意？保持被动意味着选择国家败亡，但采取主动又等于选择无止无休的争斗。这也难怪日本长久以来都宁可沉睡——“上升的太阳”照亮的只有危险而已。

斋藤：说得很好。这一次你有个好的开场白。

加休曼努：你为什么把事情讲得这么复杂？建造了最多蒸汽引擎的国家当然会赢。你把这些东西说得那么厉害。

学者：连加休曼努都被我变成物质主义者了！不，我的意思只是说新科技建立了新的游戏规则与新的可能。可是事关重大的不仅是一个国家能够建造多少蒸汽船或铁路，实际上决定建造的数目、产出的东西的品质，以及部署与分配的时间与地点也都关系重大。这些都需要人来决定。

西华德：爱默生说：“机器坐在马鞍上，驾驭人类。”虽然我向来不同意这种说法。

学者：我也不认同，除非我们自己让它们坐上那个位置。我想那是可能的。可是回到加休曼努所说的，这些都不是在瞬间发生的。新造的蒸汽船要等到19世纪80年代能才超越新造的纯帆船。现在，蒸汽航行起源于——

西华德：——当罗伯特·富尔顿（Robert Fulton）——

学者：——1736年，一个来自英格兰奇平卡姆登（Chipping Camden）的钟表修理师想出一种让帆船能逆风出港的办法，他设计出一种运用机械船桨的拖船！可惜的是当时原始的纽科门（Newcomen）引擎无法实现他的构想，这个人也就穷困潦倒地过完了一生。然而即使在经过法国、英国和美国（以富尔顿的“克莱蒙特”号［*Clermont*］为最高峰）的多次实验之后，蒸汽船仍然表现得不太理想。除了大量噪音之外（一个住在哈德逊河谷的乡下人在河边看到“克莱蒙特”号，就跑回家告诉他妻子说他看到魔鬼躲在锯木机里，正划向奥尔巴尼）——

西华德：哈！魔鬼有什么稀罕！国会开会期间，我倒常常看见！

学者：——早期的蒸汽船速度太慢，除了河运之外，用在其他方面都不划算。任何蒸汽船所载的煤炭，都不够做一次长途的海上航行，因为船如果造得太大，船身的中央部分和两端都会弯曲拱起，而装有辅助蒸汽引擎的帆船则因为旋转桨轮拖力的关系，速度比全帆船还要慢。辅助蒸汽船“萨凡纳”号（*Savannah*）在1819年的确横渡了大西洋，不过只有在出港与进港时才用到蒸汽引擎。如何运载足够横渡大洋的煤炭？这个问题似乎无法解决，所以一位英国科学家说，从纽约搭蒸汽船到伦敦的可能性，就跟到月球一样渺茫。但是随着铁价下跌，铁制船身渐为大众接受，船的体积随之增大，蒸汽船的载煤量也相对增加。再者，弗朗西斯·佩蒂特爵士（Sir Francis Pettit）与约翰·爱立信（John Ericsson，后来建造了“监视者”号［*Monitor*］）发明的船尾螺旋桨，比侧面旋转轮的摩擦力小，推进力更大。但是螺旋桨需要较高的引擎转速，所以锅炉的压力也就更高，危险性也增高了。不过乔纳森·霍恩布洛尔（Jonathan Hornblower）1781年首先提出并于19世纪50年代再度推出的复合引擎，则可重复利用热蒸汽，解决了这个问题。复合引擎不仅增加了动力，还减少了三分之一的燃料成本，且不会增加锅炉的压力负担。

这些发明与改革让初期横渡大西洋的航线得以开航，也让煤矿特别稀少昂贵的太平洋首次得以有蒸汽船航行其上。太平洋定期蒸汽船航线的构想是来自威廉·惠尔赖特（William Wheelwright）。惠尔赖特的第一份工作是在马萨诸塞州当印刷学徒，后来跑去南美洲跑船。他是少数几个住在合恩角附近的美国北方佬，并曾担任美国驻瓜亚基尔（Guayaquil）与瓦尔帕莱索的领事。而就是瓦尔帕莱索让他了解，最新式的蒸汽船就是解决东太平洋航行困难的答案。惠尔赖特寻求美国的支持，可是未果，因此他在1840年成立的“太平洋轮船航运公司”（Pacific Steam Navigation Company）是由英国赞助的。公司生意原本未见起色，直到淘金热潮出现才有了转机。在那之后，惠尔赖特使用复合引擎的螺旋蒸汽船“智利”号（*Chili*）与“秘鲁”号（*Peru*），就向后来成千上万名淘金客展示了未来。一名美国造船商乔治·劳（George Law）与巴拿马铁路（Panama Railroad）的阿斯平沃尔合作成立了“美国太平洋邮递航运公司”（American Pacific Mail Line），他们获得了政府合约，负责运送邮件到加利福尼亚，得以有固定的收入。在之后的10年间，29艘蒸汽船在巴拿马至圣弗朗西斯科航线上往来穿梭，并首次航行到夏威夷与东亚。

铁路同样也是两大构想——蒸汽与轨道——的综合产物，两者的使用在英国康沃尔矿区以及英格兰煤矿已有百年之久：以蒸汽引擎抽水，并用木制轨道上的推车把煤运出坑外。1767年，第一段铁制轨道铸造成功，1814年乔治·史蒂文森（George Stephenson）建造了第一辆蒸汽火车头。当然，马匹也能拖着车子沿着轨道奔驰，不需燃料也不会爆炸，同时也比轰隆作响、让人灰头土脸、呼吸困难的火车头来得可人。然而在1830年，史蒂文森斥资500万美元的“曼彻斯特至利物浦线”完成后，火车头在速度上的优势已足以确保其未来的地位了。

而早在那之前3年，一群巴尔的摩商人就不惜违反国会、充满疑虑的大众以及切萨皮克（Chesapeake）与俄亥俄运河的固有利益，开始建造美国第一条铁路。他们必须自己筹措资金，每一样东西都必须从英国进口。不过巴尔的摩与俄亥俄铁路逐渐完工之后，就引起一阵大跟风，工业革命的程度与范围因而加深、扩大。美国境内铺设的轨道长度，从1840年的约4535公里增加到1850年的14,517公里，再增加到1860年的约49,288公里。跟蒸汽船一样，铁路也必须借一连串的发明与革新之助，才得以所向披靡。美国工程师罗伯特·史蒂文斯（Robert L. Stevens）的T型铁轨与防滑钉让出轨事件大幅减少，木制的连接器提供了弹性减震效果。锅炉不断加大，驱动的效率与安全性也随之提高。另外，如倒车挡对当时多属单轨的轨道就相当方便，在刹车安全性上也是一大突破。美国人对挖掘隧道、建筑桥梁、轨道弯曲度、路面铺设方面的理论，也都有所贡献。

最后，第一代的铁路建造还需要企业投资与政治游说，才能取得赞助与路权。太平洋铁路的建造是政商关系的分水岭。随着铁路与蒸汽船的到来，美国扩张主义者终于拥有了他们所需的工具，得以挟其在“帆船与体力”时代所掳获的优势，开始梦想让整个亚洲拜倒在基督教与资本主义的福音之下。

第32章　江户，1853

1848年2月，当约翰·昆西·亚当斯从椅子上摔下，跌倒在国会地板上时，他已经80岁高龄了。几乎所有美国人都赞美这位“雄辩老将”（Old Man Eloquent），但谁也比不上西华德真诚。他的悼词让纽约州议会感动得流泪，他撰写的亚当斯传记也让成千上万的人对亚当斯的儿子查理后来信誓旦旦的事实深信不疑：西华德是亚当斯的接班人。在整个动荡的19世纪50年代，没有哪个公众人物像西华德那样频频重述亚当斯长久以来为美国设定的目标：对内和平解放，对外和平扩张，通过教育、内部改革与贸易保护来推动农业、科学与工业。然而民主党人却容忍奴隶制度，要以战争达到扩张的目的，并抵制公共建设。对西华德来说，对奴隶制度扩张的妥协，无异是对上帝的“至上律法”的嘲讽，也将延误国家真正统一的步伐。他相信美国人必须同时聆听上帝与商业的福音，否则将会失去正确的目标。

1839年弗里曼·亨特（Freeman H. Hunt）在纽约市创造出“商业福音”（gospel of commerce）一词。他的《亨特商人杂志》（*Hunt's Merchants' Magazine*）极力颂扬商业的力量，认为这不仅可以促进繁荣，还可将基督教义、民主与科学推广到地球的每一个角落。对亨特来说，商人就是传教士，商业是一种“提升性灵，增加了解的科学”。对亨特来说：“商业是阿基米得撬动地球的杠杆，而撬动地球的支点就在于商人与银行家的睿智、经营能力与财富。他们掌握了和平与战争的问题，以及世界各国的命运。”

19世纪50年代似乎证实了他所言不虚，来自加利福尼亚金矿的资金是一大原因。美国的快速帆船与蒸汽船遍布各大洋，美国对外贸易增长了144%，虽然其中大部分是来自大西洋与加勒比海地区，但是最有潜力的却是太平洋。就像西华德在参议院所说的，这个世界“再也没有哪个帝国比它更巨大宏伟……能将大西洋沿岸的物资运送到人口过于拥挤的欧洲各国，同时又能在太平洋沿岸遏阻东印度公司的贸易。美国因此……必须控有海洋帝国，只有海洋才是真正的帝国”。西华德这段话并非意味着要采取殖民主义，而是要建立一个由自由的人民、自由的国土，以及自由贸易所构成的帝国。“任何国家、种族、个人都不可以彼此压迫或伤害，因为彼此的安全与福祉，是共同安全的基础所在。”美国人有责任“背负起共和主义的十字架，将它展现在各国面前”。

而1848年在众议院“海军事务委员会”（House Committee on Naval Affairs）面前，陈述蒸汽动力对地缘政治之影响的，正是莫里中尉本人。他在一幅墨卡托投影地图上标出的圣弗朗西斯科与上海之间的最短距离看来似乎是一条直线。然后他再用地球仪代替地图，将绳子的一端固定在圣弗朗西斯科，说明因为球面弯曲的关系，向北航行经过太平洋的顶端到上海要比直接横越大洋近多了。当然那条路线也有风向与海流的问题，然而拜蒸汽动力之赐，这些因素都可以克服。所欠缺的只是沿线的燃煤补给站。阿留申群岛是个可能的地点，但是该地的气候与港口条件太差，况且这些岛屿又隶属俄国。最理想的前进基地应是以蕴藏丰富煤矿著称的日本。

第一批抵达日本的美国人是毛皮生意的始祖约翰·肯德里克（John Kendrick）的水手，时间是在1791年。在拿破仑战争期间，荷兰仍是法兰西帝国的一部分；因害怕遭到英国皇家海军的攻击，荷兰人租用8艘美国船，代替他们前往日本的出岛去做生意。巴拉诺夫的朋友欧凯因船长甚至悬挂俄国国旗，企图进入长崎。大卫·波特（David Porter）上尉于1812年战争在太平洋服役之后，便力促麦迪逊总统派出远征军去开启日本门户，可是这个想法除了对少数人（例如约翰·昆西·亚当斯）之外，显然十分不切实际。此外，日本幕府基于锁国政策，于1825年下令沿海守军“驱逐并消灭”所有外国人，这项命令受到了日本“水户学派”（Mito School）学者的一致赞扬。学派创始人会泽安（Aizawa Seishisai）斥责所有“西洋南蛮，为世界的低贱动物……斗胆横越大海，践踏他国，并企图用他们的斜眼与跛脚统治其他高贵的国家。真是狂妄自大”！会泽认为美国尤其是“地处世界最边陲……人民头脑愚蠢简单，无法成大事”。不过，日本仍不可掉以轻心，因为现在白人国家既然彼此恢复和平，便会侵略其他国家，以要求通商作为包装，慢慢伸展其势力，并“宣扬其外来宗教，以攫取当地人心”。

美国人完全不知道那项“驱逐并消灭”敕令，只知道在日本沿岸发生船难的美国捕鲸人会被拘禁、虐待，并被迫践踏十字架。新英格兰选出的国会议员于是坚持联邦政府应该采取行动，让日本以人道方式对待船难者。这项要求结果却由鸦片战争做到了。日本人目睹西方船坚炮利，于是在1843年颁布新敕令，规定在将船难者驱逐出境前，要提供他们最起码的协助。可是即使连这样的做法在宫廷上都引起了反对声浪。同时鸦片战争也加强了日本作为通商目标的吸引力。波尔克总统因此授权美国驻中国代表，要他想办法也与日本签订条约。然而詹姆斯·比德尔（James Biddle）司令官却在1846年闯进东京湾，既没有带翻译，也没有事先知会。他让自己的船舰被战舰包围，让自己被低阶军官推下海；更丢脸的是，他还被一个普通日本水手撞伤。比德尔撤退，让日本人更加相信美国野蛮人不过是些懦夫。

到了19世纪40年代末期，好奇心、自尊、报复心、贸易、国际对立、传教、中国门户开放，加上取得加利福尼亚，这些都让美国对日本的兴趣越来越浓厚。燃煤的需求是关键所在。听取莫里的证言之后，“海军事务委员会”主席托马斯·金（Thomas B. King）建议立刻建立取道太平洋北方，从加利福尼亚经夏威夷到中国的蒸汽船航线。蒸汽船，加上巴拿马运河或横越大陆的铁路，必可“促进与各国平衡贸易，有利我国”。1850年，美国准备在火奴鲁鲁设置燃煤补给站，墨西哥战争英雄马修·佩里司令官开始倡议远征日本。佩里知道日本的政策与疑虑，他想以归还船难者作为强迫日本开放的楔子——这和俄国人一再尝试的策略不谋而合。不过“远征的真正目的不可让一般大众知晓”。当然，他是指燃煤补给站。佩里知道美国代表必须全副武装到达日本，而且到达时还必须处于最佳状态。他坚持用蒸汽船，因为这种“没有帆，不需顾虑风向与海流方向”的船只，必定可以让日本人“震惊失措”。蒸汽船与加农炮“比过去100年所有外交任务加起来，都更能引起他们的恐惧，确保他们的友谊”。

佩里的游说正补充了纽约商人阿龙·帕尔默（Aaron Palmer）、海军中校詹姆斯·格林（James Glynn），以及由西华德与缅因州参议员汉尼拔·哈姆林（Hannibal Hamlin）所领导的美国参议院大多数议员之前的游说行动。蒸汽新世纪的地理与科技变动、商业福音的无上至福，都在一次无懈可击的简报中详述殆尽。国务卿丹尼尔·韦伯斯特迅速表示同意：“连接海洋蒸汽航行最后一段路线的时刻到了。”美国要的只是“造物者所赐、留待人类大家庭所共享，但依照神意存放于日本群岛深处的礼物”——简单地说，就是煤炭。美国总统菲尔莫尔在1851年写了一封信给日本天皇，派遣蒸汽巡洋舰“萨斯奎汉纳”号（*Susquehanna*）进入亚洲，并任命约翰·奥利克（John H. Aulick）上尉为远征队队长。

奥利克理应是开启日本之门的人。然而他却与“萨斯奎汉纳”号船长发生争执，并解除了后者的职务。他自己的手下在里约跳船。他又未经长官同意，就让他的儿子与他一同前往。美国政府基于国际礼仪，允诺顺道送一位巴西外交官回乡，奥利克却向他收费。海军部很快就醒悟，他绝不是能与日本天皇谨慎应对的人选，于是他一到中国就被解除了职务。更糟的是，日本的船难者不敢回家，唯恐因为触犯锁国禁令而遭到砍头。其中三个人逃到加利福尼亚，其余的则搭中国帆船偷偷溜回日本。1852年1月，菲尔莫尔选好代替奥利克的人选，可是获选人佩里司令官却不怎么情愿，地中海舰队司令才是他的目标。不过他充分利用自己的不情愿，换得了白宫三大让步：舰队船只数目增加到12艘，包括3艘蒸汽船；让他拥有充分自由裁决权；授权他寻找合适的岛屿基地。他说："我担负在这块面积占地球四分之一的区域，建立起一个立足点的责任。"

佩里司令官被称为"蒸汽海军之父"。他也是美国太平洋地缘政策的拟定者，由于佩里事先看出俄国企图逼近中国海岸的举动："因此撒克逊人与哥萨克人必将在另一个战场上对抗，不论或战或和。是否能相安无事？我想很难。自由与极权主义两相敌对的主力最后还是必须面对面，然后打上一场让其他各国屏息围观的大战；这场战争攸关世界将归于自由或奴役。"佩里并没有料到会有第三者插足美俄之间，而这个国家正是佩里受命要唤醒的国家。

日本"兰学"学者当时对美国已经十分了解，因此对美国深怀敌意的水户学派并非毫无对手。一本1847年出版的日本地理书中，就叙述了一个名叫华盛顿的军官与一个名叫富兰克林的民间领袖，如何携手合作，为美国人赢得独立："从此之后，美国的国力就逐渐增强，国土大幅扩张。"一本刚好在佩里到达前出版的《美国新报告》（*A New Account of America*），则描写了美国各个阶级的民众在习性、衣着与地位上一律平等，他们对牛肉与牛奶的偏爱（多令人厌恶），以及他们宗教信仰之肤浅："每到第七天，人人都鼓掌祈祷。如此而已。"1851年，一名被美国人救起的日本人中岛万次郎（Nakajima Manjiro）回到日本，他告诉幕府官员说，美国人"身材完美，皮肤白皙。天性温和，富有同情心，为人正直。最重要的是，他们很勤奋，并与各国贸易往来"。万次郎赞扬美国人自由恋爱的婚姻，可是觉得他们"天生淫荡"，而且在美国"马桶是放在地面的洞口上方。他们习惯坐在马桶上阅读"。

不过最有用的情报仍是来自中国。清朝不仅惨遭羞辱，被迫开放贸易、进口鸦片与基督教，后来中国政府的对外态度更因而产生分歧，有的主张抵御外侮，有的则主张"师夷长技"。接着，到了1851年，太平天国运动爆发。同样的事情会发生在日本头上吗？抵抗蛮人意味着可能失败并沦为殖民地，可是屈服于他们的要求又太丢人，并且可能引起国内动乱；这就是幕府老中阿部正弘（Abe Masahiro）所面对的难题。除了支持1843年的敕令，将外国势力阻隔在一臂之外，并想出介于战争与投降之间的政策之外，他还有其他选择吗？另一方面，佩里对日本人略有所知，但也只限于皮毛（他认为他们是个“衰弱野蛮的民族”）。只是他故意展露的自大、坚毅与军事威胁正巧在适当时机，给江户领导人留下美国人需要的印象。俄国人也尝试过类似的伎俩，但派遣的军力不足，而且是在鸦片战争让日本人的态度有所软化之前。

绰号“老马特”（Old Matt）、时年60岁的佩里，就这样出发去执行他复杂的太平洋计划。他首先在琉球群岛（Ryukyu Islands）的冲绳岛（Okinawa）停靠，等于为登陆日本预作彩排。他说除非该岛的摄政官有请，不然他不肯离开船舱，然后他就坐着高高的轿子抵达摄政官的宫殿，整整在岛上过了两个星期帝王般的生活。下一站他则抵达小笠原群岛（Bonin Islands），那里有一小群美国人定居。佩里任命其中一人为地方官，并升起星条旗。他希望华盛顿方面把这里纳为殖民地。

佩里猜测得没错，有关他的庞大舰队与傲慢态度的消息，在他抵达之前就已经传到了日本。当他的黑色船舰于1853年7月8日出现在江户湾（即今东京湾）时，这个人口多达100万的城市立即陷入一片恐慌。母亲抓着小孩拔腿就跑，祭司祈祷海潮把这些野蛮人冲走，寺庙钟鼓齐鸣，士兵在街道来回行进。佩里按兵不动。来意不善的日本武装船只将他的船队团团围住。佩里警告他们立刻离开。日本人企图登上美军船舰，佩里拒绝了。日本派出低阶官员协商，佩里不肯接见。日本人企图把美国人引到长崎，佩里不肯让步。当地的总督出现时，佩里让他与低阶的官员协商。总之，他让日本人了解美国要求公平待遇，为了支持他的论点，他还让一些日本军官见识了“萨斯奎汉纳”号的枪炮。最后他告诉日本人，说他们有3天的时间把美国总统的信呈交天皇，否则他会将船开进内海，轰炸江户。

以阿部正弘为首的高级军事会议这次可阴沟里翻船了。过去都是日本人让那些野蛮人等了又等，情势总是对日方有利。现在他们因为形势比人弱，被迫要立刻有所行动。第3天晚上，该会议决定将责任推卸给那位倒霉的总督，命令他：“接受那封信……妥善处理这件事，不可有损国格，不可遗留后患。”于是，7月14日，佩里、他麾下的军官，以及250名海军陆战队员便与日本官员和一群身穿礼服、佩戴双刀的武士，在一个茅草为顶、披挂薄纱的凉亭中会面了。日本人接受了那封信并告诉佩里到长崎等待回音，然后迅速请他离去。佩里回答说来年春天他会带着一支更庞大的舰队回来，而且地点不是长崎，而是江户。会商半小时后，美国人就在“哥伦比亚万岁！”“扬基歌”（Yankee Doodle）等乐声中大步离开了。

一个月后，4艘俄国军舰在伊菲米·普提丁（Evfimii Putiatin）指挥下驶入长崎港。暌违40年后，俄国沙皇再度试图开启日本的门户。普提丁告诉日本人说他想要重定库页岛上的国界，并在日本北方一或两个港口取得贸易权。在一贯的拖延战术之后，日本人回答说，抱歉，我们的幕府将军刚刚过世，国务繁忙，无法讨论你们提出的问题，请四五年后再来。普提丁沮丧地航行到上海，在那里他与佩里碰面，协商混编军队，再一起到日本。可是佩里不想找合伙人，他甚至不要华盛顿方面插手干预。当新的命令要他等待新派美国驻中国大使到达，并给新大使一艘蒸汽船时，佩里写信给海军部长说若他遵从命令就会危及出使日本的任务。然后他让所有船舰起航，再度于1854年2月出现在江户外海。

此时日本幕府正进入其最后危机的第一阶段。高级军事会议既无法把美国人赶走，也不愿意冒险将帝国开放给野蛮人，而且又意识到本身的衰弱，于是他们舍弃了250年来的政治独霸局面，转而征询封建大领主——大名——的意见，这样不论政府采取何种解决之道，这些最可能违反锁国政策的领主都必须参与其中，脱不了关系。不幸的是，他们没能达成共识。锁国派提出的不外乎是那些老生常谈：让美国人分享长崎贸易，或是把谈判拖上个10年，同时加强海防。大部分大名则认为锁国与抵抗是唯一光荣的方式，可是由井伊直弼（Ii Naosuke）领导的一些大名却更深谋远虑：让幕府发给商人执照到外国做生意，并学习如何自行建造蒸汽战舰。一旦日本获得蛮人的武器，就可以再度强盛、回归锁国！当然，采取这种不得已办法的原因，必须解释给祖先的神灵知道。

这样的局势正考验了高级军事会议主席阿部正弘建立共识的能力，可是会议最后却选择了一个平息各方意见的多样性回答。会议将发布一项宣告，呼吁日本人全面备战，并展开紧急计划以提升日本的防御能力，可是同时还要对佩里采取合作态度。也许每件事情都可以解决。因为嘉永年号即将结束，接下来是意味着政治安定的安政时期。

由于佩里没有等到春天，而是在隆冬之际前往日本，所以他此次是穿过连雨水与强风都难以驱散的浓雾，才得以抵达江户。他舰队中的一艘帆船因此搁浅，必须用蒸汽船拖行。天气转晴后，佩里的9艘船舰壮观地驶入江户湾。经过几个星期的往来交涉，3月8日他终于在小渔村横滨附近坐了下来，与日本展开谈判。用过茶点之后，日本代表林复斋（Hayashi Daigakunokami,江户大学校长）直接切入主题——这颇让美国人惊讶。他无法改变帝国古老的法律，可是由于美国总统要求友善关系之故，他准备提出这样的条件：日本将对发生船难的水手提供协助，并对到访船只提供补给品，包括燃煤在内。

这让佩里丧失了发表演说，谴责日本违反人道并宣扬美国国力的机会，不过他还是发表了演讲。他解释现在美国与日本如何成为邻居，他们之间的海洋很快就会布满蒸汽船，并以墨西哥羞辱、轻视美国的下场如何如何作为警告。可是林复斋仍然不谈贸易问题，因为日本不需要外国的东西，而佩里也没有坚持。由于这项决定，以及阿部正弘先前不抵抗的决定，佩里与林复斋才能在3月31日签订《神奈川条约》（*Treaty of Kanagawa*）。此后美国船只可驶入下田（Shimoda）与函馆购买木材、水、补给品与燃煤，同时美国也可在下田设立领事馆。

接下来便是大肆庆祝。日本人送美国人漆器、丝绸与瓷器、武士刀，以及包括四只小狗在内的各种风俗纪念品。美国人送给日本人一个蒸汽火车头模型与电报机组，并扮演黑人表演了一段滑稽秀，让所有日本观众看得目瞪口呆。前者的科技让日本武士叹为观止，后者的表演甚至让“沉默忧郁的林复斋”也“与大家同乐一堂”。当佩里要起身离开时，一名欢乐的日本官员“用手臂抱住司令官的脖子，紧紧抱着，不断压挤着将军的肩章，亲热地说着：‘日本与美国，永结同心。’”

佩里一回到香港就辞去司令官的职位，登上了英国蒸汽船“印度”号（*Hindostan*）返家。国会与纽约商会赠予他大笔金钱与荣誉。起初没有人了解他并没有让日本开放贸易——那仍有待美国领事汤森德·哈里斯（Townsend Harris）努力。可是他赢得了补给燃煤的权利，而那一直是他的主要目标。事实上，如果他要求得更多，那他可能什么也得不到。因为许多日本大名和知识分子都认为阿部正弘作了太多让步。

至于俄国的普提丁司令则回到长崎，并派了两艘船前往库页岛。然而他并没有获得日本方面的任何让步，而且必须在6月以前撤出库页岛。可怕的消息传来，俄国与英法同时开战；阿拉斯加遭到封锁，堪察加半岛则正面临攻击。

第33章　黑龙江畔的瑷珲[①]，1858

> 25年前，俄美公司曾向政府请求占领当时几乎不归任何人管辖的加利福尼亚……现在加利福尼亚成为美国的一州已一年多……这让人不得不预测美国一旦立足北太平洋，便会凌驾于该地其他海军势力之上……此外，铁路的发展，让人相信——比以往都深信——美国的领土会扩至整个北美洲，而我们必须牢记在心的是：早晚我们必须把我们在北美洲所得的拱手让给他们。然而，我们同时也必须记住，同理可知，俄国即使不据有整个东亚，也自然应统有亚洲整个沿太平洋地区。

这是1848年奉沙皇尼古拉一世之命掌管整个东西伯利亚地区的尼古拉·尼古拉耶维奇·穆拉维约夫（Nikolai Nikolaevich Muraviev）写下的一段话。穆拉维约夫因为在土耳其与波兰战功彪炳而迅速升职，让他的同僚打从心中对他感到厌恶；而留着山羊胡、受过两次伤，年方38岁的穆拉维约夫也回报以同等的憎恶。他对宫廷政治、文书推托无法容忍，对圣彼得堡的争权夺利，尤其是俄美公司的官僚上司更感不满。然而如果穆拉维约夫关于阿拉斯加的预言不虚，俄属美洲在19世纪30年代与40年代仍可继续大展雄风。与哈德逊湾公司的合约确保食物供给无虞。拉夫连季·扎戈斯金（Lavrentii A. Zagoskin）等人的远征探险（1842—1844）深入阿拉斯加内陆。俄罗斯皇家学院赞助有关生物、地质、人类学的研究。由于约安·韦尼阿米诺夫（Ioann Veniaminov）神父的努力，教育普及到阿留申人与部分特林基特人。这位身材壮硕的神父是伊尔库茨克人，连乔治·辛普森都对他敬畏有加："他说出的每一个字与每一

① 历史地名，是清代黑龙江省军事重镇之一，亦作艾浒、艾虎、艾呼、艾浑、爱珲，皆为一些少数民族语的不同汉语对音。汉语称黑龙江城，满语称萨哈连乌拉霍通。1858年后始出现"瑷珲"字样。——编者注

项行为，都带有温和特质，令人不知不觉将崇敬化为挚爱。”在费迪南德·兰格尔总督的同意下，他建立学校，教导阿留申人字母、数字与天主教的教义问答，他甚至还教他们木工与航海术。他参观加利福尼亚的传教区，观察对方的做法，并以拉丁文与他的圣方济各会同僚沟通。在东正教主教公会将俄属美洲设为主教教区，同时约安的夫人也去世之后（如此一来他便符合资格），他便被任命为阿拉斯加第一任主教。由于约安（也就是后来的因诺肯季主教［Bishop Innokenti］）的努力，阿留申的人口在这些年来恢复了25%。约安后来成为莫斯科主教，俄国教会最高等级的神职人员。

然而即使是有效率、合乎人道的行政组织，也无法弥补移民的饥馑与毛皮动物的减少。当中国发生鸦片战争时，俄美公司的毛皮便无法出售。接着北太平洋地区的食物与供给品价格又因为淘金热而一路飞涨，让该公司濒临破产。并不是只有穆拉维约夫才看得出，俄国在北美洲的事业已面临结束的命运。

沙皇尼古拉一世统治时期（1825—1855）正是后续反应中的一环。这位气宇轩昂、英俊潇洒的沙皇在12月党人的暴动中即位，并奉行自由主义，遵循乌瓦罗夫（Uvarov）公爵的三合一政策：自治、正统、民族性。直到1841年，俄国的财政部长都还反对修筑铁路，理由是唯恐会榨干农业所需要的资本、耗尽俄国的森林、腐化人民道德。只有在一位维也纳教授说服沙皇铁路具有军事价值之后，他才准许建造一条实验铁道，从圣彼得堡连接到约23公里外的夏季行宫，最后又建立了从圣彼得堡通往莫斯科的第一条铁路干线。这条路线几乎直线通行，略过重要城镇的事实，则引起了一个传说：据说这位严谨的沙皇只是拿起一根尺，在地图上划了一条直线，便决定了铁路的路线。事实上，他认为直线的低成本比其不良后果来得重要。为了募集到必要的资金，俄国政府必须保证发售的3400万卢布公债，每年都会有4%的利息收益。为了连带提振工业，沙皇强制规定建造铁路必须使用俄国自己生产的铁，可是乌拉尔山铸铁厂开价是英国的两倍，而且最多只能提供所需铁量的十分之一。这条铁路直到1851年才建好，花费7500万卢布，被征召来的5万名奴工在极其严酷的条件下工作，诗人涅克拉索夫（Nekrasov）写道：

> 路是直的，路堤窄小
> 电报杆、铁轨、铁桥
> 两边处处是俄国骨骸——
> 万涅奇，你可知有多少？

尼古拉在有生之年，目睹了落后的俄国与西方对抗的军事结果。不过在亚洲，俄国仍优于中国，中国的无助在鸦片战争中暴露无疑。然而中国开放之后，新的危机又随之浮现。英法两国可能以科技帮助中国复兴，或是自行北上黑龙江，或是开启日本门户，在西北太平洋部署舰队。到时候俄国不仅会丢掉黑龙江，连西伯利亚也可能不保。因此尼古拉将目光转离地图，召集群臣。俄国必须探察黑龙江地区，了解中国在该地的防卫状况。另外还必须取得千岛群岛与库页岛。整个西伯利亚军事区必须掌握在帝国建立者一人手中。所以沙皇驳回他胆小或是妒忌的大臣，任命穆拉维约夫为叶尼塞河到白令海之间所有土地的总督。沙皇焦急地开玩笑说："如果有任何势力占领堪察加半岛，你在伊尔库茨克要等六个月才会得知。"

穆拉维约夫深知其中风险。他写道，如果"外国人占领了黑龙江口，对帝国将是一大威胁，必须立刻诉诸武力，驱逐入侵者，并对其所属国家宣战，无论是美国、法国或英国"。此外，"邻近的中国人口众多，目前因为无知导致国势衰微，然而在英法两国的影响与带领下，很容易就会威胁到我国。如此一来，西伯利亚将不再归俄国所有"。于是穆拉维约夫以俄美公司的名义，雇用作风大胆的吉纳迪·涅韦尔斯科伊（Gennadii I. Nevelskoi）担任副手，派他去占领黑龙江口，同时他本人也出发去巡视他的领地。在堪察加半岛，他跟白令一样，对阿瓦查湾大感惊奇，并命令俄国太平洋海军基地整个迁移到彼得罗巴甫洛夫斯克。反对派一直说堪察加半岛无法补给。可是穆拉维约夫已经预见，有朝一日，快速的暖流补给线可能会从西伯利亚直下黑龙江，再穿越日本领海抵达堪察加半岛。

涅韦尔斯科伊在中国领土建立屯垦区的消息传回圣彼得堡，证明外交部长内斯尔罗德担心战争爆发确实有其道理。不过沙皇仍旧毫不退缩（是否因为基地命名为尼古拉耶夫斯克［Nikolayevsk］[①]之故？），他回答道："俄国国旗一旦升起，就不可降下。"接着穆拉维约夫又听到谣言，说有人打算"与帕尔默的计划配合"，强迫日本开放门户，于是他在1853年返回圣彼得堡，说服沙皇占领库页岛，增援西伯利亚，并派遣新的远征军前往日本。这就是为什么佩里正在江户耀武扬威时，普提丁司令会刚好驶入长崎的原因所在。

当然，沙皇的态度也相当谨慎："这件事我不要闻到火药味。"可是他也任命穆拉维约夫全权代表与中国谈判。所以穆拉维约夫在1854年一回到伊尔库茨克，就派遣特使到北京，要求中国派出代表团到瑷珲和他谈判。接着他

---

① 即庙街。——译者注

把900名哥萨克人塞进90艘小艇、驳船和一艘小蒸汽船，不顾一切沿着黑龙江疾驶而下，直奔瑷珲，途经尼布楚与阿巴钦，还有其他俄国与清朝许久之前曾发生过冲突的地点。他在黑龙江与乌苏里江汇流处建立了一座新城，并以17世纪的先任前辈之名，将其命名为哈巴罗夫斯克（Khabarovsk，即伯力）。最后他抵达尼古拉耶夫斯克，结果却获知俄国已经与英法两国开战。

不用说，克里米亚战争与太平洋一点关系都没有，而是与欧洲意识形态的分野以及争夺对奥斯曼土耳其帝国的影响力有关。不过俄国与海相通之处都很脆弱，包括遥远的北太平洋。因此基地远在约1.4万公里外的秘鲁卡亚俄，拥有12艘战舰与5000名士兵的英法太平洋舰队立刻出航，希望能拦截漏网的俄国军舰。结果他们失败了。俄舰“阿芙乐尔”号（*Avrora*）与“德维纳”号（*Dvina*）躲过追赶，停泊在彼得罗巴甫洛夫斯克，船上700名水手也加入当地驻军。穆拉维约夫任命瓦西里·扎沃伊科（Vasilii Zavoiko）为舰队司令，命他掌管土木工事与炮兵中队。不过后者之所以有时间展开防卫，纯粹是因为年岁已高的大卫·普莱斯（David Price）司令在阿瓦查湾外滞留了两天才展开连续炮击，俄军又反击成功的结果。普莱斯在意识到铸下大错之后，举枪自杀。他甚至连这件事也搞砸了，可怜的人，他挣扎了好几个小时才断气。第二天，法军司令加强了攻击，摧毁多门俄国枪炮。但是他也等了4天才决定登陆。法国派出大批兵力登上一片狭长地带，然后分成几个纵队，一度还在草丛间迷了路。最后好不容易误打误撞找到彼得罗巴甫洛夫斯克，俄国人已经好整以暇，埋伏等待，他们的连发步枪与刺刀攻击造成350多名英法联军伤亡，其余的则逃回船上，退入中国海域。

英法两国究竟为何要攻击彼得罗巴甫洛夫斯克？普莱斯的首要攻击对象是俄国的军舰，这个只有200栋木造房子的堪察加小村庄，论吸引力远不及阿拉斯加的新雅克恩斯基。联军为何不前往阿拉斯加？答案就在16年前，俄美公司与哈德逊湾公司签下的一纸合约！虽然英俄两国在欧亚均属敌对，但在北美西北海岸却是合作伙伴，这年1月，两家公司的代表才在伦敦会面，宣布他们在北美洲的财产不受战争波及。不过锡特卡的俄国人对英国人并没有完全放心，他们伪造了一份文件，宣称已经将该殖民地以700万美元的价格卖给一家美国公司。狼狈失措的英国船长因此都只能被迫驶离，而非去攻击中立的“美国财产”。

结果证明这份出售文件并无必要。英法船队在西太平洋停留不去，随后在1855年怀着复仇的心态重返彼得罗巴甫洛夫斯克。穆拉维约夫早料到会如此，他在被召回指挥对抗土耳其的军队之前，就命令扎沃伊科等到冰一解冻就立刻撤出彼得罗巴甫洛夫斯克。可是联军舰队出现得太快！感谢上帝，他们的新司令官跟之前的一样犹豫不决，让俄国人有时间在雾中偷偷登上6艘船只，躲过攻击者，直奔安全地带。隔天联军的陆战队抢滩登陆，却发现彼得罗巴甫洛夫斯克除了几个喝醉的美国捕鲸人之外，早已空无一人。这实在算不上英法海军年鉴上的光荣记录。

不过，这个行动还是让穆拉维约夫相信，俄国海军永远无法保卫沙皇在太平洋的财产。现在该是到了清算俄属美洲这项失败的实验，将俄国真正的太平洋任务专注在黑龙江与中国东北上面的时候了。

而穆拉维约夫之所以有机会将俄国皇家的力量转移到北太平洋的亚洲地区，一部分必须归功于一名中国农民精神失常的三儿子。洪秀全是客家人。客家人说的是中原方言，社会地位不及其他广东农民。即使如此，即使人口过剩、通货膨胀、盗匪流窜、贪污、对清朝深恶痛绝等现象让广东民情激愤，洪秀全仍不算是个反叛者。他只是想要做官而已。可是24岁时，他第三次科举考试落第，有一天他睡觉时做了一个奇怪的梦：一位天母带他到河里帮他洗澡，好带他去见天父。然后他被带到天堂，一个留着胡子的老人劝他屠魔，他的“哥哥”教他剑术。这个梦到了1843年才对他产生意义，当时他科举考试第四次名落孙山，沮丧之间，重读多年前在广东人家发给他的一本传教小册。然后他如是解读他神秘的梦：那个老人就是上帝、天父，而他本人就是上帝的第二个儿子，耶稣的弟弟。他的表亲信了他的话，然后是他的邻居，然后是数千个农夫和不满现实的人。1851年，洪秀全的崇拜者宣称一个太平天国会在魔鬼般的清朝败亡之后建立。翌年，上天送来一个即将改朝换代的征兆：黄河决堤，改道从旧出海口北方483公里处出海。

没有人知道有多少中国人相信洪秀全的教义。然而有数百万人因此起身反抗一败涂地的清朝。一般人剃发绑辫子，太平军则蓄发并让头发四散飞扬。传统的地主与佃农关系造成财富分配极度不均，太平天国则宣扬土地共有。儒家思想强调天生的阶级制度，太平天国则宣称所有人在天父之前一律平等。满族人是外来的，太平天国则是地道的中原人。他们组成部队，与帮会结合，于1852年向北移动，沿途掠夺城池、武器、财宝，并征募了200万名士兵。19世纪最血腥的战争就此爆发。

驻守在通商口岸的欧洲人与美国人不知道太平天国运动除了妨碍贸易之外，对他们有何用处。英国宣布中立，其他国家也随后跟进，直到广东爆发的一桩事件，迫使他们无法再袖手旁观。这件事迟早会发生，因为太平天国与“鹰犬”（他们如此称呼清皇朝）都诉诸人民的仇外心理。1856年10月，清廷派人登上英国籍三桅帆船“阿罗”号（*Arrow*），并降下英国国旗。英国领事哈利·帕克斯（Harry Parkes）要求归还船员，并尊重英国的治外法权。中国拒绝，英国于是炮轰广东，广东人则火烧“夷馆”。“阿罗船事件”，也就是第一次英法联军就此展开。英国首相帕默斯顿利用举国沸腾的时机，宣布国会大选并增兵中国。1857年12月，英法联军打进广东。中国皇帝作何打算？他无法击败欧洲人，又需要投入一切军力去攻打太平天国。另一方面，对蛮夷让步会加深清朝积弱不振的形象，印证太平天国的宣传。所以在惯有的一阵昏沉之后，饱受折磨的清廷求救无门之余，只好对英国表示让步。

1858年签订的《天津条约》要求中国赔款、加开10个通商口岸让西方人进行贸易、准许传教士到中国各地传教，并在北京派驻领事。然而当帕默斯顿的特使弗雷德里克·布鲁斯（Frederick Bruce）在1859年3月前来换约之时，清廷却不让他进入紫禁城。布鲁斯于是带着600名陆战队员当保镖，向北而行。守在海河桥（Peiho River bridge）上的中国军队向他们开火，造成英军434人伤亡，布鲁斯被迫撤退。于是霍普·格兰特将军（Gen. Sir Hope Grant）将军就在1860年率领41艘战舰，以及17,600名英法联军再度前来。无论付出什么代价，他们都要让鲁莽、自大的清朝遵守条约。

现在再从俄国人的观点来思考以上的这些事件。他们刚在克里米亚战争中遭到羞辱（主要是因为他们缺乏铁路，无法将数目占优势的军队运到战场）。1856年的《巴黎和约》禁止俄国在黑海沿岸建筑防御工事，削弱俄国对奥斯曼帝国的影响，并阻止俄国扩张至巴尔干半岛。现在补偿的时刻到来了。太平天国运动与英法联军给俄国制造了侵占黑龙江的大好机会，如果有人懂得如何利用这些机会的话。

事实证明，当时就有三个人自认了解情势。第一位是穆拉维约夫，他重回西伯利亚，决心坚持他在两年前赢得的好处。第二位是海军上将普提丁，他仍负有与日本谈判的任务。第三位是尼古拉·伊格纳季耶夫（Nikolai Ignatiev）伯爵——以口是心非著称的有名的政治家，他被派往北京谈判。这三个人互相猜忌，结果除了彼此妨碍之外什么也没达成，不过他们在整个过程中让中国人十分困惑，最后俄国获得的竟然比它原来想要的还多！

穆拉维约夫的第一要务是增援他留在黑龙江的哥萨克人，他发现他们正处于垂死边缘。1855年的补给船搁浅在雅克萨上游约21公里处，以致下游前哨站一整个冬天都没有面包可食。一名哥萨克军官抵达后报告说：

> 在雅克萨下游，靠近搁浅的面粉船边，有几具尸体……饥饿的士兵

> 狼吞虎咽地吃着面粉，结果噎死在那里。在船只的下游地带，我们看到令人心痛的景象：饥饿垂死的士兵，只穿着大衣戴着帽子，在严寒（摄氏零下8度）中行走，只剩下半条命，被霜雪冻得不成人形……尽管如此，这些士兵还是拖着他们的来复枪和装备。如果你遇到个几乎无法拖动身体的士兵，并建议他抛弃武器的话，他们会回答如果遗失政府财产，他们就要受军法审判。

穆拉维约夫从西伯利亚的城镇征来8000名“志愿者”与300头牛作为补偿。他亲自监督军事基地，分享士兵粗糙的饼干与他们对军官的抱怨，让自己成为士兵的领袖。现在的穆拉维约夫对自己的力量很有自信，遂邀请中国人到瑷珲讨论将黑龙江两岸割让给俄国一事。当地的满族人总督奕山拒绝奉陪这样的自大狂，并斥责穆拉维约夫为海盗。

这时普提丁已经到达日本。在佩里获得初步的成功之后，日本幕府显然乐于招待外国代表团，以便让这些蛮夷彼此制衡。于是日本与英国在1854年10月签订了一项条约，并对普提丁12月的到来大表欢迎。然后北太平洋“开口”了：地震与海啸冲毁了条约规定的通商口岸下田，一个大漩涡让普提丁的旗舰“黛安娜”号（*Diana*）在30分钟内转了42圈。头昏眼花的俄国人设法让旗舰张帆航行，可是船还是在1月宣告沉没。如果这场灾难发生在10年前，俄国人的命运就很难讲了。不过现在日本人不仅照顾船难者，还与普提丁签订《下田条约》（*Treaty of Shimoda*），开放3个港口，并允许俄国建立一处领事馆。普提丁则以放弃俄国对千岛群岛南部的所有权，并使库页岛成为两国“共有财产”作为回报。

然后普提丁回到黑龙江，大吹大擂他的方法可以奏效，而穆拉维约夫是失败的。圣彼得堡似乎同意这样的观点。1857年3月，俄国要求北京承认普提丁为特使。穆拉维约夫因而写道：“普提丁真的不算是坏人，但很可惜的是他干预黑龙江的事务，可能会造成损害。现在我们正准备要参加圣礼，奉行斋戒（当时正逢复活节前夕的四旬斋），因此任何不相关的争论都不合适，不过一旦我们互相亲吻、庆贺复活节到来之后……我就有很多话要说。”事实上中国拒绝接受普提丁，可是这位海军上将不愿回家。相反，他航行到香港，并暗示中国官员俄国可担任北京与英法之间的调停人，以交换黑龙江领土的割让。无助的清廷搞不清楚谁是俄国发言人，告诉普提丁如果想谈疆界问题，就去找奕山。大约在同时，穆拉维约夫却告诉奕山，只有他才有权讨论疆界问题，而普提丁的任务只是要帮助中国解决与英法之间的分歧。中国唯一弄

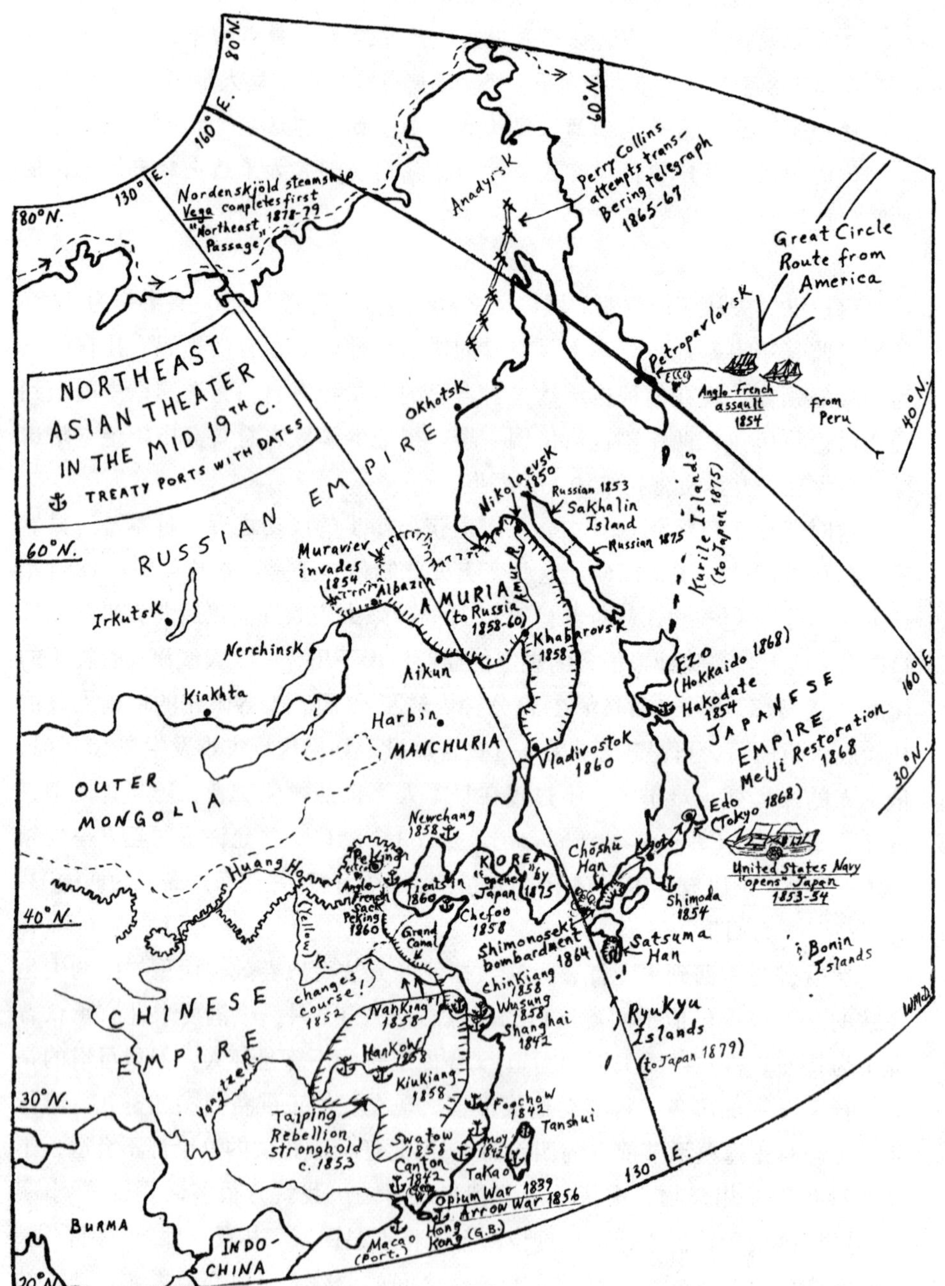

19世纪中期的东北亚形势。

清楚的是，只要他们肯在土地问题上对穆拉维约夫让步，普提丁似乎愿意帮助他们对抗海上霸权。1858年5月，北京因此突然命令奕山与穆拉维约夫谈判（或者至少要他做做样子）！

这使得奕山陷于进退维谷的境况。俄国的士兵与蒸汽船继续南下黑龙江，他自己麾下仅有1000名薪饷欠佳、脸色难看的士兵，又被调往南方去攻打太平天国。于是，当穆拉维约夫挟着整夜轰打黑龙江南岸的声势来提出要求时，他只好签约。1858年的《瑷珲条约》将黑龙江以北所有的土地都割让给了俄国，并给予俄国黑龙江、乌苏里江、松花江的航行权，其中最后一项更让俄国可以直驱满洲的心脏地带。可是清廷拒绝签署《瑷珲条约》。似乎整个谈判都只是个幌子，目的是要争取时间，希望西方蛮夷会与彼此开打。奕山因为签下这样的条约而遭到革职，穆拉维约夫则接到通知：对中国而言，先前的《尼布楚条约》与《布连斯奇条约》仍然有效。

这时轮到伊格纳季耶夫伯爵上场了，他被派来与中国签署《瑷珲条约》，并企图要求割让瑷珲北方的乌苏里江以东土地。他于1859年6月到达北京，很快就了解到清廷充满了仇外情结，对英法可能带来的威胁十分盲目。伊格纳季耶夫于是更进一步运用普提丁的策略。首先，他前往上海，敦促英法全速进军北京（他甚至向格兰特提供了一张北京地图），然后向中国暗示只有俄国可以帮他们阻挡灾难；只要答应我们的割地要求，我们俄国人就会让那些海上蛮夷离开。换言之，英法联军就足以达成俄国的目标，不费穆拉维约夫一兵一卒。

英国大使埃尔金（Elgin）从未怀疑伊格纳季耶夫的动机。联军在1860年8月登陆华北地区，飞快进军北京。清廷官员与犹豫不前的八旗军试图阻止他们前进，同时英方却得知第一次英法联军的战俘饱受清廷凌虐。盛怒之余，埃尔金下令军队直攻紫禁城，烧毁了举世无双的圆明园。他们的斩获包括四箱证明俄国野心的文件，英国体贴地将其转交给伊格纳季耶夫，甚至没有试着去加以解读。

清朝皇帝逃走了，留下他的哥哥恭亲王承担投降的羞耻任务。然后伊格纳季耶夫的全部计划都得以实现。恭亲王寻求俄国协助，好将外国军队赶出京城。伊格纳季耶夫劝诫恭亲王与英法签订条约（于10月签订），然后恐吓联军将领格兰特，说如果他们胆敢待到冬天，届时中国游牧民族会从乡间涌出来攻击联军。英法遂于11月撤出北京，心怀感激的恭亲王不仅签署了《瑷珲条约》，还同意割让乌苏里江到大海之间的土地给俄国。

穆拉维约夫、普提丁与伊格纳季耶夫，他们的目的或许有时互相矛盾，但是由于懂得掌握中国的弱点与英法的贪婪，他们得以为俄罗斯帝国增加了约91万平方公里的土地。就某种角度来说，他们也保住了西伯利亚的其他地区。黑龙江流域温暖、肥沃的土地，终于让俄国能够在太平洋养活相当的人口，当地海岸还解除了俄国船运对鄂霍克次海与堪察加半岛的依赖。1860年夏天，穆拉维约夫的屯民开始动土建造城市，命名为“东方的统治者”——符拉迪沃斯托克。终于，西伯利亚现在得以由北到东环抱肥沃的满洲，形势宛如一只伺机攫取的手掌。穆拉维约夫伯爵在退休时写道，现在要实现俄国的天定命运，缺的只是拓荒先锋与铁路。沙皇亚历山大二世在1861年解放农奴，为提供前者迈开了一大步。第二项工作则有待维特伯爵完成。

附带一提，第一次英法联军预言了太平天国的失败。他们的“天国”已经沦入贪婪善妒的地面“天王”之手。他们向支持者强征税赋、屠杀反对者，沉溺于非精神层次的欲望之中。洪秀全本人则完全疯了，他在南京的密室里藏着许多裸女，并向信徒宣布他每天升天与耶稣对谈的内容。同时清廷则鼓励地方军阀崛起，以协助平乱作为交换——这项策略最后会回过头来成为清廷心腹大患。最后，1860年过后，连欧洲人都转而反对太平天国，毕竟现在他们已经迫使清廷签下不平等条约，清廷的存灭与他们大有关系。到了1864年，太平天国运动事实上形同平息，清帝国存活下来了，但却沦为北太平洋权力斗争中一颗受人宰割的棋子——而非主宰。

第34章　圣弗朗西斯科，1860

汤森德·哈里斯为佩里开启日本的任务付出了代价。他是新英格兰清教徒之子（他的祖母教他要“说实话、敬畏上帝、讨厌英国人”），后来担任纽约商会会长。然而在1849年，单身汉哈里斯却为了太平洋放弃了这一切。当美国第一位驻日本领事的职位出缺时，哈里斯自愿担任，驱逐舰“圣哈辛托”号（*San Jacinto*）于1856年8月载着他前往日本上任。日本人试图采取拖延战术，此外下田的港口设施也刚被海啸冲毁。不过哈里斯坚持要上岸，结果被安置在一间到处都是蚊虫的废弃寺庙中。他唯一的一面美国国旗也在台风中被强风撕裂，必须用一个临时缝制的旗子充数。他坐困当地，生病而且感到十分受挫，等了一年多才获准将他的到任国书呈交幕府将军。不过，到了1858年7月，他终于取得了一个赋予美国所有贸易权的条约。

幕府的逻辑并不像哈里斯当初所想的那么不可捉摸。英法对中国的第二波攻击与俄国进军黑龙江，又重新提醒日本抵抗蛮夷所必须付出的代价，也提醒他们美国人似乎是最不可怕的。因此他们不仅给予美国一项条约，还让美国成为日本设立第一个非亚洲地区使馆的国家。他们问道，200人够不够？哈里斯告诉他们3个就够了。他们最后妥协，同意派出77人，由美国蒸汽驱逐舰“波瓦坦”号（*Powhatan*），以及幕府委托荷兰制造的日本小型蒸汽军舰“丸”（*Kanrin Maru*）负责运送。这77位武士的目的是尽力学习美国人之力量与行事方式，确保他们在日本需要协助时能提供善意协助，并协助说服惧外的大名说开放日本的政策正确无误。“波瓦坦”号载着高级使节，可是“丸”却率先通过金门，夹在散布在圣弗朗西斯科湾内的数十艘船只中转向，停泊在巴列霍街的码头。这一天，是1860年的圣帕特里克节。

《上加利福尼亚日报》（*Daily Alta California*）大肆宣称：“本报记者昨日上船参观。记者进入时，一名仆人正在为木村上将上发油梳理头发——上将坐在地板上，显然很喜欢这种奢侈享受。不久他出现在甲板上——穿着一件朴素、但很有绅士风范的服装——他脚上穿着雪白的木屐与袜子，身穿一件深棕色或橄榄色的礼服、一件颜色十分相称的蓝背心，背心前面滚着粗银线。他的身侧挂着两把剑……记者注意到上将的船舱里有一幅布坎南总统的照片，挂的位置相当明显。”圣弗朗西斯科人对到访的日本人的行为甚感惊讶，一位记者下结论说，礼仪对他们来说一定像一种宗教。可是当他们看到他们像美国人的行为——比方说他们使用刀叉或“以基督徒的喜悦”吃冰淇淋时，他们再度觉得惊奇。这些武士看到加利福尼亚州长唐尼（Downey）穿着跟属下没什么不同的西装，看到美国人大咧咧走在“用连日本最富有的人都只能一小寸一小寸买的昂贵材料织成的”旅馆地毯上，他们也十分惊讶。

所有人马都登上附近山顶，观赏这座美丽的新海湾城市。“丸”与阿尔卡特拉兹（Alcatraz）炮台交换21响礼炮，并升起星条旗与太阳旗。当“波瓦坦”号终于在30日入港，报纸编辑要读者仔细观看，因为“这是一个我们有生之年可望目睹实现的预言——当我们说有一天拉着一长列火车厢的铁马，会从我们的甲板与仓库运出来自日本的农产品与工业制品，并带着满满的船货前往另一个大洋的边缘”。州议会同意慷慨拨款3000美元来招待这77位武士。当“波瓦坦”号航向巴拿马，载送代表团前往华盛顿，日本大使村垣范政（Norimasa Muragaki）在札记中写道：“现在我们将离开这座富庶美丽的城市，带着我们在圣弗朗西斯科最快乐的回忆——这是我们最先踏上美国国土并获得初次美国生活经验的地方。”

富庶美丽，典型的美国——只在10年之间，圣弗朗西斯科就成就了当时的规模：一座“速成城市”。不过它虽然具有独特的美，又有来自黄金与贪婪、得来全不费工夫的富庶景象，但圣弗朗西斯科的美国特质却一开始就大有疑问。在盎格鲁—撒克逊清教徒有机会建立他们的法律、制度与禁忌之前，这座城市便已经吸引了数千名“外来人”。在这里，在北太平洋，盎格鲁人跟爱尔兰人、德国人、拉丁美洲人、亚洲人一样都是初来乍到。所以政治与经济的游戏规则都必须依他们的方式来调整，否则他们的军事占领就只是昙花一现。在东部与中西部，丰沛的雨量滋润土地，滋养不断增长的人口。在这里，在加利福尼亚，土地都是沙漠，或近似沙漠。因此如果加州要成长、要繁荣，地理也必须调整。在东部，新社区在旧社区旁不断涌现，靠河流、运河、铁路连接至商业中心。在这里，新社区远离美国的其他部分，所以交通与通信也必须调整，而且必须迅速调整。

事事都发生得飞快。至迟到1847年，圣弗朗西斯科这个词代表的还是海湾、要塞、传教区，而非一个城镇。然后新的北方佬“治事”（一种法官与警长的混合体，根据西班牙法律设立的官职）华盛顿·巴特利特（Washington A. Bartlett）宣布将这个仅有几百名居民的“悲惨耶尔巴布埃纳村庄”更名为圣弗朗西斯科。这纯粹是为了公关：这个地点没有理由成为加利福尼亚的中心。这里的天气常常有雾，十分湿冷，港口也不会比金山湾其他地区更好。由于大部分的人与货物都将前往“主矿脉”（Mother Lode），因此在萨克拉门托河三角洲建一个商业中心是很合理的事。巴列霍将军这么做了，他希望贝尼西（Benicia）或一个以他命名的新城镇能够引来淘金客。可是当威廉·格温（William Gwin）参议员在1851年说服国会，指定圣弗朗西斯科为美国铸币与海关所在地时，它的未来就已确定了。从此所有流出加利福尼亚的黄金、所有流入的物资都经过这座城市。贝尼西与巴列霍相继凋零，而圣弗朗西斯科的人口则在1860年膨胀到56,800人，使得位处边疆的加州成为全国最都市化的一个州。

移民从各地涌入，大部分是“人性像枯死树叶一样消逝”的年轻男子。赌博与犯罪不断，该城3年内6次毁于大火必然与纵火有关。威廉·特库姆塞·谢尔曼（William Tecumseh Sherman）中尉发现圣弗朗西斯科十分缺乏教养，所以他决定对黑人脱帽。他说“在每个白人都把承诺视为必须打破的东西时”，黑人仆人是唯一找得到的绅士。幸运女神是这座北太平洋第一个白人大都市的守护神。不过每有一个人靠挖金矿致富，就有5—10人在都市里大发其财。不动产价格与利率疯狂波动，而且发展还无法赶上资金流入的速度。拜大火与蒸汽挖掘技术之赐，市中心向东移至从内河码头的沙地疏浚出来的新深水码头。砖头代替了木板，瓦斯灯照亮街道，豪华的办公室与旅馆如雨后春笋般出现。时代风气相当粗俗，到处都是类似1852年一家叫做富国银行（Wells Fargo）的纽约公司所做的投资，或是预测来年黄金产量滥发的信用投资。1854年，黄金产量突然下跌，一连串的破产波及几家大银行。不过垄断性的当地财富——像是加州蒸汽航行公司、加州码头公司、加州电报公司——都熬过了这些不景气的年头，直到1859年意外在内华达州发现银矿，又得以展开第二春。土地、商品投机和牌桌榨干了移民、投资者、矿工的存款，流入少数人的手里。投机客约翰·德温尼尔（Hohn Dwinelle）就说圣弗朗西斯科“是我的金矿所在”。

加利福尼亚同样也是一个“速成州”。1846年被美军占领之后，这块土地在4年内换了5个军事总督，让加利福尼亚人认为美国的统治并不比墨西哥稳定到哪里去。1849年格温鼓动住民在蒙特雷召开宪法会议。虽然南加利福尼亚的代表（在48位中占11位）倾向组成一块“自治领土”，但会议的第一个重大决定便是请求成为一州。他们有理由担心北方佬会独霸州政府，向牧场而不是矿场征税。占人口多数的北方盎格鲁人同时决定禁止蓄奴，唯恐他们必须与奴工在矿场竞争。议会后来通过一项向外国矿工征收20美元税款的条文，收入几占该州政府岁入的四分之一。即使到那时候，中国人也只可以拥有美国人已经弃置不用的矿场。至于加利福尼亚的印第安人（在1848年还有15万人），移民则对他们进行所谓的“终结战争”。暴力、饥饿与疾病让他们的人数减少了五分之四，到1870年刚好只剩下3万人。

有个传说说是白人大企业家引进了第一批中国人，到加利福尼亚来建造跨州铁路。事实上，早在铁路开始建造之前，中国籍的中间人就有组织地送来数千名“中国佬”（白人对他们的称呼）或苦力（他们自己的称呼）。他们来自广东三角洲，在当地与东南亚之间买卖劳工十分有利可图，连帮派都争着企图独占这个市场。不过当时中国商人再也不必拐骗农夫到海外做工了，由于华南地区的贫穷、拥挤与混乱，成千上万人争先恐后要去“金山”。中国中介人为一整船广东人买票，每人40美元到50美元，然后把多达350人挤上一条空的快速帆船或蒸汽船，向东航行。这些移民必须忍受60天的海上航行，吃的苦头的多寡则看船长的人性而定。他们到达圣弗朗西斯科，则又归“唐人街”（这个词在1853年首次出现）的中介人管辖，后者将他们的劳力转卖给建筑商或矿区，直到他们的薪水偿清船票钱为止。圣弗朗西斯科警察试图侦查这些“堂口”，可是找不到有勇气出来作证的中国人。中国人“既无自由也非白人”，没有资格拥有财产、法院诉愿权，也不能成为公民。他们没有选择。1852年，加州2.5万名中国人就占了该州人口总数的十分之一。

恐惧迫使大多数墨西哥人离去。可是那些美国公民权受《瓜达卢佩—伊达尔戈条约》保障的老加利福尼亚人（拉丁美洲）呢？他们有许多人都欢迎美国来接收，不少北方佬对他们抱有一种感伤的情怀。此外，这些牧场一度靠卖牛肉给淘金客而大发利市。可是很快地，这些旧拉丁美洲住民也被推挤到一旁。1851年的联邦土地法案（Federal Land Act）虽然立意要公平对待西班牙土地许可证的持有人，结果却只是方便让土地集中在握有大量现金的盎格鲁人手里。一个三人委员会花了5年的时间裁定拥有权，并尽可能协调西班牙、墨西哥、美国、加州和英国的成文法之间的差异。由于过程太过冗长，以致大部分的小型申请人都因法律诉讼费而破产，或选择将他们的土地所有权出售，一了百了。其他老加利福尼亚人则在1856年面临破产，因为当时淘金热已经结束，牛肉价格崩盘，剩下的也被19世纪60年代初期的旱灾拖垮。所以原来的牧场主都渴望将牧场卖给新来的美国“牧牛大王”。

这些新来者之中，只有最伟大的一位不是美国人（谁是“美国人”？），他是一位名叫海因里希·克莱瑟（Heinrich Kreiser）的德国人。克莱瑟生于1827年，19世纪40年代因为饥荒离开家乡。他首先到英国，然后再到纽约做屠夫。后来他一个名叫亨利·米勒（Henry Miller）的朋友对加入淘金热潮产生怀疑，把一张去往加利福尼亚的车票塞到他手里，不过这张票规定“不可转让”，所以克莱瑟只好在纽约码头变成“亨利·米勒”才能上船。到了巴拿马市，他仍为其他淘金客操刀屠宰；1850年他抵达圣弗朗西斯科，身上只有6美元，仍旧做屠夫维生。肉品的价格每星期持续攀升，所以这位屠夫赚钱一点也不困难。1851年的大火烧毁了他雇主的店，米勒于是自行开业，不久就成为上流阶层与高级旅馆的肉品供应商。可是好肉得来并不容易；牧场距离遥远，墨西哥的长角牛主要是供取皮与牛脂，肉质又太硬。新品种的牛约在1852年到来。米勒合计之后认为，如果他能掌握那批牛，就可以控制这整个新兴市场；而如果他能掌握土地，便能掌握牛群。1858年，米勒把他的屠宰店交给一名伙计管理，自己骑马沿着皇家大道（El Camino Real）往下走，到圣克拉拉谷地，然后向帕契柯峰（Pacheco Peak）以东望去。

在他眼前延伸的是圣华金河谷，约322公里长、80公里宽，地平线那一端矗立着内华达山。沿着谷底的圣华金河两岸，有一小段绿带，其余都是丑陋的棕黄色。事实上，地形学家乔治·德比（George Derby）发现这片谷地“极其贫瘠，非常缺乏资源……没有木材也没有草，据我估计，可能永远无法用作农业用途”。可是对米勒来说，这块土地却像是“应许之地”，而他就是约书亚，注定要征服这块土地。他了解只要有足够的食物，民众就会源源不断涌进加利福尼亚，而维持农业的唯一方法就是收集来自内华达山脉的珍贵雪水，灌溉大地。于是米勒买下桑塔丽塔的圣红牧场（Rancho Sanjon Santa Rita，桑塔丽塔是妇女生头胎时的守护神）3575公顷土地的优先权，然后回家去找他的竞争对手查尔斯·卢克斯（Charles Lux）合伙筹募资金。

米勒与卢克斯的新公司取得了圣华金河沿岸的土地权，然后筑堤使部分河水转向。涓涓流水征服了谷地的高温，湿润的牧草就像尼罗河的芦苇似的纷纷冒了出来。肉质鲜美的新品种牛群都吃得津津有味。不过米勒也得到法律之助：为了鼓励开发，国会于1850年通过了《沼泽法案》（*Swamp Land Act*），将所有湿地的所有权转让给州政府，条件是土地出售的盈余必须用于建造排水系统。加州取得约81万公顷湿地，但州政府并没有支付工程费，而是立契出让土地（以每公顷约3.1美元的价格）给任何愿意自行排水的投标者。米勒与卢克斯立刻获得了圣华金河沿岸约160公里长的土地。然后米勒下令说：

米勒与卢克斯在圣华金河谷的租用地。

(Courtesy, The Bancroft Library)

“我要在主运河上方的土地上，再建一条运河……”总工程师提出抗议：“那得水往上流。”米勒说：“你给我造一条运河！”然后便走出房间。运河开挖了，这片谷地变得一片苍翠。那些主张天定命运的人似乎获得了印证：北方佬的智慧能在10年内做到其他穷困地主永远无法办到的事。加利福尼亚的土地，就跟加利福尼亚的政体一样，都在瞬间美国化了。

第三个亟须调整的部分，则是加利福尼亚的对外交通。这个新成立的州主要靠蒸汽船和巴拿马铁路与东部连接，至于跨州铁路方案则陷入持续不断的研究与纷争。既然东部的提案无效，就让加州另提议案，不然就是让提案人到加州来。西奥多·狄洪·犹大（Theodore Dehone Judah）是圣公会牧师之子，他就读于伦斯勒理工学院（Rensselaer Polytechnic Institute），并于1854年经巴拿马航行到加州，负责监造萨克拉门托河谷铁路。犹大很快就迷上了太平洋铁路计划。他曾三度到东部去游说国会，结果他相信除非有人提出完整的路线和私人赞助计划，否则联邦政府是不可能采取什么行动的。这么一来，就没有地方利益会加以否决。

1860年，也就是发现内华达康斯托克（Comstock）银矿的第二年，犹大在内华达山中部调查时，找到了铁路路线。来自荷兰矿区的丹尼尔·斯特朗（Daniel W. Strong）医师让犹大的注意力转移到唐纳山口（Donner Pass）的所谓“移民小径”上。这条小径就像一条缓坡道，长约113公里，高出谷地约有2134米。犹大测量后，发现一切无误：内华达山的坡度大约是每1.6公里上升约30米，绝对在目前的容忍范围之内。这两人坐在斯特朗的边疆配药所里起草组织公司的文件，并为通往加州的中央太平洋铁路（Central Pacific Railroad）撰写宣传小册。然后犹大朝圣弗朗西斯科的酒店出发，自信能募集到筹组公司所需的7万美元。可是商人在他的背后嘲笑他异想天开，在他面前则说他们想要等联邦政府下定决心。犹大咒骂他们的愚昧，却也得到了教训。从那时起，他会跟投资者保证说政府即将提供补助金，保证很快就可回本。1860年10月，这个促销手法果然在萨克拉门托一家五金行的顶楼奏效……其中4名投资者就此成为西海岸最富有的人。

科里斯·亨廷顿（Collis P. Huntington）是来自康涅狄格州的农家子弟，16岁到纽约，以小贩起家。他在1849年取道地峡航行到加利福尼亚。同样出身农家的查尔斯·克罗克（Charles Crocker）出生在纽约，在印第安纳长大。他原先在一家小铸铁厂工作，后来自己发现了铁矿。1849年他把公司卖掉，经陆路到达加利福尼亚。马克·霍普金斯（Mark Hopkins）是纽约商人之子，在密歇根长大成人。他读法律，先后担任纽约某公司的职员和经理，1849年经合恩角航行到加利福尼亚。利兰·斯坦福（Leland Stanford）来自纽约州奥尔巴尼附近的农家，在威斯康星州当过律师，1852年跟随哥哥从海路到达加利福尼亚。这4人后来在萨克拉门托都拥有经营良好的店面，他们都赞同犹大的计划。可是他们原本也只愿意投资勘探计划，后来一个消息传到加州——南卡罗来纳州的分离主义分子已经在1861年4月对萨姆特堡（Fort Sumter）开火。这4人意识到内战表示政府会开展大型交通计划，于是他们便出资成立了中央太平洋铁路公司。

法律与政治、经济与族群、土地与铁路——淘金客对加利福尼亚美国化还有另一个影响，那就是外交政策。加利福尼亚（以及俄勒冈）成为一州不仅表示具有太平洋观点的人在华盛顿将拥有自己的议员，也表示加利福尼亚本身将成为新的策反行动、土地炒作和淘金热的基地，同时也是开发远至夏威夷、阿拉斯加、北海道、中国东北等新地区的立足点。光是在19世纪50年代，加利福尼亚人就策划或参与了4次上加利福尼亚叛变和两次夏威夷叛变。当威廉·沃克（William Walker）——宾州大学医学院校友兼尼加拉瓜前任独裁者——在墨西哥被捕并遭遣回受审，圣弗朗西斯科陪审团欣然将他无罪开释。亨利·克雷布（Henry A. Crabb）就没这么幸运了。墨西哥人把他绑在柱子上，向他背后开了100枪——也许是要报复1848年的旧恨。山姆·布兰农（Sam Brannon）的最后冒险是和150名“精力充沛的年轻人”前往火奴鲁鲁，企图“推翻肯纳卡（Kanaka）陛下的政权”。1853年，夏威夷的十三人委员会散布谣言说将有加州军队入侵，试图威吓卡米哈米哈三世出售群岛。夏威夷外交部长罗伯特·怀利以并入条约引诱皮尔斯总统，同时获得英、法、美三国领事确保夏威夷独立的再次保证，巧妙地化解了危机。

更重要的是加州政客与商人对美国外交政策的影响。早在1851年，丹尼尔·韦伯斯特的甥婿贝弗利·桑德斯（Beverley C. Sanders）就建立了美洲俄国公司（American-Russian Company）。他的第一项进口品是冰，以每吨75美元的价格从锡特卡进口，供圣弗朗西斯科酒吧用来冰镇饮料。他还利用俄国在克里米亚战争中的窘境，赢得一纸在阿拉斯加购买冰、鱼、木材、煤，并提供俄国人牛肉与小麦的合约。另一个圣弗朗西斯科人佩里·科林斯（Perry M. Collins）则怀抱着更大的梦想：如果美国人能够赢得向黑龙江俄国人提供必需品的独家供应权，西伯利亚的所有商业——他估计每年总值在5000万美元——可能也会落入他们手中。他被任命为美国驻黑龙江商业代表，于1859年出发去与穆拉维约夫和沙皇协商。

所以在被美国征服后不到10年，加州已经成为美国扩张影响力的动力来源，只是美国在西部大洋的未来，还是要取决于东部乡亲是否能够让国家维持统一。因为就在77位日本武士昂首阔步走进白宫晋见布坎南总统的同一天，共和党大会提名了布坎南的继任者，亚伯拉罕·林肯（Abraham Lincoln）。

第35章　华盛顿市与锡特卡，1867

1865年4月14日——正巧是耶稣受难日——威廉·亨利·西华德躺在床上，正在咀嚼他这一个多星期以来吃下的第一口固体食物。这位63岁的国务卿正从一场马车意外事故中逐渐康复。他摔断了下巴和一条手臂，加上原来就十分严重的痛风，真是雪上加霜。晚上10点左右，门铃响了，黑人仆役带进来一个自称是医生助理的年轻人。他说他有些新药，必须告知西华德先生如何服用。一到了楼上，这个男人就用手枪柄敲昏西华德的儿子弗雷德（Fred），然后冲进病房。手枪无法击发，于是他用猎刀不断刺入病人的头部与颈部，然后迅速逃逸。令人难以置信的是，西华德竟然没有丧命。接下来那几天，为他祈祷的民众寄来好几箱信件和卡片，唯恐国家沦于毁灭、无人领导。因为就在袭击西华德的人失手的同一时间，约翰·威尔克斯·布斯（John Wilkes Booth）[①]已在福特戏院得逞。

西华德是上流社会的哈克贝利·费恩（Huckleberry Finn）[②]：身材纤瘦、发色淡黄，生性机智敏感而又顽固。他出生在纽约州的奥兰治县（Orange County），在六个小孩中排行第四，从小不受重视。他的父亲是杰斐逊式的个人主义者，是个成功的农夫、商人、医生、投机者兼法官，教导儿子力求出人头地，必要的话不惜动用暴力。亨利生于1801年，为了逃避严厉的管教，常常躲在奴隶的房舍里——当时北方仍然找得到奴隶制度的残余——颇获厨房仆人爱戴。他和一些住在附近的白人男孩受到各自母亲的鼓励，开始教黑人奶妈的子女阅读，以回报她们的慈爱和饼干。西华德在1816年前往联合学院（Union College）就读。这位少年深以自己是乡下人为耻，把津贴都花在衣饰上。他的父亲把拒付的账单寄回给他，西华德就逃到佐治亚州的一所小学

① 刺杀林肯总统的凶手。——译者注

② 马克·吐温小说《哈克贝利·费恩历险记》中的顽童。——译者注

去教书。他在那里看到的田野工人和住在他父亲家中楼梯下的黑人的生活所形成的对比，让他永生难忘。由于母亲与姊妹的苦苦哀求，他在1819年终于返家，此时他的反叛心理已经变为野心。他继续求学，毕业时成为美国大学优秀生和毕业生荣誉组织的会员，并成为纽约州奥本镇（Auburn）的知名律师，娶了老板的女儿。他摒弃父亲的政治观，接受了约翰·昆西·亚当斯的理念。

西华德对大众教育、内政改革与限制奴隶制度的热忱，是这项转变的主要理论因素。至于个人理由则包括他对范布伦"狡猾诡辩"的议事风格大感幻灭。当纽约州首府奥尔巴尼《晚报》（*Evening Journal*）的编辑及当地幕后政治首脑瑟洛·威德成立反共济会政党时，他便看好西华德是个理想的候选人。到了1830年，西华德已经是州参议会的一员，并在来年展开他的第一次朝圣之旅，前往马萨诸塞州去探望亚当斯。西华德喜爱政治甚于家庭生活，每年有大半时间都把妻子弗朗西丝（Frances）留在娘家与《公祷书》（*Book of Common Prayer*）为伴。1834年，西华德第一次竞选州长失败。他独自躺在位于奥尔巴尼的空房间里，在昏睡之间做了一个"很长、很激烈、几乎要命的梦"。这个梦显示出他是多么受制于恐惧、自私与骄傲。成为一个"真正基督徒"的想法让他充满疑惧，可是弗朗西丝告诉他不要对自己太过严苛，就让上帝遂行其旨意。3年后，天花夺去他们第三个孩子的性命，于是西华德加入福音教会。他写信告诉威德："我大可跟你坦白。我不期待这样做会对我的生活习惯造成多大的改变，不过我虔诚地相信，这会逐渐提升我行事的动机。"

对政治家而言，什么特质都比不上坚持自己目标正确的信念，以及能够区别目标与自己命运的能力来得更有价值。前者促使人成功，后者则让他能接受失败。西华德后来赢得两任州长选举，在任期内他鼓吹全民教育、监狱改革、人道对待印第安人，以及给予天主教徒与犹太人平等的机会，他还拒绝引渡逃亡的奴隶。在加拿大叛变期间，西华德州长小心维持中立，即使偏激分子侵犯了纽约州与加拿大的边界。他认为将得克萨斯并入是"鲁莽的愚行"，他斥责墨西哥战争，建议对俄勒冈问题妥协。然而，西华德又是"天定命运"的真诚拥护者。他只是相信美国在落实内部理想之前，无权向外扩张。威德听了脸色相当难看，他警告西华德说这些言论可能会让他连任无望。拜对墨西哥战争的反对之赐，辉格党人重新掌控了州议会，西华德以其对亚当斯的颂词赢得了他们的大大认同，威德趁机在幕后运作。1849年，州议会选举西华德为参议员，并留任该职至1861年。

西华德将国内进步与国外扩张合二为一的想法，在那个人们较不自我憎恶的时代，一点也不稀奇。根据"天定命运"的纯粹纽约版，自由有助于帝国，帝国有助于自由。西华德说："商业是国界的神。"而早在1846年他便宣称美国人将无可避免地"卷起其永无止境的波浪，直抵冰雪封天的北国，与太平洋沿岸的东方文明相遇"。1852年，他称商业为"伟大的运动引擎"，并预测太平洋将会成为"此后世界伟大事件的主要舞台"。西华德支持佩里的日本之行，并呼吁补助蒸汽船、海军绘制白令海地图、与夏威夷签订互助条约，以及取得俄国在美洲的土地。

他最坚强的盟友是加州参议员威廉·格温，而格温却是个出身田纳西州、赞成奴隶制度的民主党员。在西华德眼中，格温鼓吹扩张自由土地、自由人民、自由贸易，本身就有助于破坏奴隶制度。而格温与美洲俄国商业公司和佩里·科林斯的西伯利亚计划都有利害关系。他极力表示："蒸汽在我们自己的密西西比河创造了许多奇迹，难道蒸汽促成的商业与工业进步不能运用于'北亚的密西西比河'——黑龙江——吗？"1859年，格温甚至要投标购买阿拉斯加，他向俄国大使爱德华·德施特克尔（Edouard de Stoeckl）出价500万美元。

正如我们所知，当时沙皇政府正在痛苦地重新评估其北太平洋帝国。长期的原因是俄美公司的岁入不断下滑，近期原因则是克里米亚战争。后者暴露出殖民地的防卫能力有多差。穆拉维约夫倾向将俄国有限的精力转移到黑龙江与西伯利亚。沙皇的兄弟，海军统帅康斯坦丁大公（Grand Duke Constantine）认为如果俄国不减少其在美洲的损失，就有失去亚洲所有据点的危险。前俄属美洲总督兰格尔则写道"前瞻性的谨慎"，暗示出售才是明智之举。最后，德施特克尔警告说北方佬商人与移民会蚕食俄国在阿拉斯加的贸易与领土，等待叛变的时机到来。征服加利福尼亚已经让美国人在北太平洋拥有"几乎毫无限制的控制权"。

难道没有人抱持乐观、挑战性的看法，没有人站出来为白令和巴拉诺夫的遗产说话吗？在19世纪50年代几乎是没有的。克里米亚战争后，俄国因吃亏而学乖，但求自保，一方面又忙于建造铁路与废除农奴制度。一名海军上将甚至鼓吹以阿拉斯加来安抚美国人，唯恐他们也想染指西伯利亚。外交部长戈尔恰科夫（Gorchakov）于是将格温的提议呈报财政部，后者仅仅建议：试着要到更多钱，或许是1200万美元，可是一定要卖。事已嫌迟——或者像后来事情证明的，来得太早——因为现在美国人内部正在兄弟阋墙。

西华德很晚才加入共和党，该党在19世纪50年代中期才突然扩张到北部各地，成为辉格党、废除奴隶制度者、农民、偏好关税与国内改革的商业利益团体的综合体。西华德不确定这个新政党是否能大展宏图，也不愿与其温和派及"美国本土党"（Know Nothings）结盟。可是在1855年再度当选参议员之后，西华德便与共和党员同座，在弗里蒙特于1856年竞选失利后，他成为该党1860年总统提名的热门人选。然而一个拥有像威德这样聪明的参谋、路线更温和的共和党人，却出乎意料在芝加哥喧闹的威格温（Wigwam）党大会上夺走了原属西华德的大奖。贺拉斯·格里利（Horace Greeley）为了泄恨反对西华德，伊利诺伊州人在代表人数上胜过威德，为他们家乡之子（指林肯）赢得了大批群众的支持。电报上写道："林肯获得提名，第三次投票。"奥本镇为之垂泪。

西华德的自尊受创，可是他再一次把自尊与目标分开，并为"诚实的艾贝"（Honest Abe）[①]助选。在波士顿，他与查尔斯·弗朗西斯·亚当斯（Charles Francis Adams）共同站台助选，后者认为西华德将是共和党政府真正的决策人。在西部，西华德提倡扩张，对圣保罗的群众承诺跨州铁路将迅速完成，阿拉斯加也将很快成为美国的一部分。聪明的投资者都知道，有时候买股票的最佳时机，是在听到利空消息的时候。亏损或是公司重整的报告不仅拉低价格，也意味着该公司终于要处理某些沉疴宿疾。蒸蒸日上的美国10多年来因奴隶问题陷入分裂瘫痪，情况也与此类似。不过一旦南方参议员走出华盛顿，政治僵局也会就此消失，许多事情都变得可能：跨州铁路、免费提供土地在整个西部广建大学的《莫里尔法案》（*Morrill Act*）、鼓励西部屯垦的自耕《宅地法》（*Homestead Act*）、联邦支持的阿拉斯加与西伯利亚计划——而在此不过只列举了一些与太平洋相关的提议。战争对工业与农业的刺激，加强了开发太平洋所需的经济基础。这并不是说南北战争打得很值得，而是说这场分裂释放出了之前被困住的巨大能量。假设北方战胜，将会横跨大陆，变得更为强盛，如果南北战争不曾开打，这个时间就要往后延一大段时间。

确保北方战胜的工作，除了林肯本人之外，就属国务卿西华德负担得最多了。如果说林肯背负了打赢战争的巨大重担，那么西华德负担的则是较不光荣的责任——不要打败。是否要封锁战区好让北方占优势的人力与工业慢慢耗损南方，全由他来决定。这表示要警告欧洲人不可插手，要阻止他们以武器、金钱或外交力量支持南方，但同时又不可太过激怒他们，以免后者会不计代价来干预阻挠北方。西华德在1861年3月搬进旧行政办公大楼后的第一项行动，便是清除有同情南方嫌疑的驻外人员。接下来，他全力应付日益困难的局势。英国、法国、俄国和西班牙都打算抗议联邦围堵南方的港口。不用说也知道某些英国与法国人，会很乐于见到他们在北美洲的对手遭到毁

① 指林肯。——译者注

灭。所以西华德在4月1日呈送“供总统参考的几点想法”（Some Thoughts for the President's Consideration）一文给林肯，建议他规劝欧洲国家置身事外，若他们未能使美国满意，则要求国会对其宣战！自从那时候，历史学家便忖度西华德是否真的这么瞧不起林肯，或是因为“受到蛊惑”或“暂时精神失常”。他的好战引起了里昂爵士（Lord Lyons）的注意，后者直指西华德是“那群家伙中最粗暴的”，并斥责他对英国的“高压行为与暴力语言”。不过帕默斯顿可不是好欺负的。在北方下令封锁的消息传到伦敦两天后，他便宣布英国中立，暗示南方为一参战国家。西华德的回应是发了一封让美国驻伦敦大使查尔斯·弗朗西斯·亚当斯认为是“疯狂的电报”。一如林肯，亚当斯也修饰了西华德的措辞。

美国的命运无疑要看英国的政策而定。大英帝国的策略似乎是要帮助南方，促使北方分裂成两个或多个互相憎恨的共和国，彼此牵制，好让欧洲人可以操纵控制。届时北方的商业威胁就不会那么大，而棉花南方（Cotton South）则实质上成为英国纺织业的殖民地。事实上，南方的政治家凭借棉花大王的称号就能诱使英国加入他们的阵营。不过足以让林肯与西华德感到安慰的是，有三项事实足以阻止欧洲干预南北战争：英国对奴隶制度的敌意、拿破仑三世犹豫未决的野心，以及俄国沙皇出人意外的友谊。

南方的奴隶制度让英国领事产生意见分歧。如果说贵族与某些棉花工厂的主人同情南方，那大部分的中产阶级、工人阶级、报纸编辑与维多利亚女王本人，就都不愿意援助或同情蓄奴的南方。因此，南方联盟政府的总统杰斐逊·戴维斯（Jefferson Davis）将南方的处境比拟为1776年的十三州根本是大错特错。它的处境其实比较像1836年的得克萨斯。当时虽然有许多利益因素让英国乐见得克萨斯独立，然而奴隶制度还是让英国罢手了。英国对棉花的渴求也无法凌驾其道德意识，因为事实上1860年南方棉花生产过剩，战争开始时，英国的棉花工厂已经屯有大批存货，而且很快就在印度与埃及开垦了新的棉花田。最后，承认南方联盟将意味着与北方开战，加拿大也会遭到入侵。西华德一开始咆哮，加拿大总督便要求帕默斯顿全速增援加拿大驻军。

英美关系危机发生于1861年11月，当时太平洋探险家威尔克斯船长的“圣哈辛托”号，也就是载着汤森德·哈里斯到日本的同一艘船，截获了英国蒸汽船“特伦特”号（*Trent*），并逮捕了两名南方联盟特使。可是维多利亚女王与她挚爱、垂死的丈夫艾伯特（Albert）主和，而林肯内阁则不顾舆论、宁可谨慎行事，释放了所有俘虏。当北方在安蒂特姆（Antietam）获胜及林肯发表《解放奴隶宣言》（*The Emancipation Proclamation*）的消息传到英国时，求战的狂热就此消退。查尔斯·弗朗西斯的儿子，年轻的亨利·亚当斯从伦敦报告说，这项宣言“比我们之前所有的胜利与我们所有的外交努力，都来得有用”。

可是战争结束仍遥遥无期，而拿破仑三世则散布欧洲联合起来干预、调停的念头。这位皇帝宣称要帮助美国结束流血战争；事实上，他是想要在接管墨西哥的同时，让美国继续分裂下去。可是一般人不知道“马克西米利安皇帝事件”（Emperor Maximilian Affair）[①]的内幕，墨西哥有一群有力人士赞成复辟，请求法国（与西班牙）协助推翻混乱的共和政府。1861年，墨西哥负债累累，数目多得让英、法、西班牙联合进行了一场海军示威。英国与西班牙随即撤退，可是一支法国远征军却于1863年6月入侵内陆，直抵墨西哥城。法国密探与墨西哥保皇党共谋邀请哈布斯堡家族的马克西米利安即位。这位墨西哥傀儡皇帝承诺让法国重振其在美洲与太平洋的势力，并赢得法国民族主义者与天主教派系的喝彩。当然，这一切都必须靠美国继续分裂才能成事。如果拿破仑在插手墨西哥事务之前就强迫调停南北战争的话，他可能会将路易十六所做的事归零（后者当初曾协助美国建国）。相反，英国怀疑拿破仑的意图，并拒绝与他共同调停南北战争的邀请，而西华德则很高兴什么事都不必做：法国在墨西哥捣蛋总比积极协助南方联盟好。

第三个破坏南方希望欧洲干预的因素是俄国与北方的友谊。大民主国拥抱大独裁国，实在是件怪异的事。1849年，西华德斥责沙皇剥夺匈牙利的自由，而林肯则在1855年《瑷珲条约》之后，称俄国是一个“可以漂白强取豪夺，伪善不含杂质”的地方。德施特克尔大使也还以颜色，说美国是“一个卑微出身的人被擢升至最高地位，选举时诚实的人拒绝投票，虚伪的人则被无耻政客收买才去投票的国家”，那还能指望它什么？甚至亚历山大二世在答复那些将他解放农奴与林肯解放黑奴同等看待的人们时也说：“我为俄国农奴做了更多，我给他们土地与个人自由……我实在不了解美国人怎么可以这么盲目，让黑奴连解救自己的工具都没有……我相信有一天许多人一定会质疑美国在1863年解放黑奴的方式。”

虽然有这么多意识形态的差异，但俄国与美国还是有一个共同点——对大英帝国的恐惧。德施特克尔与戈尔恰科夫王子将美国视为制衡英国的力量，希望美国北方能够继续存活，抗拒欧洲应该介入他国叛乱的建议，无论是在美国——像1863年——或是波兰！所以圣弗朗西斯科人与纽约人都很惊讶地看到，在1863年秋天抵达他们港口的是沙皇的太平洋与波罗的海舰队，而不是管闲事的外交官员。康斯坦丁大公让舰队出海的目的，是要防止英法两国

---

① 由拿破仑三世与墨西哥保守派扶植的皇帝，法军撤离后被捕处死。——译者注

为了波兰派出舰队。美国则将这样的来访视为俄国同情北方的举动。吉迪恩·韦尔斯（Gideon Welles）向天祈祷："上帝赐福俄国人！"

西华德知道事情已经解决。可是他也知道俄国的善意是要在太平洋讨回利息的。事实上，南北战争有助于西海岸的开发。康斯托克银矿对北方军饷大有帮助（内华达因而在1863年提前设州）。跨洲电报也在1861年12月启用，加州人传来的第一项讯息是表达"他们对北方联盟的忠诚与他们在国难期间决心站在政府这一边"。数千名加利福尼亚人自愿到东部从军，更多东部人则逃到西部，其中最有名的就是塞缪尔·克莱门斯（Samuel Clemens）[①]。美国向太平洋的扩张持续进行，最大的助力来自俄国政府反常的合作态度。

1858年，佩里·科林斯从黑龙江回国。他将西伯利亚商机的大好消息带回给东部的国会议员和商人。可是科林斯的想象是凡尔纳（Jules Verne）[②]式的。他问道：为什么不把美国的电报线向北连接到阿拉斯加，然后横越白令海峡到西伯利亚，再向南延伸到黑龙江，在该地连接俄国的电报线，然后一直连接到欧洲？他是在建议勘查与工程小组跨越世界上最冷、最崎岖的约8000公里荒野。可是如果成功，就可以让整个文明世界成为邻居，而且不必花费巨资进行可能徒劳无功的海底电缆实验。西部联盟的总裁海勒姆·西布利（Hiram Sibley）签名同意，西华德在就任国务卿之后也立刻同意。此外，他们现在可以信赖赞成国内改良的纯北方国会。1862年，国会通过了第一个太平洋铁路法案，1863年，同意补助建造白令海峡两岸的电报线。该年5月，俄国人将西伯利亚的通行权卖给西布利，代价是10万美元加10%的股份。所以科林斯陆路电报公司（Collins Overland Telegraph Company）很快累积了资金与材料，科林斯与西布利则与沙皇共进午茶，计划他们的电子帝国。这条电报线计划通过不列颠哥伦比亚——如果英国反对呢？西布利说果真如此，他会干脆把哈德逊湾公司整个买下来！戈尔恰科夫回答说如果他愿意花那么一大笔钱，为什么不连阿拉斯加一起买下？

葛底斯堡（Gettysburg）一役毁灭了南方联盟以胜利赢得欧洲承认的机会。1864年，南方的防卫线遭到突破。当林肯于该年11月连任总统，阿波马托克斯（Appomattox）也只是几个月后的事。[③]等到西华德在遇刺五个星期后重新

① 马克·吐温的本名。——译者注

② 法国小说家，现代科幻小说之父，主要作品有《海底两万里》与《八十天环游地球》。——译者注

③ 阿波马托克斯是南方联盟李将军向北方格兰特将军投降的地方，南北战争于此结束。——译者注

开始工作时，美国已经又向超级大国的目标飞步跃进了。跨洲铁路正在建造当中，科林斯陆路电报也正快马加鞭将新世界与旧世界联结起来。横跨大西洋的第一条海底电缆铺设失败：要在汹涌的海洋中架设电线，并保持不断裂，实在是一件艰巨的工程。不过大西洋电缆大王赛勒斯·菲尔德（Cyrus Field）不愿放弃。1865年，他租下了世界上最大的船只——铁壳蒸汽船“大东方”号（*Great Eastern*），希望能架设好他的电缆。同时，西部联盟的总工程师查尔斯·巴尔克利（Charles S. Bulkley），则负责监督从符拉迪沃斯托克向北至温哥华的调查与工程小组。

白令海峡电报计划让数百名美国人接触到阿拉斯加与西伯利亚内陆，包括史密森学会的科学家乔治·凯南（George Kennan），他是同名的著名外交家之父。[①]在亚洲方面，工作小组冒着浓雾与大雨进入阿纳德尔（Anadyr）和北极圈展开绘图工作。在美洲，一位架线工人抱怨说：“这个月我们事事不顺。天气恶劣，铁橇更糟，狗食分量稀少而且品质欠佳，人员一天只吃两餐，其中只有一餐吃得起腌肉。地面就跟暴君的心一样硬。”然而这场科技圣战却在1867年6月戛然而止。一则消息传到营区：跨大西洋电缆通了，“大东方”号赢了！西方联盟花了两年时间与300万美元的努力，只得到数百捆绝缘电线与数千根绕着北冰洋排成环形的电报柱子——像极了白人的图腾。

爱德华·德施特克尔展现了一种怪异的华丽。他打扮得像个男爵（虽然他不是），可是却向沙皇吹嘘说他的新娘是“没有财产的美国新教徒”。德施特克尔向来以双面讨好著称，为了逃离华盛顿吓人的腐败官场，他会请求“担任其他地区的任何职位”。至于西华德，德施特克尔刚开始称他“比谁都更有资格担任美国总统”，之后却一度对西华德嗤之以鼻，说他根本不懂外交，最后却又成为他的心腹。当然，比起林肯一家笨拙的白宫招待方式，饶舌、留着一脸络腮胡子的德施特克尔，还是偏爱西华德装满威士忌与讥讽言论的起居室。

美国南北战争及波兰暴动一结束，戈尔恰科夫就召回德施特克尔，并在圣彼得堡广征处理俄属美洲问题的意见。康斯坦丁还是坚持要在被美国偷走之前出售俄属美洲。财政部长迈克尔·德·鲁登（Michael de Reutern）想要用卖地的收入来建造铁路。外交部亚洲部门的负责人巴伦·冯·奥斯腾-萨肯（Baron von Osten-Saken）却不同意，他担心美国一旦拥有阿拉斯加之后，会有“充

① 指乔治·弗罗斯特·凯南（George Frost Kennan），曾任美国驻苏联大使，主张对苏联采取遏制政策。——译者注

足的强烈动机”来占领库页岛与千岛群岛。此外，阿拉斯加也不再只是旧时一个毛皮生产地——斯蒂金河已经发现黄金。可是德施特克尔却认为，那更是要出售的另一个理由，因为淘金热必定会让阿拉斯加充斥着采矿者并招来美国人煽动叛变。就这样吧，戈尔恰科夫与沙皇下结论说：俄属美洲将不再属俄国所有。

回到美国，德施特克尔的第一步是让西华德采取主动，好提高价钱。他在纽约放话给“一个对他（西华德）很有影响力的政治朋友”（普遍认为是瑟洛·威德），说俄属美洲即将出售。1867年3月，西华德出价500万美元，德施特克尔还价1000万，最后以720万成交。安德鲁·约翰逊（Andrew Johnson）总统的内阁接受了，29日晚上，跨大西洋电缆传来一封电报，传达了沙皇同意的讯息。西华德坚持不要浪费一分一秒。国会即将休会，他想要在政府的敌人有空思考前，强行通过条约。于是他们叫醒参谋，聚集在国务院，坐下来开始起草条约内文。西华德很奇怪地坚持说，俄美公司的档案应该包含在这次交易里，成为美国传承的一部分。德施特克尔则坚持美国必须准许东正教教会与他们的阿留申信徒继续信奉原来的宗教，因为他们将是俄国留在美洲的唯一遗产。

他们在凌晨四点签下条约。不到中午，条约就送达参议院，隔天支持西华德的媒体都赞扬这次购买案是一次聪明的奇策。参议院外交委员会主席查尔斯·萨姆纳（Charles Sumner）发现他的桌上堆满了来自达官显要的信件，催促他批准这项条约。同时西华德则对委员会成员展开游说，约翰逊总统也敦促参议院不要休会。萨姆纳厌恶约翰逊，更是西华德的旧敌。然而他也是和平扩张主义的信徒。于是他便到处找资料、写草稿，最后发表了一篇长达3小时的演说，宣扬俄属美洲的历史、资源、种族、动物与发展潜力。参议院以37：2通过了这项条约。

这笔720万美元的巨款，还有移交与行政的费用，仍然必须经众议院通过。不过等到众议院重新开议时，贺拉斯·格里利领导的激进派共和党成员已经让许多人相信这项“爱斯基摩收购协议”（Esquimaux[①] Acquisition Treaty）不过是一个幌子，是要用来转移大众对约翰逊安抚南方，或是那块“海象大陆”（Walrussia）或“西华德的制冰盒”（Seward's Icebox）的注意力的，即使每公顷以5分钱来买都划不来。不论如何，众议院还有更迫切的事务待办：他们企图罢免约翰逊总统。直到1868年7月14日，阿拉斯加购买案才在众议院

① Esquimaux，为Eskimo，即爱斯基摩人旧名。——译者注

获得通过，而且根据谣传，通过的部分原因还要归功于德施特克尔独创的游说功力。调查显示购买金额中，只有7,035,000美元送到了俄国，其余的16.5万美元则存入这位俄国大使在里格斯国家银行（Riggs National Bank）的账户。“终生赞成并入任何地区的并入主义者”罗伯特·沃克，则承认收到2.6万美元去游说反对议员，另外还有4000美元则流入各大报社。至于其余款项的去处，除了一张约翰逊所写的条子证实德施特克尔告诉西华德“除非施展某种影响力，否则并购案没有机会在众议院获得通过”之外，没有留下任何证据。如真如此，那真是一大讽刺！在120年可怜的努力之后，俄国不仅把阿拉斯加推给美国人，还贿赂他们务必接受。也许德施特克尔说他想“呼吸一下比华盛顿还要纯净的空气”是认真的。

西华德也不让事情有机会变化。他没有等待众议院投票通过，便命令战争部安排正式接收阿拉斯加。于是亨利·哈勒克（Henry W. Halleck）将军——此时为太平洋军区司令官——便指派一个炮兵中队与一班步兵负责锡特卡的占领任务。从圣弗朗西斯科出海，经过两个星期的航行，军队与特派委员终于登陆，地点就在巴拉诺夫的城堡山下。一名记者用平淡鄙视的语气，描述新雅克恩斯基小小的屯垦区。在军方看来更糟：一张官式清单列着炮台、军营、仓库和两间简陋的教堂，丝毫看不出这些建筑在这个如今被美国据为己有的大洋的历史上曾经扮演过什么角色。俄属美洲的末代总督德米特里·马克苏托夫（Dmitry Maksutov）亲王在交接仪式后将该公司的旗帜降下，他心情沉重但举止得体。至少当时并未下雨。另外一边，美国人则欢欣鼓舞迎接星条旗的升起。

美国特派的地方首长洛弗尔·卢梭（Lovell Rousseau）在阿拉斯加很愉快地度过了一个星期。可是他向西华德报告，出海之后他的蒸汽船“遭遇当地人所知的最猛烈的一场暴风雨。暴风雨持续了20小时，我们差一点迷路，幸好有坚固的船只和有效率的船员，加上神明保佑，我们才得以获救”。至于内陆通往维多利亚与普吉特湾的通路，他向国务卿保证“相当安全，而且沿途景色之壮丽在全球首屈一指”。谈到俄属美洲的资源，卢梭很惊讶萨姆纳在缺乏第一手资料之下，居然能描述得那么准确。至于人民则大约有500个俄国人，如果善加对待，他们可能都乐于成为美国公民；印第安人则是另一回事。一位特林基特酋长怒不可遏地告诉洛弗尔说：“我们是把岛给了俄国人（巴拉诺夫），可是并不打算奉送给随后而来的家伙。”

第36章　东京，1868

1854年4月24日深夜，“密西西比”号（*Mississippi*）蒸汽船上的守夜人听到下方横滨港黑漆漆的水里传来划桨的声音。一名日本船夫叫着：“美国人！美国人！”他向前伸的手中挥动着一封类似信件的东西。一阵比画之后，美国人将这艘神秘的小船指引到佩里司令官的旗舰旁，该船立刻将两名浑身湿透但神情兴奋的年轻日本人接上船。信上说他们两位是不顾幕府禁止日本人出国旅行的禁令，一心想要跨海到美国念书的认真学生。佩里担心他们并不像看起来这么单纯，他也不想触怒幕府，以免他外交任务的心血全泡了汤。所以吉田松阴（Yoshida Shoin）与他的朋友又沿着他们来时的路被偷偷带上岸去。

吉田当时24岁，他试图逃离这块自己深爱的土地，以及令他渐感厌恶的政权。他是出身于日本本州岛西南部长州藩领地的贫困武士——成千上万名既无用武之地、又没有发财希望的人之一。他的家族被迫将学习武术的专注与训练，投入另一项贵族职业——教育。10岁那年，幼小的吉田就已经尽得群师所学，开始讲授兵书策略并写作诗文。不出预料，这名小小学者被“兰学”——通过出岛传入的外在世界的知识——所吸引。吉田在1850年前往出岛，学习有关鸦片战争、西方武器与地理的知识，并投入一位杰出的教育改革者门下。翌年，当他再一次找不到新的东西可学时，他做出令人难以想象的举动——逃离大名领地，寻找新的知识来源。他的这项举动，已经象征着将封建日本抛在脑后。

吉田在说服佩里让他上船未果之后，就献身于抗议锁国禁令。他被关了14个月，可是他一出狱（在看完618本书之后），就想出了一个可以让日本适应西方蛮夷到来的革命性计划。于是他设立了一所私塾，把该计划传播给那一代备感挫折的年轻武士。简单来说，这个计划就是英才教育。他所写的小册子分别以“真诚的建议”、“狂人的话”以及“四项迫切的任务”为标题，坚持主张每一个职位的授予——从大名的家庭、学校到中央政府与军方——都应该基于技能而非身份或关系。幕府应被精英组成的现代官僚机构所取代，效忠的对象则是京都的天皇，而非幕府。新政权必须建立一所国立大学与西式的陆军与海军，并尽量与西方接触，以强化日本。不过吉田并非只是一介书生，他以“勇敢武士的二十一倍”（Twenty-One Times a Valiant Samurai）自诩，认为自己担负着神圣的天职，必须将他的思想传播到全国，即使冒着生命危险也在所不惜。

不仅知识分子，社会各阶层均对旧秩序产生了反对情绪。大名绝大多数都受制于“参勤交代”制度，必须将自己与家人留在江户充当人质，等于被排除在全国政治圈外。商贾受到社会排挤并受限于国家经济政策，更别提禁止对外贸易了。饱受剥削的农夫更是动辄揭竿而起，至于下层武士——受过教育、自尊心强，却升迁无望——则是典型的“革命阶级”。

然而若不是蛮夷带来生存危机，德川幕府还是可能幸存甚至自行改革强化的。幕府将军的统治基础在于他有能力保护日本免于内部动乱与外部侵略，可是佩里与他的后继者却将幕府逼到了一个毫无胜算的局势：抵抗蛮夷会导致战败，屈服又会引起国内叛乱。德川政体或许穷途末路，不过它的运作结构里还是出现了两种不同的策略。一是包含论，主张将帝国最有权势的“在野者”——大名——纳入幕府内部。如果能够引导他们，让他们了解暂时向外来者让步的必要，并说服他们把力量借给幕府，那么幕府的面子或许可以保住。另一个是排他论，主张硬碰硬，贯彻幕府采取的任何政策来对待外国人，并压制来自大名、农夫或知识分子的内部抵抗力量。不用说，两种方法都有其危险性。

在佩里到访的同时，阿部正弘已经尝试过包含论，他向大名咨询国事，并承诺建立海防。可是阿部正弘死于1857年，接替他担任幕府老中的堀田正睦（Hotta Masayoshi）必须处理汤森德·哈里斯要求开放六个港口、允许外国人在日本自由旅行、并给予治外法权的商务条约。堀田从第一次英法联军学到了拒绝的后果，可是他也知道这项条约是极不受欢迎的。所以他又首开先例，亲自到皇居请求天皇的同意。可是皇室没有大名的同意不愿意首肯汤森德条约，堀田因此遭到撤换。

他的继任者井依直弼则采取排他的方法，无视舆论、拘捕反对者。可是汤森德条约仍然有效，在外国的日本人（比如1860年的77位武士）很快就明白像治外法权这样的东西是象征了日本的弱势。此时吉田松阴起草了一篇文章，彻底反驳幕府的统治权，因为“只有让人民得以温饱的人，才配称为统治者”。显然幕府有失职责,天皇有权另立政权。为了促进这个可能性,他写道,年轻人应该以天皇之名走上街头，强迫幕府选择改革或死亡。吉田在1859年11月被捕并遭处死。令他死亡的理由,不久之后便被视为爱国思想的最高表现。

排他论者的打压政策与汤森德条约引发了一场由无主的浪人武士领导的疯狂抗议。他们打着“尊王攘夷”的口号，威胁要杀死居住在日本的每一个外国人。1860年，他们刺杀了井依直弼；1861年，他们伏击汤森德的秘书，后者打算骑马逃走，却遭利刃封喉毙命。美国国务卿西华德坚持引渡罪犯并加以起诉。1862年9月，一名英国人被愤怒的浪人用剑砍杀得支离破碎。拉瑟福德·阿尔科克（Rutherford Alcock）爵士要求江户与萨摩藩（Satsuma，攻击发生的地点）赔偿巨额款项，东印度军团在横滨码头丢下一支“猩红色部队”（scarlet regiment）。这就足够吓到幕府了，可是萨摩藩却下令其要塞对在鹿儿岛的英国舰队开火。愤怒的水手死于他们的枪下，该城也有一大部分被夷为平地。当一艘美国蒸汽船遭到长州藩的炮火攻击后，美国“怀俄明”号（*Wyoming*）战舰的大卫·麦克杜格尔（David McDougal）舰长便在本州岛与九州岛之间的下关海峡（Shimonoseki Straits）击沉两艘大名的船只作为报复。1864年，各国联军合力打开了这条重要的水路。这些事件使得连本州岛南部与九州岛那些最积极的排外者,都不得不相信蛮夷的武器不会被“斗魂”打败。如果萨摩藩与长州藩真心要抗拒蛮夷的影响，他们首先必须将自己的武力西方化,甚至必须召集武士与农夫,建立“民主的”来复枪营。他们真的做到了,于是280年前的情况再度重演：与欧洲人有所接触的地方封建诸侯得以建立起比幕府还要强大的武力。

在此同时，激进的街头运动（被称为“天诛”）则刺杀保守官员并散布好战的排外思想。幕府最后一位摄政松平春岳（Matsudaira Shungaku）又是一名包含论者，可是他进一步让大名参与的企图却削弱了幕府的威望。各大诸侯纷纷抛弃必须居住在江户的义务，并规避外交责任。1863年春天，一些煽动者向京都宫廷施压，要求发布驱逐所有外国人的攘夷敕令，该政权于是濒临崩溃。不用说，如果这位可怜的幕府将军企图施行这样一道敕令，全世界的海军便将欺压而来。于是突然间出现了两个权力中心——江户与京都。在这两者之间的政治空间里，日本人赫然发现自己可以去说、去做几百年来都遭到禁止的事情。

然后天皇开始对自己成为攘夷运动的傀儡领袖感到惊慌（也许他想到3年前中国皇宫落入欧洲人手中的惨况）。1863年8月，他召来保守派大名的士兵，将京都街道的煽动者扫荡一空。这些由吉田松阴的信徒——例如久坂玄瑞（Kusaka Genzui）——所领导的激进年轻人于是转往长州藩，并与追求现代化的该地政府同仇敌忾。1864年7月，长州军围攻皇城，久坂呼吁大家耐心等待：他们不得胁迫天皇，必须竭尽可能对天皇保持恭敬。可是长州藩规模最大、最西化军团的司令官脾气却相当火爆，他说服议会进行攻击。天皇遭到小人蒙蔽，还不举兵清君侧是懦夫的行为！于是爆发了一场中古与现代武器及战术的大混战。皇城多处遭到烧毁，久坂身受重伤、性命垂危，长州军也被击退。长州藩的进步派随之失势，保守党得势，幕府因而得以幸存。西方使节纷纷额手称庆，就他们所知，幕府将军才是真正主张现代化的人——他开放日本并对外签订条约，而这些大名的军队则是由嗜杀的仇外者组成。之后3年对幕府与令人畏惧的西方世界来说，都是一个中场休息。可是在这几年当中，革命的条件却已产生。首先，尽管暴力威胁不断，但令人深恶痛绝的西方人还是巩固了他们在日本的滩头。横滨是他们偏爱的基地。到了19世纪60年代中期，约有150位外籍人士居住在横滨码头边简陋的仓库或平房里，另外港口也常有数百名外国水手进进出出。他们靠信用过日，以借据代替货币，并在不定期的市集里买卖居所、货品与商品。洋泾浜语和频频换手的日本词典让少许的沟通得以进行。1862年，圣心天主教礼拜堂启用。这是日本近300年来首座基督教堂，可是大部分外国人喜欢的是日本的妓院，以及到处可见、露骨写实的春宫画。阿尔科克将横滨的侨民称为“欧洲的人渣”，这也正反映了大部分日本人的看法。

外国人的存在以及幕府的无能，继续让日本地方的政治阶级愤恨难平。可是幕府仍然以天皇的名义施行统治，并且对本州岛中部与北部的广大土地与领地的掌控仍然相当的强。所以要反抗中央政府必须从萨摩藩与长州藩等有利的南方诸侯着手。京都战役过后那年，长州藩仍然在保守派的掌控之下。可是到了1865年，一位新的领导者崛起——一位粗暴、昏愚，名叫高杉晋作（Takasugi Shinsaku）的年轻武士——呼吁大名重回反叛阵营。他也是吉田松阴的信徒，并发誓为他的牺牲报仇：“不分日夜，我渴望见到我们的导师松阴的身影，我深深悲叹……清晨勤练武艺，夜晚潜心研读，修炼身心，发挥前人精神，完成自我职责，全力完成消灭我师松阴之敌的使命。”高杉了解中国受到的耻辱，他曾信佛出家，也曾在狱中思考他的使命。1864年12月，他填补了久坂之死与前进派遭到扫荡所留下的权力真空，成为长州藩激进分子的领导人物。

高杉召集思想与其相近的浪人武士，对保守派展开游击战。他的军队靠掳来的武器与资金，在农民之间成立了一个影子政府。到了1865年2月，大名邀请激进派重新掌权，激进分子开始实施他们希望有朝一日能施行至全日本的实验改革计划。长州军采用西式编制，分为相等的武士与农民单位，武士甚至将他们的剑换成不起眼的步兵来复枪。他们根据才能重新分配长州藩学院的职位，并设立西式的内政与政治事务科系。除此之外，长州藩与萨摩藩大名还进行联盟密谈，为与幕府展开另一场武力抗争作准备。

在1863年到1866年间，幕府又有何作为呢？幕府是否有采取行动，重新建立权威？有的，而且若不是因为外国人造成的持续性动乱，原本还颇有胜算。即使幕府在本州岛中部各城大肆搜捕刺客并镇压政治异议者，社会的传统结构仍然逐渐瓦解。对外贸易让黄金流失，市场上充斥着便宜的英国棉布。同时丝绸的出口暴增，以致农人纷纷舍弃稻米与谷物，改种桑树，而大名则把稻米保留给自己的领地。城市爆发食物短缺，价钱飙涨两倍或三倍，让城市的穷人流落街头。幕府别无他法只好为军队配备西式武器，然而由于大名不再缴纳税款至江户，幕府又缺乏军事之外的惩处手段，以致幕府根本筹不出军费。所以无论幕府采取排他论或包含论，结果都是一样：让自己的权威丧失。

江户除了试图恢复幕府在日本的武力独霸之外无计可施。长州藩官员早已有所准备，这就是他们在高杉出国的前夕将他召回，并加强与萨摩藩的联盟关系的原因所在。高杉写道："我们双方的军队都将和解的文件丢开，抓住铁鞭。"在1866年的夏季战争中，西式战术与武器获得了最后的胜利，军心涣散的幕府部队被赶到叛军领地的边境。幕府将军与天皇碰巧都在此时去世，于是幕府宣布休战并进行庆应改革（Keio Reform），这是救亡图存的最后方法。此项改革提议（可惜为时已晚）以才能来擢升人才、简化人事、采取经济学思想、将陆军与海军现代化、遏制通货膨胀，并以诚实平等为基础进行对外贸易。然而即使政府能够遵守这些承诺，长州藩的革命分子还是看不出为何要让幕府从他们不惜与江户幕府抗争，以求获得实施的改革中获得好处。

这场戏在一声短暂的巨响后落幕，然后是一阵啜泣。战火在1867年年底再度点燃，萨摩—长州联军在京都外缘击溃幕府武装，新任的天皇也落入他们手中。江户幕府的部分顽固分子还想继续奋战，但是最后一位德川幕府将军却在大阪宣告投降，并于1868年1月退位。天皇废除了将军一职。一位名叫阿尔杰农·米特福德（Algernon Mitford）的英国人在乌云低垂的阴寒天空下观看了这一幕："有些配备着欧洲枪的步兵，可是也有一些穿着该国旧盔甲的战士，带着矛、弓箭……剑与盾，看起来仿佛是从中世纪源平战争（Gempei wars）古画中走出来的人物……戴着铁制涂漆的可怕面具，边缘装饰着可怕的胡子，头盔上则绑着柳条，系着长至腰部的马毛，令敌人不寒而栗。他们看起来就像梦魇里的恶鬼。”整个队伍立正站好，而幕府将军则骑着马，独自一人，最后一次从城堡的拱门走出来。“这是一幅狂乱惊人的景象，也是我所看过最悲伤的景象之一。”

保皇军——因为他们的目标是要推翻幕府、恢复皇政——在不到几个月的时间里就占领了日本的所有城堡。幕府的海军悍然航行至北海道，可是来年也放弃了抵抗。到那时，南部与西部的大名与他们属于武士阶级的知识分子，已经开始对日本的国家与社会进行彻底改造。他们仍以江户为首都，可是将其改名为东京（东部之都），并将天皇移入幕府将军的宫殿。天皇本人采用明治（英明治理）为年号，于是这场革命也就有了名字：明治维新。长州与萨摩人开始根据吉田松阴一派描绘的蓝图，重新建立政府的架构。幕府的领地则划分为若干地方县，由中央极权的国家官僚来管理。相对地，大名则取得了治理权、以政府公债与养老金方式支付的赔偿金，而且新的西式部门里的许多高层职位均由长州藩与萨摩藩的才智之士出任。未受重用的武士则起而反抗他们旧有的阶级遭到废除，直至1877年仍有这种事情传出。然而他们想要的日本是再也不存在了。

真的如此吗？王政复古之后，旧日本还有多少残存下来？革命党人是打着“尊王攘夷”的口号起义的。由于牵涉到比幕府传统还要久远得多的皇室传统，前者似乎披上了一层更为神圣的色彩。明治政府也鼓励复兴神道教——古代的国教，根本教义是尊敬土地、人民以及天皇的神性。可是在施行上，天皇还只是个形式上的统治者。至于攘夷这部分，明治的领导阶层一旦取得控制权之后，似乎就忘了要驱逐蛮夷。一个敕令这样写道：我们必须“抛却旧日将外国人视为狗、羊或野蛮人的愚蠢想法”。明治政府反而邀请了数百位西方专家来指导日本的军务、科学与工程、教育、金融以及医药。新时代的口号“富国强兵”只有通过与西方的密切接触才能达成。

然而一切的目的何在？起初对幕府的不满源自何处？日本的新政策（始于佩里的逼迫）即是将日本对西方开放，有那么糟吗？因为它污染了日本的传统文化，以不平等条约让日本蒙羞，将日本的土地与劳力殖民化。这些事实并没有改变，改变的只是策略而已。西化的目的在于使日本足够强盛，足以抵抗西化。如果这些不会互相矛盾的话，那么推动现代化的人显然相信传统日本仍有许多值得保存。等到变得与西方一样强大之后，日本可能会推翻不平等条约，与西方在平等的基础上竞争，或者是反过来恢复日本的文化、尊严与独立。

西方的领事、商人、传教士和水手很少了解到这一点。美国大使范瓦肯伯（R. B. Van Valkenburgh）认为推翻幕府“人民根本不可能受益”。而西华德“也不会梦想复辟的天皇在模仿西方文化上，会比遭到推翻的幕府将军高明”。起初，他们也不过问一个现代化的工业日本是否有朝一日会对美国构成威胁。毕竟，明治时代的领导人还只是在计划太平洋上的第一段小铁路而已。相对地，美国人正要完成他们的太平洋铁路……而这条铁路可是连绵约4828公里长。

第37章　犹他与不列颠哥伦比亚，1869

如果明治的领导阶层想要学习西方国家在蒸汽与铁轨的时代如何行事的话，他们只需要研究美国跨洲铁路的建造就可以了。这条铁路因派系争议而拖延了10年之久，可是众议院最后还是通过一个主张建造两条太平洋铁路的法案，一条在北，一条在南。西华德希望这种"和解、安抚、妥协、团结的伟大措施"能够避开内战。可惜，就在那天——1860年12月18日——南卡罗来纳州却投票决定脱离联邦。

然而，内战的乌云却还镶着明亮的"银边"——内华达的银矿必须快速运输至北方充实国库，这让西部铁路的建造更加迫切。鉴于南北战争让资本市场吃紧，有些议员担心政府是否还能负担这样的计划。可是当时没有人可以想象这条路线会花费多少，等到他们了解之际，铁路的费用与多达13亿美元的年度战争预算相比，则是小巫见大巫。其他一些人对以税款进行公共工程不存疑虑，倒是担心贪污的可能。可是那时唯一避免有人大发横财的方法，就是根本不要建造铁路。最后，对于路线究竟要经过芝加哥还是圣路易斯（位于密苏里州）仍有争执。最后加州参议员詹姆斯·麦克杜格尔（James A. McDougall）支持建一条通到圣约瑟夫（St. Joseph）的支线，才平息了密苏里州人的抗争。最重要的一点，南方民主党人脱离联邦，让国会得以以自己的方式诠释政府在社会的地位，所以铁路法案通过只不过是时间的问题。

四大合伙人——斯坦福、克罗克、亨廷顿与霍普金斯——也祭出"银边"法宝，他们派西奥多·犹大前往华盛顿，代表中央太平洋铁路计划进行游说。他进行得轻松自在，因为麦克杜格尔与加州众议员阿龙·萨金特（Aaron A. Sargent）设法使犹大被任命为参众两院负责起草法案的委员会的主要工作人员。大家都明白这是场利益争夺战。可是国会仍然在暗中摸索。自从1819年备受鄙视的美国第二银行（Second United States Bank）成立之后，国会便不曾针对个别公司立法，也不愿冒险负担为铁路筹款的重任。美国铁路的总长在1860年间两度增长三倍，最后长达约49,287公里，不过地方小型公司独占了大部分工程。有些铁路在完成之前便资金用尽，有些在开始营运后宣告破产。显然理性的做法是跨州整合，纽约中央线在1853年便首次采用这种策略，然而这又需要天文数字的私人资金。另一个可行之道是由州政府建造并经营铁路，可是官僚的无能与贪污已经迫使七个州将铁路大幅赔售给债主与纳税人。怎么可能有任何人——无论是公家或私人——能够筹措资金铺设约2900公里长的铁轨，而且路线还要经过内布拉斯加尚未开垦的平原、落基山脉、大盐湖沙漠、内华达大盆地、内华达山，以及加州的中央谷地？

国会希望太平洋铁路法案能给这个问题提供一个解决方案。该法案于1862年7月1日由林肯总统签署生效。这项法案特许成立公司，建造一条新的铁路——联合太平洋铁路（Union Pacific）——并补助另一条中央太平洋铁路。这两条路线赢得穿越内布拉斯加州奥马哈（Omaha）与加州分界的路权，并获得美国政府贷款（30年，利息6%），平原地区每铺设1.6公里可贷得1.6万美元，落基山脉与内华达山脉每1.6公里4.8万美元，二者之间的盆地则每1.6公里3.2万美元。最后，政府还给予铁路公司铁路周围约16公里土地的一半（以棋盘方式划分）。该法案未提供的是创立公司所需的资金。中央太平洋铁路公司创立时银行账户只有1.58万美元，四大合伙人的流动资产总计也只有10万美元，他们别无选择只好四处求人。加利福尼亚银行的总裁看了一眼他们的计划，就请他们离开。美国富国银行的总裁认为这个公司“可能会大大受挫，我非常怀疑他们履行合约的能力”。鉴于圣弗朗西斯科的利率仍然在每月1.5%—2%高居不下，中央太平洋铁路公司就算获得贷款也会被利息压得喘不过气来。

1863年1月，当时的加州州长利兰·斯坦福以一铲土与一篇动人的演讲词，为这项伟大的工程揭开了序幕。可是工程出了萨克拉门托约48公里就停摆了，比让政府拨出第一笔贷款所要求的长度还少约15公里。更糟的是，加利福尼亚的电报、驿马车、蒸汽公司都对中央太平洋铁路公司展开无情的攻击。他们的匿名小册子《德裔大骗子》（*The Great Dutch Flat Swindle*）指控四大合伙人并不想建造一条横跨美国的铁路，而是只想建到银矿区，以纳税人的钱狠捞一笔。最后，这4个人又将他们的建造合约包给他们所控制的空头公司，这项不道德的举动让诚实的犹大决心与他们拆伙。所以他以10万美元的价钱，将他在中央太平洋铁路公司的股权卖给合伙人，并于1863年10月再度出海回到东部。

有一种说法说是这四大合伙人把犹大赶出公司，骗了他的钱。事实上，该公司正濒临破产，全力追求的又是大部分商人眼中的荒谬提案，所以它五分之一的股权根本不值10万美元，况且犹大在该公司的投资并不多。另外他也不是被迫退出，而且拆伙时他也不是毫无选择；如果能得到纽约投资人的支持，他也可以把中央太平洋铁路公司的股票全部买下来。可惜他在巴拿马染上黄热病，并在11月去世。所以，如果这四大合伙人打算靠铁路计划狠狠捞上一票，这些恶名昭彰的人还必须对贺拉斯·格里利所谓的“我们这个时代最伟大、最高贵的企业”有所了解。

政治运作是斯坦福的事。1862年他一就任加利福尼亚州长，就着手说服立法部门授权加利福尼亚各县发行债券，以购买中央太平洋铁路公司的股票。由于有人质疑这项计划是否违宪，所以斯坦福又任命铁路的总顾问（也就是查尔斯·克罗克的弟弟）执掌该州的最高法院。记账是霍普金斯的任务，他是4人当中年纪最大（1862年时49岁）、最瘦（其他人体重都在100公斤以上）、最坐得住书桌，也是最谨慎的一个。担任财务的“马克叔叔”扮演支撑这3个空架子的陪衬角色，并在公司初期发生财务危机时，努力维系公司运作。至于克服危机则是科里斯·亨廷顿的工作。为了促成1862年的法案，他和犹大前往东部。在该法案获得通过的纠葛过程中，他都留在那里。他的第一项胜利是与联合太平洋铁路的说客联合，说服国会在1864年通过第二个太平洋铁路法案。根据该法案的规定，该铁路可以发行与政府贷款等值的第一抵押债券。因此纳税人虽然出钱建造铁路，可是一旦公司无力偿债，铁路的所有权却将归于有兴趣的私人投资者，而非人民。更重要的是，政府同意每完成32公里便付款一次，而且将每公里铁轨所获得的赠予土地增为两倍。亨廷顿谈到国会时说：“依我看来，你无法明智立法……如果你必须付钱让该做的事做好，那也没什么不公平的。”另外拜某些难以克服但不相关的地质问题之赐，中央太平洋铁路公司也让联邦官员相信，内华达山是从萨克拉门托外约11公里开始起算。无暇他顾的林肯同意这项说法，允许该铁路大部分只算得上半完成的路段，可以开始以每1.6公里4.8万美元，而非原来的1.6万美元的成本申请补助。

感谢1864年法案，联合太平洋与中央太平洋铁路得以具有偿债能力，铁路工程也紧锣密鼓地展开，向西从奥马哈，向东从萨克拉门托开始。1866年通过的一项修正案让中央太平洋铁路公司有权尽量向东兴建，这项合作计划便变成了一项竞赛。两者之中有一个可以获得价值约300万美元的债券、约40万公顷的土地，以及未来每约160公里铁轨营运所得的较大部分。其中光是货运的费率便已相当可观。到了1689年，中央太平洋铁路公司从已完工部分赚得的钱，便已经超过560万美元。然而亨廷顿的工作才刚刚开始。

他也是铁路的采买，必须购买铁轨、长钉、火车头，并负责包船让货物可以经由巴拿马或绕过合恩角转运。这在南北战争期间更显艰难，也倍加昂贵，因为他必须与陆军竞争物资，付的又是战时的价格。受到南方联盟海军攻击的影响，连保险费率也涨到正常价的4倍，经由巴拿马地峡运送一个火车头便要8100美元。

一旦设备抵达萨克拉门托的装运码头，就改由克罗克负责——他是第4个合伙人兼工程队总监。从现代观念来看，他是个下流恶棍，也是他们设立来承包工程合约的空头公司——所谓的“合约与融资公司”（Contract and Finance Company）——的灵魂人物。该公司的股票完全归四大合伙人所有，所以他们基本上就是把借来建铁路的钱都付给了自己，或是利用以铁路股票偿付工程费用的方式，自己贷款给自己！两家公司中一定有一家会大赚，而铁路与赠予土地的控制权还是在他们手中。到了最后，跨洲铁路的中央太平洋铁路路段成本只花了5000万美元左右，而铁路与土地的收入加上增值而来的个人财富，却超过2亿美元。

这就是美国支付给四大合伙人去执行这件无与伦比的伟大公共工程的薪水。以克罗克为例，斯坦福州长在铁路启用仪式上，发表了一篇背得滚瓜烂熟、提到以铁路连接海洋的演讲，而克罗克却大声叫道：“不要什么无聊的典礼。就在我讲话的这一刻，打桩机正在美国河中打桩，为铁桥铺设桥基……各位先生，工程现在正在进行，我向各位保证！我所拥有的一切——我所有的气力、才智与精力——都奉献于建造我所完成的部分。阿门。”他的一些属下不喜欢他，可是大家对他的意志力都无话可说。一场春季洪水把横跨某峡谷的桥冲毁了，克罗克要他的工程师在5天之内重建完毕。工程师回答：“我不相信这办得到，不过我会试试。”克罗克吼道：“我不要你们‘试试’。我要的是一个会放手去做的人！”

“他们是一支伟大的军队，正在攻克大自然最坚固的要塞。崎岖的山脉看似巨大的蚁丘。蚁丘上聚满中国人，他们或铲土、推车、钻孔，或炸开岩石与泥土，而在大如伞的草帽底下的是他们空洞、黯淡的眼睛。在好几个营地，我们都看到几百个中国人坐在地上，飞快地用筷子吃稀饭，比其他用汤勺的人都吃得快。”艾伯特·理查德森（Albert D. Richardson）如此描写克罗克征募来的中国人。19世纪50年代，加利福尼亚州的第二任州长约翰·麦克杜格尔很欢迎中国移民，可是斯坦福在他的就任演说中就明确表现出对亚洲移民的轻视。此外，克罗克的总工程师詹姆斯·哈维·斯特罗布里奇（James Harvey Strobridge）更讥笑采用苦力的主意。为什么呢，他们每个人几乎都不到45公斤重！可是白人劳工很少，而且不愿意做建造铁路这种卑微的苦力工作。于是克罗克先实验性地雇用了50个中国人，后来人数渐增，到了1865年已经增加到1万或1.5万人了。他向白宫保证说中国人“安静、温和、有耐心、勤奋、节俭……而且安于比较低的薪资”。谈到挖凿岩石，克罗克认为中国人“比得上英国康沃尔最好的矿工”，斯特罗布里奇更认为他们是“全世界最棒的”。在挖越岭隧道（Summit Tunnel，一条约506米长的花岗岩通道）时，中国人一天要挖10个小时，还要吊在篮子里挂在悬崖上工作，以便把峭壁突出的部分挖掉，好让铁轨通过。他们用铲子与手推车搬移一小座一小座的泥土山，每天只赚1美元，还不包伙食。遇到爆炸或雪崩，可能一死就是好几十人。西华德十分明白他们的价值，他在与中国签订的《中美天津条约续增条约》（*Burlingame Treaty*）里特别加入不限制中国移民的条款。这固然是因为建造铁路的需求，可是也与他毕生为移民喉舌的立场一致。

学校与各种书籍一度将四大合伙人视为英雄，中国人则被遗忘了。现在这4个人则被视为“强盗头子”，毫无怨言的中国人才是建造铁路的真正功臣。布莱特·哈特（Bret Harte）在《陆路月刊》（*The Overland Monthly*）中描述了实际情况：

> 内华达山与落基山的森林里，回响着採石场斧头的敲打声与钢铁的铿锵声。溪流旁满是伐木工人的营地，水里挤满了流木。在特拉基河（Truckee River）的某处，25座锯木场突然开始营运。木材、铁和各种物资沿着道路排列，废弃的营地标示出工人前进的痕迹。光是在中央太平洋铁路，就有70—100个火车头与数百个车厢，载着物资、补给品和劳工不断穿梭来回。圣弗朗西斯科与萨克拉门托的港口则堆满铁条。一度有30艘船载着建造铁路所需的铁与滚木，经由合恩角来往纽约，火车头与铁轨甚至从巴拿马地峡送达。

如果没有上述的这些努力——由4位企业家负责组织，由匹兹堡的锯木厂、费城的锅炉工厂、纽约的船运商，加上工程师、铁路工人、铁匠、水手、码头工人、伐木工人、木匠、化学家等等来执行——中国人根本不会在那里。

克罗克——“那个拥有无限精力与钢铁意志的人”——骑着马在铁路沿线来回走动，不时鼓励或咒骂。虽然他承认他是边做边学，可是他的建造技巧却是最新的。诺贝尔发明的硝化甘油（1867年获得专利）在唐纳山口已经可以大桶大桶地合成。在两个多雪的冬季之后，克罗克为了应付雪崩，投资了200万美元，搭建了约80公里长的防雪棚——有了这项发明，阿尔卑斯山与西伯利亚的铁路才得以完成。当测坡员与铺设铁轨的工人走下东边的斜坡，开始横越荒凉的内华达时，克罗克的工程师为提供他们营地用水，还铺设了好几百公里长的水管。

每个学生都知道，这场比赛在1869年5月10日宣告结束。一根用加利福尼亚黄金打造的长钉与一个用内华达白银制成的银盘（上面刻着四大合伙人的姓名），牢牢嵌在一段磨亮的加利福尼亚桂树枕木上。斯坦福敲下（他没有敲中）最后一根长钉，电报员发出事先设好的密码，然后在几秒钟内，从纽约到萨克拉门托的民众都同时奔走相告：犹他州的普瑞蒙特瑞（Promontory）是蒸汽与距离这场战争的“阿波马托克斯”。

事实上，中央太平洋铁路并未抵达太平洋。四大合伙人还必须建造或买下萨克拉门托以西和沿着半岛直达圣弗朗西斯科的地方线路（原为铁路的圣弗朗西斯科—奥克兰海湾大桥，后来仍继续使用了63年之久）。中央太平洋铁路也没有立刻带来繁荣，圣弗朗西斯科甚至被芝加哥（铁路交会点）抢走了部分生意。铁路工程的结束还导致了失业问题，内华达银矿日渐稀少，而加利福尼亚则与其他工业世界一样，在1873年的经济危机后陷入“可怕的七〇年代”。甚至连四大合伙人也要等到不动产市场兴起，股票价格上涨之后，才获得了最大的利润。不过他们很快就成为加州社会的创建人，他们的贵族山豪宅散发着维多利亚的光辉，他们的名字则随着斯坦福大学、圣马力诺（San Marino）的亨廷顿图书馆、克罗克银行，以及马克霍普金斯洲际酒店流传下来。

不过跨洲铁路最直接的效果，则是像一位《上加利福尼亚日报》的记者在1869年5月发出的电报所说的：“来自铁路前线——胜利。”他所搭乘的火车载着“文明大军的亚洲部队。这班列车载着557名中国人，每个人都因为接近完工而在高声谈笑……这些中国人将被送到北太平洋线上工作”。北太平洋线？是的，在有关跨洲铁路长久的争辩中，最愚蠢的一点是交通量需要至少三条跨洲路线支撑。1860年法案确定该项原则，而1864年的铁路法案则将之具体化，提供苏必利尔湖（Superior Lake）到普吉特湾的路权供铁路使用。南北战争结束时，那条通往西北太平洋的梦中铁路，刚好顺便支持了西华德将不列颠哥伦比亚并入的主张。

自从波尔克总统在1846年签订《俄勒冈条约》之后，温哥华岛上的围垦区并没有迅速繁荣。哈德逊湾公司是个垂危的独霸企业，它在加拿大西部的租约也即将到期。同时，公司的土地也可能遭到美国煽动者的垂涎（目的在于把疆界定在“北纬54度40分”）的波及。可是危险并非来自那些耕种田地、开发原始森林，并在1859年赢得建州权利的俄勒冈人，也不是来探索普吉特湾地区的少数几个美国北方佬。威胁是来自加利福尼亚。1850年，夏洛特皇后岛（Queen Charlotte Island）有金矿的谣言传向南方；1858年，则传说弗雷泽河（Fraser River）发现丰富的矿藏。后者为沿海地区引来将近1万名拓荒者，让这块英国领土的人口增加了一倍。英国总督詹姆斯·道格拉斯（James Douglas）出声求援，皇家海军于是从中国调派3艘蒸汽船到西北岸。同一年，英国从哈德逊湾公司手中取得落基山脉以西的所有加拿大领土，设立英国殖民地。维多利亚女王替它取名为不列颠哥伦比亚。

英国的武力威慑使得美国淘金客不敢妄动，他们大多数在黄金开采完后便打道回府。然而南北战争一爆发，加拿大人开始害怕北方佬的军队除了向南打之外，也会向北进攻，而皇家海军又对防卫不列颠哥伦比亚不表乐观。一位上将报告说："我认为抛弃这些财产对英国的利益会大有帮助。"到了1865年，不列颠哥伦比亚的白人人口已经有四分之一是美国人，该地与俄勒冈及加利福尼亚的经济关系，也比与加拿大或英国密切得多。"天定命运"理论似乎也可以涵盖整个西部海岸地区，西华德（他只是其中之一）便胆敢有这样的梦想。所以当美国驻维多利亚领事报告说"温哥华岛与不列颠哥伦比亚的民众几乎一致希望能并入美国"时，西华德便尽其所能去实现他们的愿望。

1867年，两场地缘政治大地震袭击了这个众家争夺的殖民地。阿拉斯加并购案意味着不列颠哥伦比亚的南北两边，都将被美国的领土所包围。可是就在阿拉斯加条约签署的前一天，维多利亚女王却批准了建立加拿大自治领的《英属北美法案》(*British North America Act*)。打从加拿大叛变与达拉谟爵士（Lord Durham）提出1839年的报告之后，上述事宜就一直在进行。可是新的联邦只包括魁北克省、安大略省、新斯科舍（Nova Scotia）与新布伦瑞克（New Brunswick），不包含不列颠哥伦比亚与位于其间的哈德逊湾公司土地。因此英国散居在太平洋沿岸的少数几千民众可以自行选择——他们可以入籍美国，或要求成为加拿大自治领的公民。在伦敦，英国内阁愿意放弃小小的维多利亚殖民地，但却不愿意在美国的压力或威胁下行事。在渥太华、多伦多和蒙特利尔，加拿大人则信奉他们自己的"天定命运"。就像亚历山大·高尔特（Alexander Galt）所说的："如果美国想要从西边的侧翼围攻我们，我们就必须……夺取不列颠哥伦比亚与太平洋。我们不能被美国所包围。"而在维多利亚，不列颠哥伦比亚人则希望运用这种情势，来加速他们未来所系的一项发展：连接该地与东部的铁路。

早在1867年7月，《纽约时报》便一针见血地写道："缺乏铁路的连接……加拿大或丹麦对不列颠哥伦比亚的吸引力都是一样的。"职是之故，不列颠哥伦比亚的命运便维系在究竟是美国还是加拿大所许下的建造北边跨洲铁路的承诺最具有说服力。美国国会在1864年特许建造北太平洋铁路，可是并没有提供政府贷款。所以主事者要筹措开工的经费，甚至比四大合伙人还困难。1866年，托马斯·坎菲尔德（Thomas H. Canfield）试着说服芝加哥与西北铁路公司的总裁与他们合伙。坎菲尔德回忆道：

> 到了深夜，我觉得他被我说服了。我现在还可以看到他在房间里踱步，完全沉迷在讨论的话题里的模样。
>
> "要把公司搞起来、开始动工要多少钱？"
>
> "这需要很多前置作业，经验告诉我们这将需要花很多钱。"
>
> "我们投资回收的机会有多少？"
>
> "大约五十分之一。"
>
> "你凭什么要我把钱花在这样的风险上？"
>
> "这将是人类有史以来最伟大的一项投资计划。"

隔天北太平洋铁路公司便重组管理层，同时展开美国商业史上最密集的推广活动。可是由于中央太平洋铁路公司和联合太平洋铁路公司对他们未来的竞争者大肆打压，因此国会不愿意让步。西华德运用他的权威与在纽约的关系，试图鼓吹北太平洋铁路投资计划，可是权贵中只有"南北战争的出资人"杰伊·库克（Jay Cooke）同意推广铁路债券。可是北太平洋铁路当时仍"言之过早"，要不是卡斯特将军（General Custer）赶去保护他们，探测小队甚至无法穿过落基山。

1868年1月，维多利亚的居民表示他们倾向并入加拿大，条件是他们可以立刻建省并获得建造铁路的承诺。加拿大政府立刻将这项请求送往伦敦，1868年6月，英国国会投票通过出资赞助建造后来的加拿大太平洋铁路。套用哈利·弗尼爵士（Sir Harry Verney）的说法，英国的动机是要预防"我们邻居的掠夺行动，他们可能对那些价值被英国忽略的地区，投以饥渴的眼神"。1870年，不列颠哥伦比亚的议会终于投票通过加入加拿大。

这次投票让初次瓜分北太平洋的竞赛告一段落。从波托拉与塞拉神父开创先例领导探险队抵达上加利福尼亚，至此刚好过了一个世纪。此时加利福尼亚、俄勒冈、华盛顿和阿拉斯加都属美国所有，只有其间原有的"努特卡海岸”（Nootka coast）受到铁路经费的影响，仍旧属于英国。俄国人已经退回亚洲，不过他们却前进至黑龙江并建立了符拉迪沃斯托克，显示出新的活力。只有由英勇君主领导的夏威夷、千岛群岛与库页岛，以及——当然了——老朽的中国仍然是群雄逐鹿之地。然而随着蒸汽与铁轨的时代逐渐成熟，这样的瓜分局面又能维持多久……更别提明治时代的日本了。

第38章　第七次聚会

学者：嗯，斋藤先生，我等着你的猛烈攻击。

斋藤：啊，如果你已经在等，那就不算是突然袭击，所以我也就算了。此外，我的攻击目标是什么？

学者：什么？我所说的有关明治复辟的事。

斋藤：这个没问题。

学者：真的？

西华德：我有个问题。我以前就不了解幕府将军与天皇之间的关系，现在恐怕也一样弄不清楚。

加休曼努：我也是。叛军反抗幕府将军，因为他将日本对外邦白人开放——

斋藤：“外人”（Gaijin）。我们都称外国人为“外人”。

加休曼努：——可是，在他们胜利之后，他们不是把国家变得比以往都要开放吗？这没道理。

西华德：慢着！政治最古老的把戏就是“在野者”挑起大众对“在朝者”某项措施的恐惧，等到取而代之之后，却继续采取相同的政策。所以保皇党只是利用仇外心理来推翻幕府将军对不对？

斋藤：没那么简单，西华德先生。一开始，幕府的反对者并不团结——武士、知识分子、宫廷、萨摩等与中央政府作对的大名。他们有许多类似动机，不过却只有一个可以将他们团结起来：反对与蛮夷签订丧权辱国的条约。只是有几年日本不知道怎么做才可以抵抗蛮夷，又不会成为另一个中国。其中少数人，像吉田松阴，已经相信日本必须向外国人学习。可是大部分人都只想要把他们赶走。下关之战是个转折点。在西方舰队轰炸萨摩沿海之后，大名了解到激进派的改革者是对的：日本必须现代化，不然很快就会成为“外人”的奴隶。可是幕府很腐败，无力改革，所以必须被有能力变革、知道如何做的武士知识分子所取代。我们的教授说得好：日本必须先西化，才能避免遭到西化。

加休曼努：这就是我不明白的地方。

斋藤：让我换另一种讲法来说。你们还记得“尊王攘夷”的口号吗？那些情绪在明治维新之后并未消失，不过却被赋予了一项新的意义。以下是明治时代的官员在他们的“日本维新”记录里所写的一段话。天皇问如果我们的人民在下关不是被打败，而是一再打败蛮夷，那会怎么样呢？“那么外国人就会小心不要靠近一个像日本这样的一个虎狼之国……而我们至高无上、万世一统的天皇就会被视为虎狼的首领。拥有起码勇气的人，会让他的君王蒙受如此的鄙视吗？帝国有幸，我们才能在蒙上更大的耻辱之前遭到击败并平息怒气。”

学者：现在换我搞不懂了。

斋藤：因为这位有智慧的学者——他的名字是坂谷素（Sakatani Shiroshi）——解释了历史的教训。如果欧洲人是蛮夷，那么日本人也曾经是，而且可能走回头路。出于盲目的无知将西方人赶走是可耻的——就像以喝醉酒打群架，而非通过荣耀的战役去捍卫天皇之名一样。荣耀天皇的明智做法就是赶走我们心中的野蛮人，同时回归我们的旧有道德，即使我们对外国的智慧保持开放。这样一来，可以让日本不必臣服于外国的野蛮作风，也不必以自己的野蛮方式来抵御，可让外国的智慧与日本的智慧和平相处。坂谷写道：“今天开放港口，既公正又合时宜，这便是为何开放港口能够荣耀天皇的缘故。”

学者：所以道德与野蛮的界限是在国家之中，而非之间？借着采用从白人那里获得的启蒙智慧，日本人更能够保存自身文化美好的事物。

斋藤：你说对了，博士。每一个国家都同时表现出野蛮与开化……喜好阿谀谄媚与高压统治，使得皇帝蒙羞的中国人与朝鲜人除外。坂谷听到美国人也想要“驱逐蛮夷”——中国移民，并不感到惊讶。

维特：所以中国人可耻是因为他们的“内在野蛮”让他们无法同化于西方的进步？我们难道不能说太平天国运动，就跟日本的明治维新一样是个现代化的运动？

学者：有些人这么试过。可是很难想象太平军会将和平、中央集权的政府与快速工业化实施至整个中国。任何人都不可能，因为西方人的影响已经存在，而且中国的弱点与他们有利害关系。

维特：唯一的区别在于俄国与日本希望中国衰弱而分裂，海洋强权则希望中国积弱不振但维持统一。

加休曼努：因为俄国与日本是邻国，想要兼并中国的领土！而海洋强权只想要强行通商而已。

学者：加休曼努的观察十分入微，可是我们说得太远了。

塞拉：谢谢你，博士。我想问西华德先生一个问题。

西华德：哈，神父看我像个在圣诞节清晨受人忽视的小孩子一样绷着脸。没有人对教授所说的“我”感兴趣吗？

塞拉：我有兴趣。关于他对你的南北战争政策所作的描述，你有何看法？比如说，你的“供总统参考的几点想法”。

西华德：喔，是的。注意，我不是个虚荣的人，可是我难道一点功劳都没有吗？

学者：我认为你居功至伟。

西华德：你说我让林肯先生用火焰包围世界。

学者：那是你自己写的，虽然那是不可能的。

西华德：你只是按字面去解释。

学者：不然我该如何解释？

西华德：你相信我“暂时精神失常”吗？那么你告诉我，在我担任纽约州州长期间，我有利用加拿大叛变吗？你知道我一向希望美国能将加拿大纳入版图。

学者：不，你极为自制。

西华德：我支持墨西哥战争吗？我难道没有借着补偿蓄奴者因为解放黑奴蒙受的损失，甚至修建铁路来弥补南北方财富的差异，想尽办法阻止南北战争吗？在加拿大叛变开始时，我有抓住机会，以“特伦特”号事件挑起与英国的战事吗？而在墨西哥问题、海地问题上，我有与法国、西班牙开打吗？那些你提都不提。有任何证据说我是个好战者吗？

学者：没有——可是历史学家说林肯与在伦敦的查尔斯·弗朗西斯·亚当斯必须不顾你的自大，修饰你电报的语气，以赢得英国的同情心。

西华德：没错，先生。不过又是谁派遣亚当斯到圣詹姆斯宫（英国王廷所在）的？

学者：我相信是你。

西华德：“我选择亚当斯先生，因为你推荐他”，林肯写给我的信中这么写着，他也让亚当斯知道这点。至于“特伦特”号事件，你说“内阁”选择了谨慎的做法，释放了斯莱德尔与梅森——

学者：——南方联盟的外交人员。

西华德：你知道谁想让斯莱德尔和梅森待在牢里吗？是林肯他自己。我才是那个主张应该释放他们的人。事实上，我在1861年5月之后传给伦敦与巴黎的讯息就活像双份热粥——软绵绵的。只有笨蛋才会去跟帕默斯顿正面冲突。

学者：同意，不过历史学家都说你是在林肯驳回你初次的备忘录之后，你才变得比较圆融。

西华德：他们现在还这样说吗？所以尽管我在1861年“暂时精神失常”，我还是一位伟大的政治家。难道没有人看得出来？

斋藤：这很明显。

维特：是很明显。

学者：那时你是在虚张声势。

斋藤：他是在制止英国在南方最弱、最混乱的时刻，站在南方那边进行干预。可是这个威胁是空的，因为与英国开战只会确保南方获胜而已。

西华德：是的，如果英国干预，我们就会失去南方，不过英国也会失去加拿大！我担任国务卿最大的绊脚石是我爱好和平的名声，而大家对林肯则一无所知。在萨姆特堡之前，他根本没有具体政策；在萨姆特堡之后，我们必须阻挡全球商业染指南方叛军几千公里的海岸，这是我们的权利。欧洲人需要被恐吓，可不是用直接的挑战，因为那会迫使他们必须有所回应。我根本不打算挑起对外战争，可是我必须使欧洲人认为我有胆识这么做。不久之后英国就被吓跑了，并赶紧派遣军队到加拿大。一旦我们不受欧洲干预，安全渡过1861年，我们就可以利用欧洲各国之间的分歧，同时设法消弭我们与伦敦和巴黎之间的每一项摩擦。我不对英国人闯过封锁线之事提出抗议，我对墨西哥的马克西米利安与俄国镇压波兰也是睁一只眼闭一只眼。

学者：所以你先前的恫吓，之后的妥协，都是你全盘策略的一部分。为什么不跟人解释清楚？

西华德：然后泄漏“西华德并不是来真的”的消息？

学者：如果事后再说呢？

西华德：只为了沉醉于过去的成功，就不惜破坏我国战后的国际关系？英国这只狮子不喜欢人家提起你扭它尾巴的陈年旧事。不，最好的外交策略就是从不曝光的策略。

学者：所以你让激进的共和党为了对约翰逊表示忠诚而痛骂你一顿，并且让所有荣耀都归于林肯……回头想想，查尔斯·弗朗西斯·亚当斯说你是少数几个既能当政客又能当政治家的人之一，可惜那是在你死后的赞美。

西华德：有些人是了解内情的。事实上，我在1861年年底收到林肯秘书寄来的一首诗《给威廉·西华德》，诗中是这么写的：

慷慨豪爽的民族，
最后将获得他们并不了解的力量，
你的声名将不断流芳万世；
当暴风雨，猛浪汹涌终将过去，
月亮平静地统治所征服的海洋。

学者：谁写的？

西华德：一个很有前途的年轻人，我这么认为。他的名字是海约翰（John Hay）。

维特：既然你肯自泄秘密，那就告诉我们有关阿拉斯加的事吧。我确定德施特克尔真的有用钱贿赂，俄国的外交官都有"秘密资金"。

斋藤：所有外交官都有秘密资金。

西华德：我并不清楚德施特克尔做的每一件事——

斋藤：少来了，亨利。

西华德：我真的不知道。他是个牛皮大王。民主之下，他全无用处。也许他夸大他腐化美国人的能力，好来嘲笑我们的制度。或者是他自己把钱吞掉，然后告诉上司他把钱花在贿赂上。谁有办法证实呢？不过我倒知道德施特克尔在阿拉斯加法案通过之后，就迅速离开了我国，他说我们正在腐化他。

学者：典型的"投射"心理。

西华德：什么？

学者：在别人身上看到你自己不肯承认的罪。

加休曼努：维特先生，你赞成阿拉斯加购买案吗？

维特：我既同意也不同意。我那时才18岁。

学者：可是后来呢？

维特：后来我认为那是一场悲剧。多希望购买案能够延后。

学者：延后到西伯利亚铁路完成？

斋藤：可是那样的话，日本就会在1904年的日俄战争中征服阿拉斯加！

学者：哇！这点我从来没想到。可是很难想象俄国能再保有阿拉斯加一个世代。

维特：你知道那700万美元用到哪里去了吗？建造铁路，包括让我得以崛起的路段。

西华德：就像我常说的："好条约的条件就是让一方获得巨大的利益，又不会造成另一方的重大损失或不便。"

维特：尤其当你的国家获得“巨大利益”时。

西华德：当然，可是你要记得，我的国人并不全都相信这点！这就是为什么领导人物在民主国家是这么重要。

塞拉：西华德先生，你赞成你们跨洲铁路建造者所采取的方式吗？

西华德：你是说……？我从来没有由公职中赚到一毛钱！

维特：我钦佩你们的四大合伙人。无论怎么钻营，他们还是把铁路建好了。希望我们俄国也有这样的人。

学者：俄国有这样的人。维特伯爵，就是你。

维特：我从来没有由公职中赚过一分钱！

学者：是没有，可是你说“他们把铁路建好了”，意味着他们在公共服务上的功劳足以抵消他们所用手段与所图利润之恶。你知道亨廷顿在国会对中央太平洋铁路资金的调查会上说了什么吗？“我们对加利福尼亚的贡献，比南方联盟任何人对任何一州所作的贡献都多！”

西华德：听起来很像他会说的话。可是贪污的国会议员坐在一起审判他人贪污的想法——真是可笑！然而我还是不能容忍四大合伙人所采用的方式。

塞拉：可是你容忍民主吗？

西华德：当然。

塞拉：即使是你的瑟洛·威德耍的那一套？

西华德：神父，世界不是个干净美丽的地方。人类令人惊讶的不是他们的罪恶——这点举世皆然而且也已经是老生常谈了——而是他们偶尔也会努力行善。也许瑟洛发觉有必要操纵人类的本能，他是出于善意——让我当选。

学者：所以为达目的，不择手段？

西华德：你跟塞拉可以这么想。可是在你打定主意之前，我建议你竞选公职，或为你所信仰的东西奋斗看看。

维特：西华德是对的。试着建造俄国铁路，我必须对抗腐败官僚系统的贪官污吏。美国的天分是将图利与公共利益放在同一边。

学者：某种“创造性腐化的理论”。我们必须接受我们现有的人类本性与社会机制，并接受事实——

维特：好把事情做好！

学者：而一个不断争论所有参与者的动机，或修正其机制的社会——

维特：——永远无法把任何事做好。

学者：所以奇怪地，西华德的“天定命运”说是正确的，这不是因为美国更有道德，而是因为它比……比如说比那个有创造性的人们不腐化，腐化的人不创造的墨西哥更具有“创造性腐化”的特质。神父,这点你有什么意见呢?我们奉上帝的旨意来创造，可是如果要创造，我们必须腐化，那么我们如何能侍奉上帝?

塞拉: 建造铁路算侍奉上帝吗?

西华德: 当然是。

维特: 不一定。

加休曼努: 我觉得不是。

斋藤: 你们这些基督徒的良知真是脆弱。你们总是必须发明一个神圣的使命来掩盖你们的贪婪与妒忌，甚至美化你们的腐败。

学者: 你说话的口气好像个禅师。斋藤,我想你喜欢火车,尤其是酒吧车厢。

斋藤: 说你要喝什么，伙伴！“威士忌加苏打水，波本加麦酒”，只是火车上的冰块总是很脏。

加休曼努: 我还有另一个问题。如果俄国是因为眼光不够远，才把阿拉斯加卖了。那日本对美国人比其他外国人都来得欢迎，这也算是目光短浅吗?

学者: 不，不是。美国海军跟英国相比，规模仍算小；欧洲人在中国的势力又大过美国。当然俄国是各个列强中势力最大、位置最近的，1875年日本甚至必须把整个库页岛让给俄国。相较之下，美国的掠夺性就没有那么强，有可能成为日本对抗其他势力的王牌。

斋藤:

新生的雏鸽试展微湿的翅膀
晨曦的天色灰中抹黄
眼睛被松鸦啄出

加休曼努: 那是首诗吗？听起来很悲伤。

学者: 一首俳句。你写的吗，大使?

斋藤: 临时编的。我在想明治时代的日本。春天是个危险的季节，死亡的季节。

西华德: 我懂你的意思。结束公职之后，我环游世界了一趟，那是在1870年与1871年。我先搭火车到芝加哥——真是个了不起的城市——然后沿跨洲铁路到加州，再搭蒸汽船横越太平洋。我晋见了明治天皇，并与首相进行了一场诚恳的会谈。他每件事都想知道：我们如何收税、制定政府预算、进行人口普查。可是他最担心的是日本在列强中居于弱势。后来我写过日本有需要谨慎从事的特殊理由。

学者：是“特别有理由”，你写的是“特别有理由要谨慎”。

西华德：没错，我是这样写的：“日本特别有理由要谨慎。这个帝国是个固定的行星，几百年来维持不动，直到现在突然被引导与其他星座接触，虽然他们发出耀眼的光芒，却不断带来毁灭性撞击的危险。”

维特：然后？

西华德：就这样。我就只写了这些。

学者：真希望你当时多写点。

西华德：我立志所言不超过我所知。

第39章　火奴鲁鲁，1875

“谨慎推动、扩展美国与这些岛屿间的贸易对美国而言至关重要，因为这只有百益而无一害。”1866年马克·吐温在冒险旅程最后一站如此写道，详情叙述于《苦行记》（*Roughing It*）和《夏威夷的来信》（*Letters From Hawaii*）二书中。怎么说呢？夏威夷群岛的商人为了输出糖到圣弗朗西斯科，每年支付高达30万美元的权利金。马克·吐温认为有两种方法可以巩固这个获利关系：“一是让国会降低过高的关税，再不然就是鼓励美国人移民到夏威夷。若采用第二种方式，汽船是不可或缺的工具……在加利福尼亚，大家总觉得被时间追着跑。”年轻时曾担任过河船舵手的马克·吐温特别心仪“阿贾克斯”号（*Ajax*）：“这是一艘2000吨重的暗轮汽船，堪称最坚固的船只之一。”这艘船可容纳100位乘客和1.2万吨的货物。“倘若能在火奴鲁鲁设立存煤站，船只就只需一半的燃料，而且载货量可再增加二三百吨。”可惜瓦胡岛尚未设立存煤站，而夏威夷王国也缺乏财力疏浚火奴鲁鲁港。不过有朝一日美国工程师能在夏威夷自由行动的话，这些事都不成问题。

不过在考伊克奥乌利（卡米哈米哈三世）长期的在位期间，美国的影响力似乎较不稳定。在政变未成、政府自由化，官员又多为外国人担任后，这位挥霍无度的国王已经失去往日的锋芒。经过9年的法律迷糊仗和草率的测量，大马荷勒土地改革（The Great Mahela）终于在1855年完成了。此项改革明文规定群岛80%、总面积约130万公顷的土地归酋长所有，土地拥有权也可以让渡。此后不仅封建领主不能擅自夺走这些酋长拥有的土地，酋长更可以自由买卖土地。可以预见，有钱的外国人进而以廉价买下大片的可耕地。帕克牧场（Parker Ranch）这片涵盖卡米哈米哈的科哈拉海岸至莫纳克亚火山（Mauna Kea）山坡之间的广大草原，实现了温哥华创立养牛业的梦想，并引进夏威夷群岛第一批劳工——来自墨西哥和葡萄牙的牛仔。传教士与传教士的后裔则建立了经济农场，生产棉花、丝绸、咖啡、稻米，以及最重要的蔗糖。另一方面，捕鲸和贸易则掌控在美国北方佬手中。

此时夏威夷人的数目虽然仍多过美国人（约为60：1），不过人口却持续下降。1853年的一场天花让夏威夷人口锐减10%。同时外国人则受到法律保护可以在夏威夷拥有土地，但开发工作全靠美国资金。美国人只差没控制到政治和军事，因此英法等对手国或怀抱敌意的夏威夷王都无法撼动美国文化与经济的强势地位。1854年考伊克奥乌利一过世，恼人的问题就发生了。他的侄子亚历山大·利霍利霍（卡米哈米哈四世）属于年轻、快乐的一代。他接触的世俗选择增多，觉得并非一定要在夏威夷传统和教会统治中两者择一不可。此外他心爱的王后爱玛（Emma）只有一半夏威夷血统，是亲英派。利霍利霍在意外枪杀他的美籍私人秘书后（据说他涉嫌诱拐王后），便转而向英国国教圣礼寻求宽恕。其实他只不过是要在新教之外，另找一种更适合夏威夷王室的宗教。1862年利霍利霍王夫妇征得英国维多利亚女王同意，担任其子艾伯特（Albert）的挂名教母，并在宾汉姆的卡瓦依阿好教堂（Kawaiahao）街上捐地兴建一栋英国国教教堂，并找来托马斯·内特尔希普·斯特利（Thomas Nettleship Staley）担任主教。这位主教活脱脱就是英国小说家特罗洛普（Trollope）笔下的夸张漫画人物。"一位由低劣物质构成的主教，"马克·吐温写道，"总是在论人长短……其他主教的沾沾自喜是来自能行使教皇权力，他却是因为能担任有1.5万名教徒的教区主教（虽然这些教徒都属于别人的教会）。"更过分的是，这位喜好运动的主教将草裙舞融入高教会派（High Churchmen）的礼拜仪式，整个场面显得极不协调。不过此举虽然深受夏威夷人喜爱，却遭到教会的厌恶：跳舞、酒后乱性又再度风行起来。新教对夏威夷王室不再具有影响力。从此"教会派系"一词指的是制糖场的主人，而非美国牧师。

虽然马克·吐温这位对宗教抱着高度怀疑的人不怕得罪读者，但他对这群"坚强、执拗、不屈不挠、孜孜不倦、勤奋、虔诚的旧清教拥护者"还是下了模棱两可的裁决。站在古神殿遗迹前，马克·吐温回忆夏威夷尚未受到基督教影响的时期。传教士不会教信徒"炎炎夏日要在树荫下乘凉"，而是教导他们"天堂是个无忧无虑的地方"，"但要上天堂可说是缘木求鱼"，"工作一整天赚50美分买食物是欢天喜地的事"。不过在那段期间，夏威夷人无法拥有自己的财产、岛上弥漫着作奸犯科的风气，而且一旦触犯禁忌就会被剖腹取肠。相比之下，传教士让夏威夷人有衣服穿、教育他们、让他们脱离酋长的残暴专横、获得自由，并得以享受自己手脑努力的成果，建立赏罚公平的法律制度……传教士的成就不言而喻。

尽管建立了平等法律，但卡米哈米哈四世残忍枪杀其秘书却未受到审判。此时君主政体是夏威夷唯一留存的体制，也是对抗外国优势地位的最后两大法宝之一。另一样法宝是英法美三国的海军均势。从夏威夷王旗可以看出这种危险情况：这面由外国领事协助设计的旗帜即是融合这三国的国旗而成。左上角是英国的联合王国图样、八条代表八座夏威夷属岛的条状取自美国的星条旗、红蓝白则是法国国旗的颜色。1863年洛特王（卡米哈米哈五世）即位后立刻废除1840年教会促成的宪法，以增强王室的权力。他将普选权加上财产限制、在国会安插自己的贵族、让部长对国王而非国会的多数派负责，并且擅自赋予国王否决权。

不过美国人手中还是握有王牌。国王的税收依赖岛上的繁荣，而繁荣又与经济活动息息相关。夏威夷王室的收入来自关税、泊船费与过往船只的消费。因此王室必须保护并鼓励这种会增加美国人口和权力的商业发展，同时又要冒险不去理睬这些能增加税收的外邦白人意图插足政治的期望。此时主要的税收来源是过往的捕鲸船。不过南北战争爆发后，捕鲸业日益萧条。有些捕鲸船被改装成军船，有些被南方联军所俘或受其限制不准出航。1865年詹姆斯·沃德尔（James T. Waddell）船长的“谢南多厄”号（*Shenandoah*）击沉船只、夺取价值百万美元的货物，将内战延伸到北太平洋。南北战争结束后，圣弗朗西斯科一跃成为与拉海纳和火奴鲁鲁鼎足而立的港口。1871年的冬天来得早，33艘捕鲸船在冰天雪地的白令海峡发生船难。最后鲸油渐为1859年在宾州凿出的泥泞新商品——石油——所取代。

南北战争同时也切断了北方取得密西西比河三角洲糖产的管道，夏威夷因此出现生机。美国北方佬早于19世纪30年代即看好夏威夷的农业前景，莱德公司（Ladd and Company）首先于考爱岛上种植甘蔗。1850年输出的蔗糖已高达74万磅。这一年通过的“主仆法案”（Act for Masters and Servants）让夏威夷本地人和外国人能够签订长期契约、引进外劳，期约未满逃脱者得处以重刑。两年后第一批中国苦力抵达夏威夷。1851年大卫·韦斯顿（David M. Weston）发明的离心机对夏威夷糖产的贡献就如同惠特尼（Whitney）的轧棉机在美国南方棉产史上的地位。离心机可以在几小时内取出粗糖内的糖浆，之前这项工作要费时数周。1854年威廉·赖斯（William H. Rice）投注7000美元在考爱岛的利胡埃（Lihue）建造约16公里长的灌溉沟渠，使夏威夷前景更显璀璨。由于有这条沟渠，数千公顷的肥沃土地上种植了密集的水稻作物。火山土加上四季如春的气候，夏威夷每公顷土地的糖产量约是路易斯安那州的15倍。

拓殖者和夏威夷政府都了解有必要说服美国降低高额的蔗糖关税。第一次行动是在19世纪50年代中期，不过由于南方议员的反对而功败垂成。1861年后，路易斯安那州的糖产业者遭到封锁，产糖场也破坏殆尽。南北战争爆发后，该州在国会便无席位代表。糖价飙升，而夏威夷此时的产糖场则增加至32家，每年共产出约1225万公斤蔗糖。这股繁荣景象得力于当地的银行家查尔斯·毕晓普（Charles Bishop）的财力支持。其妻是卡米哈米哈大帝的孙女——乐善好施的伯妮丝·保艾·毕晓普（Bernice Pauahi Bishop）。夏威夷的糖都运送到炼糖业蓬勃发展的圣弗朗西斯科。糖产业者和炼糖业者产生冲突后，产糖的外邦白人巨子最后不得不向华盛顿寻求援助。

南北战争结束后，不只糖价下跌，夏威夷糖产业者引进机械化种植提升了该地蔗糖的品质，圣弗朗西斯科的炼糖业者便无用武之地了。当时的批发糖主要有两种，一种是需要再提炼的低级黄糖，另外一种是可以直接用来增加饮料甜味的“杂货店糖”（“grocery grade” sugar）。夏威夷最初输出到美国的糖是低级糖，在圣弗朗西斯科提炼后转销各地。不过南北战争结束后，夏威夷糖的品质提升，可以直接供应饭店、厨房或杂货店。如此一来，圣弗朗西斯科和太平洋两家炼糖厂便提议，愿意以优惠价格收购夏威夷蔗糖，不过其中至少有一半必须是低级糖。糖产业者协会（Planters Society）经过一番犹豫，拒绝了这项提议，寄望能与美国签订全面商业互惠条约。

国务卿西华德不会错过任何以和平方式扩张领土的机会，他一直梦想兼并夏威夷群岛。但是1864年，当夏威夷酋长贾斯蒂斯·以利沙·艾伦（Justice Elisha H. Allen）要求签订互惠条约时，西华德却劝他稍等时日。只要南北战争还没结束，他就不敢冒惹恼英国的危险，再者国会此时也不会考虑在海外另生枝节。西华德设想周到，只是等到美国开始与夏威夷谈判，国会却忙于弹劾安德鲁·约翰逊总统，而1863年即位的洛特·卡米哈米哈则担心此项贸易条约是为兼并夏威夷铺路。夏威夷人固然希望能确保群岛的经济发展，但也不愿因此损失主权。

夏威夷人的担心也是有原因的。南北战争结束后，美国在太平洋海域的海军增加了一倍，绕行夏威夷海域的战舰高达5艘。其中进驻火奴鲁鲁的“拉克万纳”号（*Lackawanna*）船长威廉·雷诺兹（William Reynolds）由于宣称要兼并夏威夷，特别令人讨厌。1867年雷诺兹驶离夏威夷，将中途岛（Midway）这个环状珊瑚岛据为美国所有，作为存煤站。虽然中途岛是个无人岛，只住有黑脚信天翁，但雷诺兹此举还是激起夏威夷人的民怨。当然糖产业者协会还是着眼于经济，继续推动互惠条约的签订。但是夏威夷国会和国王则表示不会批准此条约，除非在满足美国人经济利益的同时也能兼顾平息而非助长兼并情绪。讽刺的是，这也是1867年华盛顿为何反对签约的原因。西华德的秘密调查员泽弗奈亚·斯波尔丁上校（Col. Zephaniah S. Spalding）向国会报告：与夏威夷王室郑重其事的签约会强化其统治地位，因而损害美国的长期利益。因此主张领土扩张的中坚议员便与其他反对此条约的议员携手合作，辩称这项条约会减少美国关税收入、让部分特殊利益团体得利，并有鼓励其他国家要求同样特权之嫌。最后国会投票的结果是20票赞成、19票反对，没有获得三分之二的多数票通过。

1872年12月，时年40岁但重达约170公斤的洛特·卡米哈米哈过世，他无子嗣，亦无指定继承人。可能的继任者有其弟媳爱玛、露丝公主（Princess Ruth）和伯妮丝·毕晓普。不过这三位虽都以聪颖慈爱著称，但对伴随权力而来的荣耀和烦恼却避之唯恐不及，所以最后只剩下“威士忌比尔”路纳利罗和大卫·卡拉卡瓦角逐王位。路纳利罗是卡米哈米哈大帝的异母弟之后，卡拉卡瓦则是最积极、最具雄心壮志的酋长，他想尽办法粉碎对手利用王室血缘的策略，但国会最后还是以压倒性的多数推选路纳利罗为王。“一个相当不错的家伙，”马克·吐温这么认为，“有才气、有天分、有教养、彬彬有礼、慷慨大方，并具有一份像奔流的威士忌酒般灿烂的聪明才智，这酒仿佛是他脑袋里的石灰光灯能源。”

翌年，即1873年，夏威夷群岛发生了几件大事。第一是人称达米安神父（Father Damien）的比利时修士约瑟夫·德·弗伊斯特（Joseph de Veuster）接下当时刚于摩洛凯岛成立的麻风病医护区的照料工作。夏威夷人相信麻风病是随着中国苦力传入，故称之为“中国病”。第二件事是国王唯一的武装力量——皇家军队——叛变，最后远在约8公里外威基基的路纳利罗承诺特赦并答应叛军的要求，叛军才宣布投降。表面上，叛变的理由是内心不满，他们憎恨负责训练的教官。但实际上却是因为他们对白人的种族反感以及不满王室政策偏袒白人。这事件也暴露出王室的无能，即使是自己的小军队也控制不住。1873年，美国北方佬终于首次对珍珠港发动佯攻。

这次佯攻源自1月一位拓殖者文情并茂的书面报告，内容提议夏威夷将珍珠港出租给美国，以换取互惠条约。这样的安排不仅能让糖产业发展更加健全，更能吸引美国资金，夏威夷国王也无须投资即能加速这个良港的发展，并能“遏制任何想兼并这些群岛的外力”。毕竟只要美国在夏威夷设有海军基地，就没有国家会进犯夏威夷。“只要条约继续实行，我们便能保证我们国家的主权独立”，而美国和夏威夷两国人民都能享受兼并的好处。2月的《太平洋商业广告》（*Pacific Commercial Advertiser*）大力鼓吹这个观念，坚信与美国签订互惠条约是势在必行，即使这意味着“出租部分地区作为港口和加煤站……当然我们指的是珍珠港”。火奴鲁鲁商会（Honolulu Chamber of Commerce）同意此议，并找美国部长（兼糖业巨子）亨利·皮尔斯（Henry A. Peirce）商量，同时说服国王同意谈判。另一方面，美国也派遣了两位代表调查夏威夷的战略价值，他们都敦促格兰特政府重新推动互惠政策；约翰·斯科菲尔德（John M. Schofield）和亚历山大（B. S. Alexander）两位将军都同意先前派遣人员的看法，认为只要美国肯花25万美元疏浚阻碍船只入港的珊瑚礁，珍珠港就能成为太平洋上的最佳良港。除此之外，皮尔斯还警告，万一与美国谈判不成，夏威夷的种植者将立刻转向英国寻求市场和贷款（尔后证明皮尔斯所言错误）。但仅仅是将土地割让给外邦白人的暗示就足以激起夏威夷人的激烈抗议。抗议活动由同情夏威夷的美国人吉普森（Gibson）一手安排，他新创办的夏威夷语报纸推崇吉普森是“来遏阻你们/将珍珠（港）拱手让人的使者/不要被商人所骗/他们只是在诱惑你们/……希望你们全死光/王国就是他们的了”。

1874年2月，路纳利罗死于肺结核，继承争执和条约冲突纠结在一起。大卫·卡拉卡瓦立刻表达了角逐王位的意愿，殖民者全力支持他。不过这次爱玛王后也不多让，而其亲英态度则众所周知。选举当天国会情势紧张，几千名拥护爱玛的人在外面等待，外籍水手则进入戒备状态防止发生骚乱。证据显示卡拉卡瓦贿赂国会议员，诡异的压倒性票数（39∶6）说明这是一场受到操纵的选举。支持爱玛、反对互惠条约的群众不能接受惨败结果，冲进国会修理卡拉卡瓦的支持者，并大肆破坏。最后是美国水手赶到，秩序才告恢复。

卡拉卡瓦是夏威夷王国最后一名男性统治者，也是除卡米哈米哈大帝之外最有名的夏威夷国王。他身体结实、脸上蓄须，为人品味高尚、有教养，天资聪明而且懂得珍惜王权。他决心让夏威夷与外国政府平起平坐，因而赢得民心。此外他兼顾夏威夷主权与国家经济需要的策略也非常奏效。1874年8月卡拉卡瓦访问美国，成为首位造访美国的外国国王。纽约人花费5000美元来招待卡拉卡瓦，众议院大会对他鼓掌致意，格兰特总统也以国宴款待。众人均表示深为这位体面的年轻国王所倾倒，卡拉卡瓦也争取到了互惠条约。除了最高级的蔗糖，几乎所有夏威夷销往美国的产品都能取得免税待遇。此外只要夏威夷承诺不将珍珠港割让给第三国，美国也可以不租用此港。皮尔斯部长深感失望，不过他相信时间是站在美国这一边的。他写道，贸易的“钢钩，最后一定可以达到兼并的目的”，牢牢抓住夏威夷群岛。参议院以51∶12的票数批准了新条约，闲混依旧的众议院终于也在1876年8月通过了国会授权法。

消息传至夏威夷，外邦白人和当地人同声庆祝。

“万岁！为美国和夏威夷！终于传来了大好消息！万岁！”《火奴鲁鲁广告》（*Honululu Advertiser*）高呼，原因不难想见：推动签订互惠条约的15年间，夏威夷的产糖区面积增加了10倍，输出到美国的蔗糖在短短6年内，就从约771万公斤激增至5216万公斤。到了1890年，夏威夷的输出值超过1300万美元，其中99%销往美国。为运送蔗糖至港口，民间建造的铁路激增，1878年卡拉卡瓦制定“铁路法案”，政府给予每1.6公里的铁道2500美元的补助，国有铁路也随之激增。1877年夏威夷开始有电报，4年后火奴鲁鲁每月有固定的汽船航运服务。曾经是凋敝村落的火奴鲁鲁如今拥有2.5万名居民，腹地从沿岸的平原开始向内地扩展，预示一个位于中太平洋的现代都市即将诞生。

互惠时代是夏威夷王国史上最进步、最繁荣的时期。但是蔗糖王国需要的不只是土地、资本、技术和市场，还需要几千名肯服从、勤奋的农工来种植和收割甘蔗、榨糖汁、包装，把货装到火车上再转到汽船上。夏威夷土著虽然身体健壮，人口却日益减少，此外他们既不习惯固定工作，也不喜欢在外国人手下做事。拓殖者曾试过引进葡萄牙工人，但他们比较喜欢农牧和捕鱼，而且要求欧洲标准的薪资。拓殖者又继续尝试中国人，19世纪60年代夏威夷即输入1700名中国人。不过中国人进取心强，期约满后全都在城里自己开店。1868年，卡米哈米哈五世任命的总领事，美国人尤金·里德（Eugene Van Reed）引进148个日本人到夏威夷。不过日本明治政府得知这是一桩人口交易后，愤而禁止移民17年。于是拓殖者又转向中国人，到了1885年，夏威夷的中国移民已经增加了3倍，达到1.8万人。此时夏威夷土著则减至4万人，在自己的土地上快成为少数民族了。白人依旧只有几千人，不过他们自信命定会是统治者。一位拓殖者在1886年如此写道：白人发迹于欧洲、黄种人发迹于亚洲、印第安人发迹于美洲、黑人发迹于非洲，不过只有白人快速向外发展，终能超越“栖息地的限制”，遍及整个世界，并惠及有色人种。

在夏威夷的中国人的生活肯定是比在广东好。不过马克·吐温却反过来感激中国人对西方文明的贡献：“总有一天加利福尼亚也会有苦力，加利福尼亚越早引进苦力越好。”他的经济论点正确，但马克·吐温却高估了人性（他鲜少对人性持正面评价，这也许是他仅有的一次误判）。就在夏威夷尽其所能快速引进中国劳工之际，加利福尼亚的白人却对当地的中国人宣战了。

第40章　萨克拉门托与华盛顿，1882

“我得睡会儿，否则我会垮掉。”科里斯·亨廷顿1873年3月如此写道。因为“如果不赶紧设法，我们都会完蛋”。他所谓的办法就是将他在中央太平洋铁路的股份出让给想要的人。不到4年前，斯坦福才敲下纯金的铁道钉，庆祝铁路通车。但通车却让原本就节节高升的负债更为沉重、更居高不下，亨廷顿为此体力透支、心烦不堪，几乎无计可施。出资创办联合太平洋铁路公司的人无一幸免。一位倾家荡产，其余在1871年几乎是赔本把股票卖掉。毕竟拥有一条贯穿美国大陆的铁路并不代表就此荣华富贵，经营者还要能像其他投机冒险的资本家一样，去寻觅肯“负担运费”和铁路工程负债利息的顾客。试想在19世纪60年代，有哪位傻瓜会买下以联邦政府的土地补助金购置的联合太平洋铁路公债。一旦铁路工程无法完成，这个傻瓜就只能乘着铁轨到内布拉斯加州西部某处干燥光秃的圆丘，边抓紧帽子免得被风吹走，边悔恨交加地宣布这条铁路为其所有（假如联邦土地局或持有公债“优先抵押权”的人没有把他推到一边去的话）。实际上这个傻瓜根本不会这样自找麻烦。

简言之，一条横越约1600公里处女地的铁路是有可能赚大钱的，不过这必须等到铁路经过之处布满移民之后，而且这条铁路还要一直享有垄断权。不过在铁路完工后，联合太平洋铁路公司的经理人却缺乏这种远见，而中央太平洋铁路公司的四巨头（Big Four）虽然有远见，却还是靠着重施欺骗伎俩才得以维持公司的运作。19世纪60年代，他们买下加利福尼亚所有的短程铁路线，并且软硬兼施、连哄带胁迫，让各城市交出通行权。奥克兰村为了争取成为铁路的东湾（East Bay）终点站，让出了整个码头区。圣弗朗西斯科则提供约24公顷的湾区土地才没被排除在外。四巨头往北买下“沙斯塔路线”（Shasta Route），直通到地方虽小却很有发展前景的波特兰（1870年当地只有8300名居民）。他们接着又计划南太平洋铁路（Southern Pacific Railroad），垄断加利福尼亚南部的运输路线。公司甚至威胁要绕过洛杉矶（当时是个拥有

5000名居民、精力充沛的牧牛业城镇)，最后镇上父老只好奉上通往圣佩德罗的一小段海岸铁路线，并同意补助60万美元。亨廷顿的想法很简单："减少斗争、增加收益，说到底和在加州各处(包括我们的线路上)与他们抗争并没有多大差别。"

如此浩大的西岸铁路工程，亨廷顿是如何找到财源呢？大部分是借来的，然后他再用中央太平洋铁路的股票作为抵押筹措建造南太平洋铁路的工程费。华尔街曾经怀疑其中有诈，但每当中央太平洋的股价下跌或是投资人预期股票会崩盘而吵嚷着要卖空时，亨廷顿就悄悄地再借钱买下自己中央太平洋的股票，让股价回升。同时在中央太平洋和南太平洋获得丰厚利润前，亨廷顿必须维持这两家铁路公司的垄断权。所以他借钱买下加州汽船航运公司(California Steam Navigation Company)，并迫使太平洋邮船公司(Pacific Mail Steamship Company)向他的铁路公司提供低廉的运费。1874年，亨廷顿成立了自己的船运公司，太平洋邮船公司的生意被抢后就此一蹶不振并宣告破产。最后亨廷顿还密切注意贯穿美国大陆的对手公司，他买下了营运不佳的得州太平洋铁路公司(Texas and Pacific Railroad)，将其南太平洋铁路的路权从洛杉矶再延伸到新奥尔良。"钱来自何处，只有经理人知道，"一位纽约记者如此写道，"一般人只知道这条铁路是用最好的材料建成……州财政局或联邦财政部并没有提供任何援助。"

尽管如此，四巨头仍不时会有强烈的无力感。1873年发生经济危机，亨廷顿和马克·霍普金斯想办法把公司所有的股票卖掉。1878年亨廷顿扬言要辞职返乡，他说："这是我一生中最精疲力竭的时候，今年在华盛顿的这个冬天是我人生最后一个冬天。"他负责经营"南太平洋"的属下大卫·科尔顿(David D. Colton)极力劝他要"撑到最后，至少我们可以死得轰轰烈烈"。不过科尔顿也恳求："在解决债务之前，拜托不要再提建造铁路。"现在我们对这些加州铁路大亨的印象就是他们住在豪华的贵族山宅第，靠逼迫贫穷农夫支付贵得离谱的车费来敛财、过着富如王侯的生活。不过话说回来，若不是亨廷顿的股票投机伎俩以及在加州的垄断权，太平洋铁路可能早已破产，否则就是要再等个十几年才能完工。

一般大众，包括搭乘铁路到西岸的十几万广大民众，都对铁路无所不在的影响力深恶痛绝。因为"中央/南太平洋"不只控制交通运输、操纵政府，同时更是加州最大的地主。其余土地则多半落入亨利·米勒和休·格伦(Hugh J. Glenn)之手。米勒这位牧牛大王拥有百万公顷土地，常吹嘘从墨西哥骑马前往俄勒冈，每晚都可在自己的土地上扎营。至于格伦这位小麦大亨则拥有萨克拉门托河右岸约32公里宽的带状土地。据估计19世纪70年代初期，加州过半的土地是掌握在0.2%的人口手上。难道黄金传奇的加州在脱离墨西哥统治后，又要臣服于另一种新的封建制度吗？哲学家亨利·乔治（Henry George）因此设计了一种土地单一税法，来打破这些强盗头子的控制。

不过只要加州繁荣的经济继续带来无穷的发展机会，就无人会去攻击各个大亨。小本经营的农夫在山谷种麦，柑橘果农在洛杉矶河和圣安娜（Santa Ana）河岸开辟果园。葡萄果农利用匈牙利难民阿戈什顿·豪劳斯蒂（Agoston Haraszthy）搜集来的1400种欧洲葡萄接枝，实现了纳帕（Napa）、索诺马和圣塔克拉拉三县的制酒潜力。铁路工程雇用数千名工人，性喜冒险的人可以从事挖矿工作。马克·吐温在《苦行记》一书中谈及一位电报员，他所经手的电报多是内华达州弗吉尼亚城传来的矿坑公司股票报价，这位电报员后来自己从事股票交易，不久即成为了百万富翁。总之任谁都可在圣弗朗西斯科找到工作，1870年当地的人口刚过15万。

接着却发生了1873年的美国经济危机，19世纪50年代与60年代经济快速增长的繁荣景象已不复见，代之而起的是全球性的经济停滞，直到1896年才始见好转。这场工业时代的第一次经济大萧条刺激了农工商各行组织工会、发起抗议运动、游说、密谋合作，期望能维护自身的利益。负债的西岸情势更是危急，1875年加州银行破产，数百家公司跟着倒闭。屋漏偏逢连夜雨——内华达州银矿告罄，根瘤蚜疫让葡萄产量大减，一场旱灾严重破坏了产麦地区。工资下跌了50%，至少有5万人失业。这就是“可怕的七〇年代”，首先是农工团体登上太平洋岸的山坡，抨击南太平洋铁路的强大势力。当然铁路公司也躲着债权人，不过虽然每天疲于应付债务追讨，可他们还是能坐在俱乐部的安乐椅上喝威士忌轻松一下，无须到当地爱尔兰人经营的酒馆向伙计苦苦哀求能够赊欠一杯啤酒。

丹尼斯·卡尼（Denis Kearney）是小说的绝佳题材，部分是因为历史学家对他几乎一无所知。他生于爱尔兰科克郡（County Cork），一开始在船上当服务生，不过船还没到圣弗朗西斯科，他就已经升职成大副。虽然卡尼言辞尖锐，擅长阿谀奉承又风采迷人，但他却具有一般人认为的盎格鲁—撒克逊美德：他既不喝酒也不抽烟，没多久即拥有了一支像样的马车队，专门在圣弗朗西斯科装货。几千名失业或不满工资过低的爱尔兰人一开始在市政府附近的沙地酝酿抗议运动，卡尼马上被推举为领袖，并在心中浮现推翻政府的念头。1877年，在当时尚属萌芽阶段的马克思运动（不久即组成社会劳工党）呼吁工人响应支持宾州矿工罢工。领导罢工的是爱尔兰裔美国人组成的煤矿

(Courtesy, The Bancroft Library)

中央太平洋铁路与其联运地图。

工人秘密组织——莫利马格瑞斯社（Molly Maguires），因此获得圣弗朗西斯科爱尔兰人的热烈响应。不过聚会结束后，一群流氓却四处抢劫中国人开的洗衣店。两天后，又有一群暴徒放火烧了太平洋邮船公司，他们认为这家公司是引进大量中国移民的始作俑者。接着一群以尖嘴锄自卫、保护家产的中产阶级人士和警察发生激烈冲突，造成4人死亡。就在此时，卡尼出任劳工团（Workingmen's Party）主席，这个组织一心要打破资本家对经济和政府的控制。卡尼的诉求从他使用"恶意篱笆"（spite fence）的策略可见一斑：当初斯坦福见邻居不愿卖地让他盖大厦，便筑起这样一道墙将邻居的住宅团团围住。不过不管卡尼的骚动和在星期天的幽默演讲有何用意，最后都像古罗马政治家卡托（Cato）在元老院的讲演一样总是老调重提，卡尼总是说："不论如何，中国人必须滚蛋！"

套用一位劳工历史学家的话，中国人是"不可或缺的敌人"。尽管劳工运动存有分歧，但有一件事却让加州工人意见一致——苦力严重威胁到美国工人的生计。他们宣称中国人抢了他们的饭碗，领取奴隶般的微薄薪资，事实上中国人根本就是奴隶，他们由大企业雇船自海外输入美国，工作时还要戴上铁链。期满后有些人不回中国，往往就此居留开洗衣店或从事其他生意，通宵工作，让一天工作8小时的白人难以望其项背。此外中国人还被描述为肮脏、沉溺于吸毒和嫖妓、不能融入美国的风俗习惯。只要中国人留在美国，白人劳工就不可能向雇主争取到合理的待遇。

反华情结也广泛冲击到地方法律。19世纪50年代，"外国矿工税和50美元人头税法"（Foreign Miners' Tax and fifty-dollar Head Tax）规定外国人不得申请入籍；1860年通过一道禁令，华人不得就读公立学校、不得上医院看病，并须缴交捕鱼税；19世纪70年代初期通过了另一道禁令，市立政府工程不得雇用华人、对华人开设的洗衣店征税、禁止敲锣、放鞭炮，甚至不准留辫子。此外中国人没有投票权，甚至遇到像1871年发生于洛杉矶22个中国人遭到屠杀的偶发暴力事件时，中国人也无权自卫。英语形容某人的希望微乎其微，就会说"中国佬的机会"（Chinaman's chance），确实没错。"反华人联盟"（Anti-Chinese Union）、"国际工人协会"（International Workingmen's Association）、"劳工骑士团"（Knights of Labor）和卡尼的"劳工团"都鼓吹彻底驱逐华人。但要达到这个目的，动员的劳工势必要推翻西华德主导的中美条约中的国际法。

众所周知，西华德公职生涯中的三大奋斗目标是民权、自由移民、和平扩张。安森·伯林盖姆（Anson Burlingame）同意西华德的看法，1868年签订的《中美天津条约续增条约》承认“人类有迁徙与改变效忠国家的与生俱来且不可剥夺的权利，此外美国公民与清朝子民可于两国互相自由迁入与迁出”。该条约也赋予在美华人平等的教育权以及其他国家移民享有的所有权利。宪法第十四条修正案所增修的“同等保护”条款和1870年的《民权法案》，虽是着眼于黑人福利，但也加强了中国人的法律地位。职此之故，联邦法院将加州的反中国人法律以违宪的名义驳回。同时中国移民大幅增加，单是在1873年就有2万名中国人赴美，19世纪70年代美国有10万多名中国移民。诚然先前的中国移民有很多都返回中国，但在1880年每11位加州居民中即有一位是中国人，而且全是正值壮年的男性。更重要的是，他们还只是大量黄种人移民潮的第一波小涟漪，如果任其发展下去，移民潮的总人数可达数百万之多。

1878年劳工团和“美国农业保护者协会”（Patrons of Husbandry）的农民催促政府召开国家宪法会议。1879年的新宪法只是一连串的特别控诉，遭指控的对象包括银行、铁路、地主……和中国人。联邦法院同样再次干涉，平常这可能引起另一场各州权利的严重争执。但排华已成为全美的共识，3年内加州人便如愿以偿。原因在于太平洋岸这几州的选举团选票虽不算多，却足以左右1876年起连续六届总统选举的胜负，主要政党在此势均力敌。民主党和共和党在加州的支持人数不相上下，因此国会和地方政客无不迎合西岸选民的担心与偏见。同时东岸人民也弥漫种族情结。通过横贯美国大陆铁路，工厂老板得以将中国劳工送到宾州的比弗瀑布（Beaver Falls）和马萨诸塞州的北亚当斯（North Adams）去破坏罢工，路易斯安那州部分甘蔗园也以中国劳工代替黑人；唐人街的萌芽让纽约人、费城人、波士顿人见识到了亚洲文化的景象、声音和味道。民主党的政客和塞缪尔·冈珀斯（Samuel Gompers）之流的工会领袖，都大肆喧嚷“这可怕的祸害”有一天会来到东部城市的工厂。共和党成员着眼于1880年的选举，也附和要修改《中美天津条约续增条约》。当时的美国驻中国大使惊骇万分，这位大使即是已故国务卿西华德的侄子乔治·西华德（George F. Seward），不过他要求清廷修改条约的幅度仅是禁止契约劳工、罪犯、妓女和染病之人移民。卢瑟福·海耶斯（Rutherford B. Hayes）总统因此撤换了西华德，改派密歇根大学教授詹姆斯·安吉尔（James Angell），后者主张只要中国移民影响到或极有可能影响到美国利益或“良好秩序”时，美国政府就应该加以管制，甚至中止移民，如今他终于有权实现自己的主张了。

只有大企业和教会挺身替中国人讲话。这些商业和上帝的代言人以自由贸易（廉价劳工的同义词）和人类博爱为理由反对移民设限。不过国会议员支持加州人的论点，认为苦力是不公平竞争，中国人危害公共卫生和士气，而且又不愿与美国社会同化。不错，中国流浪汉经常赌博、嫖妓、吸鸦片，自成小圈子、不与外人接触。但是涌往加州淘金的白人也有同样的恶习。不错，中国人具有美国人望尘莫及的工作伦理，然而圣弗朗西斯科的意大利人和犹太人也具备相同的工作精神，却没人主张要驱逐他们。追根究底，在这些社会层面理由的背后隐藏着一股对亚洲人口众多的赤裸裸的恐惧，和对他们令人不解的"怪异"的憎恨。爱尔兰人生活凄苦而其他白人却生活舒适是件令人光火的事；但异教徒能毫无怨言接受资本主义权力体制且能力争上游、出人头地，那就成了耻辱、成了一种批判。参议员乔治·赫斯特（George Hearst）明白写道："我对中国人最大的反感就是他们比我们更耐劳，对生活的要求比我们少。也因此……足以把我们的劳工逼得走投无路。"1882年国会通过了一项彻底的排外法案，经过亚瑟总统签署生效，此后中国人不得入美国籍、在中国的妻子不得来美国与丈夫相聚，尔后10年间美国不对中国开放移民。当时预期这扇门将永远不再开启（事实上只在1892年至1902年间落实）。

同时东部的白人也逐渐涌至加州拓殖。南太平洋铁路公司从爱荷华州开始发起宣传运动，将南加州描写成空气清新、橘树累累、地价便宜的国度。铁路公司聘请查尔斯·诺德霍夫（Charles Nordhoff）等受欢迎的作家，创办《日落》（*Sunset*）之类的杂志来称颂铁路之旅的愉悦，大肆吹捧住在加州何其快乐。据一位游客描述，洛杉矶居民相信洛杉矶是人间仙境，对南太平洋的营运计划书也是兴高采烈地给予支持。洛杉矶贸易局的移民协会也证明："农夫不可能找到比洛杉矶县更好的快乐天堂了。"19世纪70年代洛杉矶的人口增加了一倍，80年代增加了3倍，超过5万人。大批涌入的外地人首次带动了加州的房地产，其间土地转手交易额在3年内由1000万美元增至9500万美元。由于精华地区多在南太平洋铁路公司手中，因此这家铁路公司的利润"川流不息"。1887年经济泡沫破灭，艾奇逊（Atcheson）、托皮卡（Topeka）、圣菲3家铁路公司相继将铁路线延伸至加州，掀起一场竞争。接下来的铁路票价战让芝加哥至加州的票价下跌到15美元，移民人潮才得以持续，1890年加州人口已增加至120万。

排华法案是否只是在为大批移民争取时间，好让加州能成为美国白人文化的天下呢？或者即使亚洲少数族裔人口再怎么庞大，白人依旧能够拥有优势？答案也许是后者，但不管答案是什么，就种族观点而言，加州人如愿在太平洋沿岸确立了美国势力。有些白人害怕在太平洋沿岸的成就可能因大量亚洲移民而付诸流水（也许更不公平的是，亚洲人就此承继这块上帝赐给美国的土地），排外运动让这些人得以释怀。日本人则不忘从中学到一课：就在同一年代，日人正在竭力仿效美国，思考如何走出自己的路。

第41章　东京，1889

夏目漱石（Natsume Soseki）将其一生的成就归功于明治时代的人们。出生于德川幕府被推翻那年的夏目是东京大学首位英国文学教授。但他也形容近代日本的启蒙运动是一场无止境的噩梦，“就像一个身后有‘天狗’（长鼻怪物）紧追的落荒而逃的人，我们为了保全性命奋力奔跑，几乎不知自己在做什么……欧洲国家奋斗一个世纪才获得的成就，我们必须在10年内达成”。是什么诱因让日本人如此雄心勃勃、能在22年之内吸收西方知识与技术，将政府体制现代化，奠定日本与西方列强一较长短的基础呢？是因为自傲于神特别眷顾的优越感、或是因为无知和封闭衍生的自卑感作祟？日本人输入西学是出于热切的仰慕，或是纯为取得西方武器以驱逐外魔？日本视对外关系为种族之间的冲突，或是他们效仿西方成功，刚好足以证明国家的进步与种族无关？或者与其说上述这些“或者”问题是在找出日本人当时在想什么，倒不如说只是表达了西方人的想法。

这些问题不好回答，原因之一是明治时代的领导者的“富国强兵”目标并非根据某种意识形态，而是他们随着情势发展制定出来的。他们的要务是确保其他心怀不满的派系不会重施他们推翻幕府的手法。因此他们解除传统“大名”的势力、抑制其同伙——武士、建立中央集权政府、将政府与一切正统根源的天皇紧密结合。但是推翻德川幕府的理由主要是针对幕府屈服于白人帝国主义、签订一连串不平等条约。因此若要在国内树立权威，掌权的一小撮明治政客必须努力修改条约。而要修改条约，日本的法律与经济必须达到令西方人佩服的程度。要达到这个目标，日本必须容忍大量输入的西方方法、机械和外国人。上次西学输入让日本幕府怒不可遏，此次引进的规模将远超过上次。由此可知，外交与内政是密不可分的：维护日本国力与尊严的动作太慢可能招致内乱（如何不会，这个新政府甚至比旧幕府更脆弱），但是行动太快又可能增加外来侵略的危险性（这些自命不凡的新贵必须教训一下）。刚成立的新政权的确危险。

明治第一代领导者包括萨摩藩的大久保利通（Okubo Toshimichi）和西乡隆盛（Saigo Takamori）、长州藩的木户孝允（Kido Takayoshi）和伊藤博文（Ito Hirobumi）、土佐藩的后藤象二郎（Goto Shojiro），他们组成了国家权力中心的御前会议。大名在1869年同意："如今王政已恢复，我们怎能继续拥有天皇的土地、治理其臣民呢？因此我们虔敬献上所有封地……如此日本才能与世界各国并驾齐驱。"于是废藩设县，让藩主担任知事（县令）、直接听命于东京，遣散武士。1872年立法准许自由买卖土地，日本的封建制度就此画下休止符。

政策越是激进，明治掌权者便越依赖天皇的神圣权威。于是御前会议颁布改革诏书，将神道教提升至国教地位。日本神道教是相当特殊的宗教，神道崇拜自然、不信上帝，只承认"神"，这种高高在上的实体无所不在，从富士山到溪流、花园这些能让忧烦的心灵获得平静的地方，都可能有神化身其间。神社可能就建于西方人绝对料想不到的地方，因为日本的土壤都充满灵性。有权势之人如同夏威夷酋长一样带有神性。而身为"天照大神"（太阳母神）后裔的天皇更是"神"的极致化身、圣洁中心，是日本民族精神的焦点，如此一来天皇的神圣越发让人信服。明治时代的寡头政治家充分利用这一点，召集大批"神官"入宫，并在学校和公共场所广建天皇神社。同时新派的宣教使在全国发起运动废除佛寺、解散5.6万名和尚，将佛教博爱、超脱、和平的主张代以神道教的"御三宣"（Three Injunctions）："敬神爱国，明天理知人道，尊王循法。"

这一切看似与西化无关，但实际上这一小撮的主政者对天皇的尊敬反而有助于他们实行西化。明治时代的奠基文件，即颁布于1868年的"御誓文"宣布："求知识于世界，大振皇国之基业。"因此日本政府非但不禁止人民出国，反而从1871年开始派遣360名公费生到国外留学。其中将近40%的学生前往美国学习商业、技术和农业。选择工程和外贸的学生多半到英国、选法律的学生到法国、选医学和科学的学生则到德国。另一方面，第一批4000名学有专精的"御雇外国人"（外籍雇员）也抵达日本。英美律师指导外交部草拟文件以及西式谈判；英、德、美的工程师监督日本政府兴建铁路、电报线路、码头和工厂；英国顾问教导日本海军、法德军官训练陆军，美国商人则教授生产、行销和会计。

明治政府尤其重视教育。他们赶走儒家教员，聘用罗格斯大学的大卫·莫瑞（David Murray）仿效美国的公立学校和接受政府赠予地兴办的大学（land grant colleges），为日本设计出一套学制。其宗旨正如1872年颁布的《学制》

（*Japanese Education Code*）所言，期望未来能协助官员、农夫、商人、工匠“自我提升、管理钱财、事业成功”。到了1880年，日本已有2.8万所小学，大学教育也开始萌芽。当时的教授多聘自国外，例如化学家威廉·埃利奥特·格里菲斯（William Elliot Griffis）、物理学家托马斯·门登霍尔（Thomas C. Mendenhall）、生物学家爱德华·摩尔斯（Edward S. Morse），以及哲学家欧内斯特·范尼罗沙（Ernest Fennelosa）等。

19世纪70年代，日本人贪婪地吸吮西方文化泉源。他们阅读卢梭（Rousseau）、约翰·斯图尔特·穆勒（John Stuart Mill）、赫伯特·斯宾塞（Herbert Spencer）等人的著作，并无特定的顺序。日本人也迷上了西方艺术、建筑、各种“稀奇的小玩意”。社会上流行吃牛肉、吃面包、听西方音乐（特别是军乐），抛掉丝绸和服与顶髻，改穿绒面呢西装、留西式发型。“这是历史上的一大盛事，”亨利·菲尔德（Henry M. Field）如此写道，“总而言之，这股西化风潮可说是解开了日本的缆索，将其自亚洲海岸拖至太平洋彼岸、与新世界并列，过着相同的生活、拥有相同的进步。”

当然这是美国人一相情愿的想法，但在19世纪70年代日美关系融洽时期，日本人的确让美国人不得不有此想法。进化论思想蔚为风潮，不仅因为这是达尔文的知名学说，更重要的是，相较于东方的停滞，西方的进步发展似乎是奠基于进化，如此东西方发展的差异即能得到充分解释。日本思想家福泽谕吉（Fukuzawa Yukichi）于1875年写道：“除非是愚蠢得无以复加，否则任谁都知道，我们的知识或经济都比不上西方诸国。我们的马车怎能与西方的火车头相比？我们的剑又如何比得上西方的枪？我们谈阴阳五行，西方早已发现60种元素……我们自认是最神圣、最非凡的国家，西方已经绕行全球，发现新大陆、扩大领土……观诸日本目前的情势，我们引以为傲之处无一可与西方相匹敌。”西方思想认为所有人类与国家都受制于一种自然规律，所以如外相井上馨（Inoue Kaoru）所言，日本必须成为“新进西化的亚洲国家”。

但日本的西化指的是什么？先进的技术自不待言，不过在美国“佣”（yatoi，指临时雇员）的眼中，西化就是民主和改信基督教。明治政府显然是拒绝了福泽将基督教定为国教的建议，不过倒是在1873年将基督教传教合法化了。东京大学的创建者吉多·沃贝克博士（Dr. Guido Verbeck）一直热衷于引导感兴趣的学生研读圣经、做祷告。传教士赫伯恩（J. C. Hepburn）设计出一套绝佳的音译系统，可将日文转换成罗马字母。天主教修道会则创办学校和尔后的索菲亚（Sophia）大学。传教士特别注重女子教育，日本妇女地位屈居于男人之下让纽约《论坛报》（*Tribune*）通讯记者爱德华·豪斯（Edward H.

House）深感不平，他认为日本女子的智力“远比西方女子高”。至1907年，已有约14万名日本人改信基督教，其中多数为高级知识分子和权贵家族。然而政府官员和绝大多数的民众依旧信仰神道教。公理会在日本传教7年，但成效不彰，最后他们的结论是日本人虽然“有教养、聪明、温文尔雅、敏捷、富进取心、外观醒目、笑脸迎人”，但却是不折不扣的异教徒。尽管如此，美国本土民众还是尽责地捐助教会，期望有一天日本人会开窍、敞开心胸接受启蒙。

美国对塑造新日本最彻底之处莫过于1869年开发北方边界的北海道。东京了解闲置该岛不开发，俄国人就可能从符拉迪沃斯托克基地迅速南下攻占。因此明治政府的要务之一便是拓殖北海道以“遏阻俄国南进的实力”。负责开拓之职的官员是萨摩藩的黑田清隆（Kuroda Kiyotaka）。接到要到处女荒地建设现代道路、兴建农庄、开发石场和林木的命令时，他和属下简直无言以对。于是他交给第一批拓殖者的任务，就是在札幌兴建县治，接着便亲自前往美国。黑田聘用了格兰特总统的农业厅长贺拉斯·凯普仑（Horace Capron），酬劳为年薪一万美元、免费提供住宿，并给予行动自主权。凯普仑于1871年抵达日本后立刻命令助手——一名来自B & O铁路公司的工程师和一名任职于农业局的化学家——共同研究出伐木、挖矿、务农的最佳地点。1873年7月凯普仑亲自领着6只从伊利诺伊州进口的优质公牛耕出第一条犁沟，日本拓荒者“看到一个人完成100名土著做的工作，无不惊讶万分”。凯普仑原本想种植麦子或玉米之类的谷物，但日本农夫不赞同。对他们而言，土地的价值是以稻米收获量来衡量的，日本人吃饭就是吃米。由于日本人对北海道这处小“西伯利亚”甚为藐视，凯普仑必须说服东京相信北海道适合种植各种农作物。

“开拓局”一直是争议不断。位于东京的对手指控开拓局的预算不是被滥用就是落入受到偏袒的商人之手。因此凯普仑不仅要应付内部盛行的贪污和愚昧无知，对外还要为开拓局辩护。他强调开发北海道不是招募拓荒队实行政府的拓荒计划，而是鼓励移民和开放外人投资。东京听不进去这些话，当初拓荒是为了巩固北海道为日本领土，不是让外国人开发剥削。日本政府也没有信守诺言让凯普仑拥有行动自主权。“等到一切准备就绪开始进行后，”凯普仑抱怨道，“马上出现一位双边佩剑、自以为是的重要人物接手。”只有外籍人士才知道明治维新鲜为人知的一面。虽然号称用人唯才，但明治政府仍有冗员存在。这些人并未受过治理现代经济的专门训练，对外国人又抱着怀疑态度。1875年凯普仑愤而返美。

不过北海道随即又来了另一位美国人——传奇人物威廉·史密斯·克拉克

（William Smith Clark）。他毕业于阿默斯特学院（Amherst College），曾参与南北战争并表现杰出。日本部长造访马萨诸塞州农学院时，他正担任该校校长。这位日本部长看到农学院学生在阿默斯特的绿地上进行军事操演，他大叫："我们日本就是要成立像这样的学院……能够教导年轻人自食其力、自我保护。"1876年克拉克受聘到札幌成立农学院。克拉克在日本虽仅待一年，但他设计的课程和样板农场让日本人受益良多，从如何使用农具、肥料到北海道的天气适合种植何种作物、建筑何种房屋，甚至穿何种衣服等不一而足。由于克拉克的到来，北海道开始出现新英格兰西部井然有序的山谷风光。此外克拉克也留下一群"耶稣信徒"。根据一位改信基督教的日本信徒描述，克拉克的布道"如此有力，我们感觉仿佛整栋房子都为他的精神所撼动"，他的"实际宗教"非常受学生欢迎，不断有新班扩增。不过最令东京高兴的是，10年之内北海道的人口从5.8万人激增至24万人，这个边疆县治从而永久成为日本的一部分。

同时外务省则为提升日本的国际地位而努力。日本接受外籍顾问的建议，全面建立与俄国的外交关系，1875年双方签订《圣彼得堡条约》（*Treaty of St. Petersburg*）。日本放弃对库页岛的占领，俄国则以撤出千岛群岛回应。更令日本雀跃不已的是恫吓住中国：1871年东京与北京签订条约，互予对方平等地位，若遇第三国威胁时将相互磋商。但两国客气地回避两处争端——以琉球为主的琉球群岛和中国的藩属国朝鲜。50名琉球居民发生船难在台湾遭到杀害，东京觉得有义务出面报复。但是有两年的时间御前会议却为此举棋不定、大感苦恼，既害怕发动战争，又担心在国人面前显得软弱。最后在1874年，御前会议终于命令3000名日军到台湾惩罚杀害日本人的台湾居民。5年后协调中日两国签订条约将琉球群岛割让给日本的大人物，正是当时的美国总统格兰特。

朝鲜的问题又更危险。1869年，汉城宫廷以朝鲜除了北京外无法承认第二个宗主国为由回绝了明治大使。日本国内对此有一派主张开战，期望战争能"立刻改变日本不合时宜的作风、将眼光往外看、促进工业和技术发展、消弭人民之间的忌妒和敌对"。但是御前会议怀疑日本是否有开战的能力、怀疑财政是否负担得起战争花费、怀疑西方强权是否支持日本。西乡隆盛志愿重新带领一支代表团前往朝鲜，但是反对者否决了这项提议：假如西乡未能完成任务，原本愤怒地位丧失的武士也许会以此事让国家蒙羞为借口发动叛变；假若西乡完成使命，他将以英雄姿态归国，也许会借此除掉他在明治寡头政圈中的敌手。正当"征朝论"沸腾之际，武士开始刺杀官员、发动地方叛变或当众自杀。对同僚犹豫不决很是气愤的西乡最后提议自愿被朝鲜人杀掉以提供交战借口，但未获采纳，最后他退出御前会议以示抗议。十几位高级官员跟西乡同进退，并恳请他领导叛变。

明治御前会议眼见权力日渐衰落，终于在1875年下令以武力打开朝鲜门户，并选定北海道知事黑田扮演佩里舰长的角色。黑田签订的《江华条约》（*Treaty of Kanghwa*）中断了朝鲜和中国的藩属关系、开放三处港口让两国进行贸易，日本还将于朝鲜享有西方强国在日本享有的特权。但《江华条约》并未能遏制叛变发生。心生不满的武士劝诱西乡复出，说服他动武。一名政府代表被捕，在严刑拷打下承认自己奉命行刺西乡；结果在1877年爆发萨摩藩之乱，就战士人数、死亡人数和花费而言，这场冲突的规模都大于推翻德川幕府的内战。不过幸赖军事改革，中央政府派出一支足以镇压地方叛变的现代军队。西乡死于战场，也许是自杀殒命。

即便如此，明治的寡头政治并未因此稳固。虽然萨摩藩之乱终于彻底瓦解了封建旧秩序，但也引起另一波要求民主的全国性抗议运动。知识分子和记者引述明治维新改革者自己承诺要开放公众言论的决定。英国的自由学说在学校传播开来。社会兴起一股要求成立代议政体的自由民权运动。电报和铁路吸引乡下平民关心国事；政治团体在几百个村庄中如雨后春笋般出现；1879年一名貌不惊人的农夫发起陈情运动，获得101,161人签名。另外，武士遣散费、工业化和萨摩藩之乱导致预算赤字增加。通货膨胀带动米价上扬，城里人心浮动。此时黑田采纳凯普仑先前提出的建议——何不把昂贵的北海道拓荒区交给民间企业开发？好主意，只是仅有的一家私人企业竟只出价38.7万日圆，与政府花费1600万日元开发北海道不成比例。黑田的政敌斥责此为图利商人的秘密交易，并把这桩“丑闻”透露给新闻界。支持自由民权的记者抨击新政权的暗箱操作和贪污腐败，跟旧幕府没两样。东京的暴徒高喊人民断炊之际，官僚和商人却忙于敛财。御前会议对于如何平息这一波波的危机意见分歧，最后只得诉诸天皇裁决。

30岁的天皇并非不知世事的花瓶摆设。他非常清楚现代化所要付出的惨痛代价和带给社会大众的压力。假如日本要积攒所需的资本，总是要有人牺牲，这可能是武士，也可能是工人或农夫。对于受害者不是加以安抚即是加以镇压。所以1881年10月，天皇颁布敕令承诺10年内将制定宪法，并实施代议制政体。他同时同意北海道拓荒区的出售案，指派松方正义（Matsukata Masayoshi）为大藏大臣监督激进的紧缩方案和民营计划。

松方原本应当主张开发经济，他之所以不能如此，也许是因为自由派的西方人不喜欢他的改革措施。他上任时，日元纸币只值面额的55%，公司资金严重短缺，城里居民生活贫苦。所以松方采取增税、削减政府开支、授权新成立的日本银行限制纸币发行量、买回数百万贬值日元、发起全国性的储蓄运动等措施。结果通货突然大幅紧缩。1882年松方更进一步宣布要将军事工厂外的企业一律民营化，他认为政府的职责应局限于“教育、军事和治安”。因此日本刚起步的工业，如煤矿、炼铁、纺织、航运等，均以廉价卖给受到偏爱的家族企业——即尔后语带贬义的“财阀”。例如三井以酿制清酒起家，到了19世纪90年代已是日本的煤炭大亨。三菱航运因在出军台湾和征伐萨摩藩之乱中负责运送日军，进而接管日本政府的航运线而致富。当政府宣布廉价售股，财阀便排挤掉财力不如他们的对手获取大批股份，从而垄断所有的重要工业。这些财阀势力强大，颇为类似美国的南太平洋铁路公司。然而就像加州，没有这些财阀，日本的发展可能不会如此快速。

一如往常，农夫总是负责肩挑重担。不过政府总算为他们做了一件事——允许移民。1885年起，日本农夫陆续离国前往他们称为“天竺”（天堂）的加州和夏威夷。

松方和明治寡头政治在实施这些激进的改革措施时并未受到太多反抗，这是因为天皇承诺要制定宪法，因此反对人士将精力投注于筹组现代政党。推动自由民权的知识分子齐聚于自由党，以推动社会平等和人权为职志。大限重信（Okuma Shigenobu）成立改进党，整合现代化后兴起的财阀以及新中产阶级。但实际上天皇和寡头政治家利用这10年的过渡时期逐步将日本带向更专制的体制。1884年明治重新改组贵族阶级，将大名和偏爱的官员分别晋级至公、侯、伯、子、男五级爵位。1885年明治将御前会议改为由总理主持的皇室内阁，其法律咨询对象伊藤博文将内阁精心设计成有效率的天皇忠仆。1882年伊藤特别出国观摩各国宪法作为制宪参考，最后他决定仿效的国家既非英国也非美国，而是德国。德国也是实行专制君主；德国也是快速跻身工业化国家但又能维持传统上层阶级的地位；从德国打赢1870—1871年的普法战争可以看出，德国已从积弱不振走向强盛。伊藤特别心仪洛伦兹·冯·施泰因（Lorenz von Stein）的社会君主专制论，此论主张君主超然于各种利益冲突之上，对全体子民展现君父之爱。德皇和俾斯麦（Bismarck）的组合似乎就是日本的最佳典范。

日本知识分子值此制宪之际也对日本疯狂热衷西方事物深表反感。追求启蒙之士广读洋书、反思所学，他们发现西方社会并非十全十美，内部的紧张情势至少不下于日本。西方的政治哲学互有扞格。代表精神知识的教会和代表物质知识的科学家仿佛水火不容。虽然白人自称有文化教养，但行为却常流于野蛮。“世界邪恶之极莫过于战争，”一向开思想先河的福泽写道，“而西方诸国则不时交战……（西方诸国）内部可见派系争权，败者散布不服之气。”福泽认为有一天西方情势会像日本目前这般落后。“文明无止境，我们不可以目前的西方为满足。”

19世纪80年代亦为欧洲帝国主义席卷非洲、亚洲和太平洋的年代。1882年美国限制中国移民。日本努力要修改“不平等条约”，但未能如愿。福泽因而论断：“条约是否被接受端视相关国家的经济和军事实力……西方诸国逐日增加其正规军数量。此举至为差劲、愚蠢。然而如果他人愚蠢，我也必须回以愚蠢。如果他人使用暴力，我也必须回以暴力。”

1886年一艘英国船在日本外海遇难，这个事件让日本彻底醒悟。船长和工作人员强占救生船，日本乘客惨遭灭顶。这难道就是外籍讲师所讲述的西方人的责任、英勇、道德吗？这难道就是所谓“船长总是与船共存亡”、“女性与儿童优先”吗？不过最令日本人气愤的还是英国领事馆法庭将船长无罪开释。很明显的，日本仍旧是“白人嘲笑的对象”，唯有打破白种人在全球的垄断和特权，日本才能解救自己和亚洲。职此之故，一位极力对年轻一代倡导实用主义的学者写道：“接受（西方思想）应是着眼于增进日本本身的利益，而非只因为来自西方。”

1889年明治天皇将宪法交给时任总理的黑田，这部宪法融合德国的专制以及全国上下对神道教的虔诚。根据宪法，天皇“神圣不可侵犯”，一切立法权虽必须取得帝国议会的同意，但立法根源仍是天皇。帝国议会包括众议院，议员由占全国1%的富人选出，天皇或参议院可否决众议院所立之法。假若参议院拒绝批准预算，去年的预算自动生效。内阁成员负责的对象是天皇而非议会，天皇是陆海军的最高统帅自不待言。虽然宪法赋予言论自由等若干权利，但前提是不危害公共秩序。

1890年颁布的《教育敕语》（*Imperial Rescript on Education*）更彻底成就了日本的专制反动。在日本各级学校均可见张贴于天皇肖像旁的敕语告示。御誓文劝告人民向外广求新知之景已不复见，取而代之的是儒家提倡的孝道、服从、愿为国尽忠。御誓文“一本天地之公道”的呼吁亦不复见，取而代之的是对日本“国粹”的颂扬。敬爱、绝对服从天皇既是日本国民的最高职责，亦是个人价值的衡量、灵魂也能因此摆脱人世烦恼和虚幻，并于死后得以获得救赎。

明治诸公终于描绘出了新日本的轮廓，只剩对外关系尚待界定。为求充分立足于国际间，首要任务是与邻国订约划清边界、在国外的利益能博取尊重，在国内则借由修改不平等条约完全恢复主权。但是在上述目标达成之前，日本早已将眼光放远。毕竟于1890年，日本已奠定其工业实力、社会的不平之声已经平息，人民恢复了对政府体制的尊敬，军事现代化也已完成。此时日本已准备迈步向外发展。只是向何处？目的是什么？中江兆民（Nakae Chomin）是位激进政治家，同时也是日文版卢梭著作的译者，他在1887年出版的《三醉人经纶问答》（*Discourse by Three Drunkards*）中讨论到这个问题。第一位仍旧陶醉于西方思想、反对国防，他相信只要日本坚守自由、平等、博爱，世人就会在羞愧之余起而尊敬日本。第二位是民族主义者，他大声疾呼日本要向外扩张，中国尤其能提供营养填饱像我们这样小国的肚子。第三位（也许就是作者本身）主张自卫要谨慎，挑拨帝国列强互相对立、以和平方式向亚洲大陆扩张。外相井上主张现实主义，日本如果要如欧洲一样强盛就必须采取欧洲的做法："换言之，我们要在亚洲边缘建立一个欧式新帝国。"不过一名日本经济的代言人却放眼太平洋彼岸的美国，他认为美国是最可能接受日本出口和移民的国家。民族主义者德富苏峰（Tokutomi Soho）将上述理论融合成一种雄心勃勃的远景："我们未来的历史势必是由日本人在世界各地建立新日本。"

外籍顾问威廉·史密斯·克拉克勉励他在北海道的学生要有万丈雄心，日本确已如此。"孩子们，要像这老人一样的有志气，"他如此激励他们，"孩子们，要有志气，不为财富、不为私利、不为瞬间即逝的名声……孩子们，为上帝而有志气。孩子们，要有好的志气。"克拉克返美后不久，日本人将他的临别赠言删成："孩子们，要有志气。"

第42章　符拉迪沃斯托克和大津，1891

如果不算西伯利亚，位于高加索低坡、紧邻土耳其和波斯边境的第比利斯（Tiflis or Tbilisi）就是全俄国境内离权力和文化核心最遥远的地方了。但这个不起眼的地方偏偏出了一对风云为之变色的表姐弟。姐姐先是让家人蒙羞，继而成为族人的大灾难：她抛下丈夫，转徙于众情人之间，从土耳其到埃及、欧洲、最后到达美国；先后当过马戏团骑士、歌手、作家，最终成为有钱人、无聊者与无知者的灵媒兼催眠师。她后来色衰痴肥，一身的家居服，又不屑装扮。"但她的眼睛非常特殊。当她说得兴起，那双蔚蓝色的大眼睛就神采奕奕，难以形容。"闺名叶连娜·彼得罗夫娜·哈恩（Yelena Petrovna Hahn）的勃拉瓦茨基夫人（Madame Blavatsky）在1891年过世之前，一共写过14本关于灵异的著作，创立了通神学会（Theosophical Society），并且成为日后所谓的新世纪（New Age）宗教的先知之一。

表弟原先视她为江湖郎中。但后来见识了表姐的聪明才智与说服力，他改变了想法：她不是骗子，她根本就是魔鬼。他与她截然不同：虔诚的俄国东正教信徒、热心倡议绝对君权、数学家、铁路决策人物、俄国工业化与开发西伯利亚的第一功臣。谢尔盖·尤利耶维奇·维特正是西伯利亚大铁路的建造者。但谢尔盖还是和他恶名昭彰的表姐有一个共同之处：意志力。当年他因为不用功而进不了大学，便进了一家地方中等学校，以免为城市的五光十色所迷。"那是我第一次证明独立的判断力和强烈的自我意志，此后这两样特质一直常伴我左右。"

1867年，谢尔盖终于获准进入乌克兰南部的敖德萨（Odessa）大学。那是个狂乱的年代。亚历山大二世已经着手改革，企图革除他心目中导致俄国在克里米亚战争中失利的弊病：农奴制、老旧的军队制度、铁路不足。结果却很惨。拥有土地的士绅阶级、政府官员，甚至农奴自己都觉得改革过犹不及，激进的大学知识分子在凋敝的经济体系中又找不到工作，纷纷以各种方式回应车尔尼雪夫斯基（Chernyshevsky）的著名问题："到底什么是该做的？"有些激进分子在大学里鼓动得太厉害，政府不得不将那些学校关闭一年。另外一些人梦想征收地主的产业，借助传统小农社区的基础建立俄国式的社会主义国家。还有些人效法巴枯宁（Bakunin）成为无政府主义者，秘密结社，阴谋以暴力对抗贵族。

但比激进乱党更严重的是国内开发问题。继英国之后，法国、德国、美国纷纷迅速跟进，迈入蒸汽机与铁路的时代；而俄国却跟日本、土耳其相去不远。如果俄国要继续维持强权地位，势必得致力于经济成长的三大要素：土地、劳力、资本。俄国的土地和劳力资源都属丰沛，但帝国内有人累积资本吗？商人阶级远远不及西欧的同业者，政府也同样无法累积资本，因为税收都在军队中消失得无影无踪。克里米亚战争之后，国库不得不暂停卢布兑换黄金，并发行卢布纸币以弥补亏空，此举自然又使政府的信用江河日下。

尽管如此，沙皇还是在1857年发布敕令，要求速建铁路："鉴于对我们心念所系的祖国福祉无尽的关切，我们早就注意到，祖国虽得天独厚，拥有丰沛的自然资源，但却为广阔的幅员所分隔，因此特别需要适当的交通。"于是财政部和铁路委员会特许私人公司以每俄里（约为1.067公里）6.9万卢布的代价建造铁路，这些公司可以发行5%由政府背书的债券。但这些特权人士或是用钱不当，或是颟顸无能，总之都竞相挥霍资本；结果所建的铁路每俄里花费了9万卢布，使他们无法清偿债务。

其他国家的铁路热也都难免有效率不彰和腐败的问题，但俄国的资本市场却承担不起这两个弊病。因此，另一个委员会在1865年建议沙皇放弃铁路公司，另从三个来源筹募新的铁路基金。其一是向伦敦借贷1亿卢布（但由于俄国信用极差，英国收的费用又极高，结果俄国只拿到4450万卢布而已），其二是卖掉政府已经募来的铁路股票；其三是卖掉阿拉斯加所得的现金。接下来的10年间，欧俄的要道上已经有超过约1.9万公里的铁轨了。谢尔盖·维特正是在这段铁路热潮期间从大学毕业的。他发现自己对数学有所偏爱，写过一篇关于无限小数理论的论文，并决定要当个教授。他母亲和显赫的将军舅舅都不赞成他的决定，劝他去政府部门实习并"同时继续学术研究"。谢尔盖就这样认识了道路与通信部长，也就是这位部长在这个小伙子的耳畔道出了神奇的字眼：铁路。

谢尔盖开始在票亭担任小职员。数月之后，他就升任站长；继而成为一个运输部门的主管。1875年，他已经掌管了敖德萨铁路全线。但大难从天而降：一列军用火车在暴风雪中横越草原，谁知铁轨不翼而飞；原来维修单位移走了一段铁轨去修理，却没有知会当地的站长，甚至没有放置任何警告标志。列车冲进大山沟里，死亡的士兵超过百人。谢尔盖自然是代罪羔羊之一，被判了四个月的徒刑。但是当时与土耳其的战况吃紧，这批军队正是要赶往黑海驰援；因此有位大公向谢尔盖提出将功赎罪的替代方案：如果谢尔盖能在最短时间内运走这批士兵，则可免去牢狱之灾。谢尔盖的对策是引进了被称为“美国系统”的运输管理制度。他把人力分成数批轮班，计算出精确的转轨时刻表，让他那批少得可怜的火车头全部24小时运转不歇。结果他不但在运兵时间上打破纪录，1878年更被任命为西南联合铁路的主管。

但当时的俄国却虽胜犹败。因为沙皇越是致力于工业化，就越是削弱自己统治权的社会基础。现代科技与教育、都市化、企业密不可分，也必定会带来科技官僚、企业家、工厂工人；而这些人又势必会反对皇室、地主与教会的贵族统治。1881年，亚历山大二世在一场称为“人民意志”的激进叛变中遇刺身亡，其子亚历山大三世继位，决定推行一种没有可能成功的尝试：使俄国科技现代化，但同时要打压所有政治上的反对势力。在版图问题上也面临同样的两难。俄国必须牢牢控制住欧亚大陆的六个角落才行，但在一个地方出力，势必就会无力开发另一个；例如用心在巴尔干半岛上，就没有资源开发西伯利亚。穆拉维约夫继黑龙江的彪炳功业之后，开始号召兴建西伯利亚铁路，并招募了数千名垦荒者。但他根本没有经费，因为资助这个“官派垦荒”的原始方案激起地主极为强烈的反对声浪：地主们很有理由担心那些最年轻肯干的农民都一心去西伯利亚发展，而只有年迈、懒散或嗜酒的会留下来。更严重的是，欧俄的劳力短缺会导致工资上涨，而西伯利亚生产的谷物又会造成新的竞争，使食物价格和地价下滑。结果政府只好在1874年终止“官派垦荒”方案。

西伯利亚工业凋敝不振。可以制作毛皮的动物数量日减，保育水獭和海豹的计划又随着俄美公司关门而付诸流水。1871年，俄国政府特许一家美国公司开发白令海上的科曼多尔群岛，结果该公司立刻杀尽岛上找得到的所有动物。事实上，俄国对阿拉斯加和西伯利亚海岸的独占权一结束，立刻引发了一阵猎捕海豹的狂潮，甚至造成了英美两国的外交危机。伐木业的情况也相去不远。俄国政府在1869年允许一家公司在西伯利亚西部采收木材，结果鄂毕河和叶尼塞河流域人迹可达的森林全数被砍伐殆尽。除了金矿业之外，其他工业都因机械与运输的匮乏而兴盛不起来。当然，是有数十艘蒸汽船在亚北极的水域中活动；1879年，瑞典探险家诺登舍尔德（A. E. Nordenskiold）驾着蒸汽船“织女星”号（*Vega*）从西伯利亚海岸直航亚洲，完成了300年来航海家所梦想的东北航线。但这几十艘船在那么广大的土地上又能起什么作用？西伯利亚还是非要铁路不可。

谢尔盖·维特在西南铁路这家私人资本的铁路网当着成功的经理。他的管理方法很有效率、统计方式很新颖、在铁路沿线都能激起企业主投资、又能计算出最高运货率；因此西南铁路能稳定地向股东支付红利。从各方面看来，他都是现代资本主义式的经理人，甚至不顾当时“俄化”的官方政策，径自起用有才干的犹太人和波兰人。但是，1884年，当维特的著作《铁路货运运费原则》（*Principles of Railway Freight Tariffs*）准备再版时，他骨子里的俄国性就跑出来了。他承认从亚当·史密斯到马克思的各派经济学说都各具洞见，但认为它们都无法适用于独特的俄国。个人主义也许很适合英国，世俗化的社会主义也能很适合德国——俾斯麦已经把铁路都国有化了，也资助社会福利体系；但俄国是个东正教社会，需要的是一种基督教式的工业政策。维特自己也不清楚如何把宗教应用在公共政策上，但他的确一直在寻找第三条路。

维特最早的记忆之一，就是满室痛哭、震惊的大人：他们刚接到尼古拉一世的死讯。6岁的小维特认为死者一定是个非常亲近的朋友，妈妈和其他人才会哭成那样。后来，亚历山大二世被恐怖分子炸死时，他的愤怒超过哀伤。他在一封写给将军岳父的信中，痛骂政府对付激进分子的政策过于笨拙：“就好比想用一个超大蒸汽锤来击碎一粒尘埃似的。”政府应该改革自己的秘密组织，以恐怖分子的方式还治其人才对。没多久，维特就被召到圣彼得堡，担任圣兄弟会（Holy Brotherhood）的首脑。但在一次“愚蠢的事件”之后，他就后悔当间谍了。然而他对沙皇的忠诚不减。他承认亚历山大三世的学识不足，但并不因为沙皇资助教会，打压导致亚历山大二世之死的思潮而说他“无能、昏庸”（1887年，皇室警察吊死了一名叫做亚历山大·乌里扬诺夫［Alexander Ulyanov］的恐怖分子；其弟弗拉基米尔·乌里扬诺夫［Vladimir Ulyanov］誓言报仇，之后改姓“列宁”）。维特认为亚历山大三世节俭、有德、勤奋，而且眼光深远。“他为俄国人民选任了最佳的国库管理者，而且他自己节俭的天性对俄国的财政问题也有莫大的帮助”。他让俄国维持和平局面，并且真心关怀农奴，“因而实现了基督君权的理想”。沙皇也下定决心要把西伯利亚带进蒸汽与铁路的时代。

亚历山大三世一登基，就颁布了奖励移民西伯利亚的新法。1883年，第一条铁路横越乌拉尔山区，淘金热吸引了数千人前往黑龙江畔，西伯利亚的移民潮也随之兴起。1887年有2.5万名俄国人翻越乌拉尔山区，次年有3.6万人，1889年更超过4万。战略考虑也促使政府重估西伯利亚。俄国在中亚地区的版图扩张，终于在1885年与亲英国的阿富汗重起战端。同年，俄国企图取得日本在朝鲜享有的权利，却受阻于居中干预的英国舰队。在太平洋的另一岸，加拿大太平洋铁路在1886年竣工，证明铁路也可以建在寒冷的高纬度地区。伊尔库茨克和符拉迪沃斯托克的总督将军都呼吁兴建横跨西伯利亚的铁路。

当然，最会摇头的一定是财政部长。但亚历山大三世下定决心，拼命平衡预算、稳定卢布币值以及加强俄国的国际信用。他选来完成使命的人是伊凡·维什涅格拉茨基（Ivan A. Vyshnegradskii）。维什涅格拉茨基的做法和同时代的日本大臣松方一样：大幅增税、削减支出、调整政府债务。他原是经验丰富的证券商人，因此每当利率下滑便大量举债，以偿付旧债，减轻国库预算的利息负担。他也和日本人一样深知，俄国要想继续举债与投资，除了出口别无他法："我们拼死也得出口。"日本人靠着大量出口丝织品到西方市场赚取外汇。俄国要卖什么呢？谷物——如果收成好的话。维什涅格拉茨基很幸运，因为那几年连年都有好收成。但要大幅增加谷物收成的上上之策，还是开垦新的西伯利亚土地。

整体说来，俄国的开发政策和明治政府有一个非常不同的地方：日本人急于把工业部门从政府分出去，以减轻负担；俄国人却忙着把工业部门国有化。在这一点上，战争再次扮演了催化剂角色：在1877年与土耳其作战期间，维特的高效率仅仅是凤毛麟角，丝毫不像其他铁路网的运兵作业。沙皇朝廷竞相指责发国难财的商人，特别是犹太人。因此财政部长开始施行反私有化的政策，把私人经营的铁路线买回来，没买回的路线也强制施行统一的费率和规则。就这样，日本忙不迭地摆脱"国家资本主义"，俄国却一头栽了进去。

1888年，亚历山大三世南巡，铁路负责人维特拿起皇室时刻表一看，吓了一大跳。沙皇预定行经一段老旧的铁路，设定的速度远高于路基和火车重量的安全承受度。结果火车居然平安通过，让他大大松了一口气，但他跟道路与通信部长声明，如果回程还维持原速，他拒绝承担任何责任。但皇室说行程不得变更，而且沙皇还训斥了维特一顿："我一直用这个速度在各地旅行，什么事也没发生过。如果在你的铁路上有速度的限制，纯粹因为那是一条犹太人的铁路。"维特当场为之气结，随之在部长背后大吼："阁下，我不管其他人怎么做，但我不希望拿陛下的性命冒险。这样下去，总有一天你会害他扭断脖子的！"

皇室专车果真在维特所说的路段高速出轨。20人死亡，40人受伤。餐车屋顶砸在皇室一家人头上，强壮的亚历山大三世用背部顶住屋顶，让家人顺利逃生。维特惴惴不安地准备辩词，结果圣彼得堡传来消息，维什涅格拉茨基想任命他为铁路局长。他想起维特的警告与直言的勇气，决定要“重用此人”。这意味着维特要离开自己当老板的铁路公司，放弃每年5万卢布的收入，涉足险恶的宫廷政治，而且年薪只有8000卢布（再加上沙皇自己掏腰包付的8000卢布）。维特毅然赴任，一方面是出于对沙皇的责任感与爱戴，另一方面也是由于他开始支持中央集权式的经济管理政策，至少在他任内是如此。

因为维特已经找到自己在19世纪40年代亟亟寻觅的经济理论，就是创立发展经济学的德国经济学家弗里德里希·李斯特（Friedrich List）。维特在一本1889年的小册子中，坦承自己私淑李斯特的新重商主义，主张提高进口关税，保护国内刚起步的工业免于和先进国家竞争，以及刺激制造业、铁路、海军、殖民地的政策。李斯特尤其强调铁路的效用：能把德国30多个省份连成一个统一的“帝国”；在亚洲，俄国的铁路也当能有此大用。对维特来说，这套理论确是第三条路——既不是放任式的资本主义，也不是目无上帝的社会主义。国家本身就扮演企业家的角色，一方面使俄国的经济现代化，同时又可以保存传统的政治、宗教和社会秩序。维特喜欢跟人这样说：“我既不是自由主义者，也不是保守主义者。我只是个文化人。”

正当西伯利亚大铁路计划终于引起政府的热烈讨论，财政状况也一反常态地充满生机之际，维特抵达了圣彼得堡，但朝中大臣仍然裹足不前。一条横跨西伯利亚的铁路要横越5000多俄里（约5334公里）的极寒之地。要运去数千名工人，还得供给他们吃住。所有材料都必须运送过去，因为西伯利亚冻原上既不产木材，也没有石材可用。但沙皇还是执意要建，唯恐英国或其他强国获得北京同意开发中国东北，抢走俄国在太平洋的有利地位。因此，当皇子尼古拉在1890年5月从学校毕业之时，亚历山大三世满脑子想的都是亚洲。皇子是个迟钝的学生，而且在学生时代就已经意识到自己的能力不足以统御帝国。单举一例就足以说明这种状况：他直到年近三十，还在日记上记载玩捉迷藏的事。更让他那严峻的父皇大为光火的是，皇子居然为了两个女人神魂颠倒：一个是舞女，一个是亚历山大三世不喜欢的德国公主。因此沙皇下令尼古拉去亚洲游历10个月，一方面让他接受政治教育，一方面也好让他忘记这些风流韵事。皇子一行于1890年11月启程。

到了12月，亚历山大三世召集众臣，要求他们作个决定。西伯利亚大铁路非建不可，不但要尽快，还要尽可能便宜；路线则经车里雅宾斯克（Chelyabinsk）、鄂木斯克（Omsk）、新西伯利亚（Novosibirsk），东抵伊尔库茨克。1891年3月17日，沙皇正式宣布了这个19世纪规模最大的工程计划。工程预定立即展开，并请皇子到符拉迪沃斯托克主持破土仪式，亲手放下第一块基石。

当时尼古拉人在印度。从印度到中国,皇子一行都极尽可能贴近俄国边境旅行。英国政府与中国政府虽然基于礼貌，不得不热忱接待，但也开始设法多方阻挠，比如以感染霍乱的风险相威胁。

当一行人接近日本时，原本一直冷眼旁观的日本也越来越心存疑虑。为何俄国皇子的私人旅行需要9艘海军主力舰护驾？为何皇子要从叛乱甫平的萨摩登岸，而不到天皇所在的东京？为何俄国人计划开发大津这种古代屡受外人侵袭的内地区域？ 3月间，就在圣彼得堡传出西伯利亚铁路计划之后，日本官方报纸立刻发表了一篇社论:《尼古拉之行启人疑窦》(*Suspicious Eyes Toward Nicholas' Visit*)。之后谣言满天，甚至传出萨摩藩主西乡隆盛并未在1877年的战役中身亡，而是逃到西伯利亚，现在挟俄国人返乡了！明治天皇听到这种谣传，开玩笑说若有此事，他就要把当初赏赐给讨平西乡有功诸将的勋章一一要回来。但俄国皇子一行还是让日本相当紧张,使本有敌意的萨摩、长州两藩更加剑拔弩张，内阁不得不表示对俄国的“威胁”有所警戒，却又不得引发外交危机。

然而终究还是难逃外交危机。1891年5月11日，尼古拉视察位于京都以东约8公里，琵琶湖畔的大津。他坐在一辆敞篷的黄包车上，两侧路旁都站满警察，看起来安全无虞……直到行列中一名叫做津田三藏(Tsuda Sanzo)的警察突然发出断断续续的武士吼声，冲上前去，一剑向俄国皇储的头上砍去。尼古拉及时闪开，只被划了一道出血的伤口，其他警察一拥而上，把津田拖开了。明治天皇为此致上最深的歉意，但俄国皇子执意回到舰上，取消日本之行，直航符拉迪沃斯托克。津田对日本法官说，俄国人对东京失敬，是对天皇不可原谅的侮辱之举，况且俄国人真正的目的是要刺探日本军方的虚实。检察官要求庭上判津田死刑，但受命审理此案的最高法庭庭长认为，津田的行为并未直接忤逆日本皇室，因此不能处以极刑。津田因此被监禁于北海道，四个月后因“病”而卒。

尼古拉按原定时间在符拉迪沃斯托克主持典礼，太平洋铁路由此奠基开工——比斯坦福在美国加州萨克拉门托主持铁路开工仪式整整晚了28年。沙皇在圣彼得堡任命皇子为西伯利亚铁路委员会主席，要他监督“俄国在东方的和平启蒙计划。愿全能的上帝助你完成我心念所系的这一大业，以利西伯利亚的人口与工业发展”。父皇委以如此重责大任，加上此次亚洲之行的历练，使向来无安全感的皇子终于有了一点行家的感觉，他也因此长期支持俄国在太平洋岸的发展。当然，他也不会忘记，还没放下第一块基石之前，那个想取他首级的武士所发出的声音。

但局势一开始就相当不利。1891年，俄国歉收，维什涅格拉茨基的努力尽数付诸流水。这位财政部长急忙下令封锁饥荒和霍乱肆虐的消息，因为他正在拼命争取国外信用。但终于有一张在巴黎的债券无人肯购，维什涅格拉茨基只有黯然下台；虽然这起事件的部分原因，是因为俄国的反犹太政策惹火了欧洲犹太裔银行世家罗斯柴尔德家族（House of Rothschild）。到了此时，亚历山大三世和朝中大臣心里都明白，眼下只有一个人可能恢复俄国的信用、让俄国经济繁荣，并建起西伯利亚铁路。这个人已位居道路与通信部长。1892年8月，受命兼任财政部长的谢尔盖·维特就此成为俄罗斯帝国的“经济沙皇”。

第43章　火奴鲁鲁，1893

1881年，智利共和国给了美国老大一个难堪。智利与秘鲁、玻利维亚为了争夺一处富含硝酸盐的海岸而引发的太平洋战争（难听一点，就叫做鸟粪战争）已持续3年之久。美国支持秘鲁，但当国务院派遣特使赴智利中西部的瓦尔帕莱索强迫智利接受调停时，智利人却叫美国佬别管闲事，以免葬身鱼腹。由于智利宣称自己有两艘英国制的装甲战舰，而乔治·鲍尔奇（George B. Balch）上将手中只有几艘木制巡洋舰，美国因此也不敢轻举妄动。如果真的惹火了智利，说不定连圣弗朗西斯科都会被炸掉。

在这之前的10年间，美国工业勃兴，不但煤产量增长了6倍之多，熔铸的生铁也增加了两倍，钢产量追平英国；并率先启用电力照明及电力通信。到了1881年，美国已经是全球第二大工业国，增长率只落在德国一国之后。中西部大平原既经开发，农业方面的情形也差不多。19世纪70年代末期，美国已经能借由铁路和蒸汽船把农作物一路输往欧洲，价格还能低于欧洲当地产品。这样一个活力充沛的新国家，为什么海军竟不足以威慑智利？

首先，1865年到1895年的30年间，美国极其幸运，海外没有出现任何威胁或扩张的机会。在美国取得阿拉斯加，加拿大又在1867年建国之后，北美的土地竞争终于告一段落；而欧洲对亚非殖民地虽然重燃兴趣，但美国也要到19世纪80年代后期才有兴趣跟进。美国自己也不想挑起任何事端。内战的冲突已经够多了，而且他们还要忙于充实边境。在那个时代，国会议员在看紧纳税人荷包方面有很大权力。军舰的起造与维修都耗资甚巨，国防价值又不怎么明显。两大政党都刚刚经过一段转型期，谁也不想增加支出。民主党一意扩张领土，以美洲大陆、陆军、农业为重的时代已经结束；而共和党重海外、海军、商业的时代又尚未开始。不管从哪一方面来说，在两党势力几乎完全平衡，国会中各地区势力也都相若的情况下，不可能有什么大动作出现。因此，无心战争的美国人就放任海军不予整顿，而欧洲人却开始建造钢铁舰身，配备全由蒸汽启动的多炮台引擎、后膛枪炮（后来更换成长枪）、还有防御装甲的军舰。讽刺的是，大多数的美国人还对大英帝国愤愤不平，殊不知是英国这个海上霸权自己多方节制，同时又支持自由贸易，才让美国得以忽略海防。但美国终究得按捺下对英方的不满。一个记者写道："一支如此无望、颓丧、不堪、滥竽充数的海军，实为前所未见。"英国小说家鲁德亚德·吉卜林（Rudyard Kipling）大加挖苦："如果把中国的舰队好好加以整顿，说不定能把美国海军全数驱出海面，消失无踪。这个天不怕地不怕的痴肥大国……就像水母一样缺少防御。"

共和党总统加菲尔德（Garfield）和俄皇亚历山大二世命运相同，都在1881年遇刺身亡。加菲尔德只在任短短四个月，却对海军重振有功：任命留着山羊胡子的路易斯安那州法官威廉·亨特（William H. Hunt）为海军部长。多亏此人，新的海军咨询委员会才拟定了大胆的建议，亚瑟总统则竭力让国会通过："我完全相信，从国家安全、经济与荣誉考虑，我们都必须彻底重建海军。"但要让国会动心，就意味着必须教育舆论，而教育舆论又需要多年工夫。1882年通过的"海军专款法"只允许海军淘汰"修理费用超过新船造价三成以上"的木制军舰。新造军舰本应为铁船（最新的低造价炼钢技术发展不过10年而已），但美国没有一家铁工厂适合轧制船板或铸造炮座。海军司令罗布利·埃文斯（Robley D. Evans）说服委员会让一家匹兹堡的钢厂进行尝试。1883年，国会通过4艘钢制军舰的拨款。到1889年为止，国会又批准了30艘国产的现代军舰。

但到底要建哪一种船，配合哪一种战略？这就是"让海军把海军视为整体来思考"的海军少将斯蒂芬·卢斯（Stephen B. Luce）最感兴趣的问题。卢斯自己在墨西哥战争中战功彪炳，但他念念不忘的还是海军，每次出任务都想到"刺激"海军的新理由。比起外国舰队，甚至和美国陆军相比（多恐怖）："我们就好像是东方的游牧部落，抱着过去遥远而模糊的传统沾沾自喜。"因此，卢斯一占上有利位置，立刻致力于"以蒸汽时代的海战科学"教育军官和水兵。他扩大了《莫里尔法案》（*Morill Act*）的适用范围，使海军后备军官得以在学院里受训。但他最大的贡献还是1885年在罗德岛创建了美国海军战争学院（Naval War College at Newport），军官得以在此研读海军战略、战术、后勤作业以及外交策略与海军的关系。他一方面网罗耶鲁、布朗、哈佛等大学的顶尖人才，也招揽能够结合理论与实战经验的军官。因此，阿尔弗雷德·塞耶·马汉（Alfred Thayer Mahan）舰长一从中美洲返航，立刻被招进这所军事学院。

"这是个人物。"他们也许会这样说马汉。想想看在那样一个时代，哈佛会向一位海军宣传人物授予荣誉学位；美国历史学会（American Historical Association）会选出一位军官来担任会长；圣公会主教会称颂一位直言的帝国主义者“拥有优美迷人的基督徒性格”。马汉的父亲在西点军校担任教务长，他也在那里成长。爱尔兰裔的老马汉是个反英派的陆军军官，夫妇俩都是严格的新教教徒，马汉本人几乎可以把圣经背下来。在他流传下来的书信中，最早的一封就提及对祖母宗教教育的感恩：“约拿的故事让我知道，人无法脱离上帝的掌控。”但他却可以脱离父亲的掌控，他也真的这么做了：年轻的马汉宣布自己是亲英派，同时反对父母的极端清教，倾向舅父的英国国教高教派（他后来写了一首诗批评清教徒：他们让宗教使人怨憎/淹没于环伺的恐怖之中/认为只有硫黄火的气味/才能取悦我主）。马汉顶撞父亲最严重的，还是在1856年选择了海军，并争取到进入马里兰州安纳波利斯海军学院。而他所用的方法再简单不过：走进海军部长戴维斯的办公室，直截了当开口要求。就和谢尔盖·维特一样，马汉从此弥补了早年在学业上的不用心；和维特一样，他也因为虔诚而与同伴不和；他和维特一样被认为自负孤僻，而他们俩都的确如此。随舰航行到亚洲和南美时，尽管同伴都在口岸纵情声色，马汉仍然洁身自好；他还一度戒酒，省钱捐助一处圣公会教会的筹建基金。他鄙视他人的缺陷，也从不原宥自己的弱点。

要不是马汉的历史观也显露出上帝和自我之间的紧张关系，上面这些个人细节原不值得一提。他认为历史是依圣意进行，人类不过是万能上帝的代理人。因此，英国之所以能取得直布罗陀，是出自上帝的旨意，而不是由于意外的好运；英国国教教士的感恩祷告并没有错。但这种信仰的危险是，公众人物也许会因此而一相情愿地相信自己或自己国家的所作所为都得到了上帝的认可。马汉和俾斯麦一样都有一种过人的能力：信仰一位绝不会与自己意见相左的上帝。当然，如果卢斯将军不曾邀请马汉到美国海军战争学院教授海战原则的话，上述种种也就没有下文可说。马汉对此邀约颇为兴奋（因为他很容易晕船），也很快从秘鲁利马市英国俱乐部图书馆中找到了这份教职的目的。他研读德国史学家特奥多尔·蒙森（Theodor Mommsen，1817—1903）的名著《罗马史》（*The History of Rome*），了解到尽管罗马陆军十分强盛，却不能解释罗马的崛起；海上势力才是关键。想通此节，马汉心头大震。因此一开始在海军战争学院任教，他就孜孜不倦地写了4年，研究17世纪海军力量的兴起。但虽然笔下写的是历史，他的心思却无法不放在当前的新钢铁海军风潮，尤其是在筹建阶段亟须的指导战略。因为美国终究卷入了一场危险的海外争端。几个对立的波利尼西亚王为了萨摩亚群岛征战不休，美、英、德领事和军舰纷纷赶至，各自支持不同人选。美国在1887年召开萨摩亚会议，但欧洲代表都拒绝让步。本来嘛，他们何必让步？美国海军弱得可以。另一方面，火奴鲁鲁却传来好消息：发生了一场类似革命的事变……而珍珠港竟落入美国手中。

20世纪末的夏威夷人和当地白人学术圈视卡拉卡瓦王为大英雄。他眼见人口日渐减少而并不绝望，全力保存夏威夷人的风俗文化与独立地位，甚至致力于实现一个言之过早的梦想：在和平和反殖民主义的旗帜之下统一大洋洲的人民。但是白人完全控制了财富和枪火，卡拉卡瓦王也只有面临悲剧性的挫败。种糖者和岛上的白人社群却不这样看卡拉卡瓦，他们认为他是个善变而不负责任的暴君。他大肆利用1864年亲王室的宪法，亲自任命所有的部长，耗费高额的税收来展示王威，而不是将钱用在公共建设上。在白人眼中最惊人的就是1882年完工的伊奥拉尼宫（Iolani Palace），共耗资30万美元。更过分的是，正当美国文化圈在夏威夷日渐成形，卡拉卡瓦王却花大钱环游世界去了；而且遍访日本、暹罗、意大利、梵蒂冈、英国皇室的结果，就是更让他相信凡是国王就应享受优渥的生活。因此，返国之后，卡拉卡瓦王在伊奥拉尼宫举行了盛大的加冕典礼，以鸟羽王袍和多神教的卡布棒（Kapu stick）作为夏威夷王权象征，并在宫殿对街的法院中树立卡米哈米哈一世的雕像。酒宴、舞蹈、狂欢一直持续了两个星期，白人报纸开始挞伐国王积重难返的炫耀习惯。卡拉卡瓦王一点也不在意。他大力提倡草裙舞、敬奉王室先人的遗骨、恢复巫医治病的权利、主持一种波利尼西亚秘密会社的仪式——这种组织意在结合科学与慈善事业，以“复兴夏威夷的古代科学”。

卡拉卡瓦王刻意排除60年来传教士与种糖业的影响，自然就导致了1882年任命沃尔特·莫雷·吉普森（Walter Murray Gibson）为首相这件事。说起吉普森，这又是一个为北太平洋史增色的奇人。他于1861年来到火奴鲁鲁，冒充是来自南卡罗来纳州的人类学家。事实上，他出生于英国，在加拿大和纽约长大，快20岁时才到美国南方。1844年，他的妻子过世，吉普森抛下3个孩子到海上旅行。游遍世界归来，他开始四处演说他或真或假的冒险经历。1859年，他跋涉万里来到大盐湖城，会见了摩门教领袖杨百翰。他必然舌灿莲花，因此能够一到夏威夷就说自己是摩门教大祭司，要到东印度来寻觅摩门国度。他当然是没有找到，不过却不客气地在拉奈当起祭司兼领袖，直到1864年盐湖城开除他的教籍为止。当时，他似乎已经把约4047公顷教产纳于自己名下。

吉普森很快就发展出新的花招：当夏威夷原住民的白人支持者。他确实有点本事，学了一口流利的夏威夷语，对糖业地主的指控也多能正中时弊。然后，他用群众资本换得一席议会的位子，最后更荣任首相。这位白胡子的先知“无疑是外表出众的老手，衣着得体、举止迷人、言谈能够颠倒众生……像蛇一般机智，却又像鸽子般无害”。吉普森的策略是：多多奉承卡拉卡瓦王，以满足自己建立帝国的渴望。他说夏威夷王国是“波利尼西亚群国中的佼佼者”，设想在卡拉卡瓦王的领导下，成立一个波利尼西亚联盟。1883年，他组织了一场夏威夷人对抗外国政府的抵制风潮，抗议这些国家在太平洋中继续强取新殖民地。几个强国都不理会吉普森。于是他巧妙地让夏威夷介入萨摩亚之争，派遣特使说服萨摩亚和汤加组成波利尼西亚联盟。1887年，吉普森下令夏威夷海军在英、德、美等国巡洋舰旁扬旗立威。这支“海军”一共只包括一艘改装过的老爷鸟粪船，任务也很快就结束了，因为船员哗变，背叛了酒鬼船长。德国人不得不出手干预，以免这些夏威夷人把自己的船凿沉。吉普森见状，对全球政治舞台兴趣顿失。

但夏威夷这阵抵御外侮的政策到底还是做了一件影响极为深远的事。1882年，吉普森向日本天皇请求重新批准日本人移民夏威夷。对种糖业者而言，这表示有现成的训练有素的工人可用；对吉普森而言，则表示日本“承认陛下（卡拉卡瓦）为亚洲王室的一分子，因此，帮助陛下就是帮助这个友善、同源的种族提升主权”。他的第一批特使遭到礼貌的拒绝；但如我们所知，在人口过多的日本，农民的骚动使明治天皇改变了初衷。1886年1月，日本外相井上馨和夏威夷外长欧文（R. W. Irwin）签署了一纸移民条约，3万名日本农民因而得以在10年内移民夏威夷。

也就是在这一年，美国人社区开始在种糖业者的带领之下，掀起一场纳税人的革命。夏威夷王国已经濒临破产，公共建设毫无进展，而卡拉卡瓦本人也全在圣弗朗西斯科糖业大亨克劳斯·斯普雷克尔斯（Klaus Spreckels）的掌握之中：斯普雷克尔斯手中握有夏威夷半数的公债，又让国王沉迷于酒宴牌戏之间。因此，两个传教士之子桑福德·多尔（Sanford Dole）和洛林·瑟斯顿（Lorrin A. Thurston）便尽了他们盎格鲁—撒克逊人的公民义务：建立一个改革党，背后则是由白人民兵队“火奴鲁鲁长枪队”支持。吉普森因而要求国会批准一笔向英国借贷的款项，以赎回国债。经过激烈的辩论之后，国会的条件是这笔贷款必须用来买回斯普雷克尔斯手上的公债。斯普雷克尔斯经此打击，遂回圣弗朗西斯科老家去了。

一波才平，一波又起。1886年正好是美国“夏威夷互惠条约”该更新的年度。代表美国国内糖业利益的南方参议员企图封杀互惠条约，因此提案在条约里加上了一条附则，强迫夏威夷把珍珠港租借给美国。他们觉得如此一来，夏威夷就会自己拒签这份条约。

卡拉卡瓦当然对珍珠港条款非常不满，但他已经是穷途末路了。英国债主在收利息之前就已经先行取走百万贷款的四分之一。吉普森和卡拉卡瓦不得不采取非常手段来筹钱，包括使鸦片交易合法化。鸦片合法化已经很严重了，偏偏又爆发了王室丑闻：卡拉卡瓦收受了一个中国鸦片商的贿款，准许他贩卖鸦片；而行贿者又把准许证高价转卖。此时，改革党觉得时机已经成熟。事实证明，改革党的机会简直不费吹灰之力。光是公开示威的威胁就让卡拉卡瓦惊惶不已，立刻让吉普森下台谢罪，并答应重新组阁。但瑟斯顿在群众大会上大声疾呼，国王必须停止干预内阁、法庭和选举，并下令“火奴鲁鲁长枪队”上街。卡拉卡瓦别无选择，只好接受他们“刺刀下的”1887年版宪法。自此之后，连贵族上议院都得经过选举，投票权限于有产业的公民和白种居民。三分之二的夏威夷原住民都被剥夺了投票权，新近的亚洲移民也同样不能投票。选举结果出来，改革党当然获得了压倒性的胜利。1887年12月，新上任的改革党批准了“夏威夷互惠条约”，准许美国使用珍珠港；同时也立刻拨款4.9万美元购买一艘蒸汽挖泥船来整顿港口。

美国裔的农场主就这样重新凌驾于王室之上，一如他们的传教士先人。岛内一度有了麻烦：海盗罗伯特·威尔科克斯（Robert Wilcox）手下的夏威夷人和中国人在1889年起事，但白人只用了七条人命的代价就弭平动乱。比较严重的挑战还是来自国外：1890年10月，华盛顿的共和党国会通过了“麦金莱（McKinley）关税案”，对所有国外的产糖者征收和夏威夷一样的关税，并且给予美国国内的蔗农大幅津贴。本杰明·哈里森（Benjamin Harrison）总统辩说该法案无意伤害夏威夷，但伤害确实存在。夏威夷的农场主眼看就要垮台，除非能取消这个法案，或是自己也变成美国人——也就是让美国并吞夏威夷。

力求图强的海军也有此意。马汉的《海权对历史的影响，1660—1783》（*The Influence of Sea Power Upon History*，*1660—1783*）终于在1890年问世，并且立即“掀起风潮”。很少人真的看完这本皇皇巨著，但书中提出的建议正是美国所需要的：海权在地缘政治的竞争中是决定性的力量；美国别无选择，非争取海权不可。再说，美国也有条件争取海权。没有陆路侵略的威胁、海岸线长、人口众多，又富有冒险贪婪的精神。唯一不利的只有民主制度。马汉写道：“人民政府通常不赞成军事支出。”但是哈里森总统和海军部长本杰明·特雷西（Benjamin Tracy）都大力赞成，理由非常正当。如果共和党国会还有疑虑，萨摩亚事件可以作为参考。1889年，正在政策关键当口，一场飓风卷走了美国海军中队：他们的引擎过于老旧，无力及时逃难。因此特雷西在国会的年度报告中要求新建20艘战舰和60艘巡洋舰，驻守在大西洋和太平洋之间。他说："海洋是未来帝国的根基，就像旭日东升一样理所当然。"沿海各州的民主党议员也赞成工业挂帅的共和党方案，批准了这批战舰的起造，美国海军不但在规模上大异于前，形态和目的也都发生了变化。因为一支航行于公海的舰队就需要国外的海军基地了。就像马汉所说，自己"只因为不是孤立主义者，所以就变成帝国主义者了"。

海战的策略主要有两种。第一种是摧毁或牵制敌方舰队，并封锁敌方海岸线，以称霸海上。这种策略需要一支占有绝对优势的舰队，或在一场关键性的大战中获胜。第二种策略则是发动侵略，突破封锁线骚扰敌方，以保持贸易航线至少有部分畅通。这种是弱国战法，所需的不是战舰，而是高速的巡洋舰。特雷西提出的方案，意味着美国从此要放弃第二种战略，不再只求发动攻击（一种"不怎么起眼的游击伏兵战"）和叫战，而是要确实掌握攸关美国利益的水域。哪些水域呢？马汉在1890年12月的《大西洋月刊》（*Atlantic Monthly*）上回答了这个问题。他解释道，美国面临两大洋，以安全考虑，一定得控制自家门户加勒比海，以及约4828公里雷达范围内的东太平洋。夏威夷很重要；但他也承认夏威夷由于内斗频仍，未来很成问题。

夏威夷的内斗在次年更形严重。1891年1月，卡拉卡瓦客死加州，52岁的妹妹利留卡拉尼（Liliuokalani）继位。这位女王个性坚毅，让人望而生畏，又行事古怪。她既勤于到卡瓦依阿好教堂礼拜，又对招魂人沃尔夫（Fräulein Wolf）深信不疑；一方面提倡夏威夷文化，一方面又听从亲英国/亲塔希提的和卡拉卡瓦一样嗜酒的顾问查尔斯·威尔逊（Charles Wilson）。她本人是个感情丰富，又有才华的音乐家；但在公共生活上处处表现出受到术士影响的痕迹。唯一谁也不能打动她的，就是她决心扭转政治潮流，重建君主制度。她也的确遇到一个机会：改革党一度失去民心，后来还一分为二，结果整个国会意见纷纭，吵嚷不休；内阁旋组旋倒，而糖业又在麦金莱关税下奄奄一息。1892年，女王的心腹出来挽救局面。沃尔夫通过魂灵预言，不久将有一个男人出现，解决女王所有的财政困难。可想而知，会应伊奥拉尼宫的召唤前来的，只有一个推销政府乐透彩票的家伙。下一步，威尔逊重提发行鸦片执照之议。乐透和鸦片，真是这个"传教王国"的理想结局！最后，女王决定发动一次政变修改宪法。这一回，只有夏威夷人才能投票，而且王室不须向任何人负责。

在这样的君主之下，改革党人就更加企望一个好政府。瑟斯顿和刚从加州来的律师亨利·库珀（Henry E. Cooper）一起创建了"兼并俱乐部"（Annexation

Club），获得美国传教士约翰·史蒂文斯（John L. Stevens）的全力支持。国务卿詹姆斯·布莱恩（James G. Blaine）曾对总统进言，只有3个国家值得美国兼并：夏威夷、波多黎各、古巴。他的继任者约翰·福斯特（John W. Foster）更是直接行动，指示史蒂文斯密谋兼并，并通过秘密管道联络知会。1893年1月，利留卡拉尼女王给了他们一个大好机会。她在伊奥拉尼宫的阳台上，以惯常的浮夸方式演说："噢！你们这些敬爱我王室的子民，我要告诉你们……要抱有希望，心中不要存有任何的不安或烦忧。因为，只要再过几天，我就要宣布新的宪法了。"瑟斯顿立即成立安全委员会，找来史蒂文斯，又派遣一名伙伴到码头去说服美国船"波士顿"号的船长威尔茨（G. C. Wiltse）一同举事。确定威尔茨方面的支持之后，瑟斯顿在军火库前聚众谴责女王："她要我们在火山口旁睡觉，而火山口有一天会喷出血来，淹没我们每一个人……难道热带的太阳已经冷却了我们的血？在我们血管中奔流的，是否还是爱好自由、愿为自由抛洒的热血？"是日下午，"波士顿"号164名水手开进火奴鲁鲁，安全委员会组成了临时政府，并选举多尔为总统，要求女王退位。意兴风发的阳台演说3天之后，利留卡拉尼女王在群众抗议下悻悻交出政权，并要求美国主持公道。

现在，瑟斯顿拿出一纸兼并条约，女王的手下拿着一纸陈情书，竞相向华盛顿游说。第一回合是瑟斯顿占了上风，哈里森总统对女王代表冷落不理，而把条约送到参议院；大部分共和党人和海军都欣喜若狂。马汉此时已是海军战争学院院长，并且举世闻名。他在《纽约时报》上写道："这个夏威夷群岛必须由强盛、文明的海上强权牢牢掌握。"他暗示，否则夏威夷会被中国移民颠覆。马汉在几周内又写了另一篇《夏威夷与我们未来的海权》（*Hawaii and Our Future Sea Power*），认为兼并夏威夷不但在军事和经济上都有其必要，同时还"象征这个国家于革命之中，已经体认到延展生命……超越目前划地自限边界"。

但夏威夷和美国的政治气候总是无法同步进行。民主党在1892年总统大选中获胜，总统当选人格罗弗·克利夫兰（Grover Cleveland）要求民主党参议员先反对吞并案，等到他次年3月上任后再说。但届时他还是不同意，并派遣特别代表进行了一次"对太平洋至为重要的秘密旅行"，调查夏威夷王室下台始末。他所选的特使詹姆斯·布朗特（James H. Blount）是佐治亚的农场主，自然不会赞成吞并案。新上任的国务卿沃尔特·格雷沙姆（Walter Q. Gresham）对哈里森总统和他所作所为向来不满，准备采取道德、合法的途径治国。因此结果可想而知：布朗特说革命是捏造的，事实上是史蒂文斯在海军支持下的阴谋；格雷沙姆于是宣布临时政府不能代表夏威夷人民；新总统克利夫兰下令多尔让利留卡拉尼女王复位。

克利夫兰没有完全成功。兼并案是暂时取消了，但当格雷沙姆有意插手干预，让临时政府下台，国会和舆论都以为不可。多尔和瑟斯顿到处宣扬利留卡拉尼女王的古怪可怕，她又誓言报复——美国公使艾伯特·威利斯（Albert Willis）听到她威胁要砍掉叛乱者的头——更是自毁形象。结果两边看来都不是好人，参议院力求脱身，在一次不记名决议案中反对兼并案、反对君主制、也反对干预夏威夷岛上政治。此外，国会通过了新的关税案，取消国内蔗农津贴，恢复了夏威夷的权益。

结果绕了一大圈又回到了原点，只有一点不同：夏威夷成了另一个得州——美国统治下的独立共和国。但美国人在得州是多数；在夏威夷只有两三千人，而岛上夏威夷人有3万之众，中国人有2万，日本人更有2.5万人左右。也许史蒂文斯说的没错："夏威夷已经走到十字路口。或是走向亚洲；或是走向美国，接受美国文明的洗礼，与美国同进退。"

第44章　朝鲜半岛，1895

10年之前，金玉均（Kim Ok-kiun）差点就推翻了朝鲜政府。他很赞赏日本的现代化，希望自己的小国也能走上同一条路。但中国军队阻挠了这次政变，金玉均不得不流亡日本。到了1894年，两个朝鲜人跑到日本找他，说中国方面现在打算支持他了。他们要金玉均一起到上海去，说是已经为他开好了一个银行户头。金玉均到了上海，正舒舒服服地在日式旅馆的榻榻米上休息，其中一名特务开枪射穿了他的脑袋。中国当局大张旗鼓地用军舰把凶手和被害人一起送回朝鲜，结果朝鲜官方不但没有处治凶手，反而大加褒扬。金玉均的尸体也没有下葬。他们把金玉均分尸，在全国游行示众，要让亲日派的人引以为鉴。这次暗杀让日本很不高兴，因为这并不是狂热杀手的偶然事件，而是出于中国外交政策的审慎筹划。19世纪90年代，无能的大清帝国已经面临被瓜分的危机。法国已经占领了越南，正觊觎着中国南方；俄国人已经开始修建西伯利亚大铁路，成为北方的大患；日本伺机占领朝鲜。万一中国真的要被瓜分了，连英国都想分一杯羹。但清政府还有一线生机：众望所归的直隶总督李鸿章。他努力了25年，单凭自己的智慧与耐心，一方面在欧洲人的压力下保全中国主权，一方面又向同一批欧洲人借钱、借机器，促使中国现代化。比起日本，他的成就当然不算什么；但在1890年，中国真的有了一条蒸汽船生产线、几条铁路、一所军校、两个海军基地、还有一小群在海外受教育的留学生。不幸的是，大部分朝臣都不喜变革，李鸿章力图在清朝覆亡前加以改革，自然也是多方受阻。

此时朝鲜已经成了清政府和明治政府的关注焦点，因为双方成为互相最弱的对手。中国如果不能在自己的势力范围之内压倒日本，就别想挡得住内地的欧洲帝国主义者。反过来说，如果连中国都不怕日本，日本也别想和那些白人国家平起平坐。中日间存在已久的朝鲜争论于是更形严重。

朝鲜是个多山、落后、被人轻视的国家。根据美国外交家乔治·凯南（George

Kennan）的说法："如果从日本旅行到朝鲜，最令人震惊的就是两国间强烈的对比：一个是那么干净、有序、勤奋而富裕，另一个却是那么肮脏、混乱、懒散、处处破败。"而朝鲜君主更是"像小孩一样懵懂、像南非白人一样顽固、像中国人一样无知、像非洲人一样夜郎自大……他热爱术士、女巫、女先知和郎中，总是与他们商议国家大事"。明治政府的主事者想掌握朝鲜的理由包括军事战略、经济和面子，1876年他们强迫朝鲜签订的《日朝修好条规》正是第一步。这一纸条约不但使朝鲜开放了釜山、仁川、元山，让日本迅速垄断了这3个港口的贸易，还声明朝鲜是独立国家，不再依附于中国。但李鸿章运用勾结、贿赂等伎俩，对汉城的影响力也不下于日本；更糟的是，他还鼓励朝鲜签下更多条约，让强权国家去黑吃黑。第一个因此受惠的国家是美国，在1882年签下条约；英国、德国、俄国等接踵而至。但有一点对李鸿章不利：越多年轻的朝鲜人和外国接触，他们就越想要现代化。日本更是利用朝鲜人，想把这个国家纳入自己的轨道。1884年金玉均功败垂成的叛变正是这种发展的结果，想推翻儒家官僚制度，模仿明治复兴。朝鲜门户大开之后，日本采用外交手段来力保自己的权益。1885年，伊藤博文和李鸿章签订《天津条约》，约定双方如果出兵朝鲜，必须先行知会对方。

但这只表示竞争是以非军事的形式进行罢了。李鸿章任命前途光明的武官袁世凯出任"驻扎朝鲜总理交涉通商事宜大臣"，不出10年袁世凯就恢复了中国在朝鲜的尊崇地位，并打破了日本对贸易的垄断。这对东京来说自然值得警惕，但真正让日本对中国在朝势力感到难以忍受的，还是1890年左右的日本内外局势。1890年，明治宪法开始生效。虽然选举出来的国会没有什么直接的权力，但反对党领袖只要能指出外交政策上的任何弱点，就能搞得舆论沸沸扬扬。同时，明治政府还得和只效忠于皇室的陆海军方抗衡。以山县有朋（Yamagata Aritomo）为首的陆军提出日本地缘政治的首要原则：日本必须在海岸线外缘掌握一条"利益线"，其中最重要的就是朝鲜。一旦控制了朝鲜，日本海就会变成日本的内海，与陆路敌人拉开距离，同时也有了向大陆扩张的跳板。反过来说，朝鲜如果落在敌方手中，就成了一柄指向日本腹地的匕首。而就是在1890年，俄国宣布了西伯利亚大铁路计划。如果等到这条铁路完成，朝鲜还未确定，那么俄国一定会攫取朝鲜半岛，日本就腹背受敌了。因此，"未来多年，甚至永远"，朝鲜一定得在日本的保护之下才行。

虽然日本想全力稳住朝鲜，但其国内长期的政治不稳定让李鸿章和袁世凯看出有机可乘，也在此际多方经营。其中一个法子就是剪除像金玉均这种叛乱者。中国的大好时机是1894年的一场农民暴乱——所谓的"东学党起义"

（Tonghak Rebellion）。无能的朝鲜政府无法平乱，袁世凯趁机说服朝鲜王室接受中国出兵。那日本怎么办？外相陆奥宗光（Mutsu Munemitsu）当然不可能坐视中国占据朝鲜。但他很担心和中国起了冲突之后，国际上会有不利的反应，尤其是日本20年来改善“不平等条约”的努力眼看已经要有成果了。万一这场仗非打不可，至少要让中国看起来像侵略者才行。因此陆奥宗光重提1876年与朝鲜签订的《日朝修好条规》来质疑中国的宗主国态度，接着又用《天津条约》作为日本也出兵朝鲜的借口。东学党起义很快就平定了，但中日两国的军队却都滞留不去，而且至少有一方（日本）企图挑衅。陆奥宗光装出息事宁人的态度，却又说：“与中国谈判就像用一只无底的水桶打水一样枉然。”中国方面则视日本“岛国倭寇却鲁莽厚颜地一意模仿洋务皮毛”。

事实上，不管是李鸿章还是陆奥宗光，两边都不敢让步，因为让步不但对国家安全有损、伤及君主颜面、也对自己的仕途大大有碍。但陆奥宗光还得等到伦敦传来条约修订成功的消息后，才敢让战争真的爆发。“对于我的职务在当时所带给我的焦虑和压力，我实在无法用文字形容。”一直等到谈判代表终于传来佳音，“青木子爵的电报让我完全忘却了先前积聚的紧张”。但是两天之后，英国拒绝签署条约，因为听说日本在汉城施压，要朝鲜人驱逐英国的海军专员！陆奥宗光根本没问汉城方面是否真有此事——已经没时间问了。他直接致电伦敦，说日本政府在任何情况下都不可能“愚蠢到”冒犯一位大英臣民。7月17日早上，青木周藏回电“近日问题已经克服，新约已在7月16日签订”。虽然新约在5年内还不会完全生效，但签订此约表示英国和其他西方强国将放弃在日本的领事裁判权，日本将得以重新控制自己的关税。

陆奥宗光第二件急务就是对中国最后一次发出呼吁，以便让日本和朝鲜一样居于受害者的位置。他恳求日本军队按兵不动，而他只要求日本在朝鲜享受最惠国待遇，以及确保朝鲜在外国势力下能够继续进行现代化。这么一来，就显得日本是进步之灯，而中国是落后的流氓。私底下，陆奥宗光承认那份呼吁文件的用语的确暗示日本未来对朝鲜的控制，而且理应“惹火中国”。确实如此。李鸿章退回了陆奥宗光的最后通牒，下令增兵；而日本海军立即击沉了一艘中国军舰，时间为7月25日。同一天，日本陆军包围了汉城王宫，俘虏了王室一家。8月1日，日本“和”朝鲜向中国宣战。

外国人多半不看好日本能胜过中国的人海优势。但山县有朋的军队在平壤一役击溃中国，海军又在黄海上取得大捷。10月，山县有朋挥军越过鸭绿江进入中国东北；11月取得有战略价值的旅顺，日本陆海两军对辽东半岛的进攻才算告一段落。李鸿章唯一能做的，就是恳求强国伸出援手。而陆奥宗光也知道日本“必须极为小心，不能有任何行动严重违反国际惯例，包括外交与军事方面”。根据这个原则，他宣称日本要保护朝鲜的独立、改革，以及现代化，让西方国家不得不表示支持。但是日本的辉煌战绩却让国内大众难以餍足，陆奥宗光的低姿态越来越难获得支持。将领、政治人物、报纸都对停火之议大加批评，有些人更过分到要“征服并且吞并整个中华帝国”。陆奥宗光骑虎难下，唯一的选择就是“尽可能顺应大众对中国的反感，满足人民速战、大战的渴望”，然后“我们也许能够针对彼时的国际气氛，来筹划新的外交政策，也许可以避开进一步的威胁”。看起来还算明智，但日本掠夺越多，“国际气氛”必然对日本敌意越浓；日本大众届时必然会对陆奥宗光在国际上的顺应姿态不以为然，视其为背叛与羞辱的举动。

除了日本自己以外，最快了解朝鲜战争到底在争什么的，则非俄国莫属。早在1894年6月，圣彼得堡就已经下令驻东京大使警告日本，如果不同意中日一起退兵，当心严重的后果。后来战争一开打，俄国立即增兵远东，美国国务卿格雷沙姆此时也警觉起来，开始张罗停战谈判。但谈判很快就破裂了。中国只派了两名次级特使到场，陆奥宗光认为这表示中国没有诚意。而且日本人也希望争取时间，好好打个胜仗。次年4月，谈判在日本马关重开，李鸿章亲自率团与会。李鸿章迫切求和，这回陆奥宗光也是。英国已经意识到中国所面临的危机，呼吁列强干预。法俄联盟和德国都迟疑不前，但干预迫在眉睫，尤其是一名狂热的日本人在马关街上伤了72岁的李鸿章之后。于是陆奥宗光和首相伊藤博文对明治天皇施压，要求接受停火协议，而陆奥宗光亲口告诉这位中国对手停火的消息。“李鸿章躺在床上，半个脸都被绷带盖住了；但我能看见的那只眼睛中，闪烁着大喜的光芒”。

4月1日《马关条约》公布，欧洲列强大惊失色。中国必须割让台湾、澎湖列岛、辽东半岛（包括旅顺）给日本；承认朝鲜独立；日本在中国享有和西方国家同等的治外法权，还要支付一笔可观的赔款。日本一举成为一个西太平洋的一等强权。所有条款中最让欧洲人惶惶不安的，就是割让旅顺港。旅顺港是中国东北的出海口，控制渤海湾，遥指北京。维特说：“如果日本顺利取得旅顺，天皇也许就能兼做中国皇帝，而俄国也需要增加数万军团和大批舰队，才能保卫西伯利亚铁路了。”因此俄国立刻呼吁列强联手干预，要日本放弃部分所得。

为什么之前欧洲国家不出手干预呢？第一，因为事情发生得太快了。第二，因为俄国、法国和德国不想协助英国维持一种对英国最有利的现状，这对他们没什么好处。第三，其他强国从中日战争中看出了甜头，可以两面勒索。

俄国和德国在不同时刻都支持过日本，也支持过中国。但如今所谓的远东三强（法、俄、德）在4月23日发出了一模一样的通知，要求日本归还辽东半岛。陆奥宗光在战争期间运用“先打再讨价”的战略时，已经预知会有这种压力。日本也没有财力和军力来对抗这3个国家。因此陆奥宗光参加了一场会议，两周内就同意放弃旅顺。

回顾起来，中日战争和撤销“不平等条约”这两件同时发生的事，让日本在世界政坛上有了光彩的开端。然而，三强的干预以及陆奥宗光的策略性退让使日本人民高涨的情绪转为愤怒与丢脸。伊藤内阁因“软弱”而下台，陆奥宗光为自己政策辩护的回忆录遭到查禁。陆奥宗光本人在1897年病故，享年53岁。更糟的是，远东三强横加干预的伪善本质立刻就外露出来了。俄国、法国、德国原本都以中国的保护者自居，反对日本强夺旅顺港，因为此举会破坏“远东地区的和平”。但这3个国家自己马上就破坏了中国的主权，甚至不肯多等一下。维特伯爵挟着法国资本，要李鸿章首肯开设俄中银行以开发中国东北地区；法国取得中国南方的特权；德国借口传教士被杀而强占山东半岛上的胶州、青岛（从此有了闻名遐迩的青岛啤酒）；英国租了毗邻香港的所谓“新界”，以及与旅顺隔湾相对的威海卫。这阵割让风潮立刻让陆奥宗光的低调外交站不住脚了，而使山县有朋的军国主义看起来“实际”得多。因此，在1896年，日本陆军由6个师增为12个师；而在1900年，天皇更敕令所有的军部大臣都必须是现任的将军。这表示军方领袖对国家政策有否决权，而且随时可以倒阁。

陆奥宗光在回忆录中引述了一句古诗：“一将功成万骨枯。”难怪他的书会被禁。在这句诗之后，他又说：“但在我们这个时代，国与国之间有着复杂的互动关系；战争的后果已经远在满坑枯骨之上，而对国内与国际情势有着牵一发而动全身的效果。误用战争效果的胜者是可悲的，因为他可能发现自己的处境比败者更飘摇不定。”陆奥宗光错了，日本的处境并不比落败的中国更飘摇。但他有一点绝对是正确的：他指出战争所启动的力量是无法预见的，更无法加以控制；胜利更会激起国内原来没有的野心和国外原无的戒心。

拉夫卡迪奥·赫恩（Lafcadio Hearn，入日本籍后改名小泉八云）嗅出了海潮的转向。1895年之前，他热爱大和，告诉美国人日本文化有多么端丽无方。1895年之后，他坦承日本暗恨西方，“将以无法预期又难以抵御的方式，对我们展现其丑恶的一面”。

第45章　马尼拉与火奴鲁鲁，1898

多尔、瑟斯顿和白人农场主原本就锁住了夏威夷王国的经济命脉；1894年后，他们更把持了夏威夷共和国的政治。但是，如果单凭武力就能把他们捍卫的门给打烂，倒也就不必设法开锁了。90%的夏威夷人口都不是白人，也都没有参政权。到此时为止，白人还都对夏威夷人及亚洲契约劳工的温顺，以及他们自己强大的武力深具信心。1895年，共和政府的警察查获了从圣弗朗西斯科走私的大批军火，并循线逮捕了主事者，使拥护王室的叛变胎死腹中。利留卡拉尼的住处也发现了军火，女王因此被监禁在她旧日的宫殿之中。但白人在这瑟斯顿口中的"火山口"上，又能稳坐到几时？

第二道难题是农场主的劳工需求。麦金莱关税法案取消之后，糖业再度看好，人力中介商欧文于1885年一年之中，就在东京的核准下引进了28,691名日本劳工。这么一来，即使多尔政权反映的正是农场主的利益，也不得不警觉到日本影响力的可怕。因此政府关闭了欧文的人力管道，又把清酒价格提高到难以负担的程度，希望借此遏制日本移民风潮。但日本人还是源源不绝，夏威夷外交部长也只能写道："我们实在无能为力。我们无法遏制日本移民潮。日本人的财产、贸易、利益都与日俱增。"迟早占多数的亚裔居民会有自信发动叛变，或至少要求投票权。共和政府别无选择，只能在这种情况发生之前，利用更多白人来稀释亚洲人的优势：加入美国。因此这位外交部长写道："来年春天我们势必要努力推动兼并案才行。"

美国方面也有不少人呼吁兼并夏威夷。1896年退役的马汉舰长就是其中之一。此时已变成海权政论专家的马汉，说自己被日本在中日一役中的表现给吓到了，并警告大家当心"黄祸"。如果他看得懂日文的话，他还可以提出一大堆证据来证明自己所言非虚。因为，不管朝鲜、台湾、菲律宾和南海有多么诱人，日本战略家都无法忽视一个事实：90%的日本侨民是在夏威夷。长泽濑津（Nagasawa Setsu）在《洋基》（*Yankeii* [*Yankees*]，意为美国佬）一书中提出了一个问题：日本有什么方法可以渗透夏威夷和美国西岸，又不必走上和中国人一样的命运？他的答案是，迫使美国让日本人投票。“除了夏威夷以外，还有什么地方能让日本人堂堂正正地和白人一较高下？”德富苏峰期待有朝一日“太平洋海水所到之处，都有一个新日本”。稻垣万次郎（Inagaki Manjiro）则归纳出：“凡一个国家欲订立长期计划，力图富强，就必得设法成为世界工商业中心，也就意味着成为世界政治的焦点。”

当然，当时看起来最有可能成为世界工商业中心的国家是美国，而非日本。内战已经过去了30年，美国的土地、劳动力、资本都发生了重大的变化。北美大平原已经开发，跟印第安人的战斗差不多结束了，横贯东西的铁路也已经有了5条之多。另外，南欧及东欧的新移民潮改变了人口组成。新移民大多定居在东部和中西部的工业城市，而成千上万离开农庄的年轻男女也纷纷来到这些都市。1895年左右，美国跨过了一条重要的界限：都市人口超过了农村人口。这也表示，基于大资本和大批劳工的政治局势和政策，取代了农业政治时代。一如预期，19世纪90年代也带来了最后一次的小农平民暴动。在1896年的民主党大会中，农村代表摒弃了现任总统克利夫兰领导的东派，转而支持内布拉斯加州的威廉·詹宁斯·布莱恩（William Jennings Bryan）。他的政见包括支持农产品价格、放松信贷、控制铁路、大幅增加银本位的货币供给。共和党方面则以麦金莱的金本位和高关税政策应对。于是，这次总统大选，就成为新旧美国摊牌一战的局面。

在外交方面，美国也走到了十字路口。布莱恩领导的民主党很讨厌新海军，支持自由贸易，坚持孤立主义；共和党则支持海军和商业帝国主义。共和党的政见是“夏威夷群岛应该在美国的控制之下，任何其他国家都不准插手”。西奥多·罗斯福（Theodore Roosevelt）之类的军国主义者更是积极。他在《世纪》（*Century*）杂志上写道：“我们应该立即兼并夏威夷。两年半以前，我们没有兼并夏威夷实在对不起美国，对不起我们白人文明。这个延误或许已经造成无法挽回的损失——在该群岛成长过程的关键阶段中，壮大的不是美国白人，而是低级的黄种人劳工。”

布莱恩席卷了南部各州和大平原区，但是来自俄亥俄州的麦金莱在东部和中西部却赢得271张选票，远超过布莱恩的176张。共和党在参众两院也都赢得了多数席位。这对夏威夷政府来说，真是天大的好消息。也许“来年春天”（1897）真的兼并有望。但这个安安静静、滴酒不沾的麦金莱是个让人猜不透的怪人。他宣称自己爱好和平，并向反对帝国主义的政治家卡尔·舒尔茨（Carl Schurz）保证“在我任内绝无军国主义这种玩意”，对夏威夷之事他又说得含糊不清:“我现在并不是说，考虑在某种情况下及某个适当时刻兼并夏威夷是不智之举。”但是共和党立刻就让新总统知道了吞并夏威夷的重要性。参议员洛奇（Lodge）特别支持同样来自马萨诸塞州的海军部长约翰·朗（John D. Long)。朗不但关切吞并案,还指定罗斯福担任他的助理部长。马汉奉劝罗斯福:“不可以做不义之事。但在这个问题上,先拿下群岛要紧,其他的以后再解决。”

麦金莱一上任，夏威夷问题就已经迫在眉睫了。日本人在定期蒸汽船的帮助下，以每个月1000人次的速度非法入岛。白人报纸紧急呼吁多尔要立刻行动，对抗这种“亚洲人统治的阴谋”。于是，夏威夷移民局从1897年2月开始不许新移民下船。日本大使岛村（Shimamura）大怒——白人以为日本人会乖乖接受这种对付中国人的手段吗？那他们可就大错特错了。但美国人也不可能让日本对付中国的那一套军事外交手法再度在夏威夷上演。朗下令巡洋舰“费城”号进驻夏威夷水域，海军草拟了对日战争的第一套应变计划，国会也考虑通过珍珠港海军基地的工程。4月，总统多尔正式要求美国谈判兼并事宜，此时被拒绝入境的移民已达500人次。日裔夏威夷人在岛上游行示威，日本驻美国大使则警告美国不得进行兼并。岛村更是发出最后通牒：要求夏威夷政府承诺,未来给予日本人平等权利,否则后果自负。战舰“浪速”号(*Naniwa*)已从横滨出发。

可叹！外邦白人以往屡屡欺压别人，这回终于自己尝到了被欺压的滋味。他们也像昔日的夏威夷国王一样，只有投入一个强权的保护之下，才能幸免于另一个强权的胁迫。美国驻夏威夷大使弗朗西斯·哈奇（Francis M. Hatch）向华盛顿告急:“火奴鲁鲁深信，如果兼并案没有成功，夏威夷也绝不可能维持独立。”换句话说，如果夏威夷共和国被迫给予日本居民投票权，这个国家一定会落入日本人手中！麦金莱至此疑虑全消，他速命国务院草拟兼并条款，6月就送达参议院。日本立刻表示抗议，但美国所持的理由是，美国与夏威夷之间的特殊关系已长达75年之久。“在此情况下，”麦金莱对国会表示，“兼并夏威夷并非变革之举，而是水到渠成。”

参议员倒不一定都同意他的说法。当然,把夏威夷输给日本实在令人不快,但美国兼并夏威夷不就等于违反自己的立国传统，又变成了一个殖民国家？于是从1893年以来一直辩论不休的正反意见又纷纷出笼。海军部说夏威夷是太平洋的通衢要道，与美国安全防线息息相关，也是往来亚洲的命脉。海军工程领导人乔治·梅尔维尔（George W. Melville）及公共工程负责人约翰·普罗克特（John R. Proctor）向大家解释，蒸汽动力虽然降低了距离的重要性，却也使加煤站变得格外重要:“载有以每小时16公里速度，航行8000公里所需燃煤的巡洋舰或战舰，如果速度加倍的话，则开不到1600公里。只要能确保在珍珠港有充分的煤料供应，我们的战舰和商船就都能够以最高速度横越太平洋，或是以高速驰赴远方要点。”无法掌握这种优势的敌人则无法遍及太平洋，或是只能以缓慢、危险的速度前进。简而言之，掌握了夏威夷就表示东太平洋可以安全无虞；反之，如果夏威夷落在其他国家手中，美国就面临着重大的危险。舒尔茨参议员反驳说，要用珍珠港不一定要兼并夏威夷。斯科菲尔德（Schofield）将军不以为然，因为其他国家一样也可以要求夏威夷让他们使用岛上的基地。就像1889年萨摩亚群岛的最后解决方案一样，日本、英国、德国已经放出共同托管夏威夷的风声。所以，只有整个夏威夷都在美国手中，才能确保珍珠港的安全。

崇尚自由的舒尔茨坚持兼并夏威夷无异于殖民主义，正是开国十三州誓死反对的不义行为！而且，美国天命要扩张到夏威夷也说不通，因为舒尔茨认为历史已经证明，盎格鲁—撒克逊的制度无法移植到热带地区：“任何一个正直的美国人都不会想到要在这样的群岛上，和这样的人口一起建立起一个属于联邦的州。”更糟的是，帝国主义会腐蚀美国本土，使“人民人格与政治迅速腐化，导致动乱与道德败坏，最后则一败涂地”。南方人以种族论拒绝夏威夷，劳工联盟和糖业游说团体则以经济理由抵制兼并案。

但瑟斯顿本人也是个出色的游说人才。他发给每位参议员一本他自己写的《夏威夷兼并手册》（*Handbook on the Annexation of Hawaii*），在手册中一一驳斥了反对者的论点。他最高明的一招，就是暗指兼并案并非夏威夷农场主的诡计，因为一旦夏威夷成为美国的一部分，他们就不能享有便宜的契约工人和关税优惠了。然而，看到利留卡拉尼带着她魅力四射的侄女凯乌兰妮公主（Kaiulani）再度出现在华盛顿，也着实让瑟斯顿心烦意乱。

兼并案一直未曾付诸表决。1897年12月，明治内阁先让一步，宣称自己只要求一小笔赔偿金，并召“浪速”号回国。舰上的日本武官对自己国家的软弱羞愤交加，企图切腹自杀。次年2月15日，另一件更紧迫的事件转移了白宫和国会山的注意力：19世纪80年代末期才建造的新式军舰“缅因”号（*Maine*）竟然在哈瓦那湾被击沉了。

古巴对抗西班牙统治的革命活动，是美国19世纪80年代最棘手的外交问题。何塞·马蒂（José Martí）在美国领土上组织他的革命大业，大多数美国人也情不自禁地把他对抗殖民者的奋斗浪漫化。但这场战争一点都不浪漫。古巴这边的马克西莫·戈麦斯（Maximo Gómez）将军打的是游击战，他放火焚烧田地、炸工厂、炸铁路，让西班牙人留不下来。西班牙这边的巴莱里亚诺·韦勒（Valeriano Weyler）将军也好不到哪里去，他设立集中营对付古巴人，还赢得了“古巴屠夫”的诨号。在克利夫兰时代，美国因为缺乏强大的武力来迫使西班牙放手让古巴独立或进行比较人道的改革，因此不闻不问。但麦金莱的情况就不同了。他非行动不可，尤其在“缅因”号260名官兵连人带船殉职之后。战争一触即发：“勿忘缅因号！西班牙去死！”——这位脾气温和的总统紧张得整个1898年春天都得靠安眠药入睡。

政府其他官员倒是颇想打仗，或至少谨慎备战。罗斯福当年一出任海军助理部长，就任命乔治·杜威（George Deway）准将为亚洲中队司令。因为马汉曾告诉他，由于太平洋距离遥远，司令一定要见识不凡，能够主动出击。1898年2月25日，也就是“缅因”号事件的10天之后（部长朗当天卧病在家），罗斯福发了一封著名的电报给杜威：“除了‘莫诺卡西’号（*Monocacy*）之外，全队开往香港。加满煤料。如果跟西班牙宣战，你的任务是不能让西班牙舰队离开亚洲海岸，并拿下菲律宾群岛。”朗部长简直难以置信。罗斯福“看起来绝对忠诚可靠，可昨天下午却像被鬼附身一样……就像在瓷器店里一只横冲直撞的牛似的”。不管怎么说，朗终究没有撤销给杜威的命令，稍后战争委员会也签字认可。罗斯福也不是突发奇想。海军情报单位的威廉·沃特·金博尔（William Wirt Kimball）拟过一份详细的计划书：“美西战争——1896年。”金博尔建议对马尼拉湾进行快速的猛烈攻击，防止西班牙太平洋舰队驰援加勒比海。绝佳的战略，但是也带来事先没有想到的政治后果。

它的第一个影响，就是为夏威夷案在国会补上临门一脚。3月16日，麦金莱眼看夏威夷案无法得到三分之二的多数同意，遂把提案从参议院撤回，改由赞成兼并案的人士提出两院共同决议案。在这一点上，夏威夷的历史又再度和得克萨斯共和国的命运雷同，后者在1845年也是经由共同决议案并入美国联邦。这种决议案的好处是，只要在两院都以多数通过即可；结果两院的外交委员会都赞成兼并，相信兼并可以阻止日本控制夏威夷，对美国的军事和商业都有裨益。但众议院也不无反对声浪，尤其是民主党的钱普·克拉克（Champ Clark）。他谴责“盎格鲁—撒克逊种族对土地难以餍足的贪婪”，并指责赞成兼并者自认的爱国说辞，其实无异于“有史以来所有盗匪强梁的托词”。他又刻薄地加上了一句：“如果一个夏威夷选出的华裔参议员背后拖着一条猪尾巴，手里捧着一个什么异教徒的泥偶，从他的宝座中站起来，以一口洋泾浜英文和乔治·弗里斯比·霍尔（George Frisbie Hoar）先生或亨利·卡伯特·洛奇先生辩论不休，请问谁能受得了？”但霍尔参议员却反驳说，美国人必须正视太平洋夹在美国和亚洲两个文明之间的命运；麦金莱也随声附和：“我们不能把夏威夷群岛交到日本手中……如果处理不当，很快就会再度发生革命，而日本就会控制夏威夷了。”

众议院还在为几种老论调争执不下，麦金莱这边已经对西班牙下了最后通牒，要求西班牙停战、接受调停，并在古巴进行改革。马德里方面似乎有些反应，但又一直没有什么确实的承诺；因此麦金莱相信自己已经“尽了全力避免战争”。4月11日，他要求国会授权使用武力停止古巴战争。次日，夏威夷总统多尔十分乐意地接受了美国军方的要求，让他们在火奴鲁鲁使用更多的码头广场。4月19日，国会通过决议，向西班牙宣战。多尔早就预期到这个结果，他立刻在4月20日主动表示，愿意提供麦金莱所需的任何协助，甚至可以结成军事同盟。

杜威准将的中队在27日驶离中国水域，5月1日清晨进入马尼拉湾——距离黎牙实比（Legazpi）首度在菲律宾扬起西班牙旗帜整整327年。杜威没有战舰，但他的6艘新海军军舰比对手的重、快，防御又好。一阵炮弹齐发过后，杜威炮口冒的烟在西南季风中逐渐散尽，他赫然发现大部分西班牙军舰非沉即伤，只剩下一艘船还能作战。他也切断了西班牙与菲律宾的电报通信，因此一直到5月5日，一艘小型快艇才得以抵达香港发布新闻：美国军方随时都能拿下马尼拉，但需要更多人手。战争委员会又得到情报，得知西班牙本土的舰队已从加的斯（Cadiz）开往苏伊士运河，于是决定增援杜威，占领马尼拉。这是整场战争中最重要的一个决定。

此时麦金莱对国会的耐性已消磨殆尽。如果美国势必与西班牙争夺菲律宾，就迫切需要夏威夷，“甚于我们（在1846年）需要加利福尼亚的程度”。他甚至考虑以紧急行政命令来进行兼并。但夏威夷共和国在战争期间提供的帮助，却让美国人找到日本恐惧症之外的另一项借口。众议院遂于6月15日，以209票对91票通过共同决议案（反对票中有61票来自南方代表），参议院也在7月6日以42票对21票通过（正好三分之二），有26人弃权。在宾汉姆夫妇踏上夏威夷的短短80年之后，夏威夷就完全属于美国所有了。美国之所以兼并夏威夷，究竟是战争期间的军事策略？预防日本扩张的手段？新兴工业帝国主义的首次出击？还是一支蒸汽海军在海上的必然举措？以上皆是，但还得加上一点：这是一小群精明的白人，殚精竭虑，在夏威夷成功捍卫了自己的财富与生活方式。美国最后终于决定要接受这个自行送上门的乐园并不稀奇，稀奇的是美国在面对这个诱惑时，居然有办法忍了那么久。

8月12日的交接典礼规模不大，但很庄严，丝毫没有什么骄矜的气氛。在美国海军和夏威夷国家卫队（即前火奴鲁鲁长枪队）的环视下，美国大使哈罗德·休厄尔（Harold M. Sewall）登上伊奥拉尼宫的台阶，朗读美国政府据以接管夏威夷公有土地、承担夏威夷国家债务等等的共同决议案全文。接着，夏威夷总统多尔宣誓就任临时州长，以候国会进一步把夏威夷纳为领土。在乐队演奏“夏威夷”（Hawaii Ponoi）的乐声中，夏威夷国旗缓缓降下，软软地垂在一边。原住民乐手和少数夏威夷裔的观礼者含泪冲出行列，有些直奔卡瓦依阿好教堂，妇女正在那里唱着悲歌。然后乐队奏起美国国歌，一面绘上第46颗星的特制国旗（当时美国有45州）攀上旗杆，迎着西太平洋送来的微风轻轻招展。4天后，纽约第一义勇军在钻石山（Diamond Head）下的卡皮欧拉尼公园（Kapiolani Park）扎营吹号，正式成立麦金莱营区（Camp McKinley）。海岸线上，海军工程师正在研究该在珍珠港的哪个位置设置巨大的蒸汽挖泥机。

美国一旦兼并了夏威夷，立刻就成为东太平洋的超级强权。但这并不一定表示美国也想控制西太平洋。当初鼓吹夏威夷兼并案的人士曾特意强调，夏威夷情况特殊，并不是帝国主义的第一炮。但事实却是如此。从夏威夷政权转移的那一天起，西班牙的问题就成了麦金莱的问题。西班牙与美国的休战协定，让美国占领了菲律宾、关岛、古巴和波多黎各。这些战利品将面临什么样的命运？国会已经裁示古巴要独立。但波多黎各要留在美国手中，作为西班牙应付罚金的抵偿。关岛的位置不错，可以作为夏威夷和亚洲之间的加煤站。但人口众多、未经开发又地处遥远的菲律宾则是另一回事。或许美国可以只把马尼拉留下来当海军基地，而不必兼并整个群岛。但这又回到“只要珍珠港，不要夏威夷”的老问题上。其他强权势必会瓜分菲律宾，使得马尼拉无险可守。一队德国舰队已经阴魂不散地跟上杜威的船队。美国又不太可能把菲律宾还给西班牙——这次战争就是因西班牙在殖民地的残暴统治而起。美国也不认为菲律宾人有能力自治，或有能力防御德国、日本之流的强权。

因此麦金莱寝食难安，他祈祷又祈祷，不断咨询大众舆论，终于（据他向卫理教会会众表示）在午夜时分获得神的启示：把菲律宾还给西班牙是“懦弱而不荣誉”的做法，放手给我们的商业对头又“不划算且没面子”，让他们独立等于把他们推进“无政府乱象，比被西班牙统治更糟”。因此，“我们别无选择，只能接管菲律宾，教育菲律宾人，提升他们的水平，教化他们，让他们变成文明的基督徒；凭着上帝的恩典，竭尽我们所能来帮助他们，视他们为基督同样为之牺牲的同胞。然后，我上床睡觉，睡得非常安稳。”由于前3种方案都难以接受，麦金莱会用美国的道德理念来包装第4种方案，也是人之常情。而且也不是只有他会这么做。因为即使许多高举反对帝国主义道德旗帜的反对者，对兼并棕皮肤的天主教种族都觉得不太情愿，教会的游说团却同样打起人道主义的大旗，说是要于西班牙耶稣会和迷信的势力之中拯救菲律宾人。要是商业利益正好与宗教利益不谋而合，请听长老教会的国外传教委员长的解释：那是因为两者都是“文明向外发展的巨大动力”的表现方式。

于是麦金莱挑了一些扩张主义派的和谈代表前往巴黎，要求接管菲律宾。西班牙人先是搥胸顿足，哀号不已，但美国一表明愿意付2000万美元的补偿金，他们也就签字同意了。现在，只剩下美国国内的反帝国主义者还在奋斗了：他们动员起来，抗议《巴黎和约》。但这支队伍的成员龙蛇混杂，有美国钢铁大王安德鲁·卡内基（Andrew Carnegie），也有工会领袖塞缪尔·冈珀斯；有草根的民粹主义者布莱恩，也有哈佛、斯坦福的校长；有亟亟呼吁社会改革的热血女作家简·亚当斯（Jane Addams），也有以嘲讽为能事的马克·吐温。不用说，他们反对殖民地的理由也是各不相同，甚至相互矛盾，有时还坐实了罗斯福的评语——他说他们是过时的乡巴佬。麦金莱则说：“我们的职责与天命，要求我们担负起应负的责任，人民不必为实践义务的能力忧虑。”总之，关于帝国主义问题，这些好心的人道主义者都各持己见。

洛奇带头推动《巴黎和约》成功；1899年2月6日，参议院以57票对27票批准。如此一来，不论是好是坏，美国终究也成了西太平洋的强权，拥有和日本、俄国重叠的控制区域和补给线。构成20世纪历史主轴的北太平洋三角，至此终于粉墨登场。回头想想，易怒的日本人既然对夏威夷那么在意，为何这回洋人从他们口边抢走菲律宾，他们竟然像打瞌睡的佛爷一般不动声色？他们当然没有打瞌睡，只不过是像麦金莱一样也列了一张选项清单。如果美国放手不管菲律宾，东亚地区的帝国主义强权一定会有人出来插手，搞不好还会爆发战争。日本不足以和英国舰队一较长短，对刚让它丢掉旅顺的俄法德联军也又恨又怕。如果德国拿到菲律宾将会如何？《远东》（*Far East*）杂志写道：“日本的家门口就会有一座活火山。”再说，日本也同意美国人的看法，认为菲律宾人没有能力自治。相比之下，菲律宾当美国的殖民地算是危害最轻的了。《远东》的结论是：“整体说来，日本乐见美国成为远东强权，因为我们与日本的关系向来十分友好，看来日本在这个区域的利益，基本上也和我们相符。”这种印象部分要归功于杜威司令，因为他很尊重明治天皇，也向日本保证了美国的善意。但危害再轻也还是一害。就如高山林次郎（Takayama Rinjiro）所说，由于“帝国主义已经征服了美国”，因此1898年成为了罪恶的一年。

第46章　第八次聚会

加休曼努：这么说来，他们到底还是偷了我的王国，还把军队驻扎在钻石山下。以前我们的人从英国船上偷东西，就被英国人杀了。我们那时候根本不知道什么叫做“偷”。美国人教我们“不可盗窃”，结果把我们整个国家都偷走了。我们到底做错了什么，上帝要把我们的圣土交给外邦白人？是不是因为我们信仰的是上帝的使者，而不是上帝本身？是不是因为我们尊崇的是上帝的特性，像是爱和宽容等等，而不是尊崇上帝本身？传教士在教我们的战士“不要争战”时，是不是在让我们自掘坟墓？还是卡米哈米哈一世和我做过了头？我们驯化了人民，结果他们都忘了如何打仗……我们以为白人不过是外海上的风浪，可以与之戏耍一番，却没看出他们其实是会卷走我们的海啸。不——要不是卡米哈米哈一世和我，这种结局搞不好会来得更快。我们建了一座防波堤，阻挡了这“海啸”好几代。这么多国王和女王，和好多的……夏威夷人。我想我如果认识他们，大概会喜欢他们的。奇娜欧是继我之后的大祭司，是相当能干的统治者。考伊克奥乌利喜爱传统，但精力都在和上帝与祂的子民对抗。他保留了一块正直之地，和查尔顿领事对抗。至于贝丝王后（Queen Bess）和伯妮丝·保艾——我还想多听听她们的事。卡拉卡瓦王一定很有趣。我还没遇过能在喝酒和打牌上赢过我的人呢。虽然这两者到头来都不过是浪费时间罢了。基督教的禁忌就聪明得多……但真的说改变我灵魂的，还是学到了荒怠之罪：正事放着没干、预防措施没做、计划没有完成……就是这样我们才会打输。没错，王国是好的，和平也是好的——我们永远不可能在战争中打败外邦白人。但是，土地大改革（Great Mahele）才是真的铸成大错。给予无知者把自己卖掉的权力，诱惑他们用与生俱来的权利换取一年的纵情享乐，这就叫做荒怠之罪。那些人把自己卖给白人，变成自家土地上的流浪汉，就像亚当和夏娃一样。利留卡拉尼一定知道，但为时已晚，她的策略又很恐怖。如果我在就好了——不，她不会听我的。夏威夷女酋长只照自己的意念行事。于是美国人拿走了我的岛屿。为什么你说威基基是属于日本人的?

学者: 还有后浪呢，加休曼努。

西华德: 容我说句话，殿下。美国人并没有窃取您的国家。美国人移民过去，使夏威夷繁荣，并保护他们自己的正当权益。最后他们还安排了主权的和平转移。完全没有使用武力。而且，我猜所有的人民都受惠于美国的法律和商业。

学者: 但他们是有用到武力的，西华德先生。火奴鲁鲁长枪队剥夺了君主的权力，“波士顿”号的水兵更帮着推翻王室，兼并仪式就在美国海军的枪口下进行。至于你所说的受惠，我想那是见仁见智的问题。工兵单位终于有机会建造优良的港口和道路——

斋藤: ——好把夏威夷变成军事基地，排除中国人和日本人的势力?

学者: 是把中国人给排除了，但没排除日本人。事实上，美国接手之后，日本人来得更多。到了1900年，夏威夷已有6万名日本人，占了人口的四成之多！你看，夏威夷一旦确定落入美国手中，农场主对日本人就没那么多疑了，至少有一阵子是如此。

加休曼努: 但中国人就被禁止了。

学者: 是的，根据1882年的美国法律。

加休曼努: 看不出有何道理。难道中国人没有意见吗?

斋藤: 哈！中国人无话可说，因为中国已经腐败了。日本人文明到足以认清这点，美国人也不见得会遵循自己的什么原则，除非面临势均力敌的对手。

学者: “枪杆子里出政权”，后来一名中国人就这么说。

斋藤: 是谁？袁世凯?

学者: 不，共产党的毛泽东。不过，说起来，也多亏日本在1894年的战争中激发了中国的教育。

斋藤: 博士，别忘了，你现在是在跟一个专门替日本打中国找理由的专家说话。你自己心里也明白，日本为了生存，不得不玩这种帝国主义的游戏。为了安全起见，我们一定得控制朝鲜和环日本的岛屿。维特那批俄国人就要来了，更别说其他的强权了。你也承认日本比中国进步，就像美国比夏威夷王室进步一样。不过，中日战争不只是战略而已。这还有一种宣泄作用，这是一种俄狄浦斯情结（Oedipal）的行动。

西华德: 什么……行动?

学者: 这个好。

斋藤: 俄狄浦斯情结。潜意识中想杀掉父亲的欲望。对日本来说，打败中国就像杀掉我们古老文化的父亲，这样我们才能实现新日本的理想……并继承亚洲的领导权。

学者：斋藤，你是在东京大学读到索福克勒斯（Sophocles）[①]的吗？

斋藤：不是，不过我在纽约的皮埃尔酒店（Hotel Pierre）向来竖耳恭听。弗洛伊德是20年代的宠儿。

西华德：你说日本人把中国当作“文化上的父亲”，因此想在战争中打败中国人？真是胡扯。

斋藤：是吗？那你们为何在1812年对英国宣战，而且赢不了就怀恨了一个世纪？

西华德：你是不是又要说，有一位弗洛伊德先生梦见这个？听起来像是维特的表姐之流。她叫什么来着？勃拉瓦茨基？不管了。如果说日本想痛宰中国，只因为它是自己文化的父亲；那告诉我中国又该去宰谁？说啊？

斋藤：它自己。西华德先生，中国宰了它自己。

学者：那听了我下面这段故事之后，我想我猜得到你会怎么说，斋藤大使。那是发生在1896年，中日战争刚结束的时候。美国人把棒球引进日本的教育系统。当时“强健的基督徒”正风行不已，体操、童子军、运动都是锻炼人格，学习团队精神的方法。日本学校纷纷设立棒球队练习，但美国人拒绝和他们比赛，甚至不让日本人踏入他们的球场。很久以后，才有一个友善的美国人安排了一场球赛，让第一高校校队进入纯白人的横滨运动俱乐部。观众对日本球员嘘声不断，尤其是在第一局，日本球员相当紧张。但俱乐部队是由一群大腹便便的美国人临时拼凑而成，结果年轻体健的日本队在终场以29：4大胜。第一高校上下迎接球员归乡时，简直把他们当成从战场凯旋的英雄；夹道群众高呼万岁，手里还挥着米酒（saki）。学生会长说：“这次大胜不只是本校的胜利，更是日本人民的胜利！”他们用士气和牺牲精神赢过了美国人的体型和经验，“野球”（即棒球）从此成为新武士精神的寄托。一位诗人写道：“啊，赞扬我们棒球队的光彩吧！看看它所发出的光芒！愿我们的武士精神永不沉息，而我们的荣耀将永远光照太平洋！”你怎么解释这个呢，斋藤先生？

斋藤：你要我解释什么？棒球本来就比较合乎我们的心理。不管是投手对打击者，还是跑者对守垒者，所有个别的对抗都在集体竞赛中完成，而真正关键的是合作和牺牲精神。球棒就是武器，就是武士刀。

学者：但那是我们教你们打的呀！

---

① 古希腊悲剧《俄狄浦斯王》的作者。——译者注

斋藤：没错，而且你们应该以我们的表现为傲。但你们瞧不起我们，所以我们就给你们点颜色瞧瞧！

学者：那只是你们当时还没碰上真正的美国球队。你看，后来你们不就一败涂地了吗？

斋藤：你们比较高大啊。日本球员怎么打得过巴比·鲁斯（Babe Ruth）[①]，或投得过左撇子格罗夫（Lefty Grove）[②]？不过我们总有一天会赢回来，只是有没有这个心的问题而已。以我在大使馆的属下为例，他们每天工作16小时，个个都学得一口无可挑剔的标准英文。我教他们每一个方言、每一个双关语。他们甚至还学打高尔夫，才能在球场上露一手给你们的权贵看看。你们的驻外人员当中，有几个人能如此敬业，做到这种地步？

学者：有道理。不过，我认为在日本的崛起中，组织的力量远比士气重要。一开始，明治政府走的是俄国的路子：国家资本主义、公债、国家控制。但当他们濒临破产时，国家便放手给产业先锋。于是大财阀把全国仅有的资本集中起来，与政府合作，通过强力的外销政策赚取外汇。同时，小农和其他被牺牲的阶层虽有零星的不满，也都被天皇的崇拜者给压了下来。有一阵子局面并不明朗，但日本既受惠于国家控制的社会，又受惠于自由市场。反观俄国，就一样好处也没得到。

维特：俄国是基督教国家。我们不会把皇帝当神来看。

学者：呃，这倒值得讨论讨论。你们教会法院的首脑不就拼命鼓励农奴制作沙皇的小像来膜拜吗？

维特：你对东正教又懂得多少？

学者：拜托，别又扯到宗教去。我只是在作一个比较，看看日本基于政商合作的现代化过程，与俄国基于国家控制的现代化过程有何不同。维特伯爵，以你的聪明才智，你在弃商从政时，不也是浪费在徒劳无功的大势之下？

维特：在俄国，有什么不是徒劳无功？每个人都笑俄国赶不上，但有谁会停下来同情俄国的负担呢？美国根本就没有外国的威胁，俄国却有沉重的国防、战争负担。日本是个小国，人口集中而统一；俄国却国土辽阔，还得控制那么多阴沉的民族。美国可以从英国中产阶级吸收人民与资本；俄国商业不发达，几乎没有贸易。日本打破封建贵族制度，把贵族转变成资本家；俄国的贵族却保留了下来，阻止资本主义的发展。我曾在私人公司工作，我知道取

① 美国职业棒球选手，至退役时共打出714个本垒打，后人选棒球名人堂。——编者注

② 美国职业棒球选手。1947年人选棒球名人堂。——编者注

得资本与偿债的困难。除非政府背书，否则外国人不会借我们钱。再怎么说，俄国就是没有时间去等私人投资来发展经济。我知道该做什么。我是全国最好的经理人。你叫我怎么可能拒绝沙皇的要求？我甚至还损失了大笔收入。

塞拉：你是权势熏心。

维特：我是当仁不让——

西华德：维特，我欣赏你这种人。

维特：我在10年之内，做得比那些小资本家和官僚50年加起来的还多。要不是——

学者：要不是雇用你的同一个政府把成果通通浪费在一场荒谬的战争上？但这就是我要说的。政府乱成一团的时候，你们没有私人部门或市民社会可以来收拾残局。

维特：市民社会本来是会出现的。政府的铁路和工业都在铺路。我的工作就是要建立所需的科技……一旦科技发展了，新的社会就会立刻出现。

西华德：我想你是倒果为因。一个有投资者、科学家和企业家的自由社会，才能促成新的科技出现。

学者：我倒认为是双向的。但也许维特做得好过头了。他让俄国人以为单靠政府就可以推动进步。

维特：你们都瞧不起俄国，这种轻视使你们盲目，对自己的历史视而不见。要不是你们政府的领导，日本或美国能在北太平洋占上一席之地吗？比如你们的新美国海军——

学者：新海军是美国工业成熟的表现，政府原来可没有要刺激工业的意思哟。事实上，1898年的帝国主义思潮，并没有什么清楚的经济动机。

斋藤：啊，所以你不赞成列宁的帝国主义理论了？跟我一样。

维特：列宁的理论？那是什么？

斋藤：就是说帝国主义是资本主义的最高阶段。当银行和企业在国内的发展已经到达饱和点，投资回报率就开始下滑，因此他们会强烈要求政府向海外扩张，以维持最高的回报率。

维特：荒谬的理论。那俄国的帝国主义要怎么解释？俄国还在资本主义的最低阶段呢。

斋藤：日本也是。连财阀都对海外扩张感到惴惴不安。伊藤想叫他们去朝鲜建铁路，但他们宁愿在国内投资。

学者：美国的大企业也意见不一（有些坚持战争和领土兼并可以获利，有些则觉得会带来损失）。毕竟，没人知道中国市场究竟如何，但卡内基和麦金莱的后台——俄亥俄大工业家马克·汉纳（Mark Hanna）——都讨厌战争和殖民地，认为有碍商业发展。

斋藤：所以你猜是上帝叫麦金莱做的了？这只能给你C的成绩，教授。

塞拉：你的意思是，麦金莱以为是上帝叫他做的？我们可都是上帝想法的专家。

学者：为何麦金莱会改变初衷？没错，我认为宗教信仰扮演了重要的角色，但这种宗教是告诉这个国家，它现在有能力、也有意愿介入世界政局。因为不论美国拥抱帝国主义的动机是什么：国家主义、军国主义、商业考虑、社会达尔文主义、种族优越感、中国市场、对欧洲向外扩张感到恐慌……事实上，他们向外殖民扩张，根本就不需要一个强烈的动机！你看，蒸汽船、枪械和西方国家享有的科技优势使得帝国主义的代价是如此低廉，不管是从经济或人力的投资来看；所以随便找任何一个借口都行。如果建立帝国的代价高昂，你就会看到更多的反对意见。回到你刚才所说的，不管美国的动机是什么，他们都要等到能说服自己帝国主义是对的、合乎道德的，他们才会真的动手。这就是美国在19世纪90年代所经历的重大转变，也是为什么我这么强调马汉的原因。他是个虔诚的基督徒，但他也真心相信上帝的意旨是要美国成为世界强权，把影响力延伸到全球，挑战其他更威权式的帝国霸权。不只他一个人这么想。教会刊物上满满都是赞成代管西班牙殖民地的社论。为什么？因为这是落在美国手上的慈善事业。显然上帝相当眷顾美国，给了它强大的国力和财富，但这是为了什么？是要让美国人躲起来大肆享受，不管别人死活吗？是要他们默默地袖手旁观，不露锋芒吗？不，上帝既然将美国从一个窄小的殖民地扶持成泱泱大国，一定是有祂的目的。有太多宗教领袖都是这样告诉自己，他们也说服了麦金莱：美国不应该再孤立了，应该做一个好的帝国主义者。虽然不到几年，许多教会就改变了想法，但1898年的气氛就是如此。

加休曼努：总是在改变的信仰不能称其为信仰。

塞拉：说得好，我的孩子。可是没有哪个教会挡得住时代风潮。

西华德：以我自己的经验来说，教会人士总是要等到其他人的声音都小了以后才会登台。说到意见，他们都逢高买进，逢低卖出。

斋藤：这倒提醒了我，我是多么讨厌美国人的自以为是。

学者：斋藤，你的小心眼又犯了。我还以为你很喜欢美国人呢。

斋藤：一辈子装得彬彬有礼是很难摆脱的习惯。你想象一下永远要同时启动三个层次的意识是什么滋味：一部分的大脑要用来考虑事情；第二部分要过滤每一种想法，包装成可以接受的字眼；第三部分还要检验在场的每一个人会对每一个字眼作何解释。这就是外交家为香槟和鱼子酱所付出的代价。也许我是真的很喜欢公园大道、20世纪公司、贝尔电话和西部片。但我厌恶你们的言不由衷。

西华德：那根据你的说法，会考虑良心过不过得去的基督徒是呆子还是伪善家？你说对了一件事，你们日本人非常擅长掩饰自己的想法。天啊，我去日本那趟可上了大当！我还同情你们，想帮助你们现代化。你难道不知道，你们所羡慕的一切，都是我们宗教传统的结果？我们对自由的信仰，是源于我们知道每个个人都是独特的、被爱的，是依照上帝的形象所造的。我们的科学，就是从了解自然规律开始，而自然规律正是理性的上帝所定的，祂创造了世界，而且认为这个世界是好的。我们不像你们佛教徒那样不切实际，只想逃避世界，或供奉石块树木。我们要荣耀创造美丽树木的造物主。

斋藤：谢谢你，州长大人。你的教诲正好证明了我的观点。你们的行为没有一项符合你们的信仰，你们当然是伪善的。

西华德：所以我们要由根本不相信有"罪"的民族来指摘我们的罪？谁才是伪善？我听说你们日本人认为自己是神之子。你们能增强国力是天命。破坏你们宗族团结罪无可赦。你们了不起到可以替自己判决，甚至可以替自己行刑。自杀居然是崇高的行为。

斋藤：你竟然指责日本人崇拜自己，那你们自己呢？借圣战之名增加自己的权力和财富？不管麦金莱为了一夜好睡而对自己说了什么，你们在夏威夷和菲律宾做的难道不是夺权吗？而你，你这个历史学家，为什么不告诉我们，1898年你们"道德的"帝国主义真正得到的是什么？

西华德：太过分了，斋藤！你明明有听到事情经过！引发战争的是在古巴发生的暴行，而不是什么美国阴谋——

斋藤：我是说那场战争之后的战争。

西华德：什么！

学者：西华德先生，他是说菲律宾战争。还有，我们可不可以冷静一下？我知道你脾气惊人，但不知道斋藤先生也是如此。

斋藤：这么说来，我对本国的任务算是做得相当好的了。继续吧，告诉他！

学者：这件事说起来很不光彩。在美国占领马尼拉时，当地已经有反对西班牙统治的叛乱活动在进行了，领导人是民族主义者埃米利奥·阿奎纳多（Emilio Aguinaldo）。他被流放到香港，结果跟杜威一起回来，满心期望美国人会支持菲律宾独立。麦金莱决定要把菲律宾群岛当成殖民地时，阿奎纳多的支持者宣布独立，结果美国军队打了一场恶战。双方都很残忍：死了5000

名美国人，但可能有20万菲律宾人丧生。

西华德：原来如此。我很意外我们的国人做得出来。

学者：我倒是很意外我们居然会赢。那很可能会变成另一个越南……算了，你们都不知道越战。美国跟菲律宾这一仗其实是鸿运高照。第一，美国武器比菲律宾精良，尤其是炮火。第二，没有其他外国势力支持他们的独立运动。第三，因为菲律宾都是岛屿，美国海军可以孤立战区。第四，菲律宾人自己分裂成十几个种族、语言或社会阶层对立的族群。阿奎纳多和他的副手大多是大地主出身，并不受劳工苦力阶层欢迎。最后一点，阿奎纳多自己犯了错。他等到精良的部队都在传统战争上损耗殆尽后，才诉诸游击战。1901年他被捕了，七零八落的叛军也随之四散。然后美国人立刻开始修建学校、医院，铺路建港，投资经济发展，尽力合理化自己的屠戮行为，但是美国的反帝国主义联盟（Anti-Imperialist League）声称自己没有参与此事。布莱恩在1900年再度参加竞选，标榜反殖民政策。但他却输得比1896年更惨。

斋藤：我猜你会说你们在菲律宾的胜利也是"上帝的旨意"了？

西华德：怎么不是？显然上帝没有要我们打败仗。

维特：那诸位可不可以告诉我，到底哪一国赢才会取悦上帝？祂会听你们总统和教会人士的祷告吗？是不是只要那个国家有在听祂的话，不管遵不遵从，祂都会偏袒？如果是这样的话，为什么他不听俄国的祷告呢？我们祷告的人数和次数绝对可以远远超过美国的呀！

塞拉：上帝依祂自己的意愿来安排国家。只有灵魂是永生的。

学者："温柔的人有福了，因为他们必承受土地"。

斋藤：拜托！都不对，即使你们自己的西奥多·罗斯福都一点也不"温柔"！

塞拉：这句话是说在上帝面前要"温柔"，不是在其他人面前"温柔"。

学者：另一句"不予回击，转过另一边脸去让人打"如何？

塞拉：这是灵魂的事，不关政府的事。上帝的国度不在此世。

斋藤：不在此世？那为何美国人要借上帝之名，在太平洋建立他们自己的"上帝的国度"？

西华德：事情非常清楚，上帝给了我们这种权利，不管我们是不是做得不好。因为，很简单，基督是真的，而你们的神道不是真的！

斋藤：所以你们违背了你们相信的宗教训诲，为的是要把这种宗教强加在别人身上——不，更糟糕，是要用宗教来替自己在半个世界外夺权的行径辩护？也许你们真的是白色魔鬼。

维特：你忘了是谁第一个拿中国开刀的，而且说要在整个太平洋上建立"新日本”。你忘了是谁偷袭——

加休曼努：够了！我诅咒你们！没一个好东西！我并不是说在你们来之前我们就多快乐。我们野蛮、无知、战争不断，但你们也一样野蛮、无知、战争不断啊。我不想再听我们海洋的故事了。学者，你走吧。走吧，大家都走！

塞拉：加休曼努，我们得继续下去才行。

学者：是啊，加休曼努，让我——

加休曼努：大家安静！我只听传教士的话。

塞拉：殿下，请您恩准让他们继续说完。

加休曼努：可是你们的人民不也吃了他们的亏吗？墨西哥、加利福尼亚，还有我没听过的“菲律宾”。我干吗要听下去？

塞拉：因为你是为他而听，为他们而听。就像他们为你而听一样。

学者：慢着，你这话是什么意思？

加休曼努：我道歉。我了解了。

西华德：我也很抱歉，斋藤。也许我们应该把宗教放在一边。

斋藤：光谈政治就好。我想你是对的。

西华德：好了，教授，那阿拉斯加又发生了什么事？你上一回忘了提“西华德的愚行”[①]。

学者：好的，让我们再访阿拉斯加。也可以让大家缓和一下情绪。

① 指他为美国买下阿拉斯加。——译者注

第47章　北征阿拉斯加，1899

近年来，整个夏天都会看到豪华游轮在风景如画的阿拉斯加狭长地带港口徘徊：锡特卡、科奇坎、朱诺、兰格尔和史凯威。当地原本稀少的人口似乎因此暴增了一倍，商店"稍后即回"的牌子不见了，数千台相机都争相拍下一模一样的景色：古色古香的木制门面、图腾柱、旧矿区、峡湾，还有那些无所不在、连最大的广角镜头都捕捉不到的高耸山脉。然而回溯到1899年6月，当造型优雅的蒸汽船"乔治·埃尔德"号在史凯威放下一群稀奇古怪的游客时，这里的风景虽然一样令人震撼，却多了几分陌生。除了65名船员之外，船上还有23名美国最顶尖的科学家、11名野地向导和扎营好手、两个标本制作师、3位艺术家、两位医生和一位护士、两个摄影师、两个速记员，以及一位随船牧师。带领这浩浩荡荡一行人的是美国铁路大王爱德华·哈里曼夫妇、他们的5个孩子（包括日后担任美国驻苏联大使的埃夫里尔·哈里曼［Averell Harriman］在内，不过他当时只有7岁）、4名姻亲和3名家仆。对那些科学家来说，此行是到一片辽阔神秘之地进行探索，而且是由别人提供全部的经费；对哈里曼一家而言，名义上是度假。但记者们都怀疑这位铁路大王心里盘算的还是生意经。因为如果这只不过是一次富豪之家的旅游，为什么他要对此行的计划和行程讳莫至深？

倡导森林保育的加州艺术家约翰·缪尔在两年前已经到过史凯威，认为当地居民是"被带到异地的一窝蚂蚁，被一根棍子搅得团团转"。当时克朗代克的淘金热正盛极一时，史凯威正是通往奇尔库特山口和道森市的出发点。这个只有一条街宽，却有约6.4公里长的史凯威是个奇特的蚁丘，聚居的当然不是真的共生昆虫，而是形形色色的骗子、妓女、投机者和愤世的个人主义者。这里的老大是戴着宽边圆帽的流氓"叟皮"·史密斯。他的手下远在西雅图就告诉兴冲冲的淘金客，到了史凯威该找谁买金矿地图和补给。这些菜鸟一到史凯威，"叟皮"·史密斯的人就上前兜售"可靠的叟皮打包公司"出品的导览手册、住宿处、购买器材须知等等，价格一律是1美元。等这些初来乍到的呆子一掏出钱包，四处的帮众已悄悄围上，在骚动中就摸走了这可怜人的所有家当。对于这现在已经一无所有的家伙，谁会来拉他一把呢？当然了，史密斯老大会听他诉苦，送他一笔回西雅图的船资，或赠些什么给他身后遗下的孤儿寡妇。

虽然史凯威是这样一个漫无法纪的地方，但是这里有经济力量存在。差不多到了1898年左右，其他通往克朗代克的通道也纷纷兴起；史凯威一些实在的商家开始反抗恶名昭彰的“叟皮”·史密斯。在一个老矿工的金沙袋被抢了之后——每个人都知道是谁的手下干的——镇上召开会议商讨治安问题。不可一世的史密斯老大醉醺醺地扛着一支温彻斯特长枪，大摇大摆地来到开会地点。当他拿枪指着一名守卫时，土地测量员弗兰克·里德扣下了扳机。现场每个人都立刻开火互相射击，史密斯一枪毙命，里德也伤重不治。如果史密斯多撑一年，他就会在史凯威的码头上迎接哈理曼了：哈里曼先生，一应俱全的手册，只要1美元，先生，只要1美元就好！

哈里曼是牧师之子，14岁就在纽约证券交易所当推销员。据说他有个“可以嗅到钱的鼻子”，不到20岁就已经赚了一笔。他第二个一帆风顺的事业，是经营伊利诺伊中央铁路公司。之后他决定要筹集必要资本（也对各部门做必要的缩减）买下处境困难的联合太平洋铁路。但一离开曼哈顿，粗鲁不文的哈里曼就变成了一个怪人，从他一直没有上学或可看出一二。所以，当医生要他好好放个长假休息时，他选择了最新的休息法——化财富为声誉。就像泰迪·罗斯福（Teddy Roosevelt）一样，他也有可能成为资助科学的士绅冒险家，结果就是阿拉斯加之行。经过妥善细密的规划，也买妥蒸汽船之后，一行人乘坐他的私人火车到达芝加哥，再经由联合太平洋的路线抵达夏延（Cheyenne）；经过俄勒冈后沿海岸线上行，同为铁路巨子的摩根（J. P. Morgan）好心地把联合太平洋铁路线上的交通都特别排开。最后所有的人在西雅图会合，群众在雨中看着“乔治·埃尔德”号缓缓驶离码头。

1899年，华盛顿成州不过10年。那里的发展比俄勒冈落后得多，部分原因是哈德逊湾公司成功地把新英格兰农民导往哥伦比亚河以南地区。高低不平的喀斯喀特山脉（Cascades）和普吉特湾区景致壮丽，但难以谋生；东部的平原区又太偏僻贫瘠，乔治·麦克莱伦（George McClellan）将军在年轻时甚至认为“没有任何白人会用到这块地方的”。但还是有几百个拓荒者在湾区东岸铺出了街道市井，沿用了印第安地名“塔科马”（Tacoma）和“西雅图”，也开始砍树。由于气候温和潮湿，万物孳繁极盛，1公顷的华盛顿林地可以生产出的木材足足是中西部同样1公顷林地的5倍之多。另外，因为起初林材都是免费的，爱砍多少就砍多少；一直到1878年，国会才首度立法保护自然资源。《伐木采石法案》（Timber and Stone Act）允许当地居民以每公顷6.25美元的价格申请购买西北太平洋岸林地，但每人限购65公顷。但这样的限制只是徒立虚文。从圣弗朗西斯科闻风而至的大型锯木场利用人头大规模购地，5年之内已经买下了约8万公顷土地。自由采伐、森林大火以及保育运动共同促成了第一个联邦伐木管理制度。1890年国会规划出了森林保留区，但还是留下不少空间给木材公司购买。德裔移民弗雷德里克·韦尔豪泽（Frederick Weyerhauser）在1900年成立的公司是最大的一家，他以540万美元买下了将近40万公顷的西北太平洋铁路线上林地，名列太平洋史上最大宗的土地交易之一。

但华盛顿的未来发展还是必须依靠铁路，这种情形比加州还要明显。西北太平洋铁路的杰伊·库克模仿加州协会的做法，让两个西线终站彼此竞争。西雅图这个曾被访客称为“十足的泥坑”的小镇以25万美元抵押铁路，还提供半数的码头区；但塔科马出价更高。不幸的是库克在1873年破产，此后10年间都没有铁路建到普吉特湾区。但西雅图从来没有忘记过铁路，而且当初和塔科马对垒的阵势更激起了同仇敌忾的“西雅图精神”，一位新英格兰人就曾把西雅图精神比为“芝加哥式的……顽强的决心，充满动力”。从1880年到1890年间，塔科马的人口从1098人增长到36,026人；与此同时，西雅图从3553人增长到42,837人，分别从事伐木业、船运、小型制造业和服务业。1889年西雅图大火，之后的重建工作更进一步刺激了该市的各行各业。1893年，詹姆斯·希尔（James J. Hill）的大北方铁路带给西雅图一条横贯大陆的通道，阿拉斯加的淘金热则是最后一剂强心针。到了1900年，西雅图人口已经超过8万，差不多是10年前的两倍；1910年更达到23.7万人，又差不多是1900年的3倍。而当年自信满满的塔科马却始终只是一个铁路镇，人口一直维持在4万左右而已。

铁路还促成了东华盛顿的开发，当地所有的北线铁路都集中在斯波坎（Spokane）。不过，真正让东部兴起的还是灌溉系统。荒野作家约翰·巴勒斯（John Burroughs）当年乘坐哈里曼列车横越这片荒野时，眼前浮起一个景象：“用水来替这片荒芜的艾草平原施洗吧！如此一来，此地将会成为一个基督的果园。”东华盛顿那片黄色的大草原果真如此。在1890年左右，斯波坎、亚基马（Yakima）、瓦拉瓦拉（Walla Walla）附近的农村已经能够输出价值280万美元的耐寒谷类。但接下来的10年内，水开始不够用了，和加州一样的水权纠纷威胁着新兴社区。因此，在共和党国会议员韦斯里·琼斯（Wesley L. Jones）的游说之下，联邦通过了新的解决方案。根据1902年的“开垦法案”（Reclamation Act），联邦政府出资筑堤兴坝、建水库和灌溉系统，以维护这个富庶的谷仓。

哈里曼一行首先从西雅图航行到温哥华岛上的维多利亚。如果他们有在温哥华市靠岸的话，当会更加明了铁路的作用。1886年，温哥华市这个加拿大本土上最西边的垦殖聚落差不多只剩下1000人左右，原是个老哈德逊湾公司的旧址。但次年加拿大太平洋铁路完工，第一艘从横滨出发的加拿大太平洋公司蒸汽船又抵达此地，英属哥伦比亚区从此形势大好。截至1900年，温哥华市人口已达2.7万人，其中每12个人中就有一个是亚洲人。阿拉斯加的情形却恰恰相反，自从30年前美国买下这块土地以来，根本就一直荒废在那里。1867年曾出现过一阵突然的热潮，数百名游民涌入过去俄国时代的首府锡特卡。结果在那里无以维生，他们也就回家了。那500个俄国人，以及没有跟去圣弗朗西斯科或波特兰的居民情况也差不多。接下来的17年里，杰斐逊·戴维斯将军（Jefferson C. Davis，跟内战时南方的戴维斯总统同名，但并无关系）跟他零零落落的驻军几乎看不到别人，只有日子过得更苦的特林基特人（阿拉斯加南部的印第安人）和孤立无助的阿留申人而已。《上加利福尼亚》杂志就挖苦说，全阿拉斯加的白人不到50个。

除了退休后跑去锡特卡游览的西华德以外，在少数对这“冰盒子”表示兴趣的美国人中，还有一个德裔加州人查尔斯·诺德霍夫。在1873年的《哈珀月刊》（*Harper's Monthly*）上，他问到为何不把阿拉斯加当成美国的澳大利亚博特尼湾（Botany Bay）——一个“倾倒”罪犯和不受欢迎人物的所在。次年，加州参议院同意这项做法，但遭到刑法改革运动者的反对。理由是：一个基督教社会应该设法使罪犯重新恢复正常，怎么能够加以放逐？10年以后，新泽西又重提此议，因为把犯人放到阿拉斯加比监狱要省钱多了。但1888年的《世纪》杂志连载了乔治·凯南的《俄国服刑犯劳动营纪实》，此案遂又胎死腹中。批评者都说，与其让阿拉斯加变成另一个西伯利亚，不如保持无人状态。

其实，在北太平洋大圆航道上，阿拉斯加本来也有可能成为海军基地或加煤站。只是在当时并不实际。有风帆辅助的蒸汽船并不需要中间站，而完全的蒸汽船现在又可以停靠日本。再说，岩石、严寒和大雾让船只难以靠岸。定期加煤作业可以在阿留申群岛的荷兰港进行，不过只限于要去白令海的船只。一直到1900年，海军才开始规划阿拉斯加基地，但又被北极风暴打消念头。一座永久性的阿留申加煤站要到1911年方才出现。

阿拉斯加的毛皮交易呢？难道换了美国统治就停止了吗？的确如此，不过过程相当讽刺。1870年,圣弗朗西斯科的哈钦森(Hutchinson)和科尔(Kohl)成立的阿拉斯加商业公司买下了在普里比洛夫群岛（Pribilof Islands）猎取海豹毛皮的独家权利。这家公司还从俄国方面取得了在科曼多尔群岛猎海豹的权利，因而标榜自己对白令海周边都握有实质上的垄断权。1880年，该公司发放的红利达到100%。不过，就像旧日的俄美公司一样，该公司对于盗猎也一筹莫展。加拿大和英国船只在远洋公海上就截捕了过往普里比洛夫群岛的海豹，这种滥捕很快就使海豹面临绝种的危机了。此时，美国政府对阿拉斯加水域的主张从没超过一般的离岸4.8公里。超过4.8公里的话，就表示白令海为美国领海，或说是美国领土上的内海。白令海当然不是美国内海，但是阿拉斯加商业公司所取得的种种特权，却使得白令海差不多变成私人的内海了,因此该公司向政府请求保护。1883年,美国缉私巡逻舰“科文”号(*Corwin*)逮捕了3艘加拿大籍船只，把他们带到锡特卡拘留。英国政府严正抗议，并提醒美国国务院1821年的美俄争端：当时是沙皇宣称俄国有独家权利，导致了美国的抗议。领海争端在几个总统任内都无法解决，1887年和1889年又发生了几次船只被拘留的事情；马汉本人甚至在1889年被送往当地策划普吉特湾的防御作业，以防英国开启战端！次年，4艘英国战舰出现在白令海上，护卫加拿大猎人从甲板上肆意射击海豹。加拿大人反美的情结，以及美国政坛上受到英国打压的残余效应，都使得危机一直拖下去，甚至有一天一个白宫助理写道：“这也许是一本战争日志的第一页。”拖到1892年3月，双方终于接受调停。仲裁法庭驳回了美国的领海主张，但也开启了国际法的新领域：环境保护法。1911年，北极区捕猎海豹的行为被全面禁止。

那么，阿拉斯加还能做什么？最后，只剩下与当初开垦加州的同一目的：金矿。第一批重要的金矿是由弗雷德·哈里斯（Fred Harris）和乔·朱诺（Joe Juneau）发现的。数千名的流浪汉跟着他们前往狭长地带，人数多到足以说服亚瑟总统结束军事统治（当然，传教士谢尔登·杰克逊［Sheldon Jackson］的大力奔走也功不可没）。朱诺矿区很快就被采空了，因此采矿人纷纷穿越海岸地区移师育空。一波波人潮零星涌入，但最大一波是在1897年。上万的青年男子，间或有寥寥几个弱女子，穿越史凯威和奇尔库特山口直奔克朗代克。这条路夏天就已经很不好走，但很多人等不及天气变暖就上路了，结果单单一次雪崩就死了43人。其他路线更糟。有人在埃德蒙顿（Edmonton）推销一条从加拿大过去的路线，宣称可达距离克朗代克最近的铁路终点，但那条所谓从埃德蒙顿到道森的“路”不过是虚构之物。大批涌至瓦尔迪兹港（Valdez）

爱德华·哈里曼的计划。

的人，最后都在楚加奇（Chugach）和兰格尔山区死于坏血症或孤立无援。当时最进步的交通是乘坐蒸汽船，沿着约2897公里长的育空河过去。但是比起欣赏沿河风景、享用豪华餐点，上赌桌的机会很大；倒是很可能因为搁浅、燃料用罄、遇到冰封，而必须过一个俄国式的冬天，在零下20度的气温里屈居棚屋。史凯威最后脱颖而出，部分原因当然是“叟皮”·史密斯的恶势力不再，但更重要的是哈里曼的慧眼：一条长约34公里的铁路，可以往来崎岖的山脊，把旅客和货物送抵山巅。巴勒斯从白山口（White Pass）望出去，只见“怎么看都是那么恐怖、雄伟；往上看和往下看都一样吓人：脚下是一片混沌和死亡，头上又可能有雪崩和摇摇欲坠的大石。一切都是那么原始，像随时有大灾变似的”。这项不可思议的工程牺牲了32名工人的性命，但所挽救的性命却是不计其数。

过了史凯威之后，哈里曼一行在冰河湾（Glacier Bay）游览，再靠岸围猎阿拉斯加棕熊。他们真的猎到一头，不过也跟成群的大苍蝇和蚊子结结实实打了一仗。随后，“乔治·埃尔德”号终于起航前往哈里曼的最后目的地——白令海峡。这里一样留下了淘金热的痕迹，尤其是所谓“诺姆”（Nome）的海岸。之所以说“所谓”，是因为此地从来没有名字。英国水文地理局的一个职员在制作白令海区的图表时发现这个地方没有名字。他想大概是漏掉了，所以用铅笔写着“？地名”（？ Name），结果印刷的人想当然地印成“诺姆”。太可惜了，那个人没有选择印成“无人”（Nemo）；科幻小说鼻祖儒勒·凡尔纳可是对白令海峡情有独钟呢。

从“横贯电报计划”以来，没有几个白人到过西华德半岛（Seward Penninsula）。但是1898年，丹尼尔·利贝（Daniel Libby）和“三个幸运的瑞典人”却在那里过冬。次年开春时，他们发现了一件不可思议的事：安维尔溪（Anvil Creek）口的溪沙里铺了一层黄金！你只需要拿个淘金篮，筛掉沙子和杂物就可以了，就这么简单。1899年那几个温暖的月份里，诺姆一地筛出了价值超过200万的黄金；不到1900年，一个两万人的棚屋市镇就出现在了这个距离北极圈不过241公里的海滩上。一个居民开玩笑说：“要是我叔叔的猪圈在这里让我住就好了，那样我就会比谁都好。”最盛时期，诺姆一共有100家酒馆。有些跟摊子差不多，直接从箱子里拿整瓶酒出来卖。但也有很多是在建筑物里的酒吧，钢琴、高脚凳、伴舞女郎、职业拳击赛一应俱全，前警官怀亚特·厄普（Wyatt Earp）经营的那家就是这种。

1900年7月，美国法律管到诺姆来了，结果比没有法律还糟。阿瑟·诺伊斯（Arthur. E. Noyes）法官奉命来解决此地层出不穷的采矿权争端，但他也是著名的共和党员亚历山大·麦肯齐精挑细选的探路人，同时又身属诺姆地方3个骗子所新成立的阿拉斯加金矿公司。他们计划介入目前所有的采矿权，而诺伊斯法官就会宣布该案处于等待裁决的接管状态；而在接管期间，该矿区由麦肯齐的公司暂时先行使用。金矿随即装船运到纽约，该公司的股票便会大涨，并把金子卖出。日子一久，一些受骗的矿工终于向圣弗朗西斯科的高等法院提出控诉。诺伊斯身处世界极北之处，根本不理会高等法院的限制令，直到两名警官乘船北上，将他和麦肯齐缉捕到案。从此诺姆又回复到“此山是我开”的无法状态，一直到1903年金矿被淘尽，九成的人都纷纷离去，此地才又归于平静。有些人更深入内地去寻宝，菲利克斯·佩德罗（Felix Pedro）率先建立了费尔班克斯（Fairbanks）镇。前后这几年的阿拉斯加淘金热，一共获益1.5亿美元。

和诺姆隔着白令海峡相望的，就是西伯利亚了。因此科学家和探矿者都推测西伯利亚和诺姆的地质是一样的。1898年前往符拉迪沃斯托克的华盛顿·范德利（Washington B. Vanderlip）就是在这样的信念下出航的。一些俄国商人出资支持他的冒险，也雇他到更北的地方去寻找金矿。首先到堪察加半岛，再到西伯利亚的顶端阿纳德尔湾（Gulf of Anadyr）北岸。经过两年艰辛的探险岁月，他终于判断两地的地质并不相同。但就像记者怀疑的一样，哈里曼要找的并不是金矿。他想象着自己拥有一条“环球铁路”、“新版的白令海峡电报线”。为什么不呢？跨海峡的大桥和新完成的布鲁克林大桥没有什么不同，通过海峡下面的隧道也不会比纽约地铁更困难。史凯威铁路证明了在阿拉斯加的气候下也可以兴建铁路，而且西伯利亚大铁路已经快完工了。这是个疯狂的美梦：想象一下哈里曼和维特。一个是资本家，一个是沙皇的重臣；两人倾注心力，发挥才干，共同打造出一条白令陆桥，把两个大陆板块连接在一起！

于是“乔治·埃尔德”号在大雾中跨过海峡，还差一点搁浅在半路上，然后哈里曼一行终于在西伯利亚那边上了岸。20几个爱斯基摩人啪啦啪啦地跑出来迎接他们。这些爱斯基摩人看起来病恹恹的，他们的狗也好不到哪里去，一点都没有雪橇犬的风采；营地里弥漫着一股动物尸体的臭味和鱼腥味。即使时当仲夏，还是风寒地冻。团员中的生物学家哈特·梅里亚姆（Hart Merriam）说这是“我所见过最贫瘠、最荒凉，又这么广大的地方”。所以他们和当地人交换了纪念品，照了几张照片，再走回船上。然后这艘蒸汽船再度横越白令海峡，抵达阿拉斯加这边的捕鲸港克拉伦斯（Clarence）。经过另一次同样使人气馁的上岸旅游之后，哈里曼赫然发现他的妻小竟然没上船。他降低船身，亲自去把他们接回船上，暗暗发誓再也不动白令海峡的脑筋了。

到1907年为止，跨白令海峡铁路的传闻都还继续在诺姆出现。但是“恃强凌弱”的铁路时代已经接近尾声，蒸汽时代也开始被石油和电气所取代。美俄两国也没有什么合作的机会；沙皇的子民毫无兴趣把西伯利亚让给美国资本家，而美国政府也想中止和俄国签订的贸易条约，以表示对俄国政府反犹太政策的不满。因此阿拉斯加和西伯利亚西北部从此各过各的，就像是分成两半的世界一样，中间来去的只有海象、鲸鱼、楚科奇族人和爱斯基摩人，而且还在逐季减少之中。

第48章　北京，1900

谢尔盖·维特42岁时被任命为财政部长，总揽俄罗斯帝国的预算、国库和货币。但这还只是个开始。通过下属部门，他也掌握了贸易、关税政策和国内的工商业。同时他仍然是整个铁路系统的“沙皇”。另外，他还热心提倡理工教育，创立多所学校，并资助北极圈的开发研究。但他最关切的还是西伯利亚大铁路，他也因此在开发西伯利亚，以及俄国在亚洲的外交关系上有举足轻重的地位。这么兜一圈下来，这个大权独揽的财政部长开始通过预算来控制政府的所有其他部门。但俄国经济在一人独治下并没有分崩离析，反而呈现了欧洲最高的增长率，可见维特大概是亨廷顿、霍普金斯、克罗克、斯坦福一类人物的混合体。可以料到，如此大权必然引来了别人的嫉恨，他自己也越来越自大。他的同僚希尔科夫亲王（Prince Khilkov）就愤愤不平地说：“维特根本看不起我们每一个人，因为他知道他可以买下我们任何一个！”

“资本！我们需要更多资本！”这是维特的招牌口号。并且他回头采用维什涅格拉茨基的老法子：首先，无助于俄国现代化的国家支出，一律加以缩减；第二，通过提高关税、伏特加酒公卖制度、间接税等措施，尽可能增加政府收入；第三，大力推动谷物出口，达到前所未见的高峰；第四，不断从盟国法国贷款。维特在1897年甚至有办法把卢布改回金本位制。当然，19世纪90年代货币市场上的资金出奇充裕是他的幸运之处。在一次大手笔的运作下，他向法国低利贷款偿清了沙皇的国内公债，因而释出10亿卢布可供投资。但他也尽可能多方节省，尤其在西伯利亚大铁路的开销上。

打从一开始，“速度”和“省钱”就是这条大铁路的标准口号。1891年，从刚过乌拉尔山的车里雅宾斯克到符拉迪沃斯托克，共有5个工地同时动工。维特尽可能使用俄国生产的钢铁和机械，工程也尽量交由俄国民间公司承包；但没有几家接得下来，因此最长也最贵的那一段——从伊尔库茨克沿着黑龙江和乌苏里江往东——完全由政府兴建。维特运气不错，有希尔科夫亲王这个能干的副手；后者在美国学会铁路经营，一就任交通部长，就带进了一批工程师和资金幕僚。低廉的劳工在俄国本来就不成问题，很多工人都由罪犯充任，不过维特坚持付他们正常工资，并缩短他们的刑期。但3万工人散布在绵延约8000公里的旷野之中，运输、住宿和粮食都是极大的负担。所以维特只好先建单轨路线，而且尽可能直线进行，像托木斯克（Tomsk）这种规模的城市都先跳过不停。但长达约644公里，又直接和路线相交的贝加尔湖却无法跳过去。所以有一段时间，所有车厢都得在伊尔库茨克卸下，用渡轮送过湖，而火车头就在对岸等着。

除此之外的进展都非常惊人。太平洋线方面，从乌苏里江到伯力段早在1894年即已完工。比联合太平洋与中央太平洋铁路还长的车里雅宾斯克到伊尔库茨克段，也在1898年就通车了——比预定时间提早了两年。但最让维特忧心的是中段，就是贝加尔湖和伯力之间，沿着石勒喀河（Shilka，黑龙江北源）和黑龙江，长达2414公里的低地。冬天河水冰封，春天又泛滥成灾；1897年就有约97公里长的铁轨、桥梁和高架段被大水冲走。看一眼地图就可以知道，有一个简单的解决办法：把黑龙江线往后延伸，直接穿过中国东北到符拉迪沃斯托克。那片土地没那么可怕，气候也比较温和；不但食物和原料较为充分，路线还可以缩短约547公里。

问题是要中国同意才行。200年来的大清政策，不就是要这些北方蛮人远离他们的发源地——满洲——吗？穆拉维约夫不是闯入人家的地方，洗劫了黑龙江和乌苏里江以北的中国省份吗？俄国人到现在都还鼓励大批移民，真正的企图还不够明显吗？他们当然有所企图，因为维特也知道，即使西伯利亚大铁路只服务蓬勃兴起的俄国移民社区，就已经有利润可赚了。因此在他任内，就有超过100万的农民坐着火车到达西伯利亚。虽然大多数人都在中途停下来，开发额尔齐斯河（Irtysh）和鄂毕河河谷，但还是会影响到中俄边界。既然如此，何不干脆胁迫中国，让俄国在其境内修建一条铁路呢？

这条中国古龙目前亟须盟友，即使是一头熊也比没有好。不管怎么说，俄国也曾领导三国干预，让日本归还旅顺。俄国提供资金（当然，大部分是法国出钱）让中国付清对日本赔款。而且俄国还在维特吩咐之下，承诺协助中国对抗日本侵略。因此在1896年，李鸿章就赴圣彼得堡商议两国签订永久性的协定。维特亲自主持一切事宜。他下过苦心研究中国人，在李鸿章的随从用繁复的手续替他备茶或装烟斗时，他也会耐心等候。他还知道利用中国或基督教的谚语，拐弯抹角切入正题。他发现李鸿章“非常明智”，自信目标已经达成。果然他们不久就及时签订协约，让一家“中国东方铁路公司”获得修建铁路所需的一切权利和土地，代价是俄国永不侵犯中国的政治主权。两国还承诺共同协防日本的侵略。头脑不太清楚的俄国外长（或是他收了李鸿章的红包？）在协约上漏写了“日本的”几个字，结果变成俄国要协助中国对抗任何侵略！维特在最后一秒把协约改正过来，而李鸿章也一如往常，面不改色地签了字。李鸿章还从维特的战争专款里拿了50万卢布的贿款！

这份中俄协约看来相当理想，但维特知道签约的危险性。在他眼里，1894年的中日甲午战争就是“我们开始兴建西伯利亚大铁路的后果，这场战争的矛头是指向俄国，不是指向中国”。此外，铁路完成之后将会改变北太平洋的均势，且对俄国有利，因此“标志着国际史的新纪元”。在这种情况下，维特心知西伯利亚和中国东北的开发若要相安无事，俄国只有和中国联手，并阻止日本插手。在中俄之间，只要俄国持有较多筹码，而且不去掠夺中国东北的土地，他和李鸿章签订的协约似乎就能满足这两项条件了。

不幸的是，政治并不能像铁路一样规划运作，维特的和平大计就一连受到了四个重大的打击。首先，他所爱戴的亚历山大三世在1894年驾崩。继位的尼古拉二世虽然支持西伯利亚大铁路，但也紧抓着远东不放，认为那是他比较清楚的地盘。新沙皇动不动就听到朝中大臣暗示维特太害怕日本，对腐败的中国又太过尊重。俄国海军尤其不满每年冰封4个月的符拉迪沃斯托克，希望在太平洋岸找一个不冻港。既然俄国已经跨到中国东北里面来了，他们自然就看上了旅顺。

第二个打击是德国趁着租界风潮占领了山东半岛。李鸿章向他的俄国朋友求援，希望俄国能劝德国撤兵。维特很同情李鸿章，但俄国海军和外长却不这么想，反而把德国的举动看成一个大好机会，可以向中国要旅顺港来补偿俄国。维特抗议说这违反了他和李鸿章的协定，而且可能会激怒北京，阻止中国东方铁路工程的进行。维特向沙皇陈情，沙皇却说：“谢尔盖，你要知道，我已经决定占领旅顺港和大连湾了。我们的军舰已经上路了。”这是维特在政坛上的首度挫败。他在出宫途中喃喃自语：“千万要记住这一天，这个致命的决定一定会有不得了的悲惨后果。”

维特递出辞呈，但沙皇不准。维特只好叫他在北京的人再度贿赂李鸿章，接受俄国此次对中国主权的侵犯。1898年3月，中国态度软化，俄国海军于是进驻以前俄国外交官让日本归还的同一个战略要港。但第三个打击又来了：李鸿章被贬。光绪皇帝下定决心要抵御外侮，并且要进行现代化的改革。列强的强取豪夺在租界风潮中达到顶点，这似乎使得皇帝放弃了儒教，要向明治天皇式的改革看齐了。

李鸿章本人也是主张现代化的，但显然他的政策不足以遏制帝国主义列强。更糟的是，中国四处都有动乱；黄河再度决堤，看起来就像是帝国败亡的预兆。皇帝吓得再度启用激进的改革者康有为，后者曾大胆到写下“不忍再看到崇祯自缢的憾事重演”的激烈文句。在这批改革者的影响下，皇帝展开裁撤冗官、设立工商部门、废除佛寺、科举改考现代知识等改革。但和明治维新相比，明治在国内享有军事大权，光绪却连他自己的家族都控制不了。不到3个月，62岁的“龙夫人”慈禧太后就发动了政变。1898年9月，她在紫禁城内堵住了光绪这个养子，恶毒地辱骂那些改革派“奴才”，并说是她在前面挡着，光绪才没有被暴力推翻：“蠢人！要是今天没有我在，你还能活到明天吗？”皇帝乖乖地任由她的宦官监管，把政权交回慈禧手上，慈禧立刻清除了所有的改革派。

中国所受的外侮，难道没有引起舆论抗议吗？当然有，这也就是对维特和平大计的第四重打击。一开始，是白莲教余众的传人义和团。这些由于演练武术而被称为拳民的教团追随者，最晚在1808年就已经展开了地下活动。他们在19世纪90年代之所以能突然崛起，是因为采用了激烈的仇外手段，并且得到了地方官吏的支持。虽然他们自认是维护传统美德，事实上却崇拜一个由英雄神祇、巫术混合而成的神话世界。据说拳民百日可以练成不怕洋人子弹，而400日更能学会飞翔。他们的敌人包括所有袭用洋人礼俗的中国人（三等长毛）、中国基督徒（二等长毛），以及所有外国人（头等长毛）。山东是他们的大本营之一，而义和团运动就从德国接管山东开始。

有些高级官员赞成打压义和团，像讲实际的袁世凯就是其中之一。拳民的狂野举动和信仰当然会让人想起几十年前的太平天国。但由于拳民重在反洋，不在反清，慈禧太后事实上是在谨慎地鼓励他们。于是在1899年和1900年前半年，拳民大肆攻击大使馆和外国行号，破坏电报系统和铁路，并屠杀中国基督教徒。当慈禧本人宣称拳民的符咒“有效”时，八旗子弟就统统都向义和团靠拢了。1900年5月，西方各国和日本代表团组成了第一支联军——由340名陆军、船员和海军组成——进驻北京使馆区。结果拳民的回应是切断通往海岸的铁路和电报系统，让外国政府和这些人联络不上。6月，拳民在激战中逼退另一批援军，更形疯狂。他们在北京城里活活烧死中国基督徒，杀掉不幸落在他们手中的每一个白人，包括德国大使在内。这些拳民长发乱舞，设坛作法，把教堂洗劫一空，挖开17世纪耶稣会教士的坟墓，亵渎尸骨。慈禧太后更封他们为“义民”，把3万拳民编入正规军，然后对所有国家宣战！困在北京公使馆的3200名白人、日本人和中国基督徒都束手无策，只能在建筑里加强防御、节约子弹，祈求外援能及时赶到。

租界风潮、短命的维新运动，以及现在的义和团运动，都使列强既对立又必须联合。愤怒的各国舆论更要求他们联合起来进军北京。但他们都各自盘算这种混乱局面的政治意味：俄国、德国、法国、英国或是日本是否会趁机占便宜，扩张对中国的影响力？如果会的话，谁的好处最多？谁的好处又最少？这替老旧的“门户开放”政策带来了新局面。就像门罗主义一样，门户开放政策也是源于英国，但却是由美国发扬光大。把门户开放政策传到美国的，是一个名叫阿尔弗雷德·贺璧理（Alfred E. Hippisley）的英国海关官员。他在1899年年初夏经过巴尔的摩，顺道去拜访了任职美国助理国务卿的朋友威廉·罗克希尔（William W. Rockhill），谈起了这个想法。如果由美国向所有强权提出呼吁，要大家一起尊重中国的完整，保障各国在其境内的贸易权，结果会如何？“门户开放”在伦敦不算新鲜，一年之前有个国会议员就说这个词汇是“一再被重复到让人不想再听的老生常谈”。但罗克希尔的老板——新任美国国务卿——不但觉得这个主意很新鲜，也把它看成解决自己政治难题的答案。

这位国务卿就是海约翰。内战时他原在林肯和西华德麾下，后来转替贺拉斯·格里利做事，然后又回到外交圈，出任麦金莱总统的驻英大使和国务卿。在菲律宾事件上，他赞成兼并，但反对军国主义。他拥护西华德的和平扩张论，认为不应插手亚洲大陆。不管怎么说，美国在西太平洋没有海军可以和英、俄、日对阵，陆军军力又被绑死在菲律宾的叛乱上。

职是之故，海约翰有要处理中国问题的压力。纺织厂商已经组成了一个美亚协会，游说政府对中国采取强势政策。海军迫切想在中国海岸拿下一个基地，传教团体也急于进入中国。连《纽约时报》都抨击国务院“既没有明智地代表美国利益，也没有充分了解美国的利益”。总而言之，每个人都希望海约翰去做一件他本人不想做，而美国也还没有能力去做的事：加入瓜分中国的行列。难怪贺璧理和罗克希尔所献的这个“大家放手”策略，会这么讨他欢心。他可以拉高姿态，俨然以维护中国完整的保护者自居，让列强在羞愧之下，自行遵守门户开放原则。1899年8月海约翰修书罗克希尔：“我已完全警觉到你所言确实非常重要，现在迫不及待地想开始推行了。”9月6日，海约翰将他的第一次“门户开放”政策作了说明，电传给所有列强。

效果一如海约翰预期。美国人的中国游说团平息下来，媒体也封海约翰为资本外交家。英国对海约翰的动作甚表欢喜，其他强权也勉强同意，好像他们本无意瓜分中国似的。不然，难道他们还能说：“很抱歉，海先生，我们有秘密的计划，预备兼并半个中国？”再说，美国也没有足够强的军力（美国人民则缺乏足够强的意愿）要求任何一个强权国不可妄动。简言之，门户开放政策是一个冠冕堂皇的修辞假面。这个政策在来年就遇到了最严峻的考验：义和团运动又引发了一场自由竞技的危机。8000名日本人、4800名俄国人、3000名英国人、2100名美国人、800名法国人和一小群澳大利亚人、意大利人在天津组成联军，8月4日开始向北京出发。谁知道这些国家事后会要求什么样的“赔偿”？所以，除非海约翰已经打算好也瓜分一块中国殖民地，否则只有继续虚伪下去。1900年7月3日，他在第二次门户开放政策说明中写道，美国出兵北京的目的，纯粹只是为了保护生命与财产而已，呼吁其他国家为“平等、公平的贸易”背书，并维持中国的“领土与行政完整”。

北京使馆被围了两个月。拳民在数次进攻中杀了76人，伤了179人。其他人都平安活到8月14日联军进城，可以高声庆贺，或让压抑许久的情绪尽情发泄一番。光绪皇帝和慈禧太后微服出京避祸，并召李鸿章——不然还能叫谁呢？——回来挽救可以救的部分。1901年的《辛丑条约》责令中国惩处教唆拳民的官员，并偿付一笔巨额赔款（3.37亿美元）。然后各国各自退兵……除了俄国之外。

对维特来说，义和团运动比天灾还糟。中国东北的拳民尤其多，在短短几个月内，他们烧毁车站和仓库、杀戮中国工人和基督徒、还破坏了约547公里长的轨道。但是对战争部长库罗帕特金（A. I. Kuropatkin）而言，义和团运动正是天赐良机。“我非常兴奋。这样我们就有借口拿下中国东北了。”维特再度向沙皇陈情，但是沙皇也再一次站在军方那边。于是，20万俄军和哥萨克大军成扇形展开，在中国东北地区攻击拳民，也伺机抢劫掳掠一番。维特在协调会议上全力保持中国在东北的主权，条件是俄国军队可以留下来充任“铁路卫队”。但这样的协议还是等于一种保护国的关系。而且，就像当年俄国主导三国干涉还辽，阻止日本扩张一样；这回日本、英国、美国也向中国施压，要求俄国完全撤兵。78岁的李鸿章就是在这种屈辱的氛围中被各方威胁利用，终于在1901年11月撒手人寰。

对英国来说，俄国对中国的威胁只不过是一系列帝国主义争夺战的一役罢了。短短10年之内，缅甸、暹罗、阿富汗、中国西藏、埃及、苏丹、奥斯曼帝国、委内瑞拉、萨摩亚、南非（英国人和荷裔移民布尔人的战争还在进行之中）都迫使英国得和其他国家摊牌。在保守党领袖索尔兹伯里领导下，过度扩张的大英帝国向来独来独往；但1901年新任外长兰思当（Lansdowne）却觉得有必要采取结盟的新策略。最为迫切的就是中国水域。曾几何时，独霸一方的皇家海军发现德国舰队、法俄舰队也都上场了。所以，英国应该尽可能减少潜在的敌人。1899年到1902年之间，英国三度寻求和柏林达成协议，但自以为是的德国皇帝索价过高。因此兰思当转向了日本。

日本也有意与英国结盟。他们一直怀疑俄国想要并吞中国东北，而且，正如外务大臣小村寿太郎（Komura Jutaro）所言："如果中国东北变成俄国的，朝鲜也不可能自己维持独立。"事实上，圣彼得堡方面，由维特的大对头亚历山大·别佐布拉佐夫（Alexander M. Bezobrazov）所领导的扩张派，已经获得朝鲜同意，允许俄国沿着鸭绿江伐木；他们还在向沙皇施压，想从朝鲜多要一些。只要另一次俄法德三国联合干涉的阴影未去，日本也不敢向俄国挑战。但另一方面，英国如果能让其他强国都作壁上观，日本就有可能阻止俄国进一步的动作。1902年1月，兰思当和日本大使开始草拟协议。英国和日本"纯粹基于维持现状及远东和平的理念"全力支持中国与朝鲜的独立，并承诺如果两国中任何一国卷入战争，另一国会致力于使其他国家维持中立。万一其他强国还是硬要参战，那么英日将互成盟国。

回顾起来，以东北亚的地缘政治大势来看，1902年的英日结盟是非常合理的。但是，英国竟会在非战争时期订下长期结盟关系还是震惊了世界政坛，尤其选择的是黄种日本人。两个月之内，圣彼得堡的军国派声势大跌，承诺在1903年10月之前全面从中国东北撤兵。维特松了一口气。西伯利亚大铁路——除了贝加尔湖一段以外——已经在1901年完工，中国东方铁路也计划在1903年开始营运。只要继续维持和平局面，俄国的经济及文化影响力都一定会有所增长，连接欧洲的铁路甚至有可能拉近日本和俄国的距离。

但此时维特掌权已有10年之久，沙皇身边几乎每一个人都讨厌他。有些人忌妒他的权力，有些人不同意他的政策，还有些人希望从他下台中获利。于是别佐布拉佐夫的智囊开始酝酿政治诽谤运动。他们说位高权重的维特事实上建了一条品质极差的铁路，服务也奇烂无比；号称节俭至上的维特已经花了8亿卢布，比他原始的预算高了150%；维特根本不是俄国人，他才会挑选"犹太人和波兰人……作为我们在中国东北的旗手"。还说铁面无私的维特已经贪污了一笔钱，甚至还有更黑暗的交易呢。大家都知道他对第一个妻子很冷淡。她是不是被他下了毒？诸如此类。结果等到这个横跨四分之一球面，从符拉迪沃斯托克到莫斯科的铁路开出历史性的第一步时，维特已经声名扫地，沙皇吩咐不必举行任何通车仪式以资庆祝。

"近期内与日本的武装冲突会使我们大难临头，"维特在1901年写道，"两害相权取其轻；与其和日本发生武装冲突，我会毫不犹豫地选择完全放弃朝鲜。”但同一年他也写道：“他（沙皇）已经不跟我说话了。我把必须告诉他的都说给他听了，就只有这样了。他处于相当兴奋的状态，一会这样想，一会那样想，都在他心里蠢蠢欲动。”到了1903年，沙皇已经完全无法分辨是非了。当然维特不像别人说的那么坏，但也许人家那么说也是事出有因。也许在这么短的时间内要有这么多的进展，是太仓促了些。地主和小农都吃了苦头，现在因维特的机器而兴起的劳工阶级也在酝酿罢工。就亚洲来说，维特并不了解俄国的真正使命是帝国与宗教。他只关心时间表和和平协议，其他什么都不管。不管怎么说，沙皇和那些日本人异教徒谈判，实在有失身份。也许威利表哥（德皇）说得没错，俄国的命运在东方。他曾称呼沙皇为“太平洋大元帅”。究竟尼古拉二世是谁的傀儡呢？是德皇的，别佐布拉佐夫的，还是维特的？好吧，如果沙皇注定要扮演傀儡角色，就让他当基督的傀儡好了，把结果让给上帝去评断。

为了避开这场混乱，也为了找到一个解决方案，尼古拉在1903年夏天隐居萨罗夫（Sarov）修道院。于是，重重森林中点起了数千蜡烛，让沙皇和真正的俄国人一起思索，并虔诚地拿定主意。7月，沙皇回到圣彼得堡，解除了维特在亚洲的所有职务，断然拒绝日本以朝鲜换中国东北的提议。8月，财政部长维特卸职。10月，沙皇批准了别佐布拉佐夫的建议：失信于中国，拒绝从中国东北撤兵。

第49章　巴拿马城，1903

我们现在回顾起来，也许可以这么说：在1900年左右，美国已经是太平洋首屈一指的强权国家了。可是若要握有一个像菲律宾那样无法妥善防御的所有地，可能只会削弱自己的战略地位。过去70年来，美国在太平洋靠着一两小队杂牌兵也就能对付过去了，总人数还不及一艘正规战舰。那样已经足够在夏威夷和亚洲水域扬旗立威，甚至还能击退像西班牙那种三流的舰队。但现在若要涉足西太平洋，势必需要能与日本、德国、法俄相抗衡的舰队才行。事实上，美国等于是需要两支超级舰队，因为美国海军并没有办法在大西洋和太平洋间迅速移防。西班牙战争初期，有名的“俄勒冈”号大行进最能说明两洋之间的不便：“俄勒冈”号一接到从圣弗朗西斯科赶往加勒比海的命令之后，立刻全速绕行合恩角，走了约2万公里，花了68天。“俄勒冈”号是及时赶上了圣地亚哥一役，但政府、舆论、国会也都发现了一条运河对美国国防将有多大的好处。麦金莱总统立刻下令组成专案委员会研究，海军少将约翰·沃克（John G.Walker）下结论道：“这样一条海上高速公路的兴建已经是刻不容缓。”马汉好几年前就已经说过，没有这条运河，美国的太平洋强权梦也不过是纸老虎而已。

但是，如果运河的重要性人尽皆知，为何美国不在10年前就开挖呢？我们知道，在加利福尼亚淘金热之后，美英两国曾为了挖运河的权利争执不下，最后在1850年英美《克莱顿—布尔沃条约》中言明，要建也要两国一起合作才行。但从1850年之后都没发生什么事，至少这两国都没发生什么事。格兰特任内在内战后曾经研究过运河路线，但他们只是强烈建议尼加拉瓜是最适合的地点，此外没有任何建树。穿越中美洲多山的脊骨，完全不同于在苏伊士沙漠中凿河。但美国工业巨头长久以来之所以漠视这条运河，还有另一个原因：一条纯海运的路线会威胁到横贯铁路。我们已经看到中央、南太平洋铁路如何通过吃掉太平洋邮船公司来抑制竞争局面的。于是铁路大王亨廷顿付了一笔钱给巴拿马铁路的股东，拿到了独家经营权；而权利一到手他就把这条路线关闭了。通过巴拿马的货运从1869年的7000万美元，下滑到19世纪80年代中期的230万美元。就是这样，铁路巨子堵死了运河的可能性，即使格兰特政府里的专家信誓旦旦表示“我们国家的前途很可能就藏在这个问题里面”。

法国外交家斐迪南·德·莱塞普（Ferdinand De Lesseps）并不是工程师，也没有“建造”苏伊士运河。但他是当时最敢说话的运河提倡者，在1869年运河通航之前，也一直让惴惴不安的投资者保持信心。6年之后，这个蓄着浓密小胡子、兴致高昂的法国人，挟着极高的声望转往巴拿马。3个投机客——一个匈牙利人、一个德裔犹太人、一个拿破仑一世的侄子的私生子——组成了一家公司，买下在99年内建造一条巴拿马运河的权利。当时巴拿马还是哥伦比亚的一省。但格兰特的小组才刚说过尼加拉瓜是最好的路线，因此这家公司向莱塞普求援，希望他能替巴拿马路线说说好话。于是莱塞普在1879年借地质学会召开国际会议之际，获得与会大多数人替“巴拿马的法国路线”背书。莱塞普计划炸山、削平、挖到海平面高度，像苏伊士一样，如此便能省去造价昂贵的闸栏和水坝。他预估费用大约是10亿法郎，运河将在1892年通航。

接下来，莱塞普募集了足够的金额买下那家公司，第一次股票上市就吸引了超过10万名投资者。美国人一旦明白这并非法国政府对门罗主义的另一次挑衅之后，立刻对这个计划同样疯狂。莱塞普甚至想网罗卸任的格兰特总统担任名誉负责人，但格兰特还是钟情于尼加拉瓜路线：“我可不想和失败扯上关系，而且我相信那些股东都将血本无归。”格兰特自己也不是工程师，不过这件事他押对了，而莱塞普押错了。法国人很快就发现他们必须移走的土量起码是预估的两倍之多，忽视卫生问题，对于不能预见的困难也毫无准备。1882年开工之后，莱塞普承认巴拿马运河比苏伊士要困难10倍。到了1887年，他已经承认海平面高度的运河是不可能的——岩石太多了。巴拿马运河股票狂跌，即使聘请了建造埃菲尔铁塔的著名工程师亚历山大·埃菲尔（Alexandre Eiffel）来设计闸门也无济于事，无法挽回大众的信心。发行新股票的计划一败涂地，公司也就只有宣告垮台。3年后又爆发了一桩丑闻：记者预料到犹太裔军官德赖弗斯（Dreyfus）案即将爆发，指控资助运河的犹太裔银行家诈骗法国的投资散户。国会展开大规模调查，导致内阁倒阁，最后莱塞普终于俯首认罪，承认资金使用不当，并误导大众投资。1894年莱塞普含恨离世，身后在巴拿马留下了举世最大一堆工程废料。

又过了3年，马汉和一群追随者呼吁美国应该出面完成运河的工作，但应沿着通过尼加拉瓜的“美国路线”。西奥多·罗斯福甚表同意，于1897年修书马汉，指出尼加拉瓜运河连同防卫运河的12艘新式战舰都应尽快进行，“以见证美国在太平洋岸的绝对优势”。经历了“俄勒冈”号事件，又决定兼并菲律宾之后，麦金莱在1898年12月的年度谈话中，要求国会向全国承诺一条尼加拉瓜运河。但在美国去找尼加拉瓜谈判运河事宜及取得土地之前，首先要在英美《克莱顿—布尔沃条约》规定下取得伦敦方面的同意。因此海约翰说服英国大使朱利安·庞斯富特（Julian Pauncefote）爵士起草新约，鉴于运河“对所有国家的商船和军舰都是自由开放的”，删去英国反对美国兴建运河的条文。但洛奇参议员和西奥多·罗斯福都以为不可：“与其在战时无法控制运河，不如不要挖。”当然，支持帝国主义的首相索尔兹伯里勋爵可能要庞斯富特维持强硬姿态；但我们也知道，他已经把外交事务交给兰思当了，而兰思当最关切的是要结束大英帝国的孤立地位，也认为承认英美两国种族、文化、政治一脉相承的时机已经成熟。英国已经不再能够驾驭一切，如果运河是赢得美国友谊的代价，就应该付出。就这样，第二次《海—庞斯富特条约》（*Hay-Pauncefote Treaty*）在1901年11月签订，允许美国有权兴建、营运、防御一条地峡运河。

接下来就是要规划路线，取得营建权。罗斯福这时出场了。他早已从海军部辞职，领着一手招募的志愿“莽骑兵”（Rough Riders）在古巴作战，然后及时归国参加纽约州长竞选。纽约的共和党老大托马斯·普拉特（Thomas C. Platt）并不信任锋芒毕露的罗斯福，但同意提名他，交换条件是罗斯福不能破坏政治机器。结果罗斯福并没有信守承诺，一年内就马不停蹄地把一群贪官污吏送进监狱，并以公务系统取代政治分赃体系。总统大选即至，1900年6月共和党的费城大会提名麦金莱连任，但副总统在任内身故，而麦金莱又把继任人选留给大会决定。最孚众望的是罗斯福，当他戴着莽骑兵的帽子出现在大会会场时，一位与会代表兴奋地大喊：“先生们！这就是提名帽！”马克·汉纳和党内右翼普遍认为罗斯福背叛了自己出身的派系，是个难以控制的危险人物。汉纳大声疾呼：“难道你们看不出来，这个狂人和总统不能并存吗？”但连被出卖的普拉特也希望罗斯福担任副总统——可以把罗斯福赶出纽约。就这样罗斯福以压倒多数票当选麦金莱的副总统。10个月后，麦金莱总统在水牛城被无政府主义者刺杀身亡，汉纳的梦魇竟然成真！

罗斯福是个不折不扣的进步党人，利用“大政府”干预政策、矫正“大企业”的弊病以及“大劳工”陷经济于瘫痪的罢工模式。但罗斯福又是不折不扣的帝国主义者，挥舞着大权杖，声称美国在门罗主义下的土地上都有驻警权；并相信在外交事务上可以不择手段，只有结果才是重要的。所以，如果想用我们20世纪末的自由主义、保守主义之分，或是理想主义、现实主义之别来看待这一连串政策，也只有傻眼的份。事实上，他的内政、外交政策出发点是一样的。在国内扩张联邦政府权力的动力，也就是在海外进行干预的动力，目的都在于改革、提升、进步。他的继任者（包括民主党的威尔逊总统在内）也多半有类似的倾向，像是相信军队的效力、美国的全球使命、白种人的优越性，以及随之而来的父权式责任。西奥多·罗斯福是个进步的帝国主义者，大部分人民也都因此而爱戴他。选民会永远支持一个比他们自己有能力、能把事情搞定的政治人物，而他则用自己的成功来取悦选民，让选民觉得自己很有眼光。

在这个时候，沃克将军领导的专案委员会已经为尼加拉瓜路线背书，通洋运河委员会主席摩根参议员（民主党，亚拉巴马州选出）甚为高兴。他痛恨华尔街和铁路，认为一条尼加拉瓜运河不但能增加濒墨西哥湾的亚拉巴马的选票，还可以绕过亨廷顿的巴拿马铁路！再说，法国那家运河公司还要求美国付1.09亿美元买下在巴拿马开运河的权利。因此国会议员都认为这大概是最容易的一次表决了，在1902年1月，以308票对2票选择了尼加拉瓜路线。投票后一个星期，罗斯福总统在椭圆形办公室召见沃克领军的委员会。该委员会进行了最后一次会议，然后宣布了他们的最后决定：他们全体无异议通过，支持巴拿马路线！

幕后黑手操纵！丑闻！媒体大肆抨击。马克·汉纳一定脱不了干系，不然就是铁路游说团搞的！但研究此案的主要历史学家推测，其实可能没有这么复杂，只是罗斯福觉得巴拿马比较好；而说服罗斯福的委员会成员，则可能是在哈佛任教的乔治·莫里森（George S. Morrison）。他坚决认为巴拿马运河所需的闸栏和水坝事实上是可行的，因此浪费已有的设施和法国人的移山成果未免愚不可及。而且，法国方面也已经降价到合理的4000万美元。而最重要的一点，可能是莫里森看出了只有通过巴拿马的运河，才能建得够深够宽，以容纳日后的大型军舰通过。因此罗斯福要求国会翻案，重新考虑兴建巴拿马运河的斯普纳议案（Spooner Bill）。

这么一来，法国人就有机会施展巴拿马《明星先驱报》（*Star & Herald*）所谓的“十一点的操作”（最后一刻的重要动作），有可能从此远离巴拿马，还能带走满满的荷包！莫里斯·比诺-瓦里亚（Maurice Bunau-Varilla）此刻充分展现了才干，为斯普纳议案大力奔走，连哄带骗地大加宣扬。巴拿马的确是最佳路线，莱塞普真是天才！4000万美元实在划算。尼加拉瓜既容易地震，

马修·佩里司令（1794—1858）虽然是蒸汽航海和太平洋扩张的热切支持者，却无意率领美国舰队“打开”日本之门。
（Photograph by Matthew Brady；Library of Congress.）

阿部正弘（1819—1857），负责对佩里拟定对策的不幸日本官员。
（From Shujiro Watanabe. Abe Masahiro Jiseki，Tokyo:1940.）

尼古拉·尼古拉耶维奇·穆拉维约夫（1809—1881），俄国沙皇派往太平洋的捍卫武士。他了解俄国的宿命不在阿拉斯加，而是肥沃的黑龙江谷地。
（From Ivan Barsukov，Graf Nikolai Nikolaevich Muraviev-Amurskiy，Moscow：1891.）

《加利福尼亚的诅咒》。这幅1882年刊登在杂志上的漫画将南太平洋铁路描绘成一只章鱼，小利兰·斯坦福、科里斯·亨廷顿是它的两只眼睛，吸盘所及之处，造船业、货运马车、矿工、农民、土地和加州州政府所在地萨克拉门托的电报业都难以幸免。

（Courtesy，The Bancroft Library.）

《“阿拉斯加”号甲板下的中国旅居者》。这幅《哈珀月刊》1876年的版画，描绘出急于前往夏威夷和加州工作的广东人如何忍受横越太平洋之苦。6年后，美国禁止中国人入境。

（Courtesy，The Bancroft Library.）

明治天皇（1852—1912）。他不是个傀儡皇帝，在日本变化迅速的现代转型期中，他曾作出许多关键性的决定。

（Kyodo News Service.）

伊藤博文（1841—1909），明治宪法谨慎的建构者，与西奥多·罗斯福私谊甚笃。

李鸿章（1823—1901）。企图通过外交手腕和内政改革挽救清帝国免遭瓜分，结果吃力不讨好。

欢迎加入后浪读书俱乐部 www.hinabook.com

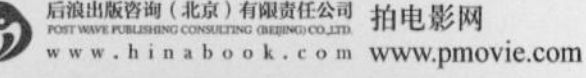

拍电影网
www.pmovie.com

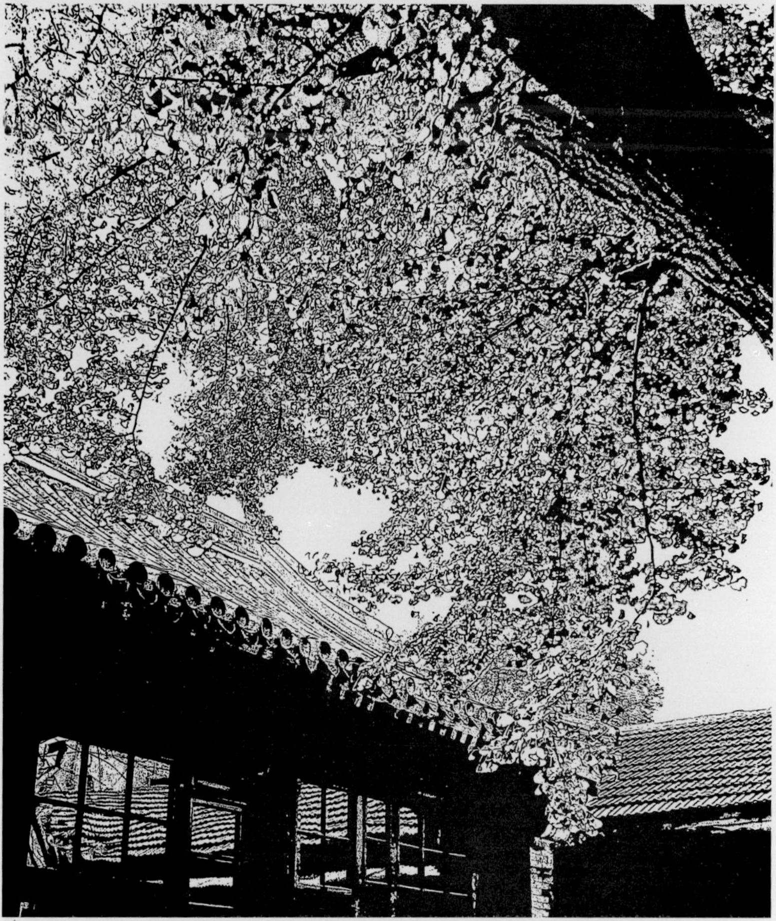

- 加入我们，可以得到定期的新书信息、电子读书报、活动信息、后浪小礼物、购书优惠券、作者签名书籍和海报、毛边书等等。
- 俱乐部将从每月新增会员中抽取 3 名赠送当月最新出版的书籍一本。
- 会员书评投稿如获纸媒发表将有机会获得后浪新书 1 本。
- 欢迎登陆 http://www.hinabook.com 和 www.pmovie.com 了解更多活动信息。

* 本活动最终解释权归后浪出版咨询（北京）有限责任公司所有

个人资料（请务必完整填写并回传）

姓名 ______________________ □先生/□女士

Email ______________________ 生日______年____月____日

固定电话 ________-______________ 手机 ______________

单位 ______________________ 职业 ______________

地址 ____

QQ/MSN ______________________ 邮编 ______________

读者调查表

您从哪本书得到这张卡片的？______________________

您从哪里购得本书的？______________________

您的阅读方向？______________________

您还希望我们出版或引进哪类书？______________________

您的意见或建议？______________________

如何加入后浪读书俱乐部？

1. 拨打热线010-57499090，向客服人员登记您的信息。
2. 发短信至18811421266，我们将回电登记您的信息。
3. 将此信息登记表传真至：010-64018116
4. 登陆网站：www.hinabook.com，点击右上角"注册"，填写会员信息登记表。
5. 邮寄至：北京市东城区景山东街纳福胡同13号北楼2层 后浪出版咨询（北京）有限责任公司 邮编：100009

后浪微信：hinabook

后浪官方直营店 http://bjhlts.tmall.com
服务邮箱 buy@hinabook.com
服务电话 13366573072 010-57499090

1898年8月12日火奴鲁鲁合并当日，美国国旗在伊奥拉尼宫对街升起。美国这个举动部分是为了遏制日本人入侵夏威夷，不过夏威夷人依旧感伤落泪。
（Courtesy，The State Archives of Hawaii.）

西伯利亚大铁路。西伯利亚大铁路沿线数百座由石材与钢铁建成的桥梁之一，是成千上万名劳工在沙皇的太平洋野心驱使下，于恶劣环境中辛苦筑成。
（The Hulton-Deutsch Collection.）

哈里曼（1848—1909）1899年与爱斯基摩人在西伯利亚的普洛弗湾（Plover Bay）合影。仅仅在当地停留几个小时，就足以让哈里曼相信，自己想要建造横越白令海峡铁路的计划，根本是无稽之谈。

（Courtesy，The Bancroft Library.）

西奥多·罗斯福（1858—1919）1906年巡视巴拿马运河工程，试着操作一辆重95吨的布塞勒斯（Bucyrus）蒸汽挖土机，威风十足！

（Library of Congress.）

《日俄战争预想图》。1904年之前，如果日本蠢到胆敢挑起海上战端的话，俄国人绝对有自信能迅速摆平日本“小猴崽子”。

《日俄战争实况》。在这幅英国人所画的对马战役中，东乡平八郎（Togo Heihachiro）麾下的日本战舰已经获得胜利，日方的鱼雷艇正在扫荡残余的俄国船舰。

朴次茅斯和平会议。几位卓越的政治家留下了这张珍贵的合影：（由左至右）谢尔盖·维特、俄罗斯大使罗曼·R·罗森（Roman R. Rosen）爵士、美国前总统西奥多·罗斯福、日本外相小村寿太郎，以及日本大使高平小五郎（Takahira Kogoro）。

（The Bettman Archive.）

又到处是火山。他还暗示，一家德国公司也想买下巴拿马运河，已经在与法国方面接触了。但和比诺-瓦里亚同样重要的还有一个人，就是华尔街一家大律师事务所的资深合伙律师威廉·克伦威尔（William N. Cromwell），他同时也是那家法国公司和亨廷顿巴拿马铁路的顾问。连续5个月之中，克伦威尔不断拿出工程师和货运公司支持巴拿马路线的证词来"淹没"国会山，而另一厢只有可怜的摩根参议员孤军奋战。最后，斯普纳议案在6月通过，42票比34票，巴拿马赢了！

现在，罗斯福只需要再得到哥伦比亚的首肯就成了。1903年1月的《海约翰—埃尔兰条约》（*Hay-Herrán Convention*）中，美国同意付给哥伦比亚1000万美元，另外每年再付25万美元的租金，租下巴拿马境内一段约9.6公里宽的区域，租期为100年。美国国会立刻同意了这个条件，但哥伦比亚政府却不同意。这个政府刚从内战中打下江山，考虑到波哥大那些国家主义者对美国人的痛恨，姿态总得摆得高些。因此哥伦比亚第一次开出来接受《海约翰—埃尔兰条约》的条件是，法国公司还得付1000万美元作为转让费。克伦威尔拒绝了。第二回，哥伦比亚坚持要美国把权利金提高到1500万美元。这次罗斯福拒绝了，大骂"波哥大那些不要脸的小人"，并怒吼着说："和哥伦比亚谈合作，比把醋栗果冻钉在墙壁上还要难！"所以，你可以说他们夜郎自大，但哥伦比亚国会还是全体一致拒绝了《海约翰—埃尔兰条约》。

罗斯福现在有三条路可走：放弃整个运河计划；回归尼加拉瓜路线；或是让巴拿马不再是哥伦比亚的领土。包括克伦威尔在内的法国公司关系人在纽约的华尔道夫（Waldorf Astoria）饭店举行了一次秘密会议，密谋巴拿马革命；同时罗斯福也决定走第三条路。那些"愚蠢、只会杀人的腐败者"怎么胆敢阻挠这样一个对全人类都有好处的伟大计划？因此比诺-瓦里亚回到巴拿马城，对白宫的支持信心十足。（罗斯福后来说："如果他连白宫的意思都猜不到，就实在太笨了。"）数月之间，比诺-瓦里亚招募了一群志士，包括美国侨民、铁路工人，以及受贿的哥伦比亚军人。美国领事承诺支援他们，巡洋舰"纳什维尔"号（*Nashville*）也会适时出现。罗斯福说，我们要"信任上帝的旨意，也随时准备好"。

这次是美国典型的境外阴谋，虽然进行规划的是一个法国人，而带头的是巴拿马人，如铁路医生曼努埃尔·阿马多尔·格雷罗（Manuel Amador Guerrero）等。巴拿马人之间本来就有不少独立的呼声，波哥大拒绝了运河计划，更粉碎了巴拿马经济繁荣的前景。但全世界的人都知道这项阴谋，因此在造反者宣布巴拿马独立的那一天——1903年11月3日，哥伦比亚军队已经抵达巴拿马的科隆了。叛变差一点功败垂成，幸好格雷罗的太太欧莎夫人（Señora Ossa）提出了一个解决危机的方案。他们派出代表坐火车抵达科隆，佯装要投诚，把哥伦比亚军队的上校骗出来。当然，一到巴拿马城，这位上校就接受了一瓶好酒和价值8000美元的黄金，然后叫他的军队开回去。美国领事发出电报："今晚6点起义，没有伤亡；政府将在今晚成立。"

海约翰立刻承认了这个新独立的共和国。一个星期之内，巴拿马外交部长比诺-瓦里亚抵达华盛顿，准备缔结条约。比诺-瓦里亚后来说那份条约是他自己写的，但事实上美国在11月10日前就已经备妥草约了。比诺-瓦里亚是就这份草约加以修改的，像是拒绝把科隆和巴拿马城包括在运河区内等等。但他把运河区的主权让给美国，是连《海约翰—埃尔兰条约》中都没有提出的优厚条件。埃尔南多·德索托·莫尼（Hernando Desoto Money，民主党，密西西比选出）参议员下结论说："从来没见过这样的让步，简直像是我们自己写的一样。"海约翰和比诺-瓦里亚在11月18日签约。法国人拿到4000万美元，新开国的巴拿马则拿到本来要给哥伦比亚的1000万。11月底，一封电报抵达巴拿马城："谨知会市议会及执政团：我很荣幸将你们送来的共和国国旗呈给罗斯福总统。我说美国绝不会背弃立国时的独立钟，而巴拿马举国因为深深感念爱戴总统阁下，特献上他们宣布独立时，最珍贵、神圣、最有历史意义的第一面旗帜。"这面国旗是由巴拿马国母欧莎夫人设计的，而电报则是由巴拿马的教父——克伦威尔——发出的。

罗斯福对巴拿马倒没什么良心不安。他有一次问国务卿伊莱休·鲁特（Elihu Root）："别人的指控，我都解释清楚了吗？我是否已经作了合理的辩护？"鲁特不怀好意地笑笑："当然了，总统先生。你已经表现出被控诱拐，结果却充分证明犯下强暴罪了。"但把《海约翰—比诺-瓦里亚条约》呈给参议院时，罗斯福坚持认为："如果没有11月3日的巴拿马革命，我一定就是犯了愚蠢加软弱的罪，而且对不起国家……事情的发展已经证明，这条运河不能由私人企业来建，或由别的国家来建；它一定得由美国来建才行。"

马汉已经说过，只因为他不是孤立主义者，所以就变成帝国主义者了。世界本来就是遵循帝国主义的法则在运行，而美国的力量还没有强到能迫使其他国家改变这种法则。也许以后会有那么一天，但要强盛到那种地步，唯一的方法就是先根据游戏规则去玩，然后玩得比其他对手好。马汉对教堂会众说："诚实的冲突显然正是一种进步的法则，不论我们如何解释冲突的来源——出自上帝的旨意，或是源于人类的不完美。"不管怎么说，运河就是自己的最佳辩护。"我不会再说'我将这么做，愿上帝帮助我'，我只会说'我将帮助上帝这么做'。"

进步帝国主义的精神，罗斯福也不可能讲得比这个更清楚了。

即使承认巴拿马运河是给人类的礼物，也不追究所使用的方法，但要在地表上如此大动工程，势必不会让普天同庆。一条巴拿马运河意味着一支纵横两洋的美国海军，在太平洋所引发的效应就不可避免地对上日本。巴拿马运河开工的那一年——1904 年，日本就已经准确地看出这条假称是邻近工程通路的运河，究竟对远方强权有何意义了。巴拿马运河不就等于水上的西伯利亚大铁路吗?

第50章　旅顺港，1904

“俄国人已经来到了太平洋。当然，几十年来，世界已经稍微意识到，有个穿着灰蒙蒙的军装的身影，伫立在太平洋冰冷的海岸边。尽管它的比例庞大，外貌却十分模糊，晦暗不清。北极的雾气包围着它，使得它看来不过是一个在沙皇的结冰港边戍守的卫兵……这个世界，尤其是美国人的世界，全然没有注意到这个可怕的幽灵，在它的出现造成震撼之后，只剩下引不起人们注意的老生常谈而已。”这是印第安纳州的共和党参议员艾伯特·贝弗里奇（Sen. Albert Beveridge）在1901年经由西伯利亚大铁路环绕世界一周后，在《星期六晚报》（*Saturday Evening Post*）的撰文中的话，尔后他又出版图书，意图提醒美国人，俄国人出现在太平洋一事值得警觉。

贝弗里奇为小农之子，他进了现在称为德堡（De Pauw）的大学，后来又在印第安纳的首府开业当律师，后来更成为一名罗斯福进步帝国主义（Roosevelt's Progressive Imperialism）的代言人。在参议院的两届任期内，他力主管制公共事业、童工法、肉类检疫法与森林河川保护，他主张的外交政策是“美国优先，不仅美国优先，而且是唯一的考虑”。但美国在太平洋势力的竞争中，却可能因为无法抵抗俄国大陆上的优势，而面临失去未来竞争力的危机。所以，贝弗里奇决定亲自到那里去观察看看。

“如果把德国和法国的领土加在一起的话，约略稍大于泛称为满洲的中国东北三省……宾州、纽约、新泽西以及整个新英格兰加起来还不到满洲的一半，而且资源也不及满洲丰富。”贝弗里奇估计，满洲可以养活5000万人口，然而当时那里的人口却不到1500万，而“俄国为了各种实际的目的，巧妙地紧抓住每个可以控制满洲的机会”。义和团一度奋起抵抗俄国势力，但据这位参议员的说法，根据历史经验，一旦俄国下令镇压，叛乱就不会再发生。“虽然俄国文化有许多缺点，但它所拥有的优点也显著得惊人，其中最重要的一点就是它的稳定性”。

贝弗里奇教导美国人认识这些俄国人的优点：他们在困苦环境中的勤劳与耐性，让他们成为其他人望之却步的土地开路先锋。但是贪婪并非他们唯一的动机。在季风吹袭下经过筋疲力尽的一天旅程后，他坐在嘈杂的俄国人之间聊了起来。“突然间一阵军事的、不和谐的号角声划过黑夜……人们的谈话骤然停止。每个军官都在胸前画十字，整个夜晚充满着祈祷的情感与气氛……滚吧，你这个怀疑大胡子军官真诚的人，当你听到人们还在吟唱赞美诗的时候，好好地看看这些人的面孔吧……而且，不管你怎样推论，你都不可能否认，这的确是俄国力量的关键所在，俄国政策的有效工具”。贝弗里奇发现旅顺港的指挥官阿列克谢耶夫上将（Admiral Alexeiev）与在沈阳的格罗杰科夫将军（General Grodekov）“显得非常坦白、开明，而且完全不受舆论所左右”。这两位都是单身汉，“忙得无法结婚”，他们以一种“美国生意人的方式”来治理他们的帝国。的确，俄国人“在建造铁路方面不如美国人”，但他们的人数、纪律与信心，才是他们的优势所在，一位军官告诉贝弗里奇：“是的，或许你们现在比我们更强大、更富有，但明天我们一定会比你们更为强大——是的，甚至比全世界都更强大，因为未来是站在斯拉夫人这一边的！”

贝弗里奇写道：“唯一有可能将俄国从中国东北驱赶出去的，只有日本的兵力、日本的战舰与日本的武器，日本民族在俄国威胁的刺激下，引发了狂热的作战准备，因为他们坚信，沙皇已经夺去了日本天皇的在历史上的最大胜利和最高荣誉。”俄国人则有信心可以打败他们，并且取得对中国商业的控制，很快地就可以达到“一年10亿元”。引起这场竞赛的原因是什么呢？贝弗里奇沿着西伯利亚大铁路探寻这个问题的答案。他发现西伯利亚的开发水准参差不齐，但绝非如美国人所想象的，是由集中营的大量奴隶所完成的。到处都可以看到儿童，据一位同行者表示：“看看这些人们多么强壮啊！他们的面色多么红润，肩膀多么厚实啊！”当一位英国人发牢骚说“他们不过是一些像牛一样的人”时，贝弗里奇问一些西伯利亚人，是否希望能有投票权，这位参议员的记录上是这样写的：“他们哑口无言，根本不知道那是什么意思。”国家似乎控制了一切，“的确，俄国政府基本上可以说是共产主义式的”，因为那是“俄国人的天生态度、自然倾向”。

如果一个俄国人内心真正想要的不是他的自由的话，那他到底想要什么呢？其实这个问题的答案就藏在每个铁路车站、每间农舍、每个沙皇官员的办公室内、各个工厂的会议室中，以及缙绅们的宫廷、卖伏特加的酒店里与“罪恶的最深处”——每个地方都悬挂着救世主、圣母玛利亚和一些俄国圣者的肖像。“这是一种本能的、深沉的、民族的宗教情感的外在可见的表征，这

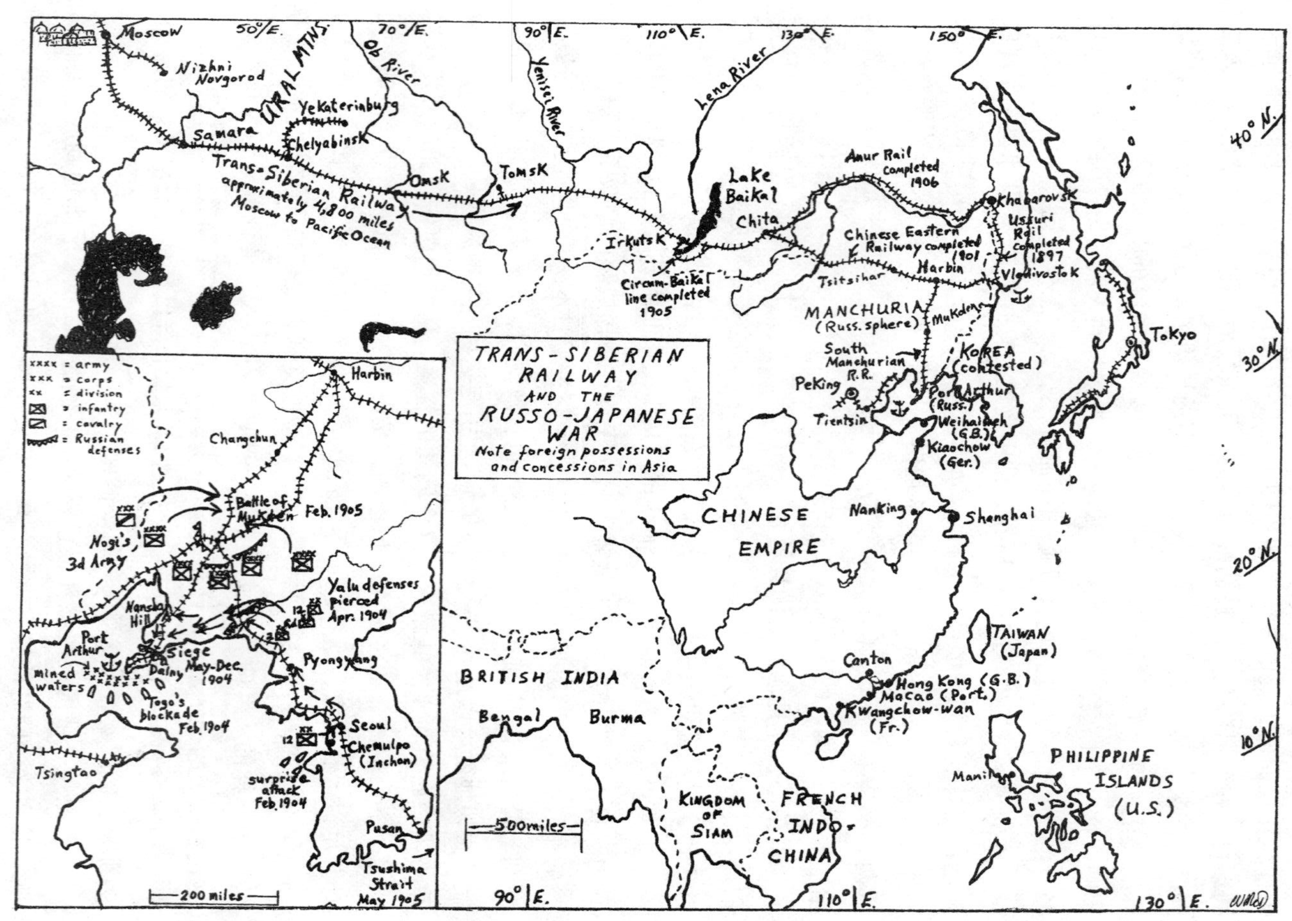

西伯利亚大铁路与日俄战争。

种宗教情感，并非任何具体信仰的理性概念……并非说俄国人不迷信。俄国人迷信，只不过他们也有真诚的宗教情感。”有些事情在美国人看来，只不过是自身的机智或是运气，对俄国人来说却总是变成“这是我每天的工作。我觉得很快乐，我希望我对我的国家以及沙皇能够有所贡献。至于会走向何处，那是操在上帝手中的事”。贝弗里奇写道，认为俄国人受到专横的神职人员迫害是一种极大的错误，因为“绝对没有那回事，相反，是俄国的神职人员受到人民的迫害，俄国的教会其实就是一般人民的教会”。对于俄国人而言，“上帝的存在是一个事实，在宇宙中最伟大的一个事实”。

但除此之外，贝弗里奇还察觉出一种部族主义（tribalism）。“在俄国的政治家心目中唯一重要的一件事，就是民族。财政部长维特所关心的是俄罗斯民族，神圣教会（Holy Synod）的波贝朵诺斯切夫（Pobyedonostseff）关心的是俄罗斯民族，在环贝加尔湖的西伯利亚地区的格劳迪科夫（Grodekoff）关心的是俄罗斯民族，海上的阿莱谢耶夫（Alexieff）关心的还是俄罗斯民族”。这就是为什么伟大的俄国领导者——如小说家托尔斯泰、技术官僚维特，以及宗教部长波贝朵诺斯切夫等人——虽然在政治、经济与文化方面各持己见，但却都能一致地保持俄国的民族特色。例如托尔斯泰，虽然他呼吁全体俄国人都仿效基督的行为，却否认基督的神性，而提出一套贬抑自由意志的历史决定论。贝弗里奇还发现这位有怪癖的贵族，爱穿着农民的裤子和靴子。他向来习惯于驱使或拒斥他人，“他的心里从没有与他人妥协或争辩的概念，而只会对别人下命令……他从第一个句子起就不停地说着一些伟大的事情，却不给他人留一点情面”。托尔斯泰藐视教会，并谴责所有的统治者，视他们为杀人凶手；但他同样也谴责美国的唯物主义，害怕“德国人”（Dutchman）维特会以机械组织毁掉俄国的灵魂。但托尔斯泰似乎没有追随者。一位贵妇告诉贝弗里奇：“你知道的，他们说托尔斯泰忌妒基督。最后他可能会尝试着创立自己的宗教。”

另一方面，对于这位参议员来说，维特似乎是“俄国重实际的一面，以及商业、贸易的具体化身”。他预言说：“万一维特死去，成为宫廷权术斗争下的牺牲者，或者被剥夺权力，那俄国将失去一位最有才干的政治家。”然而他又判断，维特的“秘密野心”是将俄国向统治世界的方向推进。所以，这个最像美国人的俄国人同时也是目前最危险的俄国人。再来还有波贝朵诺斯切夫，据说他将俄国人民的心灵囚禁在一座宗教的监狱中，他像是宗教审判官一样。贝弗里奇出乎意料地发现，波贝朵诺斯切夫是一个偏向世界主义（Cosmopolitan）的知识分子，他不但遍读欧美大作家的作品，而且还特别偏好爱默生。这到底是个怎样的人啊！“他不相信民主制度，也不认为有必要为俄国的独裁而道歉，他甚至不想去为它辩护，他主张那是政府唯一正确的原则。”波贝朵诺切斯夫写道，美国人总以为自己在统治自己，但民主制度是骗人的。一小撮寡头政治的上位者选择候选人，买下人民的选票，然后操纵政策的走向以符合自身的利益。就算一个正直的人能进入政界，他也待不了太久。政客们总是把所有的时间都花在追求权位上。新闻自由是另一个幌子。新闻记者就像寡头政治里的政客一样，都是自私自利的，随时可以被收买。美国人宣称新闻能够反映民意，但那不过是谎言罢了，因为“根据经验，在任何情况下，金钱可以吸引有才能的人，而这些有才能的人将依照付钱老板所要求的来写新闻”。

根据波贝朵诺斯切夫的说法，沙皇的利益是在所有人民琐碎利益之上的，并且他以人民之父的姿态来进行统治。当然，他的权威绝不能遭受质疑，这也就是为什么人民必须要有一个“坚定信仰”的原因。更进一步，此信仰必须是东正教，因为历来的教皇早已屈服于西方个人主义之下，并且背叛了教会的原始精神。而各个不同的新教派别也对沙皇感到十分厌恶。沙皇曾问，你们难道不是信仰救世主的基督徒吗？那为什么有这么多的卫理公会（Methodists）、长老教会（Presbyterians）和公理会（Congregationlists）？虽然波贝朵诺斯切夫对西方启蒙运动多加责难，不过他还是相信，维特所提的加强俄国科技的计划，就抵抗外国势力而言仍是必要的。然而他却不渴望使俄国成为“世界统治者”。相反，俄国只有将西方的颓废风气与东方的异教拒之门外，才能保护自己。他说：“俄国不是一个国家，俄国本身是一个世界。”

谁能掌握这个“寄望于来世”的民族之未来呢？是托尔斯泰这位文化的理想主义者，还是技术官僚维特，或是反启蒙主义者、专尚权力（obscurantist authoritarian）的波贝朵诺斯切夫？贝弗里奇并不知道，但是对美国人而言，俄国“抵达太平洋岸，睁着蒙眬的睡眼望着大海”，此事关系非常重大。贝弗里奇也不知道，托尔斯泰对于战争的灰色预言、波贝朵诺斯切夫的革命，或是维特的战争与革命究竟哪一个会较快实现。即使这位参议员努力观察，他仍然有所疏失。他只看到成千上万强壮的先锋打着上帝和沙皇的旗号在中国东北开拓，却几乎没有提到任何有关日本的事。

为什么沙皇尼古拉二世没有像他1902年所说的撤出中国东北呢？他真的相信捍卫基督教和文明是俄国在亚洲的使命吗？他难道认为俄国人不敢在“黄种人”面前自毁立场，因为如此一来，俄国便会在世界政坛失去尊严？他是被一派野心官员驱使、说服而如此粗心大意的吗？有证据显示，三种解释全都可以成立，而且彼此之间也不矛盾。进一步说，许多事件的共同趋势将他向东亚推进。在1877—1878年的土耳其战争之后，欧洲列强持续封锁俄国在巴尔干半岛的扩张，俾斯麦甚至在俄国的欧洲边界上组成了一个坚固的联盟来围堵俄国。但在亚洲方面，俄国所面对的是比自己更为落后的民族，并且自19世纪50年代起接连取得胜利。于是别佐布拉佐夫告诉沙皇："俄国应放弃维特那些只会导致俄国陷入困境的胆怯政策。"因为日本绝对不敢开战，所以俄国不会因此而被指责为好战分子，而只能说是在保卫俄国自身的权利。另外，俄国的盟友法国，将会阻止英国介入中国东北的争端，同时德国皇帝也鼓励沙皇在亚洲发展。所以在1903年，尼古拉在修道院出现时，他已有了一套崭新而又充满自信的计划。他免除了维特的职位（沙皇写道："现在由我来统治了。"），拒绝在势力范围上与日本妥协，并且赞成别佐布拉佐夫对朝鲜的商业侵略。到10月时，俄国的意图似乎已十分明显，因为当10月来临之时，也就是俄国自中国东北撤军的最后期限，司令阿莱谢耶夫反而增强了沈阳的兵力，并驱逐了当地的中国部队。不过当然，沙皇错了。即使日本人害怕无法打胜，他们也不得不遏制俄国的优势。

如果我们能够了解明治政府的处境——它的民族自尊与对民族平等的要求，它视朝鲜为威胁着"日本的致命要害"，由各个独立的军阀所发挥的影响力，因列强三国干涉而"被骗取了"旅顺所产生的痛苦——我们就不需要为"日本为何要与俄国作战"这个问题寻找其他理由了。但是另外有一个原因也是非常重要的，一位耶鲁的日本学者在为日本政策辩解时，就先花了很长的时间讨论这个原因。他说，对于扩张中的都市型国家而言，朝鲜和中国东北不仅是战略上重要的缓冲区，更是不可或缺的粮食供应区。在1875年到1903年间，日本的人口从3400万增加到超过4600万——每年增加超过1%！并由于"日本的农业与农民的生活情况都非常糟糕"，所以如何能喂饱每一张嘴，就成了这个国家最大的挑战。一旦"东亚的市场关闭，日本民族的生活就会瘫痪，因为如此一来，不断增长中的人口便会严重地缺乏食物与工作机会"。现在，俄国违反了条约的规定与门户开放政策，掠夺了中国东北，所以国际间应该了解，日本不能容忍这样的事发生。

令人惊讶的是，日本竟能忍耐这么久的一段时间。但首相桂太郎（Katsura Taro）因担心战争的后果而固守惯例，等到政客、元老、军阀以及民众间的共识出现为止。出色的哈佛法学院毕业生、外相小村寿太郎同样倾向强硬政策，但他很谨慎地延缓了冲突，直到世人都明了侵略者是俄国，而不是日本为止。所以在1902年到1903年间，日本提议"满汉交换论"政策（Man-kan kokan

Policy，满洲归俄国，朝鲜归日本），并计划建立一条横跨鸭绿江的约80公里宽的非军事区。然而他们并未能邀请到门户开放政策的提倡者——即英美两国——来支持他们的交换计划。如果能够联合白人强权，或许可以说服沙皇放弃，因为这样做可以使沙皇免除单独与日本妥协的耻辱。然而实际上，俄国根本对日本的提议嗤之以鼻，而桂太郎所寻求的国内共识终于在吵嚷声中出现了。

许多年来，日本陆军与海军不断对俄国持续加强对中国东北的控制、渗入朝鲜以及强化其亚洲舰队等举动提出警告。但时间并不站在日本这边。据情报指出，在1903年的后半年，有超过3万名的俄国部队进入东西伯利亚。到11月时，俄国拒绝与日本签约的举动激怒了一般民众。日本几家主要报纸开始反对与俄国签订条约，即使俄国现在同意，他们也不愿意接受了："以踌躇不定的外交手段与羞辱的条件来解决中国东北问题是没有意义的，这不是我们国家所要的。"通常较为谨慎的商业领袖也开始谴责这种胶着状态。日本需要掌握对朝鲜和中国东北的经济管道，就像三菱公司的一位主管所说的，人们"吓得不知如何能寻求安全感"。更严重的是，他们现在相信，战争一旦胜利，将可点燃经济复苏的火花。最后，国会的政客们就像平常一样，很敏锐地批评外交政策上的懦弱无力。1903年12月，反对党通过一项决议，谴责内阁的"失政"，因为他们未能与民意相结合。军方、新闻界以及政治圈等各方面皆显示出，桂太郎与小村目前可以，或者说必须要将国家带向战争。

1904年1月4日，东京方面接到了俄国的最后提议。俄方要求日本承认中国东北为俄国的势力范围，以换取俄国对门户开放政策的尊重。提议中未谈到朝鲜问题。日本内阁与元老（即使是年迈的伊藤博文，也希望能够阻止这场战争）认为俄国并没有足够的诚意，但他们也知道日本只有两种选择：勉强同意俄方提议，并且眼睁睁地看着自己的军事、经济地位就这样消失，或是以武力将俄国人逐出朝鲜与旅顺港。但他们有能力办到吗？从俄国有110万常备军，而日本却只有18万兵力这项事实来看，似乎是不太可能的。可以确定的是，俄国人没有办法靠单轨的西伯利亚大铁路来部署或补给这100万人的军队。但日本的所有部队与军需补给却可以利用海路输送，其距离仅是俄国太平洋舰队距离的十分之一。不过日本海军的力量也未必能占上风。加上两艘据了解正经由苏伊士运河前来的船只，俄国的太平洋舰队总共有9艘战舰及5艘武装巡洋舰，而日本海军则有6艘战舰及6艘武装巡洋舰。不过日本船只较为新颖，也比较靠近本国的港口，同时他们船员的训练也较好。但俄国人可能会计划集中他们的舰队，发动一次决定性的攻击，在一下午内就取得对日本海的控制。所以日本的海军将领们渴望能有多一点时间，而且他们的部队除了朝鲜南端以外，没有其他地方可以确保安全登陆。海军司令东乡平八郎说，无论如何，日本必须要能没有预警地就先发制人。这是唯一能让海军得胜的手段。

日本在1904年1月13日对俄国提出最后的议案，要求俄方能够妥协。俄国人没有回应。他们更以3队从西伯利亚动员来的大军突击鸭绿江，并下令另一艘战舰开往太平洋。2月4日，明治天皇召集了一次战争会议，没有一位内阁成员或元老敢担保可以取得胜利。陆军方面判断有五成机会可以打败俄军；海军方面则相信可以摧毁俄国舰队，但可能也要付出损失一半的代价。然而，所有人都同意，他们绝无法再忍受任何被视为和平的举动。伊藤博文哀伤地说："我们必须打这场仗，即使要付出我们整个民族的代价，但坦白说，我不敢期待任何胜利。"

隔天日本就断绝了与俄国的外交关系，并有两支日本舰队开往预备作战的海域。一队航向靠近汉城的朝鲜海岸仁川，另一队则直接驶往旅顺港。2月8日，日本船只潜入仁川，并诱使俄国"高丽"号（*Koreetz*）炮舰与"瓦良格"号（*Varyag*）巡洋舰落入圈套。但俄国将领并未投降，他们选择硬杀出一条生路。"愿上帝保佑我们！让我们向上帝祈祷，保佑我们能勇敢地为我们的信仰、我们的沙皇和神圣俄国而战斗吧！"当他们航向日本战舰时，在港口的英国与美国水手纷纷为他们喝彩打气。3小时过后，"高丽"号与"瓦良格"号的船身被划破，剧烈地燃烧着，四处零乱散布着尸体。两艘战舰缓缓驶回港口，最后终于沉入海中。日本士兵则高喊着"天皇万岁"，第一批入侵的日本水兵成功登陆朝鲜半岛。

旅顺港并不知道战争已经开始，因为日本人切断了通信管道。不过这也是由于俄国人训练上的马虎所导致的，即使得知敌人的进攻已迫在眉睫，他们的船只仍会静止不动，直到日本人出现为止："他们可以说完全是一团混乱。"在发出鱼雷攻击后，东乡司令的5艘战舰驶入作战区域，记录显示击中了4艘俄国战舰。此外，日方还将一艘捕获的战舰"萨利维奇"号（*Tsarevich*）拖到了岸边。此时阿莱谢耶夫才明了他们在旅顺只拥有一个船坞的后果，而且这个船坞竟然还小得不足以停泊一艘战舰。所以俄国的舰队虽然被水雷与岸边的炮台保护得完整无缺，但是却仍旧在这个非常温暖的港口里。一位年轻的海军上尉说："我们就快要知道我们是怎么死的了。"另一位高级军官回答说："这是我们的专长，但很可惜我们死得毫无意义。"

事实上，俄国舰队根本没有执行任何任务的准备。从一开始，他们就被分为旅顺港和符拉迪沃斯托克两边，彼此要会合时都需经过对马海峡，而如此一来必将遭受猛烈攻击。出身陆军的战争部长库罗帕特金认为海军是一种金钱上的浪费，并相信仅由陆军的力量便足以守住中国东北。即使是海军司令奥斯卡·斯塔克（Oscar Stark）——太平洋舰队的指挥官——也没有可以突破封锁的应变计划。而这正意味着俄国让日本能在战争刚发动的前几个关键星期中，就完成了主要目标——控制当地海域以便运送他们的部队。所以日本人召集后备部队，动员全国的商船，更将50万名人员成功运到中国东北岸上。

当消息传来时，沙皇尼古拉写道："这是场未经宣战就开始的战争，愿上帝保佑我们。"在此战役中，沙皇所作的唯一正确决定，便是解除了斯塔克的指挥权，改由斯捷潘·奥西波维·马卡洛夫将军（Adm. S. O. Makarov）来支援。马卡洛夫是另一个白令、穆拉维约夫，或者说是另一个维特：一个有着异常天才与过人精力的人。他是马汉的信徒，同时也是一位科技发明家，他曾经监督制造了全世界第一艘破冰船。他还是一位领导者。当马卡洛夫抵达旅顺港时，水手们纷纷在胸前划十字，并高呼他为他们的"小祖父"（little grandfather）。他立刻展开加强防卫的工作并亲自率领一只突击队去解救遭到水雷攻击的驱逐舰。连续的严格训练，使得原本气馁沮丧的水手们再次相信他们可以痛击日本。

东乡司令知道这些改变，他也明白日本不见得能够继续控制海域。所以他下令增加旅顺港外的水雷布置，并将舰队留在附近海上待命，以防俄国突围而出。4月13日，俄国舰队真的发动了突击！一艘俄国驱逐舰消失于雾中，并瞒过了日本的驱逐舰队。马卡洛夫领着他的旗舰"彼得罗巴甫洛夫斯克"号（*Petropavlovsk*）与其余4艘战舰经过水雷区，准备援救受困的俄军。然后东乡的战舰出现了，俄国舰队沿着原来的路线退出水雷区。两颗强力水雷突然爆炸，烟雾四处弥漫，扩散到云层以外的高空，以及"彼得罗巴甫洛夫斯克"的船尾，不到一分钟它就沉入了海中，船上有630人，其中一位是马卡洛夫。一位日本舰长写道："我们吓了一大跳，但同时也不自觉地高喊万岁！"这种没经过什么努力就获得一场大胜的感觉是很奇特的。当日本人对敌方领袖之死沉思默想时，万岁的声音变成了"同情的低语"，而后这些尴尬的人们又转而有些矫揉造作地分析所发生的事。

两星期后，日本陆军攻打鸭绿江。西伯利亚步兵队盘踞在北岸的断崖上，看来似乎无法攻击。不过他们饱受冬雪之苦，动弹不得，粮食也已不足。日本工程师在俄军可以察觉到的情况下，搭了一座跨河的桥。但他们完全没有想要利用这座桥。俄国疯狂的炮兵朝着日军的伪装工事猛烈开火，但这只会暴露出他们炮台所在的位置，而日军却是将120毫米的克虏伯制榴弹炮（Krupp-built howitzers）费力地拖上了看似高不可攀的峭壁。然后日军又从俄军完全未料想到的地方渡河，对俄军洒下枪林弹雨，压制了俄军的英勇反击。日军又蜂拥而入断崖后的峡谷，封锁了俄军的退路。俄军的联队中，西伯利亚第11步枪队被俘虏，这是支由一位身着黑袍头戴黑冠的教士所带领的部队，这个教士还将他的十字架高举在空中。如今，日本拥有了一条清楚的路线，可以由沿海低地直达广东的雷州半岛，还有一条通往沈阳与俄国的铁路。

日本的两艘战舰在5月遇上水雷而沉没，勉强可算是俄国小胜一次。但旅顺港仍处于封锁状态，然而日本陆军已由鸭绿江向辽东半岛的峡湾前进了约241公里。5月底，日军在炮艇及重炮兵连的支持下，袭击了此处的南山（Nanshan Hill）。在这场战役中，日军所耗费的弹药比整个甲午战争所使用的还多。人海战术最后终于击败了苦撑许久的俄军，到7月时，日军顺流而下到达辽东半岛，围攻旅顺港。这表示俄国舰队有遭受后方陆面炮击的危险，取代马卡洛夫的新指挥官威特赫夫特（V. K. Vitheft）知道他必须赌一赌。他的首支突击队在7月底时已在水雷区扫出了一条通道，而这就给了东乡可以缓冲的时间。当日本船上的烟囱出现在海平面上，威特赫夫特就放弃了这个企图。8月，俄国在旅顺港和符拉迪沃斯托克的舰队都张帆起航，希望能在海上会合其武力。但东乡以更优势的力量逮住了威特赫夫特。当俄军企图逃往北方时，双方势力互相牵制了约数小时。在这场黄海战役中，日军的炮火再次幸运地直接命中旗舰“萨利维奇”号的司令塔。威特赫夫特身亡，俄国的其余战舰因为群龙无首而陷入一团混乱。比前任指挥官谨慎许多的东乡司令打破协议，派遣他的鱼雷艇准备彻底摧毁俄国舰队。但他失败了。“萨利维奇”号以4海里的速度逃往胶州，由德国保护，其余的则由在西贡的法国或在上海的英国所保护。剩下的返回旅顺港。符拉迪沃斯托克的舰队并没有比较幸运，只有一艘逃走，由船上反叛的船员开往圣弗朗西斯科接受保护。

旅顺港的战事从8月19日开始。这次日本的指挥并非军事天才，而是战争狂热分子乃木希典（Nogi Maresuke）将军——一个复仇恶魔的化身。他的军事生涯可追溯到1877年的萨摩藩叛乱，当时他在一次失败后曾企图自杀。如今他带领他的部队投入战争，并召唤甲午战争中死去的日本士兵灵魂。俄国人曾经从他们手中偷走了旅顺港，现在乃木的军队要为他们洗雪旧耻。乃木派遣5万大军，要他们在长达4个月围攻中，正面攻击壕沟里抵死挣扎的俄军，结果日军的死伤极为惨重。不过日本的损失可以借由短程的海运补充，但俄国却不可能期待救援，因为俄军在陆地与海面的通路都被截断了，日军却跨过沈阳铁路，加强了他们的防御工事。

最后，11月27日，乃木指定“203高地”为旅顺港的防御重点，将所有榴弹炮与机枪集中于此。继之而来的，是一星期难以形容的血腥进攻与反击，直到12月5日俄国人弹尽粮绝为止。俄军开着在港口仅留的船只仓皇而逃，与日本“猴子”展开谈判，最后终于在1905年1月3日放弃了旅顺港。“俄国人来到了太平洋”就此告终。

第51章　新罕布什尔州的朴次茅斯，1905

东乡司令在旅顺港对俄国舰队开火时，美国老罗斯福总统正为太平洋的权力平衡扮演调停人。不过美国并不会涉入战事，罗斯福于此年以前就曾写下：“俄国人和我们一样明白，我们是不会为了中国东北而战的，原因非常简单，因为我们没办法打。”而且，美国之所以扮演仲裁调停的角色，是因为它在这些列强之间，的确是十分中立的。威廉二世曾利用投机手段，怂恿沙皇投入战争。如果俄国得胜，德国或许可以在瓜分中国上分一杯羹。如果俄国失败，德国也可以恐吓分崩离析的法国，要法国在非洲让步。就法国与英国而言，他们分别与俄国及日本结盟，所以他们几乎不可能调停战争。

因为交战的俄国与日本都仰赖欧洲，使欧洲无法完全置身于战争之外。俄国与日本两国都不可能只靠自己本身贫乏的资源就能长期作战，他们都需要大量贷款。俄国可以依赖法国。但在1903年12月，日本向英国寻求资金援助时，首相阿瑟·贝尔福（Arthur Balfour）却予以回绝，理由是资助日本作战，在道德上就是“战争的行径”。不过在日本获得初步胜利，英法协约也达成之后，他就改变了他的道德神学。伦敦的银行家后来在1904年5月释出1000万英镑作为日本战争保证金，11月又释出1200万英镑。如此一来，英法两国政府虽然表面上保持中立，但实际上却承担了日俄战争的费用。

罗斯福本人较为偏向日本。盎格鲁—撒克逊国家中所流行的观点是，勇敢的小国日本（他写道：“是勇气的化身。”）奋而对抗俄国熊。但罗斯福也注意到北太平洋的未来，他知道，日本攻打俄国，也就是“无意中帮助了我们的计谋”。对美国来说，最理想的结果是让俄国与日本两国彼此打得筋疲力尽，如此一来“也就不会出现危险的黄种人或斯拉夫人，而和平可以真正降临”。所以，如果俄国获胜，“世界文明将遭受巨大灾难，俄国作为一个远东强权所造成的破坏，在我看来，也是非常不幸的事……最好的办法是让他们和日本面对面，以便使双方都能作出适当的举动”。而两国的权力平衡能否出现，则全凭美国而定。

但只要旅顺港未来的命运仍未确定，交战双方便都不可能有机会考虑和平谈判。就交战双方而言，初期的胜利总会变成要求更多胜利的野心，而初期的失败则会希望能够扳回局面。日本在1905年新年期间所赢得的胜利，甚至超出他们自己的预料之外，所以日本军方与新闻界这时都觉得日本有可能彻底摧毁俄国。即使注重现实考虑的首相桂太郎，竟也幻想着一种建立在让日本控制朝鲜、旅顺港与中国南满铁路，俄国完全撤出中国东北，将库页岛割让给日本，以及俄国支付大笔赔款等梦想之上的和平。就沙皇尼古拉而言，他誓言“持续战事，死拼到底”，而不与“小猴子”（little monkeys）谈判。1905年2月，维特明确提出建议：如果沙皇能够力争和平，但却被日本拒绝，则俄国人民将会重新团结起来支持他，但若俄国拒绝和谈，所造成的结果将会是在国外受挫并引发国内革命。罢工与农民暴动都已然发生。旅顺港失陷后，超过20万人在冬宫（Winter Palace）示威抗议，直到哥萨克骑兵与卫队在血色星期天（Bloody Sunday）射杀上百人为止。但是维特的建议“对沙皇一点作用也没有”，罗斯福的第一个外交政策也落了空。他希望春天时会比较幸运。

我们知道，尼古拉二世视俄国在亚洲的扩张为他个人的使命，而且他又对日本武士特别怀恨在心。他的夫人亚历山德拉（Alexandra，她在1904年8月为沙皇生了一个患血友病的儿子）、他的伯叔们与王公贵族也都鼓励他继续打下去。现在来看，沙皇的顽固简直就是自取灭亡。主战派主张，沙皇想要对抗社会的不安，所需要的就是战场上的胜利，而非外交上的挫败；日本的胜利即将不保，而俄国的人力资源仍占优势；而且只要海战的结果还不确定的话，和谈也就不宜贸然举行。

1904年6月，沙皇决定下令将波罗的海舰队调往太平洋。同样的，这个决定也经常被嘲笑说迟了4个月。但实际上，要将一支庞大的舰队调动超过约2.9万公里（如果真能办到的话），也要费上几个月的工夫。负责的指挥官竟然还自夸说：“远在军队到达之前日本人就会投降。”不过事实上，俄国和其他人一样，都期盼战争不要拖延太久。所以我们可以很合理地说，俄军的迟缓是场悲剧。没有准备好舰队以应不时之需，才是不合逻辑的，因此也就只能说是悲剧了。而罗日杰斯特文斯基将军（Adm. Z. P. Rozhdestvenskii）从舰队开始移防之初就有计划要留名青史。他是个身材高大、精力充沛的指挥官，留着和沙皇一样的胡子，他会因为一时兴起就开除或提拔下属。他认为他的副指挥官德米特里·弗尔克桑（Rear Adm. Dmitry von Fölkersam）是“一堆狗屎”。所以他的部属会对他恨之入骨并背叛他，也就不足为奇了。俄国的补给仍然非常不足，贪污又严重，以致当舰队最后终于在10月16日起航时，已落后预定的进度达两个月。

罗日杰斯特文斯基的波罗的海舰队，现在已改称为第二太平洋舰队，包括7艘战舰、几艘巡洋舰与护卫舰，共有船只50艘与人员1.2万名。司令官在3块大陆间指挥着舰队，但俄国在这些大陆上根本没有一个基地或加煤站。因此，当俄国舰队还在波罗的海时就大出自己的洋相，他们面对行径迂回的敌人时，竟变得异常偏执，以致将每一艘商船都幻想成是日本的鱼雷艇。在离开北海后，"堪察加"号（*Kamchatka*）工作船上的人员集体陷入歇斯底里状态，对他们所谓的敌人发射了296发炮弹，还击沉了4艘英国渔船。舰队在丹吉尔（Tangier）一分为二，一小队由弗尔克桑领军，向苏伊士运河前进，另一小队由罗日杰斯特文斯基领导，继续航向南方的好望角。12月28日，也就是旅顺港投降之日，他们在法国殖民地马达加斯加海外重新会合。船队在此下锚停泊了3个月，最后决定为解救符拉迪沃斯托克而继续前进，并纳编黑海舰队，以便补充在旅顺港损失的船只。当罗日杰斯特文斯基向其他船只乞求给予煤料援助时，士气异常低落，弊病丛生的船舰都紧靠在一起，而不愿给予协助。他最后是以现金向14艘德国煤船购买燃煤，而后才于1905年3月再度起航。

与此同时，火车已载着枪支、士兵（以及一大箱一大箱的伏特加）轰轰前进，经过秋冬，穿越了西伯利亚，开往俄国在中国东北最后的据点——沈阳。焦虑得头发变白的库罗帕特金试图将沈阳变成一个固若金汤的要塞。他手上有30万大军，即使东乡的军队在旅顺港的胜利后与大山岩（Oyama Iwao）的部队合并，俄军也还是比日本军队多了两三倍。但日本人别无选择，因为他们的人力资源所剩不多，而且现在时间也对他们不利。大山选择与鸭绿江战役相似的侧面攻击策略。他的主力部队佯装向俄军正面进攻而陷入库罗帕特金阵中，然而疯狂的东乡却领着老练的步兵及骑兵队西行约48公里，然后再转到沈阳北方。当俄军指挥察觉到侧翼暴露出的危险时，日军立刻展开全面进攻。大军在3月初混战了5天，然后日军在东方的山侧突围，对俄军进行双面夹击。弹尽粮绝的俄国士兵溃不成军，蜂拥逃向后方，四处传出大难将至的流言，而一幕幕这样的景象，不断地在威士忌箱旁上演。库罗帕特金及时下令大军撤退，而大山则占领了沈阳，伤亡与被俘的俄军有9万人，日军则有7.5万人。后来俄军在离铁路约64公里外重新集结。这些残存的俄军是非常重要的，因为他们很快地就会成为沙皇手上仅剩的牌。

现在俄国还能不能打下去，就看俄军还有没有意愿。最新的失败消息传到俄国时，罢工、农民暴动与叛乱的情况愈加恶化。就世界舆论来说，沈阳之役打破了一个神话——即俄国陆上的霸权可以弥补其海上之不足。日本马上就得到第三笔3000万英镑的贷款，而巴黎的银行家则首次回绝了俄国。沙皇最后的希望现在落在罗日杰斯特文斯基身上，他的舰队正在马六甲到法属印度支那的途中，在此遇上了现在是第三太平洋舰队的黑海舰队。俄国舰队的速度之慢，才刚刚创下海军史上的纪录，如今船员又受到严重打击，心中抑郁，军官们也因为沈阳发出的报告而沮丧不已，不料又有船只因为海水涨潮而被淹没。弗尔克桑将军去世时，罗日杰斯特文斯基把事情隐藏了几天，因为他的士兵已不能再接受任何更坏消息的打击了。

俄国人知道他们的任务是没有希望完成了。他们的船得装够煤料才能抵达符拉迪沃斯托克，但这又会延缓他们的速度，使他们无法赶上等候着他们的日本舰队。正如一位少尉所说："我相信东乡不比我们笨，而且也会知道我们唯一的路线是朝鲜东岸的海湾；他一定也会使用指南针，也熟悉数学四则运算。"事实上，日军从11月起就已准备就绪。每艘可动员的商船都已武装完毕，组成了一道约225公里宽的巡逻网，日本的主力舰队也已重新装修整训，达到巅峰状态。但是当俄国舰队沿着中国海岸向北前进时，老天爷似乎站在了他们这边——天色昏暗下来。"苏沃洛夫"号（*Suvorov*）战舰的舰长谢苗诺夫（Semenov）大叫着："看啊！甚至连舰队尾巴都看不到了！其他人意外发现我们的机率只有二十万分之一……如果明天还是这样的话，我们一定可以偷溜过去的。"

不过雾气在5月27日凌晨三点半就消去了，"信浓丸"号（*Shinano Maru*）的船身也显现出来了。"信浓丸"的船长边看边数着所有看得到的船只，并下令舵手快速前进。然后他运用了一项超越蒸汽与铁轨时代的科技，一个马可尼（Marconi）的新设计——无线电，使4艘日本战舰在90分钟内就找到了拦截俄国舰队的路线。隔天下午东乡的舰队排成战斗队形时，日军的配备较占优势：日本舰队的总吨数与俄国的比例是4∶3，日方的重机枪炮有127门，而俄军只有92门。而且日军的机枪炮发射的速度较快，一次可装填的子弹也比较多。最重要的是，日军的船只速度较快，这是由于设计较先进，而且日舰所装载的煤料较少，只够战斗时使用。东乡打的算盘是，他先突然把舰队急速转向右舷，然后再左转，形成半包围的局面，直接穿过敌军舰队。他的目的是使他船舷上所有的机枪炮，都能"非常精确地"射中俄国船舰，并使得俄国只有少数船只能还击，而且只限于其前方的炮塔。然而在此策略完成之前，包围俄军的日本船舰本身，将会暴露于俄舰船舷侧面的火力之下，在舰长谢苗诺夫发现时，他简直不能相信他的眼睛："我的心脏猛烈地颤动，仿佛以前6个月在旅顺港都不曾跳过一般。祈盼能够胜利！愿上帝帮助我们！"

俄军不断朝着日舰开火，数百片弹壳掉入海中，但他们却找不到真正射击的目标。因为他们使用的不是那种击中后会脱落的正常引信，而是一种只有在击中金属物后才会引爆的延迟性引信。所以他们无法由失误中得知目标物的距离是远是近、位置是左是右！很快，日舰完成了转向的动作，“东乡回头过来了”，双方角色互换。日军向尾随的俄军旗舰与战舰开火。俄军疯狂地射击，但是他们的机枪炮一门接一门停了下来，船员的身体炸开，被活生生地烧死或者淹死。“苏沃洛夫”号首先沉没，然后是“奥斯利亚比亚”号（*Osliabia*），剩下弗尔克桑的破船在一片残骸间可怜地飘浮着。到了傍晚，“亚历山大三世”号（*Alexender Ⅲ*）和“博罗季诺”号（*Borodino*）也沉没了，日本的驱逐舰和鱼雷艇封锁了最后剩下的俄舰。几个小时内，俄国海军损失了35艘舰船，总共20万吨，而俄国海军也从世界排名第三大跌到第六。日方则损失了3艘鱼雷艇。罗斯福说：“即使特拉法加（Trafalgar）海战的胜利或西班牙无敌舰队（Spanish Armada）的挫败，也没有如此彻底。”对马海战后，甚至连德皇都主张和谈。德皇担心，如果媾和失败的话：“他们会杀了沙皇。”

日本首先回应罗斯福传达的新提议，外相小村发电报给驻美大使说：“告诉美国总统，我们现在应该可以合理地期待圣彼得堡政府会将注意力转向和平。”罗斯福以要求日方在和约的措辞上需更加严谨作为托辞，日方则向他保证可以做到。事实上，桂太郎的内阁已草拟了和约，并得到天皇的认可。草约包含将朝鲜交给日本全权处理，俄国撤出中国东北，以及让日本取得对旅顺港与旅顺港至哈尔滨间的铁路控制权。此外还包括“不绝对必要”的条件：军费赔偿，转让库页岛。美国战争部长威廉·霍华德·塔夫脱（William Howard Taft）在7月的塔夫脱—桂太郎备忘录（Taft-Katusra Memorandum）中向日本保证，美国将默认“日本对朝鲜宗主权之建立”。

为何日本政府要选在军方有可能随时发生背叛的停战期，以及新闻界对于吞并中国东北与符拉迪沃斯托克等过分要求大加挞伐之际展开和谈？原因在于，政府官员并不同于军方将领或是报社主笔，内阁有责任挑选对国家最有利的时间点，对马海战的隔日上午正是最佳时机。因为即使俄国由于内部革命而显得满目疮痍，俄国的中国东北部队也仍在战场上，而日本军队则已是强弩之末。此外，国库所剩不多，而且如果战事继续下去，日本将可能失去“正直的调停者”（honest broker）——罗斯福——的同情。

桂太郎作出了果敢的判断。此时日本在过激的政治气氛下，任何条约的内容都会被视为有所缺失。早在1904年12月他与政敌作极机密的交易时，就有考虑到这些变数。小村说，如果你们能在战争及和谈时支持我，我保证和谈完成后立刻辞职，并将首相职位让给反对党领袖西园寺公望（Saionji Kimmochi）！条件成交，小村因此得以在1905年6月10日轻松地接受罗斯福的好职务。罗斯福威逼利诱，终于使沙皇答应和谈。因为美国大使警告沙皇，如果他不接受和谈的话，将有失去东西伯利亚的危险，而如果沙皇愿意促进和平，美国仍将视之为太平洋沿岸的强权。所以沙皇虽然一方面要努力镇压1905年的革命，但他仍然决定接受和谈，并以此作为压制国内革命的手段，即使是20年后的列宁也会这么做。

罗斯福考虑以华盛顿作为和会的地点，但8月的此地太过潮湿。新港、罗德岛（Rhode Island）、曼彻斯特（Manchester）以及新罕布什尔（New Hampshire）都是可能的选择，不过又太接近夏日的人潮。他最后选择了朴次茅斯海军工厂（Portsmouth Navy Yard），一个既隐秘又安全的地方，甚至还有煦煦和风。8月9日，各国全权大使在这个众人始料未及之处展开会谈。穿着西式高帽与燕尾服的外相小村带领着日本人，站在俄罗斯代表前端的则是维特。

俄国外长弗拉基米尔·兰布斯多夫（Vladimir N. Lambsdorff）说，维特是和会的最佳人选，维特本人也说："每当水沟需要清理的时候，他们总是会找维特。"尼古拉二世却表示："除了维特以外谁都行。"但在其他人选纷纷拒绝或推辞此项任务时，沙皇也只得拉下脸来恳求维特。维特就像是罗曼诺夫王朝（Romanov dynasty）的李鸿章，他匆匆忙忙赶往美国，收拾这场他极力反对的战争所留下的残局。不过维特有个计划，他嗅出了这次和会必有的结论。俄国、日本以及美国有一种三角关系。日俄间的关系可以有所改善（不太可能更加恶化），而美日间的关系则必定会转坏。任何限制日本战果的举动，都将引发他们的不平；美国则会像以往畏惧俄国一样地畏惧日本，进而显得立场摇摆不定。所以维特带往朴次茅斯预备协商的，不仅是和平计划，还有另外一个秘密的企图：在共同瓜分中国东北的基础上建立一个日俄同盟。他的想法开启了未来10年俄国太平洋政策的序幕。

美国总统对于他所要担负的任务并不存有任何幻想。很明显，俄国并不企求和平，日本也不愿意和俄国处于平等的地位，所以草约只能照着这个方向走，而罗斯福必须以他本身的热情化解和会的冰冷气氛。更糟的是双方带到朴次茅斯来的训令。俄国准备要让渡旅顺港与南满铁路，接受日本作为朝鲜的宗主国，并与日本同时撤出中国东北。但沙皇坚持绝不肯让出库页岛，不愿赔款，不放弃他们被拘留的船只，也不同意对太平洋的军力设限；而据我们了解，日本希望上述事项能全部办到。

第一个星期结束时发生了首次危机。在一次全体会议中，日本提出以放弃要求俄国解除武装，作为换取库页岛与赔款的条件。在此之后，维特演了一出戏。他假装要起草一份答复，突然举起他的笔，凝视着小村，然后建议举行秘密会议。小村立即表示赞成。清场以后，房间内只留下6名代表，其中4个人还只能看着会议进行而不能发表意见。维特问，如果将库页岛分为两半，北方保留给俄国，南方让给日本，不知他们意下如何？小村一面在嘴上侃侃地说着日本在战场上的胜利与日本民众的期待，一面在脑子里仔细地盘算着维特的提议。他考虑完毕后表示，一半是可以接受的，不过一旦日本把另一半归还俄国时，俄国必须要赔偿一定的数目。维特问数目是多少。小村的答复是12亿日元，也就是日本在此次战争中所花费的精确数目！维特在心中暗笑。小村已暴露出日本对库页岛的要求根本就是个幌子，他们完全不在乎领土、征服的权利或是民族自尊，他们要的只不过是金钱而已，而且是准备要好好地大捞一笔。罗斯福也一眼看出，日本要求俄国对北半部的库页岛有所补偿，不过是变相的赔款罢了。

圣彼得堡方面当然反对这项折中方案，并威胁要召回维特。罗斯福迂回地下令驻俄大使晋见沙皇，告知沙皇和会的进展，并要求沙皇支持会议继续进行下去。沙皇同意让出库页岛的一半，但他一卢布也不会付。现在维特的计谋能否奏效，就全看东京方面的考虑了。桂太郎内阁面临的选择是，是否要仅仅为了金钱而继续战争。第二天，8月28日，内阁成员深思熟虑了一整天。放弃赔款意味着日本要承担全部的军费，这已经严重提高了国家的债务。但解散和会，继续作战只会使日本陷入更高的债务。最后在皇宫中，内阁承认失败。命令小村先在会议中要求割让库页岛，如遭拒绝，再要求罗斯福为世界和平着想而对日本让步，这么做只不过是要保住面子而已。维特的“柔术”（jujitsu）果然奏效了。

日本代表在得知政府对他们的新训令时，纷纷发出悲叹声。但小村仍尽责地服从命令，接受一半库页岛，并放弃了任何赔款。所以最后终于达成了和平，虽然这个和平并未让任何人感到欣喜——维特例外。当新罕布什尔州州长为庆祝《朴次茅斯和约》的完成而举行一个盛大的欢送酒会时，日本代表们没有参加，而是留在自己的房间收拾行李。

俄国代表向苦闷的俄国民众传达了会议结果。另一方面，1905年革命所带来的痛苦，则只有在沙皇允诺改革后才平息下来，这些改革是维特与彼得·斯托雷平（Peter Stolypin）所要努力争取的。然而，一些爱国倾向较强烈的报纸却认为《朴次茅斯和约》出卖了国家。《斯洛沃报》（*Slovo*）誓言“将对造成俄国国势大衰的政府展开永无止境的报复”。还有一些人则在宫中指责维特在和会有失职守，并暗指维特拥有犹太血统。不过袭卷日本的风暴才是最为严重的。一份大阪的报纸这么写着：“我们耻于报道这件事情。”还有一张照片，上面有一个骨瘦如柴的人哭泣着恳求天皇拒绝《朴次茅斯和约》。日本人也责怪罗斯福。狂怒的群众在各城市中攻击日本基督徒，烧毁了13座教堂，并对来访的哈里曼随从投以石块表示抗议。罗斯福总统的女儿爱丽丝·罗斯福(Alice Roosevelt)，以及乔治·凯南都在日本竭力化解反美情绪。但日本气氛的转变仍旧极为明显。

由于一年前所达成的政治交易，桂太郎还是批准了和约。反对党领袖西园寺占了便宜，而当天皇本人也认可并下诏压制报纸言论时，对和约的争议才平息下来。这时桂太郎将首相一职让给了西园寺。

维特预言的每件事几乎都立刻实现了。这时对日本已无恶意的俄国，开始暗地里怂恿日本和它一起瓜分中国东北；而日本人则谴责玩世不恭的美国人，因为他们使日本人误以为胜利的战果将会是非常丰富的。美国人也有自己的难题，加州正以实际行动表现他们对中央的敌意。这就是北太平洋难解的三角关系。

第52章　第九次聚会

西华德:照这样说来,维特伯爵,您是缔造和平的人了,而且还相当了不起。

维特:是啊,但是雄心都浪费在芝麻绿豆大的事上了。罗曼诺夫王朝的“李鸿章”，呵呵。

西华德: 你会感谢美国把你拉出战争吗?

维特:也许可以感谢某些人，但不能感谢一个国家吧。再说，在朴次茅斯，你们的冷盘差点毒死我们！你们美国人把什么东西都事先准备好，再放在一边好几天等它凉。非常不健康。我警告过小村寿太郎别吃那些海鲜，但是他还是每天猛吃。结果你猜怎么着？会议最后一天他病倒了。我想那就是日本人没能参加闭幕式的原因！只要加上酱汁和佐料，美国人什么都吃。我也不喜欢你们的罗斯福总统，对他有点失望。他就像个来度假的生意人似的，而且我认为他对国际政局相当无知。他认为我们提的条件是在阻挠协议，而且似乎没有意识到日本已经构成的威胁。

斋藤: 也许生蚝不太新鲜，或是他们给你们吃“海军罐头”？

维特: 我在美国真正吃得好的，只有摩根先生游艇上的那几餐。

斋藤: 所以我们都一致认为美国人不够文明。

维特:而且贪婪。你知道摩根的游艇叫什么名字吗？“海盗”号(*Corsair*)!只有美国银行家才会这么坦白。我去见他是为了替俄国筹钱。他是我和犹太区(quartier juif)间的联络人。美国人不文明吗？未必。我去了哥伦比亚大学，对那里的学术训练印象深刻。我问他们，美国学生是否会像俄国学生一样闹学潮，他们的教授说:“如果学校里有学生把心力投注在学业以外的活动上，立刻就会被同侪赶出校门！”

斋藤: 我们的学生也是这样。所以我们日本人采用美国制的教育系统是对的。

维特: 但我没试过拉拢美国，我知道他们自己就会和日本起冲突。我倒是去拉拢小村了。

西华德：说说1905年革命以后，你的改革运动情况如何？

维特：我给了俄国第一部宪法、第一个代议制政府和第一份权利宪章！而斯托雷平给了佃农土地。

西华德：所以你们的确有在复苏，改革也是有可能成功的了？

维特：俄国的确有复苏的迹象。俄国人总是重门面——像波将金村（Potemkin Villages）。对不起，我用了个双关语。

西华德：波将金村的意思是……

学者：波将金村是个样板村落，相传是波将金元帅为了欺骗他的情人凯瑟琳大帝而修建的，只在她出巡路线上建造漂亮的门面，好让她误以为他是个伟大的治理者。我猜这个双关语是想指出，在1905年革命中，也是"波将金"号战舰发起了最严重的叛变。

维特：俄国所有的改革终归都会变成波将金村，只是迟早的问题而已。

加休曼努：那改革运动后来到底是发生了什么事？

维特：尼古拉一有机会就立刻推翻了我的宪法。我们的国会很快就被阉割了。1911年，斯托雷平遭到射杀。我从来没有怎么喜欢他。但是话说回来，也没有人喜欢我。我促成了俄国的工业化、建立金本位的卢布制、兴建西伯利亚大铁路，还和中国交好！是的，沙皇是封我为伯爵——他不得不假装俄国在朴次茅斯占了上风，但他痛恨这样伪装！还有那些在圣彼得堡的走狗，那些顶着爵位封号、充当沙皇耳目的家伙，全都怕我。我在朴次茅斯的时候，他们都在窃窃私语（这些我都知道），说我私底下是同情革命的，说我想当俄罗斯共和国的总统，还说我和犹太人走得太近。"绝不能再让他的声望提高了。"这是他们的恐惧……你知道吗，那些在美国的犹太人，其实还是爱着俄国的。我在纽约、波士顿都遇到过，在火车站里，一群穿着犹太装束的人。罗斯福的卫兵不让我下车，但那些俄国移民从月台上和我交谈。他们说，在美国很自由，也能温饱，但他们还是思念故乡，思念先人埋骨的地方。"我们不喜欢俄国政府，但我们最爱的还是俄国。"他们这样告诉我。那些犹太人答应要为我们此行的任务祈祷，而且在我们离开时高喊"万岁"，但我自己的政府却暗暗希望我们失败。我的梦想是把中国东北变成一个新的加州，把符拉迪沃斯托克变成一个新的圣弗朗西斯科。我们到达太平洋岸时，一手拿着十字架，像塞拉神父一样；而另一手拿着用来考察铁路用的经纬仪。但是沙皇坚持要我们再带把剑。而俄国只有两只手。

学者：但是当美国拿下加利福尼亚的时候，并没有一个"日本"蹲踞在

160公里外伺机竞争。

西华德：我还是搞不懂为什么你的改革会失败。沙皇一定知道，立宪君主制和富庶的农民都会增强他的国力才对?

维特：但不会增强沙皇的权力。一旦开始改革了，能停得下来吗？自由派的贵族想要一个英国制的国会，激进团体希望废除君主制和教会系统，苏维埃——1905年的工人及军人议会——希望地方自治，波兰人和芬兰人想要独立。一旦政治人物学会如何不靠沙皇统治，沙皇本人就没有价值了。我以为我的改革可以拯救朝廷，但他们却把改革当成息事宁人的小惠，恢复专制以后就可以一脚踢开。也许杜尔诺沃（Durnovo）是对的。他是我的一个朋友，沙皇的秘密警察头子。他认为俄国如果维持和平局面，专制就是唯一可行的道路。但问题是俄国并没能维持和平。沙皇在1914年做了一件他做过的最蠢的事。你知道那场大战——

学者：第一次世界大战。

维特：——是日俄战争的后遗症?

加休曼努：所以你们这些“强权”并没有在我的海上打仗了?

学者：没错，第一次世界大战并不在那里进行，但太平洋上发生的事件也不少。东北亚的权力态势是世界政坛的缩影。

斋藤：当然了，日本就在那里！

学者：有趣得很。不过事实上，那是因为俄国在那里的缘故。

加休曼努：你得解释解释。

学者：我试试看。你知道，俄国是个跨洲的巨大国家，一脚跨在亚洲，另一脚在欧洲。俄国串起了欧洲旧有的势力分配和太平洋的新兴势力分配。只要沙皇还想向巴尔干半岛或奥斯曼帝国扩张，俄国就还是会威胁到欧洲的权力平衡。俾斯麦的梦魇就是俄法联军包围德国，以及“巴尔干半岛上发生什么该死的蠢事”而引发大战。这就是为什么他要和奥匈帝国、意大利、罗马尼亚结盟，也试着和俄国维持良好关系。当然，威廉二世放手让俾斯麦去做。帝国主义已经到达顶峰，他认为海军和殖民地比欧洲的旧冲突更为重要。但也就是在19世纪90年代，亚历山大三世把维特召进圣彼得堡宫廷，噼里啪啦地开始工业化，并且和法国结盟。俄国在国土面积和人口上本来就远远超过欧洲其他国家。想想看，如果俄国又有了现代科技的话，会是什么局面！它将成为一个威胁德国的超级强权，就像德国威胁法国一样。所以这就是亚洲重要的地方了。只要俄国被西伯利亚和中国方面拖住，德国的压力就小了，德皇也就有余力和表弟英皇爱德华七世竞争。但日本人却在那头坏了事，因为他们阻止了俄国的东进。因此在1905年之后，俄国外交部长就面临了尴尬的局面。完全放弃侵略政策（但在帝国主义的成熟期，这必然被视为国力衰退的征兆），或是回头向巴尔干半岛扩张。但这又使俄国和盟友法国必然和奥、德对立。更糟糕的是，英国决定支持俄国，因为他们越来越害怕德国。所以，斋藤也没说错，日本的崛起和德国的崛起一样，都打乱了世界政局的结构。

西华德：那中国的崛起呢？

斋藤：哈哈！什么崛起？

西华德：我是说动乱之起——拳乱。到1900年为止，维特的和平政策都还算成功——要是换成我也会这样做。但义和团给了俄国一个拿下中国东北的借口，因而触发了日俄间的冲突。但联军进京之后，拳民结果如何呢？

学者：太后和他们划清界限，因此他们也就散回早先的秘密社团形态去了。而清朝政府从此由恐外症倒向另一个极端：开始逢迎外国使节，大力推行西化改革。1901年开始，很多中国学生留学海外，而后，可想而知，带着满腹西方理论回国，也倾向于推翻清朝。但另一方面，日俄战争也使保守和激进的中国人都相信，西方帝国并不是永远不败的，也许有朝一日也还是会被赶出亚洲。

加休曼努：维特伯爵，你不恨日本人吗？

维特：不，夫人，虽然他们的偷袭实在让人讨厌。我谴责的是沙皇、那些该死的朝臣以及那些术士——他们让沙皇和大臣相信，教士的十字架就可以抵御日本人的子弹。全都是笨蛋，而沙皇是他们的玩具。他没准备好就冒冒失失地卷入战争，还以为这是信任上帝的表现……

塞拉：其实是在试探上帝。

维特：我对美国有一个崇高美好的记忆。那次是在英国国教派教堂。我们东正教神父从纽约过来，许多教堂的神职人员也都来了，我们一起感谢和平。我从来没有像那次祷告那么热切。就好像我们已经把所有基督徒结合在一起了。还有他们唱的颂歌！那是沙皇的俄国国歌，但是是用英文唱的。我就像一个悔罪的人一样痛哭……“万能的上帝……”

西华德：

> 万能的上帝！您命令雷声作为号角，
> 电作为刀剑；显现您的慈悲，从您高处的王国，
> 赐给我们平安，哦我主！

正义的上帝！世人违抗您，
但您的话语会永世长存；
虚伪和不义都无法与您并肩，
赐给我们平安，哦我主！

还有好几段……

维特：我们全都哭得像悔罪的人……会不会沙皇真的在萨罗夫修道院就已经决定不用我了？加休曼努，我不恨日本人，我原谅他们。但我不能原谅俄国人！你知道杜尔诺沃在沙皇的加冕典礼上怎么说吗？“记住我的话，尼古拉二世会是沙皇保罗一世的现代版。”

西华德：意思是？

维特：“疯狂保罗”——他被拿破仑说动了，在那个法国主宰欧洲的时代去侵略英属印度。这个比喻非常贴切。德皇威廉扮演的正是拿破仑的角色。但只有尼古拉有机会展现他的疯狂，因为保罗在宫廷政变中被暗杀了。“那个维特是个伪君子！”沙皇这么说——我的表姐勃拉瓦茨基也这么说。但在冬宫里，活跃的却是她的同类，她的灵魂啊！

塞拉：你怎么能因为沙皇和其他强权做一样的事而责备他呢？难道你希望俄国成为唯一收敛的一个强权国吗？

学者：没错，塞拉神父，他的确这样希望，不过这和宗教无关。俄国本来就已经是个陆地大国了。没有人能阻止它吞并欧亚中心，也没有人想过要阻止它。但只要俄国也想成为海洋大国，或试图用陆地力量来阻挠海洋强权国（像中国一样），那俄国就逾越了自己的本分。德国也是一样。德国拥有欧洲最强的军力和最先进的工业。这已经够吓人的了，尤其是对法国而言。然而一旦德皇决心要成为海上霸权，它就必须和英国相争；就像俄国必须和日本相争一样。你可以说不公平，但俄国和德国就是不能肆无忌惮地一意孤行；它们硬干了，因此不得不付出可怕的代价。我换个方式来说。美国由于处于幸运的地理位置，所以它可以公然吞下巴拿马而不激起任何波澜。所以巴拿马事件就不算是不负责任的行动。但俄国要吞并中国东北或朝鲜，就是明显的扩张了。所以我说，也许这样的情形并不公平，但却是地缘政治的现实。

斋藤：而且对一个政治人物来说，现实比公平重要得多。这也可以用来解释，为何我对美国的道德主义很倒胃口。我可以接受你们以权力—政治的理由兼并巴拿马。但我不能接受你们发明来自我安慰的“进步”借口。

西华德：大使先生，您再一次说对了重点，但理由又错了。没错，一个政治人物必须服从于现实，但一定要有比现实更崇高的原因。以“现实”观点来说，南方议员维护黑奴制度并没有错。美国宪法并没有禁止蓄奴，联邦政府也没有权力破坏这个制度。但我们谋国是为了真理，不是为了现实。罗斯福在巴拿马事件上是站得住脚的，并不只是因为他可以“轻易得逞”——对不起哦，教授——而是因为他的动机高于自私自利。

斋藤：得了吧！就跟他们在弗拉特布什（Flatbush）说的一样。

学者：西华德，你该不是认为“为了目的可以不择手段”吧？

西华德：我的意思是，如果一个国家是上帝的工具，就会自然有可以使用的手段。日本也可能是上帝的工具啊，我并没有说日本就不是。

维特：但俄国就不是了？虽然俄国是众国间的基督？

学者：我想“众国间的基督”是指波兰吧，维特伯爵……

维特：而俄国是判处基督死刑的本丢·彼拉多？我知道你们美国人心里是怎么看我们俄国人的。我在朴次茅斯就感觉到你们瞧不起我们了。

西华德：太卑鄙了，维特，你这样说一个把你们拉出一场自杀式战争的国家！你们打了大败仗都不怪日本了，怎么能怪美国？

维特：你也太看得起自己了，认为所有的功劳都该归给美国，不然就是要承担所有的过错。你知道我怪的是谁，我已经说够多了。

塞拉：你怪的是俄国人。

维特：我怪的是俄国人。

塞拉：所以也许你和西华德一样自负，维特伯爵？

维特：你会这么说，大概你也是吧。

加休曼努：你们的自负让我烦死了。我想跟斋藤说话。

斋藤：女王陛下想跟我说话！“半小时街口见，半小时街口见——！”我能为您效劳吗？

加休曼努：我想知道什么是“马可尼机”。我们的历史学家说你们船上装了这种东西，所以你们打赢了。

斋藤：啊，这个。你想买上等的日本制收音机，帮助你打胜仗。说起这个东西，我想也是我们离开“蒸汽与铁轨时期”的时候了。

第三部

内燃机时期

第53章　第十次聚会

塞拉: 我们博士先生在蒸汽与铁轨时代结束之后，接下来要告诉我们什么呢？我们能企盼一个博爱的时代，或者是和平宁静的时代么？

学者: 啊，真是甜蜜的讽刺。其实，我的时代就只是死亡的时代。

塞拉: 那么你说的悖论一定是死亡，而如果是悖论的话，就必定是真理了。

加休曼努: 神父在说些什么？

维特: 讽刺的是，死亡是我们能够对抗愚蠢生命的唯一武器。

学者: 你们都讲得太深奥了。我只是要把下一个阶段称之为"内燃机时期"而已。

斋藤: 当然了！汽车、飞机和潜水艇。

学者: 是的，不过"内燃机"同时也是个比喻，可以用来形容北太平洋的种族冲突。

维特: 我想日俄战争就是一个例子。

学者: 没错，日俄战争也算是一场民族战争。但它主要是政府之间老式的策略型战争。而我说的"内燃机"是社群之间的种族冲突，像是加利福尼亚和夏威夷。

斋藤: 那也不算新鲜。19世纪70年代就开始有排华风潮了。

学者: 好啦！没有一种历史分期是完全精确的。但至少我可以说出一个和科技有关的年代……可以用来……

斋藤: 继续啊。

学者: 1903年。基蒂霍克（Kitty Hawk）、北卡罗来纳，动力飞机初试啼声。而且短短几个月之后——打赌你一定不知道这个，斋藤——皇家地理学会的演讲厅里，已经有人猜到新时代的意义。哈尔福德·麦金德（Halford Mackinder）在一次演讲中提出他的地缘政治学理论：欧亚大陆的中心地带，正是"历史的枢纽"。谁能够控制这块枢纽带，最后一定能够控制欧亚大陆这个“世界岛”；而谁能控制“世界岛”，最后就一定能够控制全世界。他心里在想的，当然就是西伯利亚大铁路的完工。麦金德相信，铁路和电报使俄国得以动员其陆地资源，从而能成功地挑战英美等“岛国强权”。因此，麦金德的看法就和马汉船长及海军派人士截然相反，因为后者认为海权永远是决定性的力量。

斋藤：但日本战胜了俄国，就足以证明麦金德是错的。

学者：那也未必。俄国的暂时失利，只能说明麦金德理论的正确性还未得到证实而已。但这不是我现在想说的重点。麦金德的演讲结束之后，一个叫做埃默里（Amery）的学会会员站起来反驳他的论点。他说：“未来将不只有海路和铁路运输，还会再加上空中运输。如果我们考虑到这一点的话！……这个地缘政治说就没有什么重要性了。”

加休曼努：空中？你是说在空中飞，像鸟类一样？

学者：是的，像鸟一样在空中飞——利用内燃机。

加休曼努：这样一来，羽毛就失去魔力了……

学者：……而你们精心制作的鸟羽斗篷也就变成夏威夷博物馆里落满灰尘的古董了。当然，人类的飞翔始于18世纪80年代第一个热气球在法国升空。其战略意义一点也不难想象。记得日本首次访美使团，1860年抵达美国的77个武士吗？他们看到的最惊人的一件事，就是费城费尔蒙特（Fairmount）公园里的热气球展示会。就在那群日本人把脖子往后仰，看得合不拢嘴时，一位深感骄傲的地面工作人员跟他们说，不出多久，热气球就可以装上蒸汽机，而美国人就能在6天之内横越太平洋。我们不知道那些武士，以及听取他们报告的大臣心里怎么想；但我们知道在1911年，基蒂霍克后不过8年，一个到日本去的美国人说日本人对航空非常热衷。学童得在学校里学习空气动力学，而各种相关展览更是吸引了大批群众，即使只是展出飞行器的模型而已。顺便提一下，那个美国人是个年轻的陆军通信军官，名叫比利·米切尔（Billy Mitchell）[①]。

斋藤：那内燃机呢，教授？

学者：是的，多谢提醒。后来动力飞行能够成功，当然并不是在气球上装置蒸汽引擎，而是靠了一种全新的能源转换方法。1876年，石油化工、电气的发展，以及机械设备的改良，使得德国工程师尼古拉斯·奥托（Nikolaus Otto）和鲁道夫·狄塞尔（Rudolf Diesel）能够设计出新式引擎，把汽油射入

① 第一次世界大战中的空军名将。——译者注

汽缸后点燃。如此一来，燃烧气体的扩张就能推动活塞。于是启动蒸汽引擎所需的大量水和煤炭已成往事。在汽油引擎不断发展（且造就了第一辆汽车）的同时，大胆的飞行员也开始实验滑翔机，学习空气动力学的知识。莱特兄弟的天分就在于结合了各种新的技术。他们设计的机翼能升得更高，有方向舵和升降舵以进行三向度的控制，螺旋桨使翼上气流达到最强，还有一个又轻又有力的引擎，足以使飞行员和机器升空。

动力飞行意味着全球偏远地区都能在数天之内到达，或甚至几个小时就够了。蒸汽船使旅行者免于受到风向和潮流的束缚，飞机更使他们挣脱了海洋的束缚。蒸汽船使世界航线上的基地和加煤港格外重要，飞机则使得能作为机场的岛屿格外重要。另一方面，飞机也冲破了把太平洋包围起来的时间限制。20世纪的前40年间，随着飞行技术的日渐成熟，北太平洋尽管一度是全世界最宽的"护城河"，但也变成了双向都能入侵的通渠；日本或美国都可能通过这条通渠，把致命的军力推进数千公里之遥。

这就已经足以煽起疑心病了。但还不仅如此，就在科技使太平洋日渐缩小的同时，太平洋各种族间的流动也更加容易了。让我们回想1776年，库克船长抵达太平洋的时候，日本和中国都还大门紧锁，北太平洋的白种人不过只有几百个俄国人和西班牙人而已。再看看1910年前后。当时加利福尼亚有237.8万人（10年之内增长了60%的结果），俄勒冈有67.3万人（比1900年增长了62%）、华盛顿州有114.2万人，英属哥伦比亚则有39.2万人（两地都在10年内增长了120%）。阿拉斯加的人口，包括极区人口的粗略估计，大约是6.4万人。以上这465万人口，绝大多数都是白人。加州的墨西哥裔人口还少得几乎看不见。华裔加州人口由于禁止移民的关系，在1910年不过36,248人，占全州人口的1.5%而已。另外太平洋东北岸还有1万华人。另一方面，日裔移民却迅速增加。但是加州的41,356名日裔人口，也只占全州人口的1.7%罢了。

虽然如此，但从20世纪初期开始，太平洋沿岸已经有许多白种居民越来越觉得受到威胁。圣弗朗西斯科的41.7万人口之中有3万多是华人，而日本人更以每年1万人的速度激增。西岸可能会变成什么样子，夏威夷正是一个活生生的例子。1910年，夏威夷全岛有19.2万人（10年内增加了四分之一的结果），其中8万人是日本人，占了42%。还有居住在亚洲各地的人口随时都准备向太平洋区域输出多余劳力。我们知道，日本工业化的结果导致了人口激增的现象，数以万计的日本人移民到朝鲜、中国东北和台湾、夏威夷和加州。但就在日本人把眼光放在亚洲大陆时，却看到一群白人蜂拥而来。俄国军力可能不怎么样，但俄国垦荒者一波又一波涌进西伯利亚东部，1910年时已经达到280万人之多。亚洲先锋吓坏了美国人；同样，西伯利亚移民潮也吓坏了日本人。毕竟俄罗斯帝国有1.76亿人口，而大清帝国可能有3.45亿人口。万一这些人开始移向中国东北，日本所能控制的太平洋区域就会面临相当大的威胁，远超过紧张兮兮的美国人所想象的日本移民威胁。

政治潮流也一样不稳定。从日本击败俄国，而美国居中调停就可以看出北太平洋的政治三角关系。政治上的三角关系就像三角恋爱一样先天不稳定，这组政治关系更是如此，因为这个区域里6个“地缘政治战略点”的安全要求相互重叠。为了西伯利亚的安全，俄国必须拿下中国东北；日本为了自身的安全，必须控制朝鲜、中国东北，以及西太平洋；美国为了太平洋岸的安全，必须取得阿拉斯加和夏威夷，而要保住阿拉斯加和夏威夷，又必须控制西太平洋。诸如此类。曾经空无一物的北太平洋，如今就像容器内的挥发气体混合物一样，而科技又使得这个容器的空间越来越小。

维特：就像一个内燃机发动机。

斋藤：这样说吧，人口和权力政治的领域，就像太平洋断层带一样漂浮不定和变幻莫测。

学者：太棒了，斋藤先生。显然日本人永远把地震放在心里。美国人和日本人之间首度爆发的种族怨恨，正如内燃机的运作原理：就在日俄战争的8个月之后，把圣弗朗西斯科炸得粉碎。

第54章　圣弗朗西斯科，1906

东京帝国大学的大森教授猜测，大洋彼岸正在发生非比寻常的事情。他有一台精准的米尔恩地震仪，是3个英国人在19世纪80年代设计的。他一直在观察那台地震仪，侦测到沿着圣安德烈亚斯断层似乎有前震发生。但他无法预测震中可能会在哪里，而且，拿着初步资料吓坏对岸举国民众也是很不可想象的。然而，当他的地震仪的锯齿线条猛然超出范围时，他一定在想，不知道圣弗朗西斯科有没有米尔恩地震仪。

整个太平洋边缘是地壳上的一个大弧形断层，从南美安第斯山脉向北延伸到阿拉斯加海岸，再从太平洋西侧向下延伸，通过日本。根据现代科学家的估计，全球80%的地震能量都源于这条太平洋带。圣安德烈亚斯断层位于北美洲与东太平洋构造板块的交界处，并不是会推挤山脉的那种垂直断层，而是会滑动的水平断层，板块沿水平方向互相擦撞，直到饱受折磨的地表屈服于越来越大的压力而裂开为止。这条断层从洛杉矶附近到圣弗朗西斯科南方，有约1000公里的长度是穿过干燥的陆地，并不是很明显。有时藏在一个冷泉名胜的下方，或是风化土层上生长的绿色植被之下。但它始终都在——1906年4月18日，星期三，清晨5点13分，加州所有位于圣安德烈亚斯断层以西的部分都猛然北移了大约5米。

以20世纪30年代发明的里氏震级来计算，1906年的大地震大约相当于8.25级。地震持续了漫长的45秒钟，从开始的闷响到后来威力无比的狂啸，在地表上留下了数道约6米宽的裂痕。一个商船船长在受到冲击时，还以为是自己的船触礁了。从葡萄酒产区索诺马经马林县，直下半岛南部到斯坦福的范围内，建筑物和桥梁纷纷倒塌、火车翻出轨道，连装在容器里的水都溢出来。在斯坦福，墙壁碎裂、雕像倒塌。圣何塞、蒙特雷、圣克鲁斯等地的海滩都下陷了约3米。最后到了圣胡安·包蒂斯塔，这场“天灾”把西班牙人盖的旧传道区夷为平地。震中正好就是圣弗朗西斯科市。在这个山城里，有三分之一的加州人聚居在陡峭的山坡或脆弱的垃圾填积地上，后者是第一代美国人深感骄傲的设计。几乎所有的烟囱或高塔都倒塌了。二楼、三楼压在一楼上面。大饭店凸起变形，小宾馆根本解体到不成形状。中国人、意大利人、爱尔兰人、盎格鲁人都穿着睡衣或没穿衣服就跑出来，瑟缩在街上，女人紧紧抓着念珠和小孩，水手和恶棍嘶喊着几乎忘光的祈祷文，吓疯的老人更直指这就是世界末日。当场有数十人重伤、性命垂危，其中包括丹尼斯·沙利文。加州旅馆中看不中用的圆屋顶倒塌，压垮了布什街消防队的屋顶，沙利文当场昏迷不醒，4天后伤重不治。他是消防队队长。等到余震在5点25分停止时，全城火势已经不可控制了。

这可能是1848年圣弗朗西斯科建市以来，有记录的第418次地震。但以往的规模都不能和这次相比，因为现在有了煤气取暖系统和照明设备。断裂的管线、残余的火炉和煤气灯引发了数十起小火灾和十几场大火，大火多半发生在市场大街南部的贫民住宅和仓库。短短几分钟之内，从市中心南望，天空已是一片橘光，引发了各式各样的人类本能反应。有人惊慌失措，有人趁火打劫，有人开始逃难。不少人自动组织起来营救伤者、撤出建筑物、扑灭火灾。只是，该有的水不见了：水管管道已经在地震时破裂，使辛苦积聚在圣弗朗西斯科市和圣马特奥水库里的水完全派不上用场。消防人员打开的尽是干涸的管线，使他们喃喃诅咒；而消防队自身也被大火吞噬，更使他们泪下。69岁的代理消防队长约翰·多尔蒂接管了这场救灾工作，尽了他最大的努力——下令市民储存所有水源，包括家庭污水。但市场大街南段已经没有救了；火势窜起，连成一片，热气足以使北方的金融区和西边的教会区都烧起来。于是多尔蒂放弃灭火，改采防堵策略；也就是说，炸掉整个街区辟出防火道。这意味着庞大的撤退任务以及爆破任务。但电话线都坏了，街上满是难民。全城性的计划又怎么可能实行？

驻守旧西班牙区的司令官，陆军准将弗雷德里克·方斯顿也遇到类似的难题。他体重约55公斤，典型的红发人——脾气暴躁，精力旺盛——40岁之前当过蛮勇的记者、到过内华达死亡谷和阿拉斯加探险、在中美洲种过咖啡、在古巴反西班牙战争中守过弹药库，还在菲律宾战争中率领过一个堪萨斯兵团。抓到阿奎纳多的就是他，他也因此获颁荣誉勋章。那天早上他在贵族山的家中被震醒，立刻抓起电话——没有声音；跑到路上招车，遇到几辆都拒绝停车。于是他冲到市区——难民潮逼得他往回走。他要求灭火，才知道无水可用。因此他运用职权，抓住一个警察向他吼道：去找市长，告诉他所有士兵都会加入救援任务、防止抢劫以及救火。而西班牙区里面，两名中尉把方斯顿的命令传达给值班上尉。上尉咒骂了一顿："你们两个天杀的笨蛋回去告诉那个搞新闻的家伙，他最好翻翻他的军事法令，这样他就会知道，除了美国总统之外，没有人可以命令正规军队入城！"那两名中尉被搞糊涂了，直到号手正好经过，于是他们决定叫号手吹号集合，不顾上尉的反对，派出350名士兵进城。

这样的人数当然是不够的。但方斯顿宣布戒严（1871年芝加哥大火灾时，菲利普·谢里登将军［Philip Sheridan］也做过同样的事），使他得以加强警力和消防部门、防止恐慌和趁火打劫，并在金门公园附近的安全范围之内搭起避难所。腐败的市长尤金·施米茨（Eugene Schmitz）哼哼唧唧推托半天，但还是接受了军方的援助。他也颁布"打劫者格杀"命令，并发电报给马雷岛（Mare Island）的海军："地震。城市大火。派陆战队和拖船来。"并恳求加州州长和奥克兰市市长提供消防人员、医药和炸药。方斯顿当然也用电报向华盛顿求援，战争部部长塔夫脱承诺尽可能协助。之后，在下午2点20分，火势蔓延到电报线路，圣弗朗西斯科完全陷入孤立状态。

到了下午，大火已经烧过市场大街，向西蔓延到教会街，向南烧掉了南太平洋铁路车站，并且蔓延到了市中心。一座接一座的地标建筑纷纷被卷入火舌：旧邮局、古老的圣帕特里克教堂、卡罗素前一晚还演唱过的歌剧院、联合广场，甚至是豪华且防震防火的皇宫饭店。方斯顿手下的技术人员开始在宽阔的蒙哥马利街上炸毁建筑物，爆炸声听起来就像战场一样，但还是无法阻挡火势。不太专业的爆破队只有在最开始起火的唐人街发挥了一点效果。当天天气干燥无风，热得不像当季——后来这种天气就被称为"地震天气"。天气丝毫无助于灭火，从湾区涌入的人潮更是没有帮助——他们乘渡轮过来寻觅亲友，或单纯来看热闹。于是方斯顿下令渡轮停航，除非有军方或市长的亲笔证明，否则任何人都不能进入圣弗朗西斯科。

到了星期四早上，已经有20万人无家可归——这是方斯顿当初预估的10倍。大火还在继续燃烧，从加利福尼亚街到最高级的住宅区，以及最乱的唐人街。贵族山价值500万美元的费尔蒙特酒店，以及斯坦福、亨廷顿、克罗克等人豪宅里无价的艺术品全都化为灰烬。他们高级的防火褐砂石建材应该是真能防火的，也真的防了几个小时，直到墙壁温度太高，导致室内家具起火燃烧为止。唐人街就更容易着火了，而它的受灾还在次日造成另一种新的恐慌：由于火势蔓延，硕大的老鼠纷纷从藏身的地下巢穴和管道中跑出来，成群涌入邻近区域，只有途中啮食尸体时才会暂时驻足。

方斯顿下令暂时撤退。贵族山和唐人街的失守，意味着北滨已经无法守住，事实上几乎凡尼斯大道（Van Ness Avenue）以东的所有区域都得放弃，也许只有俄罗斯山和电报山能够幸免于难。南部看起来，教会区也没有救了，但也许可以沿着德洛丽丝大道（Dolores Avenue）画一条线来挽救部分区域。1776年，圣弗朗西斯科建城时的教会就在这条大道上。方斯顿下令区域内的人员撤退，沿着凡尼斯大道进行爆破，希望能挽救以西区域。同一时间，金门公园里的20万难民和西班牙湾的3.5万人，全都在等待军方和民间志愿者所提供的任何口粮、帐篷和厕所。市长下令征收所有杂货店铺，但食物委员长拉比·沃尔桑格（Rabbi Voorsanger）的仓库里还是空的时候居多。他致电州长和其他加州城市："拜托送煮熟的食物到圣弗朗西斯科。"他们也有送，只是总是不够。

凡尼斯大道和德洛丽丝大道的努力在一连串的遭遇战之后，终于在星期四傍晚似乎见效了。几处火苗曾越过凡尼斯大道，但军方和消防人员集中珍贵的水源守在防线上，随时处理越界的火苗。当火焰出现在圣玛丽大教堂的尖塔时，由于地点远高出水管所及范围，于是两名教士带着毯子和斧头爬上钟楼，砍掉着火的椽木。方斯顿松了一口气，但他放心得太早了：火势席卷了另一个角落，再度扑进凡尼斯大道。夏威夷糖业大王斯普雷克尔斯的独门防火豪宅烧了起来，有人怀疑是他的对头故意纵火。这一回，老迈的代理消防队长多尔蒂以"史诗般的英勇"（套用一位记者的形容），说服筋疲力尽的手下，最后一次用奄奄一息的水柱扑灭了火焰，挽救了凡尼斯大道以西。

城市的东北角，北滨的意大利人拼命想保住家园和产业，但消防人员顾不了这边。星期五，从西北方刮来一阵强风，热气才渐渐消散，也使得火势从凡尼斯大道往后退，但同时又把火苗吹到了码头区的仓库，并吹上电报山。市长施米茨通过东湾致电白宫，承诺要"为国重建太平洋岸第一大港"。但到了星期五下午，大部分的码头和所有的北滨都毁了。只有湾区的消防队能够在火势烧到水边时把火扑灭。星期六日出时分，终于可烧的都烧完了。一切都过去了——难民不分贫富，或蹲或站，都试图想找个避雨的地方：早不下晚不下的雨，偏偏现在开始下了。

1906年的圣弗朗西斯科有着地中海城市的风采，全然不似其他的北美城市。当时的圣弗朗西斯科还没有摩天大楼、高速公路和大桥。由海路初抵此地的人，眼前是缤纷柔和的山坡和山坡上维多利亚式的房舍。坐铁路抵达南太平洋终点站的人，则看到一个俗丽的城市，充斥着破落的平民公寓、秽乱的码头，还有耸立在阴沉雾中的光秃秃的仓库。这也是一个充满气味的城市：有海洋、鱼腥、船煤的气味；有市场后巷腐烂蔬果的气味，还有屠宰场的气味。

但也有从几个异国餐厅的锅炉飘来的美食气味、开花植物的香气，以及越过金门吹来阵阵甜美湿润的微风。这是一个文化傲人的城市，有歌剧、艺术中心，以及伯克利、斯坦福、圣克拉拉等著名学府。这也是一个教堂的城市，尤其是罗马天主教教堂；爱尔兰、意大利、德国人的影响一度压过了北方人对教皇的蔑视。这是一个纵情的城市，被封为“巴巴里海岸”[①]或“太平洋的巴黎”。在圣弗朗西斯科，“法国餐厅”的意思是楼上有妓院；唐人街有鸦片、赌场、夜总会表演，专门向白人提供观光团（为了安全起见，他们都是随团而来）。“两毛钱来看，四毛钱可以摸，六毛钱可以干！”拉皮条的放声大喊。东部的教士称圣弗朗西斯科为圣经中万恶的索多玛城和蛾摩拉城，经常预言它的毁灭。

总而言之，圣弗朗西斯科是个充满冲突的城市。西部新兴区的簇新林荫大道正是对冲突的预言：它的名字叫做“迪维萨德罗”（Divisadero），意思是“我将分裂”。新移民和第二代移民占了全市人口的75%——爱尔兰人和德国人就各占了全市人口的四分之一。各族裔居住的区域界限分明，事实上，大地震所造成的第一个社会事件，就是逃难的意大利人和华人在电报山上发生斗殴。阶级的区分也很严格，富豪世家高居在贵族山和太平洋高地。20世纪初，罢工潮闹得全市不得安宁，而劳资冲突则使得亚伯拉罕·吕夫（Abraham Ruef）等政治领袖拥有反资本家和反亚洲廉价工人的民怨可用。他的联合工党（Union Labor Party）把施米茨送进市府7年——从1901年到1907年；期间吕夫和施米茨联手密谋，一方面安抚劳工阵线，一方面则从市府用度中不当牟利而致富。

即使是名门望族也在1906年之前就分裂了，斯坦福和亨廷顿已经结下宿怨。两人的铁路王国，大部分的维持工作都是亨廷顿出的力，但光彩却被斯坦福占去了——他在1885年进入了参议院。亨廷顿当上了南太平洋铁路总裁，揭发昔日老友滥用特权的过往。斯坦福大受打击，1893年枯槁而死。亨廷顿接着忙于进行一项无耻的计划，企图回避支付联邦政府发行的中央太平洋铁路债券。1899年亨廷顿应该支付的债务在5000万以上，但他在国会推动议案，希望能延后半世纪还债。这一回，有心改革的年轻出版人威廉·伦道夫·赫斯特（William Randolph Hearst）领军抗议。亨廷顿失去了关键票，必须在1909年之前把钱还给美国民众。第二年，共和党里进步的“罗斯福联盟”（Roosevelt League）在州议会获胜，地方政府才终于摆脱了南太平洋铁路的钳制。

一个分歧的城市。但现在大部分都已经被毁了。地震和大火毁了500多

① 埃及的海盗窝。——译者注

条街，2.8万栋建筑，损失了4.5亿美元和452条人命。幸存者当然决心重建家园，援助物资也从全国各地，甚至外国源源而来——一笔援助物资来自日本。包括3万亚裔居民在内的圣弗朗西斯科人因而在重建家园的过程中，又添上了争辩该不该接受日援的侮辱感。

圣弗朗西斯科的白人，尤其是比较穷的白人，向来用不着唐人街。唐人街像一块磁石似的吸引苦力劳工，也是喧闹、污秽的罪恶渊薮。1900年，唐人街爆发腺鼠疫，从此鼠患又成了另一个恐惧的来源。1905年美国国会重申禁止中国移民的命令，而北京报复这个积怨的方式就是在中国支持抵制美国货的运动。现在，1906年，既然唐人街已经毁了，正是处理"黄祸"的大好时机。市政府官员计划在市场以南重置华人聚落。但华人和其他民族一样，总是不断回到旧的区域。于是政府领导人开始设想，起码要重新设计学校系统来隔离亚洲人。1906年10月，教育委员会决议通过设立一所东方学校，所有华人、朝鲜人和日本人都必须在此接受教育。

由于当时在圣弗朗西斯科的日本人还不多，受到影响的日裔学童只有93人。但日本人和中国人不一样。美国政府并没有将他们归为不受欢迎的族群，在日本政府也已经在外交上赢得和白人平起平坐的地位，而且就在前一年，日本才刚打败了俄国。因此，日本人会拒绝接受这个带有侮辱意味的安排并不让人意外。东京方面本已承诺限制移美人数，但是由于夏威夷的兼并，这个君子承诺又等于白说。夏威夷居民自然有权移居美国本土，数万日本人也就这么做了。1905年2月，迈克尔·哈利·德扬（Michael Harry DeYoung）的《圣弗朗西斯科纪事报》（*San Francisco Chronicle*）掀起了一阵"日本席卷西岸"的疑风，要国人慎防"成群"、"不道德、放纵、好斗"的日本人直扑西海岸。日本人在日俄战争中让人大开眼界的胜利，更使得加州人心惶惶。1906年7月，美国在白令海捕猎海豹的公司抗议日本人活剥海豹皮，剥完皮之后即弃置不顾，使海豹异常痛苦。在地震期间的戒严取消之后，圣弗朗西斯科出现大量的犯罪案件也都以日本人为下手目标。这就是吕夫提出学校隔离法案的背景。附带一提，这也是他所提出的最后几件法案之一。

日本侨民不让孩子上学，并组织起来准备抗争。日本驻美大使青木向国务院递交抗议书，但日本国内的报纸却高喊不惜一战，《每日新闻》高声叫嚣："全世界都知道，美国那些破陆军和破海军根本不能和我们相比；只要我们伟大的海军一出现在太平洋彼端，必然可以轻而易举地让美国人从自大的迷梦中醒来。"日本人对民族自尊的敏感是举世皆知的。美国国务卿伊莱休·鲁特曾说"中国人所受的侮辱只要有十分之一加在日本人身上"，就足以引起日本的敌意了。但日裔移民就和先他们而来的华人一样，还是不可避免地会遭到抵制。讽刺的是，美国之所以要兼并夏威夷，部分原因就是为了避免日本人占领该地；结果却广开方便之门，使得日本人得以涌入加州。

罗斯福终归得出面处理。他自知在朴次茅斯会议时所担任的公平裁判角色，已经提高了日本人眼中的美国形象。现在他最怕的就是由没有必要的种族歧视所引发的危机。他在给儿子克米特（Kermit）的家书中写道："这件日本人风波让我头痛极了，加州那些该死的蠢蛋……如此不明智地侮辱了日本人。如果因此引发战争的话，到时候付出代价的是整个国家。"罗斯福说加州的白人不但显不出什么优越性，事实上还反而"自行暴露了我们文化的短处"。结果这场危机不但是圣弗朗西斯科居民和亚裔少数族群间的冲突，以及东京和华盛顿间的冲突，最后还发展成了圣弗朗西斯科和联邦政府间的冲突。当罗斯福派遣商业与劳工部长维克多·梅特卡夫（Victor H. Metcalf）前去调查事情真相时，《圣弗朗西斯科纪事报》叫"那些只敢在地上爬的退化者"回家去管好东岸的事好了。《论坛报》（*Bulletin*）则信心满满："日本不会为了这点小事开战的，除非这个国家不分青红皂白，一心求战。"而且万一开战的话，"让他们得点教训也好"。

总统的下一个动作，是在1906年年底的年度谈话中公然发言抨击。他说圣弗朗西斯科的隔离政策是"邪恶的谬举"，因为"就像日本有很多要向我们学习的，我们美国人要向日本学习的也还很多。没有一个国家比他们更适合教导我们，因为没有一个国家像他们一样乐于学习"。圣弗朗西斯科市民对这个"吃里扒外的不爱国总统"讲出的"没种蠢话"十分不满。也没有几个国会议员站在总统这边，联邦政府可能会强迫实行族群融合政策，使南方人惶惶不安。1907年2月，圣弗朗西斯科市长施米茨率团前往华盛顿，与罗斯福商讨对策。双方关门密商讨价还价的结果是：撤销圣弗朗西斯科教育委员会的决议，条件是联邦必须采取外交策略阻止日本人继续涌入圣弗朗西斯科。

然而加州人还是有话要说。1907年2月28日，州议院通过法令，禁止亚裔人士拥有土地超过5年，这直接威胁到殷富的日本农场主和华人店铺老板。5月，白人工会人士捣毁了圣弗朗西斯科一家日本餐厅。6月，圣弗朗西斯科警方拒绝了6次日本人要求开放职业介绍所的陈情。鼓吹战争的社论再度出现在日本，这回罗斯福也厉声表示"日本军国主义这回和我们一样糟糕了"。1907年夏初，连《纽约时报》都承认有全面战争的可能，罗斯福也决定派遣16艘战舰通过麦哲伦海峡抵达太平洋，进行"巡逻演习"。

美国对太平洋防御的认真思考始于杜威上将进驻马尼拉湾，但真正的战略设计却是始于1907年的这次战争恐慌。美国无疑拥有较佳的经济实力和海军实力——美国拥有21艘战舰和装甲巡洋舰，日本只有14艘。但是美国战舰的基地都在大西洋岸，巴拿马运河还要好几年才能使用，美国在西岸只有华盛顿州布雷默顿（Bremerton）一处干船坞。鲁特坦白分析道，日本的攻击可能会在美国还没来得及反应之前，就已经越过菲律宾和夏威夷直扑西岸。当然，军方迫切希望国会拨款兴建太平洋基地，但地点争执不下。海军中意菲律宾的苏比克湾（Subic Bay）；但陆军以旅顺港为例，认为面向陆地的侧翼无险可守，他们比较中意马尼拉。然而杜威又以自己1898年的胜利为例，认为马尼拉无法抵御海上攻击。正如罗斯福对塔夫脱所言："菲律宾已成我们的'阿喀琉斯之踵'（heel of Achilles）[①]。就是菲律宾造成今日面对日本的危险处境。"

1907年开始的战略研究，终于在1914年著名的"橙色战争计划"（War Plan Orange）中得出结论，承认如果战争爆发，日本在西太平洋至少可以控制前60天。陆军最好可以守住马尼拉湾的科雷吉多尔岛（Corregidor），直到海军抵达，不过这也是一相情愿。不然的话，美国最多能靠夏威夷、中途岛、阿留申群岛和关岛来拖长反制行动。但是，如果美国不立刻开始在太平洋设立补给站，所有的计划都将毫无意义。于是罗斯福在1907年同意强化苏比克湾、关岛和珍珠港，并在圣弗朗西斯科兴建一座能够容纳新式的无畏型战舰的干船坞。次年，陆海军委员会解决了基地地点的问题：都不在菲律宾。国会拨下180万的初期费用，决定在珍珠港设立太平洋防线的总部。

这一切都意味着，美国暂时是没有能力和日本开战的。因此，该如何平息日本军国主义声浪，防止日本政府有过激的言行？除了虚张声势，模仿俄国舰队的盛大出航之外，还有别的法子吗？自从圣弗朗西斯科教育委员会作出决议之后，就不断有在太平洋派驻舰队的呼声，但马汉船长担心如果只派出几艘船，反而会分散舰队实力，不像示威，倒像是示弱了。罗斯福要他放心，他再也不会涉入这种"全然愚蠢"的行动了，就像他不会"自己划船过去打"一样。他会派遣整支舰队过去。新海军总是需要试航的，而且一次太平洋演习既能堵加州人悠悠之口，又能收吓阻日本之效。罗斯福这回派遣"白舰队"到太平洋，并在1908年环世界一周，正是所谓"笑脸扬鞭，软硬兼施"的绝佳范例。

那画面一定非常壮观有趣：罗斯福在游艇"五月花"号（*Mayflower*）上领着一大队从汉普顿路（Hampton Road）下海的舰队，然后停泊在岸边，看

① 指唯一的弱点。——译者注

着白舰队在“战斗者伊文斯”的命令下依次经过。舰队不稍停留即直奔加勒比海，接着就在炎热的南半球2月中绕行南美洲。舰队的目的地是圣弗朗西斯科，而军方和西岸都多次呼吁，舰队应该就此驻防下来。在菲律宾的伦纳德·伍德（Leonard Wood）将军也预言白人在远东的竞争会失利，除非日本被迅速击溃。就在战争情势最紧绷的时刻，国务卿鲁特和日本驻美大使青木周藏开始寻求消弭危机的方法。青木周藏甚至建议把一切美日之间的重大议题都拿出来谈，包括移民问题、门户开放政策、国防安全，以及中国的前途。日本外相林董（Hayashi Tadasu）觉得这太过分了，认为青木周藏过于软弱而将他撤换下来。但林董接受了限制移民的君子协定，因此在1908年3月，罗斯福下令舰队经由菲律宾、澳大利亚和苏伊士运河返航。5天之后，东京自己邀请该舰队到日本一访。

“可以说美国的荣誉就在你的手上了；所以在此刻，你享有世界第一的权力，也背负着世界最重的责任。”罗斯福如是致电斯佩里（Sperry）将军，因为伊文斯上将卧病在床，所以由斯佩里接替。国务院非常担心美国水兵在日本言行不庄，也很担心日本的狂热分子借端滋事。更糟的是，舰队在北上之前会先停靠墨尔本，而澳大利亚人必然会叫嚣“白人团结打倒黄种人”之类。结果，白色舰队在1908年10月的日本之行反而化军事对峙为外交盛会。双方纪律严明，迎接场面盛大隆重，日本学童还靠着拼音强记了美国的星条旗国歌来欢迎这批美国人访客。更重要的是，舰队离开日本不到一个月，国务卿鲁特和新的日本驻美大使高平小五郎（Takahira Kogoro）以一年前青木周藏提出的方案为基础，解决了两国之间的重大问题。依照《鲁特—高平协定》，双方必须尊重对方的太平洋属地、支持门户开放政策、以和平方式维持“中国的独立和完整”。如果用一种比较小人的角度来解读这份外交文件，也可以说当时日本和美国都不认为自己的实力足以挑战太平洋的权力分配，因此不得不接受现状。

现状当然是有可能会变的。万一俄国或是中国垮了，日本在亚洲就闲了。美国的两洋海军及巴拿马运河一旦完工，也会成为一项变数。还有一项变数是，加州人不知什么时候又会因为恐日而抓狂。1908年的总统大选中，加州民主党打出的口号是：“劳工选布莱恩（民主党），日本人选塔夫脱（共和党）。”布莱恩输了，但1909年加州通过了另一项法案，禁止日本人在加州拥有土地。

第55章　朝鲜半岛，1910

为什么日本人会变得宽厚？为什么他们不像其他人一样，要求美国给予日本移民如其他白人移民一样的权利？为什么如伊藤博文这样的爱国元老，事实上竟然要求政府不要引发日本与美国间的冲突？

读者可还记得伊藤博文？他是明治维新的宪法守护者，虽然拿这位长州武士与弗吉尼亚州的创建者相比有些牵强，然而伊藤的角色与詹姆斯·麦迪逊也并非全然不同。可以确定的是，伊藤崇敬俾斯麦的德国宪法，不过他也与麦迪逊一样，认为对一个新兴而容易受伤害的国家而言，最大的危险在于无法抑制党派之争。而且，对于一个有教养的日本人来说，没有哪件事会比公然的冲突更令人感到羞辱。所以即使伊藤对强硬的幕府感到深恶痛绝，但他仍担心新政权会沦为政党斗争的牺牲品，并忧虑利益团体间会经常为了成为多数势力而冲突不断，进而更抹黑反对者，甚至将自己的意见强加于失败者之上。于是，他的宪法规定，内阁只由天皇任命，并只对天皇负责，并对两院制国会的权力加以限制。他希望这样的安排，能满足民众对代议制的需求，而又能够将实权留给努力寻求共识的寡头政治集团。

1889年宪法公布施行后，伊藤出任首相达3次以上，对于“不平等条约”的废除与中日甲午战争的胜利贡献良多。但在此期间，也有许多令人非常沮丧失望的事情发生。在国会中，政党政治逐渐成形，然而在统治集团内部的党派纷争却也愈演愈烈：小派系倾向与政党合作，并利用政党的势力。伊藤为削弱派系的活动，采取了最后的手段：他于1900年创建了一个立场宽广、包容性强的政党。他的“政友会”（Seiyukai Party）在此后20年间，一直保有国会多数党的地位。一年不到，新的派系斗争又出现了，伊藤辞去首相职位——他是参与明治维新的开创者中担任首相的最后一人。权力转移给有野心的文武官员中的年轻一辈，他们的记忆中已经没有当年推翻幕府与追求现代化的艰辛过程了。这批年轻的人只认得胜利，目光只朝向未来，而且能够很敏锐地察觉出政敌外交政策的弱点，然后利用这些弱点来换取他们自身的利益。

所以伊藤在1905年后，采取了一种比较宽松的外交政策，以便使日本能恢复经济、吸引资金，但是年轻一辈的人却渴望更进一步的扩张。然而，日本毕竟需要一些销售渠道，以吸收逐渐增长的人口与工业产品；加州方面的骚动，只证明了白人反日的偏执有多么严重。扩张论的最极端表现产生于军方，尤其是以中国东北为基地的新关东军（New Kwantung Army）与献身于日本“帝国使命”的黑龙会（Black Dragon or Amur Society）。但是相同的情绪也在日本本土回荡不已。政界的金子坚太郎（Kaneko Kentaro）在战后对战争提出警告，说在经济竞争中，日本的资源“不应只为亚洲而发展，而应该包含全人类”。学者东乡实（Togo Minoru）观察道：“帝国主义与殖民主义乃当今世界最强大的潮流，除白人之外，日本人是少数有能力发展殖民主义的民族。”他想象着有一天“我国对太平洋地区的统治范围，可以确定从冰封的西伯利亚一直延伸到北美”。日本有一种特别的使命，要带领亚洲其他国家脱离白人帝国主义的魔掌，所以扩张也是必需的。一份最受欢迎的反政府报纸如此报道：“如果不能把我们的剩余劳动力运用到海外的话，将会是很大的损失。我国的劳工受到像中国人一样的待遇，对我们来说是一种很大的侮辱。”业界的说法是要将资源“用于海外”，因为日本人视海外移民为其代理商。在美国的100万日本人，每年或许可以带给日本1亿日元，进而更可以建立横跨太平洋的经济据点。但这个梦想却因为美国人的偏执而破灭，美国人的偏执就像一名日本记者在他的煽动性报道中所描写的：“中国现在已经比较情楚清况，而把日本视作学习对象。欧洲人也能了解局势，而且今天也没有任何一个欧洲国家会伤害日本人的感情，或是破坏日本人的利益。唯一还没能认清状况的国家就是美国。”美国仍然拿日本当小孩子看待，甚至比对待小孩子还糟，日本唯一能采取的回应就是“战斗，像个男子汉一样地战斗。努力，像个男子汉一样地努力……战斗，努力不懈地彻底击败白种人……这场种族间的战斗，不仅涉及利益问题，更是攸关生死存亡的大问题”。

所以在战胜俄国之后，日本的外交政策应该何去何从呢？在1907年到1908年这段对战争最恐慌的时期，被视为“日本的马汉”的佐滕哲太郎（Sato Tetsutaro）就对美国的“过度敏感”严加指责，因为日本全部的海军力量仍然逊于美国。佐滕极力主张，即使挪用陆军的经费，也要建立海军。但他的主张却很容易被驳斥：如果我们要与美国保持和平关系，并放弃在太平洋的扩张计划，如此一来，对日本来说，在大陆上建备陆军将是更为要紧的事。所以在1905年以后的日本论战，可以简单地归结成这个问题：扩张的方向，是太平洋还是亚洲？

从日本的观点来说，北太平洋的三角问题是这样的：若要与美国正面冲突，日本就需要在海军上投入大批重要资源，同时还要确保俄国能友善地在自己陆面的地盘上按兵不动。如果要在大陆上扩张，则要向陆军投入大量资源，同时还要确保美国能友善地在自己的海域范围内按兵不动。最坏的情况是，美国与俄国联合起来对抗日本，不过那是不可能的。俄国在暂时的衰弱下，急于以怀柔日本作为保住其中国东北北部地区根据地的手段。总的来说，日本人可将眼光置于菲律宾、夏威夷与加州，只是要冒着与美国决一死战的危险，并且同时可能会削弱在亚洲的势力。相反，在大陆上进行扩张，却是一项低危险、无损失的战略。

罗斯福对上述情况完全了解。就美国现在在北太平洋三角关系中的尴尬角色来说，他必须在两害相权之下作出一个选择：继续让日本在亚洲大陆上扩张，或是与日本开战，而这场战争将会使得美国在太平洋的资产陷于被攻击的危险。罗斯福或许不同意阿奇博尔德·柯立芝（Archibald Coolidge）的看法，柯立芝认为眼前的问题是："我们希望未来太平洋沿岸的人民，是白人还是东方人？"但为了防止西岸的种族冲突，或许罗斯福也会同意柯立芝的意见——除了禁止移民外。而对日本唯一的补偿之道，便是放手让日本在亚洲大陆上进行扩张。罗斯福对于中国东北的门户开放政策，还需花费一番唇舌，但他认为君子协定（Gentlmen's Agreement）与《鲁特—高平协定》的变动，对日本的移民而言是一个红灯警示，对中国东北的日本帝国主义者来说，却是利多的绿灯；而此事等于放弃了门户开放政策，因为此政策根本无法强制执行。

最后，美国的选择是在1905年后，将亚洲史无前例地开放给日本政府。在《朴次茅斯和约》的规定下，日本现在控制了中国东北南部，更摆出朝鲜保护国的姿态。毫无意外地，日本陆军官员着手关闭外商区域，而把他们纳入具有排他性的日本势力范围之内。现在已64岁、留着白胡子的伊藤，介入元老会议，意图先一步实行他的计划。他说，日本必须与中国保持友好的关系，而且日本的脚步不可太快，以免触怒其他外国强权。但伊藤的和缓态度不为关东军所接受，他们毫不在意东京方面的看法，而继续进行着自己的计划……然而却有一个乳臭未干的美国人毅然起身表示对关东军的反对。他竖起一支整个中国东北最高的旗杆，升上星条旗，使得在沈阳街头巡逻的日本军官看得目瞪口呆。

根据美国最伟大的知识分子与《新共和国周刊》（*New Republic*）的创

建者赫伯特·克罗利（Herbert Croly）的看法，威拉德·斯特雷特（Willard Straight）是一位追求资本主义的堂吉诃德："虽然他看起来像是骑在一匹小疯马上，拿着木条要与别人的剑对打，想用芦秆对付别人的矛枪，不过他面对日本帝国主义者，可是全然无惧。"斯特雷特是美国在中国东北的总领事，他想象自己担负着以美国商人取代日本影响力的使命。不幸的是，很少有美国投资者对这个地区感兴趣，所以斯特雷特毅然背着日本与中国协商，筹组满洲银行，并促使美国在中国东北投资兴建铁路。1907年，斯特雷特在战争部长塔夫脱沿着西伯利亚大铁路返乡的路上，把他拦截下来，并以打破日本垄断后可获取的利益来诱惑塔夫脱。斯特雷特在1908年返回华盛顿，但日本人对他的威胁早已有所回应，日本所利用的方法是——犹如惠特先前所设想的——联合俄国的力量，准备组成一个联盟，以共同对抗门户开放政策。

朝鲜更是深深地陷入了日本的掌握之中。外相小村主张，"朝鲜必须完全成为我们的统治区域"，1905年以后所采取的模式是所谓的"联合政府"。所以被收买的朝鲜皇帝（现在业已年迈）仍旧在汉城统治，但实权则落入由占领军所支持的日本统监手中。"联合政府"是一种外交辞令，也是日本人自以为是亚洲兄弟的指导者的表现。在这群指导者之中的主要角色，是愿意担负统监一职的伊藤。如果他无法竭尽全力去安抚或压制朝鲜的舆论，那他空有统监的头衔也没有用，不过他也试图去改革这个国家。但朝鲜皇帝非常痛恨这些改革，而朝鲜的爱国人士痛恨的却是这些占领者。与此同时，伊藤却因为对这些野蛮的朝鲜人的溺爱，而在国内遭到猛烈攻击。所以统监一职实在是个吃力不讨好的工作，特别是对不忍凌辱异族的人来说。但这是伊藤自己的选择。当朝鲜皇帝在1907年派出一名代表寻求国外援助时，东京方面决定罢黜朝鲜皇帝、解散朝鲜军队，并赋予伊藤对所有朝鲜法律的完全否决权。日本发动的政变，结果引发了一位朝鲜官员公开自杀以示抗议，而后又形成对抗外来统治者的暴动风潮。然后则是日本军队大开杀戒，死亡人数将近1.2万人。伊藤对于日本军队"有时仅仅因为有少数村民窝藏暴徒，便放火焚烧整个村子"的举动，也感到羞于启齿。所以有一种远超出伊藤想象范围之外的共识开始在东京形成：如果朝鲜恨我们，但我们又不敢放弃这个战略要地，那么或许兼并朝鲜是最好的办法。

美国对移民的抵制、白色舰队的抵达、在中国东北与朝鲜的可能机会与威胁、俄国所提出的联盟的权宜之计，以上种种考虑，都在小村寿太郎所草拟的备忘录之中。在《朴次茅斯和约》签订时，担任协议者的正是小村，他在1908年7月返回外交部，说明日本真正需要的，乃是和平与扩张。既然和平的扩张只能在亚洲进行，于是内阁在9月批准了小村的计划，并在两个月后通过了《鲁特—高平协定》。这也就是为何日本在1907年到1908年的圣弗朗西斯科学校危机中(San Francisco school crisis)看似“有条件投降”的原因所在。

1908年春季的某日，一位美国传教士到汉城的统监府拜访伊藤公爵。他注意到墙上两张加框的照片，一张是明治天皇，另一张则是罗斯福。当他表达了他对于伊藤竟会如此推崇罗斯福而大感意外时，伊藤回答说：“我之所以推崇罗斯福总统，是因为他是一位正直诚实的人。他说出的话，就是他真正的意思。他非常地坦率，有话直说，不会让你有所怀疑。他与任何人打交道都是非常公平的。”不幸的是，这位正直的总统选择在1908年辞职。不过可以确定的是，他的同党将会继承他，有些人甚至开玩笑说，塔夫脱的名字“TAFT”，意思正是“听从罗斯福的意见”（Take Advice From Theodore）。但是塔夫脱似乎更愿意听从那位两年前在符拉迪沃斯托克到哈尔滨的火车上，令他印象深刻的年轻人的意见：威拉德·斯特雷特，即现任国务院的东亚事务主管，他让塔夫脱接受了以下的看法：“世界上最大的市场，就是4亿的中国人。”曾是华尔街职业律师，现任国务卿的菲兰德·诺克斯（Philander Knox），就如同哈里曼与印刷商托马斯·米勒德（Thomas F. Millard）一样，也同意这种观点。米勒德还提出警告，认为“日本的目标在于成为东亚的商业霸权”。所以塔夫脱和他的手下，不但对《鲁特—高平协定》不予尊重，更放弃了他们认为是罗斯福不经心而说溜嘴的政策，而改为采取一种他们称为“金元外交”（Dollar Diplomacy)的新策略。美国在东亚的军事实力确实较弱，但在中国东北战场上，或许可以用美元来取代枪械。

事情的发展是，日本才刚以为一切都已安稳下来之后不久的几个月，美国政策就大幅度转变。诺克斯吹嘘说，他将会“利用外交手段，把美国资金投注到一个单凭商业力量无法进入的世界”，并且会把日本人驱逐出去。首先，他支持了哈里曼的最新计划，利用蒸汽船连接北美的铁路、中国的东方铁路，以及大西伯利亚铁路。然后，他又激励一个纽约银行家的大财团在中国兴建铁路以便与日本竞争。当这项计划失败后，诺克斯又积极争取欧洲列强支持另一项计划，准备买下日本与俄国所有的租借地，并且将中国东北的铁路开放为国际化经营。

这些拙劣的举动，以及缺乏真正的军事力量所造成的结果，等于是邀请日本去和俄国进行秘密协商。1910年7月，日俄双方对中国东北的瓜分正式成型，并且关闭所有其他投资者的渠道。诺克斯的“口惠而实不至”政策(policy of “bluff and back down”）已被证明完全没有实效，甚至还带来了不良后果，罗斯福也对塔夫脱的愚蠢大加责骂。他写信告诉新总统："日本的资源并不丰富，它的主要兴趣在亚洲大陆，尤其是中国东北和朝鲜；他们一定会带着受辱的恨意，牢牢地记住，俄国是个军事强权这个事实……我非常不愿意说，日本的移民仍应该被禁止；此事要如何办到，不仅就这件事本身来说非常重要，更重要的是，要将此事放在我们对日政策的全盘考虑下来思考。"罗斯福的看法是："我们最关心的部分，在于如何把日本人排除在我国之外，并且同时又要能够给日本人留面子。从另一方面来说，日本人主要的关注所在，乃是中国东北与朝鲜。"但是塔夫脱不愿意听从这个意见，而诺克斯也继续以美国资金强行挤入中国市场。当然，即便是罗斯福本人，早晚也得面对以下这个问题：到底允许日本人进展到什么程度？但如果他的政策能够继续执行的话，至少将可以见到日本与美国双方，在互相信任的基础上进行协商。塔夫脱的政策所遗留下的后果，是彼此双方明显的背叛与持续的怀疑。

朝鲜现在的情况变得令人无法忍受。朝鲜的秘密会社致力于独立，而日本的秘密会社则致力于兼并，以便能控制被各种阴谋渗透的汉城。在朝鲜的士兵与暴民，以及士兵变成的暴民，在城市和乡村互相残杀，甚至杀害无辜民众。只有伊藤要求大家要有所节制，不过他也遭到自己政府的痛斥，骂他是舆论底下的"软脚虾"，最后更是被迫辞职。1909年10月，他于前往中国东北的途中遭到枪杀，终于不必再为这一切伤心了。伊藤在倒地垂死之际被告知，刺杀他的人是位朝鲜民族主义者。伊藤哽咽地说："那么他是一个大笨蛋。"他的死只有让东京方面更加相信，必须果断处理朝鲜独立运动。1910年8月，日本强行通过与朝鲜合并的条约，并建立完全的殖民政府。

到这个时候，美国已很明显地陷入了罗斯福当年极力避免的情况：成为北太平洋三角关系中的尴尬角色。哦，或许美国能在巴拿马和珍珠港表演精彩拿手的操纵技术，但它的确是丧失了中国东北和朝鲜，就连菲律宾也要失守了。甚至，如果有一天日本接受海军主义者佐滕的建议，成立一支马汉式规格的舰队，夏威夷也会有不保的危险。虽然年长的智者仍保持着谨慎的态度，像伊藤就曾说："就任何国家而言，意图超越自然所设定的力量界限，都将是徒劳无功的。"但如今伊藤已去世，小村也辞职了，在自家的乡间花园里读着美国人的诗篇。日本新一代的领导者眼中并没有任何界限，特别是对那个塔夫脱认为的全世界最大的一块市场——中国大陆。1911年，中国的大轮再次转动，源于中国东北的清王朝，终于丧失了"天命"。

第56章 北京，1912

有时候私人生活里的悲剧，对强者来说打击反而更大；因为他们已经习惯呼风唤雨，所以一旦受到挫折时，便会怒斥上天待其不公。以利兰·斯坦福为例，他盼了18年才得到一个儿子，没想到孩子却在15岁那年死去。那是在1885年，当时勃拉瓦茨基夫人的通神学正风靡于圣弗朗西斯科的沙龙。于是斯坦福便举行了一次降神会，其间有一鬼魂的声音指引他创办一所学院来纪念他的儿子。至少这是传说中利兰·斯坦福二世大学（Leland Stanford Jr. University）的由来。斯坦福大学位于帕洛阿尔托（Palo Alto）一片广阔的牧场上，并由弗雷德里克·劳·奥姆斯特德（Frederick Law Olmsted）这位曾设计过纽约中央公园的景观建筑师来设计这所有"西部哈佛"之称的大学。著名的生物学家大卫·斯塔尔·乔丹（David Starr Jordan）担任校长，而赫伯特·胡佛（Herbert Hoover）也在第一届的学生之列。但在斯坦福大学开办的前10年内，注册的学生里最奇特的一位，却无疑是荷马李。他驼背、个子矮小得近似侏儒，但是却有着独特的天分；他在1897年来到斯坦福。

后人对荷马李所知并不多，他的妻子因为害怕间谍的刺探，便将他所有的证件销毁了；而荷马李本人编出的一套说辞，则夸张得无法令学者信服。他并非如他自己所说的那样，是南北战争名将李将军（Robert E. Lee）的后裔；他也不是如孙中山后来所想象的，是中国自1900年开始革命以来的忠实盟友。他并未像克莱尔·布思·卢斯（Clare Boothe Luce）所相信的那般，曾到北京公使馆进行救援工作。"荷马李将军"更从未在任何真实存在的政府之中，带领过任何军队。但荷马李表面上的爱好武力，惧怕日本，以及从事了解中国的敏感任务，使他成为加州对美国地理政治思想的独特贡献，并且成为美国与东亚之间时而清晰、时而流于幻想的接触的具体化身。

我们确实知道他的父亲为了躲避南北战争，从田纳西州的克利夫兰一路西行，在丹佛长大、结婚，并在1876年生下荷马李。荷马李自幼便罹患脊柱侧弯症，而且严重跛足。他只长到约1.5米高就停止了继续发育，但他背上的隆肉却越长越大，直到他的头看起来就像是放在一对畸形的肩膀上似的。他的视力奇差，读书或写字时都会严重地头痛，逼迫他非得待在黑暗的房间里休息不可。因此他过人的意志力就更让人啧啧称奇，因为他后来不仅成为世界历史、战略，以及中国语言和文化的权威，并且还写了两篇长篇论文、一部小说与一部剧本。他的同学都叫他“短脖子”（Little Scrunch-Neck），他则以讽刺性的机智与口才，轻易化解了他们的嘲弄。他们全家搬到加州还不满一年，他就在17岁那年成为当地演讲联盟（Lyceum League）的领导人，而这个青年组织是由罗斯福赞助的。一位同窗回忆道：“他夸张的说话方式、锐利的眼神、特殊的声调，以及总是抬起手，伸出他特长的食指的姿势，都让人能彻底明白他那敏锐的头脑里所产生的想法。”

荷马李梦想着能进哈佛大学研读法律，但却由于“意料之外的经济困难”而未能成行（这也可能是他的一面之词，因为荷马李向来不承认自己会被人拒绝）。结果他自己写信给斯坦福校长乔丹，并获得了入学许可，然后从南太平洋搭船到斯坦福就学。一位同学描述他“背驼得可怜，他的躯干就像是绑在他双腿上的球茎，和许多得了像他这种病的人一样，他的脸孔看来像个聪明的小孩。尽管如此，他总是带着几分目中无人的模样，而且讨厌别人对他示好，也许是认为别人的友善都是出于怜悯”。他在班上是个怪人，老是耀武扬威地走在校园里；他会对着那些娇生惯养的同学们高谈阔论地说着军事策略，还在墙上挂满了旗子与地图。当别人在讨论足球与女孩子的时候，他谈的却是拿破仑、恺撒和李将军。当美西战争爆发时，他甚至真的训练了一支骑兵队，尽管队员们个个“又跛、又慢、又瞎”。他显然曾与乔丹校长有过一番争辩，因为反战的乔丹说荷马李“既粗鲁又好说大话，而且极端好战”。到了1899年，荷马李的头痛已经让他无法忍受，只好休学。没有人知道他在接下来的11个月里做了些什么，只知道他在城里待了很长一段时间。同学们都问，他去了哪里？他到唐人街去了，他总是跑到唐人街去。

据他的传记作者说，荷马李对中国的狂热也许要从他在洛杉矶中学读书时开始，那所学校离洛杉矶的唐人街很近。像他本人一样，在主流社会的眼中，华人都是又矮又丑；华人帮派间的斗争与他们的地下世界，对这个和正常年轻人娱乐无缘的男孩而言，却充满了吸引力。除此之外，他的父母还认识圣弗朗西斯科著名的长老教会牧师伍盘照（Ng Poon Chew）。伍盘照是中国保皇会（Chinese Empire Reform Society）的领袖，并且和三合会有所往来。通过他，荷马李有机会观察清末华人移民的政治紧张状态。他们有些是基督徒，有些遵从传统儒家思想,还有些人没有特定的信仰。有些人希望逼退慈禧太后,想借年轻的光绪皇帝之名施行明治维新那样的改革;其他人则梦想一举推翻清朝统治。荷马李也参与其中,并且对这种种政治密谋甘之如饴。为了对抗他的头痛,他阅读中国历史,抄写中国汉字,很快地,除了少数几个教授之外,他已经比任何美国人都更了解神秘的中国人了。

在1900年,《圣弗朗西斯科信息报》(*San Francisco Call*)的周日增刊上,刊登了一则消息。该新闻以耸动的语气(这是荷马李本人所写)报道:"一位年轻加州男子正计划成为叛军势力的总司令,他准备全力帮助中国的皇帝。"这个年轻人是"斯坦福大学的荷马李",他对"军事事务所知甚详"。有个学生叫道:"你在中国是会被砍头的!"而这个驼背居然回他:"幸运的是,他们可得花上好一番工夫才找得到我的脖子呢。"带着圣弗朗西斯科华人首领的信函,荷马李在当年6月搭上了"中国"号(*China*)蒸汽船。那年他才23岁。

我们现在要对中国当时的政治情势作一番回顾。在中日战争失败,以及继之而来所签订的种种不平等条约之后,光绪皇帝实行了"百日维新",但却受到慈禧的干涉。她镇压了维新运动,并且鼓励义和团发展。因此受挫的维新分子只好求助于海外华人来推动他们的保皇党。这其中最主要的人物是康有为及梁启超(在《圣弗朗西斯科信息报》上,他们的照片就放在荷马李的旁边),还有另外一个较不为人所知,名叫孙中山的人。

孙中山是另一个在新兴、多元文化的北太平洋地区长大的孩子。他出生于南方的广东,那里一向是反叛与移民势力的中心(他的叔叔曾参与太平天国起事,而他的哥哥则到夏威夷从事糖业生产)。13岁那年,他也到了火奴鲁鲁,并且在英国国教的意奥兰尼中学(Iolani School)读书,该校是在爱玛王后时期设立的。接下来他又到香港研习医学,1884年他在香港由一位公理会的教士施洗成为教徒。但他所主张的信仰,却是结合了太平洋与亚洲的折中思想,这是他的牧师们不可能赞同的。他不肯放弃一夫多妻制,并渐渐欣赏起列宁,虽然他必须依靠西方的援助才能发展推翻清朝的运动,却仍梦想着将亚洲从白人帝国主义中解放出来。1896年,他在前往伦敦一所教堂做礼拜时,被慈禧的手下绑架,最后是靠着一封寄给英国政府的密函,才使他免于被引渡与遭受酷刑。

在早年,孙中山与康有为视日本为中国改革的范本。1898年,孙中山与他的日本友人甚至派兵援助正和美国作战的菲律宾人。但孙中山和康有为对于义和团一事却有不同意见。孙中山认为此时正是可以结合日本势力,一举推翻清政府的大好时机,但康有为却并不信任日本人,认为时机尚未成熟。

最后证明康有为的看法是对的。1900年10月的惠州起义中，共有800多人参与，并且成功地阻挡住前来镇压的清军。孙中山曾允诺会供应日本武器，但这批武器却未运抵中国，而使得这次的起义终告失败。

在这动荡不安的一年中，据称荷马李曾出现在每个角落，但也有消息指出他并没到过传说中的任何一个地方。有人说他曾带领一支“保皇军”到北京公使馆追捕惊慌逃命的慈禧！在另一个故事中，他参与了惠州事变，之后伪装成和尚，把一位当地的传教士（同样也出身斯坦福）吓呆了：“他在我们的地盘上做什么，他一句话也没说，而第二天一早他就不见了。他在搞什么鬼？”而伍盘照的说法则是另一个极端，他说荷马李根本就没去中国，只不过是在香港和澳门——直到他的钱用光为止。但他是受到乔丹的鼓动，才扯荷马李的后腿；乔丹因为荷马李的“好战倾向”玷污了斯坦福的形象而痛恨荷马李。

荷马李的确在1901年1月到过日本。他在那里不只恰好碰上了正在休假的乔丹，同时还获得了与侯爵大隈重信见面的机会，大隈是日本前首相，也是康有为的好友。大隈告诉荷马李，明治维新必须成为中国革新的榜样，而改革者最迫切需要的就是一支现代化的军队。荷马李称赞日本人的同情心，并且提出警告，说俄国是中国改革的主要障碍。他在同年4月回到加州，从此音信全无。

因此义和团运动对康有为、孙中山及有可能成为总司令的荷马李而言，也许只是美梦一场。但事实上，它却引发了种种潮流，导致清朝在仅仅10年之后便被推翻。在义和团运动之后，慈禧同意进行改革：修建铁路，重组军队，并允许人民到外国留学（数千名学生被送去日本）。清廷原本希望这种“自强”运动能够维持、而非破坏政治现状，但在大量聪颖的青年人接触了外国文化后，又怎么可能阻止他们加入政治改革的运动呢？因此清廷迟来的改革，就像日本在佩里船长打开幕府之后一样，不过是旧政权灭亡的开始罢了。

荷马李在改革派领袖梁启超1903年到洛杉矶访问时，再次出现为他安排一切。梁启超继续前往纽约以及华盛顿，他在纽约看见摩根时，整个人都僵住了；在华盛顿看到国务卿海约翰以及遇见罗斯福总统时，也都吓得说不出话来。当然，美国政府无法对他提供援助，不过还是有私人可以办到。正是在梁启超造访期间，第一所中国改革学校（Imperial Chinese Reform School）在洛杉矶落成，这所学校的目的是训练年轻的中国人成为革命军队。在一年之内，中国改革军（Chinese Imperial Reform Army）仅在加州就成立了13个支部，在北美其他的唐人街也有20个支部。一位退休的士官，安塞尔·奥班尼安（Ansel O'Banion）“队长”负责主要的征募工作并担任教官一职，还有大约40名支薪的军官——大部分是美国人——共同管理与指导2000名左右的士兵，而居最高位的是陆军中将荷马李。毋庸置疑，荷马李和他的军官们若无康有为、梁启超的认可，是无法将唐人街里的人组织起来的。不过，这些美国友人所表现出来的信任与尊重，也是非常引人注目的，使中国人轻易地相信，有一天，他们的美国朋友们会和他们一起搭船返回中国，进军北京。

1905年，《洛杉矶观察报》（*Los Angeles Examiner*）报道，荷马李“正前往伦敦，与他一起的是康有为阁下”。《圣路易斯邮报》（*St. Louis Post-Dispatch*）也报道：“一名美国人期望成为中国的拉法叶（Lafayette），领军出战。”康有为本人曾到过美国，也察看过这批志愿军。荷马李和乔丹的关系也有所改善，因为现在这位斯坦福校长为他写了一封推荐信给罗斯福。所以乔丹与国务卿一起招待了这个外国革命者与一位美国公民；这位美国公民正为了推翻一个与美国有条约关系的国家，而在美国领土上筹组军队！康有为希望利用会面的机会阻止排华法案（Chinese exclusion acts），但荷马李吹嘘军队的力量，并说罗斯福也认为他们“很棒”。康有为继续前往纽约、芝加哥、圣弗朗西斯科，以及其他城市，在这些城市里，成群的中国人会在穿丝袍的康有为和穿着怪异的中国将军服的荷马李共同带领下，在街头摇着龙旗游行。不过这也就是荷马李改革军的极限了。在中国所发生的种种事件，很快证明他们是多余的，后来在1911年，奥班尼安因为替非法外侨偷渡而入狱时，改革军就解散了。

从出版日期为1908年到1910年的小说与第一卷的《地缘政治学》来看，荷马李在1906年与1907年间曾在深入研究上投入大量时间。名为《红铅笔》（*The Vermillion Pencil*）的小说，描写的是一个中国农村女孩的故事，她的声音引起了一位旅行途中的清朝官员的热情，但她表示拒绝，她说这歌声是为了“鸟儿们和村里的采茶人唱的，而不是为了清朝豺狼虎豹似的官员而唱”。但是地方官强迫她嫁给这位高官，并且将她的教育问题交付给一个年轻的法国僧侣，这位法国人对福音书的关注，远不及他对解救中国农村的受苦百姓的热情。结果这个女孩和法国人坠入情网，想要远走高飞，但最后还是被捉住了。女孩被判处死刑。但有个垂死的人将一个三合会的信物交给这位曾帮助他的法国僧人。中国人虽然畏惧满族人，但对于任何拥有三合会信物的人，都会加以服从。所以在最后一刻，这个僧人拿出信物，成群的中国人搞乱了刑场，而那女孩也终于获救了。

一位评论者认为荷马李的这部小说是“以英文写的第一本中国写实小说”，这本书引人注目之处，并非在于他对中国美德的理想化——这点是可以预料到的，而是在于书中这位僧侣所表现的西方特色很令人怀疑。基督教一无是处，他本人就违背了自己的誓言。他也不是以高高在上的神学或教义解救那个女孩；他显得很困惑，根本不能了解那个信物所代表的力量。总之，他的角色是解放这些群众本身不朽的灵魂的催化剂。就像荷马李后来所写的："要改革中国只有一条路，这条路他们自己过去已经进行了6次，也就是要连根拔除整个腐败的官僚……除此之外，西方国家并不能为这个国家的改革做任何事。"对于商业与基督教、神学、门户开放政策以及金元外交所代表的福音来说，这是多么强烈的否定！一个西方人顶多能做到荷马李所说的，帮助中国人以他们自己的方式，去解决他们自己本身的问题，然后撤回太平洋彼岸属于白人的地方。

中国的革命，必须在中国本身过去千年以来循环往复的历史轨迹上进行，不过这件事只有荷马李能够了解。而其他的列强，却只是对病入膏肓的中华帝国感到踌躇，不知道是否要让中国彻底灭亡。他们都和中国订有条约，并从中国的积弱不振中获利。如果清政权注定要失败，到时候或许他们也会试着去拍革命分子的马屁。但究竟哪一派革命党会获胜，又会采取什么样的政策呢？会是日本明治政权的党羽，或是赞成西方民主制度，甚至基督教的人吗？如我们所知，美国的政策从支持海约翰的门户开放政策，突然变成倾向于罗斯福的意见——鼓励日本扩张——又转变为塔夫脱的金元外交政策；而与荷马李或美国传教士的立场相近者，则同情中国的改革运动。日本的政策也是同样不确定。但日俄战争之前，明治天皇同情中国的激进派，民间人士——如宫崎寅藏（Miyazaki Torazo）——更为孙中山提供庇护所及武器。但在1905年后，日本已不能单纯地摆出亚洲兄弟的姿态了，因为现在又多了帝国主义者，而且日本与清朝的存亡已有利害关系。所以当北京政府在1907年，对于日本窝藏中国革命分子一事提出抗议，东京方面同意将孙中山驱逐出境，不过却也给了他一个英雄式的欢送仪式，还向他提供了7万日元的补助金。日本和其他国家一样，同时与中国的两边势力结交示好。

与此同时，清朝也作出改革的模样。自强运动的关键在于再次重申中央政府对于地方军阀——这些地方军阀是在太平天国期间坐大的——的领导地位。国家军队要现代化，并且要使地方军阀服从国家指挥。这当然是很好的想法，不过每个人都知道，汉人是不愿意服从满族人的。所以朝廷宣布要复兴满族人的尚武精神，重新唤回早年旗人马上治国的方式，更要驯服所有地方的汉人。只是他们现在已不再穿着蒙古人的粗皮衣，而是穿着从德国皇帝那里所学来的德国王公贵族的制服。如果军事的现代化能在50年前实行的话，或许还有可能挽救清朝。但是，军事改革不仅没能早日实行、挽救清朝，反而更引起了汉人文武官员的愤恨，这些汉人官员现在还得直接向旗人贵族弯腰鞠躬，更丧失了他们过去所享有的地方自主权。要是清朝中央化的改革能够伴随着自由化的话——如光绪皇帝所期盼的——那么清朝或许还能得以复兴。但是当慈禧太后最后在1908年去世时，这位年轻的皇帝也离开了人世——在慈禧死前一天病故，至少朝廷是这么说的。不难想象，可能是慈禧知道自己将不久于人世，就派人将她的继承人杀掉。后来皇帝之位传给了她的侄孙，一位年仅3岁的幼童，而这也正意味着清朝将陷于真空状态。对于海外领导人——如孙中山，对于激进的学生、汉人商贾、地主缙绅，以及愤怒的年轻汉人军官、海内外的秘密会社等等来说，现在除了推翻清朝，已没有其他的选择。清政权仍坚持中央要抓紧政治权力，甚至到1911年5月时，还想要将部分地区性的铁路国有化。对于地方上的汉人而言，这意味着经济事务也将与军事武力一样，落入腐败的清朝官僚与清朝的外国债权人的手中。于是各地开始散布着叛变的谣言。

孙中山自从遭日本驱逐出境以后，就在世界各地旅游，他在1909年时第三度造访美国。荷马李的第二本书吸引了他的注意。荷马李对于查尔斯·布思（Charles B. Boothe）的情谊，也使得这位洛杉矶商人后来成为中国改革的捐款赞助者。1910年年初，在孙中山的提议下，他们3人在洛杉矶见面共商对策。孙“总统”将会把分散的中国人统一起来，并进行一次最后的全国革命。“总司令”（Commanding General）荷马李则统筹对抗满族人的军事策略。“财务经理”（Financial Agent）布思会取得资金，以供起事之所需。但是布思面临破产：诺克斯的金元外交最后继续实行，松绑后的华尔街资金也流向北京。荷马李本人在去德国寻求一位著名眼科医生诊治以前，在国务院连一官半职也没有。孙中山则继续在美国的唐人街之间拜访，1911年10月得知另一起事件情势逆转时，他人正在丹佛。这次的事件非同小可，得到了陆军的支持，事件的影响遍及全国，一发不可收拾。

清廷最后的挣扎开始于武汉，当时有群变节的汉人军官在他们的集会处处理一颗炮弹时不小心出了差错。爆炸声引来了警察，警方夺取了阴谋起事者的名册。这些军官并没有束手待毙，等着被包围逮捕，而是即刻展开行动，夺下了一座军械库，并且与当地的改革人士及秘密会社团结在一起。很快，全省都笼罩在暴动的火光之中。朝廷中只有一个人——袁世凯——知道要如何应付，小皇帝的母亲立刻把他找来。袁世凯在朝中已久（我们在1882年时，第一次在朝鲜遇见他，当时李鸿章也在场），他此时未获重用，不过朝中的政敌对他颇为畏惧。但他以前手下的将领以及一些支持者，都在他之下重新集合起来，而皇太后则让他处理这次的事件，这是最后一次，也是最棘手的一次叛乱。

孙中山急切地要返回中国，接手负责处理武汉的起事。但如果没带资金与其他资源回去的话，他的出现也不会有太重要的意义，所以他搭火车前往华盛顿，到了之后，诺克斯还是同样不肯理睬他，然后他又搭船到伦敦，与荷马李会面。荷马李抱着英国国会支持的希望，甚至承诺中华民国会成为“盎格鲁—撒克逊的同盟国”，他还谎称诺克斯与参议员鲁特都站在他这边。荷马李所能得到的承诺仅是英国将会支持任何在中国出现的强大政府，而他竟然就满意地穿着这件英国裁缝为他做的新衣裳，和孙中山搭船回中国去了。《新加坡自由报》(*Singapore Free Press*)吹嘘说：“荷马李将军，现已退休的美国军官，承担了领导军事政府的责任。”我们不知道孙中山与荷马李在从欧洲到中国的漫长旅程中聊了些什么，但我们可以知道，他们于圣诞节抵达上海时，荷马李步下踏板的姿态，仿佛就是中华民国的总参谋长似的。

当然，中华民国还并不存在，荷马李也没有军队可以指挥，孙中山在南京的“政府”除了受人尊重的威信之外，也没有真正的实权。袁世凯掌握了中国的大权，但也还不足以镇压武汉的叛乱。所以避免内战的唯一方法，就是让孙中山与袁世凯直接会面来处理。这也正是皇太后心里所设想的：利用停战的谈判以结束叛乱，但又要能原封不动地保住政权。但袁世凯有什么理由要挽救这个衰颓的政权，而且这个政权中的大部分官员都对他既痛恨又畏惧。为什么他不趁此机会向太后勒索大笔黄金，以便能够将他现在暂时性的权力变成永久的保障呢？然后他可以在由他而非孙中山当总统的条件下，背叛太后，跑到中华民国的那边。孙中山答应了他的条件：“不论是由我来担任全中国名义上的元首，或是与袁世凯合作，由他来当，对我来说都不重要。我已经做了我的工作了。”所以孙中山在袁世凯建立共和国的条件上答应辞职，清帝在1912年2月12日退位。他们给了小皇帝一笔抚恤金，并准许他住在皇宫内，做一个真正的囚犯。

中国现在已经是一个共和国了，而那些过去满心欢喜地将赌注压在清朝这边的国家，如今变得不知所措。而且掌握局势的还不是他们设想的孙中山，因为袁世凯在一年内就把自己变成了一个独裁君主，而国民党领袖孙中山则被迫成为反对势力。荷马李过去被视为中国革命的拉法叶，但他却在清帝退位的前一天突然陷入昏迷状态，当他恢复神智时，实际上已失去视力了。荷马李的太太带他回国，并且在他们位于圣莫尼卡（Santa Monica）的别墅中照料他，直到他在11月1日第二次发病身亡为止，当时他年仅35岁。

荷马李真的曾对中国产生什么影响吗？我们并不确定，他自己也不相信任何一个美国人会对中国造成影响。那么他对美国有什么影响吗？或许是有的，不过他的影响并非如真正所需的那样大，所产生的效果也没能很快体现出来。他留下了《红铅笔》一书、一些短文，以及两部被称为地缘政治学的新科学著作。但比起驻守于太平洋基地的军官，这些作品对于美国人观点的影响简直微乎其微，尽管《无知之勇》（*The Valor of Ignorance*）与《撒克逊之日》（*The Day of the Saxon*）这两本书在分析形塑北太平洋的种族与军事政治力量的作品中很具前瞻性的。这或许是由于荷马李所引以为傲的无情的客观性，事实上他无情地拆穿了所有美国人所喜好的神话。他写道，美国并没有什么特别之处，只不过遵循着与历史上各个帝国所历经过的兴亡盛衰的相同法则。美国并没有隔开太平洋与大西洋的护城河，所以也不能算是孤立的，因为现代科技早已将各大洋联系在一起了。美国是白人的、基督教的或民主的国家这一事实，并不能保障它的未来。相反，美国对于过去种种遗产的过度自信与自傲，只是使自己看不见自己的不设防状态。美国人的资产或是和平态度，并不能保护美国，因为“一个繁荣富裕而同时又没有防备的国家，只会引发战争，加速自身的灭亡”。而且美国人并非如他们所乐于相信的那样爱国，因为如果当“人们只能在战争时期做出爱国的举动，根本是没有用的”。和平时期更需要爱国、勇敢善战、警惕以及为民族献身。日本人了解这点，但美国人的勇气只是“无知之勇”，这也就是美国有一天将发现菲律宾、关岛与夏威夷会在一夜之间突然被人偷袭夺走的原因。

荷马李还计算了船只数量，很容易看出的部分是，美国的太平洋舰队逊于日本；较不易察觉的则是，美国运送船只与部队的能力也远逊于日本。荷马李还指出一个值得注意的事实，格兰特当年利用火车输送12.5万名部队的整个补给作业，如今可以用大型蒸汽船办到，而大船横跨太平洋所需的时间，比当年格兰特从拉皮丹河（Rapidan River）到詹姆斯河（James）还短。就好比在1909年，日本的舰队号称在一周内，就以95艘船运送了20万名士兵渡过太平洋，而且日本海军能在10天之内集结70%的军力到达夏威夷西侧的任何一个据点。荷马李几乎完全精确地预知了日本侵略马尼拉所使用的进攻路线与登陆地点，并预言菲律宾会如同美西战争中的古巴一样轻易失守。他想象日本如果要征服夏威夷群岛，会因为当地13.3万名日本移民的存在而变得更加容易。他还考虑到，阿拉斯加占地辽阔，以及“几乎采之不竭的财富”会引发日本非常高度的兴趣。而一旦日本拿下了西太平洋，“将会成为无懈可击的海军，其军事地位将无人能及，其他国家或国际联盟都没有办法攻克。日本将可以从这个太平洋的直布罗陀冷静地看着全世界，然后为他们所引起的惊涛骇浪展露笑容——这个岛屿民族并没有天堂的观念，也不忧虑会触怒神祇”。

荷马李甚至还将美国海军规划者只敢在“橙色战争计划”中想象的事情一一罗列出来。因为一旦日本控制了西太平洋，他们的运输舰队很容易就可以运送成千上万的狂热士兵到达美国西岸，这些士兵就如同俄国在旅顺港所遇上的一样。美国能如何抵抗呢？哥伦比亚河炮台的火力甚至不及一艘日本战舰。洛杉矶完全无险可守，圣弗朗西斯科也很容易遭到包围。在他的想象中，日本人会在蒙特雷湾（Monterey Bay）登陆而进攻南方，在博德加湾登陆以进攻北方，而圣弗朗西斯科则会在日本一掌握圣马特奥县的水库后就立刻投降。美国唯一能反击的机会，就是训练成千上万的新兵，以横越大陆的铁路运送他们到西岸，并且还要翻山越岭地突破已确定会落入日本手中的重重狭窄危险的关隘。

荷马李并不认为这些预言的内容一定无法避免。但他写道，如果战争真的爆发，这些将会成为美国的弱点。因为，即使日本了解“富有的产业并不等于政治上的成长”，美国人所表现的政治意识与他们的工业成长比较起来，还是显得有些萎缩。“从整个人类竞争的历史看来，财富要与政治达到平衡，只有靠战争一途”。为何美国人会变得自私自利、软弱不堪，甚至在潜在的敌人面前也是如此？这些敌人不但瘦弱饥渴，而且又是好战的民族。荷马李认为，原因在于美国人最要命的神话——大熔炉。在他看来，种族融合在渐渐地腐蚀美国。盎格鲁—撒克逊人曾缔造美国制度并创立了一个大帝国。“然而，当政治、军事权力从作为统治要素，转变成为种族冲突的原因时，它们就不同了……到时候国家主权的理想，就会丧失于无止境的立法与野心的矛盾中”。而这将会使得美国无法保卫自己，因为在日本进攻之前，美国已陷于不能抗拒的诱惑之中，使得“必须要对这场到来的战事负责的，变成是美国人民，而非日本”。

说来奇怪，荷马李将他日文译本的版税送给孙中山，以表示他对孙中山的敬意，而使得每一个买他书的日本人，无意之中都对新中国的诞生有了一些贡献。孙中山在荷马李死后为他致上颂词。这篇祭文是这么开始的：“虽然荷马李先生不幸肢体残障，但他的头脑却是极为出色的。”

第57章　巴拿马运河与胶州湾，1914

19世纪初，有位名叫约翰·史蒂文斯的工程师协助开创了蒸汽与铁轨的时代，他曾和罗伯特·富尔顿较量看谁先完成第一艘蒸汽船，并赢得了美国第一张铁路特许证。20世纪初，另一位约翰·史蒂文斯以更具戏剧性的风采盖过了那个时代。就像他的同名前辈，这位缅因州农夫的儿子也是位偏激的北方人，他的技能都是从工作中习得的。史蒂文斯20岁就离家去勘测明尼阿波利斯新城市去了。他在新墨西哥州当铁路工人时，学会了如何修筑铁路；他勘探过加拿大太平洋铁路路线，修筑了第一条横跨密歇根北半岛的铁路，并成为大北方铁路的总工程师。史蒂文斯也长成一位英俊、老练的技术人员，黑短发、浓胡须、大耳朵、目光敏锐准确。他的回忆录读来像是廉价的惊险小说，充满从狼群、激流及大雪覆盖的山径死里逃生的惊险事迹。他知道如何在"最原始的情况下"求生，而且酷爱这种生活！

1905年，52岁的史蒂文斯已经在芝加哥郊区安顿下来，过着家庭生活，在芝加哥—洛克岛—太平洋铁路公司担任主管。但是当塔夫脱要他接手菲律宾的铁路时，他欣然答应。罗斯福总统对这位"魁梧、勇敢、理智、刚毅"并颇像他自己的史蒂文斯很满意。不过，在史蒂文斯动身前，他在大北方铁路公司的老上司——詹姆斯·希尔——又为他推荐了另一个职务。"希尔先生告诉总统，他知道有个人可以去建巴拿马运河"。尽管3万美元的薪水相当优渥，但史蒂文斯犹豫了。巴拿马铁路公司的律师克伦威尔最后说服他接受，而罗斯福更在牡蛎湾(Oyster Bay)的家中款待了史蒂文斯。罗斯福说巴拿马是个"可恶的麻烦"，不过将授予史蒂文斯全权去处理。史蒂文斯于1905年7月搭船赴任；最初几个星期他只是衔着雪茄，不断地问问题。然后，他发表了结论："在巴拿马有3种疾病：黄热病、疟疾和恐惧，其中恐惧症最严重。"

巴拿马的确是一团糟。跟技术、管理和天然上的障碍比起来，政治上的难题显然容易解决多了。罗斯福可以大吼"让这流言随风而逝"，但美国人和法国人同样不知该如何预防工人感染疾病，运河该依海平面高度开凿或是设置闸门调节水位，以及怎样处理多山热带丛林的后勤补给。运河委员会曾经挑选同样是芝加哥铁路公司员工的约翰·芬德利·华莱士（John Findley Wallace）当总工程师，他被那些生锈的法国装备、状况凄惨的巴拿马铁路、泥泞、恶兽、昆虫和疾病弄得极其消沉。不过他倒是作了个不错的决定——选用布塞勒斯95吨重的蒸汽铁铲作为挖掘的最佳工具——接着便辞职不干了。他说巴拿马是“被上帝遗弃的国度”。

由于一些勇敢、聪明医生的努力，事实上情况已经大大改善了。法国人伊莱·拉韦朗（Eli Laveran）在一只疟蚊的胃里找到了疟疾细胞。1897年，英国科学家罗纳德·罗斯（Ronald Ross）在一只刚吸了疟疾病患血液的蚊子体内也找到了相同的细胞，进而发现疟疾是蚊子经由其唾液腺传播的。1886年，古巴医生卡洛斯·芬利（Carlos Finlay）发表黄热病是由黄热病伊蚊传播的证据，但很少有人相信。直到1898年美国占领哈瓦那后，芬利说服沃尔特·里德（Walter Reed）医生实验他的蚊媒介论。4位志愿者睡在浸泡过黄热病病患黏液的床单上，结果安然无恙。而杰西·拉齐尔（Jesse Lazear）医生让黄热病区的一只蚊子叮了他一下，结果很快便死于剧烈的痉挛。里德与威廉·戈加斯（William C. Gorgas）医生接着着手以烟熏及清除蚊子滋长的死水来除去哈瓦那的蚊子。当然，巴拿马当然是较大、较无法控制的战场，但戈加斯急着想整治一番。他遭到西点军校拒绝时改行行医，相信上帝已经替他的一生规划了如斯的人道战争。

史蒂文斯了解到巴拿马真正的问题不在技术，而在人。如果他的工人觉得根除疾病的所有措施都采取了，他们可能就会振奋精神，去和水土做更实际的战斗。因此，当戈加斯需要人手去排干沼泽的水、钉纱窗，以及烟熏房屋时，史蒂文斯便给了他一张空白支票，金额任他填，并让他优先调用地峡一带的工人。1906年年底黄热病已经绝迹，疟疾也在控制中，也就是说开挖工作可以正式开始了。史蒂文斯将其总部搬到库莱布拉河道（Culebra Cut）附近，和工人同样每天工作12小时，并决定先完成所需的基础建设再开挖运河。毕竟在筑坝人员及水力专家发表完高论后，实际上一切得靠老旧摇晃的巴拿马铁路搬运所有的机器、补充工人所需及运走成堆废土。史蒂文斯的手下将轨道变成双轨，强化铁轨及路基，修建复杂的变轨和旁轨系统，串联新的电报电话线，进口重火车头及车厢，并绘制一切运输时间表，其复杂程度让德国总参谋部都感到惊讶。史蒂文斯说：“事情一点神秘性都没有，只有一个重大的问题，没有任何奇迹。”

很对，不过仍然需要有人想出如何凿开这个地峡。运河的官方标语是："陆地一分开，世界便合一。"暗示运河将与海平面等高，此方法是由白宫委托的专家们于1906年1月推荐的。表示只要挖掘、搬运更多的土，而不需要昂贵又复杂的水闸系统。接着，史蒂文斯亲眼目睹了巴拿马秋天的大洪水，查格雷斯河（Chagres River）变得无法控制，法国人开的旧运河堤岸被浸湿，土石流入河中。因此他担心与海平面等高的运河，在天气的肆虐下，将变成一条"窄又弯曲的水沟"，于是他回到华盛顿请求将运河改由水闸控制。诺克斯参议员完全同意史蒂文斯的看法，他的选民包括了会铸造水闸大门的匹兹堡市钢铁厂。史蒂文斯是对的，1906年6月，参议院投票通过放弃与海平面等高的挖掘设计。

罗斯福为了表示他对史蒂文斯的信心，将运河委员会缩减重组，使史蒂文斯成了唯一的发号施令者。接着，他为了显示对戈加斯医生的信心，决定于雨季正猛时，不顾疾病威胁，到巴拿马视察，这是第一次有在任总统到国外旅行。罗斯福迈着沉重的步伐踏遍了每个地方，看尽每件事，并且愉快地登上布塞勒斯蒸汽铁铲的操纵位置。回国后他描述对库莱布拉河道的印象："我们现在控制了这个麻烦……一大堆精力充沛的人和机器各尽其责，白人负责监督一切及操纵机器，而数万黑人则做些不需用机器代劳的粗重手工。这实在是史诗般的丰功伟业，且极具重要性。"

再也没有其他地方像西岸的圣弗朗西斯科和洛杉矶一样那么热切盼望海运带来大笔财富了。在争取贸易上，圣弗朗西斯科天生就不被看好，地震、火灾、种族动乱、市政府贪污都让其形象坏到极点。该市于1906年后努力重建，但川流不息的新来者却不断南移。最能显出洛杉矶新影响力的，就是其为了迎接巴拿马运河的来临，奋力争取港口设备。

第一个步骤就是打破南太平洋铁路对圣佩德罗及威明顿两个港口的控制。洛杉矶商会进行了长达3年的作战，直到1909年一项创制提案认定圣佩德罗的产权归属不当，另组一个市立港口委员会接手。该会立即让债券采用浮动汇率，以应付快速扩展的滨海区。圣弗朗西斯科市民对南太平洋铁路之事不觉得可惜，但其对手的进展让他们惊慌了。他们自己的港口逃过铁路的控制，但其所有权属于加州，这意味着任何改进码头的计划得由全州的选民同意才行。圣弗朗西斯科市民领袖提出3个解决方案：让所有港口都成为州有财产，或是将圣弗朗西斯科港交还市政府，或是让湾区一带码头全归一个单位管理。最后一个方案是为了打击湾区对面暴富的奥克兰港。《洛杉矶时报》批评道："圣弗朗西斯科为了自己的利益，向来只会牺牲他人，未来亦然，一点正义、怜悯、懊悔都没有。”奥克兰的议员们拒绝合并方案，萨克拉门托的议员们也不容许更换所有权，因此圣弗朗西斯科只得满足于所拥有的1000万美元州公债被指定为应对将来巴拿马繁荣兴盛时需要船坞、码头的用途。

不过，巴拿马运河代表的不只是商业的扩展，更象征太平洋岸整合至国际社会。1915年在圣弗朗西斯科举行的“巴拿马—太平洋国际博览会”旨在庆祝世界距离的缩小，而商界则急切地想让此会成为和亚洲拓展贸易的机会。该博览会替圣弗朗西斯科赢得了“那个知道怎么做的城市”的绰号。然而，加州的立法者却选在这些年拒绝让那些不符合公民资格的外国人拥有土地权。美国总统——这次是威尔逊——再度指责加州州长，而加州人则叫东部佬少管闲事。日本驻美大使也再次抗议这“严重损害其国家名誉与威望的做法”。太平洋两岸的主战论者又一次预言或鼓动战争。赫斯特报团的报纸于鼓噪时，不忘顺带一提正让美国人忧伤的墨西哥革命：

> 哦，借着黎明曙光，你是否能看出
> 任何避免战争可能之途？
> 星条旗啊，愿它永远飘扬，
> 当我们被墨西哥猪踢赶，日本鬼掌掴之际！

东岸报纸——像《哈特福德时报》(*Hartford Times*)——则仅仅感慨地说：“二者选一，和加州作战可能比和日本作战便宜多了。”1913年的这股战争恐慌随着国务卿布莱恩向日本保证美国的善意而平息，但比起他暗示联邦政府不能干涉，因为加州律法是“经济问题”，非“种族”问题，有些遁词实在更愚蠢。日本海军将领们怀疑，一旦美国海军能经由巴拿马运河更快捷地到达太平洋，未来会有什么样的危机等在那里。

没有人知道为何史蒂文斯刚把巴拿马一切弄上正轨就辞职了，除非那就是原因。他总是不断地换地方、工作、老板，寻求挑战。也许铁路工作一完成，他就对巴拿马感到厌倦了。但即使如此，仍无法解释他于1907年1月寄给罗斯福的信：“能参与这个工程一直被视为是种奖励，但此‘光荣’一点都不吸引我。运河对我而言只是条大水沟，我也看不出完工后的伟大功用，虽然他人看来显而易见。”其他的工作也在跟他招手，他写道：“请恕我坦白，我宁愿去做当中的一些工作，也不愿去当美国总统。”这人中邪了吗？是他的铁路主管朋友们因利益相抵触，而让他反对运河工程？还是他和某人吵架了？若不是因为史蒂文斯对总统这个职位出言不逊，罗斯福很可能已经让他回家休假，设法让他振作起来。而实际情形是罗斯福寄了份最简单的备忘录给塔夫脱："史蒂文斯必须马上滚蛋。"

因此，乔治·华盛顿·戈瑟尔斯（George Washington Goethals）将军——一位很有才干的陆军工程师——负责完成了在巴拿马的任务。就某方面来说，他所要做的不过是让史蒂文斯制定的管理与科技机器继续运转。不过戈瑟尔斯也训练了几乎多达5万名的员工，和作些他自己宝贵的贡献。例如拓宽库莱布拉河道、加深闸门以容纳最新式战舰（及像"泰坦尼克"号这样的邮轮），增加一道防波堤以保护太平洋这边的出口。伤心的事也在等待着，例如爆炸(其中一次炸死了23人）和土崩（毁掉几个月的工作成果），但是所有工作人员还是夜以继日地工作着：爆破人员引爆30吨的炸药；操作蒸汽铁铲的机员和铁路工人运走了1亿立方码的土；水泥搅拌机和倾倒机填满了约300米长、24米高的水闸；电气技工们负责的管制系统，只要手轻轻一拨，就能让整个地峡打开或关闭。巴拿马运河花费了3.52亿美元，损失5600多条人命（大部分是西印度群岛人），但从头到尾没有丝毫舞弊贪污——一项或许和运河同样伟大的成就。

每个人都认为预定于1914年8月15日举行的通河庆典应该会同样了不起，结果在预定日的前两星期，欧洲发生战事，也因为那场战争使得美国被骗走了它应得的喝彩。西岸的港埠知道不会有什么船运繁荣，而西太平洋整个置于那些极幸运的日本人脚下。

不过，明治时代结束了！那位受尊敬的天皇于1912年7月去世，象征现代日本的青年期也随之结束了。明治天皇虽未亲自制定政策，但其治理期间的辉煌成就可媲美英国女王伊丽莎白一世和俄国彼得大帝。他的一位军官甚至虔敬到视切腹为荣耀，并将军刀埋在他的腹内，如此他的精神就可伴随明治到来世。那人就是征服旅顺港的乃木希典，他希望他的牺牲能唤醒已经忘记武士美德转而支持西方物质主义的日本国人。例如，社会主义学说已经传到日本，吸引了不少学生及都市工人。无政府主义者的一个支部甚至密谋于1911年刺杀天皇，大众恐慌至极，以致警察设法将所有知名社会主义分子送进监狱、放逐或迫使其自杀。原本受尊重的政治也败坏了，当明治弱智的儿子才刚通过复杂的神道教加冕仪式，采用年号大正登基大宝，丑闻就震碎了整个政府。内阁拒绝陆军部多增加两个师的要求，军部大臣因此辞职，没有其他官员愿接掌该职。最终，整个文官内阁不得不辞职，以便选出以军人为首的新内阁。自由派议员及暴动的平民又迫其下台，其继任者山本权兵卫（Yamamoto Gombei）几个月后又因海军采购贪污遭到揭发而下台。更多丑闻一一揭露后，政府又由大限重信及外务大臣加藤高明（Kato Takaaki）等文人重掌。不过，大家都清楚即使文官必须负起外交政策挫败的所有责任，军方对国家政策还是拥有非正式的否决权。这一切有助于说明日本外交政策的冒险、投机路线。

没有一件大事能像第一次世界大战的爆发一样，替日本开拓许多选择机会。突然间，俄国不再是亚洲的一项因素，因为他们的军队全力与德国进行生死战去了;英国和法国同样忙于作战，并急于让出租借地以交换日本的友谊;至于德国,其亚洲和太平洋的殖民地此刻全无防备。当然,日本所要做的就是，借英日同盟之名，出手将那些殖民地拿下。英国外交大臣格雷爵士深知这些，他含蓄地告诉日本人，不好为了英国而让他们劳师动众。但是当施佩（Spee）伯爵所率的德国亚洲舰队驶入太平洋时，格雷要求日本帮忙追捕；日本跃跃欲试，宣布打算对德国宣战，并准备夺取山东半岛的胶州湾。格雷想撤回其求助的要求，但太迟了，日本军队以震耳的号角及大炮围攻了这个孤立的德国租界港，直到当地在10月底投降为止。德国在赤道以北还保有广大的岛屿属地，包括马绍尔群岛（Marshalls）及加罗林群岛，日本商人早已经在这些群岛上做生意了。19世纪80年代还出现过有关海洋帝国发展性的文学作品，通俗作家争辩日本的未来在于陆地扩张还是海洋扩张，而一位国会议员相信“将太平洋变成日本内湖是大和民族的伟大任务”。1914年9月，日本的机会来了，两批日本分遣舰队深入太平洋，奉命寻找施佩的舰队（该舰队其实已经驶往南美）；在东京的海军将领们威吓内阁批准“暂时占领”这些德国岛屿。因此，日本海军轻易就霸占了那两个群岛，并加以封锁不让外国船只接近；不损一兵一卒，日本就将其海外帝国扩大了一倍。

和其他地方比起来，还是中国最有吸引力。欧洲大战消息一到，日本驻北京的公使便马上向袁世凯提出一长串要求。公使说这一切都是为了黄种人的团结合作，以面对大战后势必出现的“更强劲的白人对手”。在东京，外务大臣加藤将日本帝国主义者的野心写成了众所周知的“二十一条”，获得内阁、军方及天皇的同意后，于1915年1月丢给袁世凯。那些条款范围广泛：第一条至第四条要求中国延长日本在关东及南满铁路的租借；同意日本在中国东北有独家采矿权及土地拥有权、同意日本对第三方势力提出的贷款或铁路租借有否决权；指派日本人担任中国在中国东北的经济及军事顾问；同意日本租借中国其他地方，但“中国沿海港湾和岛屿不得租借或割让给他国”，以及承认山东由德国让渡给日本。第五条——被加藤评为“极想要到手”——则超出惯常的意图：要求中国的中央政府采纳日本政治、财经及军事顾问的意见，警察由中日共同指挥，向日本购买武器，及允许日本在中国各地设立学校、医院、僧院。而最放肆的是，加藤要求袁世凯对这些条款保密。

由于英国、法国及俄国严格来讲和日本同盟，袁世凯只得转向美国求救。他告诉美国公使保罗·赖因施(Paul S. Reinsch),日本有项“明确而深远的计划，利用欧洲的危机以加深对中国的控制”，并泄露了“二十一条”的内容。美国是第一个承认中国为共和国的国家，那代表门户开放原则，而反日情绪再没有比加州更激烈的了。但袁世凯运气不好，此时掌控美国政策的并非塔夫脱、诺克斯或罗斯福，而是反战论者布莱恩。伍德罗·威尔逊这时尚未制定他那基于民主、门户开放原则、裁军、集体安全保障的新外交政策远景；只要欧战及墨西哥革命还困扰着他，他的直觉就会让他避开亚洲的改革运动。“我有种感觉，”他给赖因施的信中写道，“任何对中国的直接建议，或代其直接介入目前的谈判，反倒弊多于利，因为这可能会激起日本的猜忌和敌意，首先对中国不利。”当国防部长建议美国增援菲律宾作为防备时，国务卿布莱恩涨红了脸，语调非常激烈。他怒斥道:“直到美国真的参战了，才能信赖军方说我们该做什么，不该做什么；我们不是在讨论如何发动战争，而是怎样不参战。”

国务院远东部门的主管提出了一个更深思熟虑的论调，他说日本人口过剩，而加州又不欢迎日本移民，因此他们到中国东北去会好一点。国务院顾问罗伯特·蓝辛（Robert Lansing）同意最佳的解决方法就是：日本停止抗议加州的法律及美国的移民政策，而美国默许日本对中国的某些企图。但这在布莱恩看来似乎不值得，他仅仅指示他的外交官们支持门户开放政策。不过，这帮不了袁世凯，他乞求日本延缓第五条款，但对其余的全作让步。袁世凯1916年死后，中国更无力反抗——陷入了军阀争相想独霸中国的10年。

更糟的是，日本的外交官们将大战剩余的时间花在磋商密约：英国、法国和俄国都答应在即将召开的和平会议中承认日本轻易得到的战利品。沙皇绝望的大臣们甚至在1916年和日本缔结同盟，希望日本会经由西伯利亚横贯铁路给他们运送军需品。最终，英国人与法国人得清理他们的海外资产以偿付战争花费，无助地坐视日本财阀接管亚洲市场。第一次世界大战使得日本的黄金储备增加了100倍，并带动了惊人的工业增长。美国海军注意到这个情况，希望将马绍尔及加罗林群岛变成中立区；如果做不到的话，则设法说服日本不要在这些群岛设防，否则珍珠港本身就可能有危险。

布莱恩在指控威尔逊放弃坚守中立的立场，以及预测威尔逊的倾向协约国态度将会把美国卷入战争后，辞去了国务卿职位。在那点上，至少他是对的。1917年4月，美国国会对德国宣战，因此成了日本的非正式盟友。由于两国政府在战争期间与和平到来时,都有许多必须合作的事情,因此他们对“二十一条”作了特殊处理。日本由石井菊次郎（Ishii Kikujiro）代表到华盛顿商谈；1917年11月达成的《蓝辛—石井协定》中，美国承认“领土的接壤在国家间会产生特殊关系”，因而日本在中国有“特殊利益”，日本则保证尊重门户开放政策。

《蓝辛—石井协定》不过是一连串空泛协定中新添的一项，往上追溯还有塔夫脱—桂太郎备忘录、《朴次茅斯和约》、君子协定、《鲁特—高平协定》。但石井的声明最能指出太平洋强权间的真正关系：日本希望保有它的岛屿战利品，并将日本门罗主义扩大到西太平洋，蓝辛则将日本在中国的“特殊利益”界定在经济方面。最终结果是第一次世界大战破坏了欧洲帝国主义的结构，使得美国（和其巴拿马运河）与日本（和其新的征服地）成了北太平洋霸权的唯一争夺者。此次大战也替日本的扩张打通了3个新的走廊:密克罗尼西亚、中国东北和西伯利亚。

《蓝辛—石井协定》签订后5天，布尔什维克党发起革命，俄国陷入内战。偏远的西伯利亚孤立无援，而到西伯利亚的主要途径就是它的铁路，这也意味着史蒂文斯又将要换工作了。

第58章　符拉迪沃斯托克与巴黎和会，1919

经过与德国领导的同盟国31个月的总体战后，沙皇政权仍得以幸存，证明了俄国农民兵的耐力。但是战场败阵、经济耗竭以及官吏的腐败，最后却断送了罗曼诺夫王朝。1917年3月尼古拉二世逊位，俄国成立一个临时政府。美国总统威尔逊称赞协约国阵营现在全是民主国家了，但是等到一个月后美国国会对德国宣战时，美国却承担起维持俄国战力的大部分重任。完成这项任务的唯一方法就是将补给品运过北太平洋，再经由西伯利亚大铁路送到东部前线。然而，西伯利亚铁路损坏严重，临时政府的权限又几乎不超过乌拉尔山，军火更因缺乏运送，堆积在符拉迪沃斯托克的码头上，因此威尔逊提议派工程师去协助维护俄国约9656公里长的生命线。谁是"最佳人选"？当然是约翰·史蒂文斯了。他于6月抵达符拉迪沃斯托克，四处巡视后要求威尔逊向该地派遣一整队的铁路人员。当大北方及北太平洋两家铁路公司的300名工程师于11月抵达西伯利亚时，列宁及托洛茨基（Trotsky）已经推翻临时政府，西伯利亚陷入了一片混乱，工程师只好撤到日本，史蒂文斯非常生气地说："一等到战舰及5000名士兵，我们就应该回西伯利亚去。这些人敬畏上帝的时间快到了。"

事实上，整个俄国笼罩在恐惧中——即将被共产党、拥护沙皇分子、自由主义分子、社会主义分子、反叛的民族主义分子及哥萨克人击垮，而德军正从西边入侵，日本军国主义者则渴望从东边进攻。英国和法国极想介入，使德国无从获得西伯利亚的资源，保护他们在俄国港口的补给品，也许还可恢复东部前线。但他们实在挪不出军队或费用，所以协约国就指望美国和日本了。威尔逊担心外国的介入会离间俄国人，使得布尔什维克党更受欢迎，而且他也不相信日本人，因此美国的政策必须是"按兵不动"。在他的1918年1月8日"十四点和平原则"演讲中，威尔逊呼吁"自俄国领土撤军，并解决所有影响俄国的问题，如此在替俄国赢得不受干扰、能独立决定自己政治发展与国家政策的机会时，才能获得其他国家最好及最自动的合作”。

很不幸，观望政策不可能保存俄国领土的完整或自决，更不用说要打败德国了。因此协约国的领袖们更是倚赖威尔逊，法国外长兰辛甚至警告说：“德日间有某种联盟，如果让日本单独进入西伯利亚，则等于准备瓜分俄国。”在战场上的美国人也力主赶快采取行动。史蒂文斯担心德国与布尔什维克党在西伯利亚日渐增加的影响力，在北京的赖因施则相信，只要不让日本独自进入俄国，大部分俄国人会欢迎协约国的占领。如果仅就防止布尔什维克在俄国内战中正在扩大的胜利来说，兰辛也赞成介入。他预测革命的“残酷性及对生命、财产的损害，将远胜过法国大革命的恐怖年代”。但是威尔逊坚持介入会损害美国军事努力所奠定的道德立场。

接着传来《布列斯特—立托夫斯克和约》的消息。1918年3月，布尔什维克党和德国的最高司令部签署条约，俄国退出战争。列宁“和平攻势”的目的是要使布尔什维克党脱离大战，以巩固他们在俄国国内的势力，但其结果是将俄国欧洲部分的半数人口及资源交给了德国。协约国的外长们立即同意“协约国紧急介入东俄”。日本也对“西伯利亚的混乱情况”表示关切，其军队于4月登陆符拉迪沃斯托克；一个月内，他们沿着中国东方铁路成扇形展开。威尔逊承认他为该在俄国采取什么恰当、可行的对策绞尽脑汁。但是日本的介入及来自西伯利亚的新情报，最后逼得他采取行动。大约有7万名前哈布斯堡军队的捷克战俘被困在俄国，他们正试图经由西伯利亚铁路突破重围。那些捷克人打算绕地球一圈，去和法国境内的联军并肩作战，以解放他们的祖国。起初，布尔什维克党还援助这个捷克军团，但他们打算让这支劲旅缴械的企图很快导致了彼此间的摩擦和战斗。赖因施发电报给威尔逊道：“要将这些捷克军队从西伯利亚移走实在是项严重错误。只要一点点鼓励与资助，他们就可以控制整个西伯利亚和德军对抗。”威尔逊被激起了兴趣。捷克人是“俄国人的表兄弟”，而且只要分出一点联军军力去支持那些捷克人，就可能将西伯利亚从德军及布尔什维克党的手中夺出。史蒂文斯的电报说：“盟军有必要对西伯利亚采取快速、有效的行动，以对抗德布联合……如果盟军想救西伯利亚，应该立即行动。”

帮助勇敢的捷克人，这个借口足以满足甚至像威尔逊这样谨慎的人。7月6日，他的内阁批准美日联军占领西边远至伊尔库茨克的西伯利亚铁路，其唯一目的只是要与捷克人“合作”。威尔逊清楚地指出那些军队并不是去削弱俄国的政治或领土自主权，而东京当局也严肃地同意。不幸的是，不清楚究竟是谁代表日本，是热诚的外交官还是那些一直推动侵略的将领。美国陆军参谋长马奇并不期望日本会放弃扩张的野心。威尔逊回答道:“那么我们只好碰碰运气了。”

陆军少将威廉·格雷夫斯(Willam S. Graves)则热切地想在法国开战。他从未领导大军战斗过，仅和在美国本土的一个师进行过4个月的演习后，就得到了指挥权。1918年8月2日，他正和第八步兵团在弗里蒙特军营时，来了封密码电报:“搭第一班最快火车离开圣弗朗西斯科，到堪萨斯市的巴尔的摩大饭店，找战争部长。”他的火车迟到了，所以贝克部长在车站会见了他，说“他很抱歉必须派我到西伯利亚”。战争部长接着将密令交给格雷夫斯，说道:“这纸密令含有你必须遵守的美国在俄国的政策。审慎行事，你将走在装满炸药的炸弹上。上帝保佑你，再见。”

历史学家对于威尔逊为何派兵至俄国看法不一，有太多看似合理的理由了:去看守在俄国港口的战争补给品;去支援俄国民族主义分子抵抗德国;去使日本在西伯利亚无法自由行动;去协助撤出捷克军团;去使捷克军团不要离去，以确保西伯利亚横贯铁路;去帮忙“白”俄人对抗“红军”;去维持在中国东北的门户开放原则。另一个可能的理由就是威尔逊作了让步，以使他那些执拗的助理和盟国不再纠缠他，因为交给格雷夫斯少将的密令，不过是一封已经于7月17日寄给各盟国政府的国务院信函。该信表示美国想要“以每一种实际的做法和盟国政府慷慨合作，因为美国没有自己的目的要达成”。该信声明，最适合美国对胜利作出贡献的地方在西方前线，而介入俄国“只会增加俄国目前凄惨的混乱情形，不会解决问题;只会害了俄国而不会救它”。美国介入俄国的动机只是为了帮助捷克人防守军需品，以及“坚定任何达成自治或自卫的努力，使俄国人自己愿意接受援助”。最后，该信函向俄国人保证“在西伯利亚或俄国北方，联合作战的各国政府，不管现在或此后，没有一个打算干涉俄国的政治主权和内政、或损害其领土的完整”。

威尔逊式的措辞，而威尔逊的确是这个意思。但是美日两国的军队单是出现在西伯利亚的生命线上，就使他们的政府有了左右半个大陆政治的权力。因此要格雷夫斯不要干预俄国政治的警告有些荒谬，而他遵从指示的程度使得这位优秀军官把自己变得很可笑。格雷夫斯很快明了这点，一直到死都十分怨愤。

战争部于8月3日停止上述命令，要第27及31步兵团立即出发前往符拉迪沃斯托克,不管身边有什么样的冬装。鉴于这些部队原本都是驻扎在菲律宾，就算有冬装也不会太多。第一批分遣队于8月16日登陆，而格雷夫斯则于9月1日到达。他很快得知日本的将领夸称自己为全远征军的“总司令”。格雷夫斯对他说美国士兵只听令于美国军官，整件事就此不再提起。格雷夫斯得知的第二件事是，在西伯利亚的日军不是当时答应的7000人，而是至少6万人以上。日军总数达到7.2万人，他们的军官硬要插手铁路之事，惹恼了史蒂文斯及其部属，还侵入美国的范围区。最糟的是，日本在少数民族中——尤其是乌苏里江的哥萨克人——扮演了讨好的角色，这些族群因为没有一个俄国中央政府而变得无法无天。

格雷夫斯很高兴发现西伯利亚并没有比北达科他州还冷，而且相当干燥，只有在内陆地区才会有积雪及极端的气温。但是符拉迪沃斯托克和伯力，以及在铁路沿线的住宿设施则相当可怕。于是他霸占了沙皇时的兵营给他的士兵用，且拒绝分给他国。“虽然此时去考虑日本或俄国士兵是否确实需要大两倍的空间之事，让人十分为难”。几乎完全没有盥洗及卫生设备，当地还有特有的风土病。铁路守卫队都住在货车车厢里。在那时那种俄国内战期间，一辆西伯利亚货车就是很吃香的营舍了，只有靠贿赂或枪才能到手。在一个不在乎杀人和饥荒的地方，铁路就是命脉，是食物、避难、安全及移动的唯一来源。捷克人住在宽敞的货车里，外以层层楞木隔绝。哥萨克人和布尔什维克分子则住在装甲车外，外围铁板，上覆沙袋，架设机关枪。有钱贵族逃避红色恐怖，激进分子躲避白色恐怖，年轻人逃离征兵团，乡下姑娘及老人们则躲避这群军队或那群部队——所有的人都变卖家当以换取通行，大家都沿着铁路向太平洋这边行来。每个人都想知道别人“是站在哪一边的”。美国人哪边都不帮，但是格雷夫斯“就算给俄国人一件衬衫，也会被指控说是想帮助该收受者所属的那一边”。

如果不偏袒任何一方，那远征军是怎么一回事？这个问题于1918年11月11日后特别让格雷夫斯感兴趣，因电报传来停战消息：德国投降，大战结束。他每天盼望奉召回国的命令，但是一直没有动静。停战对西伯利亚一点改变都没有。于是格雷夫斯断定，他的军队必须待在西伯利亚帮助内战中的某一方。然而也没有行动的命令下来，尽管实际上英国特工、日本司令官，以及美国领事都力促他对抗布尔什维克党。但是布尔什维克分子在哪里呢？1917年他们曾在太平洋沿岸短暂地升起过红旗，直到被前沙皇的官员及当地的西伯利亚人驱离为止。从那以后，一个还可算是西伯利亚政府的政府在鄂木斯克成立，另一个则在乌法成立。这两个政府于1918年合并为一个全俄督政府，由前临时政府的一位部长领导；一切似乎显示西伯利亚可能会有个“自由”的政权。但就在两个晚上过后，一名与英法结盟的沙皇军官秘密集团推翻了该督政府，并任命海军上将高尔察克（Kolchak）为西伯利亚“最高统治者”。高尔察克是位爱国志士，但却轻视民众，对政治或战争也缺乏辨别常识。在他的支持下，西伯利亚落入顶着高贵头衔的腐败保守主义分子手中。

格雷夫斯讨厌那个鄂木斯克政权。高尔察克的军官们搭火车到各处强索税金，还强迫人们加入他们的军队——一支既缺饷又没有武器的军队，军官自己贪污了薪金，卖掉了一半的军需品。所有抗拒的人都被冠上布尔什维克党之名，遭到鞭刑甚至枪毙。最糟糕的是，高尔察克的军需品是由前沙皇大使馆的第一国民银行账户所支付，而且是在美国陆军监视下运送的。仅就守卫铁路来说，格雷夫斯等于帮了高尔察克。华盛顿当局是这么打算的吗？也许是吧，因为美国在鄂木斯克的领事哈里斯一开始就支持高尔察克。但是格雷夫斯拒绝偏袒任何一方，因此被布尔什维克的宣传抨击为帝国主义的走狗，又被高尔察克的宣传斥责为布尔什维克党的同情者："他的军队多数为来自纽约的犹太人。"

不过高尔察克还不是最恶劣的。最恶劣的是谢苗诺夫（Gregorii Semenov）、卡尔米科夫（Ivan Kalmikov）以及他们掠夺成性的哥萨克族人。那些人抢劫火车、破坏村庄、强暴、偷窃、任意杀人，然后逃到日本军区避难。谢苗诺夫吹牛说他每天一定得杀一个人，不然睡不着觉；卡尔米科夫"是我曾见过或听过最卑鄙的恶棍，我极怀疑是否能找出一项卡尔米科夫还未犯过的罪行"。日本人为何要付钱给他们、要保护他们？格雷夫斯臆测这是因为日本希望混乱将美国赶出西伯利亚，改由他们接管。

格雷夫斯只想回家。然而，1919年2月10日，一项有关组成盟军铁路共管委员会来管理西伯利亚铁路和中国东方铁路的协议终于达成。日本人仔细检查每一个条款，期望扩大他们的权利；史蒂文斯也是如此，正如在巴拿马时，他不能容忍他的权限减小。既然协议已经于大战结束后两个月达成，格雷夫斯的军团就被困住了：总得有人来保护史蒂文斯的铁路员工。对格雷夫斯和哈里斯领事来说，那实在是蠢极了的事。如果华盛顿当局要和布尔什维克主义对抗，为什么不愿承认高尔察克政权，并取消不干涉的命令？另一方面，如果华盛顿当局不想和布尔什维克党作战，那美军在俄国又是为了什么？但是此时无法从华盛顿获得任何决定，威尔逊、兰辛和豪斯上校已经前往巴黎。

巴黎和会于1919年1月18日展开，其主要议程为与德国媾和，虽然俄国的命运是股剪不断理还乱的不祥暗流。此外，和德国和解意味着要处理德国在亚太的殖民地，这项争论也和其他有关欧洲的激烈争论一样，几乎使会谈破裂。因为日本代理全权代表牧野伸显（Makino Nobuaki）奉有明确指示，对于和日本没有直接利益的问题，他一概"不予过问"；关于一般利益的问题，则“紧跟各盟国脚步”；而和日本有直接利益的问题，他则是要求德国转让它在中国的领土及经济权利，以及北太平洋上的岛屿属国。英法两国于战时签订的条约中已经允诺日本相当多要求，但是威尔逊痛恨帝国主义和秘密外交，因而要将山东归还给中国。

日本对战利品想分一杯羹的努力无异于其他列强（美国除外，因为它既没要领土也没求赔偿），威尔逊不愿将日本列为与英法同级——后者的要求威尔逊不敢轻易忽视；他视日本与意大利为同一水平——意大利的企图让他十分鄙视。当意大利代表团以退席抗议时，日本威胁也要跟进。更露骨的是，牧野表明日本不会加入国联，除非威尔逊同意他的要求。结果，和会成了战胜国和威尔逊之间的冲突战场，战胜国想根据大战前的规则玩政治手段以图私利，而威尔逊则要施行他在“十四点和平原则”中略述的新外交规则。

日本对威尔逊的“十四点和平原则”有何看法？关于这点，牧野遵奉的指示读起来相当有趣，因为美日世界观的差异再也没有比这些透露的更赤裸裸的了。威尔逊的第一点原则要求“以公开方式订立公开条约”，第二点原则要求海上航行的自由。日本人很精明地注意到“拥有较强大海权的国家倾向于以狭义解释那种自由”，因此告诉他们的代表们“和英国步调一致”。第三点原则要求撤除各国间的经济壁垒。在此点上，日本人觉得“很难简单回答要或不要”，坚持仍然保有差别待遇的权利，以支持本国和国内市场。第四点原则呼吁裁军。东京当局认为此为“不智”之举，但指示它的代表团不要表现出“违反和平及人道的精神”。第五点原则要求对于殖民地归属的调整应该以殖民地人民的利益为主。日本断然拒绝让其殖民政策屈居于中国人或密克罗尼西亚人的利益之下。第六点到第十三点原则有关欧洲事务，日本没有兴趣。但是第十四点原则要求成立国际联盟，以裁决国际纠纷和集体安全保障。日本的指示指出“以目前情况看来，国家间的种族歧视尚未消除，我们担心那些用来达成国联目标的方法可能会对我们的帝国不利”。日本较喜欢将国联规约“改成宗旨声明书，而将实行国联组织的方法留待给各国研究”。但是，如果国联正式成立，“我国不会自绝于该组织外”。

威尔逊在巴黎犯了许多策略上的错误，损害最大的或许是他决定自己参与和会，而不是将这个讨厌的工作交给国务院。威尔逊坚持第一项议程为起草国联规约，此举给了所有协约国家敲诈他的机会。日本的花招就是坚持规约中加入所有种族一律平等的条款，在此条款下所有的国家都同意“不因其种族或国籍，在法律或实际上歧视任何一人”。如此条款将禁止白种人的国家限制亚洲移民，因此在加州、加拿大、澳大利亚和新西兰受到强烈反对。当国联特别委员会以10∶6赞成此条款时，威尔逊却裁决得全体一致通过才算数，将该条款予以否决。他的道德威信因此马上受损，日本的社论指责他为伪君子，披着羊皮的“皇帝”，更糟的是“女暴君”。

威尔逊接着想反对日本要求胶州湾的发难行动就没机会了。他失去了信用，英法现在站在日本这边，而牧野仍然握有王牌：拒绝加入国联。4月30日，威尔逊于一夜未眠后决定让步，以交换日本答应日后有一天把胶州湾归还中国。现在轮到美国的社论谴责他违背自己的理想，屈服于“阴险、奸诈、嗜战的日本”。约翰逊参议员称那天为“我们历史上最黑暗的一日”，而参议院外交委员会主席洛奇则警告说：“日本深陷于德国的思想中，认为战争是种产业。”但这和中国的反应比起来就逊色多了，5月4日中国被出卖的消息一传出，街上示威的学生们对日本人和美国人同样愤恨不已。

最后，日本要求继承德国属地密克罗尼西亚。美国海军希望至少马绍尔、加罗林和马里亚纳群岛能成为中立区，而国务院人士引证对菲律宾及关岛将造成的危险，计划全然蒙骗日本。布雷肯里奇·朗（Breckinridge Long）极力主张美国坚持将那些岛屿还给德国，暗中则打算经过一段时日，再从柏林当局那里将之购来。他说：“当然了，这在和会召开时不能实际完成。”结果真的一点都没法完成。日本不愿退让一步，威尔逊最终只得将密克罗尼西亚交给日本，以国联的第三级托管作为掩饰。日本在巴黎和会大获全胜，而美国则是获得不少敌意。

关于俄国问题，和会没有任何进展。1月，和会邀请红军和白军在普林基波岛（Prinkipo）谈判，白军拒绝参加。3月，威尔逊派威廉·布利特（William Bullitt）到莫斯科，但等到他带着列宁停战的条件回来时，协约国已经失去了兴趣。丘吉尔入侵俄国、推翻列宁的计划因协约国的厌战和劳工反对而失败。5月，英法两国答应援助高尔察克，以交换其自由改革的承诺，但威尔逊坚守中立。格雷夫斯少将也是如此：“每位跟我谈过的高尔察克拥护者都会问，如果我们不打算和布尔什维克党作战，为何我们待在他们的国家……？”格雷夫斯拒绝让他的军队加入作战。至于铁路，格雷夫斯写道，隐藏于美国政策后的“高贵情操”可能是为了西伯利亚人民的利益而去维持交通，但是“对广大的俄国人民来说，这些铁路的营运价值为零”。它们事实上是“协约国融资的高尔察克铁路”。格雷夫斯发电报给战争部道：“我们面临动用武力或是一走了之这两大难题。”

结果，美军被困在杀戮战场。谢苗诺夫的暴行急剧恶化，就如他的日本赞助者一样。7月，日本的行刑队在美国辖区内对可疑的布尔什维克分子当场执行死刑。“5名俄国人被拖到火车站附近事先挖好的墓穴里；蒙住双眼，跪在墓穴边，弯身向前，双手被绑在身后。两位日本军官脱去外套，抽出他们的军刀，然后走向前从被害者的颈背一刀砍下去；死者落入墓穴后，3—5位日本兵再以刺刀补上几刀，还发出高兴的叫喊声”。虽然格雷夫斯抗议，情况仍旧没有改善。在西伯利亚，事情从未改变过。

1919年夏天，美国驻东京大使莫里斯奉命评估高尔察克的前途。他和格雷夫斯坐在一列由卫兵保护的特别火车上，旅行逾约4800公里。格雷夫斯祈祷他们不要遇到哥萨克人，他可没有能打凹谢苗诺夫钢甲火车的大炮。安全抵达鄂木斯克后，格雷夫斯和哈里斯领事争着要说服大使。结果莫里斯同意领事的看法说高尔察克是位“诚实、勇敢、有善意的人”，但也同意格雷夫斯的说法，认为他的政权满是残酷的保守主义分子。更中肯地说，他知道高尔察克对抗红军的进攻已经失败，他的军队正在全面撤退。莫里斯发电报给华盛顿当局，说如果美国愿意承认高尔察克的政权，给他2亿美元及2.5万名美军，高尔察克可能还有救。没有这些帮助，“我们将被迫将西伯利亚东部让给日本统治”。

日本统治，非布尔什维克统治！因为实际上威尔逊政府害怕共产党，其政策中唯一坚持的要素就是支持俄国在太平洋岸的主权。威尔逊梦想一个自由、民族、统一的俄国，但他也认为俄国得自己开创命运。他不要、也不可能说服国会在地球的另一端打一场热战。他最多只能做到保管西伯利亚铁路，直到某个俄国政府成立，将其收回为止。因此美国让高尔察克垮台，同时以最严厉的措辞警告日本不得开发或停留在西伯利亚境内。

红军于11月占领鄂木斯克。高尔察克及其手下搭着护卫火车逃跑，其中一列火车载着来自沙皇国家银行价值3亿美元的黄金。他向捷克军团投诚，并向协约国求诉。此时大战已经结束一年，捷克人只想逃离俄国，所以他们将高尔察克、黄金及所有的东西都交给共产党，以换取安全离开西伯利亚的保证。共产党在1920年2月7日枪毙高尔察克。难民沿着铁路逃跑，在西伯利亚的冬天里挨饿受冻，直到“每个车站都成了坟场，堆积着数百具未掩埋的尸体，在许多地方甚至多达几千具”。那些活着抵达太平洋岸的人也带来了他们对美军角色的困惑：美军未曾拿起枪帮他们对抗列宁。在符拉迪沃斯托克终点站，一位俄国军官向一位喝醉的美国步兵搭讪，说他是逃跑的布尔什维克分子。那美国人举起拳头，而俄国人就直接将他射杀了，一旁有一些日本军官在喝彩。

即使是兰辛也知道一切都结束了。他写了一封信给威尔逊：“事情的真相就是那么简单，高尔察克的政府已经完全垮台……如果我们不从俄国撤退，我们将得发动战争对抗布尔什维克党。”因此战争部命令格雷夫斯，一旦捷克军团安全出境，他就将他的部下运送回国，完成他们表面上的任务。最后一批美军于1920年愚人节当天离开，踏着由日本乐队演奏的福斯特的歌曲《苦难日，别再来》（*Hard Times, Come Again No More*）行进。谁留在西伯利亚？日本人和史蒂文斯。史蒂文斯向上级警告，最新证据显示日本打算占有中国东方铁路，并在中国东北建立霸权。

格雷夫斯没有得到英雄式的欢迎。事实上，伍德将军希望他遵守命令，否则他会因为拒绝和布尔什维克党作战而被“碎尸万段”。就像《文学文摘》（*Literary Digest*）写的：“有些人可能会喜欢我们进一步干涉；有些人可能会讨厌我们干涉得太多；不过就算我们的干涉行动和原先一样不多不少，也没有什么人在乎。”但是史蒂文斯和格雷夫斯还是完成了一件有用的事：让日本和嗜血的谢苗诺夫没有得到西伯利亚铁路。讽刺的是，他们将它留给了斯大林。

威尔逊此时成了病人。他先后两度病倒，一次是在讨论国联之事时，另一次是在他拒绝接受参议院附加于《凡尔赛和约》的但书之时，该条约结果未能于1920年3月19日获得参议院批准，这意味着美国将不加入国联，也表示美国未正式承认日本要求的利益。美日关系因此又回到了起点，而最终的结果可能只会导致另一场战争恐慌。

第59章　华盛顿特区，1912

美国人总是想创造新的世界秩序。日本的宿命则是不管遭遇什么样的世界秩序，都想办法适应它。明治维新之后是一个帝国主义的世界，日本人也学会如何参加这场游戏。然后美国总统威尔逊又想改变这套规则。他的同胞虽然拒绝了国际联盟，但他们大体上都与威尔逊同样坚持其他国家应对帝国主义及战争等行为低头忏悔。然而日本的领导层怎么可能欣然接受这种新的外交政策，而不觉得是再度屈服于白人的霸权？另一方面，第一次世界大战结束后的这几年，正是代议政治就要在日本取得成功的时候。美国反对殖民及军备的这种强硬姿态，究竟是会增加日本自由派的力量，还是会被仇外势力所利用？问题的答案对太平洋地区未来的局势，远比哪一个国家拥有较多的战舰更为重要，但美国人却没有去认真加以思考。

原敬（Hara Kei）并非出身于萨摩藩或长州藩。他在1856年出生于日本本州岛东北部的“深山野地”。他不是贵族后裔，人们称他“伟大的下院议员”（如威廉·詹宁斯·布莱恩［William Jennings Bryan］）。他也未将自己的雄心局限于日本的军事扩张；反之，他所受的教育为他日后扮演日本第一位平民主义者（populist）的角色作好了准备。他毕业于东京帝国大学——这座学府是当时西方思想的窗口——然后任职于新闻界，这份工作使他了解到民意的用处。1882年他加入崇尚世界一家和自由主义观念的外交圈。明治时代以成绩论升迁的原则，加上伊藤博文的保荐，使他得以青云直上。原敬是政友会的创始成员，曾担任过八届国会议员、三度出任内相，并在1914年登上政友会党魁宝座。当然，元老派与军方仍有极大的影响力，日本政坛讲求的也还是公论政治那一套。不过原敬私下却创立了一套以招纳党羽、政治分赃、商业回扣和日渐扩大派系网络为基本的草根性组织。此外，他更公然谴责社会主义和不服法令的学生运动、反对刚萌芽的工会组织、扼杀了男性公民投票权法令，同时对陆军部和海军部则竭力安抚。总而言之，他正是建立民主政府不可或缺的领袖人物：手腕圆滑、专断独裁，对传统精英阶层似乎毫无威胁可言。

原敬尤其擅长安抚军方，在战争期间，陆军部（以长州贵族为主）和海军部（萨摩藩人士占大多数）必须靠原敬居中协调，才能在战略（以及税金来源的分配）上取得协议。因此当寺内正毅（Terauchi Masatake）将军的内阁在1918年因为通货膨胀、米粮暴动和罢工而辞职下台，元老派就推举原敬继任首相。进步派报章纷纷颂扬这是文人政治、多数统治的一大胜利，并称之为大正民主。当时大部分政治人物仍然害怕冒犯军方，然而原敬却下令财政大臣冻结武器预算。战争很快就会结束，他预期战后舆论会偏向限武，他将有机会实现他的教育与公共建设政策。

原敬的直觉并没有错，不过他未能洞悉海外情势将使他和军方的力量互为消长。1919年3月1日，200万爱国的朝鲜民众走上街头，发动和平示威，抗议日本统治，其中2.3万多人随后遭到日本占领军杀害，有4.75万人被逮捕入狱。朝鲜民族主义人士——包括年轻时代的李承晚——逃往中国建立流亡政府，其他反抗民众和难民则向北逃入正处于混乱状态的西伯利亚地区。因此日本想要据有西伯利亚的另一个动机，就是为了让朝鲜反抗分子少一个窝藏地点。不过在高尔察克政权倒台之后，获胜的共产党却把矛头指向日本占领军。1920年3月，庙街就有100多名日本人遭到杀害。日本陆军部不顾东京政府审慎从事的要求，随即以占领库页岛北部——也就是日本在朴次茅斯和平会议上没有取得的那部分领土——作为报复。原敬谴责这项西伯利亚军事行动，原因不完全是因为耗资高达15亿日元。不过，如果他下令军方撤退，军方可能拒绝从命、反过来指摘文人政府，甚至派人刺杀首相本人。不用说，日本在朝鲜与西伯利亚的过分举动，只会加深美国人的印象，认为日本是无可救药的军国主义者。

然而美国似乎也相去不远！因为威尔逊政府虽然口中不离和平主义论调，却在战后继续鼓吹海军扩张。军备竞赛在1916年因为某些难以非议的原因展开了。德国U型潜艇横行大西洋，威尔逊坚称整顿军备是维护美国中立的最佳法门，要求国会拨款建立一支“全球无人可及、最庞大的海军”。稍后他以“最完备”取代了“最庞大”，不过1916年的建军计划还是拨款5.88亿美元，建造了157艘新舰艇。还没等到所有船只的龙骨都安装完毕，美国就已经投入战场并且誓言要建立一支横跨两大洋、全球“首屈一指”的海军。要有强大的太平洋舰队，珍珠港预定兴建的几百米长船坞是关键所在。圣弗朗西斯科大桥公司（The San Francisco Bridge Company）的首次努力功败垂成：船坞里的水一抽干，带着黏性的湾底土层就“倒凸”上来，整个工程严重扭曲。纽约著名的工程师阿尔弗雷德·诺贝尔（Alfred Nobel）设计了一个用混凝土箱组成的人工海床，解决了这个问题。（夏威夷人却宁可相信是鲨鱼神在作怪。1913年重建工程开工时，还特别请了一个老女巫来举行破土仪式，她撒了一些饼干屑当牺牲，嘴里念着祷词："船坞免灾无祟！"）6年后船坞的水再度抽干——结果平安无事。于是海军有了一座位于中太平洋、足以停靠另11艘主力舰的军港。当时大家都认为，用来威慑日本已经绰绰有余。

总之，美国的海军扩建计划诞生了一支拥有600艘战舰、总吨位高达200万吨的海军。比较起来，英国皇家海军则有700艘军舰，吨数为240万吨。不过美国海军还不知足，他们还要求增加28艘战列舰和巡洋舰。英方颇感不悦，不过英国在第一次世界大战后，民穷财尽，已经无力投入军备竞赛。于是巴黎和会上就出现了一场罕为人知的外交角力。英国首相乔治私下威胁，除非威尔逊收回海洋自由论调并暂停海军计划，否则英国就要推翻门罗主义、拒绝让其他国家瓜分投降的德军船舰，并拒绝加入国际联盟。1919年4月10日，豪斯上校与罗伯特·塞西尔爵士（Lord Robert Cecil）达成协议，威尔逊承诺放弃新海军计划，以换取英国在国际联盟方面的合作。

在美国国内，威尔逊则再度大打海军牌。他警告参议院，拒绝国联就等于将纳税人陷入既昂贵又危险的军备竞赛。不过有些参议员却认为，海军优势要比国际联盟更能保障和平，他们抨击威尔逊让美国国策沦为英国的应声虫。其他人虽然赞同裁军，但却看不出为何要设立国际联盟来执行。大多数参议员虽然准备接受《凡尔赛和约》，但却都有所保留，而威尔逊却宁为玉碎，不愿瓦全，于是和约未能获得通过，英美协议成为了一张废纸，美国造船厂继续赶工，各大报纸则对日本在中国、西伯利亚与太平洋上的扩张发出警讯。

日本人会怎么想？从他们的观点来看，美国似乎一心想夺取太平洋的海军霸权。1918年，原敬首相提出海军建设的方针"八六舰队计划"——即新建8艘战舰与6艘巡洋舰。但到了1920年春天，海军省强硬地提出了更大的要求，而原敬找不到反对的理由。于是他提出了他的内政方案，回到国会议堂，使一项建造主力舰和共计103艘船舰的"八八舰队计划"获得通过。

美日两国相对的海军建军计划，在大洋两岸皆引发了新一回合的战争预言和战斗准备。许多人模仿荷马李出版名为《日本之威胁》（*The Menace of Japan*）、《我们必须与日本一战？》（*Must We Fight Japan？*），乃至《下一场战争》（*The Next War*）的书，同一时间日本人也在辩论"日本是否应与美国一战"，并且谴责美国意图将其门罗主义伸入亚洲，是个"自私鬼之国"。对美国海军情报办公室（U. S. Office of Naval Intelligence）而言，似乎"日本正为任何可能发生的事件预作准备，而美国正是它所关切的国家”。海军计划处（Naval Plan Division）也在评估美国与橘（日本）、红（英国）、可能还有绿（墨西哥）的联盟之间爆发战争的可能性。另一方面，日本海军则将美国视为可能性最高的假想敌，并以必须“让美国了解对日本发动不义战争是不可能之事，或一旦它发动战争必将付出惨重代价”为辩护的理由。外务省亦频以英日同盟的续约问题困扰英国。日本紧抓着它与英国之间的关系不放。

查尔斯·埃文斯·休斯（Charles Evans Hughes）继承了威尔逊在太平洋留下的麻烦。随着共和党在1920年的大胜，休斯被任命为哈定（Harding）总统的国务卿，他是那一时代中最伟大却从未当上总统的政治家。休斯家世居纽约州的格伦斯福尔斯（Glens Falls），毕业于布朗大学（Brown University），在学校时喜好雪茄、扑克、言情小说和棒球，并以代同学写报告赚取零用钱。最令他身为浸信会牧师的父亲震惊的，是他对布朗大学伊齐基尔·罗宾逊（Ezekiel Robinson）校长和迪曼教授（J. Lewis Diman）的崇拜，这两位都是拒斥圣经而在学校教授理性伦理学（ethics of reason）的学者。当他于1881年毕业的时候，休斯已接受了圣公会自由主义（Episcopal Latitudinarianism）的信仰，后来他曾这样形容迪曼：“我受到他的影响，这可能是在我年轻时期人格形成中最重要的塑造力量。那个人点醒了我。”

从哥伦比亚大学法学院毕业后，休斯以近乎满分的成绩通过了律师考试，和他的资深合伙人的女儿结婚，并逐渐累积了相当的财富。他长时间投入工作，陪孩子游戏，酒喝得不多，并且在他认定抽烟这件事不合乎理性时，便把烟给戒了；他是个不谈神学的清教徒（a puritan sans theology）。后来，1905年，纽约市爆发了一桩丑闻。那其实不算什么新闻——当时是坦慕尼协会（Tammany Hall）①的全盛时期——但是休斯的“模范侦查”（model inquiry）吸引了老罗斯福总统的注意，他只差没下令纽约共和党提名休斯竞选州长。休斯的对手，民主党的威廉·伦道夫·赫斯特笑他是个“活鸡毛掸子”（暗示其爱德华七世式的颊髭），休斯则警告说“玩弄民意的人是最危险的国民公敌”。最后休斯以微小差距险胜，然后在他的两届任期之中全力整顿公营事业和铁路。1910年，塔夫脱总统任命他进入联邦最高法院，到1916年的时候，他似乎已成为重新整合共和党的唯一人选。当党代表大会在第三次投票中选出他为总统提名人之后，休斯给他的对手威尔逊写了一张简洁的便条：“本人谨此辞去合众国最高法院助理法官一职。”

① 指民主党的一派，常暗示政治的腐败与丑闻。——译者注

然而这一次休斯没有那么好运了。正当共和党保守派和进步党人都在试图攫取州党部控制权的时候，他以高姿态造访加州。休斯竟把两派都得罪光了，同时老罗斯福主张军事干预欧战的立场又造成共和党失去加州德裔与爱尔兰裔选民的支持，且加深了威尔逊代表和平的候选人形象。虽然如此，11月的大选仍是双方势均力敌的局面，威尔逊抱着败选的预期入眠。然而凌晨的电报传来加州的开票结果：休斯以不到4000张选票的差距输掉了加州的13张选举人票；同时也以254张选举人票对威尔逊的277张，输掉了总统宝座。"我已经尽我所能，"后来休斯这样写道，"我当然不喜欢被击败的感觉，不过我因此不必在如此关键的时刻担当总统的沉重责任，倒也算是值得安慰的事。"然而我们可以想象得到，如果是由休斯来处理第一次世界大战的残局，而不是威尔逊，历史可能会有多么巨大的不同。

4年后，当选总统的哈定要求休斯暂停他年收入50万美元的律师业务，来接掌国务院。休斯接受的理由很简单："任何人一考虑到他对自己国家的义务，就很难有正当理由来拒绝这项召唤。"而那项义务就是防止与日本发生战争、停止海军军备竞赛、以某种集体安全手段取代英日同盟、鼓励门户开放，以及说服日本放弃胶州和西伯利亚。

休斯充分利用大众在经历血腥的世界大战之后，对军备的强烈反感。"假如人们真的已经了解，战争和准备战争都是差劲的苦差事，"他写道，"我们便可以冀望和平，只要我们能够创造并且维持一种安全感，能够寻求和平的途径来调解争端。"这话并不是非常引人喝彩——他这人总是稍嫌陈腐——但休斯在这句话中正点出了民主政治与外交手腕、理想与实际之间唇齿相依的关系。威尔逊抨击浪费的军备竞争是对的，但政治家必须能提供切实可行的方案来化解冲突，才能为这个情绪化的世界带来一丝理性。威尔逊与休斯的对比，在他们与爱达荷州参议员威廉·博拉（William Borah）这位第三者的关系上，最是一览无遗。博拉痛恨军备不下于威尔逊，不过他同时也主张孤立主义，因此死脑筋的威尔逊不愿将他引为己用。反之，博拉和休斯之间几乎毫无共通之处，可是务实的休斯却能利用博拉的热忱来推动他自己精明的外交策略。1920年12月，博拉要求与英国就军备问题进行对话的决议案在参议院无异议通过，这件事马上在海洋对岸引起回应。尾崎行雄（Ozaki Yukio）——一位激烈的民主主义者——在国会为鼓吹武器管制会谈而进行了长达两小时的演说，并赢得九成日本报纸媒体的赞扬。日本的官员直到1921年年中都处于守势，并开始讨论如何——而不是要不要——着手限武行动。

英国首相劳合·乔治（Lloyd George）也在盘算着如何避免这场海军竞赛，

但为了面子，他要求休斯先采取行动。休斯则不愿在英日两国同意终止其同盟关系前有所动作。英日双方都努力向美国说明两国的联盟并不是反美的。但休斯向英国大使婉言抗议，指出英日同盟的存续将使英国负有支持“日本之特殊利益”的义务，这只会鼓励“军国主义的一方”，并迫使美国必须采取报复行动，导致“祸患无穷”的事态。同样在这个星期，加拿大总理阿瑟·米恩（Arthur Meighen）在大英帝国的帝国会议中，联合各自治领要求以一个容纳美国在内的安全协定来取代英日同盟。劳合·乔治陷入了两难：他担心触怒日本这个20年来的忠诚盟友，但他更怕触怒美国和加拿大。休斯利用这个时机向伦敦和东京抛出一条救生索。他邀请英国与日本共同召开大会，讨论海军军备及远东事务。

但要以何种形式达成和解呢？多疑的英国人讨价还价了好几个星期，期望能操纵议程。休斯予以拒绝，劳合·乔治便屈服了。日本人也是满怀疑虑——有位报社主笔警告日本如果应邀赴华盛顿，将会“遭列强欺凌宰割”。但假如在英国出席的同时，日本却拒绝，势必将造成日本更加陷于孤立。所以尽管休斯拒不解释何谓“远东事务”，原敬还是接受了他的邀请。他掌握着许多有利的因素：尾崎领导的民众呼声，原敬苦心经营的军方之友的声誉，他选择受敬重的加藤友三郎（Kato Tomosaburo）海军大将为首席谈判代表的智慧，陆军希望海军规模受限的渔利心理，以及海军之中有识之士开始了解限制武器之可能性的事实。当时，日本与美国海军的吨位比例大约是6∶10。如果海军将领们阻挠限武会谈而导致美国造舰，日本的相对吨位比例只会更低。再说，“今日帝国海军已经能够对抗美国海军而维护国防之事实，主要是依赖美国在太平洋及远东缺乏足够前进基地之事实”。假如美国扩充菲律宾、关岛和夏威夷的设施，“对我帝国的不利影响将令人无法忍受”。

所以当休斯借助美国的民意潮流，并且运用其手腕说服英国的同时，原敬也正在操纵日本民众及精英的政治力量为华盛顿会议背书。“太平洋的和平，”他告诉《纽约世界报》（*New York World*）说，“是日本人民一致的呼声。”这并不是专门哄骗美国人的甜言蜜语。原敬本人给加藤的训令开宗明义即是：“建立永久世界和平与增进全体人类福祉，乃日本外交之根本原则。”加藤的责任是要驳斥有关对日本昔日政策的“误解或偏见”，并且追求“维持与美国的亲善平和关系”。他被授权协商裁军内容，以及必要时可以以“日本、英国与美国的三边协定”取代英日同盟。不变的是，日本海军将领没有人希望裁减舰队，美国海军当局顶多也只愿意维特现状。

会场是第十七街上的宪法大厅（Constitution Hall），也就是美国爱国妇女会的会址。大厅中“白色的长桌光可夺目，唯其全无彩饰而更见耀眼”，市桥大和（Ichihashi Yamato）写道。而打破这一片雪白的是与会代表们的黑色晨礼服和他们桌上的绿毛呢桌垫。外国代表们看见回廊上爆满的观众而讶异失色。这是否就是美国人所谓的“透明外交”——复杂的会谈要在新闻记者和受邀贵宾的出席下进行？威尔斯（H. G. Wells）当时在场，还有大法官威廉·布兰代斯（William Brandeis）、艾丽丝·罗斯福·朗沃思（Alice Roosevelt Longworth），以及威廉·詹宁斯·布莱恩——他看来像个“《旧约》中的先知，还不太确定究竟要赐福这场盛会，或是在一旦事败后予以高声诅咒”。他们都预料第一天会很无聊：一开始先做祷告，然后由哈定致冗长的欢迎辞，行礼如仪。接着休斯登上了讲台，带着一份一直锁在手提箱里的文稿。他是那么害怕有所泄露，以致要求哈定允许他立刻发表演说。“哦，没问题，”还不了解状况的总统答道，“请便。”于是休斯继续说下去，他谈的不是原则，而是具体的方案。他说齐聚在这里的国家必须表示至少10年内不再建造主力舰。然后在满场听众还未回过神时，休斯承诺在达成协议后的90天内，凿沉30艘、总计845,740吨的美国海军主力舰，同时要求英国凿沉19艘、日本17艘——而且不是老旧船只，而是刚刚服役或正在建造的。在短短15分钟之内，一位英国观察者这么写道，休斯击沉的战船比“全世界所有海军将领在一个世纪中击沉的”还要多。然而没有人需要为这个结果感到担忧，因为这样的冻结与裁减仍将使英、美、日三国的舰队大致维持在它们当时10∶10∶6的比例。“这项计划一旦获得接受，”休斯预言，“我们即可卸下追赶海军装备竞争之需的重担。庞大的资源将可投注于文明的进步……进行侵略性海上战争的准备立刻可以停止。”

休斯是在赌博。谈判代表们——更甭提他们的海军随员们——可能会悲痛地怒吼并且被各自的政府召回。但每位代表所承受的压力也正如他的预期。英国人面无血色，日本人在疑惑中面面相觑，布莱恩则是热泪盈眶，最后整个大厅爆出“一阵猛烈的欢呼”。几天之内跨洋电缆传回了来自伦敦和东京狂喜的反应。对于休斯的演说，加州参议员海勒姆·约翰逊（Hiram Johnson）认为是“世界政治史上空前明智的行为之一”，而且将拯救哈定免于步上“威尔逊的后尘”。

接下来是现代历史上最有效率的限武谈判之一。日本外相内田康哉（Uchida Yasuya）训令加藤在1922年2月的《华盛顿海军条约》（*Five Power Treaty*）中坚持10∶10∶7的军舰吨位比例，不过，如果美国愿意放弃新的太平洋防御工事，便授权他接受休斯所提的10∶10∶6作为底线。美国破解了日本的密电码后知道了这一切，于是休斯只需坚守他所提的比例就够了。不过日本人也拒绝废弃他们强大的新战舰“陆奥”号（*Mutsu*），因为它是日本海军的骄傲。于是休斯特别为顾及“陆奥”号而按比例提高了英美两国的吨位数，算是给了加藤一个足以向同胞夸耀的“胜利”。美国、英国、法国与日本已在12月提出的一项《四强条约》中承诺尊重彼此在太平洋上所占领的岛屿。此外，英国承诺不在香港驻军，美国也不驻防菲律宾、关岛和阿留申群岛。日本则保证将其占有的密克罗尼西亚群岛非军事化。当然，美国的夏威夷群岛和日本本土的岛屿一样，不在此限。

剩下的是休斯一直没有说清楚的议题，即所谓“远东事务”。不出所料，这项议题实际上被简化为美国对于中国的“门户开放”政策。一方面，这是所有议程中最重要的一项，因为它与政治上的利益冲突有关，而后者正是引发海权竞争的始作俑者。可惜，想就这项议题签订明确而有约束力的条约，也是最不容易的。休斯企图尝试一件美国人过去从未成功的事，那就是为“门户开放”下一个定义。在《九国公约》的第三条中，所有在中国占有租界的各国政府，承诺不再寻求或准许其国民寻求“任何可能有助于在中国境内任何指定区域依其本身利益建立关于贸易或经济发展之一般性优惠权利的安排”。休斯借此将日本束缚于门户开放的定义之内。而且，中国也是这项保障其充分主权的多边条约缔约国之一，这又使得休斯有信心日本会承诺归还胶州。最后，休斯提到了西伯利亚的问题。日本再度宣称其政府对该处并无领土的野心，不过仅承诺将待适当时机撤军。

哈定总统称华盛顿会议为“人类进步史上一个更新更好时代的开端”。他说全世界都宣称要拒绝“背信或败德的丑恶行径”，并且了解到“我们国民的渴望真的是那么一致而容易调和，和平与安全的关系是那么简单明了而令人满意”。《纽约环球》（*New York Globe*）称许这项首次全球性裁军的伟大实验是“世界大战后的首次成就，是无数尸骨与鲜血灌溉之下结出的第一颗麦穗”。加藤“领悟到一种新的道德意识的精神已笼罩世界”，并且确信“日本已准备好迎接这项会议所带来的新思想——为寻求人类更大福祉而维持亲善与合作关系的精神”。

其他人在意的是军力平衡表而非精神。日本的民族主义者抨击《华盛顿海军条约》是另一个被西方强迫签订的“不平等条约”，而《九国公约》则是白种人再一次强迫日本放弃战利品。美国的民族主义者则气愤日本海军虽然在整体上仍属弱势，但在亚洲水域已占有了永久的优势。海军上将西姆斯发出这样的不平之声：“任何人都能染指菲律宾，而你阻止不了他们。”纳普上将（Adm. H. S. Knapp）也写道：“我国的军力优势大受打击。”诺克斯舰长（Caphain D. W. Knox）则把他的评论写在题为《美国海权之销蚀》（*The Eclipse of American Sea Power*）的书中：“这项条约很可能代表我国在远东影响力削弱的开端，随之而来的还有（也许是自私的）正当贸易利益上的损失，我国对中国及西伯利亚的利他目的也因此受损。”

部分当代人士认为关于中国的这些协定是休斯最大的胜利，也是日本最大的挫败。即使如此，其间的胜利与挫败都仍是极其微妙的。因为中国境内的通商口岸、外国军事驻地及使馆、治外法权、租界与铁路规划等并没有消失，而且各国必然会在任何他们选择去投资的区域上行使“优越权利”。谁来判断契约上的权利在哪一点上构成了“歧视”？所以华盛顿会议到底是限制了日本的权力，或者只不过是承认其区域霸权，最后还是要看列强之间的诚信而定。然而这项诚信却是建筑在摇摇欲坠的两大基柱之上。

第一根支柱是美国对日本急欲为人口及经济增长寻求出口的感受。如果美国继续阻挡日本和平扩张的道路，日本的自由派将遭受质疑，军方将施压要求对亚洲展开侵略，中国的开放门户将再度关闭，到时整个冲突的循环就会重新来过。这一点，雷蒙德·比尔教授（Professor Raymond L. Buell）写道，是“问题的关键”，他还敦促美国国会放松对日本进口和移民的限制。时机正成熟，因为日本的会谈代表在华盛顿的表现令人刮目相看。他们说着流利的英语，在威尔斯眼中是“头脑最灵活的民族”。结果，“视日本人为疯狂的爱国主义、阴险狡诈、不可理喻的民族这种观念被打破了……我确信我们西方世界可以与日本人合作，能了解并信任他们”。可是相反地，国会却在1921年通过了美国历史上最高的《福德尼—麦坎伯关税法》（*Fordney-McCumber Tariff*），同时联邦最高法院判定日本人和中国人一样，没有资格成为美国公民。这些行动的时机真是差得不能再差了。

支撑太平洋两岸互信关系的第二根支柱是大正民主。华盛顿公约体系只有在日本的文人政府能成功掌控军队的前提下才能得以维持。不幸的是，日本的自由主义岌岌可危。1921年11月，就在华盛顿会议召开前夕，一名狂热分子潜伏在东京火车站持刀刺死了原敬。文人政府是保住了，但它现在必须乞援于一切可能的外力。

第60章　东京，1923

根据日本传说，有一只巨大的鲶鱼潜伏在日本群岛下的海洋中，只要大和民族忠于他们的天职，它就守护着这片神的土地。一旦日本人堕落，鲶鱼便会愤怒地弓起背脊造成可怕的震灾，惩戒地上的人民。19世纪50年代的一场地震和火灾，就曾经把半个东京夷为废墟，预告了幕府时代的终结。但这帝国的新都在明治维新的过程中繁荣起来，到了19世纪80年代，人口已突破百万，在20世纪初又增加了一倍，至1923年时再倍增达400万人。老旧的下町是由沿着东京湾排列成弧状的街区构成，人口密度最高且是传统行业和江户文化的中心。新的上町则建立在俯瞰东京湾的山坡上的一片半圆形的内陆上，新兴权贵们在这里建造别墅、寺庙、神社、娱乐场所和新的早稻田大学——即日本棒球的起源地。不过这些新市区通通被纳入一个由帝国政府直接监督的地方行政单位。市政厅坐落在紧靠着皇宫的名古屋，市长、县长和总督的办公室都在这里，这些官员通常都由内务省任命。因为东京是日本的京城，也是它开向东海（Eastern Sea）的门户。

铁路由东京向四面八方放射出去，原先是以码头附近由美国人设计的新桥车站为中心，1914年以后则是以东京中央火车站为中心。这座车站位于一条以红砖人行道和建筑著名，被称为三菱伦敦区（Mitsubishi Londontown）的大街尽头。大型百货公司先是出现在日本桥旧商业区——这也是日本银行和几个财阀的总部所在地，接着出现在种着成排柳树的银座。东京是日本体育活动的中心，它的相扑会馆是当时东亚最大的竞技场。东京的歌舞伎町是全国艺术品味的典范，但到了20世纪20年代，浅草区的西洋电影院和音乐厅取而代之，而且这些音乐厅的西洋歌剧没多久就被色情歌舞、血腥的刑案剧和异人秀所取代。江户文化虽然大致保存下来，但已沦为知识分子眼中的低俗风尚。到处都是风月场所（虽然以后世的标准来看仍属保守）。人称为“花”的吧女或茶室姑娘，抢走了才艺娴熟、人称为“柳”的艺伎生意。射箭场和佛教寺院变成了卖淫的场所。乡下女孩蜂拥到城市里做店员或接线生，并接受轻浮的西方时尚与行为，而上町居民则纵情于一切商人阶级的习癖而忘了武士的美德。东京依旧陶醉在以崇拜樱花、鸢尾或莲花为名的四时节庆之中，但环境污染已妨害到树木的生长，造成东京湾里贝类的死亡。

明治时代的现代化工程师们引进西方科技的初衷，并不是希望看到日本沉沦于都会大众文化的糟粕之中。但他们的继承者并没有回头的余地，光是严重的人口压力和安全上的需要，就已迫使经济的快速发展成为必要。仅仅是维持东京继续存活就已经够让内务省官员无暇他顾。1910年的洪水和1917年的台风过后，政府拨款从事一项令人回想起芝加哥河的惊人工程：开挖长达80公里的新河道来控制隅田川泛滥。市政府官员也借由禁止采用茅草屋顶、要求新建筑物（例如弗兰克·劳埃德·赖特［Frank Lloyd Wright］的帝国饭店）讲求耐火性，并以军事化的精神训练消防队，以对抗祝融之灾。然而，如果人民本身对金钱和肉欲的追求与对西方的崇拜冒犯了鲶鱼，任何硬件建设又有何用？作家爱德华·塞丹施蒂（Edward Seidensticker）说的最好："江户子民一眼就可以分辨出一个好的艺者或是成熟的演员，但造就一名银座酒吧女郎或是一垒手则用不着多少艺术与慧眼。"

鲶鱼翻身的那天，奥蒂斯·曼彻斯特·普尔（Otis Manchester Poole）正在横滨海边。他是受雇于一家英国老公司的美国人，像其他2400名外国人一样，他也慢慢地爱上了老横滨。他们曾眼看着这个当年佩里司令停泊的小渔村发展成一个拥有50万居民的城市。他们赚了大钱，盖起高楼、俱乐部、跑马场，并享受美国海军医院的照护。连他们的孩子都认为被送到海外念书如同是遭到"放逐"，而常会回到横滨来工作或成家。

1923年9月1日这天是星期六，但普尔先生还在办公室，他正等待着中午休息时间去联合俱乐部（United Club）和其他外国商人聚会社交。"就在我快要坐回到我的桌子的时候，突然一点预兆都没有，第一波地震就轰隆隆地动起来了，一阵可怕的摇晃，还有刺耳的建材摩擦声，然后在短短几秒钟内，震动愈来愈强烈，地板开始往上浮，整栋楼像人喝醉似的摇摇摆摆……以前我们也常常在危机的崖边徘徊"——地震是常有的——但这一次"在前7秒钟从地下传来的轰响和叽叽嘎嘎的抽动后，我们真的跨过了危险的界限。地面几乎可以说是在发抖——它在人群脚下鼓了起来，上下震荡，甚至跳动着。四周的墙壁都凸了起来，好像是纸板糊的似的，发出的噪音越来越可怕……我们周围的建筑结构撑了大约半分钟，然后就开始垮掉了"。

在4分钟的地震过后，普尔逃了出来，走进外面一片可怕的死寂之中，感觉好像他和他办公室的同事是地球上仅有的生还者。他们慌乱地跑过布满碎石瓦砾的街道，由于视线完全被灰尘和烟雾遮蔽而一路跌跌撞撞。普尔听见一个受伤的日本人在哀号，然而他挂在峭壁高处一棵树的枝桠之中，根本够不着。他伸手去碰另一个跌坐在土堆上的老年人的肩膀，那人身子一翻，已经死了。不过生还者还是直往水边逃，因为大火已然开始燃烧。普尔发现圆山饭店（Grand Hotel）和沿着堤岸的其他建筑都"在水面上冒出红红的火焰，运河口这边几座老旧的太平洋邮船公司的煤库也受到背后法国领事馆的波及而着火，为这场大毁灭的奇观再添上一次爆炸"。码头边整排的船用油料桶也一个接一个爆炸，把整个港口搞得像是遭到巨舰的猛烈炮击。说到这个，日本海军跑哪儿去了？为什么没有从临近的横须贺（Yokosuka）港派船只过来接运难民和医治伤患？因为横须贺早已夷为平地，港口瘫痪，罹难的超过700人。各种荒诞的谣言四起，而大部分被证实确有其事。联合俱乐部的砖块和花岗岩垮下来，压死了三四十个当天中午最先进入酒吧的洋人。汇丰银行的两个英国小伙子一丝不挂抵达码头，背在肩上的衣服里塞满了银行的贵重物品。他们是因为身边的东西都烧得火热没办法碰，只剩下身上的衣服可以拿来做包袱。

普尔找到了太太和孩子，一家人同数百位灾民登上了"澳洲女皇"号（*Empress of Australia*）的甲板避难，这艘船本来预定在当天中午起锚。现在它成了个浮动的避难所，为生还者提供了眼睁睁看着横滨彻夜燃烧的有利位置。到了第二天（星期日），在4艘美国海军驱逐舰的引导下，终于有船来将难民一批批送到神户去了。普尔在神户待了4天，但他必须回横滨去看看办公室还能抢救出什么。结果他除了"焦黑的尸体，悲惨皱缩的木乃伊"之外，什么也没找到。于是他乘船到了东京，却被吓呆了，"一望无际被夷平烧成灰烬的城市，非笔墨所能形容"。

这场地震实际上是由一条经过相模湾（Sagami Bay）之下的断层大规模扭动所造成的。海床上的凹槽突然下陷，就好像它的底部沉了下去，同时两边往上浮。东京距离震中较横滨远，它的新建筑物盖得也比较牢固，一般民居也多是用弹性较好的木材建造房屋，这些都是为了降低地震的直接破坏而设计的。皇宫和帝国饭店与最受市民爱戴的佛寺一样，都没有毁于地震。但这时火灾开始肆虐了。有些人推断，这些火灾是由数以千计为做午饭而点燃的煤气炉和火炭炉所引起的。不过最大的一场火灾似乎是由于化学工厂和电力管线的爆炸所导致的。当天气候高温有风，而且消防总队的所在地正是最先被烧毁的区域之一。

十数条凶猛的火舌从四面八方扫过东京人口稠密的下町。成千上万惊慌失措的民众涌进狭窄的巷道里推挤着，不是挤往安全的地方，而是朝着任何方向，只求能不被另一波人潮压扁。一大群难民挤进了陆军后勤补给站前的公园，但结果是被来自四周所有街区的大火包围。火苗飞进他们之间，铺盖和包袱马上着火了，不到几分钟，3.2万人就被活活埋进了这座火葬场。火势沿着山谷和隅田川盆地向山区及内陆迅速蔓延，东京的大片森林更助长了火势。在极端高温、气流和氧气耗竭的情况下，火焰形成诡异的旋风和状似甜甜圈的乌云，看起来就像是从炼狱中暂时被释放出来的妖魔鬼怪。下町有四分之三的房屋付之一炬，东京、横滨和其他被后续海啸淹没的城镇，合计死亡人数超过10万人。其中有2000人是遭日本“爱国主义者”以私刑处决的朝鲜人，他们被指控与共产党分子共谋，想趁乱推翻天皇。

谷崎润一郎（Tanizaki Junichiro），一位对那些侵犯并腐化老江户的都市新人类备感蔑视的作家，并不为他的城市感到哀恸：“当地震发生的时候，我担心留在横滨的妻子和女儿。但几乎同时，一阵狂喜令我不能自已。‘东京将因祸得福！’我对自己这么说。”他说得没错，不过只在物质方面如此。9月12日，摄政的裕仁太子就向大众保证东京仍将维持首都的地位，且誓言“全盘改造通衢街道”。首要之务是要为无家可归的群众提供饮食和医疗。为此，在红十字会大力协助下，数以千计的帐篷营区与户外伙食站在废墟中一一建立起来。不过，重建工程也同时在内务大臣后藤新平（Goto Shimpei）——前东京市长，也是“最有计划的人”——不眠不休的指挥之下展开。战后打击日本的经济萧条所造成的资本短缺，虽迫使后藤缩减了他的计划，但他最后仍筹得了50亿日元，他所发动的这项捐款行动媲美豪斯曼（Haussmann）在巴黎的事迹。他拓宽道路并于路边植树，在银座与日本桥两区外围铺设宏伟的昭和大道、兴建公园，在河上大量架桥使东京成为有名的桥梁之都。私营企业纷纷模仿西方大都会的建筑式样盖起办公大楼、百货公司和戏院。1925年，一条新的铁路干线让东京中央车站成为“国家的大门”。同一年，收音机传入日本，等到1927年，东京已有了地铁。

旧江户的毁弃也促进了上町的成长，以及其对于任何新鲜（多半是）西方事物的崇尚。零售商品和广告、西洋化妆品和华丽服饰，西洋镜似的偷窥秀取代了歌舞伎与艺者表演，一些俚语亦应时而生，像是“銀ぶら”（ginbura，从銀座［ginza，银座］和ぶらぶら［burabura，闲逛］转化而来，大意是“到银座闲逛”）和エロ・グロ・ナンセンス（eroguro nansensu，指“低级无聊”）。当然，20世纪20年代对所有先进国家而言都是解放或堕落的、或两者兼具的一个时代，但是对于一个大部分人仍然务农、脱离封建制度不过一个世代的日本来说，东京之于民族道德情操的破坏性就像早期纳粹眼中夜总会时期的柏林一般。“我是一蕊夜半开放的吧台之花，”一首流行歌曲这么唱着，“艳红的双唇，轻纱的衣袖，霓虹灯下狂舞。一蕊泪的花朵。”

不像1924年后的其他已开发国家，日本并未进入一个政治稳定、经济复苏的时代。美国的关税壁垒加上中国的民族主义使日本失去了两个最大的市场。大地震又耗尽了这个国家大部分的可用财源。于是在1927年，日本的银行体系先于华尔街两年即濒临崩溃边缘。东京的自杀率在短短3年之间提高了一倍。这一切似乎都证明了日本的经济、社会与大正民主体制是建立在一个如同这片土地本身一样脆弱的基础上。有人可能会说可怕的20世纪30年代提早在日本降临了。

东京大地震发生的时候，美国国务卿休斯已离开华盛顿，哈定总统也去世了——他在赴阿拉斯加的旅途中亡于不明原因的感染（或者是食物中毒）。所以接到来自日本的惊人电报的人，是直率的柯立芝总统。他马上询问亚洲舰队当时所在的位置，然后吩咐代理国务卿：“请你告诉他们立刻赶往横滨。”代理国务卿随即以口述草拟了对日本天皇的慰问电报内容。“你可以替我发出这则信息。”柯立芝说完之后便去就寝了。这便是为什么美国是外国列强中第一个表达慰问的国家。接下来几天，柯立芝亦呼吁美国人民捐助日本受难者，当然美国人民的确这么做了。

这么看来，美国参议院移民委员会当时却正在草拟着永久禁止日本移民的法律，是多么令人遗憾啊！限制移民的运动在第一次世界大战结束后不久即已展开，不过由其所生的恐惧和敌意乃肇自于19世纪90年代，当时上百万的南欧和东欧人开始来到美国。这些新移民大多数是天主教徒，还有很多犹太人，以及许多政治上的社会主义者。因此当西岸选出的国会议员要求完全排除东方人时，破天荒地得到了东岸人的同意，这要不是因为与日本之间的海权竞争，就是因为东岸人也同样为不太受同化的异类感到困扰。

“维护白色加州”的运动吸纳了所有的政党和阶级，而其老旧的诉求对照近来日本势力的扩张似乎更具说服力。“小日本就是小日本，”参议员詹姆斯·费伦（James Phelan）这么说。甚至，由于日本人是这么聪明，不像黑人或墨西哥人，他们真的“有能力取代白人的地位”。连当时的法律障碍也无法阻挡其入侵。加州的日籍成年人从1910年的32,785人增至1920年的47,566人，而且已到当地的日本人正以惊人速度生育后代。更恶心的是，他们和从广告上找来的“照片新娘”结婚——她们便可以回避“君子协定”的规定来到美国。加州禁止日本人租赁土地的法律也不管用：日本人手中的土地自1913年以来已增加4倍。日本天皇是不是阴谋要买下整个加州？不是有个日本财阀曾想向墨西哥购买一大片加利福尼亚半岛吗（指马格达莱纳湾，1912年）？根据费伦的说法，日本人对白种人的文明构成了经济上、社会上、道德上以及军事上的潜在威胁。

一度也有人提出异议，其中影响力最大的是西德尼·吉利克（Sidney Gulick）。身为传教士兼研究日本的学者，他组织了一个“建设性移民法律全国委员会”（National Committee for Constructive Immigration Legislation），并写了超过两打以上的小册子指摘排日派太过激烈而且违背基督教义。他承认美国在政策上理应做到“保护太平洋沿岸各州免于亚洲移民过多之危险（斜线强调）”，但吁求加州人不可无故侮辱日本。如果国会希望限制移民，可以对各民族给予一定配额。歧视日本不仅是不正义的，而且有损美日关系，更将损及教会在亚洲宣扬基督福音的机会。美国商会和日本学会（Japan Society of America）都赞同吉利克的诉求。

但如此理直气壮且有组织的反对力量竟激怒了排日派。弗劳尔斯（Montaville Flowers）在他1917年出版的《日本人对美国民意的征服》（*Japanese Conquest of American Public Opinion*）中咒骂这些“亲日分子”，暗示日本政府联合东岸的企业家和伪善者来欺诈美国人民。于是排日派也跟着组织起来，例如：以“加州——白人的天堂”为口号的“金色西部之子”（Native Sons of the Golden West）及其刊物《灰熊》（*Grizzly Bear*）、“美国退伍军人协会”、“加州劳工联盟”和“农民协进会”等。至于政客就更不用说，他们在1919年草拟了一篇宣言，宣称“小黄种人的移民实在带来了非常严重的问题——这个问题实际上不仅是对加州，而是对全美国都充满威胁”。他们鼓吹查禁“照片新娘”、驱逐日本人、禁止亚洲人取得公民资格，并修改宪法以禁止在美出生的亚裔儿童获得公民权。

1920年，加州将一项禁止日本人拥有土地所有权的法案交付公民投票。设于东京的美日关系委员会针对美国舆论领袖进行问卷调查，希望增进“两个太平洋邻国之间的友谊与善意”。然而他们唯一的成果只是使该项法案以3∶1的比数——而不是预测中的10∶1——获得通过，以及一个由退休出版商麦克拉奇（V. S. McClatchy）与约翰逊参议员领导成立的排日联盟。麦克拉奇的宣传口号说日本是“亚洲的德国”，而且一意主宰全世界，华莱士·欧文（Wallace Irwin）则将这个情节写入他在1920年出版的小说《太阳的种子》（*Seed of the Sun*）中。当平等限制所有外国移民的法案于1920年及1921年两度进入国会议程时，约翰逊均加以大力挞伐：“日本人永远是日本人，他们效忠的对象永远是东京，这是无可争议的事实。”不论国会如何对待其他族群，他希望禁止日本移民，就是这样。之后联邦最高法院又肯定了日籍外国人确可视为“不具取得公民权之资格”的观念，使得排日分子在1923年国会会期中进一步受到鼓舞。麦克拉奇说日本人：“来到这里具体而公然的目的就是要殖民，让骄傲的大和民族在此落地生根……加州自视为各州的最前线。它已为我们抵抗异族入侵的战斗奋战了20年，这些异族的和平渗透总有一天会将白种人逼至墙角。”

神职人员、商人和学术界用尽全力来对抗这股潮流。布尔教授在《外交事务》期刊上指出许多荒谬矛盾之处：宪法强制赋予其子女公民权，却又不让双亲取得公民身份；攻讦日本人不愿同化，却同时通过法律禁止他们在学校或市场里与白人相处；视日本人为低等，然而其背后的基础却是日本人在工作习惯和家庭价值观方面的优越性；指控他们不对美国效忠，同时却以美国为名对他们滥施辱虐。布尔承认大量的日本移民可能危及社会结构，但也警告过分苛刻的歧视将导致日本礼貌性的沉默变成“暴风雨前的宁静”。最后，休斯力劝国会将日裔问题留给国务院来处理，他怕他在华盛顿会议上所获得的所有进展会毁于一旦。

他的诉求一时似乎得到了共鸣。当最后修订的移民法草案于1924年3月送进参议院，委员会主席与政党干事都一致为这项“君子协定”背书。他们说，不需要对东京做无谓的冒犯。但是，发言台上的参议员却问道：这项“君子协定”到底是什么，没人看过这份神秘文件的内容，参议院也未曾批准，西岸人士则称其为无效？休斯盘算他应该有所回应，结果却犯下大错。他要求日本大使拟具一份信函以描述协定的内容及日本所作的承诺。这封信措辞足称缓和，不但否认日方有任何意图去“质疑任何国家在移民管制上的主权”，并且诉诸“美国政府与人民的高度正义感及公平精神”。不过信中也对该移民法案中“诬蔑‘日本人’为没有价值且不可欲者”表示遗憾，同时提及排日条款之于美日关系的“严重后果”。休斯发现信函的最后一段文字可能产生了问题，但心想其友善态度应已于上下文之中充分流露。

参议员洛奇可不在意什么上下文。他称该函所提及的“严重后果”为对美国的一种“暗示性的威胁”，并呼吁参议院不能对它投降。洛奇对休斯素无好感，又嫉妒柯立芝，而且他也认为日本是“东方的普鲁士，其文化同德国，其野心同德国”。他运用自己的影响力支持约翰逊和排日派。行政部门欲以“君子协定”取代排日条款的修正案一送到，就遭到2票对76票的否决。柯立芝总统亲自插手干预，扬言动用否决权。可是洛奇却反唇相讥，他掌握的票数足以推翻总统的否决。于是柯立芝请求将排日条款的效力延缓两年、一年，甚至只要几个月也好。洛奇再度拒绝。于是柯立芝在全无选择之下，只有签署该法案为正式法律，并且期盼日本政府能原谅达成结果的这种“毫无必要且令人懊悔”的方式。

1924年的“排外法案”（Exclusion Act）对日本尊严伤害之严重无与伦比。并不是因为它在人口学上造成的重大差异，而是因为美国国土的断然关闭，加上美国市场的相对封锁，以及在珍珠港设置令人愤怒的藩篱，所有这些显现出了美国的意图：即使美国坚持维持西太平洋为一个“门户开放”的区域，但东太平洋却仍然是日本向外发展的禁地。我的还是我的，你的也不见得都要给你——在日本看来美国的政策就是如此。

第61章　第十一次聚会

斋藤：你用了双关语，教授。你说朝鲜是伊藤博文“选定的宿命”。

学者：选定？噢，朝鲜（Cho-sen［朝鲜的日文名称］与chosen［选定］同音）。理由不充分，斋藤。

斋藤：是你说的，教授，不是我。

加休曼努：你们惯于嘲笑被自己杀害的人吗？学者不是说你们的军队在吞并朝鲜之前，总共杀死了1.1万名朝鲜人，而且在1919年又杀了2.5万人？

斋藤：令人遗憾。这是权势与种族混合必须付出的代价之一。

西华德：日本人和朝鲜人不是属于同一种族？

斋藤：基于你的无知，我会假装没听到这个侮辱，西华德先生。此外，你们的历史学家也了解，放弃朝鲜，就等于是授敌以柄。你该不会认为朝鲜可以自行独立吧？不幸的是，朝鲜人太顽固了，他们不能认清现实，所以必须有人给他们好好上一课。就像你们美国人在菲律宾，或卡米哈米哈在他征服的岛屿上，或是像俄国人在各地的做法一样。

西华德：我懂了。让我扼要地重述一遍。你的战争始于偷袭中国，然后是俄国。你们光明正大地对德国宣战，但却尽可能不给予警告。然后你们屠杀了对你们的统治表示抗议的非武装人民。你们对“黄祸”恐惧症抱怨不已，但却以“白祸”思想作为本身政策的基础。你们抱怨我们禁止移民，但本身却不欢迎任何“外人”（日文指外国人），对不对？你们抱怨别人对你的外销产品课以关税，但却暗地计划违反门户开放政策。然后你们又摆出种族平等主义者的架势，以诱骗威尔逊总统。真是聪明，聪明得要命。下一步是什么，教授，他们是不是也偷袭过我们？

学者：西华德先生，你让我失望了。我以为华盛顿会议——

西华德：会议根本毫无机会——

学者：——赢得你们以及休斯的如雷掌声。我想你与你的同胞，那位与贪污搏斗、保护移民，然后错失入主白宫机会，最后成为伟大国务卿的纽约州州长颇有惺惺相惜之感。

西华德：一点不错。不过你说休斯看重理性，我却要说他是拿理性当偶像在崇拜。你自己也暗示，说他的体系注定会完蛋。

学者："注定"指的是不可避免。

西华德：听我说，依地理位置与力量的不同，每个国家都有它要扮演的角色。一个国家若逾越了自己的本分，就会成为其他国家的问题，而且也会自寻毁灭。休斯在英国和日本留下过多的影响，对美国的影响则要小得多。话说回来，无法强制施行的条约又有什么用处？

斋藤：你们期望我们签署一项赋予你们执行能力的条约？我参加了华盛顿会议，我认为我们作了太多承诺——毕竟日本作了所有的政治牺牲。不过加藤友三郎对我们作了很清楚的简报，他说明了让美国将所有舰队除役的明智所在。只要美国维持现状，只称霸东太平洋，它就无法涉足西太平洋。两国舆论都表示满意，泰迪的交易再次生效：我们远离加州与夏威夷，你们就让我们在亚洲自行其是。

学者：不过你暗示权力与威慑之间的平衡是唯一的事实。我想提出的是——虽然无法证实——日本的自由主义是最重要的变数。问题在于美国的武装政策和移民政策，到底是增强还是削弱了日本的文人政府。

斋藤：这是休斯，还是你本身的想法？大正民主在20世纪20年代原本相当强势：军方让自己出尽洋相，西伯利亚比你形容的还糟。问题在于是否有哪位当权者能满足日本人的需求。还记得稻农暴动和战后大萧条吧，日本除了输出人民和货物换取原料之外，别无选择。日本必须生存下去，这点你说得不错，博士，不论其他国家规划出什么样的世界秩序。因此我们愿意相信，华盛顿公约体系在设计上，并不仅以挫败日本为目标。这就是我自认与洛奇所达成的共识。

学者：你们达成的……共识？

斋藤：啊，你们这些搞历史的，老是想趁人不备。不错，我在华盛顿会议所肩负的任务，就是设法去结交亲中国派的领导人——亨利·卡伯特·洛奇。所以我在休会期间设法去接近他，告诉他我久仰他的大名，我还安排在街上和他"不期而遇"。很快我们就开始共进午餐。

学者：不过日本还是把德国租借地归还给中国。

斋藤：这是政治上的让步。不过日本还是握有经济控制，一如在南满地区。当然中国代表极力抗拒，不过没有美国的支持，他们不得不接受我们的条件。

加藤上将对我极为满意，我自己也相当得意！

学者：你是说洛奇私下对门户开放政策作了让步？

斋藤：不如说他睁只眼闭只眼好了，不过他在排外法案上得到了补偿。

学者：代价不小。洛奇当时年事已高，又有前列腺方面的毛病。他在1924年11月就过世了。不论如何，他的关税和排外政策，也不过是让日本得以恢复在中国扩张势力的野心罢了。

斋藤：确实如此。不过，华盛顿会议要不这么做，又怎能发挥功能？如果企图堵死我们，那我们会让它根本无法运作——至少不会比某些围堵美国的19世纪条约更有用。

西华德：如果有足够的武力作为后盾，它是会有作用的！《华盛顿条约》的问题是出在拒绝给予美国海军所需的基地和船只以强制执行这些政治协定。至于19世纪的美国，我认为在墨西哥战争中，英国人确实对我们产生了牵制作用……

斋藤：墨西哥战争——多谢赐教，国务卿阁下。再一次，我想请教为何美国自己会想要征服邻国，宣布门罗主义；而一旦日本想如法炮制，却被谴责为野蛮、帝国主义者？

西华德：因为人人机会均等的自由国家，和性好奴役他人的好战种族是有差别的。教授，你的荷马李错了，美国的力量就在于它对所有移民一律开放——

斋藤：日本人除外！

西华德：——只要他们真的想成为美国人。

李：我没有错，我是对的。

西华德：上帝为证！

维特：这是谁？教授，你是不是……？

加休曼努：是我！我的小小玩笑。这位荷马李引起了我的兴趣，所以我就把他也招来了。你可以把他计算在内。

学者：乐意之至。老天，荷马李！你和孙中山是在何时认识的？1900年你人在哪里？那些传说是真的吗？

李：似是而非。对北京发起挑战的军事侏儒，隐身在佛教徒中的白人僧侣，熟谙唐人街秘密的古怪斯坦福大学生，和秘密帮派合谋的美国情报员，孙中山身后的守护神——这都是中了东方之毒后产生的西方谵妄。

学者：中毒！你是说……你吸食鸦片？你的头痛——

李：我的意思是，你们深受文化谬误的毒害。在我的同胞眼中，我就是美国，是中国的勇敢友人。我让他们对这点深信不疑——这对捐款大有帮助。不过我并不是身在东方的美国人，而是身在美国的中国人：先天聪睿，却后天失调；既古老而又年轻；是长得像侏儒的巨人。不过，这些当然只有中国人才懂。

加休曼努： 懂什么，李将军？

李： 就是白人的任务并不是要改变中国，而是要帮助中国再度成为中国。

加休曼努： 这我就不懂了。白人改变了夏威夷、阿拉斯加和加利福尼亚。中国怎么能面对白人，却不会发生改变？

李： 让我问你一个问题：怎么可能有人能"改变"中国？

加休曼努： 我不知道。

维特： 我想我懂李先生的意思。我曾与李鸿章交涉过。中国自成世界，就像俄国一样。只不过俄国属于西方，中国却不属于东方，而是东方属于中国。中国就像太阳，其他各国都围着它转。太阳不是行星，行星也不可能是太阳。不过，帝国主义者的到来，对中国人来说就好像行星脱离轨道，扰乱整个宇宙一样。我从不怀疑李鸿章认为我要比他卑下。这是种令人恼怒的特性——让沙皇气得发狂，我的工作也变得更加复杂。在这方面我对你们日本人颇感同情，因为你们也必须和中国交涉。不过人怎么能改变地心引力的中心？因此我想李先生所言不错。中国无法由外加以改变，就像行星不能将太阳纳入自己的轨道一样。我们这些"蛮夷"所能做的，只是自行其是，让中国了解它必须自我改正。

李： 阁下是维特伯爵？你比任何美国人都要睿智——或许除了罗斯福之外。

学者： 西奥多·罗斯福。

李： 还有别的罗斯福吗？

西华德： 这样说来，我们对中国的看法真的是大错特错！

李： 我们的愚昧无人可及。想想看，来自共和国和帝国的中国通，竟然都将中国视为一团可以随意捏塑的烂泥！他们理所当然地想将中国变成市场、民主国家、基督教国家，或是明治时代的日本的复制品！他们的想法都是以商业、政治、人口、宗教或是各个敌对帝国的中国政策为出发点，而不是基于中国本身。有多少归国商人会说"忘了中国吧，那里没有搞头"？相反，我们听到的都是成功发财的故事，例如英国德姆郡的杜克先生就靠推销烟草赚了大钱。有多少传教士会失望而归，告诉我们亚洲如何排斥我们的宗教信仰？相反，我们听到的都是集体改宗，基督复临会因而提前发生。有多少外交电报曾诉说，我们所熟知的民主政治根本无法在中国开花结果？或许有些人是这么说，不过他们的悲观看法从未蔚为舆论。没错，旅居海外的中国人确实比任何人都有适应能力。但是，改变中国？除非中国能自行改革，而且再度强盛起来，否则西华德先生提出的环境危机必然会持续存在，共和国与帝国仍旧将僵持不下。

西华德：共和国？

学者：指的是美国；至于“帝国”，李指的是日本。

李：除非中国恢复实力，否则世界无法取得平衡。除此之外，就只有共和国能与帝国抗衡。而且我担心共和国还非输不可。

学者：为何一定要分输赢？华盛顿会议——

李：——认为仲裁至上。我亲眼目睹了这次会议，这个“美国梦”的形成。我曾经写道：“仲裁是人类所作的努力，而且是由人类的希望获得启发。这是在一天中定下的权宜之计。”外交所能做的，只是延长战争的预备期。“仲裁”甚至比人类的虚荣更为空泛，因为这等于是试图将人类的法律加诸自然规律之上。

斋藤：李说得对。仲裁不能胜过需求。在华盛顿体系之下，日本只能通过商业和移民这两个渠道来扩张，但这又是美国和大英帝国所不能允许的。

李：而且也不该允许。种族混和会使民族衰退。就如我在一本书中所写，“犯罪是国格的指标”，而且会“与人口的异种增加率成正比”。我说的没错吧，教授。

加休曼努：我真希望我们夏威夷人也设有移民限制。

斋藤：这点日本人也有同感。我们厌恶自己被孤立，被指为不受欢迎的人。不过，一旦你们决心要让我们远离你们那一端的海洋，你就应该让我们据有我们自己的这一端。相反，你们却要求我们在门户开放的世界中，和是我们10倍大的美国进行经济竞争！这简直称不上自由贸易系统。

西华德：面对事实吧！斋藤，受伤的是你们的自尊，而非你们的贸易。你们的人民总是恼羞成怒。

维特：我认为日本人天性就既高傲又易感到受到侮辱。而俄国人的特性，却是以自己的耻辱为傲。

学者：而美国人却会觉得自己的骄傲可耻？

西华德：正是如此。那么这些冲突是否都是国格差异的结果？还是国格才是冲突的产物？

维特：我相信国家具有灵魂。不过，国魂越强，在面对更优越的科技文明时就越容易自寻死路，这就是为什么俄国男孩们会淹死在对马海峡，而且还被德国人像麦穗似的砍倒在地。而你现在却说西伯利亚是被困在中央，一端是布尔什维克主义，另一端则是日本！

学者：在恶魔和蔚蓝的大海之间。

维特：但是美国应该支持我们在西伯利亚的行动。记住罗斯福的政策：维持俄国在太平洋的存在，以牵制日本。相反，你们的美国领事却想支持高尔察克，而你们的格雷夫斯将军则根本按兵不动。你们美国到底有没有政府可言？

学者：哈！好问题，维特伯爵。不过这跟贵国官僚为了沙皇是否懦弱无能争吵不休其实相去不远。记住，威尔逊1919年全心都投注在和平会议上，到了1920年，他又因为严重中风而半身不遂。战争部根本不可能光靠一个军力单薄的军团来推翻列宁，但他们又反对投入更多兵力，以致国务院只能尽其所能，以其他方式来支持高尔察克。这笔买卖毫不划算，不过威尔逊说的话是对的，他说俄国人必须自辟生路。

维特：共产主义就是生路？你知道有多少人丧生？

学者：有多少俄国人？"大作战"和内战中死了数千万人，20世纪30年代大概又死了2000万人。

加休曼努：权力的代价，这是斋藤先生的说法。

李：物质损失是权力的代价，我感伤的朋友们。人命的损失则是无能的代价——还有愚蠢。

西华德：谈到物质损失，教授，你何时开始谈"内燃机"？你在上次的聚会中只略微提到。

学者：那是在科技方面。圣弗朗西斯科和东京大地震，还有种族冲突，也都是某种形式的内部融合。不过以下这项科技事实倒可以供你参考。大家都听过所谓的"黄金铁道钉"（Golden Spike）[①]，不过你们可知道第一条汽车专用的高速公路是在何时修抵太平洋岸？林肯高速公路是在1915年完成的——或者只能算几近完成，因为当时几乎没铺路面——刚好赶上在圣弗朗西斯科举行的"巴拿马—太平洋国际博览会"。信不信由你，当时的林肯高速公路委员会还是由私人集资组成的。

维特：不过，汽车显然并未使北太平洋改观？

学者：那时还没有。不过1921年的联邦高速公路法案（Federal Highway Act）开启了美国高速公路系统的兴建。这个系统包括横越大陆的第30、50和66号高速公路；在20世纪30年代，数十万国内移民就是沿着这些公路前往太平洋沿岸地区。不过你说得没错，维特伯爵，启动内部融合的最初催化剂，是燃油船只和飞机。

---

① 指纪念太平洋铁路通车的标志。——译者注

维特：石油。我们已经开始探勘石油，第一次世界大战却让一切随之停摆。当时我们相信西伯利亚有丰富的石油藏量。

斋藤：还有库页岛——那是除了你们美国人和英国人卖给我们的之外，日本仅有的石油产地。华盛顿会议的会谈内容又怎么说？空军你完全避而不谈。

学者：一如往常，你对我有所预期。不过，既然有荷马李在座，请允许我先向他提出一个问题：航空是否会对太平洋产生决定性的影响？你是否这么认为？

李：你是指我有关"战争用飞机"那篇论文。那是一大佳作——一个人只要稍有名气，别人就会事事都找他发表意见。1909年，我就已经清楚看出飞机——

学者：不是在1910年？

李：文章是在1910年发表，不过我是在1909年写成。当时就已经有空中轰炸在未来战争中将具有决定性地位的说法出现了。事实绝非如此。首先，因为"战争向来未曾、而且未来也绝不会变得机械化。机械战斗绝对毫无可能，胜败是由军人决定"。战斗由意志而生，依赖战争机械等于是承认战斗意志已然消失。维特伯爵不应将俄国战败归咎于科技不如人，早在和日本兵戎相见之前，俄国在精神上就已经被击溃了。

维特：阁下，那根本是一派胡言。

李：而且面对中国之类的未开发国家，空军根本毫无用武之地。你对稻田的密集轰炸，只会引发自己意图消灭的战斗意志。不，诸位，飞机是会成为观察敌情的有利工具，但认为能靠飞机赢得战争的国家却会一败涂地。

学者：在这方面，李先生，终究是你错了。

第62章　西雅图到西雅图，1924

在美国参议院投票表决排外法案的8天前，4架满载燃料、补给品和两位英勇飞行员的道格拉斯S-WC（Douglas S-WC）双翼飞机飞到普吉特湾的上空。机上的“WC”标记并非制造商编码，也不是航空人员开的低俗玩笑，而是“环球巡航机”（World Cruiser）的缩写，因为西雅图不但是这8位陆军飞行员的起航点，同时也是他们未来的终点所在。他们奉命绕行全球一周。梅森·帕特里克将军（General Mason Patrick）是当时陆军航空勤务队的指挥官。他之所以会由他微薄的预算中挤出这项任务的开支，是希望能让吝啬的柯立芝总统和国会对航空勤务队成员的技术、飞行员的勇气和飞机本身的可信度都有所察觉。航空勤务队、美国航空界，甚至国防的荣衰，可能都要靠这次任务的成功来维系。至少帕特里克将军如此深信。

对于这一点，他难以驾驭的属下比利·米切尔也深有同感。米切尔的祖父是一位脾气火爆的苏格兰人，他在威斯康星州边境发了大财，而且不顾舆论公然反对铁路规划。他的父亲则是一位反对美国投入帝国主义阵容的美国参议员。比利很早就学会要为自己的信念挺身而出，同时对装聋作哑的既有体制也不吝谴责。不过，他的父祖看重的是金钱、政治和教育，年轻的比利却爱上戎马生活。1898年，他自未来的乔治·华盛顿大学休学后加入陆军，展开让他足迹遍及北太平洋各个角落的职业军人生活。历经菲律宾和阿拉斯加之后，他在利文沃思堡（Fort Leavenworth）的陆军通信兵学校（Signal Corps School）首次接触飞行，写了一篇有关热气球飞行的论文。不过航空总署看来似乎前途暗淡——直到1914年，这个机构有的还只不过是6架飞机而已。在申调到骑兵队失败之后，米切尔又花了两年时间侦察日本派驻澎湖列岛的防守阵地。

第一次世界大战让美国陆军警觉到有必要建立一支空中武力，米切尔当时则在纽波特纽斯（Newport News）的柯蒂斯航空学校（Curtiss Aviation School）任职。1916年，他利用闲暇学会飞行——而且是自掏腰包，理由是财政部认为这项训练与他的职责无关！然而，等到美国一参战，他却奉派出任美国远征军航空主管。身为准将的比利·米切尔很快就对空中武力是海陆作战的胜负关键深信不疑，不过，由于第一次世界大战的休战，空战的潜力当时并未能获得证实。战后复员时期，航空勤务队被裁撤了95%，而米切尔却成为当时航空勤务队的第三副指挥官。在这种情况下，由1919年到1921年间，米切尔的时间都花在跳踢踏舞和写报告书上面；他希望能说服政客和顽固保守分子，让航空勤务队成为类似英国皇家空军的独立军种。他极力要求对巴拿马和阿拉斯加开放定期空运，同时协助陆军在1920年举办了一项由纽约到诺姆（阿拉斯加地名）的飞行计划。不过他的大力鼓吹却效果不佳：1920年航空勤务队的预算缩减为2700万美元，航空工业也因为价值1亿美元的合约遭到取消，飞机订单由2.2万架跌落到仅仅328架而一蹶不振。于是，这位意志坚定而又深感不耐的将军决定要诉诸舆论。

“他宣称美国空战无望。”《纽约时报》对米切尔的第一次公关出击如此报道。他知道在外对政策上发表评论是违反军纪的行为，可能会替他招来与马汉上校类似的悲惨命运。不过现在米切尔却习其故技，以和马汉当年相同的策略，来对抗后者所启迪建立的大型战舰迷思。米切尔认为飞机能击沉最具威力的战舰，而且一艘大型战舰的造价，就足以让美国购买1000架战机。海军公然要求将他革职，但是公众对战舰与战机一较高下的兴趣，却促使战争部与海军策划了一场展示活动。1921年7月，米切尔的军人生涯与理想走到了转折点：他的飞行员在弗吉尼亚州的峡角外，由空中俯冲攻击一艘掳自德军的战舰“奥斯特佛兰”号（*Ostfriesland*）。海军的规定是每击中一次就要暂停，以便估量军舰受到的伤害。但是米切尔却告诉他的飞行员全力出击，攻击到底，不证实他们的论点誓不罢休。不到20分钟，“奥斯特佛兰”号就船首翘起，宣告沉没。米切尔的一位姐妹事后写道：“他得意洋洋。他们做到了。现在所有的人，甚至是最愚不可及的人都了解了。再也不会发生第二次世界大战。”

不会有第二次世界大战，因为这项只要有一窝讨人厌的机械飞虫就足以叮死海军的证据，必然会让各国避免战争这种愚行。在米切尔展示成功之后，国会授权建造了最早的两艘美国航空母舰，“列克星敦”号（*Lexington*）与“萨拉托加”号（*Saratoga*），而来自各国的外交官当时正齐聚华盛顿，协议如何对海军战舰进行大幅削减。然而，华盛顿会议对空军又有何打算？假如海军空中武力即将成为下一波科技重点，那它是否就该是裁军的首要目标？答案是否定的。首先，只有少数几位海军将官和政客，愿意或有能力预见飞行的进步神速，或能臆测到其中暗含的意义。其次，舆论并未要求削减航空预算，因为在大战中，航空队与惨烈的壕沟战比起来，似乎是一种较为良性的战斗方式。第三点，就算空战确实能证明本身具有极大的杀伤力——例如通过轰炸各大城市——那它对战争应该会有抑制，而非助长的效果。第四，比起海军，空中武力造价较低，较不容易形成政府的财政负担。第五，除非连民航也一起禁绝，否则根本不可能禁止或控制空中武力的扩散。就如米切尔在专家报告中指出的："要想限制军用飞机的数目，唯一可行的做法就是禁止所有飞机的使用，不论用途是什么。"而这样做等于是"对进步说不"。

因此在华盛顿会议上，休斯并未提出任何裁减空军的计划，虽然他的低吨位海军计划，限制美日只能分别拥有3艘与"一艘半"航空母舰。由于加藤男爵坚持鉴于日本的"地理位置与特殊环境"，海上航空武力对日本国防绝对是"不可或缺"的，休斯在急于达成协定的情况下，特别给予日本两三艘航空母舰的吨位额度（不过仍维持10：10：6的比率）。然而，由于协定对陆上空中武力作了限制，禁止在关岛、威克岛和其他日本托管的岛屿设置机场，同时又严格限制海军吨位，因此美日两国应该都难以对彼此"出手"，中太平洋也就此摇身一变，成为全球最大的缓冲区。

《华盛顿条约》让美国陆军航空勤务队大感沮丧，他们得到的印象是太平洋根本不可能发生战争。参谋总部的七人列斯特委员会（Lassiter Board）建议将航空勤务队的人员扩充到3万人，飞机也增加到2500架，也就是在之后10年总共要花5亿美元的经费，但国会在1923年却只肯给予1.27亿美元的预算。之后哈定总统去世，帕特里克将军使出浑身解数，希望能赢得柯立芝总统的"关爱眼神"。不过这次的"环球飞行"的确是一次大冒险。陆军航空人员必须先规划路线、设计导航技巧，与外国政府交涉飞越领空事项，而且每隔几百公里就必须安排降落场地、加油、维修和补给，他们还必须斤斤计较，确定飞机载运的货物重量和体积，以及在恶劣天气下飞机由跑道或由海面起飞的载重量。他们需要性能最好的飞机。严格测试过各种机型之后，他们选择了这一型的道格拉斯飞机。

第一次世界大战结束后，只有少数机身和引擎的制造商得以幸存。其中历史最悠久的是水牛城的柯蒂斯公司和洛杉矶的格伦·L·马丁公司（Glenn L. Martin Company），后者是由马丁于1915年买下奥维尔·怀特（Orville Wright）的公司改组而成。两年后马丁将公司迁往克利夫兰，和莱特兄弟的戴顿老家相去不远。除此之外还有西雅图的波音公司，老板是一位对飞行产生兴趣的木材大亨。早在1919年，寄往不列颠哥伦比亚的邮件就是由波音公司的B-1水上飞机运送，这是人类史上第一个国际邮运服务。不过在少数几位肯在战后投入航空工业的业者中,还包括了唐纳德·道格拉斯(Donald Douglas)在内。1920年，他由一家理发店后面的房间起家，靠着一位洛杉矶飞行迷借给他的4万美元，为海军建造了一架鱼雷轰炸机。之后他又借了些钱，在圣莫尼卡租下一间空摄影棚。道格拉斯相信既然南加州适合拍电影，当然也就适于建造和试飞飞机：这里终年气候宜人，拥有广大的田野和海岸，还有廉价的熟练劳工。不过，只要设计上出个差错，他的公司就难逃一蹶不振的命运。道格拉斯以鱼雷轰炸机为蓝本，造了一架全长约11米，翼宽约15米的飞机，参加环球飞行机的角逐大战。在离地约2000米高的空中，这架飞机可以以约160公里的最高速度，承载约4000公斤的重量。为了耐用，道格拉斯还选用身经百战的自由牌液冷式12汽缸引擎，最大出力为420马力。以今天的标准来看，这架拥有圆筒状钢骨机身，外覆木质和布质纤维材料的飞机相当简陋。不过当时还没有人有飞越过覆满冰雪的洋面和沙漠进行环球飞行的经验。

航空勤务队将4架飞机取名为“西雅图”号(*Seattle*，旗舰机)、“芝加哥”号(*Chicago*)、“波士顿”号(*Boston*)和“新奥尔良”号(*New Orleans*)，选出弗雷德里克·马丁少校(Maj. Frederick Martin)担任指挥。4位正驾驶都是技术娴熟的资深飞行员，其中来路最怪的当数“芝加哥”号的正驾驶洛厄尔·史密斯(Lowell Smith)。他于1892年生于圣莫尼卡；莱特兄弟飞行成功之后，他就深深爱上了飞行。1916年，他加入墨西哥革命大将潘丘·维拉(Pancho Villa)的“空军”，担任无照工程人员。美国参战后，他回归祖国，成为帕特里克麾下任劳任怨的飞行员之一。然而，就像其他7位队员一样，史密斯的飞行舱也配备了一只兔子脚[①]：在没有救生筏，甚至也不带半只步枪的情况下，光靠技术并不能保证他们能安然通过世上最险峻的地域。

米切尔并未与他们同行。他离过婚，现在再度结婚，正前往太平洋进行所谓的蜜月之旅。事实上，他正忙着进行北太平洋战略研究。夏威夷是他的第一站，驻防那里的陆军对他热情欢迎，却换来他的辛辣斥责。当地防务并未包含战机在内，而根据米切尔的看法，要攻击瓦胡岛“必然”要由上而下：“一个现代的15岁男孩，只要略懂空中武力，受过简单的高中军事训练，就可以设计出更好的防御系统。”米切尔写信告诉帕特里克：“太平洋必然会成为空军的天下。”扬帆西去，他对关岛暴露在以马绍尔群岛为基地的日本战机攻击之下忧心忡忡。他预测关岛“会成为掌握西太平洋未来战局的关键所在”。他认为缺乏空中武力的菲律宾也一样毫无自卫能力。然后，在中国沿海稍作停

① 西方人认为兔子脚代表“幸运”。——编者注

留之后，米切尔显然进行了一次"非正式"的日本之旅。换言之，依照行程，为了避免排外法案引起的反感，他奉命在7月之前都不得前往日本。不过他的信件显示，他曾前往神户协商环球飞行队的降落权问题。飞行队预定在4月5日出发。

因缘凑巧，结果机队却晚了一天出发："西雅图"号由海面起飞失败，螺旋桨因此受损。6日当天"波士顿"号也遇到了相同问题，不过最后还是赶上了飞行队。当他们对西雅图挥手道别时，阿诺德（Arnold）上尉记录下了他眺望雷尼尔峰（M. Rainier）的感想："难怪印第安人要称它为伊阿呼玛（Iahuma）——神的化身。在环球飞行的路上，它的雄伟景观会一路激励着我们。"4架飞机于是向北直飞，取道大圆航线前往日本。然而，有欠准确的天气预测却让他们一开始就尝到了苦头。不列颠哥伦比亚外海波浪滔天，其中一架飞机差点在雾中撞上汽船。飞行8小时之后，队员不得不放下浮筒，在暴风雪中降落。"西雅图"号伤了一支机翼支架，兔子脚也被愤怒的机员丢入大海。鲁伯特王子港（Prince Rupert）市长安慰他们说："各位先生，你们刚巧在10年来最差的天气中降临。"

第二天早上，机队出发前往远在1500公里外的阿拉斯加西华德镇。时运不济的"西雅图"号开始漏油，最后只好在海上迫降，而且地点正是奇里科夫（Chirikov）将近两世纪前最先看到的同一片海岸。一艘海军驱逐舰发现了这两位受困的飞行员，将飞机拖往卡那塔克（Kanatak）。修好之后，马丁发现自己落后其他飞机整整一个星期。因此他和机师匆忙起飞，又一头撞入另一场暴风雪中。能见度降到零，接着他们发觉自己瘫在"西雅图"号的残骸里，遍体鳞伤，不过却拣回了一条命——他们撞进了阿拉斯加某座沿海山脉的雪堆里。打包好机上仅剩的物品之后，这两位飞行员鼓起勇气，向白茫茫一片的冰河前进，然后又摸着路走回原地：除非天气转晴，否则根本无路可走。然而天公却不作美。到了第5天，眼看即将断粮，他们掉头向南走去，结果发现了——上帝听到了他们的祈祷！——一座储有食物的荒废小屋。过了5天饱暖的日子之后，他们再度出发，结果找到一条河流，然后是一艘独木舟，最后跌跌撞撞地到了小小的摩勒堡（Fort Moller）。

这时另外几架飞机已经飞抵日本。千岛群岛和北海道的好奇居民涌上街头来迎接他们。天气还是颇为恶劣，他们在当地困了一个星期。饱受地震蹂躏的东京接待了这批美国英雄，不过日本官员不但禁止他们照相，还警告他们不要接近军事基地。6月4日，环球飞行队出发前往中国，气候、飞行和士气都改善了不少。上海和香港对他们都热烈欢迎，接着他们又飞往海防和西贡、曼谷、仰光和加尔各答。史密斯现在成了指挥官，他大力鼓吹飞越季风前往卡拉奇,然后穿过沙漠前往巴格达和阿勒波。飞越欧洲对他们来说是轻车熟路，轻而易举。史密斯计划选在巴士底狱纪念日降落巴黎，并且要由法国空军的拉法叶战斗机队一路护送。英国也派出皇家海军，供他们飞越暴风雨频繁的大西洋时差遣。当“波士顿”号因为油压系统失灵迫降海面时，一艘英国拖船救起了机上人员。幸存的两架飞机历经艰难，完成了经由冰岛、格陵兰到纽芬兰的海上飞行。当他们再度降落在美国领土时，举国欣喜若狂。每一个城镇都坚持要他们降落，好让当地略表敬意。在这种情况下，环球飞行队直到9月28日才回到西雅图，在阔别175天，飞行约42,398公里之后，再度接受25万名群众的欢呼。

史密斯队长变得谦虚起来。他对帕特里克将军的深谋远虑、地面人员的专业能力、他非凡的“芝加哥”号和道格拉斯飞机公司（后者及整个南加州飞机工业的前途，都因此大受肯定）都称赞有加。帕特里克将军感谢“全知的上帝，让我们送入西方的这一小支队伍，能安然由东方归来”。柯立芝总统则感谢飞行人员:“诸位的技术、坚忍与勇气带给国家莫大的荣耀……我深信你们同胞的感激之情，将足以使美国在这个领域居于领先的地位。”

这次“环球”飞行有何战略意义？比利·米切尔自认为知之甚详。他在1924年7月由亚洲归来，并在纽约接见了环球飞行队成员。同年10月，他针对太平洋之旅提出一份长达325页的报告。据他所说，排外法案实施之后，日本的敌意持续加深，战争眼看难以避免。米切尔的结论是，日本要打败美国的唯一希望，就是以空军进行突袭。他在北太平洋地图上画满三角图形，标出航程，并且预言美国武力夺回菲律宾的唯一可行之道，只有取得空中主控权并采取跳岛战略。他写道，美国以阿留申群岛为基地的空中武力，可以对日本由“纸与木材”建成、“人口密集”的都市作“决定性的”毁灭攻击。不过美国防线的关键在于夏威夷，如果日本能使夏威夷中立化，他们就能由侧翼包围阿拉斯加,从四面八方切断美国的补给线。甚至夏威夷本身也岌岌可危，日本可以将舰队推进到中途岛，在尼豪岛修建跑道，随心所欲地轰炸瓦胡岛。美国最迫切的需要，就是在夏威夷建立一支威力强大的空中武力。就算米切尔必须丢官去职，他也决心要让美国拥有这支武力。米切尔并不孤独，一位嗜酒成性、为人内向的英裔美国记者也大声附和他的想法。1925年，这位天才战略记者出版了他对偷袭珍珠港所作的预言。

赫克托·拜沃特（Hector Bywater）生于伦敦，但却是在马萨诸塞州、纽约、加拿大、德国，以及他逍遥成性的父亲到此一游的任何地点长大的（他甚至还吃过美国西部快驿的粮）。赫克托同样居无定所，不过却心有所系：船只和战略是他的最爱。他从少年时代就为《纽约先驱论坛报》（*New York Herald*）这家军事报道先驱工作，后来成为弗雷德里克·简（Frederick T. Jane）的忠实信徒。后者是《简氏战舰年鉴》（*Jane's Fighting Ships*）的出版者，也是全球最权威的海军研究人士。整个第一次世界大战期间，拜沃特把时间都花在到处搜集德国海军资料上，直到1920年，他才开始将注意力转移到太平洋上。由于具有科技与地理上的知识，他毫不费力就归纳出太平洋战争的可能发展路线。日本人无疑将发动突袭以瘫痪美国的海军舰队，接着他们会好整以暇地向西太平洋扩展。拜沃特相信美国最后必将战胜，不过它所面临的战略困境却"几近无解"。

难怪拜沃特1921年出版的《太平洋海上霸权》（*Sea Power in the Pacific*）会让日本海军总部大感惊奇。直到当时，由佐藤哲太郎（他有"日本的马汉"之称）与秋山真之（Akiyama Saneyuki）在1907年所规划的日本战略，都是以击溃远渡日本海而来的美国舰队为目标的防守战，也就是要重演1905年的战史。而拜沃特却告诉日本人，他们的最佳战略应该是要重复1904年，要对太平洋上现有的敌军设施加以攻击，实现海上帝国的美梦。华盛顿会议改变了拜沃特的想法。他在《巴尔的摩太阳报》（*Baltimore Sun*）上作了准确的预言，认为休斯会对海军战舰提出"无情裁军计划"，日本也会要求美国不应强化太平洋诸岛战备。不过，最重要的是拜沃特相信，美国舰队与基地所受的限制，却反而会使太平洋更容易爆发战事。"日本或许并无帝国主义野心，"他写道，"然而《华盛顿条约》带给它的独特战略地位，却迟早会成为一种令它难以抗拒的诱惑。"这个断言让他和富兰克林·罗斯福陷入了一场激烈的论战。后者一边治疗1921年罹患的小儿麻痹症，一边仍不忘注意会议发展。在一篇名为《我们应否相信日本？》的文章中，罗斯福辩称全球确实有心遏制战争，《华盛顿条约》将化解任何太平洋战火，因为它能确保战争的唯一后果就是"军事僵局"（military deadlock）。

于是拜沃特收集一切资料，再度回到地图上，他对自己提出下列问题：太平洋战争会以僵持不下收场，还是双方海军会横越巨浪滔天的洋面决一死战？他当时已经获悉日方的答案是后者，不过美方要如何还击却让他困扰不已。最后，他赫然发现，答案是美国可以以一系列的三军联合攻击，以跳岛战术横越太平洋中部。拜沃特并不是想出这点的第一人。米切尔、阿尔弗雷德·尼布拉克（Alfred P. Niblack）及威廉·西姆斯（William S. Sims）两位海军上将，还有陆战队上尉厄尔·"皮特"·埃利斯（Earl "Pete" Ellis）都曾将这些岛屿想

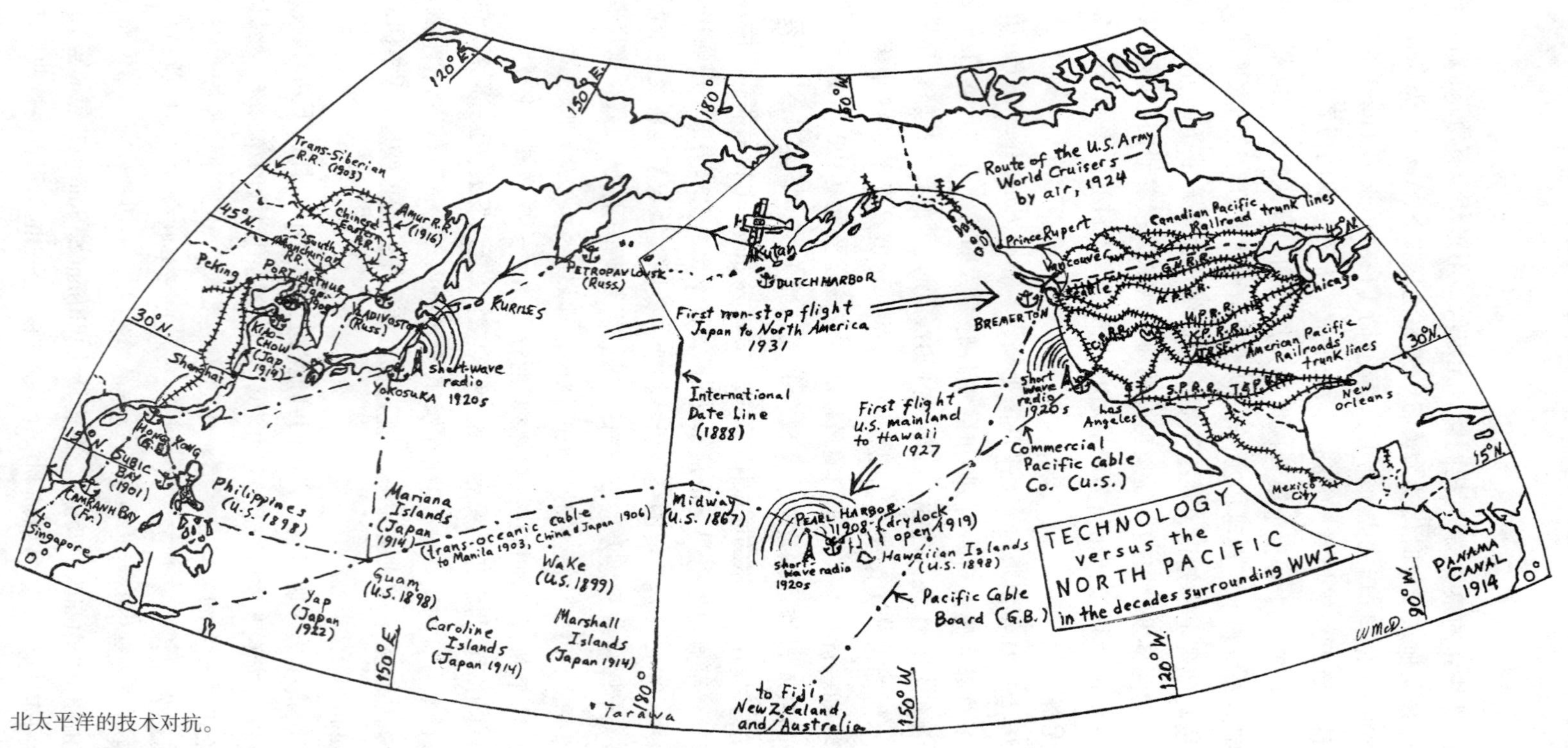
TECHNOLOGY versus the NORTH PACIFIC in the decades surrounding WWI
Trans-Siberian R.R. (1903)
Amur R.R. (1916)
Chinese Eastern R.R.
South Manchurian R.R.
Peking
PORT ARTHUR
Shanghai
HONG KONG (G.B.)
SUBIC BAY (1901)
CAMRANH BAY (Fr.)
to Singapore
Philippines (U.S. 1898)
VLADIVOSTOK (Russ.)
YOKOSUKA
Short-wave radio 1920s
KURILES
PETROPAVLOVSK (Russ.)
DUTCH HARBOR
First non-stop flight Japan to North America 1931
International Date Line (1888)
Mariana Islands (Japan 1914)
trans-oceanic cable to Manila 1903, China & Japan 1906
Guam (U.S. 1898)
Yap (Japan 1922)
Caroline Islands (Japan 1914)
Wake (U.S. 1899)
Marshall Islands (Japan 1914)
Tarawa
Midway (U.S. 1867)
PEARL HARBOR 1908 (drydock open 1919)
Short-wave radio 1920s
Hawaiian Islands (U.S. 1898)
Pacific Cable Board (G.B.)
to Fiji, New Zealand and Australia
First flight U.S. mainland to Hawaii 1927
Commercial Pacific Cable Co. (U.S.)
Route of the U.S. Army World Cruisers by air, 1924
Prince Rupert
Vancouver
Seattle
BREMERTON
Los Angeles
Canadian Pacific Railroad trunk lines
American Pacific Railroads' trunk lines
Chicago
New Orleans
Mexico City
PANAMA CANAL 1914
120°E
150°E
180°
150°W
120°W
90°W
45°N.
30°N.
15°N.
0°
WMcD.

北太平洋的技术对抗。

象为通往菲律宾的踏脚石。不过拜沃特的数据和图表显然让这个计划变得更为可行。在1925年出版的《伟大的太平洋战争》（*The Great Pacific War*）一书中，他预言日本人的攻击会“像晴天霹雳”似的从天而降，而美国人民在震惊之余会“咬紧牙关，誓言奋战到底”。等到日本被封锁和大轰炸压得喘不过气来的时候，驻在夏威夷的美军就会展开跳岛战略。拜沃特（就像他总是嗤之以鼻的荷马李一样）仍然认为最后的决定性战役，完全要看双方军舰的炮火孰利。他并不认为有航空母舰插手的余地。

《伟大的太平洋战争》一书立刻轰动一时。不过这本书还救不了米切尔。拜沃特只是一介平民，他甚至不是美国人，而米切尔却是军事官员。拜沃特只能大概评断，米切尔却尽可能不厌其详。拜沃特是以夸张手法来描写事实，米切尔却是满纸想象，而且还坚持它们都是事实。1925年9月，他因指控美国战争部与海军“无能、玩忽职守到罪大恶极的程度、行政上几近叛国”而遭到军法审判，并在定罪后被迫离职。相反，拜沃特的作品却强化了海军改革派对修改“橙色战争计划”所作的努力。1926年，海军首度将军方所喜爱，由舰队火速赶往菲律宾的紧急计划搁置，改采用在取得西太平洋制海权之前暂缓前进的“最低稳健性策略”。不只如此，由于必须有空中武力才能取得制海权，美国国会在1926年终于采取行动，计划在5年内将美国空中武力扩增一倍。不过拜沃特对日本的影响更为巨大。日本驻纽约总领事斋藤博和他的友人，当时身为驻华盛顿海军武官的山本五十六（Yamamoto Isoroku），向东京报告了拜沃特的著作，结果这本书被翻译为日文，而且被日本官员一再阅读。万事俱备，只欠东风：再来就只差一个能把拜沃特的战略和米切尔的空战预言合而为一的人了。而这个人就是山本五十六。两年后他由美国归来，大力鼓吹“日本唯一制胜之道，就是对夏威夷的美军发动攻击”，而且要采用航空母舰，而非海军战舰。

20世纪20年代中期是美国航空业的转折点。1925年，国会通过“凯利航空邮政法案”（Kelly Air Mail Act），授权邮政总局将邮递业务发包给民间业者，才刚起步的航空业因而获得了等待已久的大量现金。1926年的商业航空法案（Air Commerce Act）制定了安全法规，并鼓励兴建机场。规模不大但极为专业的国家航空顾问委员会（National Advisory Committee for Aeronautics）扩大风洞实验，并与飞机制造商密切交换意见。这些努力，再加上蓬勃的经济发展，不但使飞机产量由1925年的不到800架蹿升到1929年的6200架，同时也促使定期班机航空公司纷纷成立，如西方航空公司（Western Air Express，1926）、泛美航空公司（Pan-American Airways，1927），以及跨大陆及西部航空公司

（Transcontinental and Western Air，1928，为环球航空公司［TWA］前身）。跨大陆及西部航空公司第一架东向班机于1929年7月由南加州起飞时，有数十万群众到场欢送，当时的正驾驶正是查尔斯·林白（Charles Lindbergh）。

“幸运的林白”于1927年5月以单机飞越大西洋这项壮举证明由美洲大陆直飞夏威夷的时机已到。1925年，一位海军人员不畏约4233公里之遥驾机飞往夏威夷，结果却以身殒命。然后是有意让日本飞行员成为太平洋林白的川西公司（Kawanishi），买下了硕果仅存的一架瑞安式NYP单翼飞机（即林白所用的同型机），然后自行制造了一款整整比它大上一半的飞机——理由是太平洋的距离要比大西洋宽50%！这架飞机最后成了工厂展示用品，下面还放了一个写着“特殊用途飞机错误设计展示”的牌子。另一项当时看来相当不错的主意，是两位圣弗朗西斯科记者以电报发给夏威夷凤梨大王詹姆斯·杜尔（James D. Dole）的建议：

> 林白飞越大西洋，太平洋仍待征服。时机已到，愿仁人君子提供适当奖金奖励直飞夏威夷。由群岛及阁下之宣传看来吾等深信此为阁下提供2.5万美元奖金之无上良机。

杜尔接受了以飞行竞赛来替自己和他的事业，以及夏威夷的商业与观光业打广告的主意。不幸的是，他把比赛的日期定在3个月后:也就是8月12日，夏威夷的地方节（Territory Day）当天。这给了干涉者，包括帕特里克将军的陆军空中冒险家一个捷足先登的好机会。6月28日，陆军中尉莱斯特·梅特兰（Lester Maitland）和艾伯特·汉金勃格（Albert Hegenberger）驾驶一架取名为“天堂鸟”（*Bird of Paradise*）的福克C-2型单翼机，由奥克兰起飞，他们最后看到的陆地是法拉隆群岛（Farallon Islands），下一个陆地则远在26小时行程之外。他们的飞行距离虽然比林白短，但过程在某些方面却更加危险。林白差点到不了欧洲，这两位陆军飞行员却因为偏离航道三又二分之一度，而差一点与夏威夷失之交臂。在导航无线电失灵的情况下，梅特兰只能全凭估计，勇往直前。第二天早上，他们飞过朝阳，分毫不差地降落在瓦胡岛上。

杜尔并没有取消他的凤梨杯大奖赛，有10个人为了竞相完成别人已经达成的目标，分别因为训练时发生意外、经验不足或半途发生空难而丧生。夏威夷各地报纸都称之为“有欠思量的流血大牺牲”。只有《火奴鲁鲁广告人报》（*Honolulu Advertiser*）却为夏威夷与本土最新的永久性联系欢呼不已，他们相信“杜尔飞行竞赛中发生的悲剧，对后来者应具有道德意义。充分的准备、导航设施加上无线电联络，结果将产生万无一失的探险队伍”。两年后，一组澳大利亚飞行员由奥克兰飞抵布里斯班，1931年克莱德·潘伯恩（Clyde Pangborn）赢得东京某报社提供的奖金。他驾着一架贝兰卡火箭型飞机（Bellanca Skyrocket）由日本不落地直飞到华盛顿州的韦纳奇（Wenatchee）。

现在美日两国海军要证实拜沃特和米切尔的预言已是指日可待。他们需要的只是航空母舰、岛屿基地，以及找一个原因开战。水野弘德（Mizuno Hironori）——一位日本自由派官员——已预先洞悉原因所在。“日本军国主义者正步上德国后尘，”他在1923年写道。有一天他们会夺得政权，意图“奴化中国”，而挑起对美战争。如果他的预言成真，根据英国巴拉德海军中将（G. A. Ballard）预测：“这片一望无际的湛蓝海洋，或许会成为一条血红大道，会通往震荡世界的最大种族冲突。”

第63章　上海，1927

军国主义狂热分子攫取东京政权，进而发动战争，企图奴化中国。在这个帝国主义被视为落伍思想，甚至连日本都在民主统治之下，而且《华盛顿条约》又打破了地域政治垄断的年代，上述预言似乎显得过于牵强。此时西太平洋已成为非武装缓冲区，美日两国得以互不侵犯；除此之外，中国东北虽被视为中国的一部分，但却适用于门户开放政策。不过，由于美国排外法案、日本经济不景气，以及中俄两国迅速复苏的影响，休斯的伟大设计几乎一开始就难逃厄运。由于和平扩张手段受阻，日本在亚洲受挫的可能性不断提升。1924年，一位自由派日本人士投书《外交事务》（*Foreign Affairs*）期刊，恳求美国人了解“美国与日本之间的关键问题并不是加州，而是中国”。他还声言美日亲善关系“将视日本自由派运动的兴衰而定”。其中暗示不言而喻：如果有意扶持日本的文人政府，美国人必须对日本维护其中国利益的努力表示同情。

不过这就意味着，他们必须对中国自身的期望装聋作哑。美国人是否可能“倒向”让他们抱有相当敌意的日本帝国，放弃由孙中山这位基督徒一手创立、仍在苦苦挣扎的中华民国于不顾？或许不会，不过，在孙中山革命胎死腹中、中国本身分崩离析的状况下，美国也有可能袖手旁观。因为在袁世凯死后，中国又恢复了军阀割据的局面。在中国东北，张作霖的奉军在日本支持下称霸一方。在北京和中国北方，先后有数位由直隶军撑腰的“总统”自称为袁世凯的法定继承人。在东部内陆地区，一些小军阀尔虞我诈，为了地盘和剥削自人民的税金你争我夺。1919年5月，列强对交战中的中国派系实施禁运，不过直到20世纪20年代末，他们还是有办法买到现代武器，甚至战机。因此，当休斯在华盛顿会议上建议对中国施以援手，法国总理白里安（Briand）就以高卢人惯有的不屑语气问道：“中国是什么？”《外交事务》也同样信誓旦旦地说：“全世界都知道，就政治状态而言，中国只比无政府状态略胜一筹。”

就“中国是什么？”这个问题而言，最复杂的答案却是来自孙中山本身。他草拟了《建国大纲》，并建立了中国国民党——一个融美式民主、列宁主义、明治维新式现代化于一身的混合体。这或许就是20世纪20年代最大的讽刺，因为在这个随第一次世界大战诞生的革命年代中，不论美国、日本或苏联都在宣扬反帝国主义理论，虽然他们在对华权益与影响力方面都是主要的竞争对手——而这种权力与影响力正是中国打着同样的意识旗帜，誓言驱逐的对象。其中又以列宁派的马克思主义最能吸引中国知识分子。原因在于它将马克思革命的场所，由工业社会的无产阶级转到受西方帝国主义蹂躏的牺牲者身上。另外也因为列宁显示了一位全心奉献、严于律己的党员，可以如何掌握大权、动员群众，进而在幅员辽阔的未开发国家中克敌制胜，打赢内战。难怪中国共产党会于1921年7月在上海成立，甚至连孙中山本人也向苏联寻求援助。1923年1月，阿道夫·约费（Adolf Joffe）——一位列宁共产国际的干部——与孙中山达成了一项协议。1924年，米哈伊尔·鲍罗丁（Mikhail Borodin）与40位苏联顾问忙着将国民党组织化。中国国民党党员，包括深受期许的蒋介石，都轮流前往莫斯科观摩苏维埃制度。

这项同盟看来无懈可击，国民党与共产主义者对中央集权、现代化和驱逐帝国主义都有志一同。更重要的是，约费承认共产主义仍不适用于中国，鼓吹国民革命运动才是正确的对华政策。不过苏联的政策要比“无产阶级国际主义”来得复杂。才刚建立的苏联社会主义共和国联邦不但是国际共产主义的领导者，同时也是帝俄的继承人。地缘政治胜过意识形态。1923年，苏联要求继承“帝俄在华的（所有）法定与合理权益”。卡拉汉（Karakhan）在1919年宣称苏联放弃有关南满铁道、伐木、采矿等一切权利的理想主义宣言，结果也不过如此。苏联在1920年誓言要与亚洲的“8亿人民”共同奋斗，携手抵抗资本主义，结果也不过如此。俄国人很快就发现，眼前的事实依旧未变：中国东方铁路依然是通往符拉迪沃斯托克的最佳捷径、中国东北依然遍地矿藏、数万名俄国人也依然以中国东北为家。事实同时显示，他们不吝放弃私利的结果，并“不”等于将俄国权益转让给“中国”，而是便宜了与日本同流合污的北京和中国东北的军阀。因此苏联决定去而复返。

在美、日占领西伯利亚时期，南满铁路扮演了类似财产管理人的角色。旧时代的中俄银行（Russo-Chinese Bank）是它名义上的所有人。不过到了1922年，法国股东已经无力阻止苏联与北京政权决定这条铁路的命运。顾维钧的公开策略是要求莫斯科“再度澄清将铁路相关权益无偿归还中国的立场”，但是卡拉汉却矢口否认曾经作过上述允诺。美、英、法外交人员都对北京提出警告，要它当心共产党苏联的背信行为，中国报纸也详尽报道“苏联的侵略政策与沙皇时代如出一辙”，而苏共宣传机构则将门户开放政策斥为全球资本主义掩人耳目的烟雾。当事人各说各话。然而，由于缺乏经营铁路的最起码的专业能力，北京政权终于在1924年低头认输。在中国主权与共同管理的假象之下，苏联总经理享有帝俄时代的所有经济权利，以及对这条铁路的“压倒性影响力”。卡拉汉还大言不惭地说“苏联取回对中国东方铁路的权益，等于打开了与中国政经合作的广阔前景。由于据有敌人试图剥夺的这个最重要地位，目前苏联已在远东站稳脚步”。深感挫折的休斯无计可施，只好开给铁路的新管理单位一张4,177,820.06美元的账单，要求支付1918年到1922年期间同盟国维持铁路营运的所有开支。而这一切只不过又给了苏联宣传机构另一个借题发挥的大好机会。

去而复返的俄国人开始主张他们在北太平洋的权益，同时加入竞争，以取得对中国的影响力。不过，对位于中国南方、反北京政权的国民党运动，苏联又是持何立场？苏维埃社会主义共和国联邦怎么能与一个中国政府签订条约、同时却又支持另一方的颠覆计划？要厘清这一点，我们必须沉思片刻，好好想一想苏共外交政策的奥秘所在。马克思并未在他汗牛充栋的经典之作中，为未来的马克思国度留下任何指导方针，因为他预期一场世界革命将会一举扫除所有国界障碍。列宁倒是为马克思世界政治观点提供了意识基础，但却未能预见“一国社会主义”现象的存在，也就是说他没想到革命大业会在某个大国（俄国——马克思最不寄予希望的国家）一举成功，而且未能扩及其他地区。这意味着布尔什维克在领导全球千余年革命大计之余，还必须以列强之一的国家身份执行外交政策。列宁为达成第一项任务而建立的机构，就是共产国际（Comintern），莫斯科就通过这个组织来指挥国外的共产活动。至于负责第二项任务的机构，就是苏联外交事务人民委员会，克里姆林宫就是通过这个机构，要求各国政府提供苏联战后重建、“建设社会主义”所需的承认、贷款和技术。于是，在1924年列宁过世之时，一如在欧洲，苏联在中国也是采取一种双轨策略：一面与北京政权维持正常外交关系以重建俄国帝国主义时代的影响力，另一方面则与最有可能统一中国的反帝国主义运动——也就是中国国民党——密切合作。孙中山在1925年3月逝世后，事态更趋复杂，党内的左右两派为了大权相争不下。

这等于是孤注一掷，成败全看是否抓对时机：共产党何时才能取得优势，何时才能摊牌？一如先前试图“突进东方”的所有政客，当时在政治局分庭抗礼的托洛茨基与斯大林也同样昧于中国现况，但不论如何，他们还是将中国政策炒成一场论证大战。1926年3月，托洛茨基攻击斯大林路线，大声疾呼苏联需要长期“休养生息”，才能恢复旧观，才能工业化。由于急于避免与日本再度交战，他不但坚持中国情势尚未成熟，俄国人应该自我克制，甚至还建议允许日本移民定居西伯利亚！至于中国东北，托洛茨基在1927年年初写道：苏联应该支持张作霖，并承认与日本划分势力范围的战前帝俄协定。这是明智的建言，不过却让托洛茨基在克里姆林宫的拜占庭式政局中露出破绽。不费吹灰之力，斯大林就让自己显得较具革命热情，即使有朝一日中国共产党起事失败，他还可以归咎于托洛茨基，说他坐观成败。

到了1926年，苏联早期的四面政策开始动摇。先是蒋介石在广州清算了国民党的左翼领袖，然后展开预期已久的北伐运动，进军北京。共产国际特派员鲍罗丁建议国民党左派移师武汉（汉口），在发动群众、一举夺下国民党政权的时机到来之前先避开蒋介石。就如斯大林在莫斯科所夸下的海口：国民党必须被“利用到底，要像柠檬一样榨干之后，再弃于一旁”。不过，就在当月——1927年4月——蒋介石却先发制人。当时他的国民党部队正逼近上海，这个中国沿海商业首府同时也是左派人士的活跃场所。然而，控制了上海之后，蒋介石的军队和特务人员却对共产党的基层组织、工会和其他国民党左派阵营大肆扫荡，集体射杀或逮捕他们的成员。武汉共产党及共产国际顾问震惊之余，对下一步该如何走开始产生内讧。最后鲍罗丁的提议获得胜利：他们应该与冯玉祥之类的内地军阀结盟，展开自己的北伐战争，而且要赶在蒋介石之前攻抵北京。不过冯玉祥却临阵倒戈，他背叛了共产党，转与蒋介石结盟。情急之下，斯大林只能隔着1.3万公里遥控想象中的大军，他命令中国共产党组成两万大军，同时发动工人与农民共同举事。结果在武汉的国民党左派和共产党领导人却交相指责对方，鲍罗丁只好打道回府。

1927年8月1日，仍受党掌控的残余共产基层组织发动了为时已晚的斯大林革命。到了1928年中期，他们只剩下少数几处根据地和一些孤立无援的散兵游勇，其中一支就由毛泽东所领导。在这段期间，北京已被冯玉祥和蒋介石的军队攻下，后者宣布国民党是1911年以降第一个统一中国，而且真正致力于驱逐帝国主义的合法政府。

换言之，俄国人弄巧成拙，不过斯大林却安然度过了这次中国难关。他稳固了自身的权力，将托洛茨基流放在外，并下令展开以大规模工业化、集体化为目标的第一个五年计划。这项计划的附带目标之一，就是接手维特伯爵的西伯利亚开发计划，以及沙皇尼古拉二世未完成的西伯利亚军事化目标。除此之外，苏联仍控有中国东方铁路和中国东北北部，以及蒙古人民共和国。

因此蒋介石的成功，只是意味着在中国内部各大势力的关系再度产生变化之前，俄国人必须将他们的战略由革命转向强权政治。就其意图和目标而言，苏联根本就是帝俄的再生。

现在再想象一下，位于中国东北南部的日本关东军的茶室和营区又是如何看待这些戏剧性事件的。日本帝国不仅受到俄国由北方卷土重来的威胁，强大、好战的中国也在逐渐挺进，眼看就要从南方对日本的势力范围发动夹击，意图终止列强的一切特权。日本落居守势，必须采取大胆行动，否则就有可能一下子失去亚洲大陆的所有据点。而远在东京的民主内阁看来却过于懦弱，或根本就缺乏自保的意志。

巴黎和会以来，中国人的反日情绪就不断高涨，即使华盛顿会议将山东归还中国，中国人也并未因此而自欺欺人：山东半岛仍是日本投资的天下。1925年，中国劳工对上海一家日资棉花工厂发动罢工，抗议薪资过于低微。在随后爆发的示威活动中，日本警卫和英国警察至少杀死了10多位手无寸铁的中国人，结果不但激起全国性的抗议活动，同时也造就了更多位中国烈士。就在这种气氛下，特别关税会议（Special Tariff Conference）于1925年到1926年在北京召开，试图修改旧有的不平等条约。这对门户开放政策和华盛顿公约体系都是关键性的一大考验，而中国与列强却未能通过这一关。处于内战状态下的中国各派系未能达成政策共识，事实上，西方代表有好几次不得不高声吼叫，免得声音被在下面街上吵闹的国民党和共产党给盖了过去。甚至列强本身也未能取得一致意见。美国与英国同意应该将签订关税税率与收取税金的权利归还中国，但却在细节上讨价还价，争论不休；而日本甚至连赋予中国平等权益都不情不愿。于是会议只好宣告无限期休会。

综观整个20世纪20年代，日本都沿袭外相币原喜重郎（Shidehara Kijuro）设计的中日双边关系促进政策。他以中听的“好邻居”说辞大力吹捧中日“共存共荣”的可能性，同时配合削减军费，一时颇受日本商界欢迎。不过，由于中国原料及市场是如此重要，再加上中国东方铁路的收入，没有人会将放弃日本经济权益列入考虑。结果就是在华列强谁也不肯投桃报李。当然，只要中国继续混乱下去，日本人就可以大打太极拳，对把他们的非正式帝国解体的要求熟视无睹。然而，随着蒋介石北伐运动的展开，日本人的这种苟安状态也逐渐消失无踪。当蒋介石的军队沿着通往济南的铁路北上，威胁要占领山东之时，币原派出2000名日本步兵以“保护当地日本侨民”。再来是导致日本内阁下台的1927年金融危机。新任首相田中义一（Tanaka Giichi）将军为了拟订“强硬”对华政策（相对于币原的“软弱”），特别召开了一个广为宣传的关东会议。然而所有阁员达成的唯一共识，也只是以现实为基础承认蒋介石的政府，同时在山东与中国东北布阵以待罢了。国民党军队逼近北京时，田中警告蒋介石不要开启战端，并且下令中国东北的军阀张作霖返回奉天，不许妄动。言外之意相当明显：只要蒋介石不插手中国东北，日本就不会涉足关内。就如美国国务院远东司的斯坦利·霍恩贝克（Stanley Hornbeck）所说："日本显然打算在中国划上一条分界线，线的这边是中国东北，那边是中国关内。"

1928年，美国与英国依照计划承认国民党为中国唯一政府，同时答应让中国关税自治；日本面临了被孤立的危机。蒋介石是否会继续北上，驱逐张作霖，进而挑战日本的中国东北领地？东京又有何预防之道？这些都是好勇斗狠的关东军军官一问再问的问题。这些军官大都出身乡下，受的又是德国陆军那套训练，他们瞧不起东京的腐化、都会气息和自由派政客。更重要的是，他们亲眼目睹了中国民族主义的力量，亲身对抗过蓄意破坏、劳工罢工和大规模示威。他们深切地意识到，为了逃避洪水、贫困和内战，进入中国东北的中国移民正在持续暴涨；1927年有100万人抵达，1928年又增加了200万。日本移民也蜂拥而至，1927年有12万，1930年又有10万人抵达，另外还有为数80万左右的朝鲜人。不过这些比起2500万中国人又算什么？心急如焚的日本商人和铁路官员于是发起了一项"全满会议"，以迫使东京出面保卫日本权益。1928年，"满洲青年联盟"（Manchurian Youth League）发表一项声明，宣称"我们神圣的领土正处于危机边缘。这个国家面临着生死存亡的关头。政府却提不出任何对策……吾辈是否应坐以待毙"？

最后，带有地下结社色彩的关东军终于祭出一道"年轻军官"密谋。领头的是河本大作（Komoto Daisaku）上校，他在全程参与关东会议后得出了一个结论：除非能将张作霖的军队解除武装，并由日本取而代之来监管中国东北，否则日本在这里的任务终将功亏一篑。于是他的爆破专家就在一座桥上安好炸药，趁张作霖搭车返回奉天之际，分秒不差地将他乘坐的火车车厢炸毁。同谋人员预期东京会以权力真空为借口，趁机全力侵入中国东北。相反，日本报纸却禁登这条刺杀新闻，裕仁天皇、内阁与军部全都扼腕不已。"这些笨蛋！他们就像小孩一样，"田中说道，"他们全没想到父母的立场。"田中内阁因为无法控制军方而宣告下台，河本也因为"铁路守卫过失"而辞职，而中国东北的情势却每况愈下。过世军阀之子——"少帅"张学良——谋杀了关东军的傀儡人选夺得大权；他承认了国民党政权，并开始挑战日本的铁路权。中日紧张局势不断升级。

在另一方面，中苏之间的紧张局势也趋于沸腾。1926年中国东北军突袭苏联公使馆，莫斯科抗议不绝——借用一位英国外交官的挖苦说法——“所用措辞就跟我们的一样‘帝国主义’”。到了1929年，张学良公开拒绝让俄国人在东北北部出没，理由是他们散播“公然反对中国政治与社会制度的宣传”。他接着接管了中国东方铁路的电话与电报系统，并将经理逮捕，同时开始驱逐苏联官员。苏联大使卡拉汉抗议中国不法分子“公然违反”1924年签订的条约，斯大林也下令增兵阿穆尔河。但是中国人却拒绝低头。1929年10月，苏联飞机、装甲车、炮艇与步兵再度沿着17世纪卡巴洛夫的哥萨克骑兵与19世纪穆拉维约夫的西伯利亚军队走过的同一地带挥师出击。苏方的机枪扫射尤其令中国东北的士兵丧胆，他们临阵脱逃之余还抢掠了一座小镇，“主要为了取得便装以换下军服，其中有许多人还穿上妇女的服装”。张学良主动求和，《伯力协定》生效，中国东方铁路复归苏联掌管。不用说，这场中苏边界战争是一个有力的示范，它让日本陆军学到对付中国式傲慢的上上之策。

在这种情况下，华盛顿公约体系已来日无多。签订这项公约之时，中国根本还不成气候，苏联的影响力也若有似无。现在蒋介石的中国和斯大林的苏联却双双威胁到日本的东北亚据点，门户开放也名存实亡。如果日本要避开孤立、包围和经济扼杀的命运，它的议会政府就必须让大家知道它有能力让列强尊重日本权益，同时也能改善本土经济状况。或许20世纪30年代会让它时来运转。

第64章　奉天，1931

下一次环球飞行用的并不是飞机，而是巨大且装满氢气，体形呈雪茄状的齐柏林硬式飞艇（Graf Zeppelin）。长度超过230米，氢气容量超过11万立方米，这艘飞船是专为运送旅客及货物横越大西洋所设计。在雨果·埃克纳（Hugo Eckener）船长眼中，这艘最大型的德国飞船不但装潢奢华，而且优美动人："它如银鱼般静静漂浮在大气的海洋中，像在水族馆看到的奇妙异国鱼类似的吸引住大众的眼光。就像仙子一样，它似乎要融入银蓝色的天空；当从远方冉冉浮现，沐浴在阳光之中，看来就像来自另一个世界。"短小精悍又勇于冒险的埃克纳不但身兼设计师、制造者和驾驶员，同时也是这项活动的推动者。至于负担费用的赞助者，除了威廉·伦道夫·赫斯特当然不作他想。这项环球冒险于1929年8月7日由纽约展开，齐柏林飞艇绕行自由女神像一周，出发横越大西洋。一周后，40位船员和18位旅客在弗里德里希斯哈芬（Friedrichshafen）[①]再度升空到巡航高度，全速开往东方。斯大林竟然会答应让他们进入苏联领空这件事颇不寻常，因为飞船是以低于914米的高度横越苏联最宽的地带，而且船上随时装好了相机准备拍照。

由上向下俯瞰，西伯利亚的针叶树林和沼泽地显得分外沉静，静得有点令人毛骨悚然。"想想要是我们在这里坠机？"在观赏甲板上喝着美酒的乘客想必会提出这样的问题。事实上，当时共产主义正开始让西伯利亚恢复旧观。由于下方的森林是如此一成不变，埃克纳只好像古代哥萨克人一样顺着河流前进，以免弄错方向。到了雅库茨克，船上人员投下一个花圈以纪念死在西伯利亚俘虏营中的德军。依照原来的飞行计划，齐柏林飞艇应该调头往南，沿着阿穆尔河入海；不过埃克纳却选择继续向北飞行，这或许是因为想避开夏季季风（按他自己的说法），但也可能是因为当时中苏两国正在中国东北发生

① 德国巴登–符腾堡州首府。——译者注

激战。这项行程上的改变，使得埃克纳船长不得不选择通过外兴安岭（Stanovoy Mountains）的航道，而且这条山脉竟比埃克纳的估计高出305米，埃克纳只好咬紧牙关，开始一再抛出沙袋，最后好不容易才让他的巨大飞艇以离山顶约45米的高度滑过山头。

齐柏林飞艇只花了不到4天就由欧洲飞抵太平洋岸，然后再向南飞过库页岛。俄国剧作家契诃夫（Chekhov）到过贫瘠的库页岛，并且直截了当地以“地狱”称之。不过据地质学家估计，这座岛的北部——也就是归苏联所有的那一半——却蕴藏着1亿吨原油，这些油对日本国防“绝对不可或缺”。难怪在介入西伯利亚期间，日本会占据库页岛北部。为了保住本身的权益，苏联甚至在1922年1月与辛克莱石油公司（Sinclair Oil）签下一纸合约，冀望美国人能将日本赶出此地。不过，由于休斯不希望华盛顿会议被任何争端干扰，所以他对日本逮捕3位辛克莱公司探勘人员的事件并未采取任何行动。在这种情况下，碰了一鼻子灰的俄国人没有选择的余地，只好直接与日本交涉。前任国务卿蓝辛因此严厉斥责休斯，说他“让库页岛油田落入日本之手”。结果休斯得到了他的《华盛顿条约》，苏联取回库页岛北部，而日本海军却取得了所有原油。

比起前些年来，齐柏林飞艇俯瞰下的东京已经颇为可观。为了庆祝地震后的重建，当时东京正计划要举行一项大规模庆典仪式。浅草的新电影院和音乐厅，位于银座的百货公司都吸引了许多擦着化妆品、画了眼线的时髦日本女郎；她们头戴高帽，身穿蓬裙，整个人几乎大了一号。1929年的夏天，爵士乐和鸡尾酒，以及任何让传统日本人深恶痛绝的玩意都蔚为流行。埃克纳和他的船员接着打算花72小时飞渡太平洋；不过埃克纳却罹患肠胃炎，结果这段旅程花了两倍时间，而且船上人员全都闷得发慌：因为齐柏林飞艇就像陷入棉堆似的罩满云雾，而且四面除了海水之外看不到任何景观。在人类历史上，这或许是第一次旅客对速度、距离或危险全无概念的旅行。就像现在搭乘喷气式飞机的乘客一样，他们只是在世界上某地登机，然后在经过一段令人厌倦的舒适旅行之后，又在另一个地点落地而已。赫斯特麾下的一位记者就曾形容说：“搭飞机你是在飞行，搭飞艇你却是在旅行。”

齐柏林飞艇接着沿着加州海岸航行，借以对赫斯特位于圣西蒙（San Simeon）的城堡致敬，之后飞艇就停泊在洛杉矶的美国海军造船厂。这座目前东太平洋岸最大的城市是在1920年的人口普查中，将自鸣得意的圣弗朗西斯科挤落第一宝座的。在20世纪20年代，南加州的航空、电影、制造业、房地产、教育，特别是农业都欣欣向荣，而这一切都要感谢内华达山脉山下的欧文斯河计划（Owens River Project）所带来的水和电力，以及1928年通过的顽石坝（Boulder Dam）即将带来的远景。到了1930年，洛杉矶县注册的汽车已经超过80万辆，交通阻塞和空气污染成了家常便饭。不过，就如《洛杉矶时报》在1926年所刊登的："除了汽车……还有什么是追求幸福最快、最稳健的工具？"当然洛杉矶也因此产生了逆温问题，弥漫在山谷里的浓烟总是久久不散。1929年8月26日，逆温问题也缠上了齐柏林飞艇。当时埃克纳采取了大胆的策略：他让飞船奋力向前，希望因此产生的空气动力大到足以让飞艇升空。突然，一条高压电线拦在眼前！他们的唯一机会只有设法跳过。埃克纳以威严十足的德语大声下令拉起升降装置好将船鼻拉过电线，然后再反转升降装置，拉高船尾。飞船越过电线，飘向沙漠。不过假如电线的火花接触到了飞船的氢气……

埃克纳选择南向航道以避开落基山脉，然后再转向东北方，穿越北美大平原。芝加哥万人空巷，人人都挤在湖滨，目瞪口呆地看着飞船冉冉现身：向来被视为腐败象征的市政厅摇身一变成了荣耀夺目的飞船降落场。1929年的芝加哥正处于巅峰状态：经济强盛、到处找得到酒喝，甚至连小熊队都赢了一面优胜锦旗。不过最盛大的庆祝仪式是在纽约，埃克纳再次驾驶飞船绕过自由女神像以完成他的环球之旅。何其不幸！这竟是这个戏剧性年代的最后一场盛宴。满天飘着彩带的飞艇游行结束才不过几个星期，华尔街股市就开始一泻千里。经济大萧条已然到来，不到一年，美国有史以来最高的关税（《斯姆特—霍利关税法案》[Smoot-Hawley]）、股市大崩盘、失业、金融机构与公司倒闭、巨大的通货紧缩就联手摧毁了国际贸易。

这对向来勉强生存的日本犹如晴天霹雳。日本出口骤减了50%，数千名靠卖蚕丝给外销商过活的农民在1931年沦为贫困户，1932年又因稻米歉收而饱受饥荒煎熬。美国人要不是不肯买就是买不起日货，而中国人这时正全面抵制日货。对一个缺乏原料和农地，繁荣完全依赖出口的国家来说，国际贸易崩溃是最可怕的大灾难。难怪认为整个20世纪20年代的世界秩序——裁军、门户开放、仲裁——只带给他们悲哀和耻辱的日本人会多过以往。甚至连欧洲、英国和美国都面临社会崩溃的边缘；想想看，在这种脆弱的时刻，日本人哪会急于模仿前者的规范！日本何必再忍受东京的亲西方官员那一套？说不定正义凛然的军方批评家才是大和民族的最终救星。

不过经济大萧条只是日本民主衰微的背景，而非其主因。日本沦为神秘的神道极权主义国家（某些方面颇类似法西斯主义）的可能性，早就由明治时代的王政复古主义者深植在日本政体之中。是他们以国家安全为诉求，发起军事政变推翻文人政府。是他们假天皇之名组成寡头政治；他们拟定宪法，规定海陆军只向天皇一人负责。是他们为年轻人制定了一套全国通用、一元化的极端爱国主义教育系统。是他们竭尽心力宣传有关日本起源、天性和宿命的官方神道神话。是他们以德国人为师，以征兵制建立起一支现代化军队，并在军官心中深植武士道精神。

明治时代的日本人同时也让日本感受到自由主义、都市化和宪政的影响，而且和仇外的军国主义思想比起来似乎毫不逊色。但是自由派都是都市精英，容易招来腐化、孱弱之类的指控；军国主义者就明显比较具有民粹色彩，带有乡土的纯真。因此，西方人认为群众永远站在国会政府这一边，日本群众却越来越瞧不起腐败政客和支持他们的财阀。只要这些政客能够有效管理日本经济，并且让日本赢得西方的尊重，他们的统治就还可忍受；不过，不论在日本历史或宪法上，多数统治都算不上是一种原则。明治时代的先例等于承认了军事政变的正当性——只要文人政府显然背弃了“日本”的话。

然而何谓“日本”？西方观察家或许以为“日本”就是日常和他们碰面、打交道的那些人：外交官、政府官员、教授、商人、旅馆业者，还有酒吧女。他们不会认识太多陆军中尉，农民就更甭提了。因此认为日本现代化后必然会变得类似西方国家这种预期，事实上就是一种双重自欺。首先，这个想法不该先假定19世纪西方自由派的进步和法治理论具有放诸四海皆准的共通性；其次，由于自由主义和法治在西方本土也已脱离正轨，一个处于两次世界大战期间的亚洲人如果想向西方学习、想要现代化，他比较有可能成为法西斯主义者或共产主义者，而不是民主主义者。与其疑惑大正民主政权为何失败，或许我们更该为它竟能持续那么多年感到讶异。明治体制、日本文化，再加上棘手的地缘政治和经济问题，都暗示了一种具有阶级支配意识、以全体同意为基础的军国主义政策即将取而代之。这是一种直觉政策，一种在绝望之下拼死一战的政策。

以存续国家本质为己任的犹存社（Yuzonsha）在第一次世界大战后开始宣传神道思想，北一辉（Kita Ikki）在其《日本改造法案大纲》（*An Outline for the Reconstruction of Japan*）中就曾详述其目标：日本必须在军方，也就是“国体”保卫者的援助下，展开国内及国际革命。就如英美等“富国”阴谋抑制日本，财阀和被他们收买的政客也狼狈为奸，意图压迫他们自己的国人。只有通过革命，日本才能回归团结、牺牲、责任、虔敬等原则，才足以在对抗帝国主义与马克思主义的抗争中“高举亚洲联盟的道德旗帜”。就在1923年这一年，日本式的国家社会主义诞生，这种同时反资本主义和共产主义，带有民族主义、军国主义的思想对当时的国内与国际秩序同感厌恶。近卫文麿（Konoe Fumimaro）就是这派人物之一，在他将世界分为“富国”和“贫国”两大阵营，而且后者“为了自保必然要摧毁现状”之时，同时也预告了墨索里尼的崛起。就在文人政府大肆削减军方特权和预算之时，北一辉思想却在军官阶级中迅速传播开来。要让政变显得名正言顺并不困难：理想派军人需要的只是将至清无垢的天皇和在东京追求权位的政客与商人作一强烈对比罢了。一如明治时代的王政复古将日本由幕府手中拯救出来，现在也需要“昭和维新”，以拯救日本于政党之手。此外如果军中将领过于懦弱，不敢带头起事，那就必须由校级军官自作主张。“下克上”——属下在紧急时刻采取的直接行动——是受日本历史认可的一种行为。

最后，20世纪20年代的参谋人员开始以现实因素为借口，为国内外激进行动展开筹划。一派以“有备无患”或“全面战争”为目标的集团开始在负责筹划日本战时经济的人士中集结成党。这些人并不都是狂热分子，其中有的只是通过统计获得一项明显结论：日本打不起消耗战。就像德国，他们的陆军虽然所向无敌，但在同盟国的经济封锁之下，却不得不俯首投降；日本也可能同样窒息而死，除非它能征服所需的稻米和矿产产区。剥削朝鲜、陆军在西伯利亚和库页岛的活动，以及将太平洋上的委任统治地建设为“新日本”等行动，都是受到这股思潮影响的结果。德国当初在密克罗尼西亚只派驻了20多名军官，日本海军与殖民部却派了950人之多，外加到1941年累积人数已近9.3万人的移民潮。不过帕劳（Palau）群岛的椰子干和硫黄却不足以让日本工业自给自足。因此，到了1927年，新成立的内阁资源署开始将注意力转移到中国东北。当地不但蕴藏有大量铁矿和煤矿，同时能供应丰富的大豆、谷物、花生、人参、食盐、木材、毛皮和羊毛产品。即使在经济大萧条期间，中国东方铁路每年还是拥有40%左右的盈余。不过，除非墨守成规的东京官僚有勇气挺身自卫，否则日本有可能会失去中国东北。一位资源署官员写道：“我们不仅关心满蒙问题，也在意国内改革……我们受够了。”

石原莞尔（Ishiwara Kanji）中校是将经济独立、扩张、内部整肃等理念付诸行动的人选。他是精明强干的圈外人，出身于1868年前的一个幕府派小家族。而聪明的局外人有一种倾向，他们常会以虚拟的世界观来为个人的圣战作辩护。1907年，石原由日本军事学院毕业，随后曾前往朝鲜旅游，之后又进入陆军军官学校，毕业时荣获天皇宝剑奖章（Imperial Sword），获得这种奖励的军官通常都会迅速拜将。相反，石原却未获晋升，最后成了一名学者。他在德国花了3年时间研究历史，然后返回日本在参谋学校任教。不过，除了有关腓特烈大帝与拿破仑一世的讲学之外，他还预言了大决战的即将到来。

他的灵感来自一种集日本神道、德国理想主义、佛教日莲正宗之大成的怪异混合思想。日莲正宗是一位13世纪僧侣所创的佛教支派，创始人预言三世之后，世界将陷于混沌，会有一场“人类史上史无前例的巨大世界冲突”。日本注定将赢得这场战争，和平统治全球。一位20世纪的日莲高僧就曾说：“日本是世界的真理、人类救赎的基石，同时也是世界的最终寄托。”这项教义令人联想到与基督教的启示录和圣人千福年，不过对日莲正宗而言，“种族”就是他们的教会。石原将这种精神理念投射在他自身的战史观上，他认定——毫不出人意料——“最终战争正快速逼近”，亚洲人民将在日本领导之下对抗由美国领军的白种人国家。不过，由于对“中国民族的政治能力极感怀疑”，他认为日本在对美国挑战之前必须先将亚洲组织起来。“的确，日本武力是拯救世界的正道——日本‘国体’的守护神”。然而为了要确保胜利，日本必须遵照“以战养战”的原则，掌握所需的亚洲和大洋洲资源。当最终决战到来之时，日本必须挥军攻向菲律宾、关岛和夏威夷，迅速击溃美军，否则损失将会极为惨重。因为据他预测，空中武力将带来末日般的彻底毁灭。

石原并非狂人。至少和那群抱着令人厌恶的乌托邦理念，在德国蜂拥而起的准黑格尔主义者和社会达尔文主义者，或是到处可见的共产主义者比起来，他是怪不到哪里去。不过就像列宁、希特勒和孙中山一样，石原也企图将自己的梦想化为现实。这就是为何他会请缨前往中国东北，企图完成张作霖的谋杀者未完成的使命。他缺少的只是参谋人员应有的耐性和仔细，而这点也由1929年派抵关东军总部的板垣征四郎（Itagaki Seishiro）补足。他们一起拟订了一项计划，企图利用少帅张学良不在之时引发争端，对中国东北的军阀部队发动奇袭，然后将军队呈扇形散开，一举占据整个东北。俄国人根本不敢反抗，美国人则措手不及。到时候远在东京的懦弱官僚也别无选择，只能在全球舆论攻击下对既成事实展开辩护。“我们必须刻不容缓地强迫我们的国家展开对外扩张，”石原写道，“其间我们还可以等待时机，完成国内革新。”

在石原与板垣忙着寻找可兹信赖的军官之时，远在东京的政治家正在与经济大萧条作殊死搏斗。一如往常，日本必须在其他国家为它所准备的世界中生存，而这次这个世界却病入膏肓。美国总统胡佛和英国首相拉姆齐·麦克唐纳（Ramsay MacDonald）大力鼓吹的应对之道之一，是再进一步削减军费。1930年，他们于伦敦再次召集华盛顿公约列强，要求出席代表对各类战舰定出上限。经过例常的虚张声势和你争我吵之后，日本在潜艇方面维持不变，巡洋舰和驱逐舰则取得较以往为佳的10：10：6比例。赫斯特旗下报纸和《芝加哥论坛报》（*Chicago Tribune*）齐声谴责，认为这项公约等于是拱手奉送。日本民族主义者却另有抗议之道：1930年11月，一位以爱国人士自居的刺客射杀了国会政府之首——首相滨口雄幸（Hamaguchi Yuko），地点和原敬首相最后出游遇刺之地几乎完全相同。滨口终于于1931年8月伤重不治，议会政府也随之中途夭折。

3星期后，一位陆军参谋本部军官带着发给关东军指挥官本庄繁（Honjo Shigeru）的紧急命令离开东京。这道来自战争部长的军令下令不许日本军官在中国东北采取任何"直接行动"。为何当时这位信差会将自己的任务内容透露给某些驻扎在东北的陆军上校，但却没有告诉他们的指挥官本人？为何他未直飞抚顺——当时本庄的大本营，却反而好整以暇地经由铁路，进行了一趟朝鲜之旅？为何抵达奉天之后，他连打电话给总司令部都顾不得，却反而忙着外出花天酒地？为何他在行动展开之后，才将禁止"直接行动"的命令传达到？原因当然是因为这位信差不但知道，而且赞同石原的计划；战争部长也知道信差知情而且赞同；同时石原也知道部长知道信差知情而且赞同他的计划。只有本庄将军一个人被蒙在鼓里，电话响起时他正泡在澡缸里轻松一下。打电话的是一家报社，他们想知道他对中国人的"挑衅"和因而产生的战斗有何打算。这简直是晴天霹雳。

现在我们一想起关东军，总是将它视为一支军队，而且是一支精锐部队，这是在20世纪30年代逐渐演变而来的。不过在1931年，它的官方任务是以维护中国东方铁路安全为目标，人员也只有区区的1万人。对比之下，少帅张学良的东北军却多达25万人，虽然其中11万人派驻在以南的热河省，但中国军力对日本仍占有14比1左右的压倒性优势。虽然如此，石原与板垣还是让征服东北之战显得轻而易举。9月18日晚上10时左右，他们派出的煽动人员在接近奉天的铁路上引爆了一枚炸弹。这项"破坏行动"是一个信号，预先埋伏好的攻击部队随之攻入营区，俘虏或杀害正在睡梦中、被下了药或灌醉的中国士兵。光在其中一座碉堡就虏获了7000多名战俘，日方却只损失了2名士兵。同时他们还找到了成堆的文件，上面记载了中国人计划先发制人而后再宣称"冲突起自日方的侵略行为"的阴谋。

由于少帅张学良远在北京，驻扎东北最精良的中国军队并未采取行动，而且日本又控有铁路，除了弃械投降或据地自守之外，东北军简直束手无策。在这种情势下，石原只能坐视事态扩大；情势全看本庄将军的态度而定，一开始，他拒绝让战局升级。9月20日当晚，局势到了成败关头。石原力劝本庄沿着中国东方铁路挥兵北上，进攻哈尔滨。本庄对这位满怀雄心的部下先是嗤之以鼻，然而，在听过板垣的冷静解释，认为攻击行动一来可以防止中苏合作，二来可以迫使驻朝日军渡过鸭绿江与关东军联合作战以保护双方侧翼之后，本庄的态度终于在清晨8点软化，守在外面等待的年轻军官都齐声高呼万岁！

日军占领区以一日千里的速度迅速扩大，直到终于据有整个东北。向北作战尤其必须谨慎从事，因为一不小心就可能与俄国人发生冲突；这项作战同时也最为艰巨，因为当地气温几乎要低到零下20度。不过，由于陆军大臣对苏联再三保证，只要他们对日本的军事行动采取默认态度："我们绝不会侵害'经济权利'或侵入苏联领土。"那一整个冬天，中国人的零星抵抗此起彼伏，尤其在上海战事爆发，日军抽调3个师登陆上海之后更形激烈。不过到了夏天，东北事变已大事底定。石原一战成功。他将自己属下的一小支军队投入四面受敌的疯狂战争之中，迫使上级不得不投入14万援军，免得让日本颜面扫地，甚至面临帝国崩溃的命运。难怪他在1932年要夸口说："即使日本必须对抗整个世界，它还是所向无敌。"

当然，日本并不需要对抗整个世界，因为全球各国至多也不过出声抗议而已。我们通常以西方列强的经济危机和苏联五年计划来解释日本的这一行动。不过同时也有证据指出，当时并没有哪个国家拥有足以抵抗关东军的工具。斯大林在西伯利亚补给线这头最多只布有少数几个师的兵力，美国太平洋舰队也不足以在日本海域对日本造成任何威胁。各国按兵不动的第三个理由，是因为根本没有多少人在意这次事件。就如《费城纪录报》(*PhiladelPhia Record*)所说，美国民众"根本不在意是谁控制了中国北部"。即使是中国后来的友人，例如美国国务院的斯坦利·霍恩贝克，也埋怨中国"现在除了某些军国主义者的自我利益之外，根本无所谓指导目标或原则可言……这是中国最糟的时代"。俄国人也完全持相同看法。鲍罗丁曾轻蔑地说："下一位中国将军再到莫斯科大喊'世界革命万岁'时，最好马上把秘密警察找来。他们要的只是步枪罢了。"之后美国对受苦的中国人开始感到同情，不过在这个最紧要关头却置之不理。

国务卿亨利·史汀生(Henry Stimson)希望至少"要让日本人知道我们在看着他们"。于是，1932年1月，他发出了他著名的外交通牒，大意为美国"无意承认任何"违反中国门户开放政策或由武力产生的"情势、条约或协定"。这项史汀生主义表态并未阻止关东军在接下去这个月采取巩固其统治基础的各种行动，在奉天会议中，中国东北各省省长同意(在武士刀的威胁下)组成一个称为"伪满洲国"的新国家，而且国家元首不是别人，就是清朝王位继承人，人称“末代皇帝”的溥仪。这位悲剧性的天真年轻人相信日本人会放手让他统理国政。事实上，关东军校级军官早已大肆吹嘘，说“伪满洲国”不会由满族人或财阀所控制，而是要由国家社会主义原则来统治。因此美国的倡议完全无济于事，《檀香山星报》（*Honolulu Star-Bulletin*）就讽刺说：“史汀生在鼓吹九国协定之后，或许也该试试十诫看看。”

蒋介石对国际联盟发出请愿，结果也一样无功而返。苏联和美国甚至连国际联盟都未曾加入，共产党的宣传将国际联盟贬为帝国主义俱乐部，美国总统胡佛则认为发动经济制裁就像“在老虎身上插针”，根本无关痛痒。他说：“我们永远无法以战争将世界驱向正义之路。”国际联盟确实有着手调查（诉讼程序和案情研究是正义与行动的替代良方），不过它派出的利顿调查团却提交了一份模棱两可的调查报告：中国做出许多有挑起奉天事件之嫌的行为，不过日本过度使用武力，确实应该考虑撤军。结果日本代表团却反而于1933年3月退出日内瓦大会，并且公开宣布日本打算退出国际联盟。

与20世纪30年代初期的日本政治指导原则相较之下，美国的道德主义和国际联盟的形式主义都无关紧要。因为就在1932年，关东军一手建立“伪满洲国”的那几个月，一个名为“血盟”（League of Blood）的团体刺杀了身兼三井财团首脑的日本财政部长，同时另外一批官校学生又将日本首相谋杀在自宅中。这个“五一五”事件（发生于5月15日）随即为真正的文人政府画下了休止符，因为陆军现在拒绝由任何国会政党组成的内阁提出陆军大臣人选。国会并未解散，选举也未曾中断，他们只是停止对日本政府的人事和政策表示任何意见。

苏联又作何感想？当然斯大林必须对日本占据中国东北有所反应，他凭借的是苏联在东北北部的权益。不过日本陆军大臣荒木贞夫（Araki Sadao）发出警告：“如果苏联不停止激怒我国，我只好像扫除室内蚊蝇一般，彻底将西伯利亚清扫一番。”因此这时斯大林的反应，就像稍晚对希特勒一样，只是想息事宁人，同时还不忘以和史汀生主义一样不关痛痒的马克思术语攻击日本、美国和国际联盟的政策。整个事件过程中，苏联始终强调两点：第一，他们打算对日本一口吞掉中国东北的行为袖手旁观；第二，只要日本人敢饥不择食，探头到苏联或蒙古境内，他们一定打得日本人头破血流。俄国人甚至让中国东方铁路运送日军，不过斯大林同时也对苏联远东军区投入大量增援，并且对美国和平示好。

美苏协商是否可能？斯大林的发言人卡尔·拉狄克（Karl Radek）在1932年对《外交事务》的读者表示这点毋庸置疑，因为“假使日本据有中国东北，美国的外交政策将遭受一大挫败”。立陶宛俄籍总理也对美国代理公使发出同样的暗示：“远东目前所能发生的最佳事件，就是美苏两国携手对日本施加压力，必要时甚至可以将这个国家分裂成两半，就像被胡桃钳压碎一样。”当新任美国总统罗斯福自行发出密函，询问苏联对建立外交关系会有何反应之时，对方不但欣然答应，同时还同意“放弃对因美国在西伯利亚军事活动而衍生的所有求偿权利，不论其性质为何”。

不幸的是，美苏双方在1933年11月建立外交关系之后，很快双方就了解彼此都不信赖对方，双方的孤立主义倾向都更加恶化，而非改善，而且双方都希望对方会挺身而出，对抗日本。于是斯大林再度倾向绥靖主义；同时，为了消除摩擦根源，他还提议要卖掉中国东方铁路。当然，铁路早已是关东军囊中之物，因此日本人（代表“伪满洲国”）也就毫不脸红地对俄国人大肆杀价，最后以区区1.7亿日元成交，这等于是免费奉送。

维特的心血结晶就此在1935年3月宣告报销，而且几乎是白白便宜了日本！不过这是无法避免的战略性撤退。斯大林能做的只有派遣更多个师军队、更多潜艇、轰炸机进驻亚洲，承诺要保卫蒙古，加速西伯利亚铁路的双轨化工程……同时希望日本能看上比西伯利亚更具诱惑的攻击目标。

第65章 南京，1937

1933年12月，远洋邮轮“伯伦加莉亚”号（*Berengaria*）在纽约港靠岸。各报记者将船上的豪华沙龙挤得水泄不通，人人都期望能从新任日本驻美大使口中套出几句即兴妙语。除了偶尔说上几句东方成语之外，年事已高的前任大使向来不善言辞；不过据说这位新大使与众不同。他开口第一句话就证实了这一点：“我能不能跟哪位借根香烟？”一位记者问他对自己的任务有何看法，“我来此的主要目的，就是要和善良的美国人共饮威士忌酒。”斋藤博说着就吩咐吧台为全屋子的人备酒。

他成长于明治时代的一个乡下小镇，父亲是地位不高的学校教师。不过由于父亲主修英文，因此后来他找到在外务省担任翻译的工作。当时的外相小村相当喜爱斋藤博，这个孩子的未来职业也就此敲定。由贵族化的皮尔斯学院（Peers College）和东京帝国大学毕业之后，斋藤投入外交行列。他曾出任驻华盛顿与伦敦的外交随员，参加过巴黎和会，而且是华盛顿会议代表团的一员。1923年到1929年间，他在纽约总领事任上度过了他一生最快乐的岁月。爱好交际的斋藤在他位于公园大道的寓所招待来自美国银行界、政界和新闻界的精英畅饮鸡尾酒；他常在世纪俱乐部闲逛用餐，是洋基球场的常客，陪同罗斯福伉俪到海德公园饮茶，对高尔夫也下了不少工夫。他简直就是日本西化的活样本，再说，只要《华盛顿条约》和大正民主政权屹立不倒，这点又有什么好怀疑的？

然而，等到斋藤心愿得偿，终于能担任日本驻华盛顿大使的时候，旧日时光却面目全非。经济直坠谷底，美国祭出超高关税壁垒，关东军一口吞掉了中国东北。面对这种局势，这位热诚得略显过分，长得大耳大鼻的小个子——一位能低唱科尔·波特（Cole Porter）歌曲、引用过达蒙·鲁尼恩（Damon Runyon）的名句、曾在燃烧树（Burning Tree）球场再三研究如何推杆、而且每天要抽上3包幸运牌（Lucky Strike）香烟的外交官——不得不成为日本军国主义者的马前卒。并不是他本人有意这么做。日本外交部门向来倾向西方；此外，我们也很难想象斋藤会相信他的天皇是神的化身，或是日本命中注定要统治全球。“思无邪”（Thought Without Guile）是他为人的座右铭。然而他却必须为故作神秘的军国主义者的行为辩护，而且这些人还深深唾弃斋藤本人乐在其中的西方享乐主义。

他在职务上表现非凡。还有哪位大使会横越美国，到伊利诺伊州斯普林菲尔德（Springfield）这类地方的妇女午餐会去发表演说？还有哪位大使会上CBS电台的节目去为自己的国家辩护？哪位大使会出书挑战驻在国的政策？斋藤就会。他相信“美国最值得景仰的特性之一，就是随时都准备、甚至渴望倾听对方的说法”。他在这本著作中题语“献给我的女儿纱己子（Sakiko）与雅子（Masako）……她们必然将与日美友谊息息相关”。不过友谊必须以坦诚为基础。斋藤看不起美国人“把日本人都当成动不动就乱砍乱杀的北欧狂战士的轻蔑态度”。他们以为日本人会怎么想？“另一个最常被问到的问题是我们是不是企图控制中国。对我们日本人来说，这就好像在问‘你们会不会发狂？’一样”。没错，日本是占有了中国东北，不过这是受“中国仇外思想煽动”的结果。中国并不了解“随着人类文明的进步，仇外情绪很快就会失去力量，实现人类全体共同利益将会取而代之”。日本人带给东北秩序与进步，就像美国带给拉丁美洲的一样。至于贸易，日本的动机极为单纯：“我们希望贵国女士能随心所欲购买我们的丝绸。”

斋藤写道，美国人必须知道，日本人是“为了改善这个世界尽心竭力的民族”。他们虽非完人，不过“你们美国人也不是毫无缺点”。要紧的是“你们必须对我们想要挑起战争的流言充耳不闻”。因为毕竟所有的人类——包括“使男人成为男人”的妇女在内——都是走在同一条充满风雨的人生道路上。英国作家吉卜林写过一段文字，大意是“东方是东方，西方是西方，两者永难相逢”；斋藤反对这种说法，他恳求美国人抱着与詹姆斯·拉塞尔·洛威尔（James Russell Lowell）相同的心情：“因为人类拥有相同的精神，同一个本能/沿着地球的电磁轨道，支撑着是与非的闪电。”

斋藤能让参加午餐会的女士们先是感动得落泪，之后在喝着白兰地谈论演讲内容时又会破涕为笑。可惜20世纪30年代中期发生的一连串事件，却让他说过的一切变成谎言，同时也似乎证明吉卜林所言不差，洛威尔才是错的。

斋藤的对手——美国驻日大使——也跟他一样怀着善意。约瑟夫·格鲁（Joseph C. Grew）是位具有贵族气质的老派外交官，学识渊博、做事一板一眼。1934年棒球名将巴比·鲁斯率领一队大联盟球员到日本访问，格鲁就对这位棒球金童粗俗、自我吹嘘的魅力又忌又羡：“他做大使远比我胜任得多，我永远也达不到那种效果。”不过格鲁和他的妻子（佩里司令的孙女）深爱日本文化，因此在敌意日渐增加的这段期间，他所承受的痛苦其实与斋藤不相上下。就格鲁看来，这种紧张状态源自一项事实，那就是“绝大多数的日本人自欺的能力大得令人震惊；他们真的相信自己的所作所为都是对的……跟自知犯错的心理比起来，不论前者有多厚颜无耻，这种心理都要更难以应付”。原因就在于日本人的“心理过程和推论方式与我们有极大差异，和他们相处越久，就越容易了解这一点，这是东方与西方最严重的隔阂之一。西方人相信，日本人在改用西式服装、语言和风俗之后，他们的思考方式就一定也会像西方人一样，这真是大错特错”。

到了1934年年底，格鲁只找出两条解决之道：美国要不就退出远东，要不就坚持门户开放政策，并且在太平洋地区建立势力。格鲁认为后者才是上策，不过反对的声浪也不是没有，而且谁都不知道罗斯福心里是怎么想的。史汀生主义只是使情况更加恶化，因为一边大肆指责犯罪行为，一边却不愿意摆出起码的国际警察架势，结果只会让美国显得愚不可及。然而弃中国于不顾，在道义、政治和战略上却又是令人不快之举。赛珍珠（Pearl Buck）的《大地》（*The Good Earth*，1931）、美国传教士的文章，以及蒋介石高明的宣传手腕和他卫斯理学院出身的妻子带起了一阵中国热，而斋藤就在这阵热潮中奋力挣扎。不过格鲁的第二项建议也并不怎么讨好。大众和国会对花在武器上的每一美元都要斤斤计较，克利夫兰时代以来最严重的孤立主义症状正横扫全国。1935年，杰拉尔德·奈伊（Gerald P. Nye）参议员出任著名的“死亡商人”听证会主席，国会通过第一条中立法案，以防止总统或其他私人做出可能使美国陷入战争的任何行为。在这种情况下，美国对亚洲能作何打算？

一位退休的中国通，默不作声、颇有学者气派的约翰·冯·安特卫普·麦克默里（John Van Antwerp MacMurray）认为他自己知道答案。在远东司司长斯坦利·霍恩贝克的命令下，麦克默里汇集他对日本人行事缘由的一切想法，在1935年11月1日写成一长篇外交备忘录。他先大略叙述了亚洲现状，将华盛顿公约体系的挫败归罪于中国的民族主义、歇斯底里和不够团结。他提醒读者日本在中国东北利益的合法性，以及中国土匪、军阀对日本人和日本财物的残暴攻击。他并没有为日本占据中国东北开脱罪名，不过他相信这是中国“自取其辱”。再下来还能怎么样？中国要想独力驱逐日本势力的“可能性根本遥不可及”，而且也无关紧要。未来最可能的状况是日本会在中国北部逐渐扩张势力，建立更多类似“伪满洲国”的傀儡政权。美国可以挺身对抗日本；表示默许；或是继续反对日本的政策，但又不采取可能导致兵戎相见的措施。麦克默里赞成第3种做法，因为即使美国战胜日本，那也“并非远东或全球之福。这只会造成新的紧张局势；身为帝俄的继承者和逐鹿东方的竞争者（而且至少在狂妄和危险性方面与日本不相上下），苏联将会取日本而代之。除了苏联之外，我们在这样一场战争中获胜并不会使任何人受益”。

这篇精彩的备忘录也只是归档了事。霍恩贝克认为它过于悲观，而且不管怎么说，里面的建议与美国当时的做法也差异不大，根本没什么特别之处。不过关于麦克默里为了北太平洋三角的结构因素而鼓吹在东亚保持中立方面，当局却为了下列可能的偶发因素而选择不采取主动：让我们先拭目以待，看看日本会不会尊重门户开放政策，或者再看看中国会不会自立自强，或者等美国海军强大到足以让日本三思而后行。即使罗斯福已经认为亚洲重要到让他应该采取行动，孤立主义者也严阵以待，随时准备加以阻止。因此，在斋藤恳求美国人不要遗弃日本，蒋介石恳求美国人不要遗弃中国，斯大林辩称（他的立论最为坚强）日本帝国主义必须加以遏止的这段期间，美国根本毫无政策可言。麦克默里备忘录在1937年再次浮上台面。格鲁特别断言它是“大师之作”，还希望“由总统以下的每个人”都能把它读一遍。不过到那个时候，日军已行径大坏，麦克默里的建言不免显得空洞了些。国务卿科德尔·赫尔（Cordell Hull）忧虑的是，日本已经让自己变得像另一个德国，另一个生气勃勃、因为人口过剩而要求“生存空间”的国家，它追求经济自主，高喊条约不公、敌人心怀忌恨；同时也宣称自己四面受敌，因为先天地理位置的限制，不是统有天下，就是要亡国灭族。

麦克默里提出报告后3个星期，太平洋是全球最大缓冲区这个想法就不复存在了。游行乐队、童子军、电台人员、巨大的旗帜、烟火和10万名群众齐声欢迎艾德·缪齐克（Ed Musick）上校架着名为“中国快艇”（Chinese Clipper）的银色四引擎水上飞机由尚未完工的海湾大桥桥下飞过，再飞越施工中的金门大桥，直奔亚洲。

这项活动是由泛美航空公司的胡安·特里普（Juan Trippe）一手操控的。在击垮或买下早期对手之后（一部分是拜他操纵联邦法令所赐），特里普就梦想着要做横越太平洋航空服务。他于1931年聘请林白夫妇替他勘查由美国到日本的大圆航路。他们的报告是气候不允许采用这条航道，不过仅仅他们在阿留申群岛和千岛群岛的出现，就足以让一位日本海军上将对国人发出警示：“他们有可能是在勘查以他们的战备由四面围攻日本的可能性。苏联正向远东集结功能完备的轰炸机群，以充实战备……他们可以从空中三面夹攻日本。”

特里普并不是军方的幌子，不过他确实大力游说政府将威克岛和中途岛置于海军管辖之下，这样海军就可以投桃报李，让他取得当地和瓦胡岛、关岛,甚至菲律宾的降落权。由1935年开始,特里普不断违反《四国条约》禁令：在中太平洋岛屿上兴建机场。他的工程师克服了与卸下补给，在沙丘、珊瑚礁和环礁上铺水泥相关的种种疯狂问题。他麾下的无线电天才雨果·洛特瑞兹（Hugo Leuteritz）也解决了导航问题；他将一具巨型爱德考克（Adcock）指向性天线功率加大，再改装成短波讯号收发天线。因此缪齐克才能只花短短60个小时,就平安飞过由阿拉米达（Alameda）到马尼拉之间的约1.4万公里海面。邮政总长詹姆斯·法利（James Farley）喋喋不休地说："我预期我国与东方各国的友好关系和贸易，会在横越太平洋邮政刺激之下更加茁壮。"事与愿违，越洋飞行只是让日本进一步怀疑美国正在准备对不设防的日本城市发动空袭，而美国也怀疑日本正在暗中强化塞班诸岛的防御工事。1937年，阿梅莉亚·埃尔哈特（Amelia Earhart）的洛克希德制"易莱特拉"号（*Electra*）在豪兰岛（Howland Island）附近失踪（而且就在日本委任统治地以南），许多美国人都怀疑是有人搞鬼。

尔虞我诈确实成了日本政坛的主要原则。军方虽然在颠覆文人政府上大获全胜，但本身也由内部分裂为两派，而且彼此猜忌日深。皇道派吸引了深受北一辉之流鼓舞的狂热年轻军官。他们对日本向外扩张，尤其是进入蒙古和西伯利亚的宿命深信不疑；不过他们认为必须与净化改造——也就是昭和维新——相结合，日本才能摆脱民主人士、资本主义者和马克思主义者的控制。它的对手统制派（ToSei-ha）满足于现有体制，只要体制能符合"整体战"规划人员的国防所需，他们就别无所求。统制派梦想着要将日本塑造成一个军事领导经济的国家,然后再派关东军挥师南下,一举夺下中国与东南亚的资源。

1935年8月，两派冲突加剧。内阁最重要的两项军职——陆军大臣和检察长——都由统制派出任。于是一位皇道派的年轻军官就昂然走进陆军大臣办公室，当场一剑将他刺杀。场面失控的审判随之展开，两派交相指责对方阴谋叛国。当陆军部为了防患未然增强东京戍卫，性急的皇道派分子顿时觉悟——现在再不下手恐怕就机会不再了。

格鲁大使曾以无线电传回下列讯息："致华盛顿国务卿急电37，2月26日，中午，1936。目前确信前首相斋藤（实）、前掌玺大臣牧野、掌礼大臣铃木上将及军事教育总督渡边将军遇刺。同时据报财政部长高桥与首都警卫局长官两人也都受伤。军方在政府行政区和皇居周围建立封锁……根据目前报道，冈田首相、内相后藤与前陆军大臣林董也遭刺杀，而且财政部长高桥已伤重不治。以上传言使馆皆无法求证……就使馆确知部分而言，这次暴乱是一场由军方年轻的法西斯分子设计的军事政变，企图一举扫除长久担任天皇顾问的老派政治家，以达成所谓的‘昭和维新’。”

2月26日日出之前，东京正飘着雪花。1500名皇道派狂热分子（其中最高的官阶只到上校）偷偷溜出营区，分头猎杀所有与“真”日本为敌的人士，统制派官员、商人、元老派遗党及内阁阁员都在刺杀之列。另外还有一些人也遭到无妄之灾，如遭到误杀的冈田首相内弟，以及那些扑在丈夫身上，用自己的身体去阻挡刀剑子弹的妇女。暴动者接着要求所有的军人都加入他们的圣战，以恢复皇道，就像他们的前人在1868年的作为一般。

但是裕仁天皇对于皇道并未持有相同的态度。据本庄将军记载：“天皇陛下极为震怒，他说这次事件必须尽快镇压下来，并且设法转祸为福。”一天之内，参谋总部就迅速派出忠贞部队将被叛军攻占的东京市区团团围住；接下来4天双方人马就这样在寒风中对峙，你看着我我看着你互相叫骂。在无罪开释的保证下，叛军中的士兵慢慢一个个越过路障器械投降。然后叛变的军官——除了有一个切腹自杀之外——也都跟着投降了。统制派不但大获全胜，而且还懂得怎么斩草除根。军方将13位政变领袖处以死刑，皇道派理论大师北一辉也在劫难逃。统制派接着大肆整肃同情皇道派人士，并迅速让内阁和国会通过他们自己的计划。军费一下子由国家预算的9%直升到38%，以提供技术现代化（尤其是在战机和装甲部队方面）和一项新海军计划所需的经费。政府也极力减轻日本农民的困境，因为他们正是“军事法西斯”的社会支持所在，同时并以法规、中央计划，以及最后推出的五年计划来管束财阀。这时日本的所有人民和财物都沦为政府的掌中物，因为1937年的新国体大纲宣称，个人“基本上并非独立于国家之外的单独个体，而是组成国家的一分子”。因此日本人必须廓清西方影响，俯首接受神道国教真理的再教育，在“天皇统治下，同心一体”。

这就是后世著名的“二·二六”事变的讽刺所在：军官发动的狂热叛变虽然被彻底粉碎，结果却引来更多、而非更少的军事管制。原因在于这并不是一场立宪政府和军事独裁的斗争，而是军事独裁本身两大阵营之间的斗争，只是其中的“整体战”派作风较为稳健罢了。至于哪一方对这场政变比较能处之泰然？想来该非斯大林莫属，因为统制派主张南进政策。除了希特勒之外，各国都对日本于1936年加入纳粹的反共产国际协定大感吃惊，不过这基本上还算是一种防卫策略。日德协定想必能威慑斯大林进攻“伪满洲国”，这样日本才能放心出击。那谁又是这场政变的最大输家？是蒋介石。

中日或许难免一战。因为关东军一拿下中国东北，就同时面临下面的需要与诱惑：它必须入侵边境省份，才能和中国土匪、军阀、国民党和共产党保持距离。然而关东军每向南一步，中国的民族情绪就更炽烈一分；同时每一次冲突事件都必然会让习惯采取“直接行动”的关东军军官怒火上升。即使如此，除非中国能团结起来，说声“够了”，然后出手反击，否则全面战争还是不会就此爆发。而且在1936年，连究竟谁才有权代表中国发言都还是个问题。在1934年到1935年间，毛泽东率领10万军队和同志，历经著名的两万五千里长征到达坐落于长城脚下，远在北京西南方约800公里外的延安地区。1932年之后，关东军不但进占热河省，还对北京所在的河北省进行渗透，并且开始对内蒙古施加压力。中国中南部则在蒋介石南京政权控制之下。就在这三大敌对势力之间，北京当地的军阀也重新抬头，其中以原本据有中国东北的少帅张学良最为活跃。

蒋介石痛恨日本人，但他无力打赢日本，只能选择专心对付国内的共产威胁。不过中国一旦卷入战争，共产党确实有可能渔翁得利——如果蒋介石的军队放过他们，中国也因而更趋向社会革命的话。不仅如此，斯大林也警觉到法西斯主义的危险性，并且下令共产国际致力于宣传反法西斯人民阵线。于是中国共产党和北方军阀就在1936年组成抗日联盟。这时蒋介石仍视少帅张学良为反共盟友，他搭机前往后者的大本营西安，结果却赫然发现等待自己的是遭到逮捕的命运。接着周恩来与蒋介石达成协议，周答应停止宣传活动，蒋介石则答应停止反共产主义进攻行动，而且双方都誓言要发动对日作战。蒋介石于是搭机飞返南京，张学良则沦为阶下囚。

轰动一时的西安事变让日本产生警觉。假如中国能团结起来，再与苏联结盟，那日本甚至连中国东北都会守得相当吃力。鼓吹南进政策的人士于是极力主张要先发制人；而北进派人士——如关东军总参谋东条英机——也同意“如果军力许可，我们应该首先攻击南京政权，以除去背后的威胁”。唯一反对与中国开战的日本高级官员不是别人，正是石原莞尔。他在1936年辩称：“西方最怕的是日本的中国‘亲善’政策，最希望看到的是通过日本政策激起中国的被压迫感，以造成两者之间的种族冲突。”

就在1937年7月7日深夜，有人对部署在北京近郊卢沟桥附近的日本巡逻人员开枪。这是个相当敏感的地点：日军如果要进攻河北，就必须掌握跨越永定河的桥梁。因此当地指挥官要求中国军队向后撤退，结果战火转炙，部队越集越多，几天不到，双方就不宣而战。这个事件是否像1931年一样是由日本阴谋者所发动？还是就如日本宣传所说，是中国国民党的杰作？由于一直没有积极证据出现，很可能永远也无法加以证实。不过战斗一旦展开，不论南京或东京政府都无意尽力设法阻止。当然蒋介石是受限于他的西安誓言：要是现在对日本人低头，必然会让他以中国民族主义领袖自居的说法沦为笑柄。而远在东京的日本总参谋长则预期将在数周内取得胜利，因此他选择让关东军任意行动；而当时居于弱势的近卫首相也表示同意，日本天皇也没有理由再介入。或许连裕仁天皇对军方都有所忌惮，他判断对外用兵正好可以避免让激进分子在国内猖狂。

只有石原挺身反对，他警告对华战争将变成“类似拿破仑在西班牙面临的灾难——会让人慢慢陷入最深的泥沼”。然而他却未能说服近卫去寻求停火。“告诉首相，在我国2000年的历史中，再也没有谁会比他这种面对危机还犹豫不决的人，更可能让日本毁于一旦”。不过石原也应该了解，文人首相根本无力约束军方的行动；这点他6年前在奉天的成就也有责任。这年9月，石原被解除职务。

经过例常的建立共识过程之后，日本司令官断定迅速获胜之道（这意味着要蒋介石将中国北部转让给日本傀儡政权）就是先攻下上海到南京之间的长江流域地区。于是日军发动了一场闪电战，向全世界证实水陆两栖登陆艇——以及对都市的恐怖轰炸——能获得多大战果。“那真是恐怖的景象，”一位上海的美籍住民写道，“仔细想来真是极端可怕、令人疯狂的情景——数以吨计的炸弹从天而降，炸得粉碎的人体或者泥土、石块和灰泥像瀑布一样狂泄而下。不论昼夜，死亡都由绕着城市低声飞过的日本飞机上落下来。”无助的百姓涌入外国租界寻求庇护，希望能借此逃离摇摇欲坠的建筑和无情肆虐的大火，破坏之惨与东京大地震不相上下。数万名男女、儿童在痛苦中死去，隔墙观望的外国人除了尽力而为之余，也只能眼睁睁看着他们死去。

日军将领在攻下上海之后还停顿了一个月，蒋介石才有机会将军队及时撤出。不过，当日军指挥官得到前进的命令后，他们的军队在12天内就推进到历史悠久的南京要塞，兵临巨大的石头城下，随即展开日军自抚顺之战以来最惨烈的一场战役。日军死伤高达5万人，至于有多少中国残兵和百姓死于炮火和空中轰炸，根本就没有人知道。然而，最大的惨剧却随着战役结束而来。

“12月17日，星期五。抢夺、谋杀、强奸持续不断，”一位外籍住民写道，“粗略估计，昨夜和今天白天加起来至少有1000位妇女遭受强暴，一位可怜的妇人被强暴了37次。另一位妇女有个五个月大的婴儿死于窒息，因为强奸她的畜生要让婴儿停止哭号。抗拒换来刺刀相向。医院很快就挤满遭受日军暴行的受害者。”

“现在是圣诞夜，”一位负责志愿救济工作的美国人这样记载，“在这短短的两星期内，我们在南京经历了一场围城之战。中国军队战败撤退，日本军队进入城内。当天南京还是我们引以为傲的美丽城市，有法律、有秩序；今天它却形同废墟，成了一个饱经蹂躏、劫掠一空的城市，大部分都已付之一炬。彻底的无政府状态已长达10天——这真是人间地狱。”

恐怖景象在沾满血污的日军入城后逐渐展开。一开始军官和士兵都各司其职，他们搜索中国军人、固守补给、维持表面秩序。不过不到几天光景，日本军官对抓来枪决的中国人身份就不再那么在意了，对纪律也漫不经心。身处敌方帝国的心脏地带，他们手下的士兵也慢慢开始失去戒心；他们开怀痛饮，结伙抢掠奸淫。然而，谁能解释为何要用刺刀刺杀女人和小孩，而且是刺了17刀而不是1刀；或是一口气在城墙边处决200多名中国人，而且虽然大都以机关枪扫射，其中却有多人显然是被兴高采烈、光着上身、挥舞着武士刀的军官当场斩首？这是为了破坏中国人士气的有计划恐怖行径？是只受过几个星期训练就投入惨烈战场的农民兵的恐惧和无知？是多年种族教条的灌输和以效忠天皇为最高道德指标的国教造成的结果化身在某一个排的士官身上？或者是武装在外的日本人，试图挣脱在国内将他们的情绪绑得死死的文化桎梏？是否过去赋予武士权力，让他们得以任意决定农民生死的法则，现在却赋予所有日本人凌暴下属、所有外国人和妇女的权力？即使是身在南京的白种人也为自己的生命感到担忧，英国商人、美国传教士和纳粹间谍都聚在一起互相保护。或许南京大屠杀以及之后发生的所有日军暴行，都是一种拥挤、互相依赖与无常的生存方式所导致的挫折感突然爆发的结果。或许日本人是对拥有大陆、得以伸展肢体的人民羡慕得发狂。

美国人分裂成两派。大多数群众和国会仍坚持孤立主义，不过中国受苦受难的新闻影片和照片也让他们惊恐不已。罗斯福在1937年10月5日著名的芝加哥演说中，谴责“国际脱序”，呼吁对为祸国家加以制裁，并且极力主张采取“积极手段以维护和平”。同时他也拒绝诉诸中立法案，这点让他保有援助中国的选择权。国会对他大加抨击，不过总统却不为所动。在为行政部门夺回外交主导权的战争中，他就这样打赢了第一回合。

在南京之役期间，日军飞行员故意对长江水面上的外国船只展开攻击。美籍“班乃”号（*Panay*）和3艘标准石油公司的船只沉入江底，造成2人死亡、30人受伤。斋藤博以最谦卑的态度请求美国原谅——“非常抱歉，敬请原谅。”报纸的漫画这么说；日本还付了200万美元赔偿金。然而，即使斋藤的敦厚面容也不能掩盖中国人被烈火焚身、刺刀残杀的景象。毕竟斋藤曾经谴责美国人不该认为日本意图支配中国；“那简直等于是在问‘你们会不会发狂？’”，如今日本确实如疯似狂。斋藤也曾责怪美国有“把日本人都当成动不动就乱砍乱杀的北欧狂战士”的倾向，如今日本人确实在到处乱砍乱杀。这意味着这位大使的可信度，以及整个无力的日本自由派体制的可信度都已不复存在。在美国眼中，斋藤不仅是一位“备受冷落的大使”（借用《纽约客》[*New Yorker*]杂志的说法）；而且他要不是笨蛋就是个大说谎家、受利用的傀儡、骗子……一个日本鬼子。

第66章　诺门罕，1939

格奥尔吉·康斯坦丁诺维奇·朱可夫（Georgy Konstantinovich Zhukov）是一位让斯大林半信半疑的陆军将领。他的布尔什维克资历始于1918年，不过，吸引他加入红军的并不是奥妙的意识理论，而是他们誓言要追求技术现代化的决心。朱可夫在内战期间功勋彪炳，接下来的20年中，他则成为苏联新闪电战的首席理论专家和实践家；而所谓"新闪电战"，则是以坦克、战机和卡车为基础。然而，自1937年之后，斯大林麾下的将领和战场指挥官都开始遭到他的整肃。因此当朱可夫在1939年6月1日接到一通将他由明斯克（Minsk）召往莫斯科的电话后，他唯一的感觉就是不寒而栗。他被派往西伯利亚，至于原因，根据人民委员的说法，是因为"日本已展开大规模军事行动，而且这还只是开始而已"。

什么的开始——是一场边界小冲突，还是第二次日俄大战？因为"伪满洲国"与苏联那约7564公里不是未经测量就是仍有争议的边界，就像一个巨大的凸角一样，向北直接插进西伯利亚内部。当然，眼前关东军在数量上是还比苏联的远东兵力略逊一筹，不过日军拥有多道内部防线，外加整个铁路网，可以轻而易举地调动部队。他们说不定会突然集中兵力，朝着东北方直攻到太平洋沿岸，截断苏联沿海省份与本土的联系。因此西伯利亚—"伪满洲国"边界就成了全球最长、最崎岖、最寒冷、最暧昧不明，同时也最紧张的一道国界。1937年年初，日俄双方的轰炸机及炮艇为了黑龙江诸岛展开决战。1938年7月，为了争夺一处俯瞰张鼓峰（离符拉迪沃斯托克只有约102公里）的战略高地，日俄两国又展开一场师级大对战。不过，由于日本的用意只是想"试探苏联对中国事件究竟有多认真"，而且裕仁天皇对于关东军动不动就挑起战端也震怒不已，他下令"除非是朕的旨意，任何人都不得轻举妄动"。然而，到了1939年春天，最近的一场边界冲突不但有逐渐升级的趋势，而且苏联的整个战略位置也受到质疑。回想一下1904年，当时俄国是如何占据整个中国东北又侵入朝鲜，逼得日本不得不起而应战。到了1939年，却换成是日本据有中国东北，而且威胁要入侵蒙古，迫使俄国不得不出手反击。因此对朱可夫的任命就是为了要狠狠教训日本一顿、保住蒙古这个苏联卫星国，确保苏联东方防线在与希特勒开战时得以平安无事……另外也为1905年的耻辱讨回一点公道。

朱可夫所横越的西伯利亚是一片被第二个五年计划大肆开发，同时也弄得伤痕累累的大地。在西伯利亚的大草原和针叶林带上，全新的城市像雨后春笋般冒了出来，苏联沿太平洋岸的人口也暴增了一倍以上。伯力拥有15万人口，符拉迪沃斯托克25万。多亏强制储蓄和沙皇时代无法想象的大量劳工，西伯利亚铁路的双轨工程终于竣工。苏联40%左右的投资都是以乌拉尔山以东为目标；到了1937年，苏联约有40%的煤、铁、铜和电力是产自西伯利亚。电报和电话、铁路、航空将西伯利亚和莫斯科连成一气，而“苏联在亚洲的连锁广播站以国界两边共通的语言播音，将使边界各族无法将苏联境内族人的繁荣壮大置之脑后”。所谓的繁荣或许是残酷的神话，不过壮大却是一点不假。全新的基层组织不但使斯大林得以在亚洲部署更多兵力，同时（加上秘密警察之助）也给了莫斯科工具，让它能确保那些西伯利亚总督的政治思想不会产生偏差。

斯大林并非杞人忧天。日本不但势力强大、野心勃勃，他们还轻易相信他的整肃运动已削弱了红军的战斗力，另外蒙古又桀骜难驯。日本情报单位怀疑约有三分之二的蒙古人希望能摆脱共产主义。一位蒙古将领曾说：“我们这套计划将在日俄开战时付诸实行。”感谢理查德·佐尔格（Richard Sorge）在东京布下的共产间谍网，斯大林早已洞悉在打下中国之前，日方将会克制对苏联的敌对行为。不过，在“剃刀”东条英机统领之下，那些“直接行动”的激进关东军分子现在又作何打算？他们也看得懂地图，能够理解假如蒙古能摆脱苏联统治，反过来与日本结盟，那西伯利亚铁路就会根本无法防守。所以蒙古就是“远东之钥”。外蒙首都乌兰巴托的统治者因此至少整肃了1万名群众，其中包括2000名佛教僧侣，同时邀请一个军团的苏联陆军进驻本国，协助他们防守中国东北边境。1939年5月，战火就是由此开始蔓延。

除了俯瞰哈拉哈河（Halha River）的险峻岸壁之外，当地举目都是荒凉多沙的大草原。若不是为了地缘政治的利害关系，除了几队游牧民族和挥着大耳朵打着苍蝇的野生亚洲野驴之外，根本不会有人来打扰这片世外净土。然而，到了1939年，这些“微不足道的小沙堆，将会成为血战之地，成为世界头条新闻”。双方争夺的目标是一片位于哈拉哈河与诺门罕之间长约90公里，深约24公里的狭长土地。问题的争端，是由蒙古骑兵涉过河道，大张旗鼓地立下界碑开始。中国东北的国军警察赶走了这些骑士，不过他们却去而复返，而且这次还带着俄国人一起出现。于是日本人派出特遣队，将他们再度赶过哈拉哈河岸；这时苏联战斗机也随之出现在中国东北上空。经过秘密协商之后，关东军将领选择了典型的激烈措施——以大规模空中攻击夺回中国东北空域，接着再以步兵出击，对敌军出没的地区进行扫荡。他们派出的4个联队在48小时后回营，"全身染满同袍鲜血"。坚毅不挠的苏军于是再次渡河，并在崖壁上挖掘战壕，准备一战；受挫而归的日军则报之以连续炮轰、夜间坦克攻击，以及步兵攻击，结果在河岸附近留下遍地尸首和惨遭破坏的各种军械。不过日军的一次大战战术还不足以夺下苏军的桥头堡。到了7月底，日军第23军团放弃进攻，转而就地静待增援。

那时朱可夫已将近完成战备。在短短的6个星期内，他就夺下了中国东北战区，并且投入为数达两个半军团的步兵、伞兵和骑兵，以及以4比1压倒日军的大量坦克。他以卡车接驳西伯利亚铁路末端，经由漠地运送了1.8万名士兵和他们所有的弹药、燃油、粮食，甚至柴薪；飞机跑道也在蒙古高原上纷纷出现。而且朱可夫还是在毫不惊动敌人的情况下完成这一切的。这都要归功于日军的自以为是，以及苏军的空中优势和欺敌战术。苏军播出错误的无线电讯息；仿制坦克前进的声音，好让日军对真的坦克掉以轻心；飞行中队不断在攻击路线上来来去去，使得日军误以为这只是例常任务；同时还在进攻路线上挖满战壕和陷阱。朱可夫计划以他的骑兵、装甲和空中武力分别包围日军两翼及其后方，然后再在诺门罕合力发动总攻击：由苏联步兵以正面攻击诱使日军反击，再将他们引入陷阱。就某方面而言，这等于是请君入瓮。

数百架轰炸机与护航的战斗机在晴朗无云的8月20日清晨展开攻击，目标是日军的机枪阵地和补给站。苏军炮兵部队接着"极尽技术之可能"发动炮击；这时空中掩护机群也再度出现，苏联坦克随之挥军前进。南北夹击的钳形攻势对由日军担任侧翼的"伪满洲国"部队成效惊人；日军下令所有可用的飞机全部投入战局，结果却愕然发现苏联的飞机和飞行员都优于己方。苏联坦克的吨位和装甲也胜过日本，自信满满的关东军步兵无计可施，只能对着敌军坦克丢掷汽油弹。日军受命撤出包围圈，然而，作殊死战突围反击的第23军团却一头冲入布满苏军机枪的3.2公里死亡草原。一位中尉干冒大不韪，驰回总部去确认这项命令。他回到阵地告诉部属他们只许成功："因为我们是日本军人。"于是他的军团纵身投入正值盛夏的黄色草原，在互相激励下勇往直前，直战到最后一兵一卒为止。激战一周之后，朱可夫命令步兵解决落入

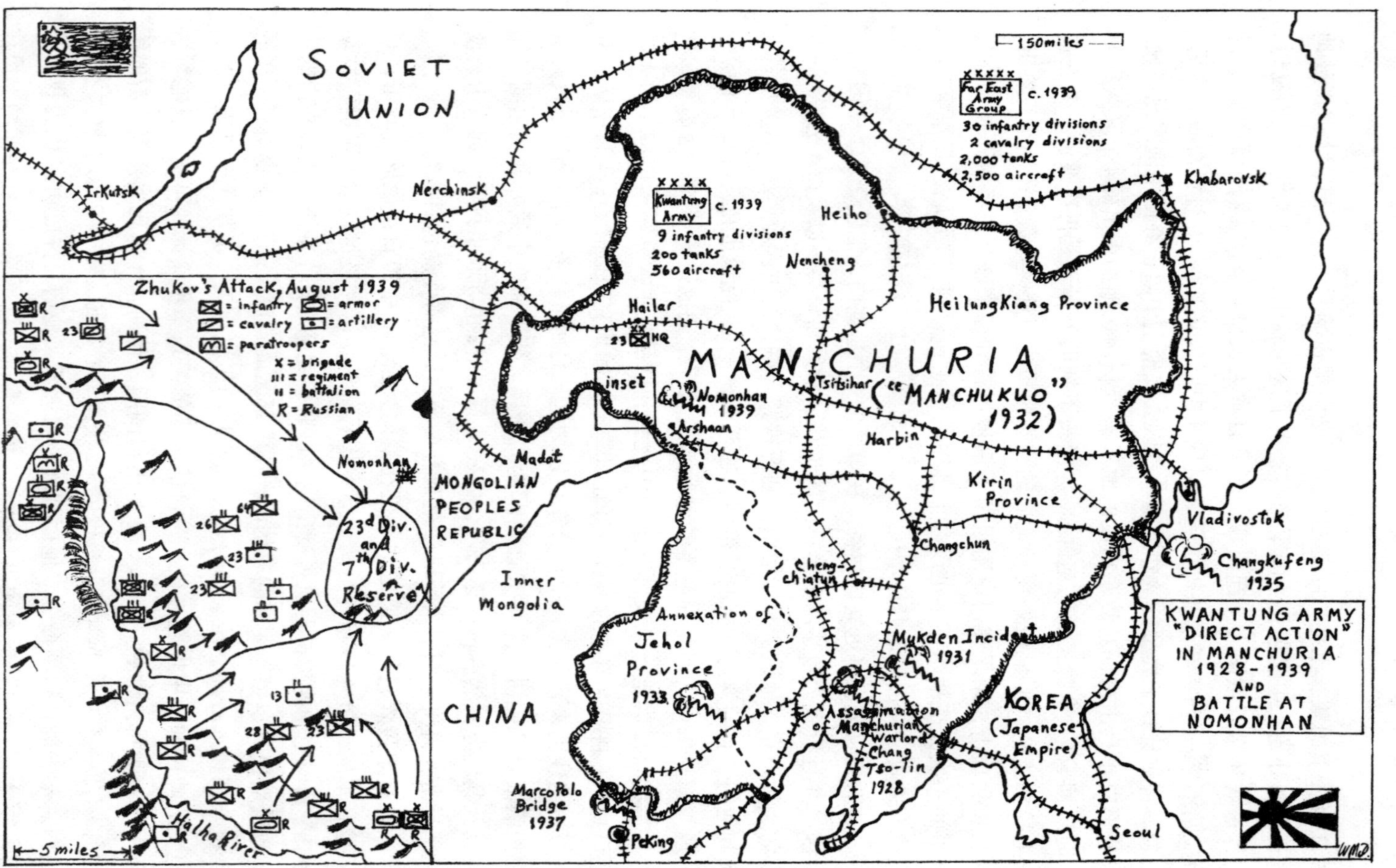

1928—1929年关东军在中国东北的“直接行动”与诺门罕战役。

口袋的日军。被围日军有的自杀，剩下的则冲向敌军的机枪阵地，以求解脱。两位上校点火烧毁团旗，然后面对太阳旗，高喊“天皇陛下万岁”后饮弹自杀。日本皇家陆军与海军戒令教导他们：“责任重于泰山，死亡轻于鸿毛。”

第23军团在诺门罕战役的覆灭，是现代日军所遭受的第一场严重挫败。不过，自从1905年以来，日军又遭逢过哪些对手？1910年的朝鲜非正规军，1914年几艘失群的德军舰艇，1918年到1922年的西伯利亚土匪，1931年的东北军阀，以及1937年落伍、分裂的中国军队。诺门罕之战是日本与现代武器和三军混合作战的第一次接触。因此东京政府将这场战役斥为“关东军事件”，并且训令驻莫斯科大使东乡茂德（Togo Shigenori）倾力安排停火事宜。由于战事已达成斯大林想要的效果，于是他在9月16日答应停火。朱可夫漂亮的铁腕攻击大大降低了日军对红军再度挑衅的可能性，进而确保苏联不用像希特勒在欧洲一样，面临两面作战的困局。

另一方面，对日本而言，诺门罕只不过是那年夏天的三大灾难之一；而且这三项灾难都提高了与太平洋三角的第三位成员——也就是美国——开战的潜在危险。同年7月26日，就在苏军发动攻击之前，美国国务院宣布保留在6个月内对日本发对经济制裁的权利，这让东京政府大吃一惊。美国人借此表示对日本入侵中国的愤怒。接着，在8月23日，纳粹德国——日本的反共产国际同盟——与苏联签下一纸互不侵犯协定。东京斥之为“不可原谅的背叛”；不过，事实摆在眼前，日本已陷入可怕的孤立状态；在欧洲产生“无法解说的新局势”之下，日本首相只有黯然下台。

对日本领导阶层而言，世界确实变得难以理解。现在他们的政策和战略变得日渐混乱、被动，而且漫无目标。如果1853年到1931年间的日本人是被迫生存在由他人主控的世界中，那从中国东北开始，他们就开始插手世界，对别人发号施令了。在对自由贸易与民主感到幻灭之余，日本人接着转而相信包裹着谎言糖衣的国家社会主义；最后，当某些更犬儒主义的强权国家——如希特勒的德国和斯大林的苏联——也接二连三地背叛或违背社会主义理念，日本也只好尝到另一种幻灭的滋味。1939年的世界浑然脱序，各国都沦为地缘政治的奴隶，其中又以日本境遇最差。日本帝国原本应该要释出资源，以强化日本本土。相反，占领中国东北与驯服中国这两项活动，却反而吸干了日本有限的工业资源。为了应付整体战，日本早已全面动员；它的国民过的是靠口粮配给度日的劳动生活，只能在宗教和军事宣传的诱导与检查制度和恐怖统治的胁迫下勉强存活下去。而现在日本又失去了唯一可靠的盟友。

这一切都因对华战争而起。然而日本却不能就此撤军，除了颜面受损之外，中国东北与朝鲜也会就此起而反抗。不过另一项抉择——全力投入对华战争——却会带来国力耗尽、与世界为敌的危险。看来日本只有扩张或死亡这两条路，而扩张行动又与自杀无异。

由于蒋介石并未在南京陷落后低头求和，反而撤退到汉口，于是日本人将汉口视为1938年的攻击目标。不过国民党的一项攻击行动（中日战争的第一场主要战役），却造成3万日军的死伤。接着中国人又做出一项令人难以置信的举动：他们炸开黄河堤岸，以广达数千平方公里的洪灾来阻止日军前进；但同时也牺牲了百万条中国人命，他们都死于因洪水而起的水患、饥荒和瘟疫。即使如此，日军依然顽强挺进；那年秋天，汉口终于陷落。然而，蒋介石依然顽抗不屈。他和数以百万的中国人逃往内陆，以遥远的重庆为第三首都。日本人故意对他不加理睬，一方面则开始考虑以合作主义者汪精卫为首，建立另一个傀儡政权。1938年11月，近卫文麿宣布日本“建立永保东亚稳定的新秩序”之决心永不动摇。

美国人又采取了哪些行动？罗斯福虽然呼吁要对暴力国家发动制裁，但却未曾采取任何手段去阻碍日本。美国国务卿赫尔坚称，任何人都无权强制任何国家遵守“新秩序”，不过他这项抗议并未附上经济制裁。国会虽然投票通过扩张海军军力，但总统增强关岛、威克岛及中途岛防御的要求却未获同意。1939年1月，罗斯福在对国会发表年度演说中一再坚持，爱好和平的国家至少不应做出“鼓励、资助或强化侵略者”的行为，他同时还暗示除了“战争之外，还有许多比空口白话更有力、更具效果的手段，可以直接让侵略国政府感受到我国国民的全面性愤怒”。不过他并未说明是哪些手段。中国人和他们的同情者对这些矛盾言行大肆宣传，声势往往与呼吁国人静观其变的美国孤立主义者不相上下。

几乎没有半个美国人对日本表示同情，这意味着斋藤博一生的事业完全失败。在“班乃”号事件之后，这位精力过人的日本大使就停止在公共场合出现，并于1938年10月宣告辞职。1939年2月，斋藤博去世，原因出在他那副工作了52年的肺脏，终于因为每年要吸2.2万根不加滤嘴的幸运牌香烟而不支倒地。他在国务院的友人都真挚痛悼斋藤之死，并且有意以美国海军军舰运送他的骨灰。这项举动对日本人可能“略有影响”，因为，一如霍恩贝克指出，日本人“特别容易被表现人性友善和全国性敬意的举动所感动”。于是，斋藤虽已化成骨灰，却仍不失大使之职。1939年3月18日，美国“阿斯托里亚”号（*Astoria*）军舰由安纳波利斯起锚，载着斋藤的骨灰和妻女缓缓驶入切萨皮克湾（Chesapeake Bay）。

不过，这项举动究竟有何意义？日本官员和报纸编辑臆测纷纷，他们竟认为这项出于同情的军事任务是美国对日本在华政策的反对立场渐趋软化的信号！虽然这根本不是华盛顿当局的本意，但格鲁大使报告了日本“一股对美友好的浪潮横扫全国”，日本公民团体还筹备了种种活动以示感激。一位著名诗人将为军舰的到来写作一首颂词，国家剧院也将上演一出由斋藤的生平改编的戏剧，艺术家纷纷以水彩绘制樱花，并且以“阿斯托里亚”号为主题制作木版画。日本还为舰上官兵举办了运动大会，日本儿童也为他们准备了亲手制作的礼物；外务省还计划举办大型宴会和纪念仪式。换言之，日本人的举动就像遭受虐待或遗弃的儿童一般，只要有人表现出一点点温情，他们就感动得泫然涕下。然而，由于日军仍在中国肆虐，霍恩贝克和格鲁同意，过度“大张旗鼓”只会带来错误的印象。因此当“阿斯托里亚”号还在海上航行，而且在巴拿马和夏威夷都接受日本领事盛宴款待之时，外交礼仪专家也正忙着讨价还价，以确定在纪念斋藤的前提下美方可以做哪些举动、或是有哪些绝对不可以做。

“阿斯托里亚”号于1939年4月17日抵达日本，葬礼在低调处理下顺利举行。船上士兵将骨灰送到码头上的一座小型庙宇中，在日本乐队演奏的肖邦葬礼进行曲的乐声中，观礼人士一一上前鞠躬，以示敬悼；然后一列专用火车再将装入灵柩的骨灰运至斋藤位于东京的家中。到了那里，格鲁注意到有人在骨灰瓮前供了三根点燃的香烟和一瓶老伯威威士忌（Old Parr）——以慰斋藤在天之灵。第二天，斋藤的骨灰终于运抵神社安葬。一位故友为他写了一幅挽联：“春日临，万物复苏，惟不见君。”

你——美日友谊的精神——已不复存在。没错，日本天皇屈尊对美国舰长赏以“笑颜”；另外，在军舰离开日本前的最后一场餐宴上，日本海军大臣也对格鲁再三保证日本的法西斯分子已经受到“镇压”。不论对民主或极权国家，日本都一视同仁，一概伸出友谊之手，不过日本“与两者都会保持距离，因为它本身的理念与两者都不相同”。话虽如此，猜疑与威慑却从未真正沉寂下来。在“阿斯托里亚”号的舰上宴会中，美国人就挑选身材最高的水兵担任礼兵，让体型矮小的日本代表从他们之中鱼贯走过。出港之时，一位摄影师想拍摄横须贺军港，两艘日本拖船就连忙在那一刻插了进来，喷得满天都是油腻腻的浓烟。“阿斯托里亚”号受命开往中国，然后再直接穿过日本领海，横越太平洋。

各家杂志对这次慈善任务所作的密集封面报道，并未改变美国人的心意：70%的美国人赞成切断对日军需输出。可见即使主张孤立主义，美国人对日本似乎仍有差别待遇。他们反对干涉欧洲局势，赞成英国对希特勒采取绥靖主义，但却一开始就准备要对日本进行制裁。罗斯福本身偏向以增加美国军舰与战机的数量、强化太平洋各岛防御，以及在夏威夷设置海军基地来威慑日本。不过赫尔、霍恩贝克、亨利·摩根索（Henry Morgenthau）和哈罗德·艾克斯（Harold Ickes）都认为经济制裁或许就足以将日本逼出中国。于是，1939年7月，正当诺门罕战役进入高潮之时，美国国务院宣布意图废除1911年的对日贸易协定，而当时日本有80%的原油、75%的废铁，以及60%的机床都是由美国进口。

这时日本又该如何？在蒙古浴血死战之余，他们还未能由苏德互不侵犯协定及欧战爆发的震惊中镇定下来，现在却又面临了对美关系破裂的危机。日本人不得不重新思考自己的战略。由亲西方的野村吉三郎（Nomura Kichisaburo）出任外相的日本新内阁希望能在为期6个月过渡期结束之前，尽力与美国达成和解。不过“整体战”派人士却拟出更具野心的帝国蓝图，希望能就此摆脱经济依赖。1939年10月，内阁计划委员会提出报告，认为印度支那、菲律宾、东印度群岛和泰国或许能够满足日本50%—70%的锡、橡胶、铝土、铬、锰、钨、锡、铜、石油和稻米需求。海军对南进政策大表赞同，因为这基本上全靠海军支撑大局；至于陆军，在诺门罕溃败之后，根本没有立场反对。

因此，除了辩称对日贸易要比对华贸易有利可图之外，野村并不能对美国提出任何实际条件。另一方面，赫尔却直言要求终止条约。他臆测只要总统一关紧石油龙头，日本人就不敢越出美国划下的雷池一步。总之，双方都假定合理的经济分析就足以牵制对方的政策；事实上日本人从来未曾考虑要为了挽救对美贸易而退出中国，美国也不曾考虑要弃中国于不顾以挽救他们的对日贸易。1940年1月，明治时代的日本费尽心血才得来的“平等”贸易条约，就此终告夭折。

接着全球再度震动不已。1940年五六月间，德国以闪电战攻下荷兰与法国，并将英国人逐出欧洲大陆。民主国家似乎已在劫难逃，他们在亚洲的殖民地也已孤立无援。再也没有人比松冈洋右（Matsuoka Yosuke）更乐于看到这种情势，他是个始终以全球观点来讨论政治的怪人。松冈出身长州武士家族，却在西雅图由一位美国妇女抚养长大；身为受洗的天主教徒，却到神道神社烧香参拜；四海为家，却由于幼年在美国备受白人歧视而变得愤世嫉俗。他是功成名就的中国东方铁路管理层，但对直觉与变换史学奇想的兴趣却高过实际分析。以外交家而论，他不但口若悬河，而且不知轻重；从格鲁到斯大林都不得不在他滔滔不绝的传教声中开口求饶。各色人等，包括希特勒、罗斯福和西园寺公望都视他为狂人。

是松冈率领日本代表团冲出国际联盟，是松冈最先预测关东军将要入侵华北。“大多数日本人，”他在1935年曾说，“仍不甚了解这些未来行动的重大意义……箭已离弦，这些行动的进行将会决定大和民族的命运。”1940年5月，他甚至大胆以白纸黑字宣称，除非美国尊重日本的亚洲势力范围，否则美日太平洋霸权之战“就历史来看将无法避免”。因此当近卫文麿在1940年7月重新登上首相之位，并任命松冈为外相、东条英机为陆军大臣时，日本对华政策显然已无回转的余地。新内阁在《基本国策纲要》中宣称，全球正走到区域结盟体制演变的“一个重要转折点上”。苏德称霸欧亚大陆，英国据有海外帝国，美国则控有西半球。现在日本也必须割据松冈所谓的“大东亚共荣圈”。

然而对华战争还是停滞不前，这不但让将近100万的日本部队和大多数日本空军陷入泥沼，而且花费之高也到了日本再也无力承担的地步。日本为1940年所作的计划是先将战场孤立，让蒋介石的军队失去所有外援，再通过汪精卫的卖国政权来安抚中国占领区。日本成功地胁迫战败的法国和面临危机的英国，迫使他们停止由河内铁路与滇缅公路运送物资进入中国。然后，就在1940年7月，美国终于首度与日本撕破脸，发出第一发经济炮弹：规定所有输出到日本的石油和废铁，都必须领有许可牌照，同时全面禁售飞机燃油给日本。同年8月，蒋介石拒绝了近卫提出的最后和谈要求。9月，日军攻占越南北部，美国实施废铁禁运，松冈代表日本加入轴心国。

“在天照大神‘太阳女神’的伟大训示下，我们伟大的道德义务将向四方伸展，世界将归于一统。这项训示我们将夙夜谨守。”以上是德、意、日三国1940年9月27日于东京签订的三国同盟诏书的第一段。这项协定是天皇“大喜之因”，因为借着这项条约，世界各国将“寻找各自的本位”，所有日本臣民也将护卫“天皇御座，与天地共存”。天皇不顾传统，下令神道僧侣在皇宫设置一套特别的祈祷仪式及神庙，以“祈求众神保佑三国同盟”。这项同盟条约是以美国为目标，目的就在于防患于未然。柏林与东京政权显然相信正式结盟能阻止美国对他们各自的“新秩序”做进一步的干扰。事实不然。这项协约却反而证实了美国介入主义者的论点，认为日本是罪无可赦的法西斯国家，必须设法制止其行动。唯一的问题是1940年的总统大选，罗斯福当时誓言不会派遣美国青年前往海外作战，是这项承诺让罗斯福没有进一步锁紧龙头。

然而，对松冈而言，三国轴心并不只是战略上的一步棋而已。他所设计的全球再分配将由此迈出第一步。现在日本与纳粹德国和法西斯意大利已连成一气，德国又与苏联签下协定，只要日本与苏联再连接起来，一个强大的极权同盟就可以宣告完成。日俄互不侵犯条约不但能使中国失去最后的外援，同时也可以确保“伪满洲国”侧翼平安无事，日本就可以南下出击英国、法国与荷兰的殖民地，完成“共荣圈”计划。如果美日终须一战，日本到时候就能有备无患。于是，早在1940年8月，松冈就命令驻苏联大使东乡茂德试探苏联外交人民委员莫洛托夫（Molotov）。俄国人虽然态度友善，但却要求日本归还库页岛上的采油权——日本不可或缺的必需品。1941年3月，松冈亲自飞抵莫斯科，要求双方签订互不侵犯条约。莫洛托夫一口回绝，不过苏联可以考虑签订中立协定。其中的差异颇为微妙：互不侵犯意味着双方保证不会攻击对方；中立却等于承诺假如其中一方与第三国发生战争，另一方绝不插手干涉。结果就是日俄关系终究还是要以互相牵制，而非互信互赖为基础。松冈接着又与斯大林本人会晤，并且还大谈日本家族生活中的自然共产主义，搞得斯大林不胜其烦。无功而返之后，松冈又移师柏林，将他的千秋大计转呈希特勒面前。不难想象“领袖”在对外长里宾特洛甫（Ribbentrop）和他的密友们谈起这位天真的日本人时，会笑得有多开心！不行，希特勒说，苏德关系并没有表面上那么亲密，这项大同盟计划必须另待时机。松冈于是又回到莫斯科，这回他还是受到相同的待遇——库页岛、捕鱼权、蒙古这类芝麻小事总是烦不胜烦。直到1941年4月13日，也就是他计划离开莫斯科的前一天，斯大林突然提出一项以承认“伪满洲国”和蒙古现状为条件的中立协定。松冈称之为“闪电外交”，同时大肆吹嘘“是神的旨意让对苏条约落入我的手中”。在火车站挥手告别时，斯大林对他“胡乱”吻别，并且说日苏合作将会解决欧洲问题。松冈的回答是：“亚洲也能就此解决。”“世界大势就此底定！”斯大林如是说。

对克里姆林宫而言，日苏协定等于是预防纳粹翻脸不认人的保单。对松冈而言，以对抗美国盎格鲁人种为目标的欧亚大同盟就此实现。他的高瞻远瞩看来不但拯救日本免于孤立，而且还稳住了自从诺门罕战役以来就摇摇欲坠的政治危局。日本已经登堂入室，成为苏德条约，也就是独裁者和未来世界的一分子。现在即使连美国人也不得不对日本有所忌惮。

第67章　珍珠港，1941

“白种人在远东的势力和特权是否还能像过去一样？”如果不能，白人国家也只能归咎于自己本身。以上是赛珍珠——一位传教士之女——在1940年10月写下的一段话。白人国家曾以不符基督教义的手段取得亚洲势力，并且加以滥用。当他们在1914年开始内讧之后，这股势力也开始随之消失。战胜的同盟国虽然放言要以自由贸易和民主政治取代帝国主义；不过中国，那个“连基督教的上帝都面临改变”的国家，却从未蒙获西方自由主义的青睐，日本则是“灵魂向来就染有法西斯色彩”。这方面美国的表现尤其难看：它先是禁止日本移民进入美国，之后又对日本窃取中国东北袖手旁观。不过再来却轮到日本对中国产生误解！他们自以为能趁着白人自顾不暇，打赢一场短期战争，“然而面对中国这么大的国家，根本没有速战速决可言”。这个由于日本采取了白人观点所造成的错误，却给了白种人东山再起的机会；他们就像神话中的安德鲁克里斯（Androcles）一样，替中国这只雄狮拔去了爪上的利刺。不过，大战过后，英国元气已伤，法国沦为战败国，意大利蒙昧无知，美国则退而采取孤立主义；剩下的只有纳粹德国和苏联（“这还要看苏联有多‘白’［white］而定”，而这则一直难有定论）。假如美国人能偶尔显示有一点“远东想象力”……不过，事实摆在眼前，“他们对远东未来的影响力极为微弱，而且只要他们不想让这股似有若无的影响力得以落实，现状就会持续下去。”赛珍珠最后以诉诸“人类对和平与善意所怀抱的单纯、实际智慧”作为她内心想法的总结。

噢，这些传教士，他们懂得如此之多，却又如此不足！原因在于，上个世纪他们在得意洋洋地跳过太平洋诸岛之后，却在亚洲碰了一鼻子灰。由于中国人和日本人都极为排斥基督教，赛珍珠和其他传教士子女在成长过程中都必须面对父母窘迫的境况。不过在中国的传教士至少还努力奋斗，在内战和外国侵略夹杂中勇敢地保住了自己的学校和医院。在日本，他们却不得不对极权政府低声下气，以求得居留的权利。到了20世纪30年代后期，日本宣告某些基督教派全属非法；同时，即使是外国学校的日本学童，也被迫必须为天皇上香祝祷。到了1941年，四分之三的新教牧师都已宣告放弃；一位女性圣职人员在搭船离去时说："我感觉自己的灵魂终于获得解放。"

传教士要如何同时为亚洲人和自己的同胞服务？他们的做法显然一成不变：都是通过政治宣传。其中有些责备美国未对中国施以援手，有的则将日本军国主义归咎于美国，赛珍珠却双管齐下。"我们或许是该谴责日本的对华行为，"一位传教士写道，"不过，假如基督教义无法带来更好的经济援助，那我们的圣经根本就等于零。"另一位则对他的日籍主人表示抗议："我们的双手也沾染了鲜血，我们教给你们一种危险的游戏。请原谅我们，让我们祈祷吧。"就是这种态度促使詹姆斯·德劳特神父（Father James M. Drought）、他的主教和两位日本友人在1941年发起了约翰·杜伊学会（John Doe Association）。

一如之后的所有玛利诺外方传教会神父（Maryknollers），德劳特认为任何与美国产生争执的国家，都必然是站在正义这一方。因此他寻求松冈的支持，在他的赞助下——这对这位亲轴心国外相又有何损失？——德劳特在1941年3月出发前往华盛顿进行游说。德劳特和他的同伙宣称，他们此行带有一项由日本官方提出的美日暂时协议。美国邮政部长法雷（Farley）——一位杰出的天主教徒——挺身担保他们绝无问题。再加上野村大使又向来被视为温和派，于是国务院决定接见这批约翰·杜伊学会成员。然后，赫尔却骇然发现，德劳特所谓的"和平条款"涵盖了"狂热日本帝国主义者的一切需求"。赫尔原本是田纳西州的一位乡下法官，还不习惯和天主教徒或外国人打交道，也不喜欢那种被人愚弄或欺骗的感觉。于是他召来野村大使，把著名的中国"四原则"递交给他。倘若日本真的想与美国维持良好关系，那就请它尊重各国的领土完整与主权、不要干涉他国内政、维持公平贸易机会，而且不采用和平之外的手段改变太平洋现状。换言之，当玛利诺外方传教会神父要求美国接受日本的新秩序时，美国却反过来要日本回归华盛顿公约。野村知道近卫与松冈必然会断然拒绝赫尔的四原则，因此，他在心存善意之下却作出了错误判断：他将四原则留而不发，却反而将玛利诺外方传教会神父的文件当成美方提议送往东京。过了好几个月之后，美日双方才好不容易澄清对方的谈判条件。在这段期间，日本人误以为是他们与轴心国的关系软化了美国人的立场，美国人则误以为是他们的经济制裁软化了日本立场。

然而，这场玛利诺外方传教会闹剧并未模糊格鲁大使的观察力，他了解美日对谈根本不可能产生结果。对日本而言，主权、自由贸易、自由主义都成了负面用语；而日本人追求秩序与共荣的呼声也让美国人感到厌恶至极。两国之间的条约关系已不复存在，因为日本已废止其中的政治、军事条约，而美国又废止了贸易条约。因此地缘政治，也就是针对第三势力的共同安全考虑，就成了双方达成共识的唯一基础。然而只要日本能与独裁国家保持友好关系，同时又拥有足以称霸太平洋的海军战斗力，地缘政治基础也就随之荡然无存。

赫尔向来都被批评成天真的威尔逊派人士，是个择善固执、不知变通的道德家。或许他就是这种人；他与野村在华盛顿一家饭店的套房中举行的40多场谈判都是功败垂成的最佳样板。不过，平心而论，美日亲善又还有什么实质基础可言？虽然日本国内的温和派突然复出，答案还是只有下面这一个：太平洋要保持和平，能够依赖的只有断然干预的手段而已。为了应对风涛渐显的三国轴心同盟，美国海军将本身的“橙色战争计划”与全球性的一到五号“彩虹作战计划”结合起来，以便在大西洋与太平洋上同时展开联合作战。在1940年局势最为凶险的黑色月份期间，英国一度几乎就要沦亡在纳粹的闪电战之下，美军将领深恐美国最后会落到必须退守太平洋的地步。甚至后来英国虽然安然度过危机，罗斯福与丘吉尔还是同意采取“欧洲优先”战略。所以美国最后虽然确实有对威克岛、中途岛和阿留申群岛上的荷兰港加强防务，不过到了1941年春天，天狗计划（Plans Dog）和“彩虹五号”计划却要求海军将太平洋舰队抽调出四分之一，移防至大西洋。同一时刻，罗斯福也费尽心力建立了ABCD联盟（美、英、中、荷四国），期望能阻止日本南进。然而，他又怎能在不危及其余太平洋舰队的情况下，阻止日本对印度支那或菲律宾发动攻击？“我根本就没有足够的海军可供调用，”总统说。不过他确实拥有不容轻视的经济武器：甚至到了1941年，美国每年对日出口物资总值都还高达两亿美元，而它对华援助和贸易加起来，却只有5000万美元。

刚好就在玛利诺外方传教会神父事件期间，松冈却正远赴莫斯科去忙着签订他的中立协定。不过他以为自己、斯大林，甚至罗斯福握有未来关键所在的想法，却是愚不可及。希特勒才是决定每个人未来的关键。他是否会在日本南进期间入侵中东，好一举铲除大英帝国的精髓所在？还是他会反过来入侵苏联？假设如此，俄国人是否抵挡得住闪电攻击，尤其在日本也由西伯利亚双面夹攻的情况下。一旦纳粹得胜，就意味着全新的黑暗时代即将降临；连美国也不得不在其阴影下瑟缩战栗。然而，在美国人持续不断的反战声中，罗斯福又该如何防患于未然？

一段悬而未决时期无声消逝之后，另一波风云又在6月22日随之而起。

就在这一天，纳粹德国进攻苏联。丘吉尔立即对斯大林提出联盟的建议，罗斯福也承诺给予贷款援助。然而日本又作何打算？依照赛珍珠的写法，所谓的“黄祸”根本就是白种人内讧下的产物，就因为他们彼此间不能团结，日本这样的国家才会以小吃大，趁机席卷整个亚洲。这时诡计百出的松冈又直接面见天皇，促请他废止生效才9个星期的中立协议，下令陆军进攻西伯利亚。裕仁天皇对松冈的建言“大感震惊”，近卫首相对同时要与苏联、中国，甚至英、美两国开战也表现得畏缩不前。海军反对对苏作战，因为苏联并不生产任何日本所需的原料，而陆军则还牢记着诺门罕的教训。格鲁大使回报说日本正处于焦虑状态，罗斯福则告诉艾克斯：“过去一星期，日本内部正在大打出手，他们正试着决定自己该冲向哪边——是要进攻苏联、进攻南洋（孤注一掷，站在德国这一边），或是要持观望态度，并对我国更为友好。”他认为对美国而言，维护太平洋和平绝对是必要之举。

北进还是南进之争牵涉极为深远。不论选择哪一个方向，随着军事活动的日趋活跃，日本人早晚会耗尽所有存油，因而需要与美国维持良好关系并（或）确保取得荷属东印度群岛的石油。野村在报告中指出，美国人正全心投入欧战，他们希望能找出日美和谈的基础所在。不过和谈究竟会以何种形式存在，至今还难以想象。或许日本可以抛弃与希特勒的同盟关系，对苏联按兵不动；不过要在中国颜面扫地却令人无法接受。如果美国人答应忘掉中国，以换取日本退出轴心国，那就一切好谈。要是美国人为了中国切断日本的石油供应，那日本就必须南进，而且对轴心国提供的任何好处也都来者不拒。二者择一：不是维持孤立，就是缴械投降。

争论在7月2日达到高潮，内阁与军部在天皇面前重新修改《基本国策纲要》。近卫首相在海军与各个经济委员会的支持下获得胜利，除非“时机条件成熟”，否则日本将不会进攻苏联。换言之，也就是除非苏联在欧战濒临溃败，或是调往他处的中国东北边境苏军多到足以让日军如入无人之境方可。为了蓄势以待，日本将在“伪满洲国”集结85万大军；另外，气候也是进攻步调的关键因素，入侵西伯利亚费时数月，依照陆军指挥部分析，战事必须提早在8月中旬发动，否则就会被严冬拖慢脚步。另一方面，日本应该立即南进以占有法属印度支那，进而“无视全球大势变化，建立起大东亚共荣圈”。松冈在这年7月18日辞职下台，他的温和派后继者丰田贞次郎（Toyoda Teijiro）受命寻求与华盛顿达成暂时协议。

多亏格鲁大使和代号“魔法”（MAGIC）的成功破解日本外交密码的情报行动，美国人对日本人的想法一直了如指掌。不过日本决策的随机应变，结果却对大家都没好处。松冈的去职、近卫首相的保证，以及日本准备南进的证据都大受欢迎，不过这还都不能证实日本对苏联不怀歹念：关东军兵力的增强，以及日本计划一等到德国胜利在望，就要从背后捅苏联一刀等情报都令人放心不下。一切风险和可能都在显示，美国必须站在保护苏联这边。就在出发前往纽芬兰与丘吉尔会面前夕，罗斯福发出了一项显然干冒鼓励日本南进的风险，也要阻止日本北进的重大指令：他冻结了在美国的所有日本资产。总统的指示并未明言要实施全面禁运，不过在助理国务卿迪安·艾奇逊（Dean Acheson）授意之下，美国政府不同意释出任何基金，同时也不发放任何外销执照，因此实际上就等于全面禁运。1941年7月25日之后，日本的石油输入就此断绝。

罗斯福究竟有何意图，以及他是在何时打定主意都颇富争议性。他所签署的实际条文中规定，日本购油案件应该视同个案处理。条文甚至允许对日输出低辛烷汽油，以免日本被迫入侵油矿丰富的东印度群岛。毫无疑问，罗斯福显然想保留选择权，他不想在与丘吉尔协商之前作出任何无可挽回的决定。不过他确实想阻止日本继续征服他国，这点可由他在出发前下令36架B-17轰炸机进驻菲律宾，同时授权克莱尔·陈纳德（Claire Chennault）在中国组织志愿性的飞虎队获得证实。最后，当罗斯福在9月初获悉石油禁运已然展开，他也支持艾奇逊的决定，让禁运持续下去。

一切已经相当明显。在1941年中期，罗斯福的第一愿望是希望在温和派推翻东京鹰派政权并脱离轴心国之前，日本人不要完全对外出击。他的第二愿望是希望日本人做什么都好，就是不要攻打西伯利亚。罗斯福最大的恐惧，就是等不及美国找到参战借口，日本就出兵攻击苏联后方，帮助希特勒赢得第二次世界大战。至于斯大林的第一愿望则是希望日本能放过西伯利亚，掉头去攻击美国；这样苏联才能免于两面作战，而且还能获得一位有力的盟友。斯大林的第二愿望是中立的美国或许至少能阻止日本对苏联展开背后攻击。至于斯大林最大的恐惧，当然是跟罗斯福英雄所见略同。

最后，罗斯福实现了他的第二愿望，斯大林却实现了他的第一愿望。日本人愤愤不平地发现，在抽调中国东北前线师团方面，斯大林动作相当缓慢——显然他并不相信日本。他们同时也分析日本本身的石油存量，经不起在西伯利亚从事持久性作战。因此不论之后是否另作北进打算，他们十有八九必须南进夺取荷属东印度群岛的油田。最后，由于纳粹闪电战在7月中旬到8月中旬期间暂时停歇，换言之，苏联还可以苟延残喘，撑过日本军部预定的8月北进攻击期限；因此，到了8月9日前后，东条英机也只好心不甘情不愿地承认，要在1941年入侵西伯利亚已无可能。

借用一个他们自己的说法，日本人现在眼看就要“赶不上车”，错失良机了。如果他们不把握目前的军事优势迅速展开行动，日本的石油饥渴症不但会越来越严重，同时也必须面对在急速扩军的美国率领之下，与过去不可同日而语的ABCD联盟。由于在日本人眼中，美国石油禁运本身就等于一种偷袭行为，而且对日本军力的损害远胜任何战役；此外，罗斯福虽然拒绝承诺愿意为英国或荷兰属地而战，他却答应丘吉尔要“狠狠教训”一下日本佬，并且（据丘吉尔说）“将要不宣而战”。不管以上是否属实，英美两国又在《大西洋宪章》（*Atlantic Charter*）中宣称战后世界应该以和平裁军、民族自决与自由贸易为原则，换言之，日本的共荣圈显然并无立足之地。因此具有半官方性质的《朝日新闻》（*Asahi shimbun*）才会谴责《大西洋宪章》，认为这张蓝图是要“以英美世界观为出发点去支配全世界”。不过，日本陆军指挥部还是同意近卫首相的要求，答应再给外交努力一次机会。整个8月，近卫首相与野村在格鲁大使的热心支持下，要求罗斯福总统与近卫首相举行一次高峰会谈，地点就选在阿拉斯加或夏威夷。这项提议虽然正合罗斯福的作秀性格所好，不过却是困难重重。首先，罗斯福总统要如何对美国人民解释，他怎么能一面忙着将美国拖出孤立主义状态，设法对英、苏、中三国提供援助，一面又和希特勒的盟邦称兄道弟？赫尔就对这项建议难以接受。他深信“只有武力才能阻止他们”。此外，就算奇迹出现，日军真的打算撤出中国，并且在其他方面也稍作退让，那根本用不着特意举行高峰会议。至于日本这一方，近卫首相又怎么能一边接受赫尔提出的要求，一边又想保住首相宝座，甚至他的生命？最后一点，双方又怎能在不背弃盟友——一边是轴心国，另一边是ABCD联盟——的情况下达成协议，而且这些盟友又是双方的主要筹码所在？不出所料，中国极力反对举行任何高峰会议，美国共产党和其同路人——如美国财政次长哈利·戴斯特·怀特——亦然。怀特曾经写道，出卖中国不仅会“削弱我国的欧洲与远东政策，美国在伟大的反法西斯民主战争中的领导地位也会因而黯然失色”。这并不是说美国之所以陷入第二次世界大战的战火，完全是中了共产党的阴谋诡计。不妨这么说，6月22日过后，苏联（以及英国）亟欲促使美国参战，而罗斯福又急欲替苏联拔除日本这根背后芒刺。

美国这种坚决不妥协的态度，又在东京海陆两军、文职官员和宫廷政客间掀起另一场争议。可以说，再也没有其他政府会为国家策略如此情绪激昂、如此多方设想，得出的结论会有如此的天壤之别：除非英美两国切断所有对华援助、停止增强在亚洲的军事力量、恢复对日贸易，同时说服荷兰出售东印度石油，否则随之而来的日本国家政策实施大纲将无可避免地导致与ABCD四强开战的命运。由于日本认为英美两国接受上述条件的可能性几乎微乎其微，大纲其余部分都是一片紧急备战之声。

早在9月5日阅读大纲之时，天皇就已发觉这项事实。他曾经询问陆军总参谋长杉山（Sugiyama）将军，问他是否能预估对英美两国之战将费时多久？这位将领开始先是以非难南进运动来规避，不过最后还是说出“3个月”这几个字。天皇又提起陆军早先也曾夸下海口，说对华战事会在一年内结束；羞愧之余，杉山只能低头不语。就在这一刻，“海军总参谋长出面为杉山解围，他回禀天皇，说就他想来，日本就如大病初愈……他认为陆军总参谋长心中寄望外交协商能获全功，然而，一旦协商破裂，决定性行动就必须随之展开”。第二天，相同的问题又再度被提出：外交是否仍较备战优先？结果只有海军大臣回以肯定的答复。全场一片死寂，接着只听到天皇神圣的“玉音”吐出一首哀歌:《四海之内皆兄弟》。此为他的祖父明治天皇所作，然而这又有何意义？假如天皇反对开战，那他除了以这首伤感的日本俳句和赛珍珠的恳求前后辉映之外，难道就找不到更有力的表达方式吗？他为何不曾假近卫首相之名插手干预，迫使军方悍然抗命，甚至行刺天皇？或者他的诗句另有所指，例如：假如各国之间有某种自然秩序存在，那又何劳“他人”吹皱一池春水？最后永野修身（Nagano Osami）将军对裕仁天皇保证，海军大臣所言代表众人想法：战争仍是最终手段。

令人讶异的是，诸位大臣确实尝试过外交手腕。他们甚至说服军方同意一项撤出印度支那，将军队撤回华北和内蒙古防区的提议，同时居中牵线，企图促使汪伪政权和国民党合并。不过赫尔却在10月2日当天彻底粉碎了高峰会议的念头：他再度提出他的四大原则。东条英机已忍无可忍。10月14日，他大声疾呼，日本退出中国并承认门户开放政策只会鼓励中国人进一步对“伪满洲国”采取行动，同时也会使朝鲜奋起反抗，结果将会产生一个在经济上唯英美两国是从的“小日本”。至此外交手段完全落空，因此美国继续维持禁运，因此日本必须征服其所谓的共荣圈，因此南进政策势在必行，因此必须让南进的唯一障碍——美国的太平洋舰队和菲律宾基地——失去作用。最后一点，倘若日本不在12月8日（东京时间）之前先下手为强，就必须等到次年春天，到时候不但日本石油存量会比现在更低，美国的力量也会大为增强。更重要的是，海军这时已万事俱备；他们已通过一项新计划，而其基础就是由拜沃特最早提出，之后再经山本五十六极力鼓吹，而且在一本1933年出版，名为《当我们战斗》（*When We Fight*）的日本书籍中昭告天下的“珍珠港计划”。

10月16日，近卫文麿第三度——也是最后一次——辞去首相之职。东条英机在天皇同意下同时出任首相、陆军大臣及掌握警政大权的内相三职。抛开对战争的个人感想不提，裕仁天皇对东条英机确实心存敬畏。他不但对天皇忠贞不贰、无倦无悔，而且办事极有效率，正直无私——几乎只有他未曾在中国东北任内为个人积得大笔财富。甚至连格鲁大使心中都浮现一丝希望，以为东条内阁或许能对军方稍加约束，否则事态将严重到令人不敢想象："倘若我们为和平所作的努力功亏一篑，日本或许将不顾死活全力出击，以一举摆脱易受外国经济压力威胁的弱点……'而且'美日之战将会以危险、富有戏剧性的迅雷之势展开。"东条内阁虽然谨守本身的开战期限，但却同意作最后一次的外交努力。于是来栖三郎（Kurusu Saburo）又登上一架泛美客机，飞往美国。他在新闻影片中一脸微笑，说着"突破底线触地得分"之类的话。然而他的计划A，也就是军方所能接受的最低底线，却不敌赫尔的四原则防线。于是来栖和野村只好尝试计划B：在对中国问题达成共识之前，日军保持原地不动，美国则解除禁运。这项计划看来颇有可为，美方也想为重整军备争取时间。于是赫尔就起草了一项暂时协定，以退出印度支那南部作为换取石油的交换条件。然而中、英两国却将任何暂时协定都斥为一种出卖，因此到了11月26日，赫尔所能提出的就只是将原有的四原则略微放宽而已。

然而，此时山本五十六的夏威夷进攻部队却已在一天前由千岛群岛出发，越过乌尔达内塔在376年前首度横越的北太平洋海面。海军中将南云忠一（Nagumo Chuichi）在前一天傍晚对这6艘航空母舰的战斗飞行员作了简报，他告诉他们："这个帝国将要与一个傲慢自大、宿命难逃的敌人开战。"他们的任务是发动突袭，"一举歼灭美国舰队"。这并非易事，不过他勉励属下不要失去信心，因为"不论如何艰难，世上还有什么是大无畏精神与炙热的忠诚不能克服的"？不论他们的帝国如何匮乏，他属下的军官、飞行员和水兵都充满了上述精神。"'空袭夏威夷！'这真是美梦成真，"一位水兵写道，"国内同胞听到这个消息将会作何感想……我们要好好教训傲慢的美国无赖一顿！"

12月1日，当来栖收到天皇终于同意开战的通知，美方知道大势已去。"魔法"小组解读了像"东风雨"和"顺其自然"之类的日本密码，证实日本意图在12月的第一个星期发动攻击。12月6日，罗斯福在日本大使馆的建议下，发电向日本天皇提出呼吁。日方当局故意延迟电报传送，等格鲁大使收到时已经为时已晚。就在同一时刻，日本回给赫尔的十点答复也在历经传送、解码、翻译、打字等过程后姗姗来迟。最后，远在地球另一端的莫斯科战线上，朱可夫将军终于集结了在10月中调离中国东北边境的强大西伯利亚军团；12

月 6 日，他对筋疲力尽的德军展开反攻，好不容易终于为苏联争取到了下一个冬天。

山本五十六对松冈一手促成的三国轴心同盟和东条英机一手导演的对美战争同感不悦。他早在1940年就曾预言“为了与美国作战，我国必须抱着实际上与全球为敌的信念作战……吾将鞠躬尽瘁，甚至可能与‘长田’号战舰共存亡。与此同时，东京可能将夷为平地”。在近卫首相针对海军战略提出质疑时，山本答道：“假如我受命不顾一切作战到底，我应该能全力作战6个月到一年之久，但是我对第二年或第三年毫无信心。”他接着请求近卫抛弃轴心国，设法与美国谋和。不过所有日本将领都一心要为天皇、民族和职务鞠躬尽瘁，死而后已；其中又以海军军官最为不顾一切，因为一场海上大战至少能保证为他们争取到更多珍贵的钢铁和石油。进攻马来亚、菲律宾和夏威夷的军事计划都做得尽善尽美。唯一一个他们在天皇御前不知该如何回答的问题是：战果将会如何，战争又将何时结束。

“白种人在远东的势力和特权是否还能像过去一样？”赛珍珠问道。不论你选择哪一句口号——亚洲人的亚洲、共荣圈、日本门罗主义——在日本人眼中看来，和美国人在大洋另一端趾高气扬的作为比起来，并没有多大差别。然而，对日本而言，要确保白人永远不会东山再起的最佳策略，就是像在日俄战争中一样给予其致命一击，让他们知道自己的狂妄自大、故步自封，这也同时证明，如果想要稳坐东太平洋，他们这些白种人就必须同时握有西太平洋。不过，嘴里喊着“虎！”的南云将军麾下飞行员扫射美国战舰之时，他们的动机却绝非如此。他们的动机只是想达成上一代日本政治家的未竟之志：让美国人刮目相看。我们活着，我们日本人还活着！我们既自傲又强大，不过却面临生死关头！你们白种人瞧不起我们、排挤我们、压迫我们，把那些空洞的怜悯和原则加诸在我们身上；你们对自己的失败之处视而不见，当我们试图采用自己的解决之道时，你们却又对我们大肆苛责。你们难道看不出我们跌落陷阱，即使这有一部分是我们自作自受。如果你们不愿伸出援手，至少也不该横加干预！

西德尼·吉利克——一位终身以日本辩护者自居的传教士——早已有所警觉。他当时已经退休，日本俯冲轰炸机和鱼雷机出现在天空之际，他就居住在夏威夷。他在12月7日写给子女的信中说他并未受伤，请勿挂念，然后他又加上一句：“我判断日本人已经到了不顾死活的地步，他们宁可被美国击溃，也不愿败在中国人手下；战败之后，他们由我们手中获得的待遇，将优于其他列强。这就是今晨一战的意义。”

哈尔西（Halsey）海军上将是后来给予日本无情痛击的主要人物之一，空袭时他的航空母舰正在海上，所以幸运地逃过一劫。回到珍珠港内，满目疮痍的哈尔西大发雷霆——谁不如此？——“等我们和他们算清这笔账，到时就只有在地狱才听得到日语！”

第68章　第十二次聚会

西华德：可见我所言不差，他们真的不宣而战。你对日本的疯狂举动有何高论，斋藤先生？

斋藤：是贵国人民先弃我国于不顾，我国才会做出疯狂之举，而且远比我过去想象的还要疯狂——当时我只考虑到中国。至于我是否能阻止这场战争？大概不能，我幸而免于像野村和来栖那两位大好人那样蒙受耻辱。

学者：那两个无赖村夫（pissants）——赫尔这么称呼他们。珍珠港之役过了两个多小时之后，他们终于发布了他们的宣战电文。

斋藤：一如所有外交家，他们是被自己的政府欺骗了。我知道当时在东京有许多关于日本宿命的荒唐言论，以及所谓“八纮一宇”（the world under one roof）的说法。甚至连山本和我都开玩笑说要教训一下美国人，不过我们并非真有此意。那些疯子都是陆军部的人，都是尚未开化的乡下佬和野蛮人。我不否认我很高兴自己那些年能派驻海外……可笑的是他们竟然会让一艘美国海军船舰运送我的骨灰。

学者：“阿斯托里亚”号巡航舰——1943年在瓜达康纳尔岛（Guadalcanal）沉没。

斋藤：山本呢？

学者：被罗斯福下令狙杀。美国人拦截到了关于他飞行计划的密电，一举将他击落。“黄鼠狼砰的一声给炸掉了”（pop goes the weasel）。

斋藤：山本不是黄鼠狼。“豌豆、燕麦、大豆是如何……”

学者：大豆、豌豆、豆荚和大麦是如何生长……谁也不知道燕麦、豌豆、豆荚和大麦如何生长。

斋藤：是啊。人们应该留意被随意播下的种子。万物都会逐渐生长。明治时代的军国主义者、大和精神、石原莞尔的“直接行动”、反贪污腐败和西化政策的暴动——这些都一直存在，但却要等到事件发生之后才笼罩整个大局，成为日本一意孤行的借口。只要你们美国人当初能谨守华盛顿原则的精神，或是在1931年，在事情开始萌发时对我们严厉一些……或许我国就不会像教授所影射的一般，被地缘政治和经济所引诱。然而你们误导了我们，让我们自以为是。你必须了解，我们是一支岛国民族；在那种年代，只有少数的日本人曾经出国旅行，而且外国人确实与鬼神无异——有的是恶鬼，有的是有益的导师，一如你们的普罗米修斯神话。我们自己也有一则神话，或许你们会称之为童话。故事是关于桃太郎这个男孩，他从一颗顺流而下的神奇桃子中诞生，长大之后自觉有救世的使命在身，必须拯救日本，让它不再受居住在一座隔海小岛上，定期渡海而来的恶鬼所蹂躏。有的故事说桃太郎杀尽了所有恶鬼，有的则说他迫使他们改邪归正。我想象得出来，当我国的飞行员额头绑着“钵卷”——印着红日的白色头带——在夏威夷凌空而降时，他们的心里想的是什么：一中队的桃太郎。

西华德：“天国之日不愿西坠，持续高挂，染红西方苍穹（welkin）。”

学者：什么是苍穹？

西华德：天空，教授，是天空。如果你没读过莎士比亚的话，你不该尝试诠释悲剧。还有，日本人到底算不算突袭成功，还是他们只是像萨姆特堡一样，一脚踢在沉睡巨人的胫骨上？

学者：真有趣，山本正是这么说的。不过我忘了，这件事你们全都一无所知。对我这一代而言，珍珠港是人人熟知的事件。没错，虽然美国人破解了他们的密码，但日本人还是获得了全面性的突击效果。你不难想象这件事激起多少轰动一时的骇人观点。

维特：不是有一句苏格兰俗谚说：愚我一次，其错在人（fool me once, shame on you）——

学者：——愚我两次，其错在我（fool me twice, shame on me）。没错，不过问题不在于日本会不会发动奇袭，而是在哪里发动；奇怪的是，没有人相信他们会大胆妄为到拿珍珠港开刀。

维特：然而你的整篇演讲都在指向这一点：航空业的起飞，以及荷马李、米切尔、拜沃特和山本五十六的理论。你想说的是日本海军动员一组大型舰队，横越半个大洋，结果却无人察觉？

学者：当初在抚顺的时候，你们俄国人不但知道决战迫在眉睫，而且也知道日本舰队的基地何在，结果你们还不是被打个措手不及。

维特：不过你说过，你们破解了日本密码。

学者：但是那些为数几千页的电文密码，完全未曾提及珍珠港这个字眼。

所有证据都指向最为合理的南向攻击。山本的舰队神不知鬼不觉地溜出港口，就此消失在浓雾弥漫的北太平洋中。而且日本人显然让无线电保持静默。我们当然有侦察机，但是，除非确信海面上有东西，否则美国人会派机交叉侦查阿拉斯加南方海面的机率简直是微乎其微。某些学者主张的“魔法”截听技术，事实上提供了太多的日军动向讯息，以致真正的事实反而被过多的“噪音”所掩盖。其他人则坚持事实并未被截听到，因为日本人完全没有提到夏威夷，也未曾对航空母舰所在给予丝毫暗示。当然，就如朱可夫在诺门罕的做法，他们也发出了欺敌讯息。不过，这些都不足以成为战争部与海军部未曾在珍珠港全面警戒的借口。

维特：你们的基地竟然毫无警戒！

学者：没有发出最高警戒。这点使得主张阴谋论的人士怀疑，罗斯福是故意引诱日本人攻击珍珠港，以便让美国得以“从后门”加入第二次世界大战。

维特：你相信吗?

学者：一点也不。当然罗斯福是想参战，不过是在欧洲而非亚洲。谁也不能保证国会会对德国宣战，而且罗斯福也还没要求国会这么做。然而希特勒却正中东条和罗斯福下怀，为了我们只能猜想的愚蠢原因于12月10日对美宣战。此外罗斯福也不需为了让全国能在震惊之余同仇敌忾，而平白损失一半战舰；就这方面而言，应该只有菲律宾会对突袭夏威夷事件感到沾沾自喜。而且即使罗斯福真的想让他的舰队沦为俎上肉，他也无法阻止夏威夷的雷达察觉日本飞机的到来（事实如此），或是让当时值班的中尉将它们误认为B-17机群，而忽视了雷达幕上的影像。罗斯福也无法阻止当地的指挥官——肖特将军（General Short）和基梅尔海军上将（Admiral Kimmel）自行发布警戒命令。后者的辩护者极力主张，如果肖特和基梅尔能握有闲置在华盛顿的“魔法”资料，或许他们就能推算出日军的计划内容。不过，事实归事实，他们虽然曾在11月27日接获战争迫在眼前的警告，却未作好万全准备。最重要的问题是，不论在华盛顿或夏威夷都没有人相信拜沃特的预言。当一位国会人士私下追问基梅尔为何没有至少下令舰队出海备战时，这位海军上将在午餐桌上当场冲口而出：“好，摩根——我告诉你答案。我从未想过那些矮小、懦弱的畜生会老远从日本跑来进行这种攻击。”

维特：这比较有可能。“你们”和1904年的俄国人一模一样。

学者：你是说都被傲慢与偏见蒙蔽了双眼。不过日本人更为盲目，他们说服自己去相信美国人只是一支沉溺于物质享受的混血种族，根本无心、也无力作战。他们以为我们只要吃上几场败仗就会弃甲投降，不会超出他们的预测之外。

斋藤：我想这是以偏概全。美式物质享受要了我的命，不过却不会让我引以为耻。现在我知道自己的大使职务是如何失败的：我没有让美国人认清日本军国主义的真面目，相反，我还试着为他们的行为寻找借口，为他们戴上最好的假面具。然而这些贪心的鸬鹚终究还是挣脱了绳套。

学者：这些鸬鹚，你是指关东军？

斋藤：在我的少年时代，我们都利用鸬鹚捕鱼。它们是一种贪食的鸟类，不论饥饿与否都会下海捕鱼，然后你再收紧绑在它们脖子上的绳圈，让它们把鱼吐出来。但是军方却失手松开了绳套，这点我直到1937年才得以醒悟。更糟的是，我从未曾将美国人的真面目回报给东京。加里·库珀（Gary Cooper）、吉米·卡格尼（Jimmy Cagney）。或许你们美国人是比谁都软弱，但是你们却不喜欢自认软弱，而且你们的劳工和农民就像武士一样自傲。但是，当你们在整个30年代，甚至在我们炸沉“班乃”号后都毫无反应之时，我又该怎么向东京解释激怒美国是何其危险的一件事？你是否说过有一种促使美国“走后门”参战的阴谋论存在？

学者：对，不过我不相信这是事实。

斋藤：是不是事实无关紧要；重点在于对你们美国人而言，太平洋是“后门”，而且永远都是后门这项事实。这让日本成了什么？偷偷躲在“后门口”的乞丐、奴仆或窃贼？再也没有比这更让我们痛恨的了。我确实曾尝试通过我的大使职责提出建言：对美国而言，太平洋就和大西洋一样重要，我们也需要贵国的关注。然而我却无力描述其中的危险性。我所做的只是鞠躬微笑，然后说一声“真抱歉”。我成了推销员，而非政治家。

西华德：斋藤，我知道我们是说了些重话，不过你不要泄气。“你”并没有下令入侵中国，你只是尽你的职责，就像——

斋藤：山本五十六？或许吧。有谁能阻止地震发生，就算他的仪器显示地震即将来袭？一位明治时代早期的“启蒙思想家”——我就学时他已不在人世——曾经写到地震是造物主借以建造大地的工具。没有地震，大地就会一片浑圆平坦，并且覆盖在水面之下；因此大地与生灵，以及人类的存在，都唯地震是赖。他问道战争是否也是如此。至于他的答案，我所记得的只有：“鹬蚌相争，渔翁得利。我们怎能昧于黄龙互争于野，白种帝王子孙得利的事实？”

李：最后，我烦人的对谈者，你终于绊倒在贵国武术之源的分水岭上。

加休曼努：你说话真像唱歌，李将军。我们希望你能多多发言。

西华德：这是你的想法，殿下。所谓“武术之源”究竟是什么鬼玩意？

维特：黄龙之争，或许是指中日战争？

加休曼努：就像你们那位女传教士赛珍珠所写的：白人的战争带来“黄祸”，黄种人的战争也会带来“白祸”。因此中国就是一切纷乱之源——对吗，李将军？

李：在于中国的积弱不振，而不在于其本身。教授谈了很多有关航空科技的问题，我或许是低估了它的潜力，不过他却忽略了我在1909年记录到如下智慧：“允许东西方自成天地的环境已不复存在，在这个时代，各国再也不能躲藏在他们高耸入云的城墙或由空间与海洋构成的壕沟后面……科学与上帝不同，它无所谓选民；不论位于日升或日落的方向，人类都属于同一个整体，都是一样的。科学以它一视同仁的无情作风，将这个一度广大无边的世界压缩成一个小球，环绕在地球各地，每天都有上百种语言在悄悄低语——”

西华德：请说重点。

李：只要中国持续积弱，只要俄国与日本继续为了中国东北你争我夺，后者就会利用白人列强在其他地区的互相对抗来扩张它在大陆的势力。不过日本人自己同时也是愚蠢的牺牲者；他们的成功点燃了亚洲民族主义，反而让自己成为了牺牲者，而他们之所以愚蠢，就在于他们自认日本是亚洲的德国，而事实上它却是亚洲的英国。日本让朝鲜与中国东北不受俄国染指的做法是正确的，这与英国一直努力从法国或德国手中拯救低地国家如出一辙。然而，自从百年战争之后，英国就不曾企图在海峡对岸取得领土。据有中国东北，日本就与中国为敌，将黄种人阵营一分为二，同时迫使白人国家必须有所抉择。我对后者不愿两者择一的想法毫不觉得讶异，不过俄国和美利坚合众国都选择中国这边却是不可避免的事。教授，你是否提到坚持日本需要闭关自守的“整体战”派？

学者：是啊，怎么了？

李：他们为何将日本比作德国？

学者：因为他们视德国为另一个同样缺少土地与原料，被同盟国窒息而死的高等军事文化。

李：为何他们不愿将日本视为一个像英国那样难以攻陷的岛国，只要控有海洋就不会被陆地霸权所击败？

学者：因为他们不想让日本只“成为”一个海岛帝国。

李：正是如此。日本的愚蠢就在于让陆军——而非海军——制定外交政策！一位熟谙海事的观察家由日本列岛眺望大陆，他会看到两个步履蹒跚的落后帝国——中国与俄国，并在两者之间取得平衡。这两个国家都不是惯于航海的民族，因此只要日本一日是中国沿海的保护者，并能以自己的海军掌控自己的领海，日本的经济出口就绝对不虞匮乏。世上七大洋都像它家中的客厅一样。

学者：生存空间（Lebensraum）。不过顺着你的英国比喻讨论下去：假如日本人要向大陆扩张，时机应该是17世纪丰臣秀吉入侵朝鲜那一次。因为在当时，中国东北和后来的俄属远东地区都还杳无人迹，更不用提北海道、千岛群岛和阿拉斯加了。然而德川幕府的闭关锁国政策却使日本直到19世纪90年代之前，都被排除在这场争夺战之外；而且到了此时，这个权力真空已被填满，帝国主义也成了一场由船坚炮利作为后盾的经济及贸易战。日本或许能像英国统治印度那样统有朝鲜或中国东北，但是，除非施行类似纳粹规模的种族大屠杀，否则日本却永远不能期望自己有取代当地住民的可能。对日本来说，早已时不我予。

斋藤：因此你又能让日本怎么做？谦恭地束手枯坐一旁，期望好心的白人会让我们进行贸易？或许我们在大陆上做得过火——我们确实做得过火。然而你们又能为日本人的灵魂提供什么空间，你们美国人，还有俄国人？噢，你说我们日本人自我封闭于我们的小庭院、短诗、小格局插花和小公寓，甚至一小碟一小碟的菜肴之中，而且还将这种封闭化为一种美德。然而这还是一种封闭。我看过“异族”踏上美国土地的景况。圣弗朗西斯科是他们熟悉的地方——一个到处都是亚裔人口，到处看得到东方杏眼的拥挤港都，或许和横滨类似。然后他们搭乘火车前往斯托克顿（Stockton），或坐上小货车去位于纳帕（NaPa）的亲戚的农场，他们的眼睛越张越大，然后他们放声大笑，而且迫不及待走出门外去伸展四肢，再多看、多笑几声。好大一片土地和天空！我敢说派驻中国的士兵也有同样的感觉，还有前往南洋垦殖的人们。为什么单单只有日本人不能有自己的“天命”？为何他们就必须做唯一一支精力旺盛、勤奋、多产，而且尚武，但却将自己锁在壁橱里面的民族？好吧，或许你是对的，或许是德川让我们没搭上船还是巴士，就如他们在1941年所说的。

加休曼努：既然你的人民想要征服中国，那他们为什么要攻击夏威夷？

学者：我没有解释清楚吗？

李：这是因为中国这块天然磁石拥有无与伦比的强力电弧，会放射出令人难以抗拒的磁场电波。不论罗盘方位指向何方，这股电波都会让大日本直冲合众国而来。

西华德：请让教授解说，李先生。

李：你误以为我出言过于夸大，先生，而事实上你却甘于一无所知。“要让人类瞠目以对是再困难不过的事，他深爱自己的淤泥，对自己是上帝用泥土所制这件事深感荣宠。”

学者：加休曼努，日本高级指挥部的结论是，除非能取得铁、石油、稻米和其他物资，否则日本就不该冒掀起大规模战争之险。而如果担不起大规模战争的风险，它就会连通过外交手段来保护自身利益的力量也付之阙如。事实摆在眼前，罗斯福的部属以为禁运就足以让日本军队停摆；然而，在1940年前后，内阁与参谋总部的经济策划人员已经拟定了一套计划，打算从位于东南亚的法国、荷兰与英国殖民地夺取所需物资。日本人认为只要“共荣圈”得以稳固，他们的帝国对内就可以在经济上自给自足，对外则可以立于不败之地，而这世上唯一有能力阻挠这项计划的，就只有美国的太平洋舰队。因此日本人决心要令其瘫痪，因为舰队是以夏威夷为基地，所以当地就成了日本人必须攻击的目标。

加休曼努：于是日本人就在珍珠港击败外邦白人，然后征服了我的岛屿……所以“斋藤的同胞”现在才会拥有威基基海滩！

学者：不，殿下，事实上——

加休曼努：但是他们当时就在那里了！你说过日本人几乎占了整个群岛人口的一半，你还说他们绝大多数是足以成为强壮士兵的年轻男人。他们当然会想为自己的国家战斗吧？

学者：不，殿下，事实上——

加休曼努：夏威夷的日本人不想为来自日本的日本人战斗吗？或许他们全变成基督徒了。

学者：不，殿下，事实上那只是其中少数。他们设立自己的学校、报社、俱乐部，并且为日本在中国的胜利大肆庆祝。数百人自愿回国加入皇军，生活在夏威夷的日本女孩也缝制了“千人缝”（thousand stitches）——一种被认为可以保护穿戴者不受敌人子弹所伤的仪式性腰带。夏威夷的日裔人口是站在日本这边，不过他们同时也都是亲美派。假如这话有任何意义的话。

加休曼努：但是，假如住在美国土地上的日本人能学会对美亲善，生活在日本的日本人为何不能？是因为外邦白人对他们不好吗？

学者：不，殿下，事实上——好吧，我正要说他们是受到何等待遇。不过你提出了一个重要问题：为何日本本土的日本人对美国不友善？他们当然不想如此。看看他们对贝比·鲁斯巡回访问和“阿斯托里亚”号来访的反应。即使历经那些外交争端，以及日本人通过学校和媒体接收到的各种宣传，他们还是想和美国为友。不过在他们心灵深处还有一样东西在作祟——所谓的荣誉问题，你说对不对，斋藤？

西华德：所以袭击珍珠港就像掷出手套一样，是一场绅士的决斗？嗯哼。

斋藤：

幸福的日本列岛！
若有陌生客质疑你的大和精神
且回以："嗅闻早晨阳光中的气息
樱花绽放，既狂且美。"

我现在记起来了。我曾在美国发表过一篇有关荣誉的广播演讲。"拿日本樱花和它的西方姊妹——玫瑰——来作比较。"我这么说过。玫瑰生性认真，樱花则生机勃勃。玫瑰对生命坚持到底，樱花却看轻生死、随风飘落。玫瑰坚持己见，各展风华；樱花则成簇焕发，每一朵都为成就整体之美而失去自我。对武士而言，自裁并非为了"结束血肉之躯袭得的千种罪业"，而是攸关荣誉问题的解决之道。"宁为玉碎，不为瓦全"。荣誉让日本人不得贪恋生命本身，而必须在春光最盛时归于尘土，就如樱花一般。"死是解脱，死亡只是免于羞辱的上上之策。"

学者：羞辱！

西华德：换言之是荣誉迫使日本人去做全国性的自杀？就算如此，你们又何必拖美国人一起下水？

学者：还有中国人，西华德先生，数以千万计的中国人。

第69章　图利湖与中途岛，1942

“我还记得当时心中涌起的那阵解脱感，”一位日本知识分子在珍珠港事件当天写道，“我感到一股终于获得明确方向的喜悦，整个人都轻快了起来。”焦虑结束了，充满挫折感的对华战争转变成令人满足的反白人战争。“我认为这真是太好了，”一位小说家写道，“再也没有抱怨一旦战争爆发，我们之间就会有人丧命的问题存在。没有哀叹，那就是我们当时的心情。”

相较之下，虽然他们的飞行员纷纷在日军航空母舰的甲板上互道恭喜，夏威夷特遣队的指挥群却显得郁郁寡欢。日本海军航空队的精神导师源田实（Genda Minoru）力劝南云上将继续攻击，找出不在珍珠港内的美国航空母舰并设法将其击沉，同时对瓦胡岛的船坞和储油库实施轰炸。听来颇令人心动，南云如此回答，但是万一是美国飞机先找到他们呢？特遣队已经完成了他们的任务，必须保留实力以支持征服东南亚之役。他们应该疾驰回国，而不是逞强冒险。山本认为源田所言不差，不过要推翻南云的看法却等于要让他“在所有部属眼前大失颜面”。因此山本采取了另一种做法，12月9日，他命令参谋人员开始筹划第二波攻击，以便为次年全面入侵夏威夷群岛作准备。

偷袭珍珠港在当时是否真是美国人与日本人心目中的“致命一击”？是否真如大多数历史学家所记载的，它在战术上虽是一大成功，但在战略上却是一大败笔？还是真如最大胆的修正主义人士所坚称的，它不论由哪个层面来看都是一大失败？倘若日军炸掉了燃料库与船坞，他们就能使整个基地——而非仅是船舰本身——失去作战能力，美国海军也将被迫退守美国西岸。没错，他们的目标只是要为日本争取到征服共荣圈所需的时间。不过美国的攻击武力对航空母舰的依赖却远高过早已过时的海军战舰，因为后者至少都已有20年役龄（拜华盛顿会议之赐）。正如一位海军上将之后所说：“日本人只摧毁了一大堆破铜烂铁。”甚至连珍珠港遭受突袭这项事实也算得上是福不是祸，因为如果哈斯本特·基梅尔海军上将预先知道日军即将来袭而派出所有船舰前往迎战，那这些战舰可能全都难逃与英舰“退敌”号（*Repulse*）与“威尔士王子”号（*Prince of Wales*）相同的命运，两者在战争第3天就双双被敌机击沉，葬身海底。至于珍珠港当时的情况，则是所有战舰都停泊在紧临船坞的浅水湾中，而且除了其中两艘之外，剩余的船舰都可以整修复役。切斯特·尼米兹（Chester W. Nimitz）上将就认为：“幸蒙上帝垂怜，我们的舰队才会在1941年12月7日待在珍珠港内。”

然而，不论这次攻击在战术上是对是错，它在战略上确实愚不可及，原因不仅是因为它使意见分歧、充满疑虑的美国摇身一变成为一头意志坚定的复仇怪兽，还有它未能反映北太平洋的地缘政治。除非他们能将夏威夷据为己有或使它中立化，否则日本人就永远不可能完全掌控太平洋的西部海域，而他们却两者都未能做到。此外，在美国打捞人员、五金商、焊工、电工和船舰装甲人员24小时不眠不休的英勇抢救之下，不到几个月珍珠港就已恢复全面运作，位于西岸的各大工厂也全力动员，以数万架最新机型取代了空袭中损毁的300架老旧战机。山本过去对入侵瓦胡岛的成败机率一直有所疑虑，现在他了解这不但有可能而且是势在必行，因为想赢得战争的唯一方法就是要让美国人相信想以一场冗长、血腥的战争来阻止日本在亚洲建立帝国根本毫不值得，而发出这种“精神攻击”的最好方式，就是入侵夏威夷并迫使美国舰队与空军退守加州本土。日本握有夏威夷至少意味着还有和谈的可能，如果让美国继续拥有夏威夷，日本就等于要与一个工业力量是它10倍的国家打上一场消耗战。

因此就在日本军队沿着关岛、威克岛、香港、马来亚、新加坡、菲律宾与东印度群岛一路下来连战连捷的这几个月中，山本却在为要如何避免战败而大伤脑筋。宇垣缠（Ugaki Matome）是一位精力充沛、脑筋清楚、顶着圆秃秃的光头和一张酷似发怒蟾蜍般脸孔的狂热保皇派分子。早在1942年1月14日，他就曾记录道：“结论是要在6月之后夺下中途岛、约翰斯顿岛和帕尔迈拉岛（Palmyra），并派空军驻守，以上步骤大抵完成之后，再发动所有军力入侵夏威夷，同时设法以一场决定性战役一举摧毁敌军舰队。”不过，要为如此大胆的一项计划赢得认可，也必须面临与计划本身一样艰巨的挑战。海军战略人士偏向于利用日本惊人的初期收获侵入印度洋，进而侵略缅甸及印度，或是由新几内亚转战澳大利亚，或是经由南海推进到斐济与萨摩亚；而陆军却冀望能有机会入侵西伯利亚。不论如何，在夏威夷海域掀起一场决定性的舰队冲突显然是疯狂之举，因为美国人还有由陆上基地出发的空中武力可兹使用。海陆军协商会议于是于1942年1月决定先将这项东进行动束之高阁，南云的

1906年大地震及大火。圣弗朗西斯科烈焰冲天，加州白人居民针对日裔移民与随种族隔离政策而来的种族冲突也随之爆发。
(Reproduced by permission of The Huntington Library，San Marino，Calif.)

伟大的白色舰队驶入横滨港。这张1908年的日本明信片上，有一位身穿传统和服的女子正痴痴眺望着成列驶来的美国战舰。上方圆圈中为斯佩里将军、他的旗舰副官及一位日本外交武官。
(Naval Historical Center.)

远赴西伯利亚的步兵。威廉·格雷夫斯将军和他的军团在1918年奉命完成这项吃力不讨好的任务——保卫西伯利亚铁路，同时还要留意日本人。
(From William S. Graves. *America s Siberian Adventure，1918–1920*，New York：Jonathan Cape and Harrison Smith. 1931.)

“西雅图”号在地形险峻的阿拉斯加搁浅待修。道格拉斯的环球飞行座机“西雅图”号在1924年的环球飞行之旅中落后于它的3架姊妹机,之后急起直追时又在阿拉斯加坠机。
(Courtesy，National Air and Space Museum，Smithsonian Institution.)

洛杉矶导水管。这个引自欧文斯河的巨大导水管完工于1913年，洛杉矶人口因此得以跨越百万大关。如今此地的都市人口已是当时的10倍之多。
(Department of Water and Power，City of Los Angeles.)

"中国快艇"号掠过金门大桥。由于有泛美航空公司的胡安·特里普建立的跨洋基地网，艾德·缪齐克上校才能在1935年驾驶马丁M-130"中国快艇"号飞机，由阿拉梅达（Alameda）飞行到马尼拉。

（Courtesy，National Air and Space Museum，Smithsonian Institution.）

石原莞尔（1889—1949）筹划夺取中国东北，梦想着将中国纳入"大东亚共荣圈"，并预言日本将与美国展开最终决战。

（Kyodo News Service.）

1936年的青年军官叛变。日本陆军皇道派分子在2月的下雪天占领东京警察局，镇压叛变的日本"温和派"。结果却将日本带进对抗中、英、美三国的战争之中。

（UPI / Bettmann.）

1939年，斋藤博返乡。美国驻日大使格鲁夫妇安慰斋藤博的遗孀与女儿，照片摄于斋藤博的骨灰由“阿斯托里亚”号上卸下之前。
(UPI / Bettmann.)

诺门罕：日本的噩梦。日本轻型坦克逼近俄军战线，朱可夫司令给了好战的关东军一次教训，从此日本宁可冒与英美开战的危险，将北进政策改为南进。
(Kyodo News Service.)

山本五十六（1884—1943）上将一手策划了偷袭珍珠港，却预见对美战争将以惨败告终。
（Kyodo News Service.）

DEFENSE COMMAND AND FOURTH ARMY
WARTIME CIVIL CONTROL ADMINISTRATION
Presidio of San Francisco, California
April 1, 1942

INSTRUCTIONS
TO ALL PERSONS OF
JAPANESE
ANCESTRY
Living in the Following Area:

美籍日裔遭到拘留。日裔第一代、第二代移民看到上面的通知后，如果拒绝交出财产、出面自首，将被视为叛国。
（Courtesy，The Franklin Delano Roosevelt Library.）

珍珠港会议。1944年7月，富兰克林·罗斯福第四次参选总统，照片中他看来似乎正在调解道格拉斯·麦克阿瑟与尼米兹将军的战略分歧。麦克阿瑟坐在罗斯福右边，尼米兹站在地图前。
（U. S. Navy，National Archives.）

超级舰队。“埃塞克斯”号（*Essex*）领军下的美国海军航空母舰群。到了1943年，美国的低空空中优势已足以对日军占领的岛屿进行两栖登陆作战。
（U. S. Navy，National Archives.）

“地狱从天而降！”塞班岛北部麻僻跑道之役。美军占领该地之后，这片跑道就成为进攻日本本土的B-29轰炸机据点。
（U. S. Marine Corps，National Archives.）

美国海军陆战队于1944年7月拍摄的塞班岛投降日军照片。97%的日本守军不是在负隅顽抗或自杀性攻击中丧生，就是自杀身亡。
（U. S. Marine Corps，National Archives.）

亵渎与神圣。1945年B-29轰炸机轰炸东京后，返程经过富士山上空。
（UPI / Bettmann.）

落难天皇。日本裕仁天皇（1901—1989），天照大神的嫡裔子孙，在1945年3月巡视首都废墟。
（AP / World Wide Photos.）

枯骨山谷。长崎浦上山谷遭到原子弹轰炸后的景象。远处为核爆中心点：浦上天主教堂。
(Kyodo News Service.)

麦克阿瑟与吉田茂（1878—1967）。老年时相互扶持，一如当初在美军占领期间，为了重建新日本时互相扶助一般。
(AP / World Wide Photos.)

新太平洋的中心。威基基海滩皇家夏威夷酒店，摄于1948年。粉红色的装饰艺术建筑杰作，预告了夏威夷群岛由殖民地与军事基地蜕变成观光胜地与太平洋商业中心的未来远景。
(Courtesy，The State Archives of Hawaii.)

舰队则忙于支援占领所罗门群岛、轰炸澳大利亚的达尔文港等任务，并在印度洋到处肆虐。

不过后来美国人却帮了山本一个大忙。2月1日当天，两艘奉派巡视澳大利亚补给线的美国航空母舰对马绍尔群岛日军基地发动攻击。虽然并未造成重大损失，他们的行动却说明了只要美国人握有夏威夷，他们就能在任何时间随意对任何地点展开攻击。其中的重大意义更在4月28日明显浮现：美国海军上将威廉·“蛮牛”·哈尔西（William “Bull” Halsey）指挥的“大黄蜂”号（*Hornet*）潜入距离日本本土不到1127公里的海域，16架B–25轰炸机在吉米·杜立特（Jimmy Doolittle）率领下冒死空袭东京，这才是货真价实的“精神攻击”，因为虽然日本宣传机构将其蔑称为“小儿科”空袭[①]，但日本军方却颜面扫地，天皇的安危也因而引起关注。正如山本麾下的空军军官三轮吉武（Miwa Yoshitake）所说：“东京是我国首都，是我们神圣祖国的中心点，不论在任何情况下都绝不容许敌人对此地展开空袭。”杜立特空袭过后，三轮极力主张：“要阻止类似的敌军行动，除了登陆夏威夷之外别无他途，而其先决条件就是要先登陆中途岛。”这点连陆军也不得不俯首赞同。

对少数几位仔细考虑过这项行动的日本人而言，夏威夷是一个梦想之地：一座原本以亚裔居民为主的波利尼西亚群岛，却在一场政变后遭到美国帝国主义吞并。此后岛上为数庞大的“一世”（issei，第一代移民）与“二世”（nisei，第二代移民）就成为白人少数民族莫名的恐惧目标。日裔工人一罢工示威，糖业大亨的传声筒就大肆渲染真正的问题在于“夏威夷是否仍属美国，还是将成为日本人的天下”。第二代移民一开始大举参加投票活动，那些谣言制造机就预言地方政府将落入日裔手中。当一位怒不可遏的日裔人士于1928年绑架了一个白人男孩，这个意外事件立刻成了种族威胁的象征。就连在当地议会已通过成为美国一州的决议案，而且法案已经送抵国会之时，反对人士仍不忘拿种族问题大作文章：一个非白种人口占总人口78%，其中还包括16万忠诚可疑的日裔在内的地区，怎么可以成为美国的一州？当国会于1937年派出考察团前来一探究竟时，曾在火奴鲁鲁著名的主教博物馆（Bishop Museum）担任波利尼西亚文化主管的约翰·斯托克斯（John F. G. Stokes）竟然作证说日裔人士不仅无法同化，甚至阴谋要将夏威夷拱手送给天皇：“令我们无法想象的是，夏威夷的白人住民竟然也感染了日裔心态，这项事实将成为反对立州的有力论点。就技术而言，当地的白人，特别是那些有钱有势的人，

① 原文“do little” raid，与杜立特谐音。——译者注

极容易为日裔的‘温和神圣精神’所惑，因为这项理念迎合白种人的虚荣心，满足了他们援助‘棕色小兄弟’的优越情结。”面对这项证言，二代移民也只能回复：“假如我们这些夏威夷日裔民众都被视为‘日本鬼子’，或许迟早我们会觉得自己真的是‘日本鬼子’；然而，假如我们的朋友继续拿我们当美国人对待，我们在心态和行为上就会像个美国人。”

不过，如果说白种美国人怕的是二代移民心怀不轨，生活在日本的日本人却巴不得他们果真如此！官方宣传总是说侨居海外的日本人都是“同胞”（doho，与纳粹所谓的“德意志裔人”[Volksdeutsche]颇有异曲同工之妙），祖国有义务让他们回归自己的怀抱。毕竟到了1940年，夏威夷还有7.3万名二代移民具有双重国籍，日裔夏威夷人总共认购了价值300万日元的帝国战时公债，而且其中还有1.4万人回日本接受教育或服役。不过，剩余的日裔人口则进入美国的学校和夏威夷大学就读，并且占童子军和地方自卫队（Territorial Guard）中的绝大多数。事实是，许多“同胞”在忠诚问题上确实左右为难。在被问及一旦美日交战他将如何自处时，一位年轻人就回答说：“我会自杀。”

这个为数庞大、工作勤勉，但对政治保持沉默的夏威夷日裔社区自然对“共荣圈”的设计师们有相当的吸引力。珍珠港事件之后，描写“同胞”如何与白人优越主义对抗的书籍和文章一波接一波地在日本国内出现。一位在1942年回到日本的一代移民就曾写道：“谈到要解放夏威夷人民，逻辑上应该是指日裔，而非夏威夷土著。”夏威夷只不过是个殖民地，将它由美国手中夺取过来跟由英国手中解放香港并没什么两样。记者神田吉（Kanda Yoshi）坚持：“夏威夷必须为日本所有。”大学教授小牧真重（Komaki Sanashige）则直截了当地写道：“夏威夷是日本的一部分。”朝野学者都预期一旦日本攻入夏威夷，他们在当地的族人必然会揭竿而起，他们还研究日本要如何改造夏威夷的政府与社会，要如何一举解散五大糖业财阀！

1942年年初，一位得州士兵在抵达夏威夷后抬头看了一下周围居民的脸孔，然后开玩笑说：“我的上帝，我们来得太迟了，日本鬼子已经占领这里了。”考虑到日本才刚在一次偷袭中造成3435位美军伤亡，以及日裔工人用在甘蔗田里砍出来的“箭头”路标指引日本飞行员、用卡车做成路障，甚至对岸边的潜水艇大打信号等流言，没有人因此惨遭私刑真是值得大书特书。日本领事确实曾拍下美军防御阵地并观察当地船只动向，然后再以密电回报东京，不过他用的都是日籍间谍，而非日裔一代或二代移民。因此接替肖特职位的德洛斯·埃蒙斯中将（Lt. Gen. Delos C. Emmons）就以夏威夷身为“美国友谊及善意的最前哨”的声誉为诉求。多亏他的政治家风范，阿罗哈（Aloha）精神、戒严法，以及众人对种族暴动的戒慎恐惧，12月7日之后，整个群岛终于重新被稍显紧绷的平静气氛所围绕。

12月19日，罗斯福内阁对“第五纵队”的可能性展开讨论，并建议将日裔夏威夷人迁移到毛伊岛或摩洛凯岛上的集中营中，不过埃蒙斯却以劳工和船只不足为借口，使出“拖”字诀。他才不要跟集中营沾上关系：“在面对无情、狡诈的敌人的强力攻击之际，我们必须记住这里是美国，我们必须依循美国方式行事。”之后联邦政府的“罗伯特报告”（Roberts Report）宣称（误判）有平民间谍在夏威夷活动，陆海军同时下令采取措施，好将“日本鬼子由瓦胡岛上迁走”，然而埃蒙斯与联邦调查局特派员罗伯特·希弗斯（Robert L. Shivers）却坚持日裔二代移民不仅忠贞不贰，而且他们占全岛40%的技术劳力更是不可或缺的。事实上，每次华盛顿一催促他采取行动，埃蒙斯要不是顾左右而言他就是设法拖延，直到事情不了了之为止。结果，最后只有不到2000位日裔夏威夷人遭到拘留。

既然白人在夏威夷能够悬崖勒马，那他们在西岸当然也应如此，因为当地并未受到迫在眉睫的军事威胁。12月7日过后，流言再度四起：日军战机空袭圣弗朗西斯科、破坏分子接近兵工厂、海岸有潜艇出现、一位在珍珠港上空被击落的日军飞行员手上戴着加州大学的毕业纪念戒指，甚至还传出有蔬菜被下了毒，惹来一阵虚惊。加州州长卡伯特·奥尔森（Gov. Culbert L. Olsen）及国会议员利兰·福特（Leland Ford）等地方领袖再度呼吁大家要冷静，凡事要光明正大。最重要的是，身居太平洋军区总司令之职的约翰·德威特将军（Gen. John L. DeWitt）也提出了一份报告，认为想将他辖区内的11.7万名日裔人口迁移他处的提议根本违反一般常识：“毕竟，美国公民就是美国公民，虽然他们不见得人人忠诚，我却认为如果真有必要，我们应不难分辨忠奸并将叛国分子绳之以法。”

然而，前后不到一个月，面对要求对日裔美国人采取惩罚措施的全国性声浪，这些地方领袖的想法就发生了一百八十度的大改变。联邦政府夸大了日裔间谍的潜在危险性，甚至几乎主动鼓励加州白人要求将这个“黄金州”内的日裔全面扫地出门。举个例子，海军部长弗兰克·诺克斯（Frank Knox）原可以利用他12月15日在洛杉矶举行的记者会，公开呼吁全国要保持冷静。但相反的，他却将珍珠港事件归咎于“除了挪威之外，这场战争中最具效率的第五纵队”。罗斯福的白宫探员也发出相同的警讯，认为破坏电厂、港口与桥梁将会降低战力：不妨想象有人炸掉胡佛水坝或火烧波音工厂会造成何等后果！到了1月中旬，先是福特议员改变心意要求将日裔人口迁入位于内陆的集中营内，所持的理论是只要是抗议这项待遇的人必是叛国分子。《洛杉矶时报》更公然宣称：“毒蛇就是毒蛇，不论蛇卵是在哪里孵化。因此双亲皆为日裔的日裔美国人，成人之后还是个日本人，而非美国人。”2月初，加州检察总长厄尔·沃伦（Earl Warren）同意了这项迁徙计划，洛杉矶市长弗莱彻·鲍伦（Fletcher Bowron）也宣布：“当最后的考验到来之时，除了‘血浓于水’之外谁又敢作何担保？我们不能冒让南加州存在另一场珍珠港事件的危险。”

这句话的确为关键所在，因为不论战火初起的那几个月有多可怕、又酝酿了多少难以化解的恐惧和复仇意念，还是只有军事需求才能让人身保护令暂时失效，而且也只有军方才能执行这项行动。如果当时陆军像在夏威夷那样一口拒绝，罗斯福或许就会将反间谍工作转给联邦调查局处理，军方则直接着手投入战局。不过61岁的德威特将军却缺乏这种才能，他简直不敢想象，万一“另一场珍珠港事件”在自己眼下发生时他将面临什么命运。“我绝不成为第二位肖特将军，”他说道。这时一位权威评论人沃尔特·李普曼（Walter Lippmann）又由圣弗朗西斯科回报说“太平洋沿岸遭到内外夹攻的危险已迫在眉睫”，美国西岸地区国会会议无异议地通过向总统请愿，要求“将具有直系日本血缘的人一概撤离”。德威特很快就让自己相信拘留是“必要的军事手段”，由史汀生与约翰·麦克洛伊（John J. McCloy）主持的战争部门也表示附议。于是罗斯福在1942年2月19日签下执行命令，上面只附上一句忠告：“要尽可能理性从事。”

种族大屠杀并未爆发，奴工营、类似巴丹岛（Bataan）的死亡行军、酷刑或日本人加诸在俘虏身上的“医学实验”在此都未曾发生。就算美国人的过度反应可以以“珍珠港情节”为借口——因为这是发生在珍珠港事件的两个月后，但奉命主掌“战争安置机关”（War Relocation Authority）的米尔顿·艾森豪威尔（Milton S. Eisenhower）还是一开始就察觉：“战争结束之后，当我们平心静气地想起这项12万人史无前例的大迁徙之时，我们美国人将对这些原可避免的不义行为懊悔不已。”由西雅图到圣迭戈间的集结行动迅速展开，日裔人士都默默离去（还在母亲襁褓中的三代婴儿或许例外）。就这样，农民纷纷离开田地，各地的日本街空无一人，宛如鬼域。到了1942年8月，陆军大可报告“日本鬼子已绝迹”西岸，因为日裔二代移民现在都住在用油皮纸和帆布搭盖的拘留营营房里，营区四周还围着铁丝网，他们奉命为陆军种植甜菜之类的作物，而且仍不改他们一贯的勤奋及合作本色。不过，并不是人人都同意签下一纸忠诚誓词或自愿从军保卫如此对待他们的国家，有10.8万名“顽劣分子”就被集中在最为恶名昭彰的图利湖营区。这个营区横跨俄勒冈州州界附近的熔岩层，冬冷夏热，气候温差极为明显。暴动与抗议随之而起，最后7000多位被拘留在图利湖营区的民众在忍无可忍之下宣布放弃美国公民权，要求在战后被遣返日本。

然而，就在迁徙行动在本土展开的这几个月中，同时也有数千名任职于珍珠港及斯科菲尔德一巴拉克斯营区（Schofield Barracks，夏威夷营区名称）的日裔二代移民、来自各大学的日裔作战胜利志愿者（Varsity Victory Volunteers）、地方自卫队中的日裔战士、参加瓦胡岛士气委员会的日裔公民，以及海军雇用的日裔翻译人员投入瓦胡岛抵抗日军下一波攻击的备战活动。当然远在日本的日本人是假设白人会逮捕所有日裔民众，因此他们才会赶在珍珠港事件之前让一位德国间谍偷渡进入夏威夷，不过这位德国间谍却立即遭到逮捕。在当地日裔又拒绝背叛美国的情况下，日本人能获得的美国战略情报就只有来自偶尔掠过的水上侦察机。相反，美国人却能对山本和宇垣进行监听，甚至能窃听到他们是如何为进攻中途岛调兵遣将。

“美国的命运事实上完全寄托在十几个人身上。这些人不管在和平时期或战争时期，都是以无线电知识作为他们生命与事业的奉献目标，”联合情报中心的霍姆斯上校如此说道，而这点尼米兹上将也深表同感。到了1942年3月，约瑟夫·洛克福特（Joseph Rockefort）的海波办事处（Hypo office）正加紧破解代号JN25的最新日本海军密码，通过每日不断的监听过程，海波小组几乎能找到每一艘日本帝国海军主力舰的大概位置，洛克福特与太平洋舰队情报主管爱德温·莱顿上校（Capt. Edwin T. Layton）因而才得以有根据地揣测日军有意在杜立特空袭后重返夏威夷水域，而且中途岛将是他们的第一个可能目标。然而远在华盛顿的情报专家却不以为然，他们以为出现在密电（decrypts）上的“AF”密码指的还是珍珠港，或者甚至可能是美国西岸。关键在于尼米兹必须拿定主意，毕竟他负责防卫的区域不仅只有夏威夷，而是包括扼守西岸与巴拿马运河要冲的阿拉斯加，以及通往澳大利亚的航道在内。当时他麾下有两艘航空母舰部署于新几内亚外海，以阻挠日军侵入莫尔兹比港（Port Moresby）或澳大利亚海岸。在5月7日至11日的珊瑚海（Coral Sea）战役中，美军飞行员击沉一艘日军航空母舰并重创另外一艘，但也付出“列克星敦”号航空母舰作为代价。更重要的是，由于山本五十六之后让两艘航空母舰入厂修理，他在中途岛的战力因此由6艘减至4艘；这无所谓——他这么认为，他会让美国人再度措手不及。

事实却正好相反。5月10日，在洛克福特与尼米兹的诱骗下，日军泄露了他们的目标所在。由于中途岛是1903年铺设的海底电缆的中途站之一，因此珍珠港与当地的通信并无遭受窃听之虞。于是洛克福特通过海底电报下令要求中途岛以无线电回报，说当地的海水淡化厂发生故障。由于兹事体大，窃听的日军船舰必然会回报本国当局。然后洛克福特就开始等待，果不其然，两天之后驻守夸贾林环礁（Kwajalein Atoll）的日军就以无线电回报东京，说“AF”的供水出了问题。5月25日，幸运之神再度降临，海波小组破解了一份包括完整日军作战命令以及可能攻击日期（6月3日）在内的无线电电文。当然这也可能是用来愚弄美军的假情报，不过前提条件是日军必须已经怀疑美军破解了他们的密码，而尼米兹却自信他们并未起疑。这次换美军大有可能有制敌先机。

山本五十六的计划处处都看得到各种折中与“胜利症候群”的痕迹——后者是轻易获胜所产生的过度自信。他的攻击武力极为强大，但却分成四个部分，而且每个部分都负有语焉不详或叠床架屋的多重任务。南云的4艘航空母舰和其他战舰负责在展开两栖攻击之前削弱中途岛的防御，同时还要对经过的美军航空母舰展开攻击。山本的主力由7艘火力强大的战舰组成，另外还配有21艘反潜艇驱逐舰；这支舰队的任务是支援攻占中途岛并击毁美国太平洋舰队的漏网之鱼——如果它们胆敢介入战斗的话。至于包含12艘载满士兵的运输舰在内的入侵主力则由马绍尔群岛出发，准备伺机而动。最后，主力舰队将释出一部分攻击武力，对阿留申群岛进行牵制性的攻击。整个作战计划显然过于繁复，不过日军必然将压倒以寡敌众的美军、占领中途岛，一举掌握其终极目标——夏威夷群岛——周围的海空霸权。

尼米兹除了保卫中途岛——夏威夷的前哨站——之外别无选择，不过他却不能和这支无敌舰队硬碰硬。在他看来，他唯一的生机全看雷蒙德·斯普鲁恩斯海军上将（Adm. Raymond Spruance）的3艘航空母舰能否神不知鬼不觉地靠近日本舰队侧翼，在日军发动攻击之前先下手为强，以游击战术击中敌人的航空母舰，其余就只有听天由命了。他自己承认：“在日军航向中途岛期间，有些时候我确实感到焦虑难耐。”不过当一架美军巡逻机在6月4日清晨发出“多架飞机正赶往中途岛”的无线电信息后，焦虑立刻在行动中化为乌有。不到一小时，美方就发现日军航空母舰行踪，由中途岛起飞的轰炸机也开始展开攻击。不过美军的低空战机却在历时一个小时的激战中被日军的零式机摧毁殆尽，而高空的B-17轰炸机也毫无斩获，接着前往轰炸中途岛的日本战机队又飞回航空母舰，这回源田下定决心绝不半途而废，他要战机加满燃料，对中途岛进行第二次轰炸。不过山口多闻（Yamaguchi Tamon）海军少将却一口拒绝：即使由中途岛返航的轰炸机会因为找不到甲板降落而沉入海底，也绝对要让战机立刻升空去搜寻并攻击美军的航空母舰。南云听不进这项谏言，他坚持要回收他的战机。南云的失误再度立即获得证实。因为就在日军的甲板人员疯狂地为飞机降落、更换武器装备、加油和再度升空作准备时，由“企业”号、“大黄蜂”号和“约克敦”号上起飞的数个鱼雷轰炸机中队已经从天而降，开始轰炸日军航空母舰。不过，虽然美军疯狂奋战，极力想突破零式机构成的航空母舰保护网，但他们的战机性能较差，携带的鱼雷也属旧式；美军的新兵飞行员因而损失极其惨重，而目标却仍然毫发无损。筋疲力尽的日军松了一口气：他们已见识到最激烈的美军攻势，却能昂然不败。然而，紧接着，“阳光中闪现出一道反射光线……宛如一片美丽的银色瀑布”。

一小时前，韦德·麦克拉斯基上尉（Lt. Wade McClusky）作了一个决定。当时他的由“企业”号起飞的道格拉斯SBD无畏式俯冲轰炸机中队已抵达预期中的日本舰队所在地，但眼前所见却只有一片汪洋。他的战机燃油所剩不多，因此不论他作任何决定，这都将是他的最后一次抉择。匆匆看了仪表板一眼，并在心里略作估算之后，他下令全队朝西南偏西前进约56公里，然后转向西北，沿着据报的日军航空母舰航线前进。过了“整个行动中最重要的决定”7分钟之后，麦克拉斯基看到一艘日本军舰正奋力朝某地疾驰而去，可能是在追赶失去联络的舰队！于是他就尾随而行。又过了10分钟左右，日本第一航空舰队就赫然在他的下方浮现，航空母舰的甲板上挤满装好武器、满载油料的战机。更棒的是，击退鱼雷轰炸机之后的零式机离水是如此之近，以致根本无法拦截朝着日军航空母舰漫天而下的“银色瀑布”。“他们的战略极为出色，”“加贺”号（*Kaga*）的航空官说道，“他们由太阳的方位朝着我方俯冲而下，利用时隐时现的云层作为掩护。”不过现在回顾起来虽然轻描淡写，当时日军却只能大喊“俯冲轰炸机”和“地狱式俯冲战斗机”。然后，就在1942年6月4日上午10时22分过后的几分钟内，3艘日军航空母舰就中弹爆炸。美国普林斯顿大学毕业的山口是硕果仅存的那艘航空母舰的指挥官，他在一轮反击中击沉了“约克敦”号，不过美军飞行员在当天下午就报了一箭之仇：他们发现了山口的“飞龙”号（*Hiryu*），“飞龙”号随之也中弹起火。在将4艘敌军的航空母舰全数击沉之后，斯普鲁恩斯并未贸然追击，他下令全军撤退。山本五十六此时别无选择，他只得取消进军中途岛的计划，将尚未投入战局的主力撤离战区。

正当己方的军舰、战机与资深飞行员纷纷在他们周围毁灭殒命之时，源田注视着领导珍珠港第一波攻势的渊田美津雄（Fuchida Mitsuo），言简意赅地说：“我们搞砸了。”而斯普鲁恩斯则说：“我们真是洪福齐天。”搞砸与洪福齐天之间自然存在着数十种变数，而其中可能又以破解密码关系最为重大。事后山本五十六曾怀疑美军是否预先获悉日军的计划，同时美国《芝加哥论坛报》也犯下大错，在报上大肆刊出“海军洞悉日本海上攻击计划——荷兰港纯属佯攻烟雾”的报道。不过美国运气不错，自以为是的日军得出了错误的结论：他们认为一定是有潜艇意外发现了他们的踪迹，然后将他们的位置回报给了珍珠港。

不过，中途岛之战的意义即使在当时也显而易见。日军的攻击力遭到破坏，这场战争终究还是要走上消耗战之路；对美军而言，保住夏威夷已让他们立于不败之地，外邦白人和日裔二代移民都齐声额手称庆。

第70章　阿图岛与德黑兰，1943

虽然付出了惨重代价，但山本五十六在中途岛之战却只掳获了阿留申群岛中的阿图岛（Attu）与基斯卡岛（Kiska）。日军先对位于乌纳拉斯卡岛上的荷兰港，也就是本区唯一能力抗外敌的美军要塞展开空中轰炸。当时有一位日军飞行员在紧急降落时摔断了脖子，不过他所驾驶的三菱零式战斗机（Mitsubishi Zero）却几乎完好无损；美军迅速找到这架战利品并将它转交给工程人员处理，后者随即设计出后来由零式手中夺下太平洋空中霸权的格鲁曼地狱猫战斗机（Grumman Hellcat）。

对未曾驻足阿拉斯加的战略专家而言，这片土地依旧是块魅力十足的天然磁石，甚至连丘吉尔都曾问过罗斯福为何美国人不利用阿留申群岛作为进攻日本的跳板。不过，在崎岖多风、满天浓雾的阿拉斯加海滨操作战机或战舰的人都知道，受限于当时的科技条件，阿拉斯加还是只适于扮演陪衬的角色。当地的战前防卫能力低到让比利·米切尔称之为“美国国防的阿喀琉斯之踵”，地方长官欧内斯特·格里宁（Ernest Gruening）也抱怨“20个伞兵就足以夺下阿拉斯加”。直到1939年，阿拉斯加的“内部防卫”依旧是由“300位奇尔库特（Chilkoot）营区的步兵，外加一座俄国人遗留下来，现在被当作花盆使用的老旧大炮构成”。因此国会特别拨款1100万美元，在荷兰港、科迪亚克岛、安克雷奇（Anchorage）、费尔班克斯与锡特卡等地设置跑道与基地。加拿大人与美国人又从探勘、爆破到动手挖掘一路合作，筑成一条长达1600公里的新路，将原有的爱尔肯公路（Alcan Highway）由育空延伸到费尔班克斯。珍珠港事件之后，美国又通过白令海峡将战机租借给苏联。为了确保这条生命线不被日军截断，格里宁与马文·马斯顿上校（Maj. Marvin Marston）特地前往诺姆说服当地的爱斯基摩人投入战斗——“这是第一次有人拿这些原住民当真正的公民看待”。马斯顿以狗拉雪橇代步，冒着零下46度的低温走遍整个西华德半岛，告诉爱斯基摩人说日本人想“把你们赶出你们的村子，这样他们才能把这里的渔获、鲸和海豹都留给自己人”。于是手持第一次世界大战旧式步枪的爱斯基摩守卫就担负起白令海峡一带的监控工作，在冰天雪地中打了一场值得骄傲的无声战争。

倒霉的阿留申人可没这么幸运了。阿留申群岛争夺战才刚刚展开，他们就立即全数奉命撤离。虽然尼米兹对日军的入侵曾略作抵抗，美国战机也确实击沉了一艘日军运输舰；然而，到了1942年7月底，敌军的2400名士兵已经登上基斯卡岛和阿图岛。这些士兵就此驻守岛上，他们就像以前巴拉诺夫手下的俄国人一样，只能在岛上静静等待日本当局心血来潮时派出的补给船的到来。这段期间，美军则抽干了一座阿达克岛（Adak）的潮汐盆地，在上面修建了一条跑道，然后开始对基斯卡岛发动一场英勇但又可笑的空中轰炸：战机的引擎必须先用火把加热才能在酷寒的气候中发动，起飞前还必须先刮除机翼上的冰雪，然后飞行员还要祈祷自己能在满天云雾中找出几个小洞，才能看到他们的目标甚至基地所在。

负责保卫阿拉斯加的不是别人，正是前面提到的德威特将军，他又犯了与拘留日裔民众时相同的毛病——本位主义（过分强调个人战区的重要性）。为了将日军驱离阿拉斯加，德威特要求军方提供增援。不过，总参谋长乔治·马歇尔（George Marshall）的备用战力在1942年8月之后都已全数投入瓜达康纳尔岛战役，因此他告诉阿拉斯加指挥处，要他们量力而为；而这点在托马斯·金凯德海军少将（Rear Adm. Thomas Kincaid）于12月接掌指挥权之后也立即付诸实施。他立刻命令他那支小型舰队出兵封锁阿图岛与基斯卡岛，并将闯关的补给船一一拦截下来；东京则命令驻军要不惜一切代价死守西阿留申群岛，同时于1943年3月派遣细萱戊子郎（Hosagaya Moshiro）中将率领一支由巡洋舰、驱逐舰和商船组成的快速舰队去冲破金凯德的封锁线。

日军舰队一驶入白令海峡就迎头撞上查尔斯·麦克莫里斯少将（Rear Adm. Charles H. McMorris）的小型舰队。虽然陷入以一敌二的困境，麦克莫里斯还是命令麾下两艘巡洋舰“盐湖城”号（*Salt Lake City*）与“里士满”号（*Richmond*）尽可能提高速度，拉开阵势；之后三个半小时内，一场传统式的舰队对轰大战将北极附近的苍白海域染成一片黄中带红的景致。美军虽然数度击中“那智”号（*Nachi*）巡洋舰，但却无法掳获半艘商船；“盐湖城”号先是舵轮被发射过于频繁的炮塔后坐力打坏，接着左舷又直接中弹，当场失去动力。麦克莫里斯还有拯救旗舰与封锁任务的最后一线机会：他下令所有驱逐舰冲过宽达16公里的敌军火力网，集体发动鱼雷攻击。如果细萱坚持到底，他或许能击沉这些美军巡航舰，然后突围进入阿留申群岛的己方阵地。但是当时他的舰队不论弹药或燃油都已消耗殆尽，而且他又不愿意让自己的旗舰带伤冲锋；于是日军舰队骤然退却，麦克莫里斯成了大英雄，细萱则被解职。

这场不甚引人注意的科曼多尔海战（Battle of the Komandorskie）鼓起金凯德自日军手中夺回两座阿留申岛屿的雄心。尼米兹提供了3艘老旧战舰，陆军航空队（Army Air Corps）也对日军阵地一连轰炸数星期之久。最后，1.1万名美军就在1943年5月11日当天涌上阿图岛滩头；在阿拉斯加短暂的明媚春光中，士兵们费尽力气想在半冻半融的苔原上扎稳阵脚。日军虽然在人数上居于劣势（约为1∶5），但他们却退守霍尔茨湾（Holtz Bay）到马萨克山谷（Massacre Valley）之间的高地，居高临下对登陆的美军新兵大肆扫射；美军指挥官随之发出悲叹，宣称必须花6个月才能把日军赶出山区。于是金凯德临阵换将；恶战5日之后，美国人终于攻下高地。日军之后又坚守了10天，最后山崎保代（Yamasake Yasuyo）大佐下令所有伤兵自杀，仅剩的800军力则全体上刺刀，他留书写道："年仅三十二，吾即将葬身此地。吾心无悔，天皇万岁……再会沙子，我的爱妻。"于是他挑了某个雾蒙蒙的深夜发动自杀性攻击。日军最后在强忍恐惧的美军炮火下战至非死即降为止。残存的最后500名日军在腰间绑上手榴弹，引爆自裁。

战役在8月15日结束：这一天有3.5万名自信满满的美国及加拿大士兵夜袭基斯卡岛。这场战役有331名士兵伤亡，不过都是由地雷、意外、友军炮火造成的，甚至还有人是被野狗咬伤。原来岛上的日军早就被一支溜进防线的突击舰队给接走了，美国大兵只好高唱："噢，强大的北太平洋舰队，它的王国是寒冷的阿达克岛，以浓雾和掳获两只小狗远近驰名。"阿图岛之战是美军在冲绳战役之前伤亡率最高的一场战斗，而基斯卡之役则是一场闹剧。不过这场发生在太平洋北端的小小战役不但让美国人学到不少两栖进攻技巧，鼓舞了国内的士气，同时也是日军武力由盛转衰的先兆。

"今夜1942年即将结束，"宇垣缠上将在日记中写道，"4月之前的第一阶段行动是何等辉煌！6月中途岛之役后的退败又是何等悲哀！入侵夏威夷、斐济、萨摩亚与新喀里多尼亚（New Caledonia）、解放印度及摧毁英国远东舰队都如梦般粉碎……回首前尘，我的心中沉重不已。"他们还没有溃败的感觉，不过却理应如此。新年才过了3个星期，罗斯福就在卡萨布兰卡宣布盟军要奋战到轴心国无条件投降为止。这项宣言让日本的最后策略化为乌有：他们原本打算以威吓手段迫使美国和谈。1943年2月，围攻斯大林格勒的德军弃械投降，日军彻出瓜达康纳尔岛；4月山本五十六身亡，5月阿留申群岛失手，到了6月，意大利宣布投降。

日军依旧据有方圆广达2.4万公里的“共荣圈”，但共荣圈背后的循环论证却已暴露无遗。1941年年底，四强的禁运策略已使日本无法取得圆满解决中国战争所需的物资，于是日本人只好出兵南方以取得某些补给，而且这些物资还只不过是原有贸易的替代品而已。然而这些征服战争和新帝国的防卫却只会让日本的物资需求陡然倍增；除非中国或美国放弃战争，否则这本账绝对无法收支平衡。日本人的下一步抉择使得形势更趋恶化：他们在中国东北和其他地区投入了150万大军，印度、缅甸、所罗门群岛、新几内亚和中太平洋地区却只能分到少数几股零星武力。不过，到这个时候，日本的海军和商船再怎么做也不可能全面照顾到数以百万计的海外大军。当时的情势是，傲慢的日本海军有大半时间都花在护送经济殖民地的补给船前往日本，然后再从日本倒运到各个岛屿要塞上面。最后日本海军甚至一度完全弃潜艇战的威胁于不顾，直到1943年年底才试图再另组一个护航系统。日本是另一个不列颠，它完全依赖海上贸易维生，航运损失高达90%的杀伤力显然可与战场上的溃败等量齐观。

盟军三巨头——罗斯福、斯大林和丘吉尔——在1943年秋天就已预见到，虽然还称不上胜利在望，但盟军的确已胜券在握。然而，对“第二次世界大战”这样一场事实上是由两三场时空碰巧重叠的个别战争构成，而且“盟友”的作战目标互相矛盾的战争而言，“胜利”究竟意义何在？举例来说，亚洲地区的战争是始于1931年（“九一八”事变），地中海战争是1935年（意大利入侵埃塞俄比亚），欧战是1939年，俄国战争是1940年（如果入侵巴尔干与芬兰也包括在内），太平洋战争则是始于1941年年底。德国、意大利与日本虽然宣布结成三国同盟，希特勒却甚少让盟国得悉他的意图；墨索里尼发动“平行战争”公然与希特勒唱反调，至于日本人根本不曾与德军有过任何合作；拜不按牌理出牌的《苏日中立条约》之赐，轴心国甚至连共同的敌人都没有。所谓的“盟军”倒是至少还有一个共同的敌人——德国，不过美国、大英帝国和苏联却各自生活在不同的时空之中：英国活在君主政体的旧日帝国时光之中，苏联是共产主义制度，而美国（至少就技术上而言）则是活在民主的资本主义未来之中。丘吉尔是以保卫大英帝国为目标，但罗斯福的目标却包括瓦解所有殖民帝国，另外斯大林则是以苏联、共产主义和他自己的安全利益为出发点不断向四面八方扩张。面对日本、国民党和共产党的三方争夺战，你的结论一定是亚太政治正陷入前所未有的混乱局面。

“这将是一场漫长的苦战，”斯坦利·霍恩贝克如此评论，“不过，战争结束之后，山姆大叔将会成为世界的代言人。”但是山姆大叔又能说些什么呢？

面对如此错综复杂的全球局势，直觉上你就会想要将一切简化，而这股直觉接着就导致罗斯福重整太平洋局势的四大决策：首先是罗斯福出人意料的卡萨布兰卡宣言，这等于是宣告盟军将持续作战到轴心国敌人无条件投降为止，其最初、也是最终的意义在于向斯大林保证，英美两国绝对不会与希特勒片面媾和。然而，在太平洋地区这却意味着美国要将麦克默里与格鲁的权力平衡逻辑摆在一旁，这相当于要毁灭日本并让苏联渔翁得利。整个大战期间，格鲁本人都在对美国人民倡导“虚假、诡诈的和平的危险性”。他说狂热的日本统治者梦想要征服世界，即使要花上100年也不放弃。即使日本“在外交上必须戴上假面具”，这项决心也绝无妥协的可能。换言之，“独裁侵略必须先加以打压，然后再连根拔起，付之一炬”。

然而无条件投降却又带来了明显的问题：谁将取代日本的共荣圈？因此美国的第二项决策就是战后太平洋必须由美国的海空武力控管。早在1943年春天，美国国务院的领土与安全委员会得出结论，认为美国必须掌握日本本岛，然后再在日本周围广建基地，让日本永无再起之日。其中最极端的委员会成员潘斯上校（Capt. H. L. Pence）则偏好全族抄斩：“他们是国际败类，会为地球带来危险。”要是不这么做，美国的军事武力就必须涵盖整个大洋，在朝鲜、台湾地区以及菲律宾和密克罗尼西亚都必须拥有基地。依照潘斯的说法，太平洋必须成为“我国的内湖”。这点海军总参谋长恩斯特·金恩海军上将（Adm. Ernest King）与罗斯福本人都表赞同。

不过，控制海洋并不足以让美国重建亚洲大陆局势。事实上，除非加入中国战局并挥军入侵日本本土，否则光靠美国一己之力确实不可能迫使日本低头投降，而前者的死伤必然都会极其惨重。因此罗斯福决定不仅要让受苦受难的中国人奋战到底，同时等德国一战败，就要立刻怂恿苏联投入对日作战。不可避免地，斯大林一定会对这项援助就地开价，美国要如何做才能不让苏联取得日本在朝鲜、中国东北甚至整个中国的力量？由这个问题又引出了罗斯福的第三项明智决策：让中国国民党政府成为列强的一分子，在美国的支持和经济援助下成为战后的“第四位警察”。以罗斯福单纯的想法，中国将加入由美国、苏联、英国合组的共管体系，将全球纳入联合国的权威之下。不过这点还需获得斯大林首肯，于是美国的第四项决策就是承诺苏联可以随意挑选他们想要的日本帝国地区，只要这些地点是在俄国传统影响圈之内，条件是他们必须接受山姆大叔的前三点决策：合作消灭日本武力、支持美国的太平洋霸权、将中国国民党政府提升到所谓的平等地位。其中第三点等于暗示要苏联背弃中国共产党。如此一来，北太平洋也许就不至于会因日本强权的消失而产生新的冲突，随之而来的将是由美国海外霸权监控的中苏均衡局势。

72岁高龄又带病在身的赫尔从未搭乘过飞机。不过，他在1943年10月却自己绑上安全带，直飞莫斯科去参加一场外交部长会议。他的任务是去安抚斯大林，后者当时正为法国第二战线迟迟未能建立、美军与北非的法西斯分子所达成的表面协定，以及英美两国拒绝让苏联在意大利的投降及管理方面扮演一定角色而郁郁不乐。于是赫尔就对苏联外交人民委员莫洛托夫保证进攻法国绝对不会晚于1944年春季。他们的四强联合宣言重申各国将持续作战到轴心国无条件投降为止，同时将选定“最可行的最近日期，以所有爱好和平的国家主权一律平等为原则，建立起一个一般性的国际组织”。这项四强联合宣言的第四强就是中国国民党政府。莫洛托夫对将中国提升到强权地位颇为不悦，不过赫尔却指出罗斯福对这件事有多重视，同时以一旦苏联拒绝接受中国加入，武器租借将会中止、“太平洋地区将同时掀起可怕的政治与军事反弹”，以及“我方政府的种种调整措施”作为警告。至此斯大林只好让步，并答应在欧战胜利后投入对日作战，同时将与罗斯福与丘吉尔一起出席一个高峰会议。

然而，对罗斯福而言，中国还是一大困扰。美国人一方面对中国怀有某种特别的同情，因为中国自从1937年起就在缺乏外援的情况下独力对日作战。这就是美国为何愿意贷给国民党政府价值5000万美元的金钱和武器，同时派遣美籍飞行员运送补给品“飞越驼峰”，穿过喜马拉雅山区飞往重庆。1943年1月，罗斯福政府又更进一步，史无前例地签约放弃美国在中国的所有治外法权，废除1882年立下的中国移民禁令而改为年度配额制（虽然额度极小），并给予华裔民众公民权。与此同时，美国的战时宣传极力宣扬中国人民的英勇事迹，恳求美国白人不要将日本人和中国人、朝鲜人或菲律宾人混为一谈，因为他们“甚至比我们更痛恨日本鬼子”。中国盟友的确是英、美两国用以抵抗日本宣传的唯一武器，就如1942年7月的《基督教科学箴言报》（*Christian Science Monitor*）上所说的：“就政治上而言，中国是东西文化的主要桥梁，只要这4亿黄种人肯加入联合国，东京就不能以种族仇恨或有色人种对抗白种人作为割裂世界的借口。”

因此无形中提升中国战后角色这个论点就获得了一致赞同。不幸的是，现实并非只有光明的一面。约瑟夫·史迪威（Joseph Stilwell）将军对蒋介石和他的“中国粪坑，那群一心一意只想保住自己和自己组织的老命的秘密宗教分子”满怀轻蔑。他与克拉伦斯·高斯（Clarence Gauss）大使都同意蒋介石宁可将他的军队和美军提供的武器留待与毛泽东摊牌时使用，国民党政府里都是一些贪官污吏、士兵训练不佳，英美两国为中国所作的努力终究都只是徒劳无功。另一方面，日军陷入中国泥沼也是不争的事实，面对这项难题，罗斯福的解决之道是对军事援助干脆避而不谈，但对蒋介石本人送上种种有助于增加声望的政治大礼，以激励他奋战到底的决心。

罗斯福的政治动作就从坚持在与斯大林举行高峰会议前必须先与蒋介石当面会谈开始。这位积劳成疾的跛足总统登上“爱荷华”号（*Iowa*）战舰，不顾可能被德国U型潜艇击沉的危险横越大西洋到达阿尔及利亚的奥兰港（Oran），然后搭机前往埃及去会见这位中国委员长。他之前已见过蒋夫人，她曾走遍全美各处去为中国辩护，对国会发表演说并到过白宫访问；身穿黑色高绸缎面长裙，她现在扮演的是身为丈夫翻译、神秘诱人的中国娃娃角色，这点罗斯福也报以他为人著称的一贯魅力。这次他自愿扮演圣诞老人的角色，他在晚宴上提出中国必须身居四强之列的主张，同时邀请蒋介石在战后一同占领日本。蒋介石并未接受这项责任，不过他的收获却远超过预期：1943年11月24日的《开罗宣言》明确规定除非日本无条件投降，否则盟军不得与之媾和，剥夺日本在1914年之后夺得的太平洋诸岛，而且中国将收回1894年以来被窃取的所有领土，朝鲜也将获得独立，日本则将被“由它以暴力和贪婪夺取的其他土地上驱离”。这项宣言并未说明将如何处理这些“其他土地”（原本分为法、英、荷兰属地），不过，只要丘吉尔一不在场，罗斯福与蒋介石就忙着对帝国主义大肆挞伐。罗斯福同时还暗示，战后美国在西太平洋绝对会维持一支强大的武力，这项远景让蒋介石大悦，对罗斯福要他吞下的两颗苦果颇具缓和效果：首先，国民党必须破除与共产党的分歧，统一中国。其次，蒋介石必须在中国东北问题上对斯大林有所退让，以回报苏联投入对日作战并“不再”援助毛泽东。

“斯大林——我有办法对付这个老小子。”罗斯福叼着烟斗咧嘴一笑。他确实曾对丘吉尔夸下海口：“我认为我比你的外交部或我的国务院都更会应付斯大林。”罗斯福总统在11月27日带着六大方案抵达德黑兰。首先要通过丘吉尔虚张声势的迎头痛斥来消弭苏联的疑虑，以示并无所谓的盎格鲁—撒克逊的中产阶级阴谋存在。第二步是以誓言将尽早开辟法国第二战场赢得斯大林的信任。第三步则是设法让斯大林对美国的太平洋攻势表示默许，美军在此区部署的战机数目已与大西洋、欧洲地区不相上下，军舰与兵力则甚至犹有过之。第四是确认斯大林加入对日作战的承诺。第五是尽可能限定斯大林在远东想取得的报酬，然后第六步就是取得斯大林的合作，创建联合国。

雅尔塔会议过后，上述目标看来都与现实相去不远。毕竟日本失去一切武力，苏联也会在大战中成为东亚主要的大陆强国。这意味着除非美国能说服斯大林假装对中国的实力视而不见、限定他的要求，同时在西太平洋有充分的武力让他不得不遵守诺言，否则斯大林将会予取予求。斯大林本人对现实也看得相当透彻。他对《开罗宣言》表示支持，同时据说他还对罗斯福总统保证（想来必然是口是心非），说“尊重他国主权是他的基本原则”。不过他同时也对罗斯福的问题给出答案：苏联会在德国投降后对日宣战，并希望能取得它在中国东方铁路的旧有权益、一座临太平洋的不冻港、库页岛南半部和整个千岛群岛作为报酬。除此之外斯大林还承认中国在东北的主权，同意让朝鲜“在适当期间内”独立，并且断然宣布放弃中国共产党。

德黑兰会议在热情拥抱与干杯声中落幕，罗斯福回国后得以宣称自己“与斯大林元帅相谈甚欢”。不过，他达成的交易在当时看来虽然极为谨慎，事实上它们却是建立在两项危险的假设之上：首先是战后北太平洋三角区域逻辑必须停止运作，如此一来日本霸权的消灭才不致激起美苏对抗。另一项假设，老天保佑罗斯福的乐观心态，则是中国的行动必须符合白人的预期。

第71章　塞班岛，1944

“当时我们正在半路上，无线电突然通知我们改在蓝色二号，而非原来的蓝色一号海滩登陆。蓝色一号滩的炮火太密……过了几分钟，我们的牵引车在隆隆巨响中冲上岩礁。牵引车攀爬过岩礁的蹒跚脚步一时让我们产生了一种赤裸、暴露在外的感觉……不久我们已逼近海滩，一部分人冒险由两侧探头出去观看：几艘被炮火击中的登陆坦克就像摔落锅底的煎饼似的躺在那里……这里显然半个日本鬼子都没有。我想如果能看到几个，那我们大部分人的心里都会觉得好过一些；最好是有几具尸体，好让我们确知他们曾经试图阻止我们但是并未得逞。我们的机枪手一直将武器瞄准看起来最适合狙击手藏匿的几棵大树，他转过头来对我说：‘我觉得毛骨悚然，这简直像在跟鬼作战。’其实我也觉得起鸡皮疙瘩，只是没说出来罢了。”

登普西（Dempsey）中士毕业自耶鲁大学戏剧系。他藏起自己的惧意，跟着部队成纵列慢慢走入一座开满灿烂的叶子花、房屋墙壁都粉刷得雪白的小型榨甘蔗小镇；这座小镇现在已经被海军炮火轰得千疮百孔，到处一片残垣断壁。他注意到镇上有一座日本人盖的棒球场、一座佛教寺庙和一所作用不明的俱乐部。“然后突然轰的一声，一发炮弹就正好命中我们正前方的树丛。接着又是另一发。我们根本没时间挖战壕，只能以树木和尚未倒塌的建筑物作为掩护就地卧倒……然后有一发就落在我们旁边，现场一片死寂，直到一位上尉以他熟悉的哈佛腔调宣告：‘这绝对是恶意行为。’才打破沉默。”

在“绿色海滩”（Green Beach）对面，战地记者罗伯特·谢罗德（Robert Sherrod）仍在等待上岸。美军在混乱中损失了一些登陆艇，不过“在吐出一串我所听过最一针见血的脏话之后”，一位将军终于抢到4艘登陆艇，于是这位记者终于也站在了滩头上，然后用力一跳，整个人掉进离岸不到几码远的一个坦克坑里：“我们已抵达塞班岛，离日本2400公里。”每隔3秒钟就有一颗炮弹在他们身边爆炸，整个过程历时20分钟——虽然其中大部分都落在海里。谢罗德就站在深达2米，由防守的日军一手挖掘，但现在却成为美军庇护所的战壕里。不久敌军炮火逐渐由强转弱，暴风雨终于变成了毛毛雨。“我四处观望，想看清楚我在的这个塞班岛角落究竟长什么模样。沿着海滩过去，在沙滩和珊瑚礁跑道之间长了许多棵类似松树和小橡树的小型树木，还有一两棵燃着明亮的橙色火焰……我发觉只要海军工程队（Seabees）和工程师肯好好整修一下，这里必然是个不错的地方。”由于有些尸体已经开始发臭，这些新闻记者和一位炮兵军官就开始沿着海滩往上走。“我们看到两具陆战队战士的尸体躺在沙滩上,再来是两具日军尸体。再往北几米躺着第三位陆战队员，他的头的上半部整个被砍掉了，伤口干净利落，显然是炮弹碎片的杰作，他的脑浆流在沙滩上……跑道旁的一座大型炮坑显然是被强大的日军炮火直接命中，里面大约死了6位陆战队员……现场一片血肉模糊，每个人都只剩下不到半截身子；有一只手飞到离坑约3米以外，手上还紧握着枪支的扳机。斯旺森（Swanson）上校说：‘那个人很爱他的步枪。’”

1944年6月15日是太平洋战争的登陆日。一如上星期的诺曼底登陆，塞班岛两栖进攻是决定性反攻的第一战。一旦据有马里亚纳群岛（Mariana Islands）——塞班岛、提尼安岛（Tinian）、关岛——美军的B-29超级空中堡垒轰炸机（B-29 Superfortress）就能进驻日本射程之内，对日本的都市、工厂和港口进行持续轰炸，直到敌人的抵抗意志或能力瓦解为止。东条英机也知道这点，他将马里亚纳群岛列为“绝对国家安全防线”（Absolute National Security Perimeter）计划的关键所在，并火速派遣3.2万名部队驰赴塞班，下令他们要“在百万军力围攻下坚守100年”，同时迫使海军许下不计一切代价也要拯救塞班的承诺。

相反，据说金恩上将却意图不靠盟友打赢太平洋战争，而所谓的“盟友”则包括美国陆军在内。当然这位海军总参谋长是支持麦克阿瑟将军的西南太平洋攻击的，不过他偏好的却是老旧的“橙色战争计划”。金恩深信通往胜利最快的捷径就是横越中太平洋，直捣琉球与日本本土。麦克阿瑟则将这个计划视为夺取他防区资源的杠杆，他认为中太平洋计划只是一场空想：因为珍珠港与最近的西方岛屿——马绍尔群岛与吉尔伯特群岛（Gilberts）——之间，还隔着3700公里远的广阔洋面，海军怎么可能在缺乏陆上基地的空中掩护之下，将进攻部队运过这么长的一段距离？答案就在十几艘1943年派抵珍珠港，舰上配有地狱猫战斗机的快速航空母舰身上。在这些航空母舰，再加上数百艘“自由级”船舰、水陆两栖的LST（坦克登陆舰）和LVT（履带式登陆载具，或称登陆坦克）、海军机动补给基地，以及能在任何地形上开出跑道的海军工程队合力之下，拜沃特、艾利斯与米切尔的预言终于得以实现。整个太平洋舰队将以经纬度为单位向前推进，他们将在所到之处建立起空中优势；同时选定特定岛屿，先以舰炮轰炸，接着再派出源源不断的陆战队登陆攻占，然后在数星期内再将这些岛屿改建成下一波攻势的基地——在整个作战过程中同时还不忘对日军舰队进行挑衅，引诱他们出来接受挑战。

金恩的中太平洋计划在卡萨布兰卡获得罗斯福与丘吉尔首肯，于是他命令不无疑虑的尼米兹迅速着手去做，尼米兹接着委派斯普鲁恩斯负责新成立的第五舰队，同时选定吉尔伯特群岛的塔拉瓦岛（Tarawa）作为第一个主要目标。整个准备工作极其庞杂，风险也相当高。舰队在数千公里长的航程中可能遭到日军潜艇拦截，日本联合舰队可能由西方全力进攻，登陆艇可能困在岩礁上下不得，岛上守军也可能将塔拉瓦岛化成一座死亡陷阱。短短一段732米宽的珊瑚礁与砂质滩头，日军就塞进了5000名士兵和200座岸炮，外加一些事后让绰号"狂嚎"的霍兰德·史密斯少将（Maj. Gen. Holland Smith）大叫"德军在法国从没盖过这类玩意，难怪这些畜生会坐在那里嘲笑我们"的防御工事。有些美国人原本希望塔拉瓦岛是"另一座"基斯卡岛——看不到半个日军——结果它却是另一座阿图岛。为了攻下方圆约7.3平方公里的塔拉瓦岛，海军和陆战队付出了3000伤亡作为代价，不过他们同时也学到该如何部署登陆艇、协调海空支持、组织滩头阵地、以最小的风险将日军赶出隐藏处、解决狙击手，以及如何趁着涨潮进攻以免"挂"在岩礁上进退不得。

塔拉瓦岛在1943年11月23日，也就是开罗会议的次日被攻下。斯普鲁恩斯立刻把目标转向马绍尔群岛，夸贾林环礁、罗伊–那慕尔（Roi-Namur）和埃尼威托克（Eniwetok）都在1944年2月攻下，岛上日军皆战至最后一兵一卒。下一个步骤又是另一次长途航行——马里亚纳群岛远在西方1600公里之外。不过尼米兹与斯普鲁恩斯这回却作了一个攸关生死的大胆决定：全军毫不停留，直奔塞班岛。之所以大胆是因为他们的位置与日本舰队所在的菲律宾群岛相去不远，而且这两位上将手下的军官和士兵都已筋疲力尽，负责两栖作战的凯利·特纳（Kelly Turner）就曾说："我从马绍尔群岛归来之后觉得累得半死，而且在之后整个大战期间一直未能恢复。"然而这个决定却挽救了不少人的生命，因为这样一来敌军就没有时间备战。匆忙上阵的日本士兵缺乏重装备和建筑材料，补给又毁于美军潜艇之手；当斯普鲁恩斯的强大舰队由海中浮现时，日军的防御工事才刚完成一半。

美军的准备算得上是空前完美。侦察机先由空中拍下塞班岛滩头和内陆台地地形；同一时间，英勇的蛙人部队负责搜索水中障碍、制作岩礁地形图并测

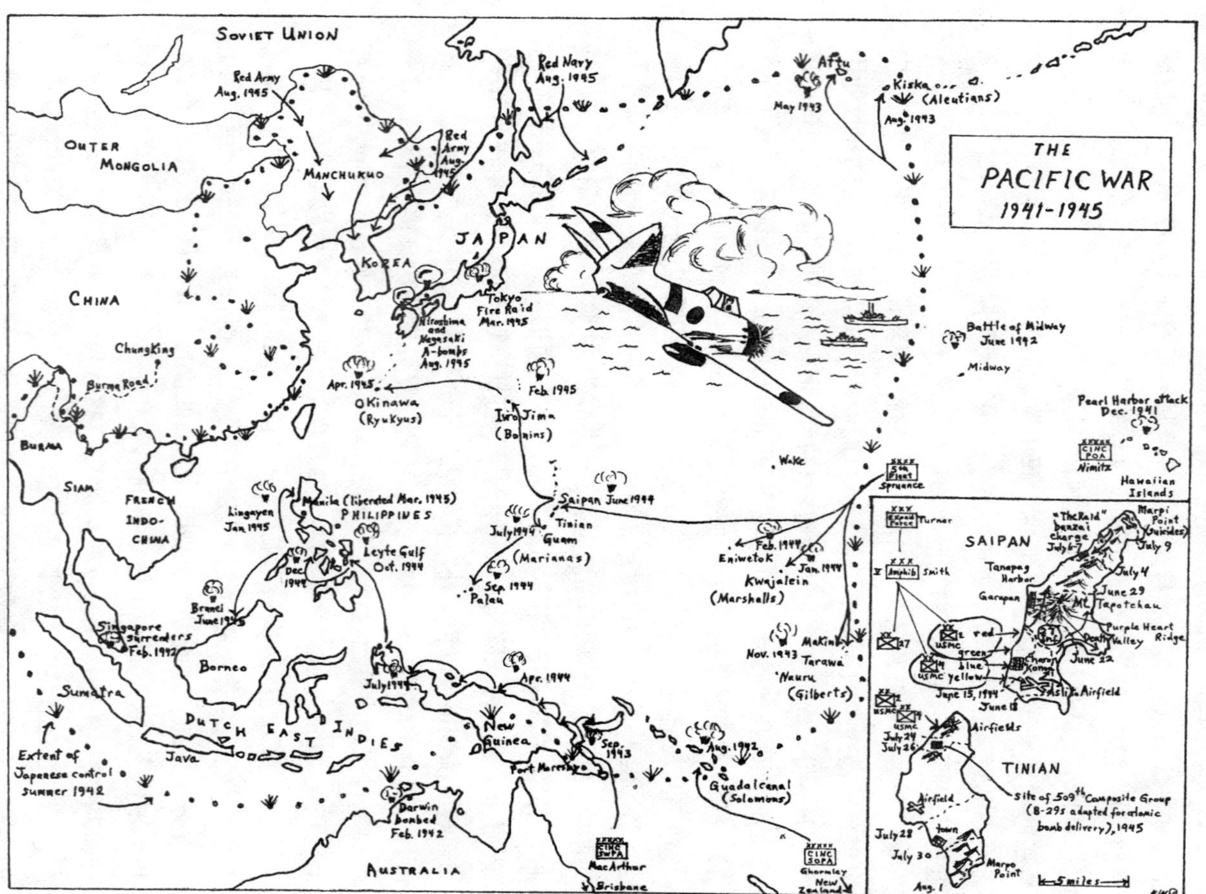

太平洋战争，1941—1945。

量敌人海岸的海水深度；海军陆战队也分乘700艘登陆艇在夏威夷海滩进行登陆演练。整个指挥架构都反映出过去学得的所有经验，连后勤单位运来的弹药、食品、药物和驱虫剂都比之前攻击行动所需多上好几倍。在110艘运输舰送来第二、第四团陆战队与第27步兵团所属的71,034名战士之前，由15艘航空母舰上起飞的战机和14艘战舰就先炮火齐发，对塞班岛的海滩和地下碉堡持续进行了4天轰炸。由埃尼威托克岛到塞班之间的最后一段旅程绵延数千公里之远，“经过6天塞在坦克登陆舰上动弹不得的旅程之后，陆战队员都已摩拳擦掌，准备好跟任何人作战”。不过，他们的塞班之旅和某个有两艘日军运输舰被鱼雷击沉，数千名官兵一度落水待援的日军军团相较之下，还算得上是轻松愉快。

经过如此完备的先期轰炸作业，塞班岛上是否还会有敌军存在呢？一位提尼安岛的日军观测员觉得自己的心猛往下沉：“整个天空都布满敌方战机，他们的作战技巧远胜日机。我们的穴居生活就在眼前。”另一位在塞班岛上的日军也发出悲叹：“9时30分，除了空中轰炸之外，敌军舰炮也已展开轰击。敌人完全不把我们看在眼里，如果我们能有100架战机就好了。”不过“穴居生活”——指纵贯塞班全岛的地下碉堡和由火山岩或石灰岩构成的洞穴网络——却给了日军一席藏身之地。此外，由于要避开布雷海域，美军战舰必须由射程边缘发射炮火，命中率也因而大受影响；因此某位记者担心“这些浓烟与噪音并不意味着有许多日本佬送了命”的说法确实没错。最后，这个为了让陆战队逃过滩头恶战而设计的天才计划并未发挥效用。他们特别设计的登陆坦克原本应在部队上岸前先炸出一道陆上通道，结果装甲却不够厚，不足以抵挡日军炮弹的轰击；于是海滩上就布满了前文耶鲁戏剧学生所描写的登陆艇残骸，陆战队员还是必须努力奋战才能站稳脚步。某个抢登“红滩”的军团在不到几个小时之内就损失了35%的战力；当天作战尚未结束，美军就已有2000人中弹殒命。

塞班岛和塔拉瓦岛不同，它不是环礁，而是一座长23公里，宽10.5公里的海岛。岛上的查莫罗人（Chamorros）使用一种类似西班牙语的语言，令人忆起麦哲伦发现此地的事迹。马里亚纳群岛在1899年后归德国统治（美属关岛例外），1914年后又改属日本。塞班岛上的1.2万名住民以捕鱼、种烟草、采椰子干和种甘蔗（当地主要作物，蒸馏后用来酿酒，深受岛上驻军欢迎）为生。这座岛的战略价值在于其地理位置和机场，而它之所以易守难攻则是拜浓密得难以穿越的甘蔗田、深入内陆的沼泽和火山脊之赐。最初10天美军必须由山下向上仰攻，而且除非敌人开火反击否则根本看不出他们的位置。

塞班岛上的日军指挥官正是南云忠一海军上将，他决心要死守塞班岛以赎中途岛失守之罪。另外，由于美军进攻时马里亚纳群岛的日本陆军指挥官正远在帕劳，岛上的25,500名陆军士兵与6160位海军就委派第43师团的斋藤吉继大将（Lt. Gen. Saito Yoshitsugu）指挥；打从一开始斋藤就知道自己只有两个选择：立即反击，在滩头打败美军或尽力拖延到日本海军赶来将美军舰队驱走为止。第一种可能48小时内就已化为泡影。第1天晚上，日本步兵纷纷喊着口号冲出沼泽地带攻击，有的甚至利用平民作为掩护。不过这些攻击并未互相配合，带队的几位上校好像是在某个模糊不清的军令下各自为政，结果都被彻夜未眠的美国陆战队打退。第2天晚上斋藤让步兵与坦克联合作战，不过攻势还是断断续续而且不够聪明。"整场战斗乱成一团，四处充斥着噪音、曳光弹与闪光。中弹起火的坦克照亮了其他在闪烁不定的光影中冲到敌军前方、甚至已压到敌军身上的坦克。"手持火箭炮与榴弹炮的陆战队员朝着自己的前后左右疯狂射击，日军坦克则四处盲目乱窜。"日本鬼子会停下坦克，然后跳出车外，开始边唱着歌边挥动佩刀砍杀。最后其中一人吹响喇叭，全员再跳回坦克里面——如果他们没被击中的话。然后我们就会让他们尝到火箭炮的滋味。"

到了第3天，东条英机用无线电通知南云与斋藤："大日本帝国的命运全赖你们的行动结果而定，你们必须不断鼓舞官兵士气，让他们奋勇杀敌，作战到底，以减轻天皇陛下的忧虑。"当天稍晚又传来另一项更为坦白的讯息："倘若塞班失守，东京必将屡受空袭，因此你们必须坚守塞班岛。"四面楚歌的日本守军当然无法将美军逐出岛外，他们能做的只有寸土必争，尽力拖延时间以待援军到来。事实也确实如此。早在两天之前，一艘位于菲律宾外海的美军潜艇指挥官从潜望镜看到一幅绝妙美景：日本联合舰队正全军赶往马里亚纳群岛。"日本鬼子正要赶上我们，"斯普鲁恩斯这样告诉特纳，他接着又问特纳能否将他的补给船和登陆艇移开。特纳说不行，现在正是岸上工事的关键时刻，他不能抛下部队不管。那就只好如此，斯普鲁恩斯回答道："我会……尽量不让日本鬼子靠近你们。"

这次塞班万事俱备，连稍早美军进攻时缺席的部队也赶到了——日本海军终于浩浩荡荡地出现在海平面上。东京当局一得到美军进攻塞班的消息，小泽治三郎中将（Vice Adm. Ozawa Jisaburo）就受命展开一项"A-GO"计划、具有未来决定性的舰队行动。由于小泽的舰队燃油不足，因此舰上的飞行员训练并不充足，而且相对于他的9艘航空母舰，由马克·米彻尔（Marc A. Mitscher）上将率领的特遣舰队却拥有15艘航空母舰。不过这回换日军占了地利，而且他们还可能获得来自关岛或雅普岛（Yap）基地的轰炸机支持。更重要的是，小泽费尽千方百计终于抢得先机：侦察机在6月19日一早一发现敌军位置，小泽就立即让战机从最大作战范围起飞。他希望能让美军也尝到“中途岛”的滋味。不过，虽然他的菜鸟飞行员都预期自己在长程飞行之后将会获得辉煌的战果，结果却一头栽进由雷达导引的地狱猫机群之中；大部分零式机都过不了这一关，侥幸冲过机阵的战机接着陷入米彻尔的护航舰发射的密集防空炮火网。最后共有300多架日本战机在这场被称为“伟大的马里亚纳猎火鸡大会”中遭到击落。

不过日本舰队这一天和接下来的第二天都没有露脸，斯普鲁恩斯的挫折感日趋严重。最后，到了6月20日下午，小泽特遣队终于在443公里外出现；如果要发兵追击，则意味着美军飞行员可能会面临因为返航时油料不足而坠落海中，或冒险在航空母舰上做夜间降落的可怕命运。不过这是他们最后一线机会，于是米彻尔下令进攻。就在夜幕笼罩菲律宾海面之时，他的飞行员奋力穿越日军防线，击沉了一艘航空母舰并重创另外3艘；美军潜艇另外又击中两艘航空母舰，加起来总共有6艘日舰退出战局，再加上战机与飞行员方面的损失，日本海军航空队等于就此一战而溃。由于剩下的日舰都得以全身而退，斯普鲁恩斯因而大受非议，不过他之所以裹足不前纯粹是因为害怕小泽特遣队的部分舰队会从他背后潜入塞班岛，因为毕竟塞班才是关键所在。

在塞班岛上，“狂嚎”史密斯手下的陆战队人数之多几乎是史无前例。不幸的是，至少就他的眼光来看，他们并不全都是陆战队勇士；其中的第27师团是来自纽约州的预备役部队，他认为这支部队的军官根本都是“绣花枕头”，他们的专长是策划年度舞会而非第一线攻击。不过他别无选择，一旦日军被逐出塞班岛南端，他就必须依赖他们的作战能力。6月22日，在由海军陆战队师团负责压制两翼之下，美军开始展开北部扫荡行动。不过在一队陆军联队迷路之后，第27师团的指挥官就将另一个联队撤出战区；虽然这批预备役部队最后还是再度开拔前进，不过他们在遍地布满尖刺、洞穴的内陆地区简直毫无进展，整个战线因而被拉成一个危险的U形，“狂嚎”于是撤换了那位纽约州将军——这项轻率之举至今都还让陆军与海军陆战队的支持者愤愤难平。

岛上的日本守军一切都极其匮乏，他们有一位将军就曾报告说：“部队已3天滴水未进，只能靠嚼树叶、啃蜗牛维生。”不过美军还是必须设法将他们赶出地下碉堡、壕沟和洞穴。6月25日，海军陆战队终于登上标高500米的塔波加山（Mt. Tapotcha）顶峰，到了6月30日，也就是登陆日过后两个星期，第27师团终于披荆斩棘，穿越“死亡谷”、再攀过“紫心山脊”与侧翼部队会合。现在轮到美军据有高地，守军则困守北方半岛。斋藤将军以无线电回报国内说："请代我们向天皇致上最深的歉意，因为我们未能有更佳的表现。"到了7月6日，他的部队已被围困在一座长不到4.8公里的半岛上，除了通往山下踏盼（Tanapag）小镇的一小段海岸线之外别无退路可逃；再过几天，他们可能就要被美军逼落山崖。蹲踞在帐篷中的斋藤于是发出如下命令："不论进攻或按兵不动，结果都是死路一条。不过，置之死地而后生，我们必须利用这个机会来发扬真正的日本男性精神。我将与攻击美国鬼子的战士携手前进，不惜埋骨塞班，化为守护太平洋的堡垒。"

他并没有跟其他人一起出发。吃过一顿仪式性的最后晚餐——蟹肉罐头和日本清酒——之后，他和南云跪倒在地，下令其他军官由后方开枪射穿他们的头颅。剩下的3000名日军大都已喝得酩酊大醉，酒精的力量让他们无所畏惧，他们形同恶鬼，嘶喊着"万岁""天皇陛下"，然后以排山倒海之势冲入由踏盼到哈拉其利峡谷（Harakiri Gulch）的美军阵地。一位美军上校写道："他们让我想起牛群狂奔的旧式电影场面。摄影机就装在地洞里，你会看到牛群对着你冲过来，然后跃过你的头顶，绝尘而去。唯一的差别是日本鬼子源源不断而来，我觉得他们永远都不会停止。"海军陆战队事先就已接到日军即将发动自杀式攻击的警告，他们已作好准备，愿意为多杀一个敌人牺牲自己的性命。机枪手把引信调整到最短，射击到枪支爆膛为止；然后步兵接着用步枪、刺刀，甚至小刀继续战斗。成百上千的日军横尸当场，他们有的人手上只拿着武士刀或所谓的"白痴刺杆"——绑着刺刀的竹竿，最后"整个战场似乎成了一个大尸堆，到处都是发臭的尸体、内脏和脑浆"。不过这场之后为人著称的"大突袭"确实将两营陆战队逼退到海岸边上。美军陆军第27师的一个团奉命驰援，不过率团的陆军上校却因为担心自己的侧翼会受到攻击而畏缩不前。到了这个地步，"狂嚎"将军于是将整个军团拉了下来，并发誓再也不要跟他们并肩作战。不过他这股轻蔑只是针对团里的军官，而不是针对英勇的士兵——例如赢得荣誉勋章的士官托马斯·贝克——而发。贝克在这场突击战中负伤，他要求战友让他一个人留下来，扶靠在树上。第二天他的战友发现他的遗体周围堆满了8具日军的死尸。

令人难以置信的是，更糟的还在后头。7月9日日军停止抵抗，岛上的日本百姓开始跳崖自杀：包括男女老少、孕妇。婴儿由父母、百姓由士兵摔下断崖——不顾美军通过扩音器苦苦恳求。其中有的人是抱定宁死不降，有的人则是以为美军会奸杀、凌虐，甚至把他们生吞活剥。总计塞班岛之役死了数千名百姓，3.1万名日军和3100名美军。日本人似乎对种族屠杀或自杀有一种固执，就某个层面而言，美国人也是如此。因为不久之后，塞班岛、提尼安岛和关岛的跑道就布满了专为空袭日本城市设计、建造的波音B-29轰炸机。裕仁天皇的海军参谋曾经表示："一旦我们失掉塞班，地狱将从天而降！"

这场战事目前习惯被视为"种族战争"。有些日本人向来别无他想。整个计划原本是要威逼中国顺服，以带领全亚洲进行一场反白人圣战。珍珠港事件使得日本不再需要自我克制；提到美国，日本媒体总是以"披着人皮的野蛮恶鬼"来形容，并且将日本历史解释为与白种人的一场长期斗争。大和民族是神之子，是神族，是世上的优等人类。日本人纯净无瑕，其他人种都带着污秽，白人尤其被视为妖魔鬼怪。日本一开始的胜利似乎印证了白人既懦弱又缺乏斗志：他们不能割舍可悲的人世，宁可屈膝投降也不愿死得像个男子汉。等到日本开始尝到战败的苦果，宣传部门则大力报道美军击沉医疗船、虐待战俘、轰炸平民区取乐等消息，以证实美国人的邪恶本质。日本漫画把罗斯福和丘吉尔画成头上长角、手中拿着十字架匕首的恶魔。不过根据"八纮一宇"的传统观念，天下终将归日本所有，罗斯福也难逃被钉上十字架的命运；到时候享乐主义、个人主义和自由主义都会像头皮屑似的从被解放的民众头上掉落，"对日本人而言，大东亚战争是具有净化作用的驱魔仪式，是一种洁身沐浴"。

抱持这类奇想的不仅是狂热军官。根据日本文部省思想局发行的《基本国策纲要》，日本人凭借着"清明纯净诚笃的民族性"而优于其他亚洲人，而亚洲人又比白人优越。厚生省更呼应了美国洛杉矶市长的"血缘论"，制定了国民优生法（National Eugenics Law），鼓励日本人增产报国，将人口提高到一亿以满足帝国殖民所需。京都派学者提出战争"不朽论"，认为日本"独特的激进力量"将通过"开创性、建设性"机制表露无遗并涤清世间的一切罪恶。一名地理学家更公然将美洲更名为"东亚大陆"，并以"日本大海"作为全球各大洋的总称。厚生省的人口与种族部门还草拟了一篇长4000页的报告，名字就叫做《以大和民族为核心之全球政策调查》（*An Investigation of Global Policy with the Yamato Race as Nucleus*）。

不过政府、学校和经济大权不是几乎都掌握在军方手中吗？或许这些充满种族偏见、扩张意识的言论，只是恐惧与顺从、而非信念的表征？从另一方面来看，日本精英中的自由派、社会主义人士或基督徒，在战争期间的确不太可能发出反对的声浪，不过事实表明，日本的神话、官方宗教、政治文化，以及经济理论都缺乏足以对种族主义的世界观产生理念或道德障碍的因素。日本人之间的同质性和对外的孤立，以及对服从、忠诚、阶级、群体与牺牲的尊崇，神道教的缺乏绝对道德标准、对西方帝国主义的深恶痛绝和不平等条约挑起的愤恨，以及共荣圈经济自主的远景——在日本文化和日本的西方接触史上这类元素永不匮乏，正好被日本战争宣传机构拿来大肆利用，作为纳粹式言论的补充素材。

相对的，对美国人而言，太平洋战争的种族层面却是充满折磨、迷惑以及永远摆脱不去的罪恶感。美国人信奉犹太基督教义、民主与个人主义，以及种族多元主义。美国白人最深层的黑暗本能之所以在战争中爆发出来，有一部分是因为白人至上的疯狂理论作祟，或是对“黄祸”的歇斯底里的恐惧，不过也有部分是出于敌人的诱导。毕竟日本人的确犯下蹂躏中国、突袭珍珠港、虐杀战俘、利用假投降炸死陆战队员、肢解死者遗体，还有发动毛骨悚然的人海攻击等行为。不论学术界如何以人类学、社会学或弗洛伊德理论来为这些行为开释，太平洋战争的真相就是不是杀人就是被杀。一如美国人被日本人视为恶魔或畜生（高大多毛，粗鲁又带有体味），日本人也被美国人看成手拿机关枪的猴群、蜂拥成群的毒虫、匍匐在高草堆中的冷血动物，或是有百万根触须的八爪鱼。不论是哪一种，他们都理应被赶尽杀绝。

然而其中的丑恶和谬误，却让美国人在心态上比较类似日本宣传战的底片而非翻版。基本上美国政府的官方态度就将这场战争定位在为民主自由，而非种族或征服而战；即使宣传中包含有“黄祸”内涵，也只是针对日本而非整个亚洲。美国的宣传战至多只是极力赞扬中国人的英勇与团结，以反驳日本是为所有有色人种（包括美国黑人）而战的口号。这并不是说美国大众对黄种人就没有定型化的偏见或厌恶（早先的目标是指向中国人），许多美国白人暗暗对人口众多的东方人感到憎恶与恐惧，他们将这种心理投射到眼前的敌人身上，而且绝对理直气壮。战场上的部队也不能摆脱日常生活积累而来的偏见，他们或许会以嘲讽的眼光看待这套反日本、亲中国的宣传手法，一如他们看待其他美国宣传。然而美军战士是以经验理论为原则，他们在决定是否冒险受降之前不太需要为了悬而未决的种族焦虑与自己的良知天人交战。太平洋战争一开始就充满欺诈与残暴，而且每况愈下，因为礼尚往来的暴虐行径只会造成恶性循环。日军的拥抱死亡、美军对生命与性的贪爱，以及双方对彼此的绝对轻蔑都在驱使他们走向暴力循环的极端，结果反而讽刺地印证了双方的宣传所言不虚。

他们之间主要的差异在于，日本人相信他们争取权力的种族意志是道德的，是受国教与天皇所认可的。而大多数美国人却打从心底相信，种族仇恨是错误的、是《独立宣言》与圣经所宣示的禁忌之一。美国人是否因此就比日本人更善良或是邪恶呢？

第72章　长崎，1945

1944年7月26日，盟军最高统帅莅临珍珠港。不过，最受群众欢迎的，却是坐着豪华轿车，由军舰直上码头的麦克阿瑟将军。过去几个月来，麦克阿瑟一直严词抨击罗斯福总统，甚至有传言指出他想代表共和党出马竞选。另外他还想收复菲律宾，不过这项计划却因为海军告捷而几乎流产。因为尼米兹上将打算继续向中太平洋推进，以避免在菲律宾长期血战。麦克阿瑟因此特别针对抛弃“1800万天主教美国公民，让他们在征服者的铁蹄下呻吟”可能带来的政治危机，对罗斯福总统作了长达3小时的疲劳轰炸（总统为之大感头痛）。他说这等于证实了日本人所做的宣传——白人不会为亚洲人抛头颅洒热血，结果会损害到美国在这个地区的权益（并恰巧损及罗斯福的连任机会），而这一地区却注定将“决定未来一万年的……历史走向”。稍后麦克阿瑟宣称，罗斯福答应让他进攻菲律宾以换取麦克阿瑟在选举中的支持。事实是，由于陆军和海军的领导人——马歇尔和金恩——并未陪同罗斯福前往夏威夷，所以当时根本不可能决定新的战略。撇开事实不论，尼米兹和麦克阿瑟当时对要如何击败日本、由谁去做，确实都有所误解。

早在偷袭珍珠港之前，事实上就是在德军入侵波兰当天，美军航空队的一位战略军官就大力推荐“只要持续轰炸下去，日本就会对我国政策低头”的理论。这位军官就是卡尔·斯帕茨中校（Lt. Col. Carl Spaatz），他想要建造B-29轰炸机——一种拥有4个引擎，足以飞越广大洋面的巨型战机——以供太平洋战争之用。这项计划在1940年获得阿诺德将军批准。在投下足以跟曼哈顿计划媲美的庞大经费之后，波音公司终于在3年后推出第一架实用的B-29超级空中堡垒轰炸机：一架采用活塞引擎，航距5600公里，能在7620米巡航高度以每小时400公里对地速度飞行的大无畏战机。坐在加压舱里的机员，还必须穿戴上氧气罩和加温飞行装。不过B-29之所以能成为完整的武器系统，还多亏了一种新炸药，也就是M-69燃烧弹的发明。这种炸弹每颗含有38个胶化汽油弹筒，每架B-29可以携带40枚这种炸弹。测试显示，在适宜的环境下，这种燃烧弹引起的大火足以吞没一座中型城市。阿诺德在1943年8月对罗斯福提出他的“击败日本空战计划”（Air Plan for the Defeat of Japan），他需要的只是位于航距内的基地。

中国是第一个可能的选择，当时陈纳德的飞虎队已经发展成一支掩护国民党军队的强大空中武力，不过他的基地无法容纳B-29，为了解决这个问题，中国还发动30万人，以简陋的工具建造了跑道和机库，让观察家联想到滇缅公路的伟大工程，甚至“埃及胡夫法老的大金字塔”。1944年6月14日，也就是进攻塞班岛的前一天，60架B-29从中国起飞轰炸日本九州岛的钢铁厂。这是日本本土继美军飞行员杜立特来袭之后，所遭到的第一次空袭；空袭加上塞班岛失守的耻辱让日本人开始质问：“东条怎么还不自杀以谢国人？”事实上东条首相在7月20日就辞职下台了，新内阁和最高作战参谋本部开始着手保护日本免于受到B-29怪物的威胁。陆军的“一号”计划是要倾全力攻打中国，破坏B-29的基地；而海军的“胜利”计划则要摧毁美国舰队，为征服马里亚纳群岛作准备，结果日本海军反而在10月的莱特湾战役中毁于一旦。不过日本陆军却进展神速，于是美国陆军航空队在1945年1月将B-29战机撤离中国，转移到马里亚纳群岛的新轰炸机指挥基地。

柯蒂斯·李梅将军（General Curtis LeMay）是来自俄亥俄州哥伦布市的空中武力信徒，当时他39岁，作风粗鲁，老是咬着雪茄到处抱怨。和米切尔一样，他的空战知识也是学自欧洲，同时也得到一样的结论：只要制定出正确的战略，运用上也没有发生错误，战略轰炸就具有决定性的潜力。在撤离中国之前，B-29对汉口码头发动最后一次轰炸，充分展露出胶化汽油的潜力。李梅一抵达塞班，就开始对所有飞行员进行训练并实验性地飞越日军目标，他发现，对日本军事目标实施高空精确轰炸，效果比不上德国战区。如果美军不想浪费他们的空中武力，让战争做无谓的延长，就必须抛开害怕殃及无辜的顾忌，摧毁日本军事工业所在的各大城市。另外，率先空袭日本的几架B-29遭遇了所谓喷射气流的困扰，这股位于9000米高空的强大气流以每小时800公里的速度向东横扫整个太平洋。和气流对抗不但耗损燃油，让精确轰炸无法实施，有时候对地速度甚至会跌到零以下，使战机倒退到目标后面！因此从2月4日开始，李梅改以燃烧弹对神户进行高空精确轰炸实验，接着对东京进行高空区域轰炸，最后才是低空区域轰炸。他试图找出能像用火柴点燃报纸一样，让整个都市一下子燃烧起来的正确组合。

轰炸神户当天，罗斯福带着重病抵达克里米亚与斯大林和丘吉尔进行第二次高峰会谈。他们3人和大多数评论家之后都相信，这次会晤是规划良好和平方案、挽救战时同盟的关键，也是他们最后的机会。不过至少对东亚来说，雅尔塔会议的内容不但毫无新意，也没有什么值得令人惊奇之处；罗斯福的退让亦非出于意志不坚、易受蒙骗、对丘吉尔的忠言充耳不闻，或是受到共产党间谍的影响。他确实病重体弱，确实盲目相信自己在军中颇具魅力，确实瞧不起丘吉尔，而且他的阵营中确实也有间谍出没。不过他并没有为了不再那么急需的苏联援助而出卖中国；相反，罗斯福只是认可美国之前在卡萨布兰卡、开罗和德黑兰会谈中拟定的政策。我们很难想象他的做法有任何其他企图。

事实确实如此，因为在1945年2月，对日战争离结束显然还遥遥无期，战况也日趋恶化。日本神风特攻队开始痛击美国舰队，菲律宾群岛争夺战也正吃紧。几乎每一位美军将领都热切希望红军能加入战斗，将关东军歼灭或将其牵制于中国东北和朝鲜。当时李梅才刚开始推动他的战略计划，原子弹也还在孕育之中，没有人敢说它什么时候才能使用、能不能用，或是力量是不是真的大到能让战争结束？不过即使罗斯福当时宁可要苏联按兵不动，他也无力做到。当时日本濒临崩溃，中国又四分五裂、积弱不振；德国的战败又让苏联得以将数十个军团送上西伯利亚大铁路，运往东方，斯大林必然会继承帝俄的亚洲遗产。至于如何运用遗产，他有几个选择：他可以和日本私下交易，要日本以中国东北换取苏联不参战的承诺；他也可以用参战作为条件，威胁美国和中国给予相同的战利品，或是支持毛泽东等共产党成员，并预期将中国收为自己的邑从。

罗斯福的任务显而易见：他必须说服斯大林加入反日阵营，然后跟他敲定回报的价码，这就是德黑兰会议的目的，也是哈里曼大使一再施压的原因。1944年12月，在哈里曼的要求下，斯大林坦白开出条件：整个库页岛和千岛群岛，租借中国东方铁路，使用大连和旅顺港，再加上蒙古独立（即成为共产卫星国）。在雅尔塔，斯大林建议把他的条件写成白纸黑字，这让罗斯福大感欣慰。他们同意这一切应该暂时保密，直到罗斯福认为时机成熟才能公布，美国会鼓励蒋介石和苏联商谈，签订条约。这两个日渐成形的超级强权也同意设立一个联合委员会来管理朝鲜，直到当地政府筹备完成为止。在每一项条件中，罗斯福给斯大林的都没有超过他能通过外交或强制手段从日本或中国取得的范围。他的目标是要确立苏联太平洋海权的界限。

与此同时，李梅的实验已告一段落。他告诉一位空袭东京归来的飞行员："我认为我们办得到。"问题是办得到"什么"？他是指自己可以派出一批批的B-29战机飞往东京，而不会损失大量的战机和飞行员？还是能将燃烧液化为火海，把东京烧成焦土？能解开战略上的难题，证明空中武力的优势？能在最短的时间内让日本屈服，挽救数十万条美军生命免于牺牲？还是能为空军在战后的国防体制中赢得一席之地？这些都涵盖在内，不过李梅并没有把因此受害的非战斗人员列入优先考虑。美国人在参战之初曾经谴责敌人不该运用残酷的市区恐怖轰炸，那是一种法西斯战争。现在他们却精益求精，打算用改良过的敌军战术来结束战争。不过李梅却宁可说那是一种趋势："事实上，我认为武力不足要比武力过当更不道德，如果你用的武力不足，就长期来看，你杀的人会更多，因为你只是在延长战斗过程。"在硫磺岛战役中伤亡高达2.7万人的海军陆战队，无疑会举双手赞成这个说法；除了少数基督教贵格派和罗马天主教的高层圣职人员之外，服役人员家属和1945年的所有美国人也都几乎毫无异议。

劳里斯·诺斯塔德将军（Gen. Lauris Norstad）在关岛对记者发表简报时，也完全没有道德上的恐惧："如果起飞的战机超过300架，你们应该写出数目……你们应该确实点出这是重大军事行动，才能让人感到会有精彩的战况发生。"诺斯塔德说完可以安然就寝，李梅则不然。他一整夜边喝可乐，边担心他的B-29机群——他们要飞7个小时才能抵达东京上空。他说这次空袭如果奏效："我不认为（敌人）有能力让他们的城市幸免于难——整个城市会从地图上消失。"

3月9日午夜刚过，嘈杂的"投弹！"命令断断续续由无线电中传来，325架名叫"得州娃娃"（*Texas Doll*）、"南方淑女"（*Southern Belle*）、"上帝的旨意"（*God's Will*）和"迅速戳刺"（*Sting Shift*）之类的超级空中堡垒轰炸机开始投下M-69燃烧弹，整个过程耗时两个半小时。在这段期间，弹筒（套用一位法国记者的说法）"沿着屋顶撒下一种燃烧液，所到之处纷纷起火，跃动的火舌向四面蔓延到各地"。隅田川以西的浅草区和以东以劳动阶级为主的各区，都因为房屋的易燃性而成为首要攻击目标；"强度约等于春季台风"的夜风让李梅的实验更添威力。数千个火苗很快化成两股火流，火墙推动的空气热到能瞬间点燃整排房屋。炙热的火焰时而追上逃生的人群，攫住政府派发的护身棉帽兜和绑腿，将人化为蹒跚前进的火柱。其他人则低头发现自己的鞋、裤已经被路面的热度点燃，他们的双腿烧成焦炭，接着人也倒卧在人行道上，惨遭焦炙而亡。有数千人从高耸的桥梁上跳进隆冬的河水里，结果在第二天早晨（如一位日本医生所形容的）"无数的尸体浮出水面，有的穿着衣物，有的赤身裸体，全都烧黑得像焦炭"。

最后几架B-29轰炸机在第二天午后降落在马里亚纳群岛，当时日本首都仍然烈火熊熊。火势一直蔓延到市区东端的宽广运河才停止。根据一丝不苟的东京警方调查人员统计，有25万多栋建筑付之一炬——约占整个城市的四分之一；100多万人无家可归，83,793人死亡。美国《纽约时报》报道："东京市中心毁于燃烧弹。"并称之为一场大灾难，不过并未加以谴责。李梅在日记中记载："市中心完全被大火吞没。"他称之为"空战史上最具毁灭性的一场空袭"，然后开始计划对其他工业都市故技重施。

自从中途岛战役以来，日本军方一直习惯性地对本国人民说谎。他们很少报道日军战败的消息，就算有也是语焉不详，而且只是用来激励人民付出更多牺牲、让人民更加顺从。但李梅将军却破除了他们的迷咒。名古屋、大阪、神户，还有数十个别的城市都在B-29轰炸下焚毁。现在这些都市的声音都被广岛和长崎所掩盖，不过在当时它们却是举国瞩目的见证，证明天皇周围的顾问大臣都是无能之辈。都市居民纷纷逃往乡间，沾沾自喜的农民则说他们活该；社会不安和对政府宣传的挑战都开始浮现。德国在5月8日投降，外相东乡茂德对最高战争本部提出一项惊人的新政策：日本应该把库页岛南部、中国东方铁路、旅顺港和蒙古让给苏联，如果能获得苏联的援助，以换取能让日本接受的和平条件，必要时连千岛群岛也不惜奉上。一名官员解释说："如果船要沉了，谁会管上面的货物有多珍贵？只要救得了船，就要尽快抛弃货物。"

日本派遣曾任首相与驻苏联大使的广田弘毅（Hirota Koki）去向搬到山区躲避美军空袭的苏联大使亚科夫·马立克（Iakov A. Malik）求救。俄国人稍早通知过日本，他们认为1941年的互不侵犯条约已不复存在，而广田的任务就是要让它起死回生。事后看来，这似乎是急病乱投医，不过就北太平洋三角关系来看却还不算离谱。一如俄国在1905年接受美国调停，以免让日本因为战争而坐大；现在日本也寻求苏联出面调停，免得让美国取得压倒性的胜利。不过斯大林却绝对不是公允无私的调停人，俄国人既然能在美中两国的同意下取得它们想要的，那他们又何必把希望寄托在奄奄一息的日本身上，而且还要触怒美国人？也就是说，当时是有机会恢复北太平洋的三边平衡，不过先决条件是美国必须选择退出战争，让日本维持在中国东北的武力霸权。不用说，这点美国官员和公众舆论根本连想都不会想到，于是日本帝国的命运就此注定，俄国人没有理由冒险一赌。广田一再向马立克保证日本对两国友谊抱着"热烈的渴望"，不过马立克却迟迟不置可否，他很有技巧地拖延到1945年7月1日，也就是真正的战后亚洲协商正式展开那一天为止：中国外长终于抵达莫斯科研商要如何签订中苏条约。

以盟军的方式来结束战争也是杜鲁门新政府的一贯主张。但是要如何诱使日本投降呢？第一种做法是入侵日本本土，在天皇阶前签订城下之盟。所谓的“奥林匹克”行动（Operation OLYMPIC）就主张以两栖作战攻入九州岛，并准备在5月25日下达命令。不过参谋长们想到可能产生的伤亡就不寒而栗；琉球战役就是一场由火焰喷射器和爆炸性洞穴、喊着“万岁”口号冲锋、集体自杀和朝着美军战舰甲板俯冲的神风特攻队构成的地狱景象，什么都好过像这样再熬一年。结束战争的第二种方式，就是抛弃无条件投降这种自欺欺人的想法，提出能让日本勉强接受的条件。这就是为何一个由格鲁、史汀生和海军部长詹姆斯·福莱斯特（James Forestall）领导的团体，会开始敦促杜鲁门对日本人展开呼吁，对他们保证投降并不意味着亡国灭种，只是“结束军事领导分子的影响，是他们将日本带至如今的大难边缘”。然而东京却把杜鲁门的首次呼吁视为宣传手段，于是一个国务院、国防部、海军共组的委员会着手准备了一项新的宣言，计划由盟军在波茨坦会议（Potsdam Conference）上发表。然而就在会议于7月17日举行前，裕仁天皇却公开宣称“为了人类的利益，希望尽速恢复和平”，不过“只要美国和英国坚持大东亚战争必须无条件投降，日本除了战至最后别无选择，每个人都必须为了荣耀与祖国的生存携手奋战”。

新任美国国务卿詹姆斯·伯恩斯（James Byrnes）带着招降日本的宣言草稿前往波茨坦。并遵照格鲁建议，在文中特别指出日本可以保有“在现有王朝名分下的君主立宪体制”。这段话为什么如此重要？首先，对日本人而言，失去天皇就等于举国败亡，他们宁可继续战斗。其次，日本再也没有能让人民放下武器的权威。第三，除非裕仁战后的地位能获得保证，否则他不太可能会甩掉他的死硬派军国主义臣下——他并不想逊位下台。但是从美方的立场来看，盟军怎么可能保证让一个被许多人视为日本军国主义祸根的政治体系原封不动，或是既表明要审判战犯，却又原宥必须为战犯行为负最大责任的罪魁祸首？不过军方的理由却显而易见，莱希（Leahy）上将对身在波茨坦的杜鲁门表示，依照参谋长联席会议的看法，保留君主制度是有其问题，倘若联军说要采用“立宪”君主制度，日本的狂热分子可能认为这是要废除现任的天皇而加以排拒；相反，其他人又可能误以为是承诺要维系旧有的天皇崇拜。总而言之，“此时并不适于作任何声明或采取任何行动，以免天皇的权威发生动摇，无法下令日军弃械投降”。换言之，美国人需要一位神格化的全能天皇来协助他们说服日本人停止战争！然而，同时他们又不敢坦白建言，说日本在投降之后还要由被视若神明的天皇统治。最好的办法似乎就是保持缄默。

7月26日，盟军在《波茨坦公告》中警告说，如果日本不肯无条件投降，日军将遭遇“不可避免的全面性毁灭”。日本本土也将“全毁”。文中全未提及天皇本人。日本首相铃木贯太郎（Suzuki Kantaro）于是宣称这是“《开罗宣言》的再版，政府不认为它有多重要。我方必须将它抹杀”。第二天，外相东乡催促他的大使再次向苏联求助：“此事拖延一日或将遗恨千年，阁下亟须与莫洛托夫立即晤谈。”不过莫洛托夫当时正与斯大林前往波茨坦，后者于是轻描淡写地告诉盟邦，东京方面也对他开出条件：“内文并无新意，我国的回复将不改前次精神。”日本全然孤立无援。

第三个劝导日本投降的办法，就是加强空袭，表明日本确实有亡国灭种之虑。派驻马里亚纳群岛的陆军航空队相信他们就快达成这项目标了。1945年6月，阿诺德将军问李梅战争还会持续多久，李梅的回答是：“给我30分钟，我就能告诉你确切日期。”他给的答案是9月1日，因为到时候他的轰炸机应该已经轰炸了所有目标。不过日本人虽然忍受了数个月的燃烧弹轰炸，却依旧拒绝投降，因此原子弹才会被视为难得的及时雨。美国在波茨坦会议期间就在墨西哥州举行了阿拉莫戈多（Alamogordo）试爆，斯普鲁恩斯的旗舰“印第安纳波利斯”号（*Indianapolis*）将现有的两颗原子弹原料由圣弗朗西斯科运至马里亚纳群岛。杜鲁门说这项决策从未令他睡不安稳：“我将原子弹视为一种军事武器，从不怀疑是否应该使用。”事实上杜鲁门无需签字授权，命令是由国防部长史汀生通过军令系统直接下达给提尼安岛上的保罗·蒂贝茨（Paul Tibbets）上校。后者指挥被列为最高机密的509混编群飞行大队，成员都受过严格训练，懂得如何只用一颗重型炸弹进行定点轰炸，并在事后以斜角度飞行以避免受到波及（第509飞行大队队址在第5街和125街街口，河滨大道对面——得了思乡病的空军人员给小岛取了曼哈顿地名）。8月3日，李梅带着命令抵达：首要目标是广岛。这项命令之后并没有任何改变。8月6日，由B-29轰炸机改装的“艾诺拉·盖伊”号（*Enola Gay*）和一架追逐机在清晨2点45分起飞，随军牧师将机员托付给上帝，并祈祷地球能早日恢复和平。

美国人对一些怪异的原子弹爆炸传说深信不疑。有些人以为部分机组成员后来自杀了，事实上是有一个人自杀，不过他是位躁郁症患者。有些人相信原子弹代表启示录时代来临，好像第一次世界大战、希特勒、斯大林和南京大屠杀都不存在，连英军轰炸德国和李梅火焚日本都不算数。有些人则相信美国把原子弹扔在日本而非德国是种族主义作祟；然而事实上原子弹尚未完成测试，德国就已宣告投降，而且柏林就算受到原子弹轰炸，灾情也不会比汉堡或德累斯顿的燃烧弹轰炸来得惨重。还有人认为威慑俄国人才是投下原子弹的真正原因；史汀生和贝尔纳斯是想过可以用原子弹来对付斯大林，不过假如美国人当时就有冷战心理，意图在亚洲围堵苏联，那他们为何不用点脑筋，在1945年5月8日后与日本媾和？那才是围堵苏联的上策。相反，杜鲁门却遵守雅尔塔密约。最后还有人认为原子弹根本没有必要，或许如此，不过使用原子弹的最大原因是想助日本主和派取得政权，拯救无数的美日苍生。

主和派并未立即获胜。铃木和东乡将投在广岛的“新炸弹”的厉害之处据实禀奏，并力劝天皇尽快谋和。不过军方却以拒绝出席内阁会议的方式来阻碍投降。同在这一天，提尼安岛上的空军人员也装上了第二颗原子弹，准备飞往日本。8月8日，莫洛托夫将日本大使邀至克里姆林宫，他说：“为了对盟国表示忠诚，苏维埃政府……已加入盟军7月26日的《波茨坦公告》。苏维埃政府认为这是促使和平早日到来的唯一良策……鉴于上述事实，苏维埃政府宣布从明天，也就是8月9日开始，将投入对日作战。”这时离德国投降已经有3个月，显然斯大林也遵守了他在雅尔塔所作的承诺。在红军以破竹之势横扫士气不振、弹尽援绝的日本关东军之际，斯大林则鼓励将士要“洗雪40年前的耻辱”。8月25日，红军攻抵抚顺，中国东北再度易手，红军还拿下了千岛群岛。

此时中国的代表还在莫斯科采取拖延战术，尽力协商。就像清末的李鸿章50年前所做的一样。8月14日，《中苏友好同盟条约》正式签署。中国国民党政府默许苏联租借大连、在抚顺建立海军基地、东北所有铁路都由中苏共管，并答应让蒙古独立。苏联则承认中国在东北和新疆的主权，并承诺要派兵援助国民政府、放弃支持中国共产党。蒋介石接受了这项让他“大致上感到满意”的条约。条约似乎保证他可以保有中国本土，以及美苏双方的友谊。

8月9日，日军作战参谋本部举行御前会议，讨论来自莫斯科的坏消息，会开到一半，就传来美军投下第二颗原子弹的消息。即使如此，军方依旧拒绝投降，不肯接受由外国占领的投降。会议在皇居内的防空室进行了一天一夜还是争论不休；拖到凌晨两点，天皇终于开口了。他沉痛地表示，战争的进展并未如军方所料，现在挽救国家的唯一办法，就是在“不损及天皇权威”的条件下接受《波茨坦公告》。杜鲁门政府连忙发出回电：“日本政府的最终形式应该在不违反《波茨坦公告》的前提下，由日本人民的自由意志决定。”然后美国人等了一天，又一天，再一天；东京的强硬派则忙着抗议这封复电语意暧昧，不够清楚。8月14日，日本国务大臣近卫文麿说服天皇在御前会议上表明心意。裕仁天皇就在皇居的防空室发表了他的著名演说：“朕深恐国体毁于一旦，领土遭受吞并。朕在此期望国人忍人所不能忍，接受盟军复电。”稍后他录制了一段文告在国营电台上播出。播出前一天，一小撮疯狂的年轻军官孤注一掷，冲进皇居，意图将预定在第二天中午播放的“天皇玉音”唱片砸毁。东京防卫司令田中新一（Tanaka Shinichi）将军劝阻了他们，要他们“遵照天皇旨意行事，停止这场愚蠢的行动”。

核子物理学家永井隆（Nagai Takashi）博士的妻子死于第二次原子弹轰炸，不过他对让军国主义者失势的原子弹还是心存感激。他认为是天意让B–29轰炸机转往第二个目标长崎，因为17世纪的日本幕府就是在该市对基督教进行迫害的，而且原子弹会在浦上天主教堂，而非原定的弹药工厂上空爆炸，也是上天的旨意：“长崎是日本唯一的圣地——难道它不是被选为牺牲，像纯洁的羔羊一般在牺牲的祭坛上被宰杀焚烧，为人类在第二次世界大战犯下的罪恶赎罪吗？”永井博士在辐射症痊愈后，深信自己就站在十字架脚下，于是他将一生投入到了济世救人的事业当中。

在160公里外的东方，就在九州岛的另一面海岸，宇垣缠海军上将唯恐会听不清天皇的广播，因为他的收音机接触不良。事后他开车到机场，要求登上一架神风自杀飞机。机场的每一位飞行员都为了有幸与他同死而齐声呐喊。“吾将飞往琉球，我军将士曾奋勇牺牲，如樱花坠落。吾将冲向自大的美军战舰，一展日本武士雄风。凡我属下都应牢记吾之精神，克服横逆，重建强大武力，帝国得以万世不朽。天皇陛下万岁！”

第73章　东京，1948

美国军机侧腹上绘着白色星徽。“比起预示耶稣基督降生伯利恒的那颗星要显得更加耀眼，带给人们希望、喜悦、和平与善意。”《纽约先驱论坛报》的航空版编辑在1945年如此写道。宗教和意识形态都令世界大失所望，然而掌控权现在是落在一个爱好和平与善意的民族之手中，而空军的星徽“对数百万孤立的大众而言，是一个难以击垮的理想象征，他们在引擎的震动中看到了上帝”。对如此亵渎的文字，天主教杂志《共和》（*Commonweal*）大加抗议并感到忧心忡忡，担心虚荣和骄傲的恶魔会占据美国国民的灵魂。尽管如此，美国民众仍认为他们有能力拯救世界，并以此沾沾自喜，认为美国权力的增长是理所应得的奖赏。多亏欧洲、苏联和日本的残破，美国方能大肆炫耀它几乎占全世界一半的工业生产，成为世上唯一拥有健全的金融、遍及全球的由海陆空军所联结成的网络，以及象征科技霸权的原子弹强国。

美国西岸特别能感受到这股无所不在的力量。第二次世界大战对它而言好处多多，人口增加了30%，而凭借接到的武器订单，它的经济也增长了3倍。圣弗朗西斯科之所以能主持联合国筹设会议，也是实至名归，因为现在降临的美国世纪预示着太平洋世纪的来临，而太平洋其实已成为美国的“内湖”。诚然菲律宾早已得到独立的承诺，而且的确于1946年宣告独立。但是菲律宾人热爱美国人，特别是麦克阿瑟将军，并乐于提供土地给美国作为军事基地。至于其他中太平洋地区，美国新政府期望一口吞下，全部据为己有。金恩海军上将说过：“这些岛屿的港口难道不是以美国人的血换来的吗？”因此国务院坚持联合国要将日本旧有的属地交给美国托管，并在1947年如愿以偿（在摆平了苏联和澳大利亚的异议之后）。最后，美国政府想要取得琉球群岛。国务卿伯恩斯担心美国这样做是否会“逾越了它合法的政治和区域利益”。但是在日本举行和平会议之前，在琉球设置军事基地的计划依然继续进行。

这代表什么呢？加州各报章的社论都乐于报道说，这就代表着白人文化的新边界现在已推进到亚洲的门口。它一点也不担心那个地区是否会再次发生战事，美国现在可以开始实现他们的愿望，依自己的形象来塑造亚洲。当时能和美国霸权抗衡的只有两个国家。其一便是旧时北太平洋三角势力的第三位，苏联。西伯利亚对美国而言，仍是它在太平洋海岸势力范围的唯一禁区，这仿佛预示着两国的对立将随之来临。即使在大战期间，斯大林也不肯给予美国在西伯利亚的登陆权，只有在波茨坦会议中准许90名美国人在伯力和彼得罗巴甫洛夫斯克设立“无线电台和气象监控站”。美国方面没能在日本投降之前前来，因此受到苏联国家安全局的刁难，又是问他们要代号，又是要密码，接着他们就在12月被驱除出境，身边带着所剩无几的一些“没有冻坏的设备”。不用说，他们没有看到任何集中营的迹象，更别说里头关着从中国东北抓来的40万之多的日本战俘了。

斯大林和莫洛托夫数度要求参与占领日本的行动，例如在北海道设置一个苏维埃特区。杜鲁门拒绝了，而斯大林也不再施压。他或许是这样想的：如果他对日本一事慷慨退让，或许就能使美国人放手让他占领东德与波兰。但即使苏联被排除在外，美国也不能随心所欲改造日本。因为第二个与美国相抗衡的力量就来自日本人本身。

旧日本独裁政权时期的自由派——和东条政权相比，可以称得上是自由派——一直采取低姿态，等待着他们的时机，以引导日本恢复理智。一如纳粹德国时期的反对派，这些日本贵族、商人、政客和官员形成了一个个小圈子，其中之一就是近卫文麿与吉田茂领导的吉田反战集团（Yoshida Hansen）。他们在1945年春天偷偷捎给天皇一个消息，警告说：“战败后，共产革命可能随之而来。”他们主张只有向美国投降，日本才有机会保存天皇制度和恢复到类似大正民主的地步。当天皇终于在1945年8月跨越障碍，这些在军国法西斯出现之前的精英们就不再躲藏，准备欢迎并影响美国人。

吉田虽身高仅1.5米，但体格健壮。他是由一位横滨商人和艺伎所生，以养子身份被抚养长大。东京大学毕业后，吉田借着裙带关系跨入上层社会，并加入外交工作。1928年，军方以他反对直接介入“伪满洲国”一事为由，撤销了他的沈阳领事之职，但接下来他就出任驻罗马大使，并于1932年奉派出使华盛顿。但是吉田拒绝了，因为他认为“以美国的国格而言，它在外交事务方面，基本上不足以信赖”。这样一来就让斋藤博有了出使华盛顿的机会。1936年，在“二·二六”流血事件之后，吉田原本有望出掌外务省，但为军方所拒。因此他未能主掌1937年的“七七事变”，而是受派出使伦敦并因而成为亲英派人士。他与美国驻日本大使格鲁的情谊、1939年遭到军方排挤，以及

1945年被宪兵队逮捕的记录,成就了他的自由主义形象。吉田显然是一个“好”日本人，像是德国的阿登纳（Adenauer）之流。他在战后的计划是迁就讨好战胜的一方，阻止他们对日本社会进行偏激的改造，并利用他们和苏联之间的争执，重振日本的繁荣和主权。吉田既然有数以千计和他相同想法的文官与企业家可以依靠，任它是什么样的临时占领军也就都无法随心所欲改造日本。即使是麦克阿瑟将军也一样没辙。

“傲慢多变的首席女高音（Prima Donna）先生、高级军官、五星上将麦克阿瑟。”这是杜鲁门于1945年6月对他的称呼，“他比卡伯特（Cabots，发现北美洲的威尼斯航海家）和洛奇（美国前国务卿）之流还糟——他们至少在告诉上帝该如何做之前还会彼此交换意见。麦克阿瑟却直接命令上帝该怎么做。”但是麦克阿瑟在亚洲就是如此受欢迎、如此受尊重，以至于杜鲁门别无选择只能任命他为驻日盟军最高统帅。然而，谁又能说他不是一个最佳选择呢？当他不带一枪一炮，在8月30日飞抵日本——一个当时仍有数十万满脑为国为民牺牲奉献的军人的国家，麦克阿瑟的确实至名归，足以接管这个战败国。丘吉尔认为那是历史上最勇敢的举动之一，而一位日本报社主笔则形容这个空前之举“表示他信任日本人的善意。这是一次卓越的心理战术运用，完完全全解除了日本人的不安心理”。此后，日本人对这位蓝眼珠的将军除了尊敬别无他念。《纽约客》杂志曾刊登过一幅漫画，描绘一对日本夫妻炫耀他们的新生儿时说道:“我们决定叫他道格拉斯。”一位日本记者写了一本畅销传记，将麦克阿瑟描绘成“天神在世”。他最为人爱戴的行动之一便是下令让日本的棒球联盟立即重新开赛，任何一座球场，只要没被炸掉，都可以作为比赛场地。麦克阿瑟还不是唯一让日本人有好感的美国人，吉田说过一则故事:日本投降后不久，他的座车有一次在乡村道路上被两名美国大兵招手拦了下来。当他发现他们只是要求搭个便车到东京，并随手将一堆巧克力、口香糖和香烟一股脑塞在他和司机身上，吉田的忧虑瞬间烟消云散。“美国人天性善良，”他得出如下结论，“因此，不用一枪一弹，他们就可以完成占领日本的任务。”这话也许是陈词滥调，但美国人却经常将它挂在嘴边，连其他外国人也同样津津乐道。

整体而言，日本人对白种洋鬼子的印象又顿时回到明治初期:他们是我们理应学习的外国老师。这难道代表日本人想要当美国人吗？或者代表他们愿意承认自己矮人一截？全然不是。相反，他们特地招募了身份卑微的女人来充当妓女，以免美国大兵不分青红皂白玷污了大和血统。这次的盟军占领对日本人来说，等于是另一座等待征服的高山；一如明治时期，日本人要学习必要的西洋技术，以便和西方竞争。这点从裕仁天皇通过收音机对他的子民所作的宣告便可略窥一二，里面没有一处表示日本已经失败的意思。“那篇文告真是奇怪，”一位法国记者这么写道，“日本人是多么朝气蓬勃！文告对于未来的处理是何其谨慎、小心，不让‘投降’这说不得的字眼玷污日本的历史。”日本精英则以竹子来作比喻：“竹随风屈而不折，竹待风逝则复挺立。”

美国对日本的官方态度也悄悄回到20世纪初。弗兰克·卡普拉（Frank Capra）的经典之作《认识你的敌人：日本》（*Know Your Enemy*：*Japan*）于1945年发行后不过几个星期，军方便将影片禁映，原因是它将日本人描绘成工作狂和蚂蚁工兵。相反，国防部开始慢慢将日本人描绘成受邪恶领导者影响而误入歧途的纯真人民。华盛顿的专家委员会还拟定好进程，准备借着这次的占领将日本带回到“自由派领导人”麾下（借用史汀生的说法），并将它塑造成“未来太平洋区域的有用成员”。首先，便是投降这个工具本身，它使得日本天皇和内阁听命于盟军最高统帅部（如整个占领事件为世人所知一般），并确立日本将受命解除武装并进行民主化。国务院在其“日本投降后初步对日政策”（Initial United States Post–Surrender Policy）中呼吁要整肃军国主义者和他们在政府里的代言人、促使工业和农业民主化，并改变日本的“封建或独裁倾向”。

根据盟军最高统帅部一名旧部西奥多·科恩（Theodore Cohen）的说法，麦克阿瑟将军最重视的指示都包含在他的军事命令里，因为它们等于是在陈述着“占领军除了拥有传统所赋予的权力之外，你也有权采取任何你认为适当的步骤以实行……《波茨坦公告》条款”。总而言之，这些指示实际就是要麦克阿瑟将军把这次军事占领变成一个进行全面性社会、政治、经济和文化改革的时机。麦克阿瑟将军以极为精简的文字将此事作了以下的综合说明：

> 首先，摧毁军事力量。惩罚战犯。建立代议政府架构。宪法现代化。举行自由选举。赋予妇女投票权。释放政治犯。解放农民。奠立自由的劳工运动。鼓吹自由经济。废除警察压迫。发展自由且负责的新闻媒体。开放教育。地方分权。政教分离。

这些都是十分美国化的，但这项计划也反映出军国主义是如何渗透到日本社会的每一个层面。

麦克阿瑟将军如同神明一样，“并未故意彰显他自己”。一名记者如此描述他在日本的生活：每天早上，司机开车载他从美国大使馆前往位于东京市中心区第一保险大楼的驻日盟军总司令指挥部。在那里他统率着一群官僚，包括极优秀的语言学家、律师、经济学家、教育家和社会学家。士兵和军职人员，以及过气文官和投机者则乐于混聚一堂，加入这场胜利派对，因为这里一杯鸡尾酒只要一角钱，佣人成群，到处都是艺伎和单身汉。但即使那些最优秀的管理人才也没学到日本社会和企业活动的诀窍，况且人数也不够管理一个拥有7000万人口的国家。因此盟军最高统帅部的第一项决定就是运用间接管理，托付日本文官来执行它的命令。

然而没有天皇的首肯，这种做法还是不可能行得通。所幸裕仁也需要麦克阿瑟将军，因为他必须单独面对保有皇位还是失去皇位、甚至被当作战犯审判的命运。于是在9月27日那天，裕仁率先前往美国大使馆向盟军最高统帅低头。麦克阿瑟鼓励他、赞许他结束战争的决定，并请求他协助盟军最高统帅指挥部执行命令。此后，他们每6个月会晤一次，这代表麦克阿瑟打算庇护天皇，而天皇也认可此次的军事占领行动。多亏双方的联盟，麦克阿瑟得以在10月前夸耀说700万武装的日本士兵均已缴械，而且日本海陆军“都已全面废除”。

接下来的200天就是一连串忙碌的改革过程。盟军最高统帅下令释放所有政治犯、解散宪兵队，并开始整肃军国主义者。最后，有210,288人被剥夺公权（至少直到美国人停止对他们进行临检、改变主意不再进行整肃或打道回府为止）。日本学校受命拆除挂有天皇画像和明治教育令的神坛，美国教师则忙着改革课程和教科书，就如外国教师在19世纪70年代所做的一样。不过改革最深的要算是政治方面，麦克阿瑟的律师们将伊藤博文的明治宪法搁置一旁，另外起草了一部以“我们日本人”为起首的新宪章。天皇以“国家象征”之名继续统治，但是他个人名下的全部财产以及其他富丽堂皇的所有物则以主权在民之名收归国有。甚至连裕仁的书桌都成了“国家财产”。

盟军最高统帅部草拟的宪法，规定日本内阁必须向由成年男子和女子普选出来的国会多数成员负责。著名的宪法第九款宣示日本放弃建军或发动战争，这表示日本必须依赖其他国家——显然就是美国——来从事防卫工作。这项条文和宪法里其他令人难以接受的特质，连堪称温和、卑恭逢迎的战后日本官僚也群起抗拒。因此，就由麦克阿瑟“扮白脸”，派出考特尼·惠特尼（Courtney Whitney）“扮红脸”去游说他们。惠特尼和日方人员在吉田的花园里会面，他轻描淡写地说：“我们正在享受着原子能的温暖。”他用这句话作为“心理战”的工具。为了提醒吉田麦克阿瑟可是天皇的保护人，他紧接着就说：“许多人都认为保守派相当反动呢。麦克阿瑟将军觉得这是保守派的最后机会……接受这项宪法草案是你们存活的唯一希望，这点我再如何强调都不为过。”吉田听了这番话，脸色“黯然凝重，不过表情由始至终未曾改变”。到了3月6日当天，麦克阿瑟宣布：“今日，我深感欣慰能在此宣布天皇和日本政府所作的决定，令日本全体人民服膺于一部获得我全心支持的开明新宪法。”

麦克阿瑟深为日本的宗教生活着迷。他将这个民族的温驯表现误解成缺乏社会准则的象征，因此非常想拿基督教义来填补裕仁退让后所遗留的空白。1946年元旦，天皇训诫子民不得再视他为天神嫡裔。在同一项告示中，他也警告民众不得有任何“偏激的倾向”。麦克阿瑟闻之欣喜若狂，提议华盛顿接纳他的计划“以大幅增加基督教在日本的影响力”。（杜鲁门随手批示道：“同意。”）之后他写了一封公开信给南浸信会大会，赐予他们“基督降生以来前所未有的良机，得以前往远东散播基督教义”。他请人送来1100万本圣经，梦想着日本基督徒将带领着一次精神大出击，横扫亚洲，将民主和基督教义带给太平洋沿岸的“无数东方人”，并且“从根本改变世界历史的演绎历程”。盟军最高统帅的确引介了宗教自由，但是日本人仍然执意抗拒传教士的甜言蜜语。

第二次世界大战共有200万日本人丧生，850万日本人无家可归；66座城市遭到焚毁，财产损失达260亿美元。五分之一的日本工厂变成废墟，其余的不是残破不堪就是完全不能运作。日本丧失了它的帝国，也丧失了取得原料和市场的渠道。日元贬值，一泻千里，通货膨胀严重，一般工人家庭的收入还不到维持温饱所需的一半。《波茨坦公告》要求日本赔偿中国和菲律宾等国，但美国纳税人每年反倒要补贴3.5亿到4亿美元，使日本人免于挨饿。农业改革持续进行。盟军最高统帅部将土地分配给佃农，后者遂成为日本政治的一股强大保守力量。但在工业方面，由于盟军最高统帅鼓励工会运动而使得左派势力日益壮大。一年内就有400万工人加入组织；社会党赢得他们的选票，共产主义四处活动，而各个工会则借着一波波罢工，小试一下他们新得来的自由到底有多大力量。盟军最高统帅部的改革者也在探索财阀的金融金字塔里有什么样的秘密通道。如麦克阿瑟所说，在金字塔的顶端“约有10个日本家族私下正实行着某种私人社会主义”。旧有的家族企业和一些较为现代的“势力”控制着小规模银行的股权和控股公司，而这些银行和控股公司底下又拥有几十家子公司，每家公司下面还有十几家工厂。而这些以垂直形式整合而成的大公司，彼此之间并不相互竞争，因为这些大公司的总裁习惯在私人晚宴或花园里与政府各部门进行协调，谈妥产品价格和市场分配。难怪一名盟军最高统帅部的人会以诙谐的笔触写下这首打油诗：“疑议之事嗅得出/

有关三菱这公司/而其余这些财阀/倒也没如此财气。”

盟军最高统帅部的政策中，再也没有比工业政策更加引人争议的了，因为在工业方面，到底是要进行改革还是重振一直纠缠不清。政治因素使得问题更加复杂，因为麦克阿瑟总是能从华盛顿传来的命令中，找出削减他权力的蛛丝马迹。而在另一方面，东京和华盛顿的保守派与自由派都相互指责对方心怀不轨。当盟军最高统帅部采取行动对付财阀时，保守派就大声嚷嚷，说盟军最高统帅部受到左派新政指使。而如果改革的意图是来自美国本土，麦克阿瑟又会抱怨说都是华盛顿的共产分子在搞鬼。结果，原本属于自由经济的反托拉斯政策被视为共产主义，而对日本传统寡头政治有利的政策却反而被视为是好的资本主义。麦克阿瑟的自我中心和政治野心也助长了混乱现象，然而混乱的根本原因是：只要改革延缓了日本的经济复苏，就会助长共产主义对工人阶级的煽动。因此随着时间流逝，美国的政策一直就在打击巨商或配合精英以提升生产力二者之间打转。而这也就给了日本旧式自由派政客得以将日本塑造成他们想要的模样的机会。

大战期间，财阀和其他利益团体对军国主义者是采取容忍的态度，但日本的战时经济在事后看来，效率却低得令人讶异。日本企业家向来欢迎非军人组成的政府，而不喜欢像东条之流的好战分子，这点倒不是因为他们用资金将议会政党和政客握于股掌之间的缘故。而是相较而言，军国主义者就是国家主义者，绝对是勇于冒险犯难之徒。现在旧有的商业、议会联盟再度出现，企图迫使盟军最高统帅部的政策偏向他们这一方。吉田茂就回忆道：“作为一位一流的输家并不代表胜方说的他都会言听计从……尽其所能和占领当局合作虽然十分重要，但是我认为，盟军最高统帅部里面的人对我国的一些真实情况相当无知，难免因此犯错，将这些事情解释清楚是我应尽的职责。如果他们依然我行我素，继续执行他们的决定，我也必须遵从，直到他们终于看清自己所犯的错误为止。”美国人终究会需要日本的，而“企业界的进步不能只靠科技，还必须引进美国资金”。

盟军最高统帅部的专家确实将三井和三菱打散成数百家看似独立的公司。但一如往常，他们必须通过日本中间人来达成这个目标，但是这些中间人的未来无疑必须依赖这些企业——也就是他们奉命前去惩罚的对象——的赞助。而一小撮美国人也不可能阻止每个附属公司的负责人按以往的方式相互合作，或者阻止他们在美国人离去后再重新组合。吉田表示，无论如何，“将日本财经领袖视为一群罪犯是大错特错”，而且“现代日本的繁荣大都归功于他们的努力”。因此从1947年起，美国人也开始学习倾听。日本仍旧残破不堪，是美国国库的一个大包袱，也是煽动工人暴动的绝佳地点。麦克阿瑟在纪念受降一周年的讲话中承认了这点："整体而言，在宇宙中的这片天地里，所有的人与物都对意识形态撞击下所产生的疑惧与不安诅咒不已。"最后到底是自由主义还是共产主义会占上风？这是"我们在处理日本问题时所要面临的一大议题，它将深深影响所有人类的命运以及所有文明未来的发展道路"。1947年1月31日，他被迫压制一次罢工行动，是年4月，社会党摇身一变成为国会里的最大党。同时，美国国内的旧式日本游说团开始抨击盟军最高统帅部想要一步登天，在极短的时间内做太多的事，并促使其接纳日本的组织机构和精英。1947年1月，哈利·克恩（Harry F. Kern）和埃夫里尔·哈里曼授意《新闻周刊》（*Newsweek*）发表一篇文章，抨击盟军最高统帅部整肃了3万名"最活跃、最有效率、最有文化素养和最具世界观"的日本领导人士，而非任用他们以协助对抗共产党的肆虐。研究日本企业的权威詹姆斯·考夫曼（James L. Kauffmann）指控盟军最高统帅部使日本"在经济学江湖郎中的利刃胁迫下"，转而追求一种"社会主义理想"，并使日本劳工变得如"脱缰野马"。他建议组织一个高层级的代表团来驾驭盟军最高统帅部那些两眼发狂的改革者。

麦克阿瑟以他惯有的作风进行回应。他召开了一次记者会，大肆炮轰批评他的人不顾发号施令的层级顺序。他说，多亏有盟军最高统帅部，日本才能在只花费美国纳税人极少钱的情况下，进行了一场"精神革命"。如果还有经济方面的问题，那是华盛顿方面的责任。他向记者们保证，说他的目的不是要抑制日本，而是要"让日本站起来"。也许是吧，但是日本游说团在冷战初期的关键时刻终于得到了华盛顿的关注。杜鲁门主义于1947年3月宣布，接着马歇尔计划于6月宣布，设立国家安全局、中央情报局以及空军独立建军的草案也于7月获得国会通过。乔治·凯南在春季大抵草拟了新的围堵战略，他强调要以经济和政治活动来化解共产主义的力量——显然就是为日本而写的。在1947年5月一场引人注目的演讲中，前任国务卿艾奇逊——就是1941年切断日本石油供给的那名官员——放言说世界之所以不景气是因为"两个伟大的欧洲和亚洲工厂——即德国和日本"都呈现衰败状态，他呼吁各国为这两个第二次世界大战的敌人提供紧急援助。那年9月，凯南告诉战争学院说美国必须重振欧洲和日本的繁荣，以免他们受到共产主义的诱惑。

杜鲁门在1948年2月选派来刺探麦克阿瑟军情的是凯南和军事大学的小威廉·德雷伯（William H. Draper, Jr.）——一个在华尔街呼风唤雨的人。马歇尔为凯南简介了麦克阿瑟的个性，因此当麦克阿瑟将军在他抵达东京的当天深夜给他一长串似无休止的斥责时，他早已有了心理准备。这位疲惫不堪的外交官二话不说，一碰到床就立即睡得不省人事。然而，在他们第二次会面时，凯南借着谈论他们两人共通的观点（他早已熟知在心），终于赢得了将军的信任，然后就好整以暇地等着看他自掘坟墓。很快麦克阿瑟就对那些批评反财阀整肃法令的人大加挞伐，说那些被剔除的商人是“老而无用之人”，令他想起“纽约俱乐部里最没用的人”；任何带着社会主义的蛛丝马迹，都是华盛顿方面派来对付他的左翼分子所做的，而真正的成就则是将亚洲人变成基督教徒，这事可是多亏他才能进展神速。凯南声称麦克阿瑟宫廷的“脆弱心理特质”以及美国人的没教养令他大感震惊，后者只会沉迷于鸡尾酒会、仆役服侍和北海道的滑雪旅行。更重要的是，他认为盟军最高统帅部的经济政策“让日本人丈二和尚摸不着头”，于是他招集自己的幕僚，开始重新策划一个包罗广泛的新计划。

凯南认为他反转日本军事占领政策的功劳，仅次于马歇尔计划，也是“我所能为政府作的最有意义的贡献”。他其实尽可以将两个计划等同视之，因为日本的这个“大反转”就功能上来说,就等于是马歇尔援助欧洲计划的亚洲版。这项完成于1948年6月的计划是以经济复苏作为军事占领的中心政策，呼吁任何会造成干扰的改革与赔偿应立即终止，削减工会特权，并与企业界和政府合作以提升日本的出口以赚取外汇。德雷伯也同样认为盟军最高统帅部领导下的日本是死气沉沉的“停尸间”兼社会主义的温床。他与经济学家拉尔夫·里德（Ralph W. Reid）建议东京政府分配原料、平衡预算、调整日元汇率，同时奖励外销而非国内消费（这也就是工会必须受到约束的原因）。

杜鲁门在12月批准了这项“大反转”计划——这是他涉足麦克阿瑟“采邑”的第一步——并派遣底特律银行家约瑟夫·道奇（Joseph Dodge）前往东京执行这项政策。麦克阿瑟像是一只护着骨头的狗般大声咆哮，令人不得不对他感到些许同情。但是麦克阿瑟的心已经不再恋战。1948年威斯康星州的初选让他丧失了共和党总统提名之后，他对自己当“驻在神”（resident god）的工作已感到厌倦，对任何事都兴趣索然。尽管如此，他对这个新方向大致表示同意，而日本领导者也无异议。1948年3月，两个中间偏右的政党合并成自民党。它是现代版的政友会，掌控了大半的政治版图，使得左派变成永远的少数党。10月大选过后，自民党组成了第一个内阁，就此掌权45年。吉田再度成为首相，整肃和战犯审判都突然停止，大企业又再度结盟，大藏省出面整合开拓海外的市场动力。为了回应日本的游说，美国企业展开美日合资企业，将美国资金和技术注入日本。

新日本并非在各方面都是新的。很多方面，它都像极了20世纪20年代的日本，只是没有了军国主义的影响。但这已是不小的成就了，就此而言，麦克阿瑟功不可没。除此之外，考夫曼还说日本“就稳定、法治，以及工作欲等方面而论，都是名列前茅的国家”。更重要的是，它已经变成一个“缓冲国，将我们和太平洋对岸的苏联隔开”。至于日本要如何才能繁荣安定呢？首先，它必须取得美国或东亚地区的市场和原料。因此在广岛原子弹爆炸的4年之后，凯南担心“除非再度向南扩建某种帝国，否则日本如何能有所进展”？一名盟军最高统帅部的经济学家也坦承：“我们恐怕得把日本推回以往的（东亚）共荣圈。”其次，日本需要的是保护。好，奇妙的军事占领改革理应剔除了日本社会的军国主义倾向，但盟军最高统帅部的宪法却暗示美国必须挑起重担，保护日本以及它前（东亚）共荣圈的势力范围——从朝鲜半岛直到东南亚。难怪尼克松在1953年会指出，解除日本军备是“一个真正的错误”。

这话或许没错，因为当时美国已经在北太平洋打了3年多的仗。

第74章　朝鲜半岛，1950

在亚洲并没有真正的冷战，而是长达30年的一连串热战。中国的内战也不能归为冷战，因为苏联并不确定是否希望共产党打赢，而美国则相信国民党政府铁定会输。结果两国都输了；说来可笑，最后是日本渔翁得利。但这就是北太平洋的三角关系。

战后动乱的第一大奖，便是谁有权接收日本的势力范围及武器。麦克阿瑟命令在中国境内的日本军队只能向国民党政府投降，并派了5万美国海军陆战队员到山东，而魏德迈（Wedemeyer）将军也将飞机交由蒋介石调配，以迅速派兵至东北。美国的这种介入似乎充满挑衅，但国务卿艾奇逊认为："如果你命令日本人弃械投降、撤出中国，则整个东北就会被共产党占据。"事实也相差不远。苏联红军直到1946年5月才将东北交还给蒋介石的官员，在那之前苏联已经将该区的工业设备搜刮一空，并以日军的枪械武装了数万中国共产党员。蒋介石想占领东北实非明智之举；他不顾美国的劝告，将其最精锐部队中的50万人部署在东北，那时毛泽东的干部正在各处组织农夫打土豪分田地。

我们现在无法得知斯大林当时的想法，但应该和以下相去不远：对苏联而言，能重新获得1904年以前沙皇时代在中国东北所享有的特权——而且面对的是衰弱、即将分裂的中国——真是再好不过了。中国共产党就像面对着巨人歌利亚（国民党）的大卫。如果共产党看来有赢家之势，美国当然要介入，以阻止事情发生。对苏联来说，唯一明显的威胁，就是蒋介石部队得到美国充分援助，击垮共产党后建立一个强大、统一且亲西方的中国。因此苏联一定得给毛泽东等人足够的支援，但又不能公开或多到引起美国的介入。这么一来，苏联一方面摆出忠诚的反帝国主义姿态，一方面却可享有他们在中国东北非正式帝国的特权。对苏联而言，中国的内讧总是有利可图的。

不过对美国而言，无论是共产党推翻腐败的蒋介石政权，或是美国必须继续支持蒋氏（而且不知要撑多久），中国内战都是一桩灾难。杜鲁门因此也像罗斯福一样，派出高级官员到中国斡旋，试图调停出一个“民主、统一的中国”。赫尔利将军曾设法让毛泽东到重庆谈判，但蒋介石不愿妥协。赫尔利后来辞去职务，杜鲁门命令马歇尔将军接替。魏德迈在上海迎接马歇尔时，告诉他：“国民党现在大权在握，他们绝不会放弃。共产党也誓言取得胜利，并且有莫斯科的支持。你面对的是不可能的任务。”马歇尔决心证明魏德迈错了。

蒋介石和毛泽东都不愿冷落这位美国高官，所以在马歇尔督促下，他们同意停火以及一项合并军队的初步计划。毛泽东和周恩来还称：“我们中国共产党不会，也不认为很快就能在中国推行社会主义……我们计划学习民主及科学。”他们也向马歇尔保证，中国共产党和苏联不是同一阵线的。1946年3月马歇尔满意地飞回美国，准备替中国筹得5亿美元的贷款。但是就在他回美期间，东北爆发激战，于是马歇尔又飞回中国，安排另一次停战。然而，7月时，蒋介石由于对美援有把握，又重回战场。美国人对于他们的中国政策不是自嘲说是要“对共产党保持中立”吗？

1947年1月马歇尔返美，悲叹不愿和解使得中国一直处于“封建控制”之下，他再也没有回到中国。他推测国民党军队迟早会因为腐败、过度扩编及分散而面临战败，美国最好不要去趟这浑水。事实上，国民党的军队于1947年3月攻打了共产党的延安根据地，那是蒋介石的最后一次胜利；他早该知道那是场毫无意义的胜利。毕竟日本人曾将他赶出两个首都，占据城市和铁路线，但日本最后仍旧失败了。蒋介石的军队既无纪律又过度狂热，除了美国提供的武器之外没有什么战斗能力，而那些武器又被他的部属拿去黑市贩卖。国民党最大的劣势就是共产党知道如何动员整个被国民党忽视的农村。中国是个农民组成的帝国。

有一年半的时间，共产党静静地训练武装他们从农村募得的新兵，直到人数达到200万人，足以对抗国民党的370万大军。1947年夏秋期间，林彪的军队对目标明显的国民党驻军发动传统式攻击战。单单在东北就击溃15万国民政府军，国民党的军队外援断绝，最后在饥饿、绝望和弹药耗尽中死去。到了1948年年中，唯有美国大规模介入才能救得了北方的国民政府军。但是杜鲁门和马歇尔认为除非国民党愿意改革，否则不考虑干涉。麦克阿瑟认为这种不可能实现的要求，就好像试图要“更改一栋正被火焰吞噬的房屋的结构设计”。麦克阿瑟希望先打败共产党，再谈改革。杜鲁门最后提出再给蒋介石5.7亿美元援助，但等到1948年年底提案要生效时，中国的战事已经结束了。东北47万驻军一个接一个投降，共产党于11月2日接管了沈阳。眼看再过不到几个月，共产党军队就会从北方挥师进入北京。美国驻中国大使发电报回美：“我们不得不得出一个结论，国民政府垮台就在眼前。”

蒋介石的最后一线希望在于共和党能否赢得1948年美国大选。共和党已经16年没有主政了，并认为共产党的威胁会是选举制胜的议题。但杜鲁门连任成功，使得这最后的希望也落空了。1949年1月，北京、天津相继解放，南京也于4月失守，美国国务卿艾奇逊起草了一份白皮书以规避民主党丢了中国的指控：“这个不幸却无法避免的事实就是，中国内战的结果并非美国政府所能控制，我们能力范围内所能做的一切都无法改变这个结果。”

真是厚颜的坦诚、差劲的辩解，因为共产党若正如杜鲁门所说的是民主的威胁，为何全世界人口最多的国家遭到赤化时，他的政府却袖手旁观？暂且不提情感和政治的事，我们可提出四点解答。第一，中国的战略地位不如日本及欧洲等工业国家重要。第二，美国人民，特别是节俭的共和党员，要求华盛顿将美军撤回、削减国防预算及将经济改回和平时期体系。第三，根据艾奇逊提出的资料，所有交给蒋介石的经费及武器似乎都进了无底洞。第四，中国共产党的胜利未必对苏联有利。艾奇逊希望：“中国悠久的文化和民主的个人主义终究会再度彰显，使中国摆脱外国的钳制。”中苏分裂是必然的，如果毛泽东让中国强大统一，对苏联而言那将是最糟的结果。

斯大林有没有想过共产党在中国的胜利，对苏联而言将是最糟的事？或许没有，那时他也许正指望美国支持蒋介石到底。如此一来，中国内战就会一直拖下去，苏联就能在东北站稳脚跟，而毛泽东就得依赖莫斯科。孰料美国是毛泽东所说的纸老虎，外强中干。毛泽东的军队于1949年10月袭卷中国南方时，斯大林默不出声。苏共的《真理报》也没有任何相关的头条新闻或夸大的社论，对于其共产党兄弟的光荣胜利，一点庆祝活动都没有。这也难怪，因为斯大林现在得扮演一位忠实的马克思信徒，而非俄国帝国主义者的角色。

1949年12月16日，毛泽东搭火车抵达莫斯科，周恩来则于翌年1月到达，两人一直待到2月中旬才离开。希望哪天那些磋商的手稿能落入学者手中！毛泽东、周恩来结束访问时，1945年所签的中苏友好条约蜜月期也随之告终。苏联想以旅顺港为基地、取得大连通商权、中国东方铁路经营权的美梦泡了汤。但对斯大林而言，最糟的是毛泽东的胜利以及中苏第一项平等条约表示将来会有两位共产党国际领导人，真是过犹不及。

不过斯大林和毛泽东给世人看到的并非如此。让艾奇逊很尴尬的是，世界上最大和人口最多的两国领袖签订了友好互助条约，结成同盟共同抵抗日本或“其他与日本直接或间接结盟的国家的入侵”。艾奇逊说过一句让他后悔莫及的话，“我会等到尘埃落定”再拟定新的中国政策。现在看来一切似乎都已有定论：整个亚洲海岸，从西伯利亚到南越都已经或行将共产党化，西方唯一的据点就剩下被包围的南朝鲜。

在朝鲜人眼里，美国于1910年抛弃他们，使他们在日本人的枪口下忍受剥削压榨。直到1942年，流亡的朝鲜人要求世人承认他们的存在，让他们能对同盟国有所贡献，美国才开始正视这个隐士王国。流亡领袖李承晚试着让美国国务卿赫尔了解“2300万朝鲜人的潜在战斗力”，并警告美国如果不采取行动，朝鲜将于日本战败后成为一个共产主义国家。老中国通霍恩贝克指出朝鲜的未来“对苏联和中国极其重要”，而其共产党员正在西伯利亚受训。一份国务院备忘录更进一步指出，占据朝鲜半岛这个“对中国及日本都有重要战略地位的地区”，对苏联而言“极具诱惑”。罗斯福的解决之道便是成立国际托管，直到朝鲜独立为止。无论在任何情况下，朝鲜半岛都不能整个落入敌人手中。

1945年8月10日，在苏联对日宣战后，危机出现了。军事协调委员会的查尔斯·博恩斯蒂尔（Charles H. Bonesteel）上校和迪安·腊斯克（Dean Rusk）少校二人彻夜密谈，商讨约翰·麦克洛伊要他们“提议如何协调政治上希望美军尽可能向北接收，但实际上军力又无法进驻的问题”。他们两人选择了北纬38度线，恰巧是1904年之前俄国和日本所讨论的同一条分界线。这条线几乎将朝鲜半岛平分，而汉城则落入美国这边。让人惊讶的是，斯大林居然同意这一做法。

载着美国占领军的护航舰于1945年9月8日抵达仁川，由出身伊利诺伊州乡下的霍奇将军指挥。麦克阿瑟对他公开指示：“你在南朝鲜采取的行动，将由以后的事件来定论。”朝鲜的政治活跃分子此时也在武装自己，把国家带入了无政府状态。美国人对朝鲜——不论是语言或是其共产党员的身份——一无所知，霍奇将军于是借助日本殖民时期的官员以成立他的军事政府，接着进行他所谓的“200天改革”，但目标只锁定本土左派激进分子，而非法西斯分子或通敌者。国务院的一位顾问回报：“所有的党派都有共同想法，就是将日本赶出朝鲜、夺取其产业，并且马上独立。但除此之外，他们就没什么概念了，正是煽动者活动的好时机。”

以上这几句话颇为值得深思。首先，美国人怎样解释朝鲜人的夺取行动：是出于对战败的前殖民地主人的愤恨，或是出于共产主义所引发的对私有财产的攻击？即使是前者，我们也不允许那些财产为暴民所有。第二，将日本赶出朝鲜半岛绝对是占领军的责任。日本武器绝不能被那些革命派系偷去用来对付彼此。第三，各党派所要求的独立恰巧和同盟国的政策背道而驰。那些强国认为朝鲜不适合自治，而当时的混乱正足以证明此点。第四，如果朝鲜这时正适合煽动者活动，那美军更有理由镇压。

霍奇采取的措施可以辩称是如何正当、道德、谨慎而又精明，或是合乎同盟国的指令。但最后的结果证明占领期间所施行的政策，就如同18个月后成为美国政策的冷战围堵政策。霍奇拘禁激进分子，找曾经通敌卖国的朝鲜警察担任职务，成立南朝鲜自卫队，并安排民族主义领袖回国。在北朝鲜，情况也颇类似。1946年10月，金日成这位33岁的斯大林信徒游击队员在平壤建立了他自己的政权——融合斯大林、毛泽东思想的朝鲜式共产主义大杂烩。

在莫斯科举行的各国外长会议，再度确定了朝鲜共同托管的原则，但由于南北朝鲜的政治差异如此之大，致使外交官们无法拼凑出一个联合政府。1946年年底苏联中止谈判。在北朝鲜，共产化的脚步加快；而南朝鲜的经济则因为和日本密不可分而濒临崩溃，使得激进运动又活跃起来。此时正值杜鲁门主义时代，而且日本又首次出现“经济回暖”的迹象。很自然地，朝鲜成了国防部“唯一最紧急的问题”。参谋长联席会议也提到朝鲜是“美国在过去两年，几乎单独和敌人直接接触、进行意识形态战的国家，如果输了这场仗，将会重创美国的威望及世界安全”。最后艾奇逊告诉国会，朝鲜半岛是另一个“美苏两国间界限划分得十分清楚的地区”。

马歇尔在1947年4月的外长会议（Foreign Ministers Conference）上为朝鲜半岛统一作了最后的努力，但斯大林显然很满意北朝鲜当他的缓冲国。美国国务院则计划让南朝鲜立国，其1947年8月的政策声明书宣布，美国无法在“最后将导致整个朝鲜半岛受共产党统治的情况下，自南半部撤军”，并建议由联合国出面为政治分隔缓颊。联合国同意资助1948年5月的朝鲜国民大会（Korean National Assembly）。北朝鲜拒绝参加，南朝鲜则一致投给李承晚。于是美国在8月15日将主权交给新成立的大韩民国；不到3个星期，金日成也宣布建立一个人民共和国。双方都自称为朝鲜半岛的唯一合法政府，并准备以武力维护他们的声明。

韩国成了烫手山芋，美国却不敢弃之不顾。杜鲁门告诉国会，李承晚的政府“呈现了民主制度对抗共产主义的成功及韧性，将成为北亚人民的指示灯塔”。更重要的是，韩国可作为缓冲。美国也了解到了日本从明治时代就知道的问题：如果敌对势力控制了朝鲜半岛，日本就没有安全可言。但是意图和行动还是有段距离。1949年美国还没准备再度动员，以继续它对全球的承诺，但中苏协定及苏联测试原子弹使得赌注升高。韩国的一场小冲突极可能引发与共产主义摊牌——第三次世界大战——的情形。因此，美国绝不允许自己被敌人或友邦卷入朝鲜战争。

换言之，傀儡不得操纵自己的线。但朝鲜半岛的情况却越来越紧张。1949年10月，反对李承晚的左派人士发动叛变，造成3000人死亡；而在38度线附近，南北双方的巡逻部队也发生了上百次冲突。双方政权都渴望能大举越过分界线。美国会为保卫韩国而战吗？如果韩国挑起战端，美国会加入吗？美国会将战场推到朝鲜吗？朝鲜战争会升级为较大区域的冲突吗？艾奇逊在1950年1月12日那场他对华盛顿全国记者俱乐部的著名演说中，试图消除大家的疑虑。艾奇逊说美国的防卫周边是“从阿留申延伸到日本、琉球群岛、最后至菲律宾群岛”（麦克阿瑟也划下相同的防卫线，同时也对“太平洋终于成为盎格鲁—撒克逊人的内湖”大感庆幸）。不用说，韩国当然没有被提到。艾奇逊称此疏忽乃出于经验不足，或是即兴演讲的危险例子。共和党籍的反对人士则认为那是民主党失败主义的征兆。激进分子则称此是挑起朝鲜进攻的花招，这样美国就可以反攻，击退亚洲的共产主义。

然而有位杰出的历史学家却证实，精明强干的艾奇逊花了好几个星期苦思那篇演讲稿，小心地修改每一句。无论如何，艾奇逊并未真的将韩国排除在外，因为他接着又说：“就太平洋其他地区的军事安全来说，我们必须了解，没有人能担保这些地区不受到军事攻击。万一真有攻击出现，早期还是得依靠被攻击国家自行抵抗，然后才由全体文明世界依据《联合国宪章》出面承担，而后者至今未曾面临挑战。”若说艾奇逊有错，那是他不该假设金日成能领会他的言外之意，或者斯大林能牢牢控制金日成。不过艾奇逊确实言中有物，他想表示：防卫线上的那些地方才是美国盘算的永久基地所在。美军那时已经撤离，所以艾奇逊是在明白地向李承晚表示，美国不会回去支持他所发动的任何攻击。另一方面，若是朝鲜进攻韩国，韩国人无力抵抗，则全世界将会赶来援助。

因此，艾奇逊并非没有察觉朝鲜战争爆发的危机；事实上，他是想解除危机引爆的可能。也许他失败了，因为共产党确实误解了他的话，或者是决定揭穿他的底牌。也许斯大林知道美国会为韩国而战，并准备看美国身陷困境。根据赫鲁晓夫的回忆录，是金日成首先提出进攻韩国的想法，斯大林则予以认可。另一种说法则认为艾奇逊试图要控制华盛顿的主战派。该派一直渴望找个借口来打击共产主义，并想说服国会通过国家安全委员会第68号文件（NSC-68）建议的国防预算增加案。迄今一直没有强有力的证据证实，挑起朝鲜战争是美国或是克里姆林宫的阴谋。因此，朝鲜战争好像就是起于朝鲜半岛。

亚洲的战争似乎都是不宣而战，总是由边界事件演变而成。1949年此类冲突颇多。情报也传来朝鲜的坦克和步兵已经大量集结于38度线后。他们是在演习、准备应付从南而来的袭击，或是要自己发动攻势？无论真相是什么，双方人马于瓮津（Ongjin）事件前夕就已经摩拳擦掌，准备放手一搏。瓮津是个被突出的海湾和韩国本土隔开的半岛。6月25日深夜，双方边界进攻正式在此展开；小冲突整晚不断蔓延升级，到了早上，朝鲜的先锋部队挥军南下，直驱汉城。

自从罗斯福指挥美军打败日本开始，此类风暴就一直在酝酿中，终于在1950年6月25日爆发。几天之内，杜鲁门就提请联合国谴责此次攻击毫无正当理由，宣布他的围堵政策亦适用于太平洋，下令麦克阿瑟以海空两路支援韩国，第七舰队驶入台湾海峡，并答应帮法国对抗越共。6月30日，他授权麦克阿瑟将地面部队送至釜山。

1949年10月，国务院顾问凯南在写给腊斯克的信中提道："这一天即将到来，而且会来得快过预期。现实将迫使我方不再反对日本势力重新进入韩国与中国东北活动。事实上，这也是对抗、缓和苏联在该区影响力的唯一可行之道。"相反，美国不只继承了日本的地缘政治重任，而且迫切需要日本成为它在朝鲜战争中的军事及经济基地。日本首相吉田茂很多年来一直在推动和平条约的最后签订，此时却使出外交手腕，待价而沽。1951年9月2日，来自日本、美国和其他50个国家的代表齐聚圣弗朗西斯科歌剧院，对太平洋战争作一个正式的终结。为了换取日本及冲绳岛的军事使用权，美国承认日本为盟友，恢复日本主权，并缔结安保条约。除了私人投资外，美国再给日本20亿美元的经济援助及40亿的军费。日本的经济奇迹虽然奠基于美军占领期间的"大反转"政策，但真正起飞则是始于朝鲜战争。

对麦克阿瑟将军而言，朝鲜战争是"战神给一位老战士的最后礼物"，他在韩国指挥大军击溃朝鲜攻势。对日本银行总裁而言，朝鲜战争是神助日本；对吉田茂而言，则是神赐的礼物。日本实际上成了美国的军事殖民地，但吉田茂预测："就算日本成为美国的殖民地，最后也会变成强国。"

凯南也了解这一切。他写道："这是很讽刺的事实，我们过去在亚洲的目标，今日表面上大多已经达成，但我们也继承了过去近半世纪日本在朝鲜半岛及中国东北地区所衍生的问题与责任。这个在别人身上时饱受我们忽视的责任如今正折磨着我们，而这不能不说是某种乖谬的正义。"

第75章　第十三次聚会

学者：没有人要说什么了吗？没有问题、没有误解了吗？斋藤？加休曼努？

加休曼努：我们已经听够了你那些北太平洋三角关系和没完没了的战争圈。我也不再介意为什么日本人现在会拥有威基基海滩了。毫无疑问这是经过某一场战争，或是之后的再下一场战争的结果。一切都过去了，课程结束了。

西华德：主啊，请垂怜我们。

维特：耶稣，请垂怜我们。

西华德：老天，我为你的人民感到难过，斋藤。我知道是他们起的头——珍珠港事件和其他的一切——不过审判来得多么可怖。我希望你的人民能原谅我们。而我们也原谅他们……战争似乎来得一场比一场可怕。

李：这么说来，最后还是合众国赢了。我必须更正我的理论。当然，日本人的愚昧在于他们以为自己能够像驯马一样驯服中国，在它嘴上硬套上马嚼子！俄国人的愚昧在于他们以为能用老办法威慑中国，好像我和孙中山都不曾存在似的！而美国人的愚昧则是他们以为自己能压制日本帝国，不论他们烧毁多少城市。种族战争并没有结束，你如何能改革一个民族？

斋藤：滚去地狱吧，李将军。把那些先说亚洲人不懂得珍惜人命，然后自己再用液体燃烧弹把他们活活烧死的美国佬也一并带走！真正的战争是一场神典，参与的是祭司般圣洁的战士。但是你们美国人根本不是在打仗。你们抹杀了所有战斗的可能性，说敌人是兵蚁，然后一脚把蚁丘踏扁，好像蚂蚁连生为蚂蚁的权利都没有。

西华德：该死的，斋藤，你不是在开玩笑吧。

斋藤：你们美国人有可怕的一面，和平时期看来像金鱼，战时却化为恶龙，喷出火焰烧毁眼前所见的一切，然后用有毒的爬虫类恶臭污染被你们夷平的废墟……罗斯福，我们还曾经是朋友呢！

西华德：这似乎是你的人民自找的，是他们种豆得豆，才会尝到不止10

倍的恶果。他们有没有想到美国人会拔剑相向，把你们的勇士一一斩成两段。你不能怪我们想赢，而且付出了最少的人命代价。

斋藤：噢，不对，西华德先生。日本人尝到的恶果不是10倍，而是上万倍。山本五十六轰炸战舰、杀害了数千名战士。你们的人则烧毁几十座城市，杀害了百万平民。这种比例要怎么算？

西华德：哈，“暴力比例”，这是基督教的观念，大使先生。我要再度感谢你以自己并不相信的标准来评断美国人。对于是不是一定要用这些炸弹，尤其是原子弹，才能迫使你那些跳梁小丑承认战败，这我毫无概念。不过这些轰炸却不能与珍珠港的毁灭，甚至贵国军方的所有杀戮与残酷暴行等量齐观。轰炸的代价必须与如果没有进行轰炸而可能产生的后果来作比较。这个问题更发人深省也更有意义。林肯总统是否对谢尔曼与格兰特的征战感到懊悔？他从未有过这种念头。他对懂得如何升级战事以求速战速决的将领心怀感激。无论如何，一个对中国、英国和美国同时宣战的国家，怎么还有脸指责“别人”缺乏比例观念？

斋藤：伪君子。你们没有自问这种轰炸是否必要，只是尽快执行。为何？为了仇恨以及丧权辱国的无条件投降。我不是为东条英机辩护，他是个笨蛋。然而火烧东京，妇女和幼童……你们是否也轰炸了京都？

学者：没有，美国人还是懂得不要去轰炸这个拥有神圣庙宇的古都。战争部长罗伯特·帕特森（Robert Patterson）在日本投降后走访京都，沿路两旁挤满了为他欢呼的日本人！市长解释这是出于感恩之情：“他们都知道贵国军方和空军人员原本想在京都投下原子弹，是你不许他们这么做。”事实上，他们搞错人了。作决策的是帕特森的前任史汀生。不过你知不知道，日军曾经企图烧掉加州、俄勒冈和华盛顿州的森林！他们将9000多个气球灌满氢气，然后顺着盛行西风飘送出去。想来真令人觉得可悲。

西华德：我觉得，我们对日本人似乎比对遭到他们征服的人民更有慈悲心。

斋藤：你该不是指中国人吧？

李：小日本鬼子！你的国人（还有你们的神道思想）为何胆敢妄想中国会屈服在你们的刀下？

西华德：此外，美国人作战的方式是讲求速战速决。我们会全力出击，所有想得到的武器都会拿来运用，而且是抱着理直气壮的作战热情。我们在策略上，从来没想过为了变态的乐趣而去残杀任何非战斗人员，而你们的部队显然这么做了。

学者：而这正是疑点所在。日本人会不会因为遭到封锁、帝国崩溃而宣告投降？还是会像1940年的英国一样，一方面英勇不屈地抵抗入侵者，同时对我方战舰发动数以千计的神风自杀攻击？他们显然准备为反登陆而战，连妇女和儿童都被全面动员。

西华德：不过我们可以确定的是，是谁先开始轰炸城市，是谁虐待战俘、杀害并奴役他们宣称要去解放的人们，还把自己的人民吓得宁可跳崖自杀也不肯让我们的部队有机会分发食物、帐篷和医药给他们。

斋藤：“前进，基督的士兵”那一套？

西华德：没错，如果你坚持要这么说的话。

斋藤：那正是我不能接受的。我不能接受你们的暴力只会让美国人变得更一副神圣不可侵犯的模样。

加休曼努：斋藤说得没错。不过将美国战机星徽的地位提升到高过伯利恒之星的，并不是那些基督教的士兵。我不知道哪一方较值得自豪，不过上帝显然要日本人战败。第二代美籍日裔民众的忠诚，证实了美国的信念优于对方。日本可曾获得其他民族的衷心支持，不论白人或黄种人？

李：国家只能靠胜利而非怜悯或容忍，去赢得别人的效忠。此外，美国人将日裔二代移民关进拘留营确实有其道理，绝对不能放任他们在国内到处捣乱。

加休曼努：可是他们绝大部分都想继续做美国人，即使被丢进拘留营也没有改变心志。对我的太平洋人民来说，显然外邦白人比他们的对手更值得期待。有多少人逃到日本或俄国去？我相信美国的胜利是出自天意。想想中途岛之战。

李：波利尼西亚女酋长竟说出一套基督教煽情理论！那请告诉我为何必须主张宇宙海军（Cosmic Admiralty）才能阐释下面这场战争的结果：一方的军力是对手的10倍，而另一方则永远鲁莽犯错？

维特：或许并没有必要。我自己无法了解上帝为何会允许神圣的俄罗斯败给德国人，然后又让斯大林统治整个帝国，以打倒德国人。难道沙皇比共产主义者更为邪恶？

学者：不，不过希特勒是比德皇邪恶。

李：你们的想法让我作呕。日本帝国必须万事俱备才可能打败合众国。日本人必须建立战术优势——不论是采用奇袭，还是优越的武器或训练。这让他们在运作上获得突破并完成压倒性的征服，最后终于产生了战略上的优势。一如我在1908年所证实的，要达到这个目标的唯一途径就是一开战就征服夏威夷。然而日本人却等得太久了。

加休曼努：不过即使——

李：即使这样也不能保证获得胜利。就如你们的拜沃特所说（他窃取了我的理念），美国人还是能以跳岛战术越过太平洋。原因在于日本的征服虽然扩大了它的经济资源，却未能削弱敌人的经济资源。

学者：这点和德国闪电战不同。闪电战在增加纳粹资源的同时，也掠夺了敌人的资源。日本要想制胜，除非美国把资源都部署在欧陆。换言之日本并不是败在中途岛战役上，而是败在莫斯科和斯大林格勒之战。

维特：理当如此。死的向来都是俄国人，这样别人才会长命富贵。

李：在日本人的计划当中，是把纳粹的胜利视为理所当然。然而你们的松冈和东条其实应该赌盟军胜利，这样一方面可以鼓励美国把军事部署在欧洲，一方面还可以私下支持德国，让它多撑几年。如此一来日本就可以自第二次世界大战中获利，就如它从第一次世界大战中获利一样。日本或许必须尊重美国的意见自中国部分撤军，但是中国战事的逐步降温正好可以增强、而非削弱日本帝国的力量。

斋藤：相反，东条却急急忙忙搭上这班巴士，偏偏巴士正巧没有油了。

学者：不过真正愚昧的是罗斯福，他以为自己可以操纵中国，让它提升到列强的地位，对吗，李先生？

李：不对，这位学究。你对我盛气凌人，就像美国对中国颐指气使一样。你的富兰克林·罗斯福在和中国打交道时眼里始终不离莫斯科。这点从你含糊不清的说明里就可以看得相当清楚。如果不假装中国是战后的亚洲支柱，那他唯一的选择便是和日本达成协议，使日本成为战后苏联力量的阻碍——这是西奥多·罗斯福的策略。不过泰迪（老罗斯福的昵称）可以在俄国和日本之间保持中立，富兰克林·罗斯福却做不到。他必须使中苏两国忙于各自的战争，因为这两个大国可以让主要的敌军无法分身。美国如果暗示为了维持战后的均势，而要与日本达成协议，只会鼓励斯大林私下与德国人媾和，蒋介石也会放弃对日作战的一切借口。因此罗斯福誓言美国会真诚对待所有盟友，作战到敌人无条件投降为止。但是日本力量全毁却等于保证战后东亚不可能维持均势——除非美国担负起日本原先扮演的角色。

学者：好吧，我先前是对你盛气凌人。总而言之，珍珠港事件让美国人大感震怒，之后，等到硫磺岛和冲绳战事正酣，和日本妥协这种想法，哎，根本是无法想象。

加休曼努：你们的太平洋战争好可怕。但是你们为什么全都在暗示后果有多可怕？你们不是说日本战败，然后加上国民党倒台，才终于让中国可能归于统一吗？另外对日本来说，军国主义者落得恶名不是再好不过的事吗？美国人总算证明了他们的“神道”诸神并没有那么多“马那”（力量）。这点我很佩服你们的麦克阿瑟将军，我想日本人也会对他尊崇有加。

学者：他们是很尊敬他，但那是拿几百万条人命换来的“严酷的慈悲”。

李：中国的内战就像世界大战一样，别忘了太平天国。

斋藤：一个农民组成的帝国，就像教授所说的。中国人只顾看紧他们的猪舍，要不就是趁机去偷邻居的猪舍。

李：那么活该日本人从中国撤退时会弄得满身猪粪。

学者：正好相反，中国人是全世界经验最老到的商人、最聪明的科学家，也是最有纪律的工人——

斋藤：一旦他们走出猪舍之后。

学者：不过不论美国对华政策有多空泛（事实上也不会比苏维埃的更差），我们还是必须判定美国占领日本是一大成功——

斋藤：我们必须判定，必须吗？这个所谓的历史学者如是说，他长篇大论讲到一些自己永远不曾了解的民族，这些人都来自他未曾亲临的时空，他所根据的理论搞不好还是假的，而且他对这些理论都从未深思过！

学者：够了，天杀的！加休曼努，你要喊停了吗？我不干了，当你请求我的协助，而我则请求他们协助的时候，我并没有想到会有辱骂连连的场面。这简直是一场噩梦，而不是——

斋藤：那你为什么召唤我们？为了印证一场学术化装舞会吗？

学者：这么说来，这根本是一场字谜游戏，对吧？我花费几十年时间所要了解的每一件事？你知道吗，斋藤，你有精神分裂症！

加休曼努：静一静，学者。斋藤先生拿话刺你，是为了让你能从自己的喊痛声中了解自己的甲胄哪里不够坚实。

学者：我认为他只是想刺人而已。也许是因为他那么多年都在拍美国人马屁的关系。正如我原本想说的，日本人被我们而非俄国人占领算他们运气好。

维特：是共产党。

学者：抱歉，维特。当然是共产党。麦克阿瑟的军队进入日本并非为了残杀、奴役、迁移或毁灭，只是要为日本除去那些从事残杀、奴役与毁灭的军国主义者。美国容许保留天皇制度、通过日本政府当局来治理日本、供应百姓食物到他们能自力更生、投入数十亿美元帮助你们经济复苏，并且签下一纸宽大的和平条约，你们会为了这些朝我们脸上吐口水吗？

斋藤：我会像我的好友吉田茂那样。我会说：“非常感谢，美国。我感激你的友谊，并且期待未来能长久与你合作。”然后我会运用美国的军事力量恢复自己真正的自由，那是你们的占领未曾给予的自由：例如选择我们的领袖，不管他们在战时做过些什么的自由，以及其他种种自由，比如随我们所愿教导学童、根据我们的文化和传统安排男女之间的关系、随我们所愿去尊崇或不尊崇天皇，而非遵照某个基督教将军所说的去做。照我们认为对日本最好的方式去整顿经济，而不是遵照美国的蓝图；随意和任何人做生意、由我们决定要不要重整军备、制定外交政策也不用先向美国请示。1951年的条约解除了占领的负担，但并没有解除战败的负担。在我看来，那些就像是日本1894年之前的不平等条约。麦克阿瑟的最高统帅部宪法也未能扫除日本的军国主义。如果说有人摧毁了日本的军国主义，那也是东条英机本人，再加上贵国李梅将军在一旁协助。但是只要美苏交恶，日本就不需要军事力量。请告诉我，这段时期为时多久？

维特：喔，那么俄国在战时救了同盟国一命之后，在战后只是摆出威胁的姿态就又救了日本吗？俄国向来就是世上的妖魔鬼怪。当我们与中国为敌时，人人都讨厌我们，当我们与中国为友时，大家对我们更加讨厌、更加害怕。如果我们把西伯利亚还给部落民族，回到“恐怖伊凡”的俄国，你们就会满意了吧？我想不出有谁比斯大林更可恶，但是我必须说我同情他的处境。他把我的铁路改成双轨，又和中国签订了一项友好条约，恢复俄国在中国东北的权益。这正是我原本会做的事。但是他帮助共产党却是千错万错。革命是每个人的敌人，包括其他革命政权在内。当他开始对蒋介石心怀疑虑时，他应该将共产党逐出东北并遵守他在1945年签订的条约。但是他却假设美国会替他做恶人，美国从中国内战中抽身，共产党胜利了，于是俄国不但要承担罪名而且还失去了东北。我相信斯大林的确鼓励了你所提到的朝鲜战争，即使只是为了要将美国拉回东亚、杀杀中共的锐气，好让他们对俄国产生依赖。但这仍然是一种不自然的结盟——强大的俄国加上强大的中国。我预测这个盟约不会长久。

学者：老条约不死，只是逐渐凋零。

斋藤：说得好，博士。你看，我也不是那么充满敌意。

李：斯大林最大的恐惧一定是重整军备后的日本。想想看，日本帝国和中国一旦结盟！谁抵挡得了它们？

维特：对苏联而言，美军驻派远东总比美国将日本重新武装来得好。因此你所说的冷战有很大成分只是在摆摆姿态！

学者：我们不妨这么说好了，意识形态和战略上的冲突并不是全然相等。但是等你听过朝鲜战争之后——

加休曼努：不！不要再提战争的故事了！我要请各位回去了。

维特：还不到时候，殿下。他还不知道——

斋藤：安静，维特！

维特：我的意思是说，他还没有把我们带入现在。加休曼努，你也知道你很想听到威基基后来又发生了什么事。

加休曼努：我想多知道一些永井博士的事，他把长崎的毁灭看成十字架。

学者：战时体验让有些日本人改变了信仰，包括带领珍珠港第一波攻势的飞行员。

斋藤：就算日本人全都改了宗，那又如何？相信改宗会改变一个国家的行为，这是基督教的特别信念之一。

西华德：我现在不确定宗教和政策到头来究竟有多大关系。后者是力量的问题，前者则是爱的问题。

加休曼努：爱与力量可以相交成一个十字架。长崎本来不像是个十字架，直到永井博士抬头仰望——

学者：——从辐射瓦砾堆中往上看——

加休曼努：——并且去爱。你为什么不说些我的海洋中的爱的故事，而不要老说些关于力量的故事？

西华德：得了吧，殿下，你和我一样爱听政治故事。

加休曼努：我有一部分是如此。但是这就像我从前和水手们下棋一样——只是消遣，不是玩真的。是该告一段落的时候了！我想学者已经准备好了。

斋藤：你确定，加休曼努？

加休曼努：他是这么告诉我的，我想他说得对。

学者：你这是什么意思，“准备好了”？“他”又是谁？不要眨眼睛，斋藤！

维特：只管继续下去，好伙伴，其他交给我们就可以了。我相信你是要从1950年讲起，告诉我们——凯南先生是怎么说的——“某种扭曲的正义”。

学者：是的，当然。关于其余的故事。

第76章　美国人的负担

不妨就称为美国人的负担吧。40年冷战期间，美苏两国为了北太平洋的势力，爆发了自19世纪20年代沙皇亚历山大一世颁布他那著名敕令以来，首次直接的争夺战。冷战当然不止于此，但却是这个地区三角关系的最新形态。19世纪末20世纪初，日本和俄国发生冲突之际，也正是美国在太平洋的重要地位崛起之时。1907年到1945年间，美国和日本有了过节，但此时也正是苏联重新在太平洋掌握优势之际。因此，1950年后，美苏爆发冲突，日本则浴火重生。冷战对长期受苦的俄国人而言是勇敢的一搏。无论他们的政府如何进行统治，俄国人单独对抗世界其他强权国家将近40年。对美国人而言，冷战也是场英勇的战役。由于美国人背负起冷战的重担，太平洋地区的人民因而能比以前更自由富裕，彼此之间也能获得18世纪以来最大的和平。

朝鲜战争是这一切的催化剂。杜鲁门政府根据国家安全委员会第68号文件规定，很快地重整军备，催促氢弹和洲际导弹的发展，并开始建立全球联盟网。然而，朝鲜战争也暴露出美国实力的极限。杜鲁门下令联合国部队攻入朝鲜，希望击垮共产主义，但也导致了中国的大规模介入。仅仅就在硫磺岛和冲绳战役5年之后，美军又面临了一波波由亚洲农民组成的军队。由于担心和中共作战，或是原子弹的使用会导致第三次世界大战，杜鲁门总统和艾森豪威尔将军决定不扩大战争，因而在朝鲜半岛和世界其他地区形成一场僵局。结果和佩里、西华德或马汉的梦想相反:美国在北太平洋的霸权只有负担，没有相对利益。朝鲜战争于1953年的一份紧张停战协议中落幕，但由于荷兰和法国自其亚洲殖民地撤退，使得美国到了1954年不得不保证要捍卫尚未被共产化的亚洲其他地区。

这场战争让日本人坐收渔翁之利，但谁又能责怪他们呢？朝鲜战争给他们带来了恢复主权的条约及免费的防御，而美国也将日本工业的复苏视为其明确目标。美国鼓励日本寻求东南亚的原料和市场，并对日本的出口货物开放其国内市场。结果,朝鲜半岛的僵局最让日本人高兴了(尽管他们三缄其口)。因为如果日本无法再统治朝鲜半岛，那次佳的结果就是让它分裂成两个势均力敌的政权。再者，统一的朝鲜半岛本身有可能成为日本经济的劲敌。所以停战、成立南北两个政权，让美、苏、中三方都受阻挠，最合乎日本人的希望。

斯大林于1953年去世，随即于1956年受到赫鲁晓夫公然抨击，艾森豪威尔总统因而有理由期盼东西紧张关系趋缓，以遏制核武竞赛。孰料，20世纪50年代下半期，科技及地缘政治的走向反倒扩大了冷战。苏联发射的第一颗环绕地球人造卫星一号，让俄国人有正当理由夸耀共产主义是快速现代化的最佳途径，并且证明他们有能力以核武器摧毁北美。前殖民地的快速独立也将美苏间的两极冲突扩展至全球。到了最后，两个冷战集团内部也有了不满声浪。戴高乐领导的法国、毛泽东的中共，甚至日本都抗议他们得屈从于华盛顿或莫斯科。1956年到1960年间，中共和苏联的关系破裂表现在共产主义派系意识的辩论上，不过就算此时两国仍属君主统治，破裂也在所难免。中共要求苏联提供帮助以收复台湾，并且要和苏联老大哥平起平坐。任何一个谨慎的俄国人都不愿让中共成为和共产祖国军力相当的大国，或者让苏联被卷入核武器对峙。所以，早在20世纪60年代之前，这两位共产主义的巨人就产生了矛盾，双方都宣称自己才是反抗帝国主义革命的领导人。

日本政府对其从属的地位也同样提出异议。几乎没有一位日本领袖认真考虑过苏联可能会入侵日本。此外，他们也不在乎河内、北京、雅加达或平壤的政权由共产党统治。从吉田茂首相开始,日本就急着承认亚洲国家的政权,只要他们以可接受的条件给予日本经济门路。然而，美国不允许日本这样做,坚持日本应该支持冷战，此举让日本左右两派人士同感错愕。日本也对自己成了军事基地和核武储存的寄主感到十分不悦。当美国国务卿杜勒斯(Dulles)要求日本重整军备，吉田茂拒绝了；毕竟，美国曾经坚持要日本完全放弃军事能力，那就让它自食其果。华盛顿以重新谈判1952年的安保条约来安抚日本。为了交换日本适度扩充自卫队，美国允诺若为了军事作战而需使用日本的基地，定会事先知会其政府。然而，日本人的愤怒爆发成了激烈的暴动，规模之大迫使艾森豪威尔总统取消他1960年的访日计划。虽然修订过的安保条约被批准了，但这场动乱也让美国了解到，要指挥日本得付出更高的代价了。

再也没有什么事件能像越战一样将西太平洋的棋盘震撼得如此厉害。越战是美国想在亚洲大陆建立滩头阵地的另一次尝试，结果不但损及美国的经济、粉碎社会的凝聚力，同时也给了苏联和日本一次在军事与经济竞赛上超越美国的机会。由于尼克松总统和基辛格国务卿极力控制损失，美国自越南的撤退才不致演变成大溃败。尼克松试图将作战上的惨败扭转成策略上的成功的做法，给了日本人创造了ショック（shokku）[①]这个新词的灵感，也让日本更加决心恢复完全的独立自主。美国财政部拟好战后经济规则后，毫无警告地将美元抽离黄金本位。外国人眼看他们所持有的美元价值下滑12%—30%左右。尼克松第二个ショック就是对中国开放。美国在禁止日本与亚洲共产国家交往20年后，突然决定违约背信，事先也未告知日本政府。美国终于准备从中苏关系破裂中谋利(中苏于1968年到1969年间发生了好几次边界冲突)。由于外交政策唯华盛顿马首是瞻早已铭记在心，因此日本也马上与北京建立政治与商业关系。尼克松第三个ショック便是为了抑制美国国内的通货膨胀，冻结对日本的黄豆销售。此举的严重性就如同珍珠港事件前，美国对日本的石油、铁矿禁运一般，也说明日本多么容易被美国操纵于股掌间。尼克松主义最后宣布：凡受到入侵威胁的亚洲国家不要再梦想美国会为他们出兵作战。

这也透露出美国的军事、经济与科技能力毕竟有限。不过，对中国的开放也表示自1941年以来，美国首次能同时与苏联、日本、中共打交道。尽管尼克松下台，越南落入共产党手中，美国的外交弹性却已大大增加。尽管苏联趁着美国越战后元气大伤，于核武器种类上凌驾美国，并在第三世界的争战中颇有斩获，但美国总统卡特也与北京缔结盟约，完成了对苏联的明显包围。勃列日涅夫接着善加利用苏联在太平洋的军事资产，完成贝加尔湖到黑龙江的铁路，使苏军不必再单靠西伯利亚铁路，也建设了西伯利亚的另一部分地区。从蒙古到符拉迪沃斯托克这一弯新月地带，苏联部署了55个师、1.4万辆坦克、2400架飞机、160枚SS-20三弹头导弹、一个庞大的空中防卫综合体，以及属于战略火箭部队的部分洲际导弹。在海军上将戈尔什科夫(Gorshkov)示意下，苏联太平洋舰队一跃成为苏联帝国最大的舰队，包括了82艘海面军舰、77艘攻击潜艇和25艘载有战略核导弹的潜艇。苏联海军还花了数十亿卢布更新鄂霍次克海及堪察加半岛的港口设施，接手越南在金兰湾的港口，并默不作声地获得密克罗尼西亚群岛的通行权。一旦战争爆发，美国海军在苏联潜艇和逆火式轰炸机的钳制下，将无法确保它和日本及东亚的联系。

苏联后来解体了。这是俄国在近代史上，至少第4次显示出自己无法维持和其他强国激烈的竞争。前3次分别为克里米亚战争、日俄战争及第一次世界大战。20世纪80年代末期，苏联已是强弩之末，分崩离析。戈尔巴乔夫的开放改革政策失败，境内少数民族纷纷自立，苏联帝国终于倒下了。美国在太

① 来自shock，指冲击事件，带有戏谑意味。——译者注

平洋的地位，突然间升高到前所未有的境地。不过，冷战的结束及美国国内的经济问题，也暗示美国必须削减军力。早在20世纪70年代，卡特总统就提到要从韩国撤军。日本也成功取回冲绳主权。菲律宾人，加上一次火山爆发，把美军赶出了它著名的旧基地。没有苏联的制衡，美国又想再次视日本为其主要的军事、经济对手。

然而，美国不是设法赢过日本，而是开始要求日本分摊自己的防卫经费，并且负担起保卫临近日本海域航道的责任。到了20世纪90年代，本该裁军的日本反倒撑起了全世界第四大的国防预算。中俄边界上仍然到处重兵驻防。俄罗斯可能成功让其自治区的人民继续效忠，也可能失败。的确，美国的军事力量足以巡逻亚洲海岸、恐吓朝鲜直到其政权崩溃、与日本分享海域，但美国人不可能涉足西伯利亚或中国大陆，或出自恶意再次铲平日本。较有可能的是，美国不会再动用武力去控制北太平洋，虽然那是它一贯的梦想，也曾短暂地实现过。

和经济衰退比起来，美国军力的缩减实在是芝麻小事。有史以来，美国就觊觎亚洲市场，谴责亚洲政府的保护主义，但自己却祭出高额关税。不过，门户开放政策终于奏效。随着时间的流逝，亚洲产品如潮水般涌进美国市场。罗斯福政府采取自由贸易政策，即坚信20世纪30年代的新重商主义延长了经济大萧条，导致法西斯主义、帝国主义和战争的兴起。《关税及贸易总协定》与世界银行因此成了经济方面的联合国，以促进全球原料与市场开放为宗旨。杜鲁门和艾森豪威尔政府均将美国市场开放得更大，以帮助欧洲及亚洲复苏，奖励其盟友支持反共作战，并对不结盟国家证明资本主义的优越性。由日本所领导的亚洲自由国家均能掌握这个时机，结果是不到几十年时间，美国各地的造船厂和钢铁厂就纷纷倒闭；亚洲人进而大举入侵汽车、电子和其他工业。朝鲜战争、越战结束了，美国大可不必再开放其市场，但仍选择如此做，乃是出于责任感、对自身繁荣的感恩，以及过度的自信。第二次世界大战后的半世纪间，美国在国防上花费了数万亿美元，并于20世纪60年代中期之后对国内建设投入更大的资金，亚洲新兴国家却集中于工业投资，并从对美贸易中攒得庞大盈余。

日本是最成功的国家，20世纪60年代末期，它的实质增长率每年都高达15%左右，在70年代和80年代也都比美国高出50%以上。到了现在，大家都知道日本人是如何将他们的国家由军事扩张重新引导到和平扩张的路上的。吉田茂的自民党一致同意继续一党政治的传统。强大的官僚体系继续规划并执行国家的政策。日本战后成立的通产省，就是20世纪30年代主张整体战派系的化身。新财团结合了工业界和银行界，更新老旧财阀和大战期间企业的结构。公司主管、职员和工人的辛勤、遵守纪律，以及对团体的忠诚，人们勒紧裤腰带存钱储蓄的意愿，再加上专心认真的学生，都让人忆起了从前日本军人的狂热。

简言之，日本的经济属第三种形态，是一种结合了自由企业与中央政府规划优点的公司企业发展经济。只要日本处于一个自由的国际环境，它就能从这两种制度中获得最大的利益。日本的国民生产总值一度只有美国的十分之一，但到了1990年已经是美国的二分之一，成为世界第二高的国家。以前世界十大银行，有九家是美国的，现在其中有八家属日本所有。仗着滚滚而进的现金、能自由运用的大笔日本低利率存款、飙涨的日本股票和房地产，日本大财团趁着美元疲软的时机，越过太平洋到彼岸大肆采购。突然间，从美国的财政部公债到大公司建筑、好莱坞影城、高尔夫球场、大饭店、住宅区，以及富饶的北美农地都成了日本人的。夏威夷是有钱的日本人最爱的度假圣地，到了20世纪80年代中期，沿着威基基海滩的大饭店全都让日本人给买走了。

有人认为日本不该为了争夺市场，以低于成本的价钱倾销货物，摧毁美国的竞争对手。可是，并没有人逼迫美国消费者去买丰田汽车或新力电器。日本人的成功是自己赚来的，正如韩国人、中国台湾人，以及从新加坡到圣弗朗西斯科之间5500万华人所作的努力一样。不过，亚洲竞争也迫使美国公司大力改进自己的产品。事实上，日本平均每人花在美国产品上的钱和美国人花在日本产品上的钱一样多。在某些方面，日本非凡的经济成长就如同20世纪50年代美国的霸权一样，是人为促成、非自然形成的。现在日本的经济成长已经慢到和其他先进工业国家一样。假如日本渐渐成为一个“正常”国家，那么美国的经济也不过是回到战争期间的水平，约世界总产额的22%。日本的房地产和股票一度涨到不合理的高价，单单东京市中心就比整个加拿大还值钱；日经证券的交易额也大过华尔街。这些经济泡沫于20世纪90年代初期破灭了，造成房地产乏人问津，股票大跌60%，日本人也开始抛售饱受瞩目的海外资产。他们想以不断增加外销来补贴堆积如山的公司欠债的策略也受到限制，因为美国市场表示无法或不愿意再吸收任何日本进口货。也许战后最大的贸易逆转结束了，但对数以万计的美国工人而言，损害已经造成，而美国当然也不会再享有它长久不断追求、曾经短暂取得的太平洋经济优势。

美国人的负担就是为了亚洲人的最终福祉去对抗共产主义，去承兑他们自由经济的理想，以及平等对待所有种族，此乃基于他们鼓吹以人道主义对抗地缘政治敌人的意识形态。法西斯主义者则是意识形态争斗中的二流角色，因为他们是公然的种族主义者，除了自己的同胞引不起其他人的兴趣。共产主义者则是较狡猾的敌人，宣称要做民族解放的斗士。因此，当冷战扩大到第三世界时，美国似乎被迫去证实它在道德及物质上的优越性。为了赢得海外那些有色人种的心，美国人不得不证明他们的社会没有种族歧视。所以说，冷战帮助美国完成了移民政策革命。

改革始于1943年，美国国会废止排华法案，以“降低日本做不利我们及我们盟邦宣传的兴趣”（借用一位国会议员所说的）。1946年，美国人开始忏悔在战时对日裔突然的拘禁，战争安置机关呼吁“美国人深藏于内心、强烈且根深蒂固的正义感。为了更大的种族包容力及更能实现民主价值的利益，此执著优点值得好好研究培养、并将其发挥到极致”。1948年，国会投票通过对战时受到拘禁的日裔做象征性赔偿。4年后的《麦卡伦—沃尔特法案》（*McCarren-Walter Act*）取消了8万日裔美国人的公民权禁令。战时新娘法案（War Brides Act）则让数千位亚洲新娘的身份合法化，而加州最高法院也于1952年否决了《外侨土地法》（Alien Land Laws）。第二次世界大战也带动第一波黑人大规模移居西岸的浪潮；到了1960年，每20位加州人中就有一位黑人。农夫及牧场主人，趁着灌溉技术改良带来农业兴盛、战争，以及人口增长之际，引进墨西哥人来帮忙采收农作物。不过，恐惧和偏见依然相当强烈：1942年至1943年间，洛杉矶的白人士兵在所谓“阻特装暴动”（Zoot Suit riots）中殴打年轻的墨西哥人。联邦政府也于20世纪50年代采取行动，企图阻止非法移民进入。但对农工的需求如此迫切，使得越过边界的合法劳工在1956年就达到445,197人。到了1970年，已有300多万墨西哥人永久定居加州。

然而，再也没有任何事能像夏威夷争取立州的过程那样，确立对所有种族移民一律平等的原则。夏威夷群岛的领袖们于1903年就开始请愿，当时夏威夷和阿拉斯加都还只是“美国兼有领土”（incorporated territories，意味着具有成为美国一州的候选资格）。第二次世界大战期间，夏威夷和阿拉斯加各族都证明了他们对美国的忠诚，而战争也使得他们的人口与经济增加了五成以上。夏威夷居民以绝大多数投票赞成成为美国的一州（日裔反应尤其热烈），并于1945年获得杜鲁门背书认可，两党也于他们的党纲中给予口惠，民意调查显示美国大众每三四个人就有一人赞成让夏威夷及阿拉斯加升格为州。

但是，眼看提案一个接一个于国会遭到封杀，两地的人民都大感失望。国防部担心一旦两地有了完全的州权，它就不能在当地方便行事。地方和全国性的企业则担忧联邦法及税法对那两个太平洋领地产生的影响。国会中的民主党人士忧心一旦夏威夷成为一州，则会多出两位共和党籍的参议员，因

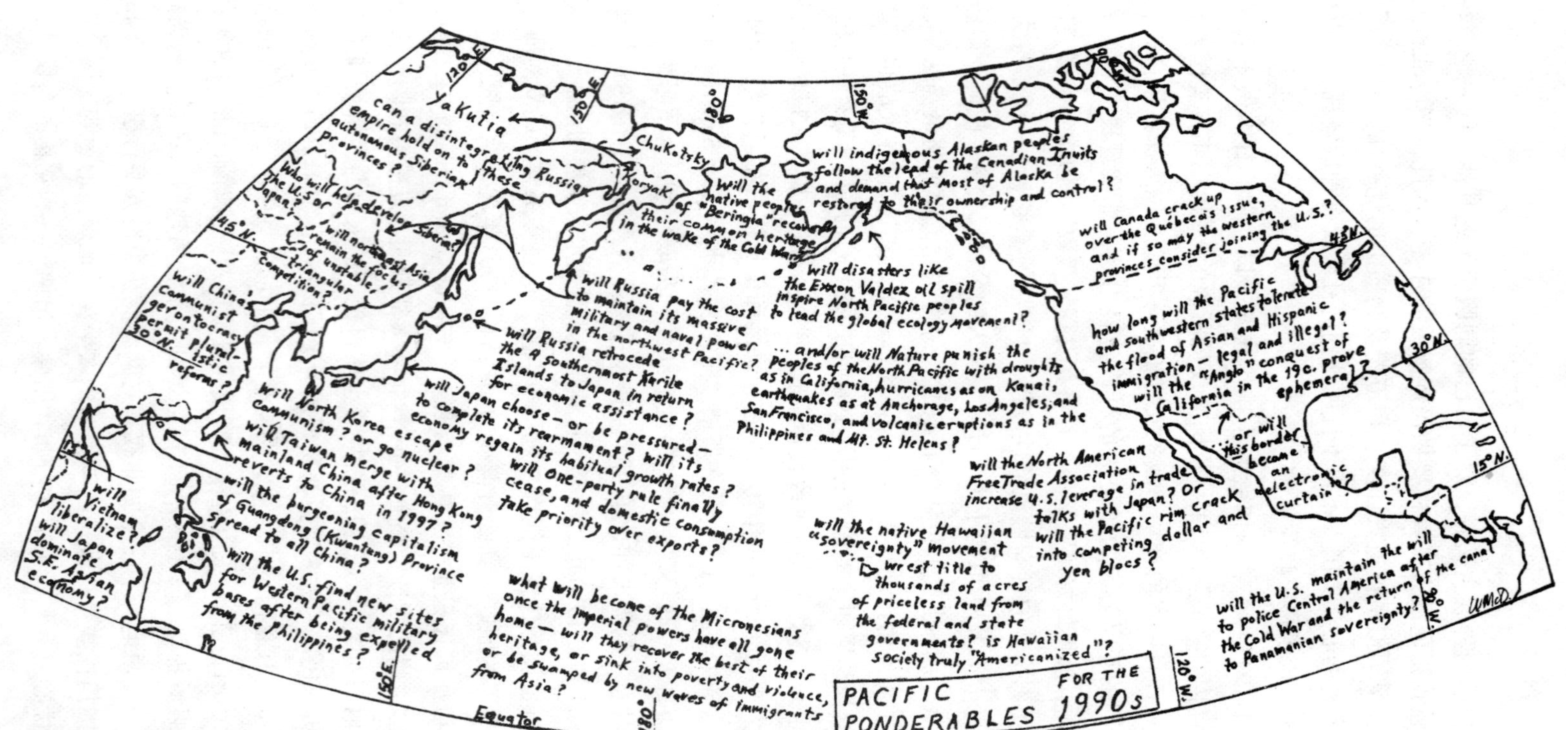

20世纪90年代太平洋地区的价值。

为共和党在该区长期占有优势，而艾森豪威尔政府则担心民主党在阿拉斯加的优势（讽刺的是，结果恰恰相反）。共产党在夏威夷工会的影响力也成了讨论议题，一名佐治亚州众议员说出了很多南方人的心声："鉴于反种族情绪在政治和行政上可能产生骚动的危险性，美国政府不应就设州之事独断专行。"夏威夷是个融合了亚太文化的有色人种地区，让它加入美国似乎是个可怕的先例。《塔尔萨论坛报》(*Tulsa Tribune*)问道："我们要让日本佬进入美国参议院吗？"更重要的是，两地选出的参议员绝对会赞成民权法案。

经过年复一年的争论，1957年美国政府终于掌握到足够的票数，通过一项内文保守的民权法案。基于新州议员的可能投票结果，反对设州的立场变得站不住脚，民主党领袖于是默许阿拉斯加成为美国的一州。1958年6月30日，参议院最后投票结果的消息传到安克雷奇，"这个阿拉斯加最大的城市欢声震天，警笛、喇叭、铃钟、烟火、枪炮，能发出声音的东西都放声齐鸣"。阿拉斯加于1959年1月3日正式成为美国的一州，于是关于星条旗上再增添第50颗星也就没有多大争论了。夏威夷由洛兰·瑟斯顿（Lorrin P. Thurston，其父曾于19世纪90年代前往华盛顿，恳求美国兼并夏威夷）带领在国会山游说，并在3月12日的投票中获胜。8月21日夏威夷正式成为美国的一州。美国新闻总署反应迅速，立刻针对该州的冷战重要性发表说明：

> 在这个受到难以忍受的势力威胁全球自由民族的时代，美国将再度恢复力量及信心……身为美国唯一具有显著亚洲传统的一州，夏威夷的例子对亚洲所谓的不结盟国家有着深远影响……它向其他人证明，我们绝不会排挤少数民族，而是非常高兴能拥有他们。

肯尼迪总统于1963年跨出最后一步，要求国会修改移民法。其中最具争论性的提案，是要取消对所有国家每年的移民配额，改为采取基于家庭状况、经济技能和政治难民身份的入境标准。也就是所有的外国人在同一立足点上，都可申请在美国居住、工作、读书并且成为公民；也就是美国不再只是欧洲人或白人的国家。1965年移民法的支持者允诺此法不会对第三世界移民大开美国之门，然而事实却相反。家庭条款意味着，如果家族中有一人先进入美国，则其余家人也可随后移入；政治难民——特别是来自东南亚的——增长最快。到了20世纪70年代末期，来自欧洲的新移民只占了15%，来自亚洲的则占了40%，墨西哥则是移民最多的单一国家。1980年结束前的10年间，单单在洛杉矶就有200多万外国人定居，白人通常居住在由围墙隔开的孤立社区。加州人口结构的变化是如此巨大，以至于即使该州人口从1945年到1990年间增加3倍，达到3000多万人，白人的人口比率却从四分之三降到一半左右；而据估计每年还会有25万合法及非法移民到来。虽然在俄勒冈州、华盛顿州及不列颠哥伦比亚，白人依旧占大多数，但亚洲人及其资金不断涌入，也是不争的事实。

所以，朝鲜战争爆发后的一个世代间发生了美国、美国企业和白人在军事、经济及人口统计学上的全面倒退。此事的发生并非因为美国输了一场战争、发生革命，或是白人不再西移，而是因为美国非常彻底地赢了第二次世界大战，支配了整个太平洋，承担起保卫自由世界边缘地带的重任，并开放自己的市场与土地给亚洲和墨西哥的企业与移民。而这一切都是假白人引进到北太平洋的自由、进取、平等、人性尊严等理想为名。的确，有两个世纪之久，白人并没有遵循那些理想，部分原因是害怕他们的势力薄弱，但自1945年后，美国（和加拿大）却将这些理想具体化了，同时也就此功成身退。

第77章　曲终人散

斋藤：有点觉得为我们自己难过，对不对，教授？

西华德：我倒觉得我们的原则已经获得贯彻，连亚洲人和墨西哥人都用到了。为何你不谈美国人的胜利，而要谈负担？

维特：因为负担是实际的东西。美国牺牲奉献才得以克服共产主义，连俄国人也在美国的帮助下重返自由——不过美国自己却付出了沉痛的代价。那是美国最美好的时刻，即使美国因此变弱了，也该将你们的脆弱像荣誉勋章一样给挂出来。

加休曼努：你让夏威夷成为美国的一州，并且不再将其他各州留给外邦白人独占，你们的人民现在会对这个慷慨的举动感到后悔吗？

西华德：记得美国人为何进入北太平洋吗，教授？是为了取得新土地、开发当地资源，将美国的法律、贸易和宗教带到未来的大洋上。看来我们是成功了，而如果我们在过程中学会尊重见到的土地与海洋、动物与人民，我们国家的荣耀也会随之增加。美国原则并非单为美国人而存在，全美各州也不单为白种人而存在。我认为我们的内战说明了这一切。

加休曼努：谁才是美国人？你在谈加州淘金热时曾经问过自己这个问题，学者。如果其他民族能继承他们的信念，白人不再在这里或那里保有优势，又有什么关系？

西华德：欧洲后裔略由太平洋两岸撤退并不会让我感到讶异。我在退休后的旅游中，对未来的潮流也略有察觉。我曾写道："除非人类和造物者的其他创作全然不同，否则祂对人类应该有某种整体计划，包括某种共同利益。然而在历史、旅程与政治中，这项设计似乎都遭到忽视，人类分裂成不同的社区，彼此交战或是对他人的存在漠不关心。"我的太平洋朝圣之旅，就是为了追寻人类一家的可能性。

斋藤：你有找到你的答案吗？

西华德：我发现了纽约州奥本小镇之外的美丽天地。我计划建造一座太平洋图书馆，还找好做大梁和窗格的木材运回当地：阿拉斯加杉木、温哥华月桂、俄勒冈松木，以及，当然了，来自加州的红杉。

学者：我从未听过你的太平洋图书馆。

西华德：一直没有建成，因为我先死了。

斋藤：不过你是否找到你要的答案？

西华德：关于神秘的历史？只有——我该怎么说呢——"文明并非任何单一民族的特权、遗产或成就。某个民族承接了它，将它带到某个点上，然后就归于停滞"。懂吗，我预见了盎格鲁—撒克逊民族的精力即将衰退，然后"另一个民族将继承文明，将它再向前推进一步。文明在某个时期大步迈过某个大陆，然后在下一个时期又迈过另一个大陆。各国轮流成为文明的领导者与代表典型。文明造福全体人类，不过每次只有一部分人得以助它一臂之力，推动文明向前发展"。

李：黑格尔的垃圾！噢，没错，国家与民族此兴彼落。这部分是属于自然规律。但是造福全体人类？谁是"人类"？即使是多愁善感的教授，只要他暂停运用不成熟的大脑，开始倾听发自自己内心的悲鸣，他也会歪打正着。人类的历史就是一部民族史——血缘与遗传学每一回都赢过"理想"。这就是为何荒谬的"大熔炉"是美国人的负担。他说服自己抛弃与生俱来的权利以缓和错误的罪恶感，他把会摧毁他文化的外国人迎为上宾，他骗自己相信战争与和平是两个反义词。"只要人类致力于追求政治与个人竞争，国际战争就无所谓开始或结束可言。不论是善是恶，这场永无休止的斗争已成为激发人类的动力……路旁的蚂蚁丘和大道旁的人类部落并无差异。个人奋斗是自私的缩影，战争是规模惊人的利他主义"。

斋藤：你知道吗，李将军，你开始让我觉得厌烦了。血或许真的浓于水，不过即使是原始部落，烧到手指也会缩手。俄国人试图染指阿拉斯加或中国东北，是逾越了他们的地理限制。我们日本人企图征服中国，也是一种逾越。或许美国人想要维持东亚秩序，也是逾越了他们的天然界限。不过现在我们既然都学到自己的界限所在——

李：我们就都只能鞠躬微笑、互相喊声阿罗哈（你好）？作为天皇的使节，你在工作上成绩斐然。对撒克逊人、斯拉夫人和中国人大谈和平，信奉他们的理想、把他们哄得昏昏入睡。然后发动攻击！合众国不顾我的警告，对亚洲人和墨西哥人开放移民！加州白人占不到一半！我猜帕洛阿尔托现在看来和香港没什么不同。

学者：几乎没有两样，李先生。现在，伯克利——

李：美国已经完了。撒克逊人仅有的优越性已经因为不能掌握“相对于控制政治体兴起与解体的无情永恒力量，国家与民族的存在所具有的短暂特性”而失去了。

学者：解体……？你是说美国本身会分崩离析？

李：一如之前的大英帝国。告诉我，加拿大还是个统一的国家吗？

学者：好问题，勉强算是吧。

李：于是政治成了一场种族大混战，将合众国由内部撕裂。一个混杂的国家很快就会失去保卫自己城市的街道、或是在边界抵御外侮、或是对抗贸易入侵的意愿。相反，帝国则不会死亡或停滞不前，因为日本人知道他们祖先和未来子孙的精神永远都会与他们同在，对大和民族的圣坛而言，现世的苦难是微不足道的牺牲。这意味着即使连续六代都吃败仗也毁灭不了日本。然而美国人与过去或未来的世代并没有订下契约，他们受自己不着边际的欲望所奴役。这意味着一代人的自私自利,就可能足以挥霍掉前人建立的一切功业。这种现象目前似乎正在发生，再听下去我就要作呕了……继续唠叨吧，盲目的鼠辈。告辞了，加休曼努，我走了。

学者：他消失了。

维特：粗鲁的小人物。

西华德：无知之人，我猜他是被生理缺陷给害了。

学者：不过自有其伟大之处。荷马李！我只能祈祷他所言不会成真。

西华德：还有他没想到的其他力量。拿破仑曾说精神之于刀剑，就如同三位之于一体。而对自由的渴望又是其中最强大的一种力量。就我认为，只要他们对自由的珍惜大过愤恨与恐惧，分享美国这块土地的所有民族就能继续团结一致。

斋藤：那么北太平洋地区接下来又将如何？美国人是否对日本的成功愤愤不平，还是我们终于赢得了他们的尊重？

学者：当然他们会觉得愤怒，不过潮流来来去去，再过几年有关日本的谣言就会显得相当可笑。

西华德：而且不要低估美国人的恢复能力。记住，我曾生活在最大的危机当中，然而当我辞世时国力却臻于巅峰。有问题就有解决之道，我就是这样教导子女的。

学者：不过人民是否依旧强韧？在海外牺牲奉献，挽救这个世界免遭法西斯主义荼毒的那个世代的美国人，在国内却沉溺于最——

西华德：教育是关键所在，只要学校教育体制健全——

学者：但是它们并不健全，尤其是在黑人社区。

西华德：不会吧，我以前常教有色人种的小孩认字，他们大多学习良好。内战过后我们在南方到处都为他们设了学校，教导孩童基本的读写和算术、操行和公民与道德，剩下的就留给时间解决。还有政府与企业之间健全的金钱（这点不可或缺）与伙伴关系、体制内改革——这是共和党的精髓。然后是移民！美国每一次重大的成长，动力都来自移民。这些亚洲人——我保证他们是勤奋的工作者，还有墨西哥人——只要让他们学会美式思考方式，我们说不定也能取得墨西哥！

学者：这只是理论。有一个北美自由贸易协定正在投入运作，将美国、加拿大和墨西哥结合成一个巨大的经济体系。

西华德：那么说来我一统北美的梦想终究不是白日梦！但太平洋又如何？你认为荷马李所说的另一场对日战争会发生吗？

斋藤：绝不可能，州长。美国人不会再度背弃我们，而且我的人民就是想发狂也发不起来。

学者：这点我同意。不过有些作者却认为日本过度依赖出口，绝对不可能满足美国要他们自我克制的要求。这点可能促使美国采取保护主义，并停止为日本防卫出钱。那会迫使日本重整军备，到亚洲各地寻找市场和原料，结果会——

维特：1941年再度重演……不过这不会发生。

学者：原因何在？

维特：1941年，德国人眼看就要征服欧洲、逼疯苏联——

学者：同时也逼疯美国，所以日本才会认为他们可以神不知鬼不觉把共荣圈弄到手。

加休曼努：想想赛珍珠的警句：白种人自相残杀，才会导致“黄祸”。不过你说过现在连俄国都化敌为友了。

斋藤：而且只要日本、中国和韩国能维持和平，新的“白祸”也不会发生。不过博士，你的北太平洋三角逻辑又该何去何从？倘若上一局结果导致俄国失败、日本复兴，那下一次该轮到美日发生冲突、俄国复兴了吧。

维特：令人安慰的想法。不过让我们先来为俄国的幸存祈祷。教授说西伯利亚人脱离俄国，让我不寒而栗。不过虽然我同意美日关系紧张必然会再度发生，不过这不等于双方一定会交战。俄国在1905年的不幸事件发生后，是否有向日本寻求报复？没有。沙皇和苏维埃政府对再度对日作战都日夜深怀恐惧，即使朱可夫在诺门罕的攻击，也是为了防止战争（防止西伯利亚遭到入侵），而不是要挑起战端。我预期日本也同样不想重蹈1941年到1945年的覆辙。

斋藤：我同意。那么我们两国又该如何制衡美国的霸权呢？不能让美国人过于强大，不然他们又会想出某种新的世界秩序，强拉我们一起下海。你认为日俄结盟如何，维特伯爵？你有何打算？

学者：这种想法让人害怕。俄国将日本从对美国的依赖中解放出来，并且开放西伯利亚供日本投资……那将迫使中国——俄国的陆上对手——与美国，也就是日本的海上对手结盟。不，不可能发生。整个西伯利亚加起来也抵不上日本在美国的市场，同时与俄国结盟还会让日本失掉对中国进行经济渗透的希望。而且不论如何，莫斯科都不会归还北方四岛；而除非他们能做到这一点，否则日本人绝不会给俄国人机会。

维特：没错，你说过红军舰队夺走了北海道以北的千岛群岛。是啊，我想俄国是很难把它们再吐出来，这些小岛得来不易，而且对俄国掌控鄂霍次克海又是如此重要。同时我也想到，俄国人在失去苏维埃帝国之后将无法忍受另一次挫败。不过想想，如果美日发生冲突？俄国的支持将待价而沽！

西华德：因此美日有义务不得发生纠纷，而是要互相帮助，俄国也是如此。或许这就是我所追求的进步，利益结合、文明向前迈进。每一个时代的历史都带给文明新的挑战，呼唤某种特别的精神或德行，各国都会轮流将它的精神作为礼物，贡献给整个人类。美国人贡献了他们的联邦制度以及如何协调法治与自由、他们的企业与科技，还有精英的怀疑态度。日本人可以贡献他们的纪律和团结作为典范，加上他们对自然的爱好和十多种精致的艺术、勇气与牺牲，还有最重要的调适能力。或许时机已经成熟，日本人应该舍弃活在别人为他们建立的世界里，开始着手为全体人类去设计一个更好的新世界。

维特：还有俄国，西华德先生。除了记录民族痛苦的音乐家和小说家，俄国又给了世界什么？

加休曼努：或许这就是它的礼物，亲爱的伯爵。俄国贡献了它的痛苦，让别人不会轻忽自己的幸福，我想不出更伟大的礼物。

学者：不过如果你坚持有集体美德，西华德先生，那你当然也不否认有集体恶行的存在了？日本人说美国人懒惰、无知、目光短浅、只顾享乐又自私自利，有一部分确实不假，对不对？美国人对日本的批评又是如何？日本是一个由饱受压抑、洗脑、利用，而又歇斯底里的蜂群所组成的会社蜂巢，日本人会在地铁上阅读充满暴力的色情读物，那位法国女士是怎么说的：整夜都在想“干掉”欧洲和美国的新手法。记得波别多诺斯采夫（Pobedonostsev）是怎样痛批美国人引为为傲的“民主”有多虚伪吗？我不知道俄国人和日本人对彼此有何看法，或许只是单纯的恐惧。

塞拉：全心的爱可以驱逐所有恐惧。

学者：塞拉神父！我以为你已经走了。

加休曼努：像塞拉神父这样的人永远都不会缺席，学者。

塞拉：我们只是懂得该在何时退居一旁。这种习性往往让人防不胜防，不过我想是该让你们解散的时候了。

学者：解散！你怎么能……你是说这一切都是你——

塞拉：加休曼努不会听命行事，孩子。

加休曼努：塞拉神父的意思是我们认为是该让你走的时候了。

塞拉：告诉我们，学者，你从我们的聚会中学到了什么？

学者：学了很多，我还期望能——不过问问加休曼努从我这里学到了什么，是不是更恰当？是她……不是吗？

塞拉：让我换个方式来问这个问题。放眼我们过去的历史，你会如何形容我们？

学者：你是指你、斋藤、西华德、加休曼努和维特？嗯，我会说你们都代表了贵国最佳的政治人物传统。

塞拉：回答得好，尤其是对你这个“不作价值判断”的人而言。

西华德：我确信大家都颇感荣幸，这对维特和其他人显然是实至名归。

维特：西华德先生，你太谦虚了。

塞拉：然而我们每个人都尝过失败的滋味——这点我们都承认——

斋藤：我们有谁想听传道？异教徒可否豁免？

塞拉：——我们都犯过错，我们的政策都曾产生意外的结果和邪恶的副作用。如果说我们算是各国的顶尖人才，那我们一般国人的缺陷想必会更严重。博士，为何斋藤的常识、悟性和魅力对日本帝国的政策几乎不起作用？为何西华德的高瞻远瞩、完美人格以及运用权势追求公理的灵活手腕，不足以掌握美国的政策路线？为何在俄国领袖身上很难看到维特具有的人格特质，而他却因而被撤职？为何各国不能善用人才？

学者：大政治家往往怀才不遇。

塞拉：为什么？想想如果美国人、日本人和俄国人——还有中国人、韩国人和墨西哥人尽力挥洒他们的天资而非恐惧会怎么样？

学者：因为他们有必要这么做。实际威胁引发的恐惧并没有什么不对。

塞拉：确实没错，不过地缘政治、经济竞争和文化冲突虽然是原因所在，同时也是一种借口。我们的恐惧与憎恶有多少是出于我们无力面对自己对别人造成的伤害，而非他们对我们造成的伤害?

学者：让我看看有没有弄错。所以我要原谅斋藤轰炸珍珠港，或者该说，我要原谅自己。不对，是他要原谅日本轰炸珍珠港、独占微芯片市场……而我则要原谅美国用原子弹攻击广岛——

加休曼努：还有长崎，别忘了——

学者：——然后大家从此过着快乐幸福的日子。完美的建议，塞拉神父，颇类似某种新世纪……对了，你是加利福尼亚的开创者。不过国家和政府不会"抛弃"他们的恐惧——

塞拉：我颇有同感。第一个放下恐惧的国家有祸了。不过你要担心的并不是自己的恐惧，而是其他人的。你能平息他们的恐惧，一如他们平息你的恐惧。只要你们互相安抚，从失败中获取教训，太平洋世纪还是可能降临。

维特：没有人比俄国人更常失败，为何我们并没有学到最多?

学者：说不定你们已经学到了。维特伯爵，曾有一名俄国人告诉我们，善恶的分野并不等同国家或是民族、阶级和性别的界限，而是直接穿过每个人的心中深处。他就是索尔仁尼琴。

维特：不过小神父，我们早已告别尘世。即使维特、斋藤和西华德肯苦思如何降低其他国家的恐惧，对俄国、日本或是美国又有何益？还是这必须劳烦学者?

学者：噢，不要！不要期望我把古代的智慧带给这三个大国，而且还要告诉他们，说我是从一位过世两百多年的圣方济各神父那里听来的!

斋藤：我们对从你身上找到智慧已经不抱希望，博士。只要把我们的故事说出去就行了，还有要记得一定要让他们百听不厌，就像轻歌剧一样。

学者：你说故事是什么意思?

塞拉：你相信历史，对吧？而且相信历史无所谓事实可言?

学者：没错。

塞拉：那就把我们的故事像种子般撒落，然后相信它们会落在肥沃的土地上。记住，加休曼努召唤你来到庇护所时，她召唤的并不是一名预言家或智者，甚至也不是历史学家。她要的是一个讲故事的人。

加休曼努：而且我总是能得到我所要的。现在，我的好人，是离去的时候了。

学者：但是我不想走！我想和你们一起留下来。

加休曼努：你不能永远待在霍那吾那吾（庇护之地）。

斋藤：名字长得简直念不完！

加休曼努：我试过要待在这里，不过我的狗吠了一声，让卡米哈米哈找到了我。

学者：拜托，加休曼努，不要把我送走。我……我已经——

加休曼努：你已经爱上我了，男人都会这样。

学者：不过我爱的是你们大家，甚至包括斋藤。历史学家不该爱上自己研究的人物。

加休曼努：说故事的人却一定要如此。你想当哪一种人？时候到了，我的学者。我们向你致上我们的谢意……和爱。现在乖乖听我的话，回到你原来的地方去。

出版后记

夏威夷王国女王加休曼努、“加州西班牙的创建者”传教士塞拉、美国国务卿威廉·亨利·西华德、日本外交官斋藤博……如果这些生活在不同时代、都曾对北太平洋地区历史及地缘政治产生过很大影响的人物有机会齐聚一堂，那将会是一种怎样的场面？他们是如何看待各自所生活的时代的？又是如何看待他们作古之后的历史的？本书作者即为我们展现了这一不可能发生的场景。

一位入梦的“说书人”、一位女王、6位不同领域的杰出人物，这种开场方式对一本严肃的历史读物来说可谓相当新奇，作者沃尔特·麦克杜格尔以“说书人”的口吻讲述了北太平洋地区近400年的历史。“小说体历史”，这是作者对本书的定位，但借“说书人”之口对地缘政治的分析以及海洋帝国盛衰的原创性洞见，却让本书成为一本不折不扣的“严肃的非小说”。

欧洲殖民势力的衰落、俄国的扩张、美国的崛起、中国与日本的闭关锁国，作者以酣畅淋漓的文字将环环相扣的历史事件一一呈现，勾勒出历史转折的关键点。适时插入的“说书人”与“听书人”的讨论可谓是本书的点睛之笔。作者不仅通过“说书人”表达自己的观点，更从几位历史人物的思维方式与立场出发，对所述历史进行评断；作者对历史的熟悉程度与写作功力由此可见一斑。

受历史背景局限，书中一些人物难免有些许偏激之词，本书未作删减，意在为读者提供一份可资借鉴的资料，书中观点不代表译者与出版社观点。

服务热线：188-1142-1266　133-6631-2326

服务信箱：reader@hinabook.com

后浪出版咨询（北京）有限责任公司

2014年6月

图书在版编目（CIP）数据

激荡太平洋 /（美）麦克杜格尔著；李慧珍等译. —— 北京：北京联合出版公司，2014.6（2014.11重印）

ISBN 978-7-5502-3185-6

Ⅰ. ①激… Ⅱ. ①麦…②李… Ⅲ. ①世界史－通俗读物 Ⅳ. ①K109

中国版本图书馆CIP数据核字（2014）第126251号

LET THE SEA MAKE A NOISE

by Walter A. McDougall

Simplified Chinese translation copyright © 2013 by Post Wave Publishing Consulting (Beijing) Ltd.

Published by arrangement with Basic Books, a Member of Perseus Books Group through Bardon-Chinese Media Agency

ALL RIGHTS RESERVED

本书简体中文版由Perseus Books授权后浪出版咨询（北京）有限责任公司出版。中文译稿由时报文化出版企业股份有限公司授权。

激荡太平洋

著　　者：（美）沃尔特·麦克杜格尔

译　　者：李慧珍　赖慈芸　周文萍　连惠幸

选题策划：后浪出版咨询（北京）有限责任公司

出版统筹：吴兴元

特约编辑：闻　静

责任编辑：徐秀琴

封面设计：周伟伟

版面设计：王雨薇

营销推广：ONEBOOK

装帧制造：墨白空间

北京联合出版公司出版

（北京市西城区德外大街83号楼9层　100088）

北京联兴华印刷厂印刷　新华书店经销

字数600千字　720×1030毫米　1/16　41.5印张　插页3

2014年9月第1版　2014年11月第2次印刷

ISBN 978-7-5502-3185-6

定价：68.00元

后浪出版咨询（北京）有限公司常年法律顾问：北京大成律师事务所　周天晖　copyright@hinabook.com

未经许可，不得以任何方式复制或抄袭本书部分或全部内容

版权所有，侵权必究

本书若有质量问题，请与本公司图书销售中心联系调换。电话：010-64010019